CINEMA 4D & OctaneRender

기초부터 마스터하는 3D 렌더링

이덕준 지음

✧ 저자소개 글

안녕하세요. 이번 시네마 4D 책을 집필한 이덕준이라고 합니다. 여러분에게는 판다 유니버스가 더 친숙할 것 같습니다. 포스트 프로덕션에서 인턴 생활을 시작하여 e러닝 영상을 제작하는 회사에서 촬영과 편집을 담당했습니다. 3D 모션 그래픽을 꾸준히 독학하고 있으며, 현재는 미디어 아트 작업자로 활동 중입니다. 언리얼 엔진을 비롯하여 게임 이펙트와 영상 VFX에 관심이 있으며, 새로 뜨고 있는 AI도 공부하고 있습니다. 새로운 것을 익히는 것을 재밌어하는 성향이라 참 다행이라는 생각이 듭니다.

유튜브를 비롯한 개인 콘텐츠를 제작하던 중 정말 좋은 기회로 이 책을 쓰게 되었습니다. 처음 공부할 때 어렵고 스트레스받던 기억을 살려 최대한 여러분이 편하고 쉽게 공부할 수 있도록 집필하려고 했습니다. 한 파트를 깊숙이 공부하기보단 여러 파트를 동시에 실무에서 활용하면서 다양한 경험을 쌓을 수 있었는데, 이런 경험이 3D 그래픽을 제작할 때 많은 도움이 됐습니다.

기초적인 내용을 위주로 담았지만, 저의 경험과 새로 업데이트된 내용에 집중하여 여러분이 훨씬 수월하게 배울 수 있도록 책을 구성했습니다. 아무쪼록 책을 읽으시는 독자 여러분에게도 많은 도움이 됐으면 좋겠습니다.

저자 이덕준 드림

◆ 베타리더 추천사

이 책을 "시네마 4D와 옥테인 입문자에게 내려진 한 줄기 빛"이라고 표현하고 싶습니다. 메말라 버린 시네마 4D와 옥테인 책 시장에 드디어 안주할 수 있는 오아시스가 찾아왔다고 느꼈습니다. 시네마 4D 입문자와 초급자, 또는 PBR 렌더에 입문하고 싶은 이들에게도 적극 추천합니다. 단순히 렌더링뿐만 아니라 시네마 4D 기초 지식과 모델링, 모그라프, 이펙터, 라이팅 등의 다양한 스킬을 배울 수 있습니다. 기존 시네마 4D 서적들은 이미 지난 버전을 다룬 것이 다반사여서 최신 버전으로 설명된 책은 정말 오랜만입니다. 그렇기에 비교적 최근에 나온 파이로(Pyro)와 같은 기능도 소개되어 있어 매우 좋았습니다. 또한 설명이 굉장히 보기 쉽고 친절하여 더 재미있게 완독할 수 있습니다.

— 베타리더 김정연

평소 판다 유니버스 님의 유튜브에 있는 100강을 들으며 다른 분들에게 피드백을 해주는 것을 봐오면서 느낀 점이 있었다. 판다 유니버스 님의 강의력이 뛰어나다는 사실이다. 설명에 군더더기가 없이 깔끔하다. 그래서 이번 책을 읽으면서 역시 군더더기 없이 깔끔하다는 것을 느꼈다.

나는 시네마 4D를 부족함 없이 모든 분야를 다루면서 공부해 왔다. 적어도 이 책을 읽기 전까지는 그렇게 믿었는데 나 역시도 아직은 부족한 점이 많다는 것을 느꼈다. 특히, 뒷부분에 나오는 간단한 Pyro 시뮬레이션을 다루는 내용과 포트폴리오를 만드는 데 임하는 자세, 포트폴리오 제작 시에 고려할 점, 커넥트와 메타볼의 이용법 등등 이 책을 읽고 나서 부족했던 부분이 전부 메워졌다.

만약 시네마 4D를 처음 다루는 분이 이 책을 읽는다면 무척이나 도움이 되리라고 생각한다. 모델링에 관한 설명이 자세하고 옥테인 텍스처링, 라이팅, 렌더링, 스캐터 등 많은 부분을 금방 습득할 수 있을 것이다. 시네마 4D 및 옥테인 렌더러를 간단하게나마 알고 싶은 분들에게 이 책을 꼭 추천한다.

— 베타리더 국승찬

맥슨(Maxon)의 시네마 4D를 처음 배우기 시작했고 컴퓨터를 다루는 데 있어 어려움을 겪고 있는 초보자에게 추천해 주고 싶은 입문서이다. 초보자가 이해하기 쉽게 눈높이를 맞춰 처음부터 차근차근 따라 하기 쉬운 예제로 구성되어 있다. 이 책 한 권을 전부 따라 하고 나면 3D 모션 그래픽 입문의 첫걸음을 뗐다고 할 수 있다.

— 베타리더 이혜민

✧ 차례

- ✦ 저자 소개 글 ... 2
- ✦ 베타리더 추천사 ... 3

PART 01 C4D 설치하고 시작하기 ... 6
   1) 모션 그래픽에 사용되는 3D 프로그램 ... 8
   2) 옥테인 렌더란? ... 8
   3) 작업물 예시 ... 9
   4) Maxon 홈페이지에서 C4D 설치하기 ... 11
   5) Otoy 홈페이지에서 옥테인 렌더 설치하기 ... 18

PART 02 기초적인 기능들 ... 26
   1) 뷰포트 조작 ... 28
   2) 인터페이스 살펴보기 ... 30
   3) 모델링 모드와 에디터블 모드 ... 35

PART 03 로우 폴리 모델링 ... 36
   1) 로우 폴리 모델링이란? ... 38
   2) 클로너와 랜덤 이펙터 기능 익히기 ... 39
   3) Symmetry 기능 알아보기 ... 64
   4) 로우 폴리 자동차 모델링 ... 69
   5) 로우 폴리 건물 모델링 ... 88
   6) 스탠더드 렌더러 기초 기능 ... 104
   7) 로우 폴리 도시 만들기 ... 120
   8) 최종 렌더링 ... 132

PART 04 모션 익히기 ... 144
   1) 키 프레임 작업하기 ... 146
   2) 그래프 익히기 ... 153
   3) 바운싱 볼 만들기 ... 155
   4) 자동차에 모션 넣기 ... 165

PART 05 공장 제작하기 ... 176
   1) 공장의 각 파트 배치하기 ... 178
   2) 디테일한 모델링 ... 183

3) 옥테인 렌더 기초 기능 알아보기　　265
　　4) 모델링한 파트에 옥테인 재질 적용하기　　271
　　5) 옥테인 라이트 배치하기　　291
　　6) 각 오브젝트에 모션 넣기　　295
　　7) 카메라의 앵글 설정하기　　308

PART 06　옥테인을 활용한 크리스털 제작　　314

　　1) 크리스털 모델링　　316
　　2) 옥테인 작업하기　　321
　　3) 스캐터 적용하기　　336

PART 07　모그래프 기능　　340

　　1) 모그래프란?　　342
　　2) 클로너의 기초적인 기능들　　343
　　3) 여러 가지 이펙터　　348
　　4) 깨지는 오브젝트 연출하기　　354
　　5) 오브젝트 조각 만들기　　360

PART 08　파이로 기능　　366

PART 09　그 밖의 작업 팁　　384

　　1) 카메라 다루기　　386
　　2) 단축키와 팔레트 설정　　403
　　3) 레이어 추가하기　　409
　　4) 여러 가지 렌더링 방법　　414
　　5) 커넥트와 메타볼　　418
　　6) 포트폴리오 제작 시 고려할 점　　424

PART 10　마무리　　426

　　1) 레퍼런스를 많이 봐야 하는 이유　　428
　　2) 레퍼런스 사이트들　　428
　　3) 마무리하며　　429

PART

01

C4D 설치하고 시작하기

01   모션 그래픽에 사용되는 3D 프로그램

02   옥테인 렌더란?

03   작업물 예시

04   Maxon 홈페이지에서 C4D 설치하기

05   Otoy 홈페이지에서 옥테인 렌더 설치하기

모션 그래픽에 사용되는 3D 프로그램

본격적인 공부를 시작하기에 앞서 우리가 같이 공부할 시네마 4D(Cinema 4D, C4D)라는 프로그램에 대해서 알아보겠습니다. 3D 업계에는 굉장히 다양한 파트가 있고 마야(Maya), 3ds 맥스(3ds Max), 시네마 4D(Cinema 4D), 후디니(Houdini), 언리얼 엔진(Unreal Engine) 등 다양한 프로그램을 사용합니다. 애니메이션, 게임, 광고에서 굉장히 폭넓게 사용되고 있는 프로그램들입니다. 그중에서 C4D는 모션 그래픽이라는 작업물을 만들 때 사용합니다. 실제적인 장면보다는 조금 더 아트적이고 광고에 어울리는 작업물이라고 이해하면 됩니다. 추가적으로 사용할 옥테인 렌더(Octane Render)에 대해서는 바로 다음 챕터에서 다룹니다.

우리는 모션 그래픽의 기초를 다루지만, 이 책을 끝내고 난 뒤 다른 자료를 보며 혼자서 공부할 수 있도록 예제를 같이 작업해 볼 것입니다. 판다 유니버스 채널의 많은 강의를 함께 참고해서 공부해 보세요. 모델링부터 모션, 재질, 빛, 렌더링까지 모든 과정을 알아볼 수 있습니다.

옥테인 렌더란?

렌더링은 여러 표현으로 정의할 수 있습니다. 여기서의 렌더링은 작업한 프로젝트 파일을 우리가 보는 이미지나 영상으로 변환하는 과정 정도로 이해하면 됩니다. C4D로 작업을 진행하고 나면 이 작업된 파일을 이미지 혹은 영상으로 변환하는 과정을 거치며, 이 과정을 렌더링이라고 표현합니다.

C4D 자체적으로도 렌더링의 기능을 활용할 수 있지만 퀄리티 대비 성능은 아쉬운 부분이 많습니다. 그래서 실무에서도 외부 렌더러를 많이 활용합니다. 그중 레드시프트(Redshift)는 C4D의 제작사인 맥슨(Maxon)에서 인수하였기 때문에 C4D에서 사용이 편합니다. 그러나 우리는 현재 실무에서 가장 많이 사용 중인 옥테인 렌더를 다루겠습니다. 레드시프드 또한 사용량이 증가하는 추세이니 먼저 옥테인 렌더를 사용해 보고 적응이 됐다면 레드시프트도 한번 공부해 보길 권합니다.

우리는 모델링부터 움직이는 작업까지는 C4D를 활용하고 이후 재질, 빛, 렌더링 과정은 옥테인 렌더를 활용합니다. 설치 과정부터 모든 작업은 C4D 프로그램 내에서 같이 진행하므로 너무 두려워하지 말고 차근차근 공부해 봅시다.

작업물 예시

다음은 실제로 제가 작업했던 이미지들입니다. 이와 같은 예시 작업물들은 공부를 하면서 어느 정도 프로그램에 적응이 된 후에 레퍼런스를 많이 검색해 보는 것이 좋습니다. 'C4D'만 검색해도 많은 예제를 확인할 수 있으니 참고해 보세요.

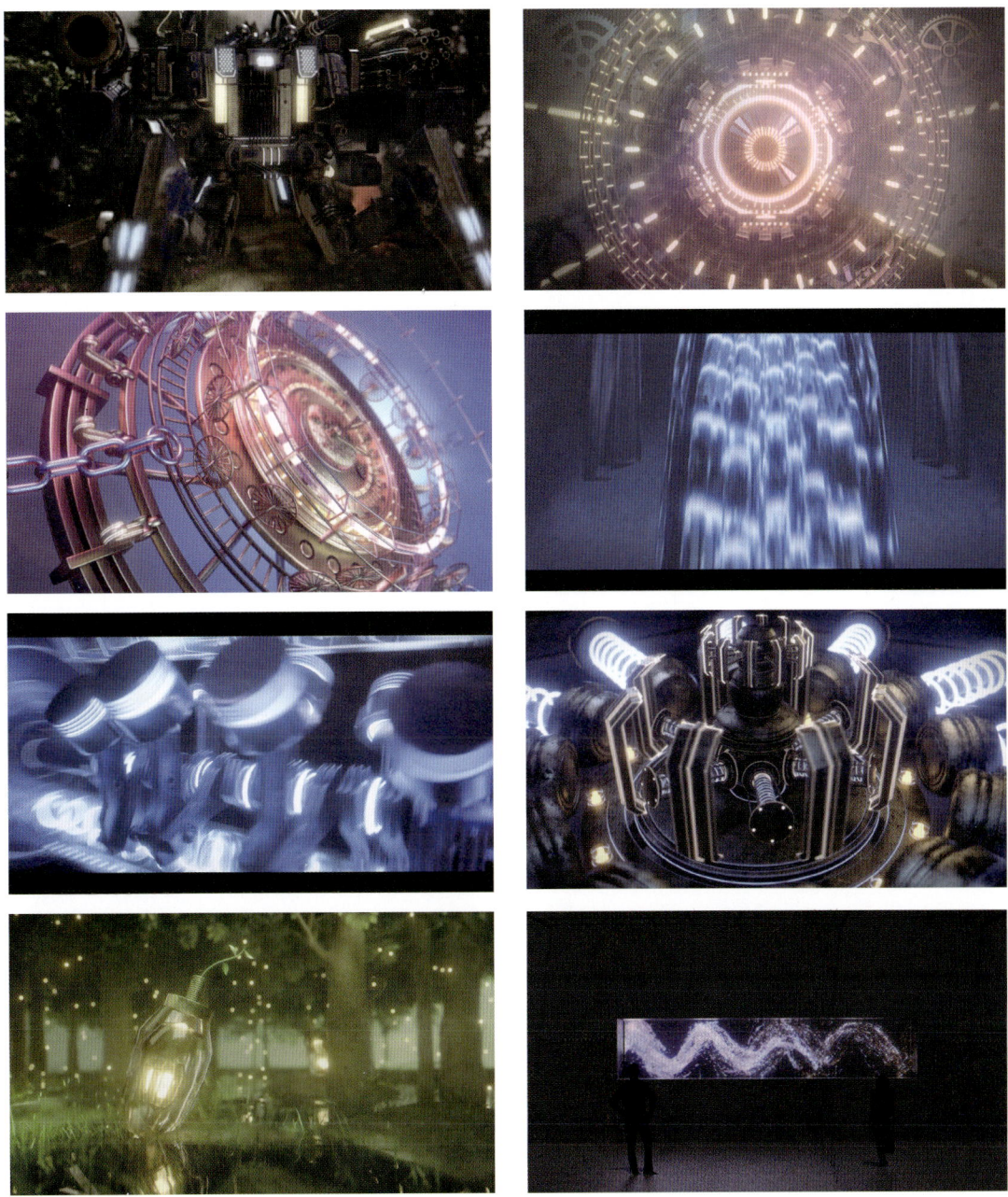

Maxon 홈페이지에서 C4D 설치하기

우리가 가장 먼저 해야 하는 작업은 프로그램 설치입니다. 각 사이트에 접속하여 C4D와 옥테인 렌더 프로그램을 설치하고 실행해 보도록 하겠습니다. 우선 구글에서 'Maxon'을 검색합니다.

▲ 구글 검색

검색 후 나오는 페이지에서 Maxon 홈페이지를 클릭하여 접속합니다.

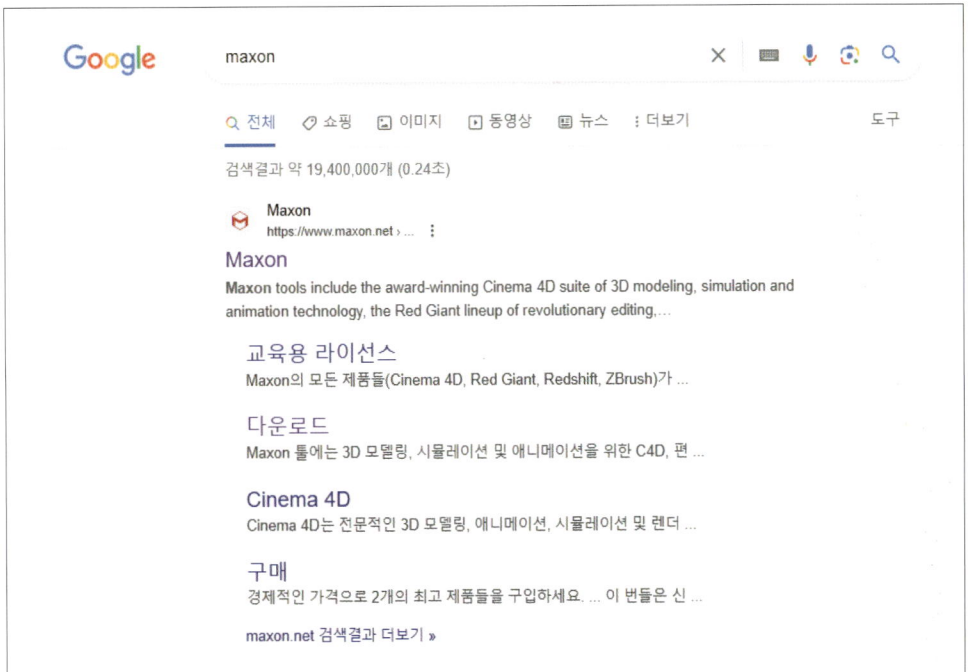

▲ 검색 결과

맥슨의 홈페이지는 최신 작업물을 지속해서 업데이트하기 때문에 다음과는 화면이 다를 수도 있습니다.

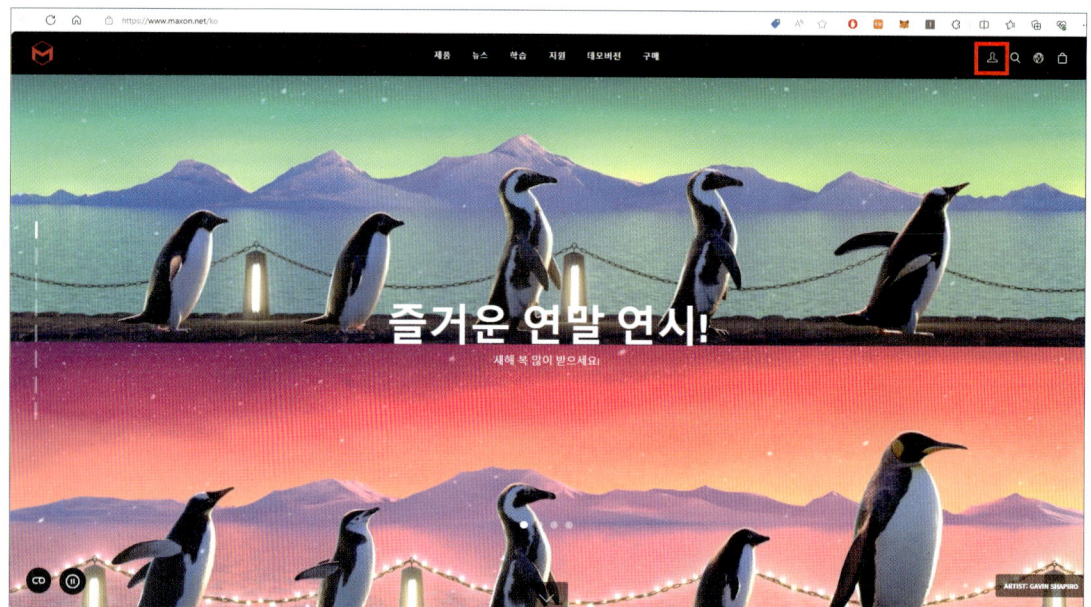

▲ 맥슨 홈페이지

우측 상단에 있는 사람 모양의 로그인 아이콘을 클릭합니다.

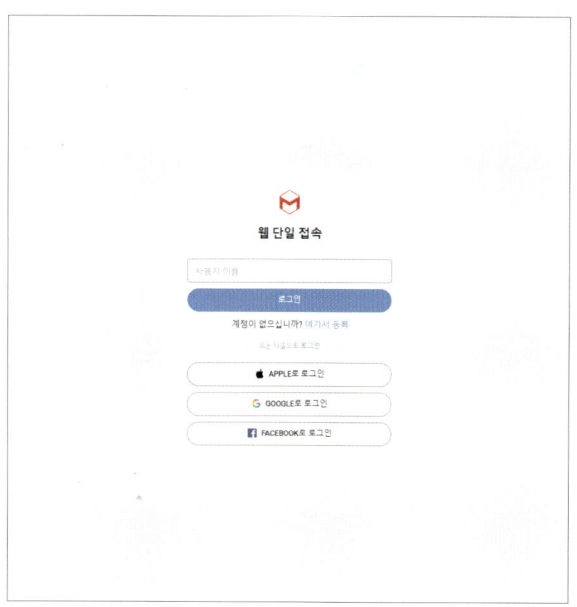

▲ 맥슨 로그인

계정이 없다면 [여기서 등록]을 눌러서 가입하거나 하단의 [APPLE, GOOGLE, FACEBOOK으로 로그인]을 통해 로그인합니다.

▲ 계정 정보

성과 국적을 표시하는 칸에 정보를 입력합니다.

▲ 동의

두 가지 동의 사항 중에서 마케팅 정보 수신을 원하면 모두 체크하고, 그렇지 않으면 [나는 EULA에 동의합니다.]에만 체크합니다.

▲ 로그인 완료

계정 생성과 로그인이 완료되면 다시 초기 홈페이지 화면이 보입니다.

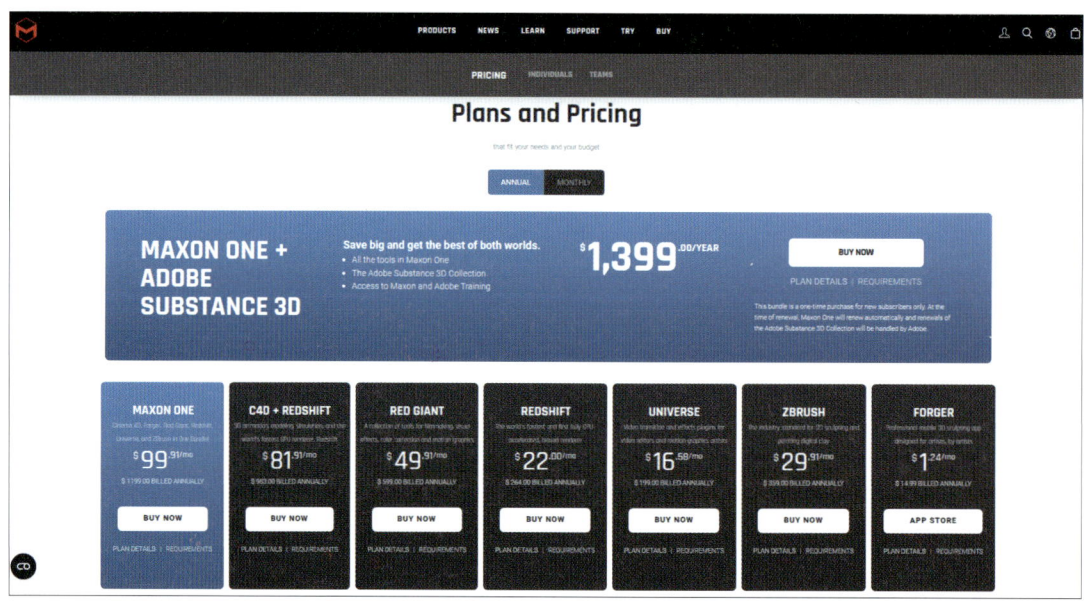

▲ 라이선스 정책

상단의 [BUY] 메뉴를 클릭하면 각 라이선스에 대한 요금제를 확인할 수 있습니다. 우선 체험판으로 사용하다가 기간이 끝나면 그때 원하는 요금제로 구매합니다. 상단의 [Try] 메뉴를 클릭합니다.

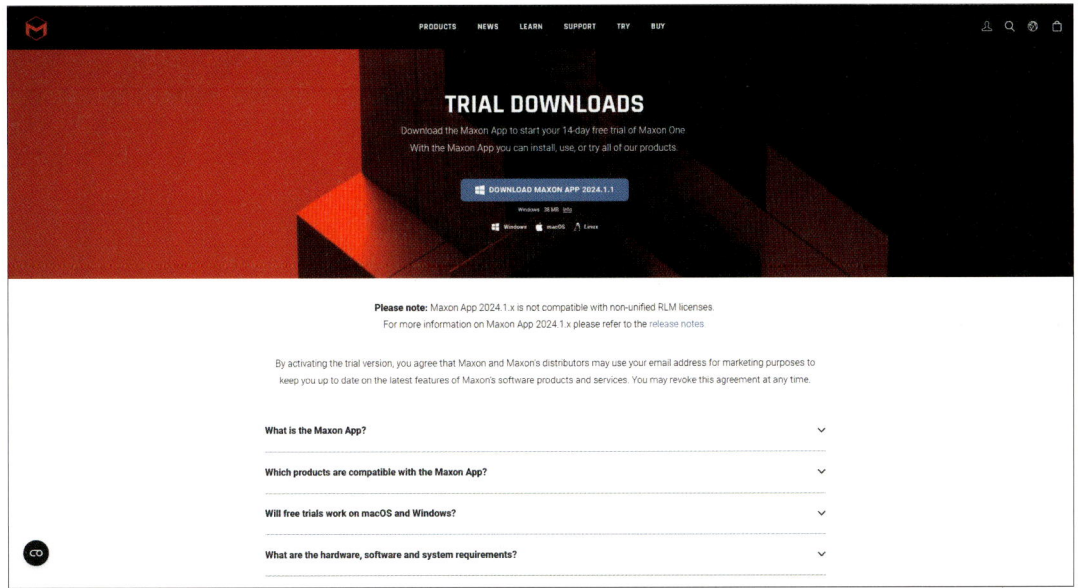

▲ 체험판 버전

중앙에 보이는 [DOWNLOAD MAXON APP]을 클릭합니다. 그럼 체험판 버전이 자동으로 다운로드 되며, 다운로드 폴더로 이동하여 프로그램 설치 파일을 실행합니다.

▲ 프로그램 설치 파일

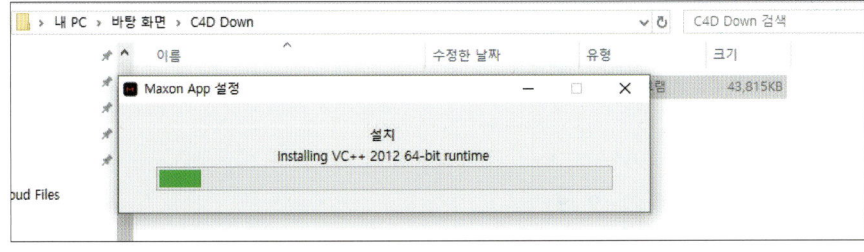

▲ Maxon App 설치

일정 시간이 지나고 설치가 완료된 후에는 Maxon App이 자동으로 실행됩니다.

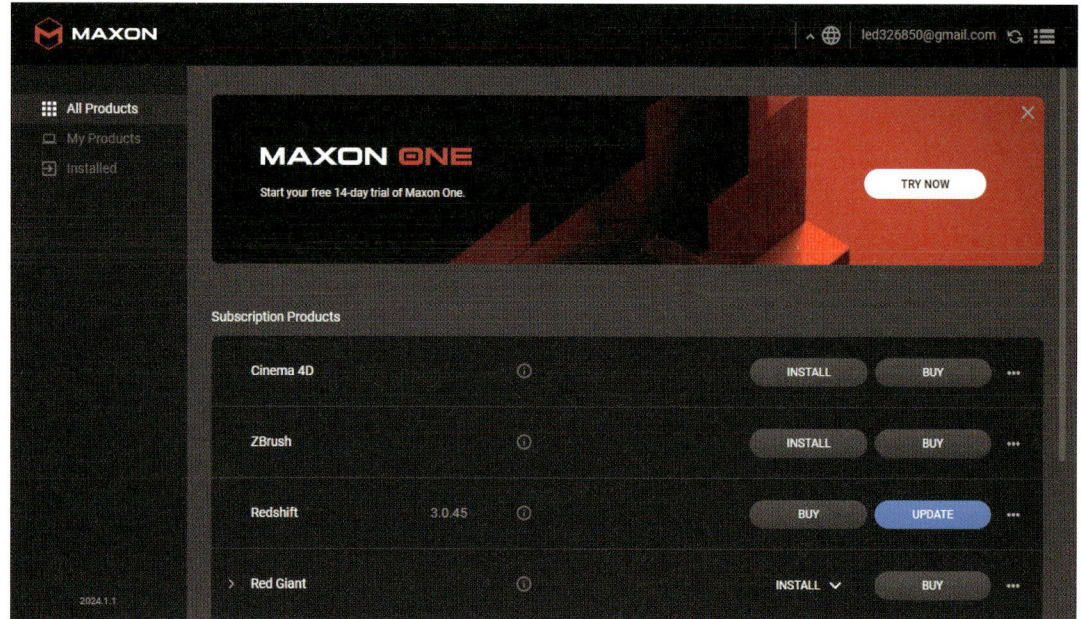

▲ C4D 설치

라이선스를 구매했다면 [Subscription Products]-[Cinema 4D]-[INSTALL] 버튼을 눌러 설치합니다. 14일 동안 사용할 수 있는 체험판은 상단의 [TRY NOW] 버튼을 클릭합니다.

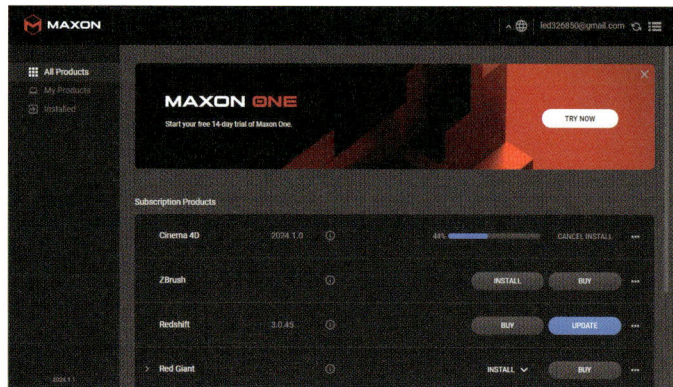

▲ C4D 설치 시작

설치가 시작되면 계속 [다음] 버튼을 눌러 설치합니다.

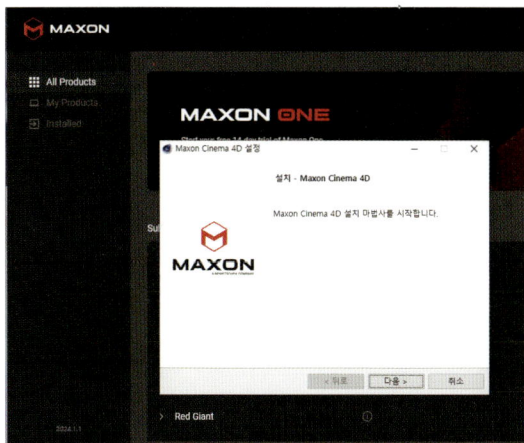 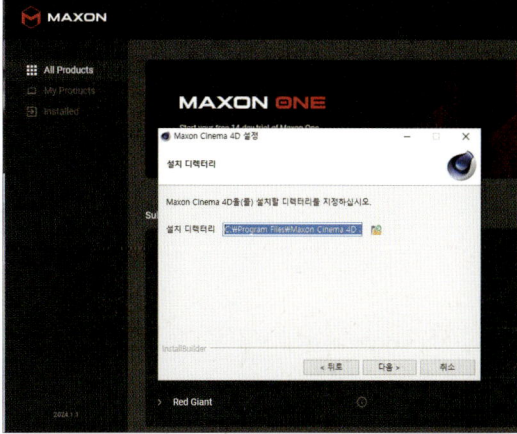
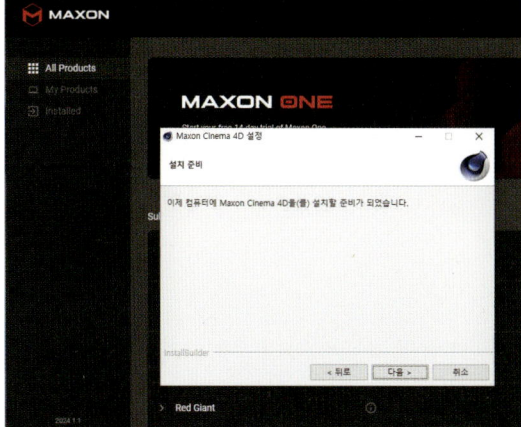 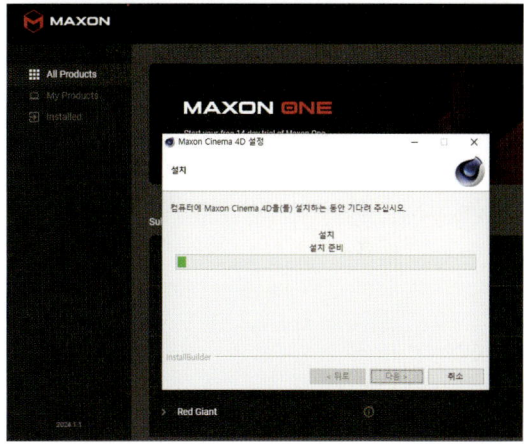

▲ C4D 설치 과정

프로그램 설치에는 시간이 꽤 걸립니다.

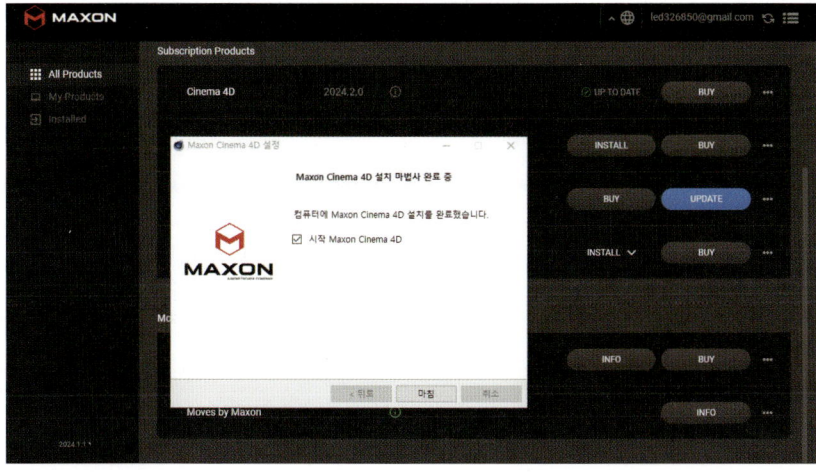

▲ C4D 설치 완료

설치가 끝나면 [마침]을 클릭합니다.

Otoy 홈페이지에서 옥테인 렌더 설치하기

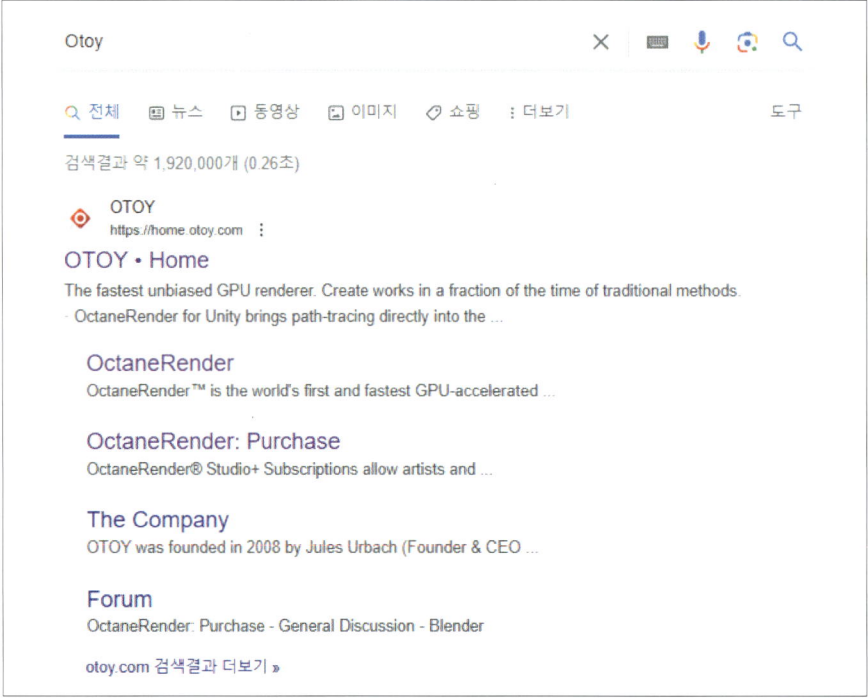

▲ 옥토이 검색

구글에서 'Otoy'를 검색하여 홈페이지에 접속합니다.

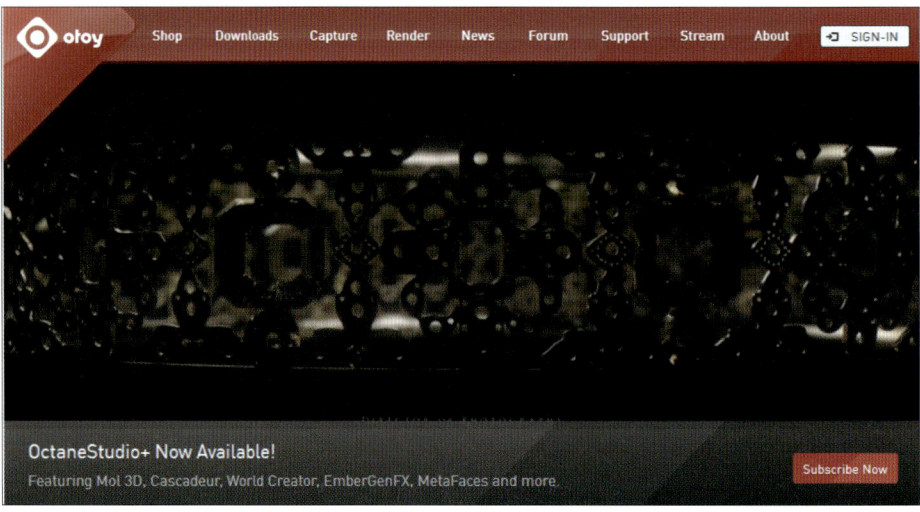

▲ 옥토이 접속

상단의 [SIGN-IN]을 클릭합니다.

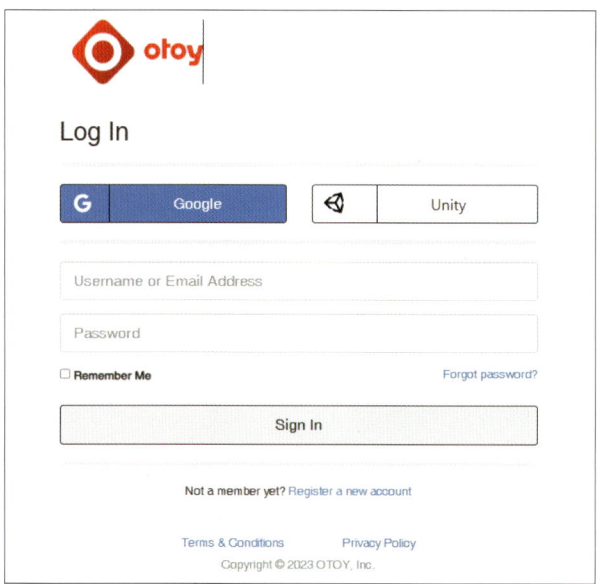

▲ 계정 생성

기존 계정이 있다면 로그인하고, 없으면 새롭게 계정을 생성합니다.

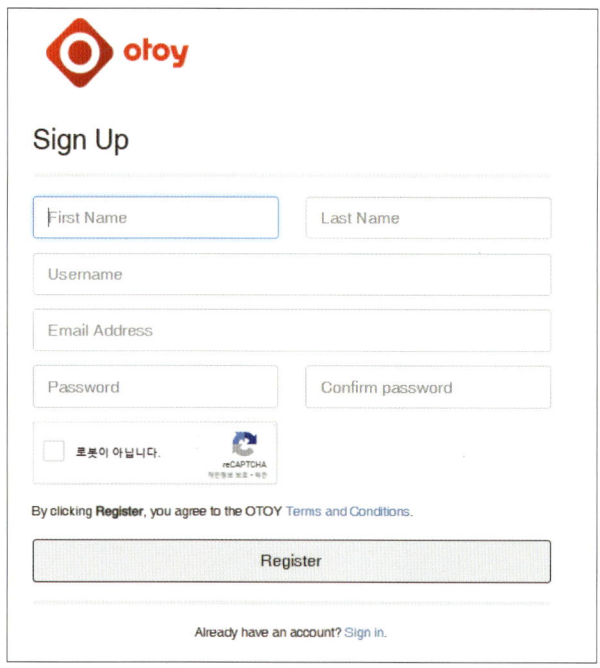

▲ 정보 입력

각 입력란에 정보를 입력하고 계정을 생성합니다.

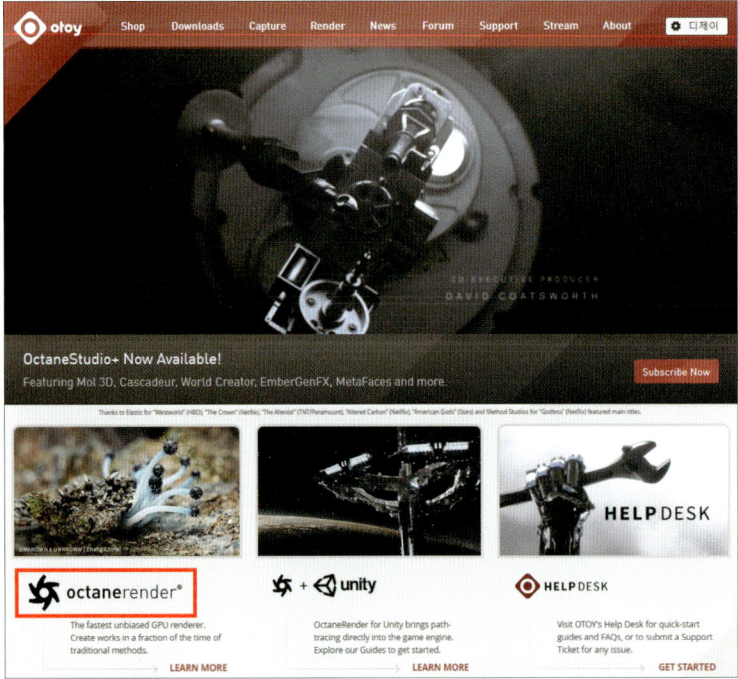

▲ 옥토이 홈페이지

다시 홈페이지 첫 화면으로 돌아와 중앙의 [Subscribe Now]를 클릭합니다. 혹은 좌측 하단에 옥테인 렌더를 클릭합니다.

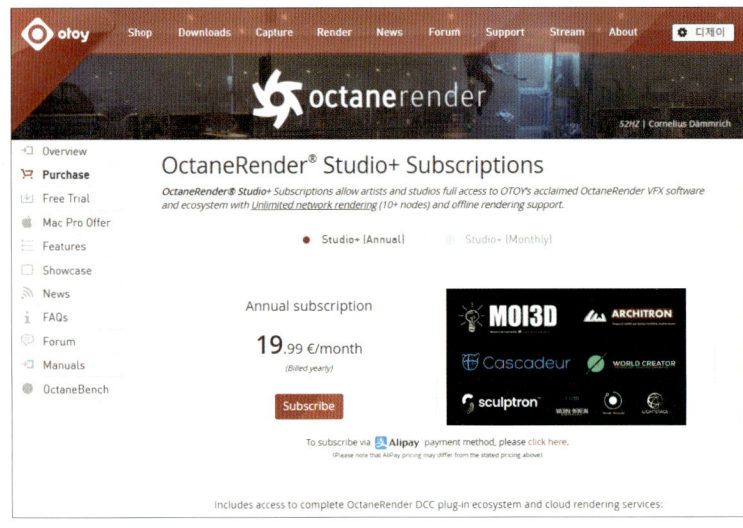

▲ 라이선스 가격

[Purchase]에서 라이선스에 대한 가격을 확인하여 개인의 상황에 맞게 결제를 진행합니다. [Free Trial]에서 무료 체험 버전을 사용할 수 있으며, 체험 버전은 약간의 제약과 화면에서 워터마크가 보일 수 있습니다. 이제 설치 페이지로 이동하겠습니다. 상단의 [Downloads] 메뉴를 클릭합니다.

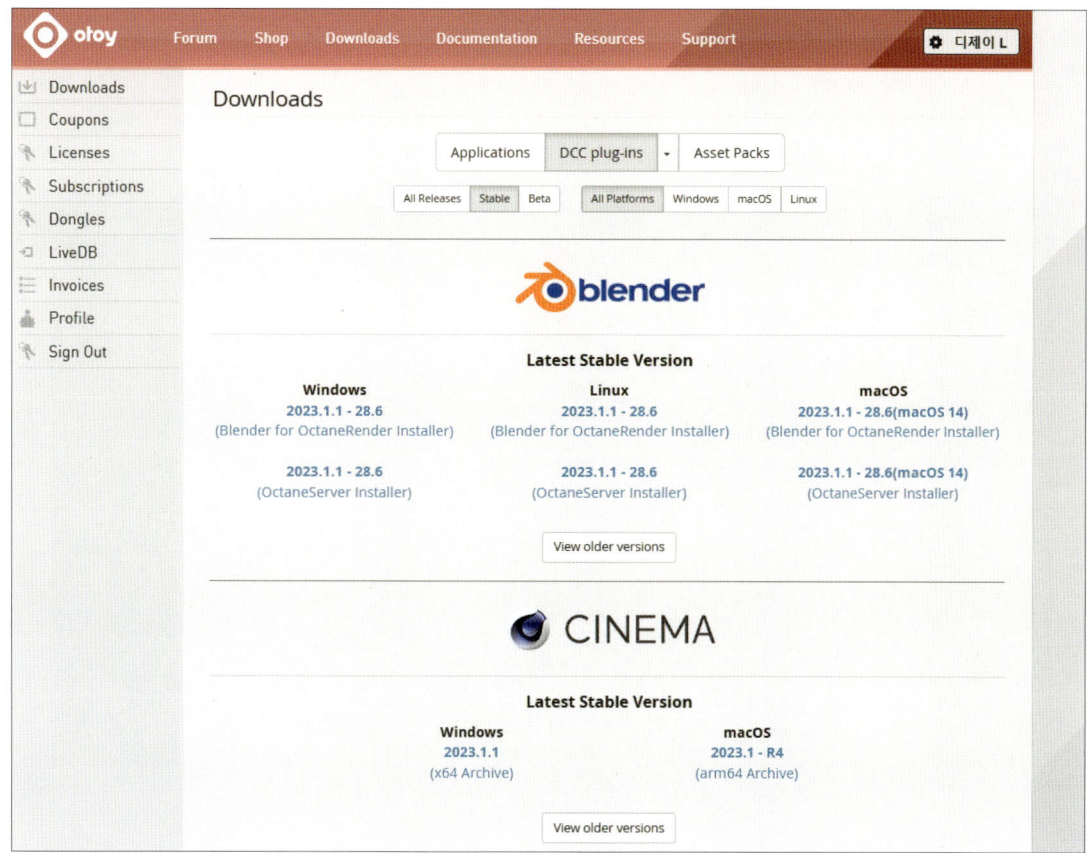

▲ 설치페이지

하단의 [CINEMA]에서 최신 버전을 설치합니다. 이 책에서는 윈도우를 기준으로 다루겠습니다.

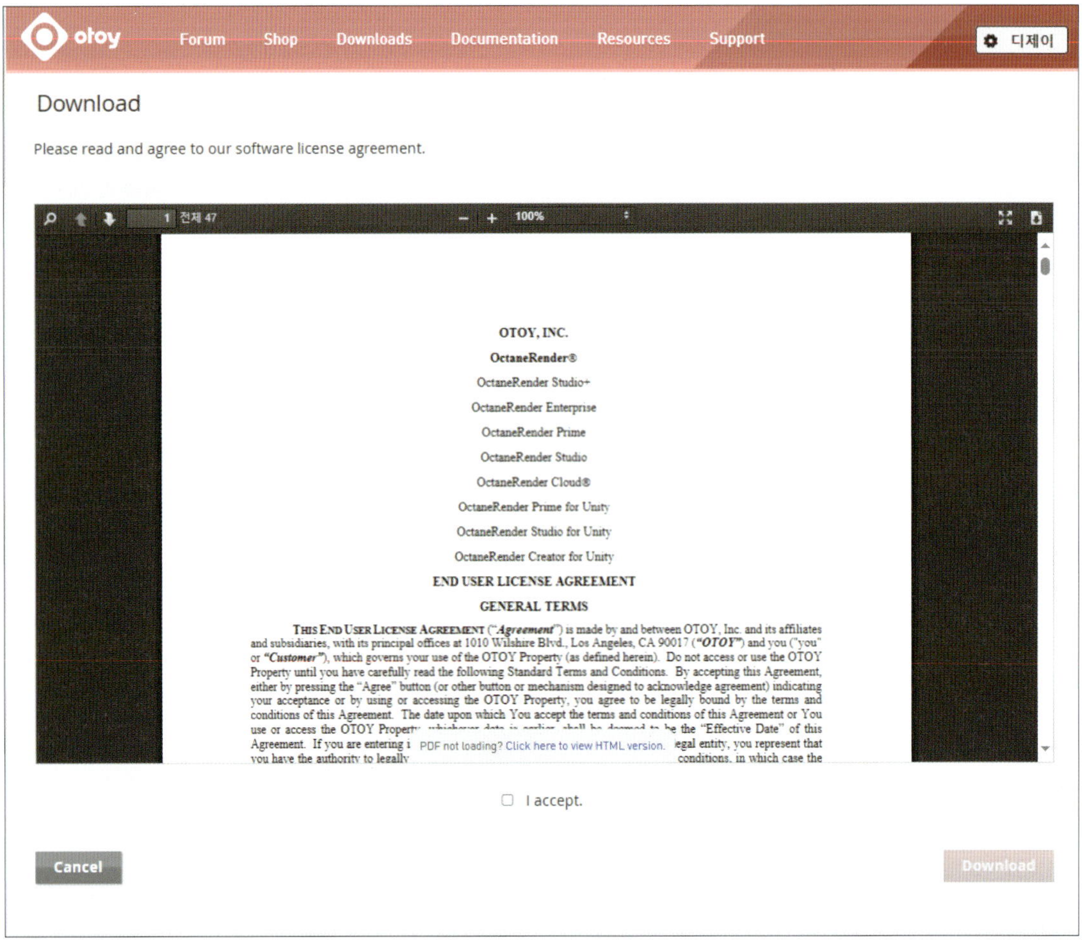

▲ 동의

하단의 [I accept.]에 체크하고 [Download]를 클릭합니다. 그럼 여러분이 설정한 다운로드 링크로 설치가 됩니다.

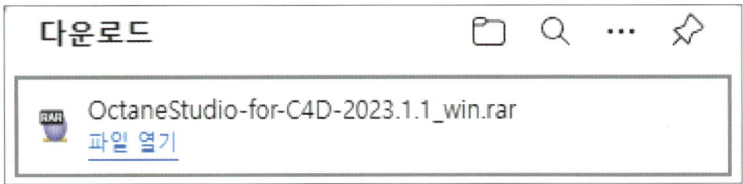

▲ 설치 파일 다운로드

다운로드가 완료되면 다운로드 폴더로 이동합니다. 혹은 다운로드 창의 폴더 아이콘을 클릭하면 해당 폴더를 바로 열 수 있습니다.

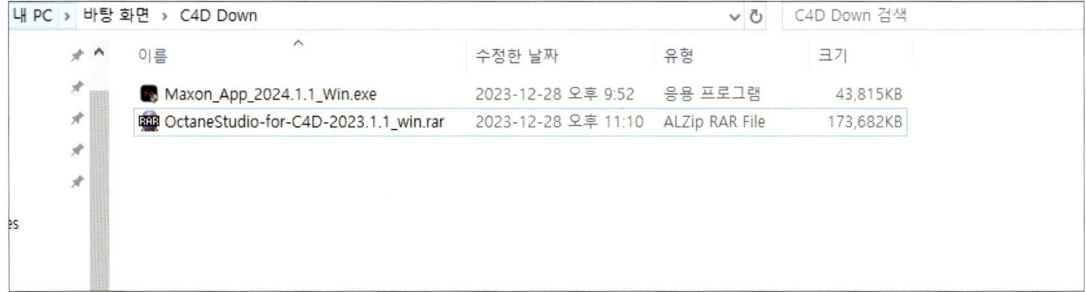

▲ 옥테인 설치 파일

설치된 OctaneStudio 파일의 압축을 해제합니다.

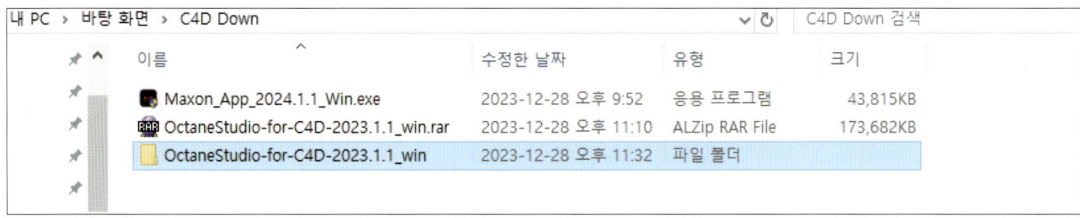

▲ 압축 해제

압축 해제된 OctaneStudio 폴더를 더블 클릭합니다.

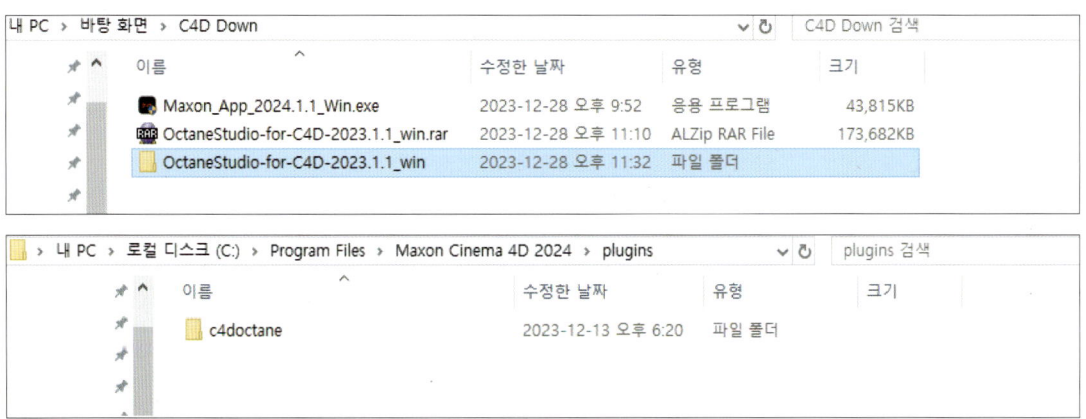

▲ 폴더 복사하기

c4doctane 폴더를 복사해서 C:\Program Files\Maxon Cinema 4D 2024\plugins 폴더에 붙여 넣기 합니다.

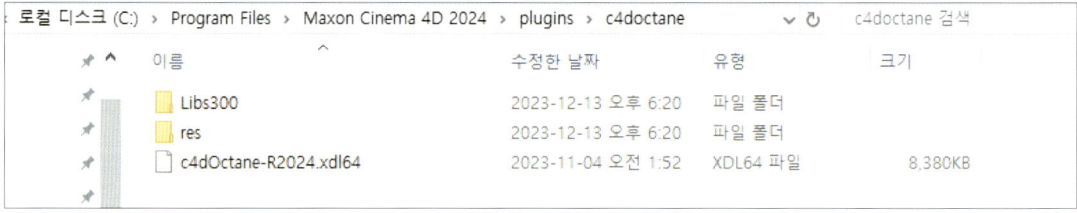

▲ 버전 파일 정리

붙여넣기 후 폴더를 더블 클릭하면 여러 가지 파일들이 있는데, 여기서 해당 버전을 제외한 나머지 파일을 지워야 합니다. 상단에 Libs300 폴더와 res 폴더, 하단에 c4dOctane-R2024 파일을 제외하고 전부 삭제합니다.

▲ 버전 정리 완료

c4doctane 폴더가 최종적으로 이와 같이 정리되면 옥테인 렌더 설치는 완료입니다.

MEMO

PART

02

기초적인
기능들

01   뷰포트 조작

02   인터페이스 살펴보기

03   모델링 모드와 에디터블 모드

뷰포트 조작

앞에서 설치한 C4D 프로그램을 실행합니다.

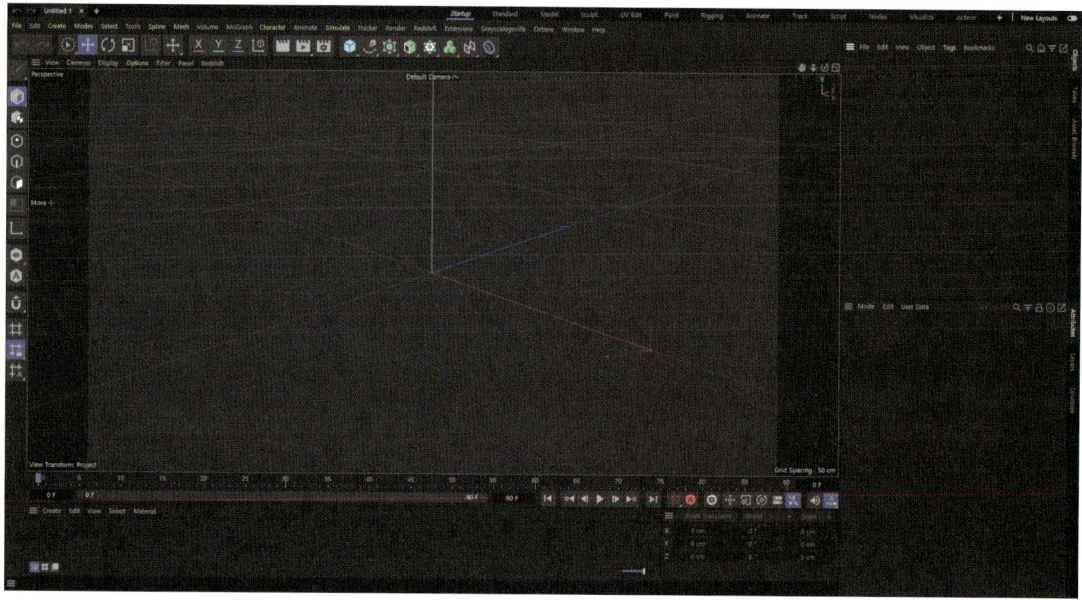

▲ 프로그램 실행 시 화면

C4D는 작업자마다 레이아웃을 다르게 사용하기 때문에 실행 화면과 레이아웃이 다를 수 있습니다. 우측 상단의 [New Layouts] 오른쪽에 있는 토글 버튼을 클릭하면 검은색 동그라미가 좌우로 움직이는데, 동그라미가 왼쪽으로 이동된 상태에서 [Standard]를 클릭하여 해당 레이아웃으로 같이 공부를 진행하겠습니다.

이제 화면을 움직여보겠습니다. 화면은 크게 회전/이동/확대/축소로 움직일 수 있습니다. 각각 [Alt]를 누른 상태로 마우스 좌클릭 드래그 시 기준점 기준으로 회전, 휠 클릭 드래그 시 수평 혹은 수직 이동, 우클릭 드래그 시 확대와 축소가 됩니다. 화면 확대 및 축소는 휠 드래그로도 가능합니다.

3D 프로그램 화면에는 세 방향의 축이 있습니다. 마우스 휠을 한 번만 클릭하면 다음과 같이 화면이 네 부분으로 분할됩니다. 여기서 X, Y, Z 축에 따라 바라보는 화면을 조정할 수 있습니다.

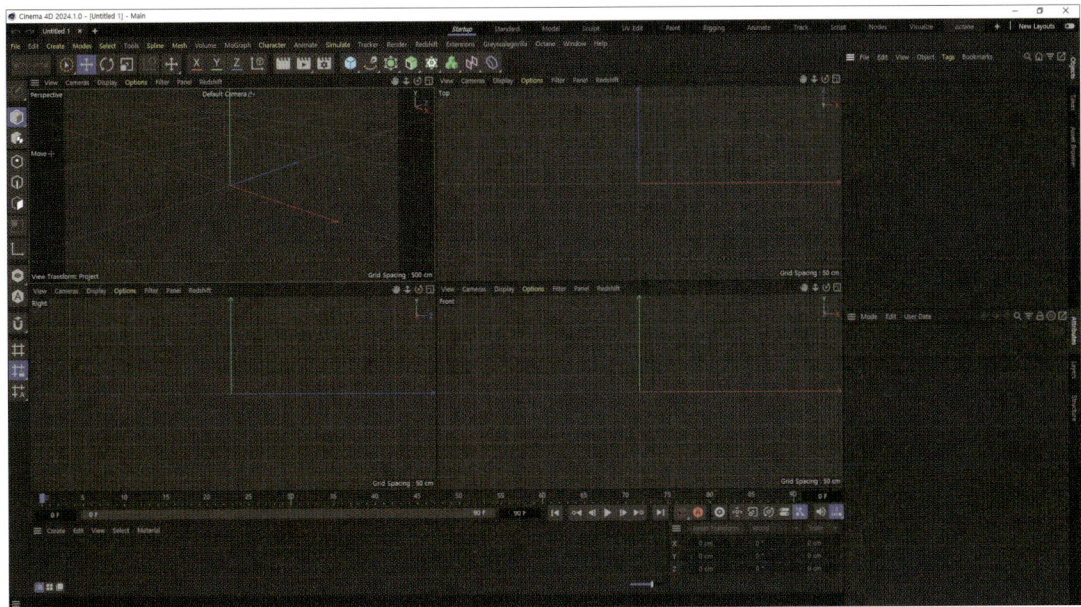

▲ 뷰 화면

4분할된 화면은 각각 Perspective, Top, Right, Front 화면이며 각 화면에서 방향 조절이 가능합니다.

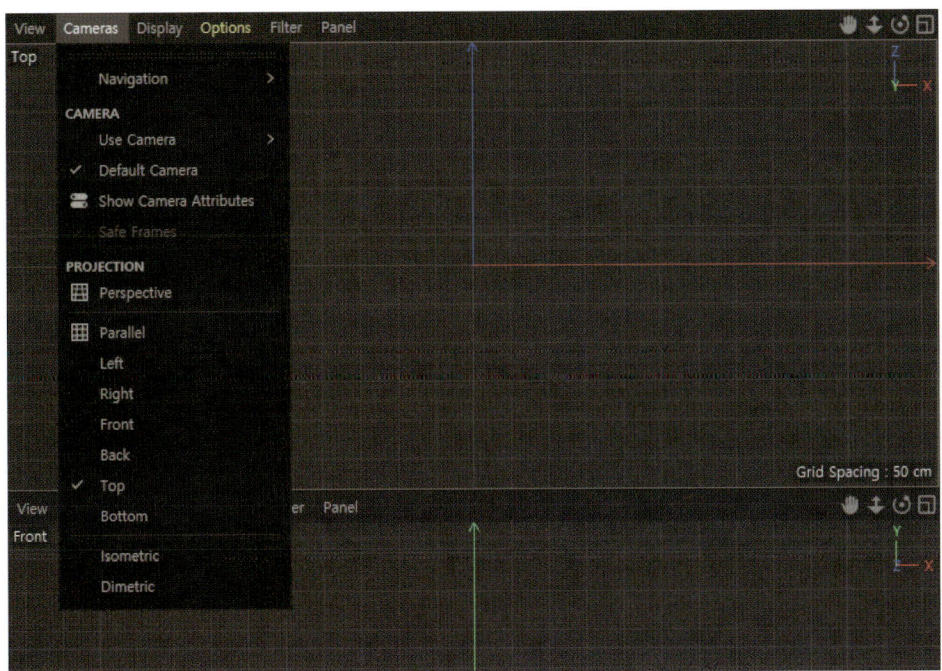

▲ 뷰 화면에서 축 변경

[Cameras]에서 축을 변경할 수 있으며, 작업을 하면서 각 화면을 모두 활용하게 됩니다.

인터페이스 살펴보기

화면을 움직이고 4분할 화면을 활용하는 방법까지 알아봤습니다. 이제 전체적인 인터페이스를 살펴보면서 자주 사용하는 아이콘을 위주로 설명하겠습니다.

우선 좌측 영역에는 생성한 오브젝트의 점, 선, 면을 이동할 수 있는 아이콘과 축 활성화(Enable Axis), 스냅(Snap), 지정한 오브젝트만 보여주는 솔로(Solo) 아이콘 등이 있습니다. 그 외는 차후에 예제를 진행하면서 필요할 때마다 명시하도록 하겠습니다.

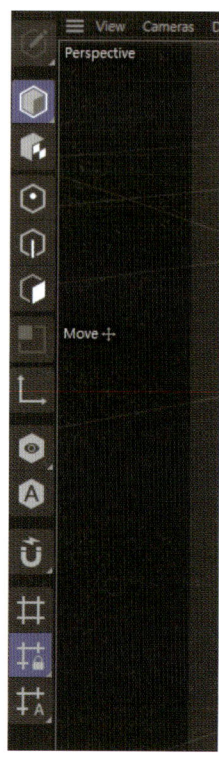

▲ 좌측 부분 확대 이미지

▲ 상단 부분 확대 이미지

상단 영역에는 이동(E), 크기(T), 회전(R)과 렌더링 아이콘이 있습니다. 렌더링 부분은 예제를 진행하면서 자세히 설명하겠습니다. 그리고 기본적인 모델링 오브젝트 생성, 스플라인(선) 생성, 제작된 오브젝트의 추가적인 형태를 설정하는 기능들입니다.

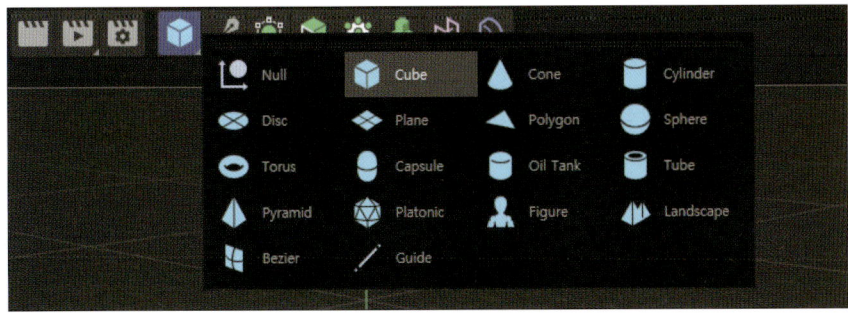

▲ 펼쳐진 아이콘 이미지

각 아이콘을 한 번 클릭한 경우엔 아이콘 모양 그대로의 기능을 실행하고, 아이콘을 누르고 있으면 다른 오브젝트 혹은 기능을 선택할 수 있습니다. 아이콘을 클릭한 상태에서 마우스를 떼지 말고 원하는 하위 아이콘으로 이동하여 클릭을 떼야 해당 기능이 추가됩니다. C4D에서는 이러한 하이어라키(hierarchy) 개념을 잘 이해해야 합니다.

▲ 아이콘 색별 이미지

아이콘을 쉽게 색으로 구분해 보면 파란색과 초록색, 보라색이 보일 텐데 오브젝트(Objects) 창을 보면서 설명하겠습니다.

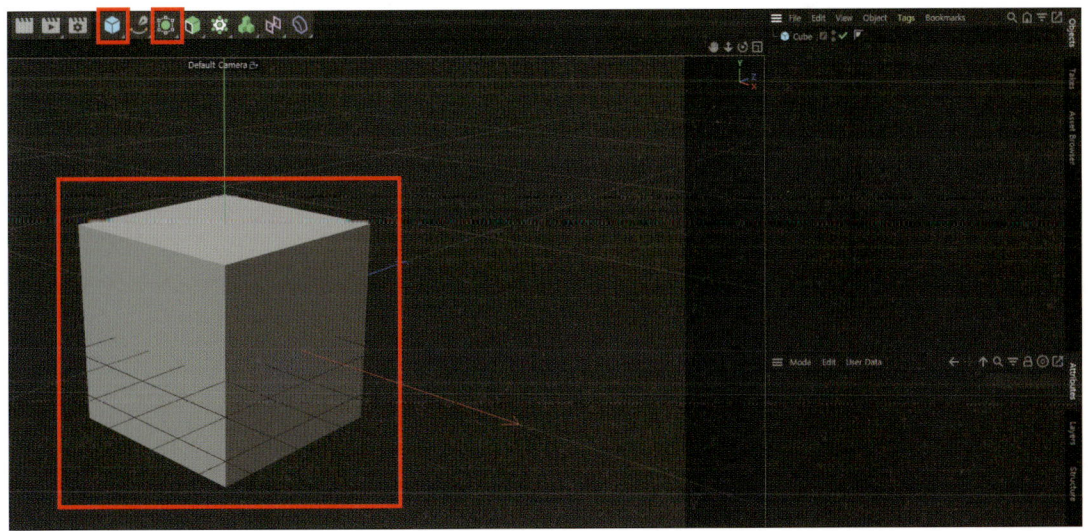

▲ 큐브가 생성된 오브젝트 화면

도형 오브젝트나 추가적인 기능을 생성하게 되면 레이어가 추가됩니다. 이 오브젝트 화면에서 하이어라키 기능을 사용해 보겠습니다. 큐브 하나와 서브디비젼(Subdivision) 기능을 생성합니다.

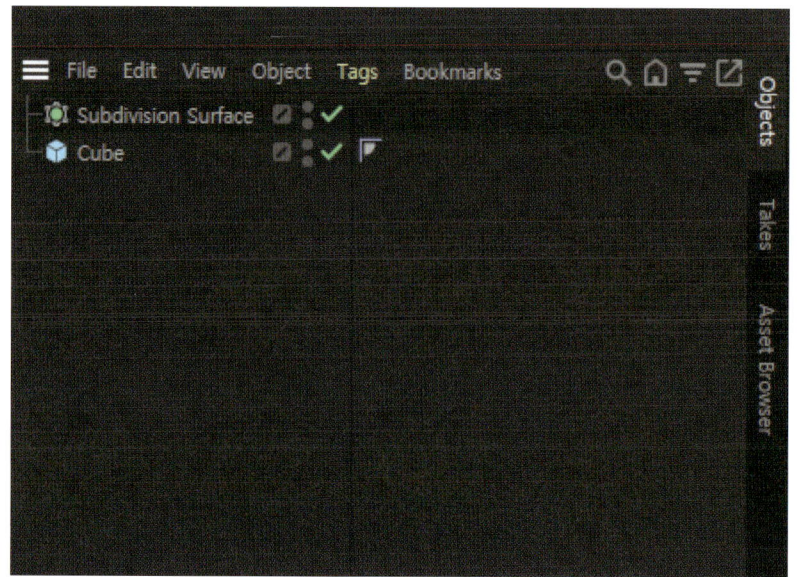

▲ 큐브와 서브디비전

레이어를 클릭하여 상단에 서브디비전 레이어로 드래그하면 커서 모양이 화살표 모양으로 바뀝니다. 이때 왼쪽과 아래를 향하는 두 개의 화살표 중 하나로 세밀한 위치 조정을 할 수 있습니다.

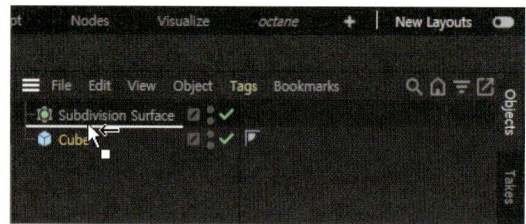 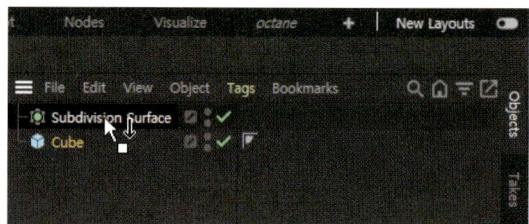

▲ 마우스 왼쪽과 아래 드래그 기능

왼쪽 화살표는 오브젝트 간의 순서를 설정하고, 아래 화살표는 처음 클릭 앤 드래그한 오브젝트를 하단에 적용하겠다는 의미입니다. 이렇게 하단에 적용하는 부분을 하이어라키라고 칭하며 C4D에서 매우 많이 사용하는 개념이므로 꼭 숙지하길 바랍니다.

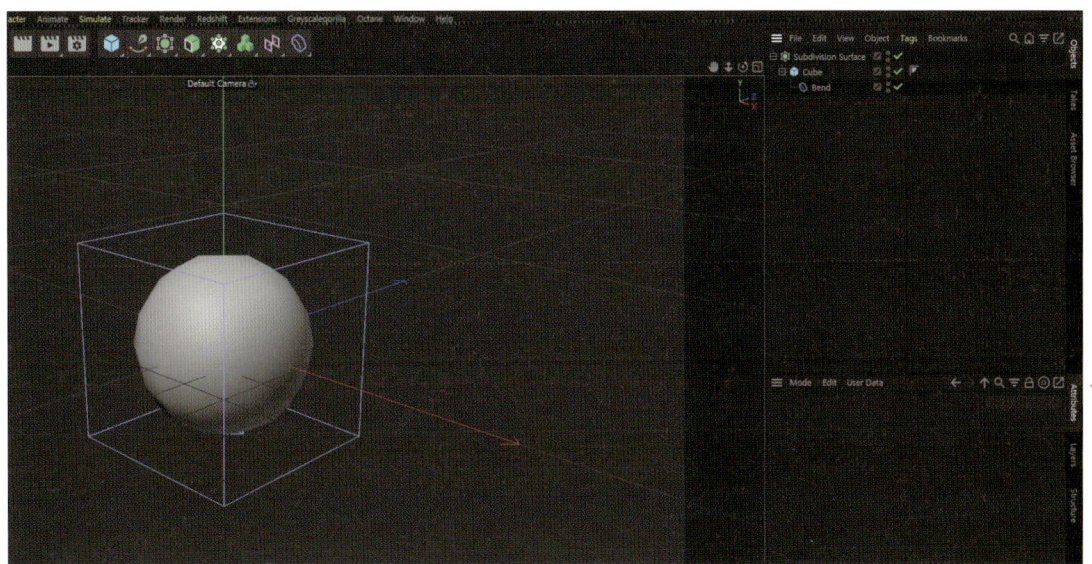

▲ 서브디비전 큐브 베벨

다시 아이콘을 살펴보면 파란색, 초록색, 보라색 아이콘이 있습니다. 작업할 때는 이 파란색, 초록색, 보라색 아이콘이 나열된 순서대로 진행을 해야 원활하게 작업할 수 있습니다.

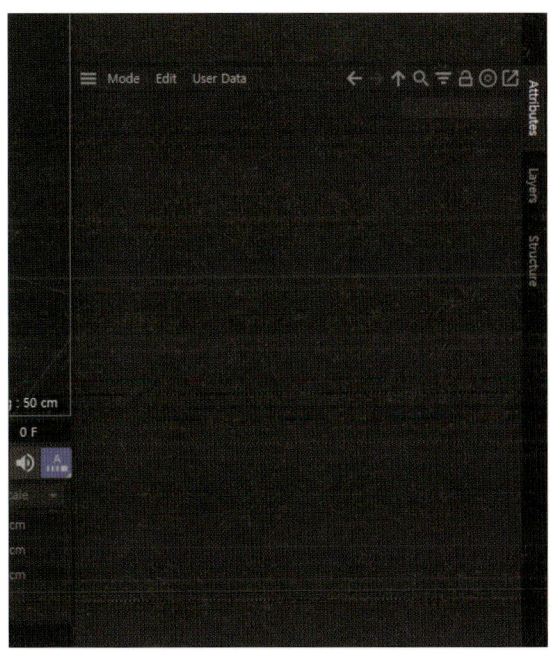

▲ 어트리뷰트 확대 이미지

이어서 어트리뷰트(Attributes) 창입니다. 어트리뷰트는 화면에 보이는 다양한 오브젝트의 설정값을 조절하는 기능입니다. 예를 들어 큐브를 생성할 땐 큐브의 크기나 면의 개수를 조정할 수 있고, 위치나 회전하는 정도, 크기를 조절할 수 있습니다. 단, 클릭한 오브젝트의 설정값만 보여줍니다.

이때 오브젝트 창에서도 크기 변경이 가능하고 코디네이드(Coordinates) 창에서도 크기 변경이 가능한데, 둘 중 어디서 해야 하는지 구분할 필요가 있습니다. 오브젝트에서는 정확한 수치를 입력하여 크기를 조절하는 방식이고, 코디네이터에서는 비율(2배, 3배 등)로 조절하는 방식입니다. 아래의 이미지를 보면 코디네이터 창에서는 단위 없이 숫자만 있고, 오브젝트 창에서는 단위값이 표시된 것을 확인할 수 있습니다.

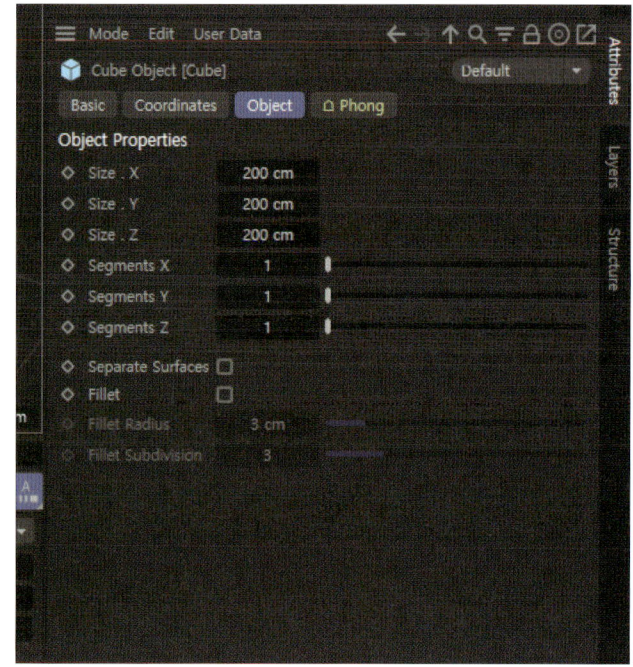

▲ 클릭된 큐브의 어트리뷰트 창

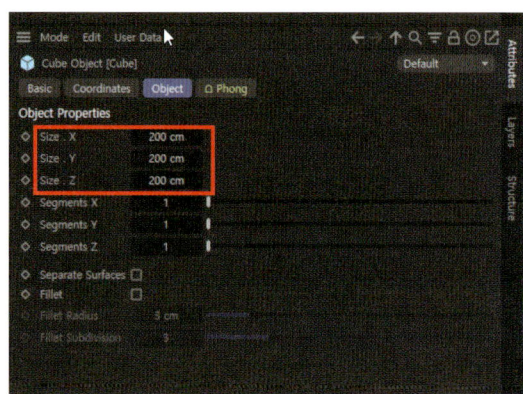 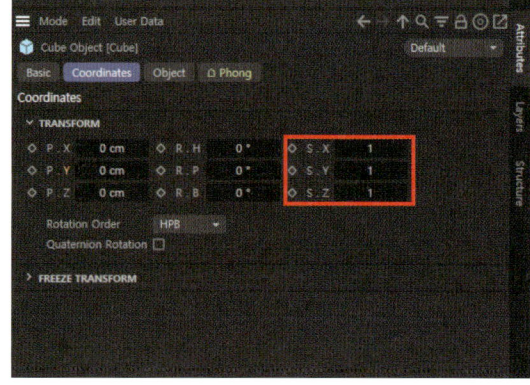

▲ 오브젝트 창 / 코디네이트 창

이 외에도 오브젝트가 가진 특성에 대한 다양한 설정값을 어트리뷰트에서 조절할 수 있습니다.

모델링 모드와 에디터블 모드

모델링 모드와 에디터블 모드의 차이를 알아보겠습니다. 우선 모드 선택 아이콘은 왼쪽 상단에 있습니다. 단축키는 ⓒ입니다.

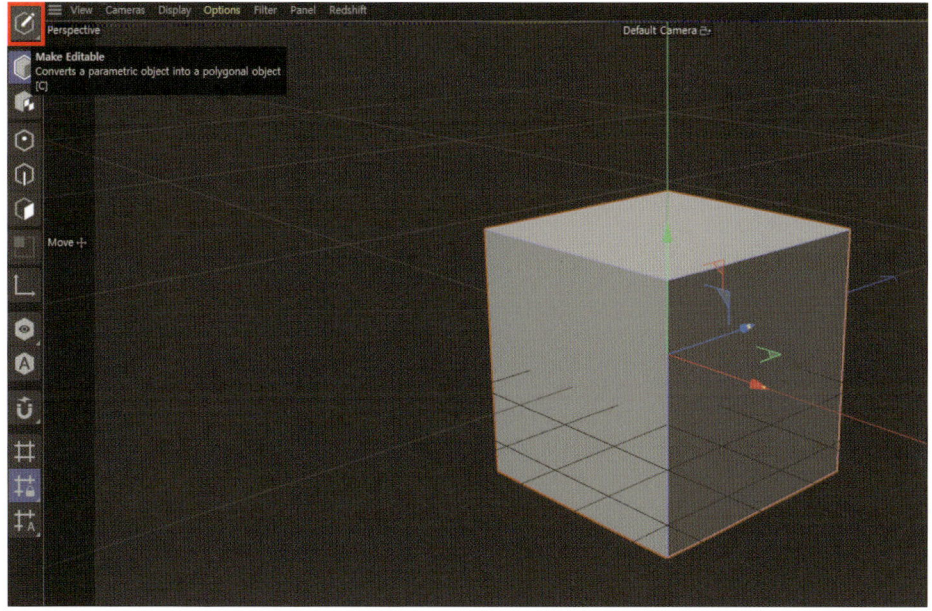

▲ 에디터블 아이콘 확대 이미지

해당 아이콘이나 단축키를 누르면 레이어 화면에서 아이콘의 모양이 변경됩니다. 이는 모든 오브젝트에 적용됩니다. 앞에서 오브젝트를 생성한 후에 어트리뷰트에서 오브젝트의 설정값을 수정할 수 있었지만, 한번 에디터블 시킨 오브젝트는 코디네이트 설정만 가능합니다. 그래서 모델링을 진행할 때는 기본 오브젝트를 생성하고 크기와 면의 개수 정도를 설정한 후에 에디터블 하는 것을 권장합니다. 이처럼 모델링 모드에서는 일부 기능이 적용되지 않는 경우가 있으니 주의해야 합니다.

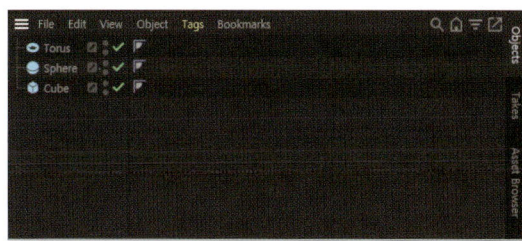

▲ 기본 도형 이름 / 에디터블한 도형 이름

이렇게 기본적인 인터페이스를 살펴봤습니다. 전체를 다 살펴보진 않았지만 앞으로 예제를 제작하면서 카메라는 어디서 생성하고 설정하는지, 라이트는 어디서 생성하고 조절하는지 더욱 재미있는 부분들을 같이 공부해 보겠습니다.

PART

03

로우 폴리
모델링

01 로우 폴리 모델링이란?

02 클로너와 랜덤 이펙터 기능 익히기

03 Symmetry 기능 알아보기

04 로우 폴리 자동차 모델링

05 로우 폴리 건물 모델링

06 스탠더드 렌더러 기초 기능

07 로우 폴리 도시 만들기

08 최종 렌더링

로우 폴리 모델링이란?

이번 파트 3에서는 로우 폴리(low poly) 모델링에 대해 알아보고 직접 예제를 모델링해 보겠습니다. 로우 폴리라는 이름은 낮은 다각형(low polygon)이라는 뜻인데, 모델링 제작 시에 면을 적게 써서 모델링하는 작업을 의미합니다. 반대로 하이 폴리(high poly)는 면의 개수가 굉장히 많은 모델링을 의미합니다. 앞으로 같이 만들어 볼 예제도 처음에는 쉽고 간단한 것부터 점차 면의 개수가 많아질 것입니다. 로우 폴리와 하이 폴리의 실제 작업물을 예시로 보면서 차이를 느껴 보세요.

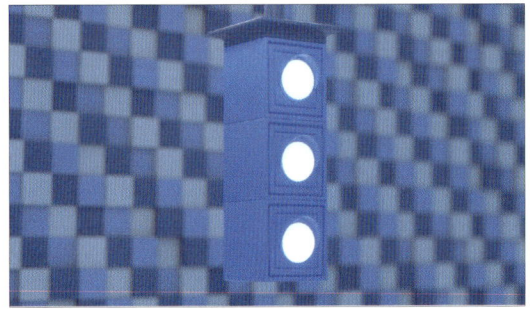 

▲ 로우 폴리 예제

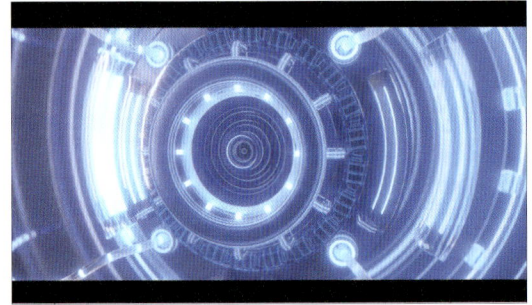 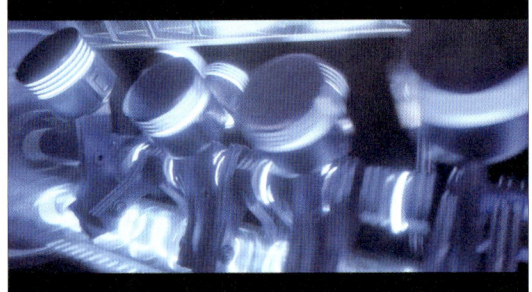

▲ 하이 폴리 예제

로우 폴리곤은 1~3천 개의 폴리곤, 하이 폴리곤은 대략 5만 개 이상의 폴리곤으로 이루어져 있습니다. 정해진 개수는 없습니다. 작업자마다 표현하는 개수가 다르므로, 개수에 연연하기보다 형태감이나 어떤 작업에 주로 사용할지를 파악하는 것이 중요합니다. 모델링의 형태를 알았으니 본격적으로 예제를 실습해 보기 전에 C4D에서 제일 많이 사용하게 될 클로너(cloner)와 랜덤(random) 이펙터에 대해서 알아보겠습니다.

클로너와 랜덤 이펙터 기능 익히기

모션 그래픽의 꽃은 모그래프라는 말이 있을 정도로 많이 사용되는 기능입니다. 기본적인 기능은 오브젝트의 복사입니다. 오브젝트를 어떻게 복사하고 움직이는지를 설정한다고 생각하면 됩니다.

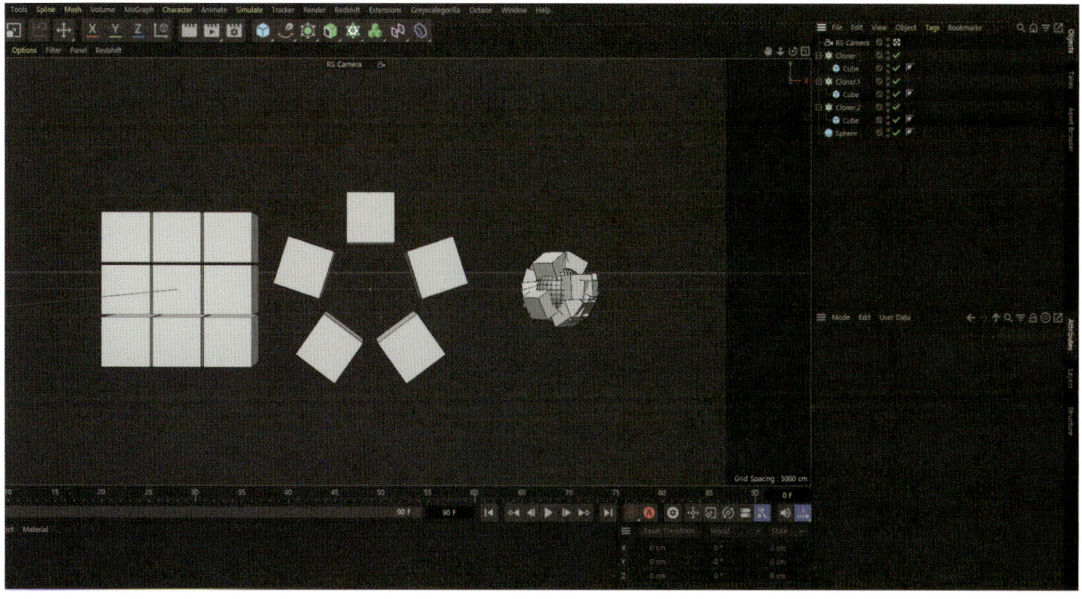

▲ 클로너 예시

앞에서 하이어라키를 설명하면서 오브젝트의 순서에 대해서 언급한 적이 있습니다. 초록색 오브젝트(cloner)가 파란색 오브젝트(cube) 상단에 있어야 합니다. 처음 오브젝트나 기능을 생성할 때는 아이콘을 한 번 클릭하거나 클릭한 채로 원하는 기능의 아이콘에서 마우스 커서를 떼면 됩니다. 이때 미리 원하는 오브젝트를 선택한 후에 Alt를 누르고 새 아이콘을 누르면 선택했던 오브젝트의 상단으로, Ctrl을 누르고 누르면 하단으로 들어가게 됩니다. 즉, 파란색(기본 도형, 혹은 그 외에 모델링 오브젝트)을 선택하고 나서 초록색 아이콘을 생성할 땐 Alt를, 보라색 아이콘을 생성할 땐 Ctrl을 누르면 오브젝트와 기능이 순서에 맞게 배치되어 작업이 훨씬 수월해집니다. 이는 작업을 진행하면서 익혀보도록 하겠습니다.

클로너와 랜덤 이펙터를 사용해서 처음 제작해 볼 예제는 로우 폴리 나무입니다. 가장 기본적인 모델링 형태이므로 따라 하기 쉬울 것입니다. 우선 나무 기둥을 만들기 위해 큐브를 생성해 주세요.

클로너와 랜덤 이펙터를 사용해서 처음 제작해 볼 예제는 로우 폴리 나무입니다. 가장 기본적인 모델링 형태이므로 따라 하기 쉬울 것입니다. 우선 나무 기둥을 만들기 위해 큐브를 생성해 주세요.

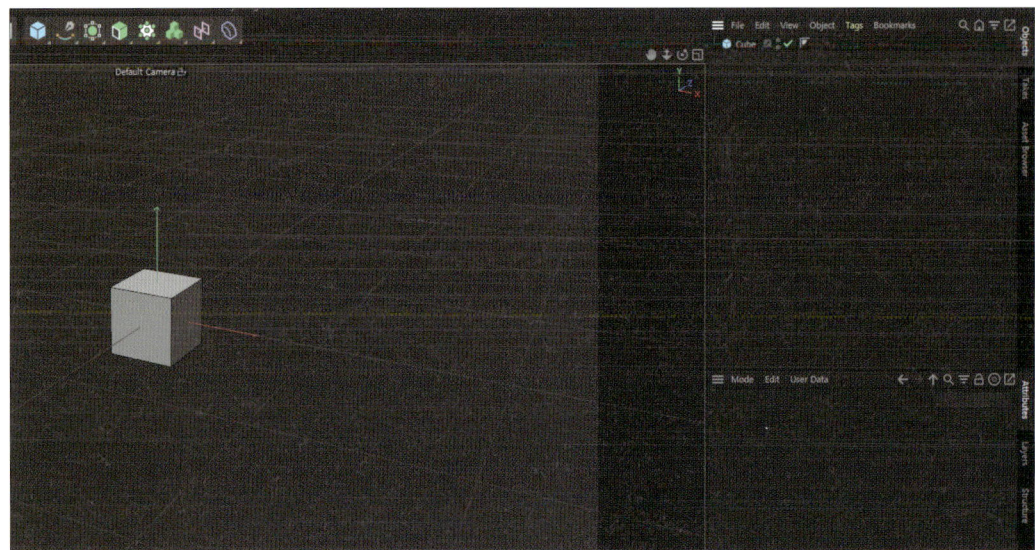

▲ 로우 폴리 나무 큐브 생성

생성된 큐브의 속성값을 조절한 후에 에디터블 하겠습니다. Size.X와 Size.Z는 200cm로 설정하고 Size.Y는 1,000cm로 설정합니다.

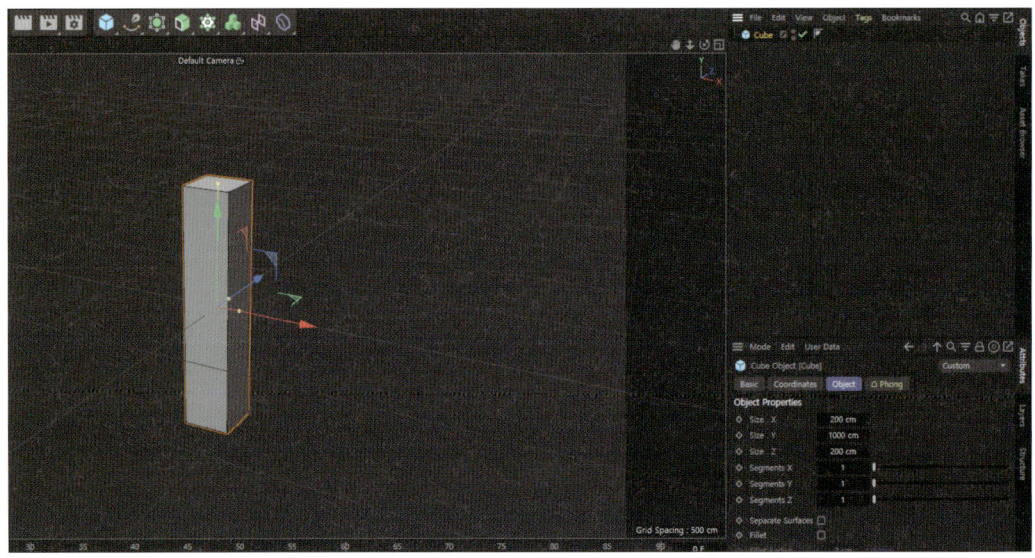

▲ 로우 폴리 나무 큐브 크기 조절

설정값을 입력했으면 C를 눌러 에디터블 시킵니다. 큐브의 위쪽이 좁아지는 형태로 제작한 후에 양쪽으로 두 개의 가지를 추가할 예정입니다. 에디터블 하고 나면 오브젝트의 아이콘이 삼각형으로 바뀌어 있을 것입니다.

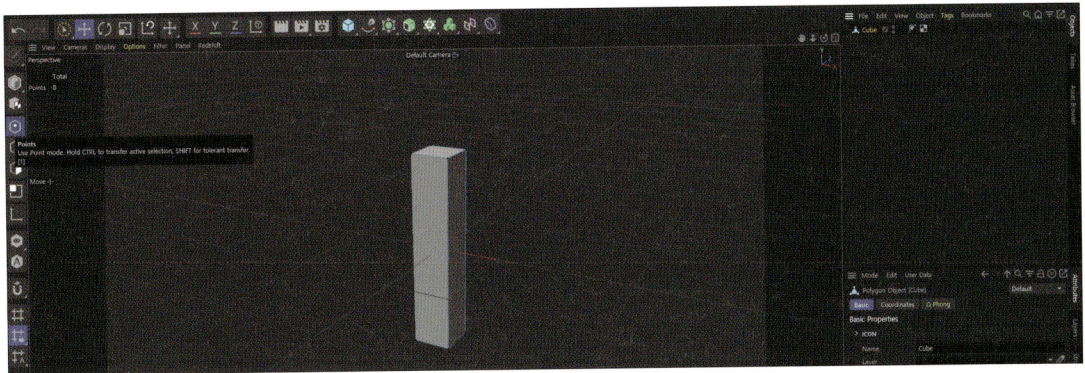

▲ 오브젝트 선택 후 포인트 모드

이제 오브젝트를 선택하면 오브젝트 이름이 노란색으로 활성화됩니다. 왼쪽 영역의 포인트(Points) 아이콘을 클릭합니다. 마우스를 아이콘에 가만히 올려놓으면 이름이 뜨기 때문에 찾기 어렵지 않습니다. 순서대로 포인트(Points), 엣지(Edges), 폴리곤(Polygons)을 선택할 수 있으며, 각 아이콘은 별도의 단축키로도 설정이 가능합니다. 그다음 상단 영역의 이동 아이콘 왼쪽에 선택 아이콘을 길게 클릭하여 선택 모드를 렉탱글 셀렉션(Rectangle Selection)으로 설정합니다.

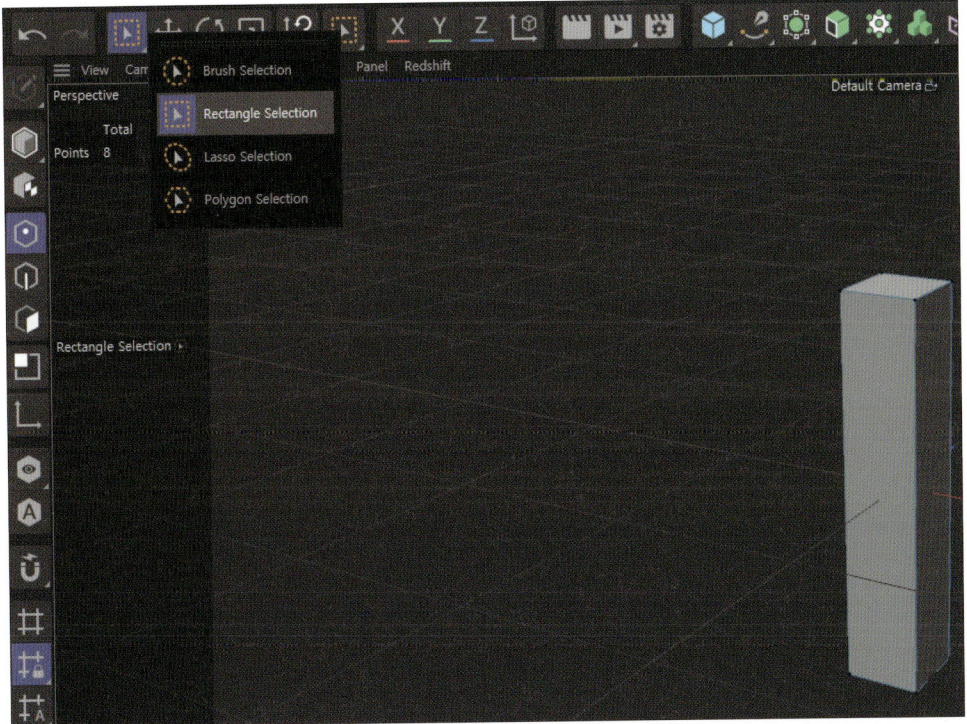

▲ 렉탱글 셀렉션

그리고 마우스 휠을 클릭하여 4분할 화면으로 넘어갑니다.

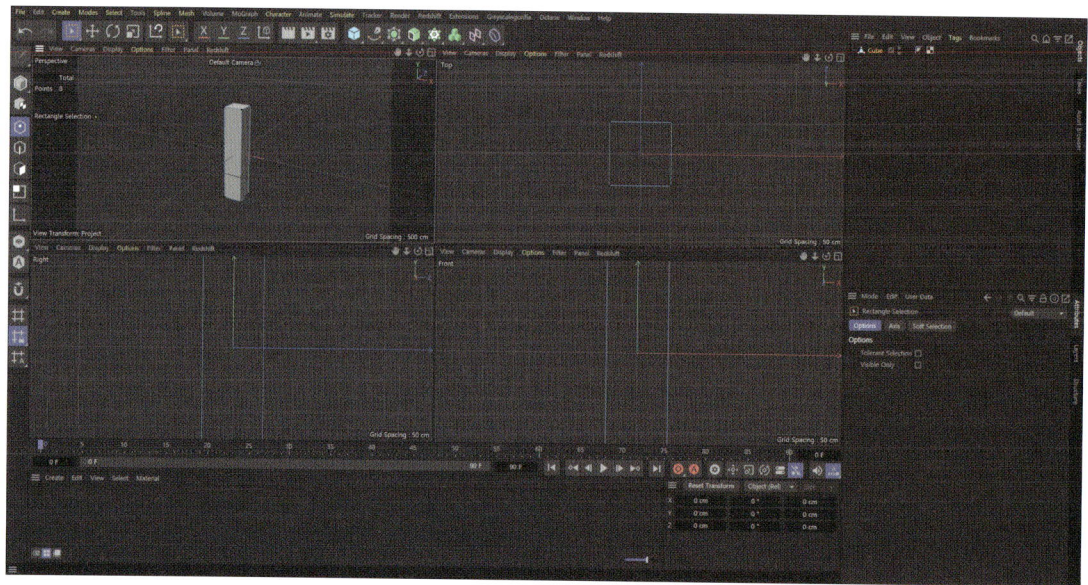

▲ 4분할 화면

화면 확대와 축소는 Alt +마우스 우클릭 및 드래그 혹은 마우스 휠로 드래그하여 조절할 수 있다고 했습니다. 4분할 화면 상태에서는 원하는 화면에 마우스 커서를 올리고 휠을 드래그하면 확대와 축소가 되는 것을 확인할 수 있습니다. 여러 화면 중에서 Top 화면을 제외한 Right 화면 혹은 Front 화면에서 맨 위의 점 4개만 선택하겠습니다. 여기서는 Front 화면으로 진행하겠습니다. Front 화면에 커서를 올린 후 마우스 휠로 화면을 축소해 주세요.

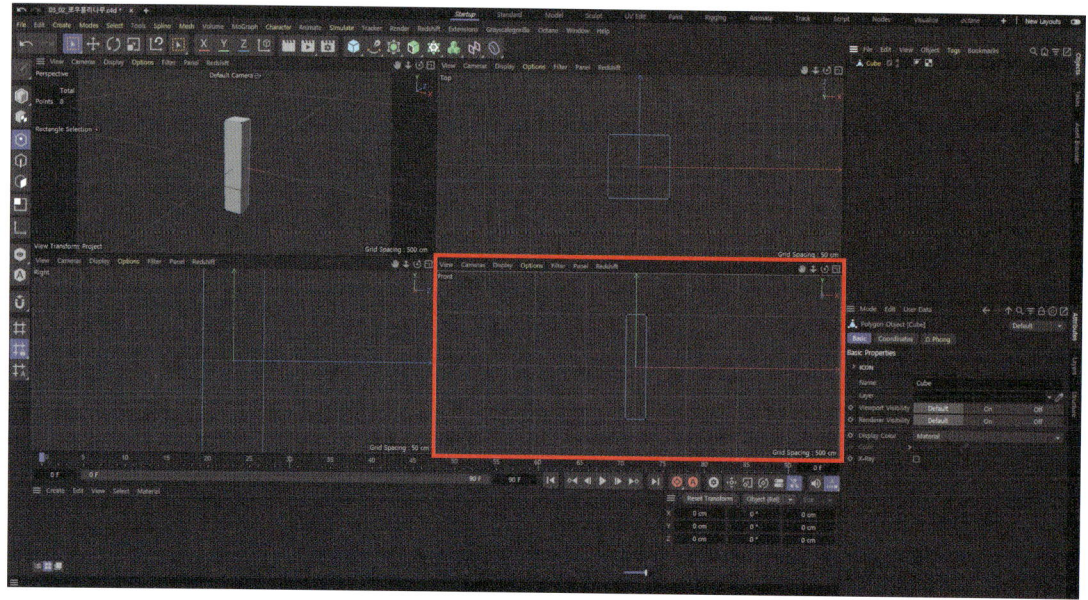

▲ Front 화면 축소

그다음 점 2개가 들어올 크기로 선택 영역을 클릭 앤 드래그합니다.

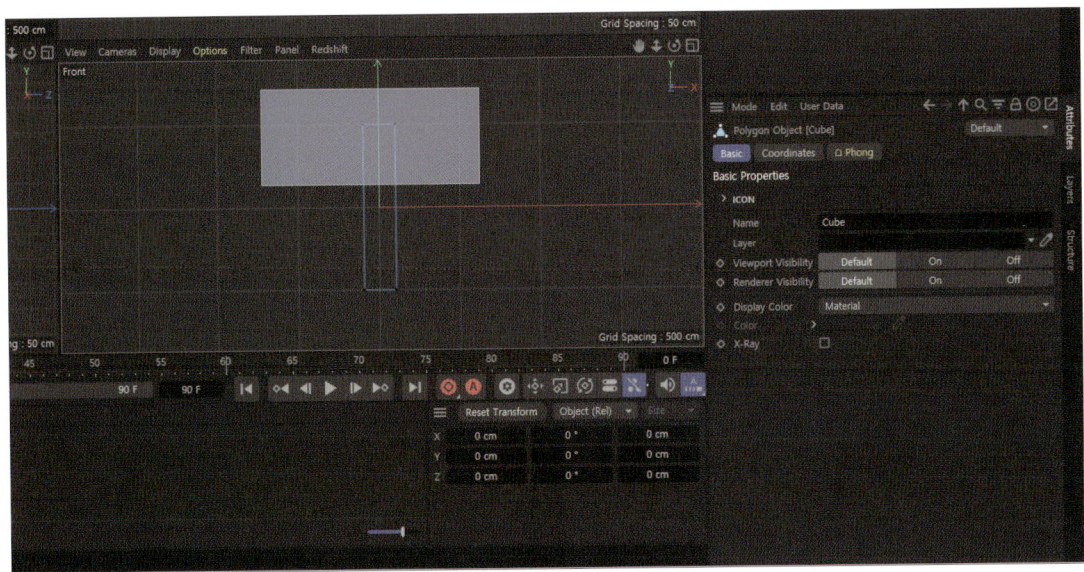

▲ 드래그로 점 선택

드래그를 하면 다음 이미지와 같이 위쪽 점 2개만 노란색으로 활성화된 것을 확인할 수 있습니다.

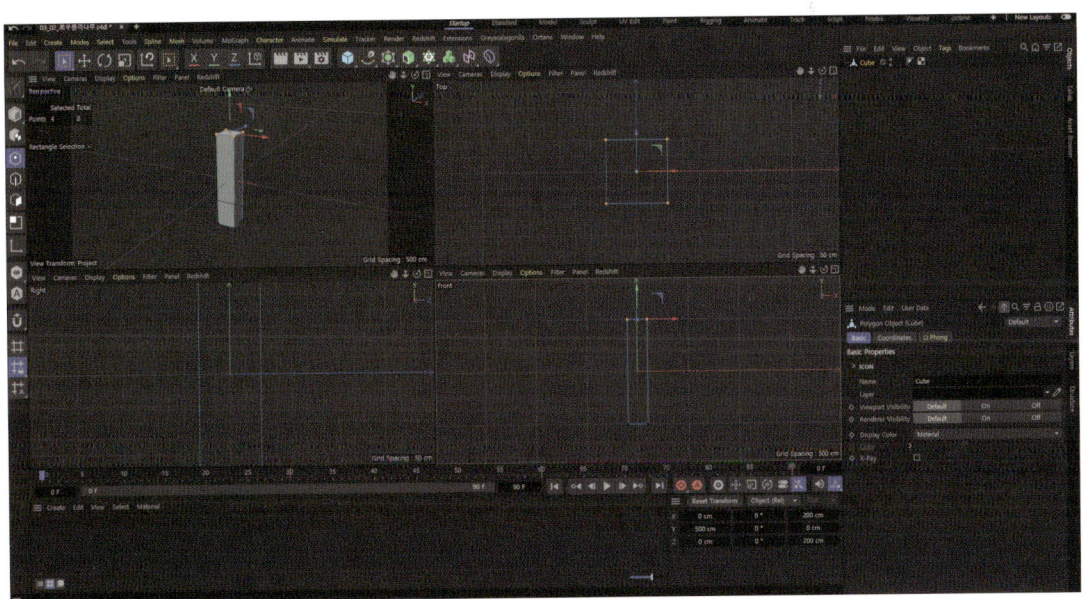

▲ 활성화된 두개의 점

단, 이때 주의할 부분이 있습니다. 방금 직사각형으로 점을 선택했는데, 렉탱글 셀렉션(Rectangle Selection) 아이콘을 다시 클릭하면 어트리뷰트 창에 설정값이 보입니다.

로우 폴리 모델링 | PART 03 43

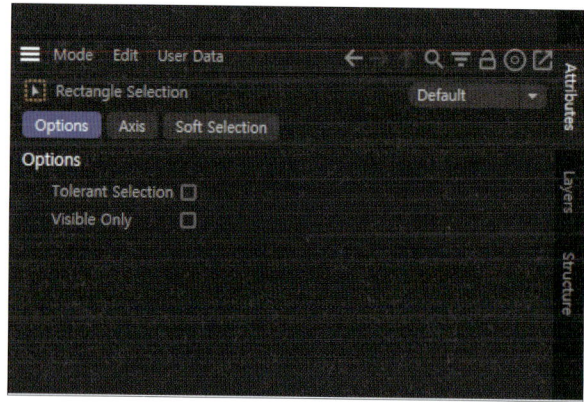

▲ 렉탱글 셀렉션 옵션

이 중에서 비지블 온리(Visible Only)라는 옵션을 주의 깊게 봐야 합니다. 이 옵션은 화면상에서 보이는 부분만 선택하겠다는 옵션입니다. 현재 체크가 되어 있지 않은 상태이기 때문에 전부 선택되었지만, 이번에는 체크를 하고 아까와 같이 Front 화면에서 다시 영역을 드래그하여 선택해 보겠습니다.

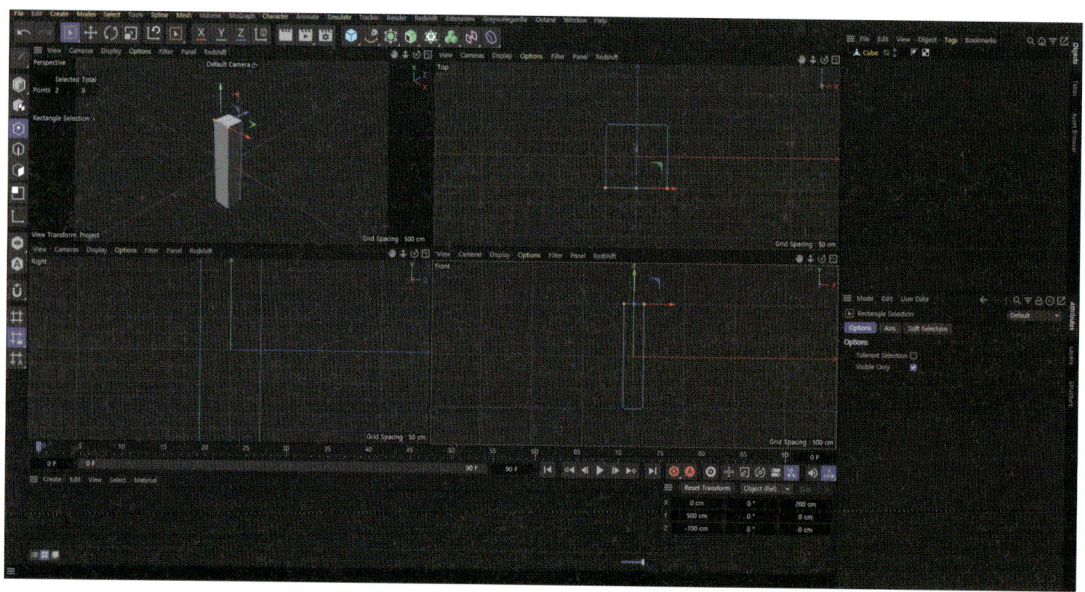

▲ 비지블 온리 체크 후 점 선택

위 이미지와 같이 뒤쪽에 있는 점은 선택이 되지 않음을 확인할 수 있습니다. 해당 이미지는 비지블 온니 체크를 해제 후 드래그 선택, 그다음 다시 체크 표시를 한 이미지입니다. 비지블 온리(Visible Only) 옵션에 체크가 안 되어 있어 처음처럼 4개의 점이 선택이 된 상태라면 그대로 진행하면 되며, 2개의 점만 선택된 상태라면 비지블 온리 옵션이 해제되었는지 확인해 주세요. 이 옵션은 모든 선택 옵션에 적용되는 옵션이므로 앞으로의 작업에서도 꼭 염두에 두기 바랍니다.

우리의 원래 목적은 큐브 윗부분의 크기를 줄이는 것이었습니다. 점 4개가 선택된 상태 그대로 T를 누르거나 상단의 스케일(Scale) 아이콘을 클릭합니다.

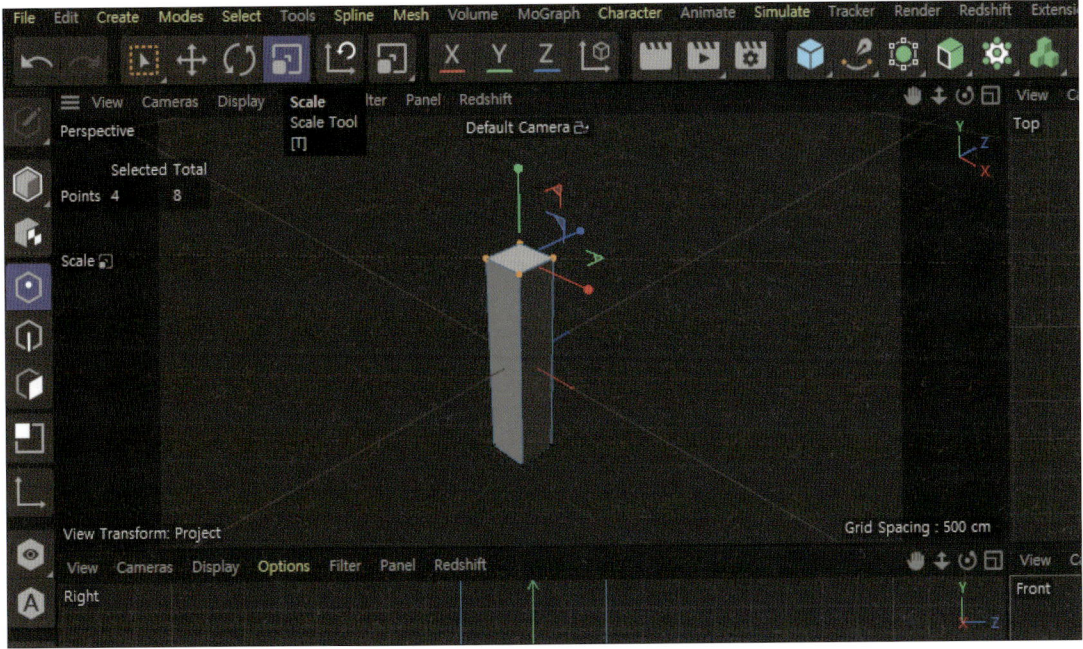

▲ 스케일 적용

스케일 아이콘을 누르면 축이 스케일에 맞게 변경된 것을 확인할 수 있습니다. 여기서 자세히 봐야 할 부분은 스케일 아이콘과 붙어 있는 무브(Move), 로테이트(Rotate) 툴입니다. 아이콘의 모양 자체가 이동, 회전, 크기를 연상할 수 있으므로 찾기 어렵지 않습니다.

포인트(Points) 선택이 활성화된 상태에서는 포인트만 선택 혹은 이동이 가능하기 때문에 이 점을 유의하며 앞에서 선택했던 4개 점의 간격을 줄여보겠습니다. 다음과 같이 축마다 다른 색으로 표시되어 있는데 모양 역시 각기 알아보기 쉽게 표시되어 있기 때문에 조절이 어렵지 않을 것입니다.

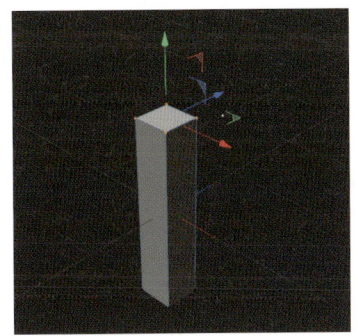 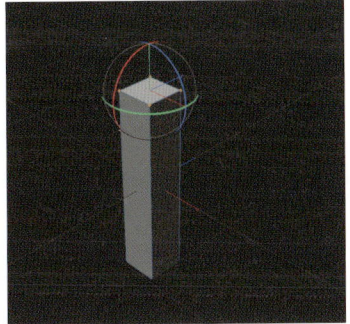 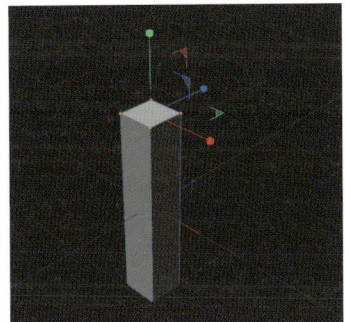

▲ 축 이동 / 회전 / 크기 조절

세 방향으로 빨강(X), 파랑(Z), 초록색(Y) 축이 있고 각 축 사이의 A와 흡사한 모양의 아이콘으로는 두 축을 함께 조절할 수 있습니다. 이를 이용해 손쉽게 축별로 이동하거나 크기를 조절할 수 있습니다.

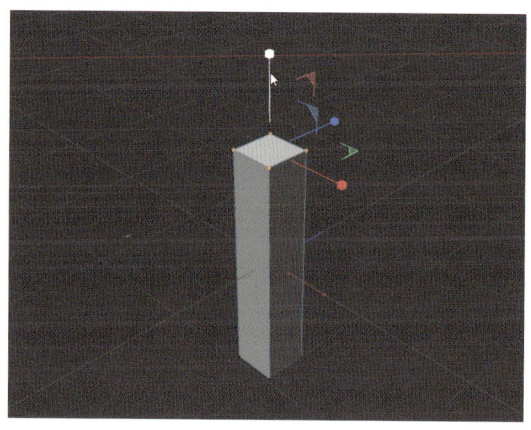 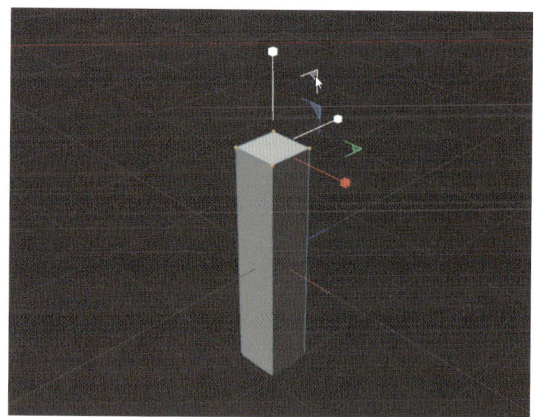

▲ 하나의 축 선택 / 두 개의 축 선택

각 축에 마우스 커서를 가져가면 하얀색으로 활성화가 되고, A 모양 아이콘에 마우스 커서를 대면 두 축이 동시에 활성화되는 것을 확인할 수 있습니다. 이때 클릭 앤 드래그를 하면 각 속성값에 맞게 설정이 가능합니다.

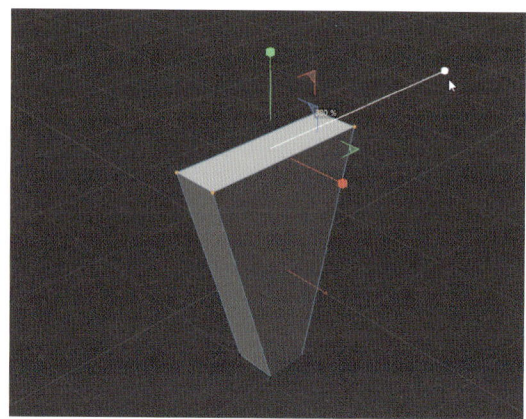

▲ Z축 드래그

이처럼 축 하나를 바깥쪽으로 클릭 앤 드래그하면 해당 면이 넓어지는 것을 확인할 수 있습니다. 우리는 윗면을 줄여야 하니 Z축과 X축을 동시에 줄이도록 하겠습니다.

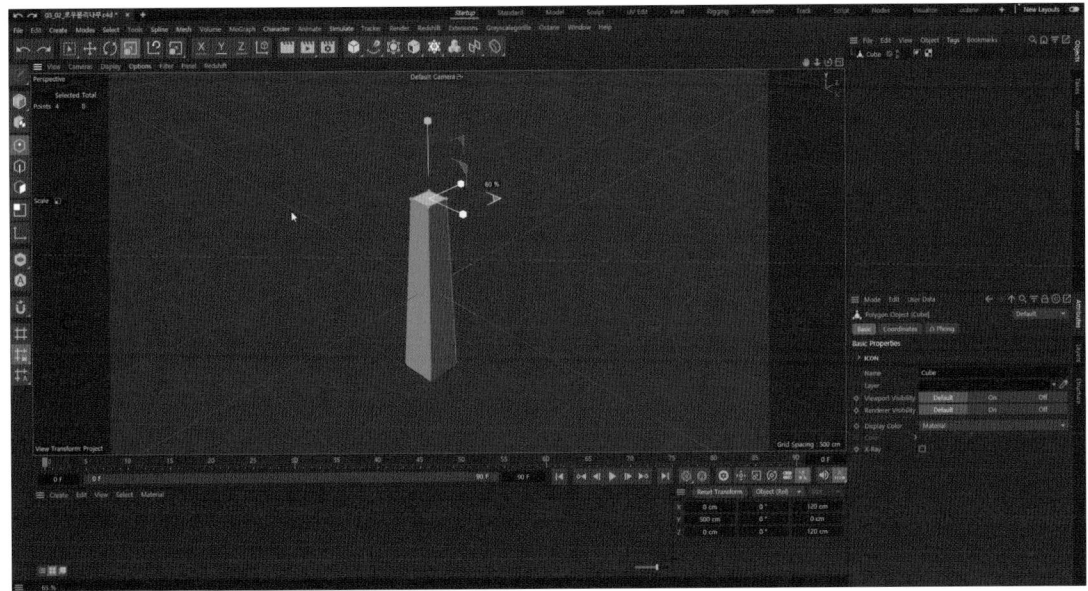

▲ 윗면 크기 조절

Z축과 X축을 동시에 줄이려면 어떻게 해야 할까요? 초록색 A 모양 아이콘을 왼쪽으로 클릭 앤 드래그해 보세요. 드래그를 하면서 Shift 를 누르면 퍼센티지가 보이면서 좀 더 세밀하게 조절할 수 있습니다. 얼마나 줄일지는 여러분이 원하는 정도로 하면 되는데, 60% 정도 줄이겠습니다. 슬슬 C4D가 익숙해지고 있나요? 여기서는 포인트(Points)를 선택하고 크기를 조절하는 방법을 익혔으므로 다른 부분을 선택하고 이동하거나 회전하는 것도 한번 응용해 보기 바랍니다.

이제 양쪽의 굵은 가지를 만들어 볼 차례입니다. 일정 면들을 잘라준 후에 익스트루드(Extrude)와 루프/패스 컷(Loop/Path Cut) 기능을 사용하여 진행하겠습니다. 우선 폴리곤(Polygons) 선택 모드로 바꿔줍니다. 그다음 빈 곳을 우클릭하면 여러 가지 설정 툴이 모인 메뉴가 나올 것입니다.

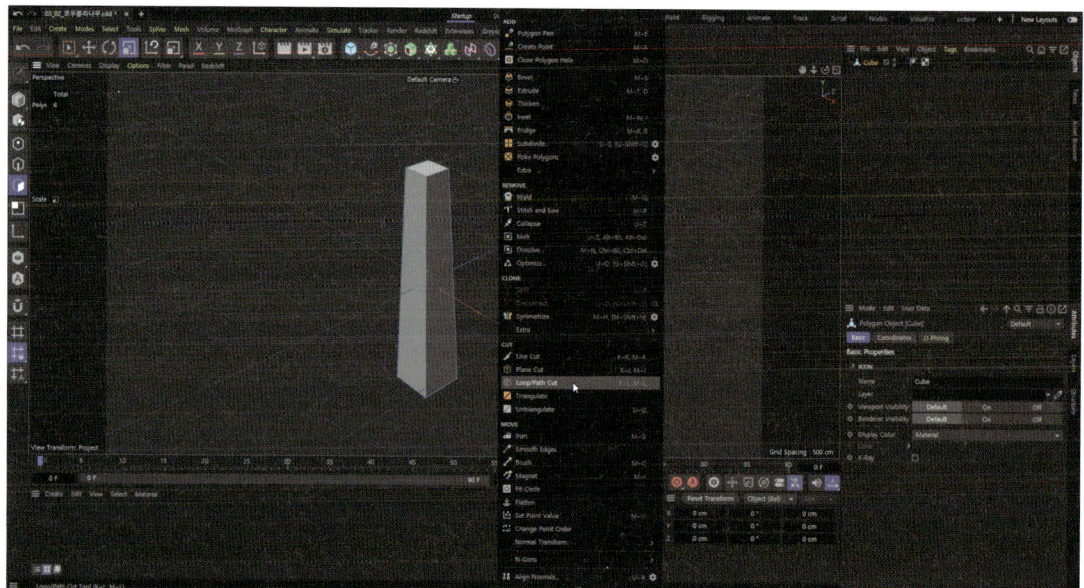

▲ 루프 패스 컷

모델링을 할 때 사용할 수 있는 여러 가지 툴 중에서 [Loop/Path Cut]을 선택합니다. 이때 우측에 보면 단축키가 보이는데, 자주 사용하는 것은 단축키를 외워놓는 게 편합니다. K~L이라고 된 루프/패스 컷의 단축키는 K를 누른 후 L을 누르면 된다는 뜻입니다. 먼저 K를 누르면 다음 이미지처럼 이어서 사용할 수 있는 단축키 목록이 제공됩니다. 목록을 보고 원하는 키를 누르면 됩니다. 이는 다른 단축키를 사용할 때도 마찬가지입니다.

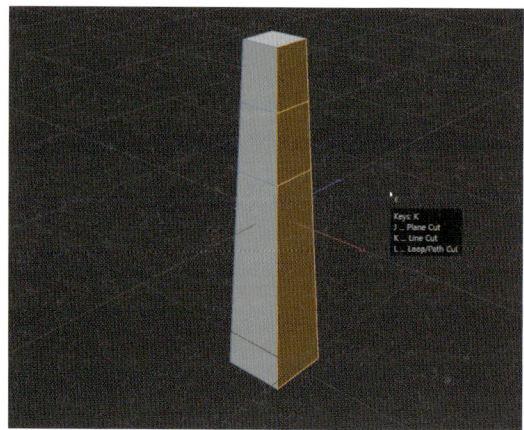

▲ K 단축키

루프/패스 컷을 활성화한 뒤 마우스 커서를 가까이 가져가면 한 변을 두르는 선이 활성화된 것을 볼 수 있습니다. 면 선택 여부와 상관없이 자를 수 있습니다.

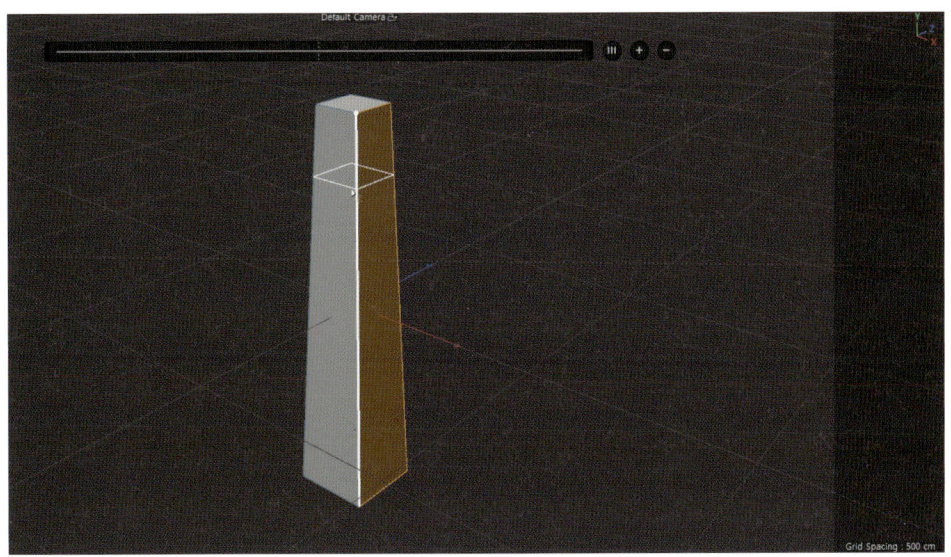

▲ 루프 패스 컷 범위

마우스 커서 위치를 잘 조정하면 세로 방향으로도 자를 수가 있습니다. 단, 우리는 양쪽으로 나오는 형태의 가지를 만들 것이므로 가로로 진행하겠습니다. 범위가 나오면 적당히 원하는 범위가 표시되면 적당히 원하는 범위를 클릭하여 면을 분할합니다. 이어서 밑부분도 클릭해서 분할을 완료합니다.

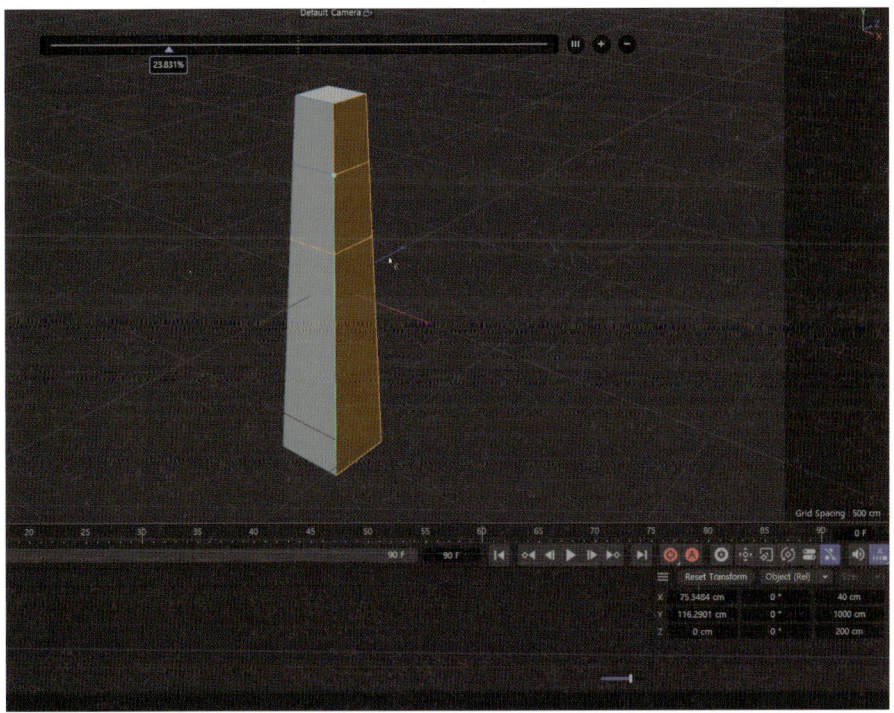

▲ 루프 패스 컷 적용 완료

이처럼 적용이 가능하며, 어떤 기능을 적용할 땐 반드시 오브젝트가 먼저 선택되어 있어야 합니다. 조절 선이 안 보일 때 오브젝트를 선택하면 해결됩니다. 우선 오브젝트를 클릭하고 나서 어트리뷰트 창에서 설정을 조절하는 방법도 있습니다. 어트리뷰트 창에서 주로 다룰 기능은 오프셋(Offset)과 거리(Distance), 분할 면 수(Number of Cuts)입니다. 오프셋은 한번 설정한 범위를 조절하여 이동을 가능하게 하며 거리는 분할된 부분의 거리, 분할 면 수는 몇 개의 면으로 나눌 것인지 조절하는 값입니다. 여러 번 사용하다 보면 점점 작업이 수월해질 것입니다.

이제 익스트루드(Extrude) 기능을 사용하겠습니다. 익스트루드는 면에 면을 추가해서 늘리는 기능으로, 같이 실습하면서 이해해 보겠습니다.

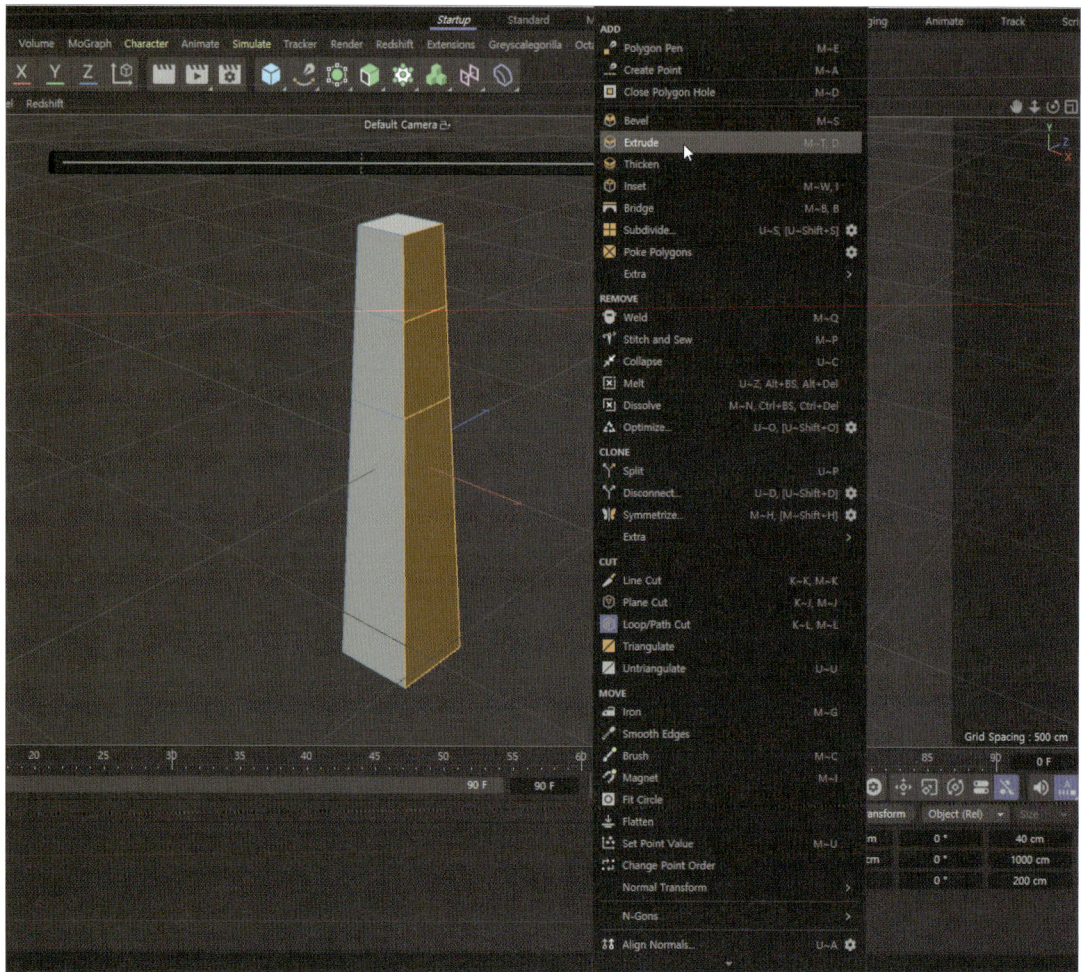

▲ 익스트루드 설정

아까와 마찬가지로 화면의 빈 곳을 우클릭하면 여러 가지 툴이 있는 메뉴가 보입니다. 혹시라도 메뉴가 안 보인다면 선택 툴로 설정 후 오브젝트의 아무 면을 선택한 다음 우클릭하면 됩니다. 우클릭 후에 [Extrude]를 클릭하면 커서 아이콘 주변에 관련 아이콘이 추가되고, 어트리뷰트 설정 화면이 바뀌는 것을 확인할 수 있습니다.

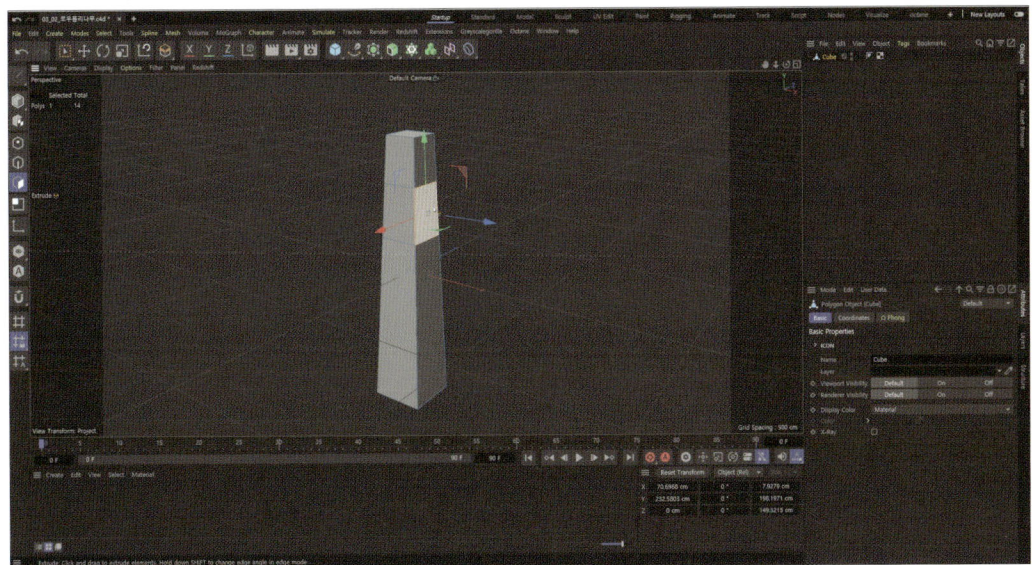

▲ 익스트루드 선택

익스트루드가 활성화된 상태로 해당 면을 한 번 클릭 후 오른쪽으로 클릭 앤 드래그합니다.

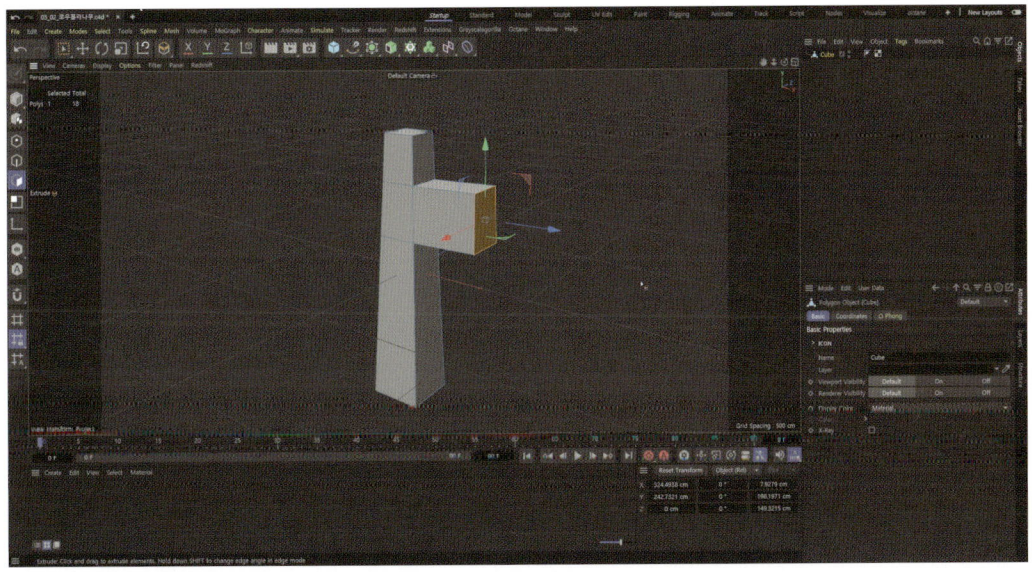

▲ 익스트루드 면 추가

그러면 면이 늘어나는 것을 확인할 수 있는데, 이는 면이 늘어났다는 표현보다 면이 추가됐다는 표현이 더 적절합니다. 이제 여러 가지 선택지가 생깁니다. 우선 한 번 더 면을 늘리고 나서 포인트(Points)에서 일일이 이동시키는 방법이 있고, 면을 우선 회전시킨 후에 익스트루드(Extrude) 하는 방법이 있습니다. 정답은 따로 없으며 디테일을 살리기 위해선 결국에 다시 포인트를 조절하기도 합니다. 여기서는 면을 회전시키고 위치를 이동한 후 다시 익스트루드(Extrude) 하는 방법을 적용하겠습니다. R을 누르고 면을 X축 방향으로 돌립니다.

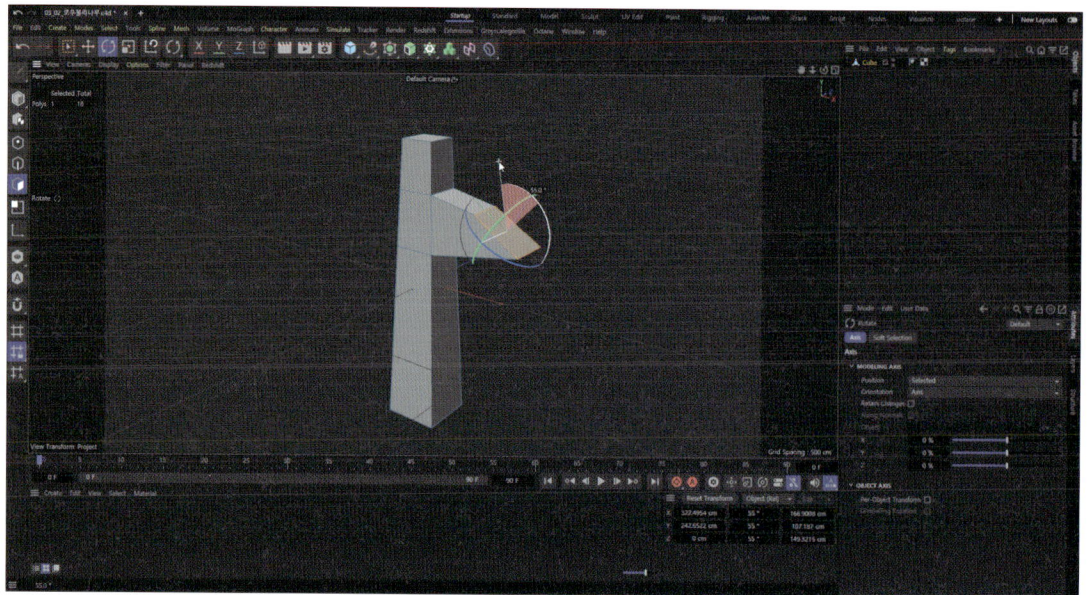

▲ 로테이트 적용

회전을 한 후 모양이 약간 어색해 보이므로 E를 눌러 위치를 이동시킵니다.

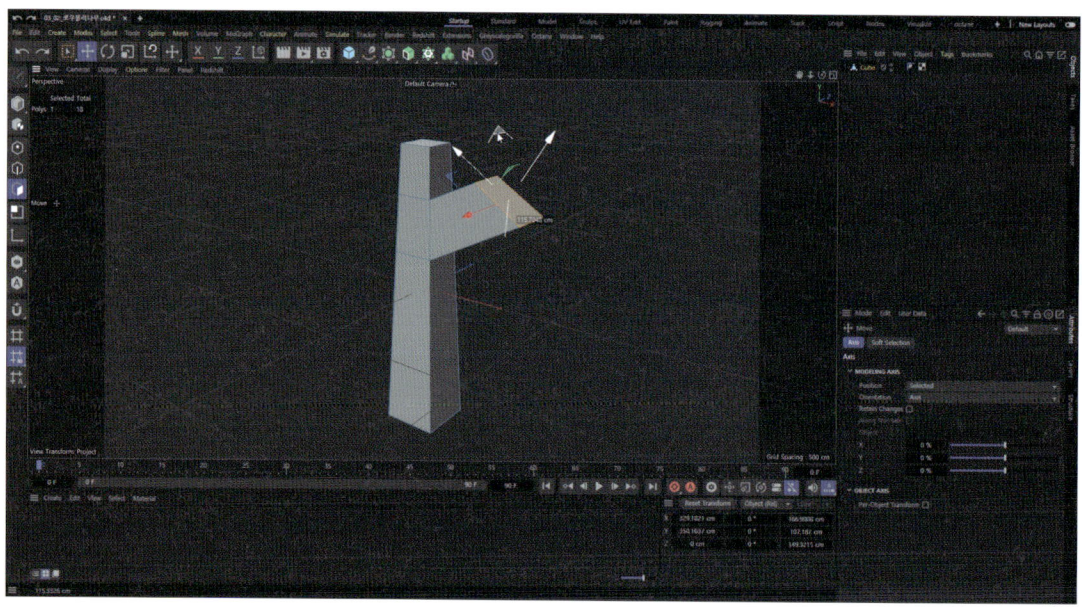

▲ 무브 툴 적용

자, 이 상태에서 한 번 더 익스트루드를 적용하겠습니다. 이번엔 단축키로 해보겠습니다. 익스트루드의 단축키는 M~T 혹은 D입니다. 키를 굳이 두 번 누를 필요는 없으니 D를 눌러서 익스트루드를 활성화합니다.

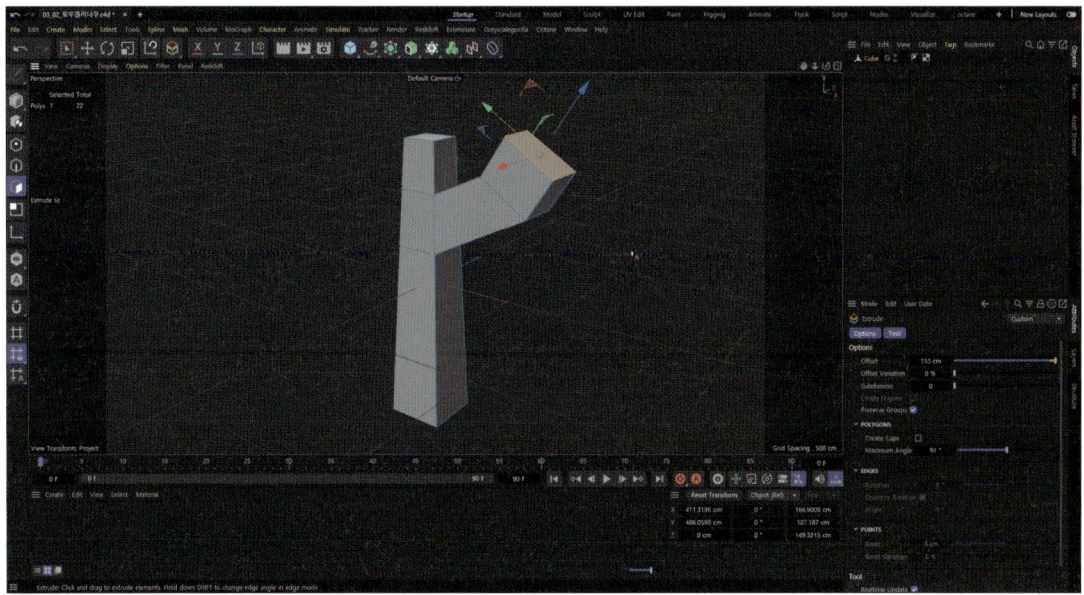

▲ 익스트루드 적용

기능을 잘 사용했다면 이와 같은 형태가 되어 있을 것입니다. 나뭇가지 모양 치고 크기가 너무 일정하니 크기를 줄이겠습니다. T를 누르고 모든 부분을 일정하게 줄입니다.

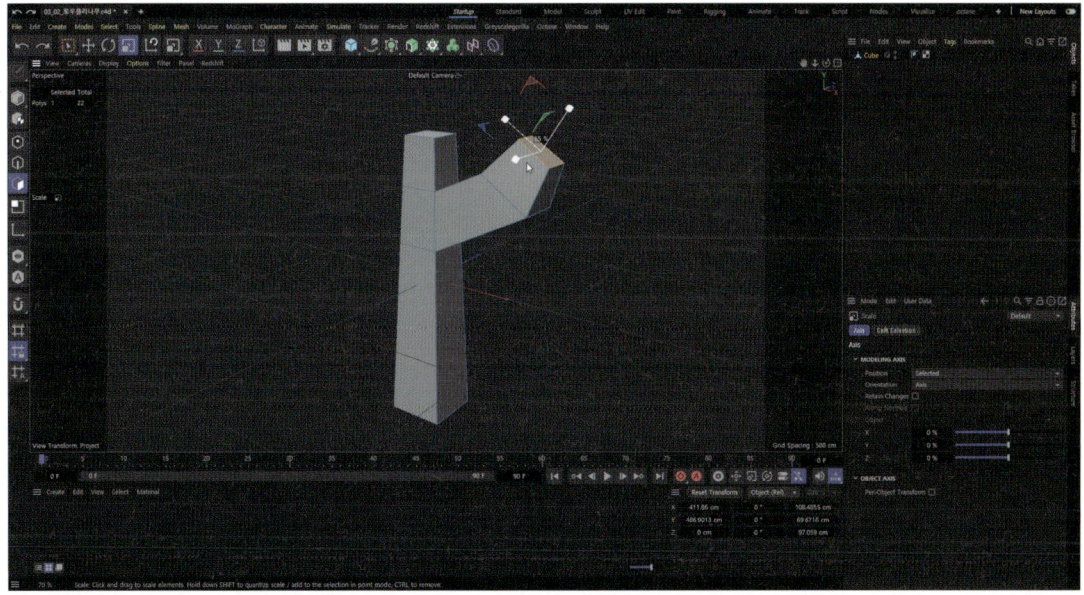

▲ 스케일 조절

해당 면을 잡고 드래그해도 되고 전체 부분을 적용할 때는 화면 아무 부분이나 잡고 드래그해도 무관합니다. 드래그를 하면 윗면의 크기가 일정 부분 줄어들 것이며, 반대쪽에도 같은 작업을 진행합니다.

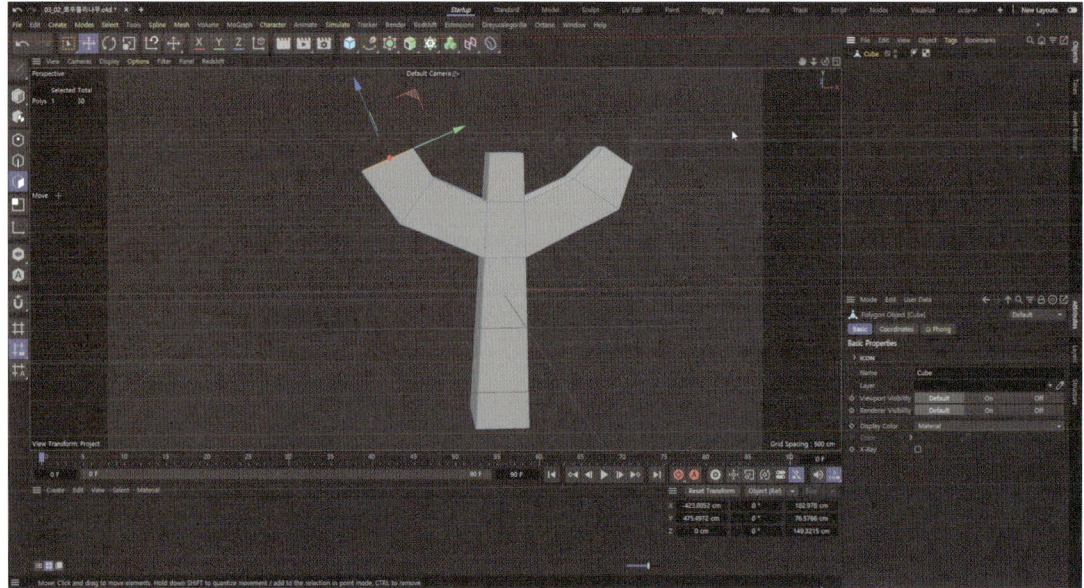

▲ 밑 기둥 작업

앞의 과정을 잘 이해했다면 이와 같은 형태가 만들어졌을 것입니다. 아직은 모양이 어색한 것 같으므로 Front 화면으로 가서 포인트를 이동하여 좀 더 디테일하게 조절해 주겠습니다. Front 화면만 보이게 하는 방법은 4분할 화면 상태에서 원하는 화면에 커서를 올리고 휠 클릭을 하면 해당 화면만 크게 볼 수 있습니다.

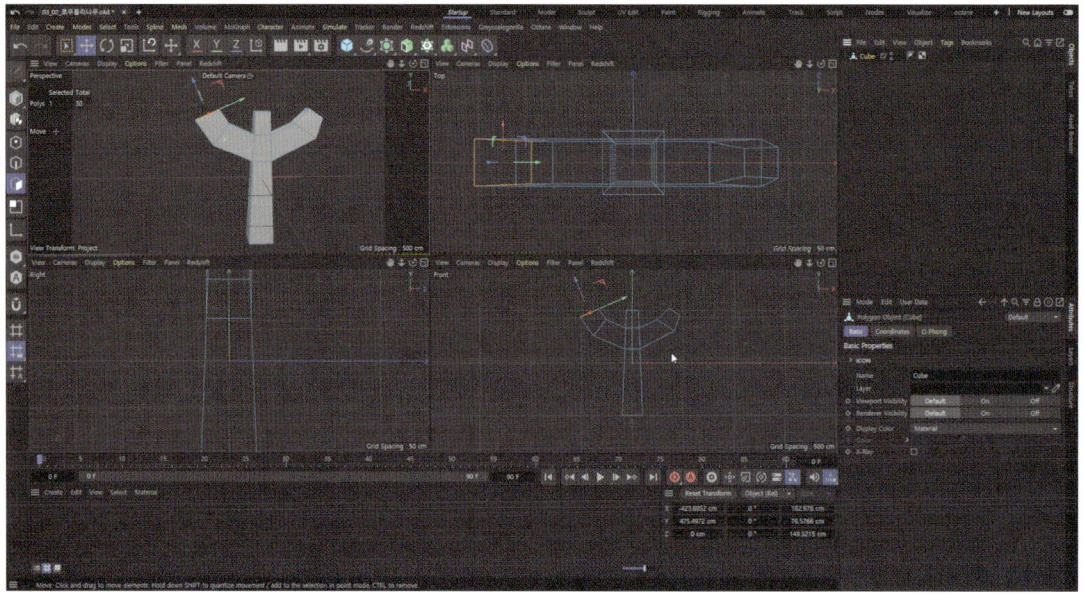

▲ 4분할 화면

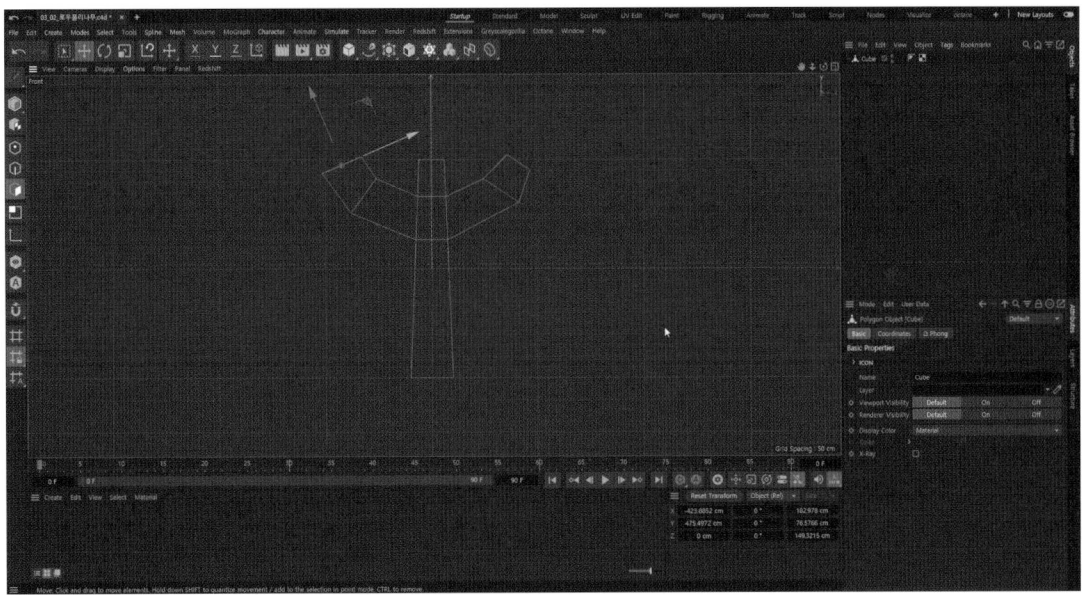

▲ Front 화면만 보기

이제 Front 화면만 크게 볼 수 있으니 마음 편히 포인트를 움직여 작업을 진행하겠습니다. 포인트(Points) 선택 모드로 바꿔준 후에 렉탱글 셀렉션(Rectangle Selection)을 클릭합니다. 이때 비지블 온리(Visible Only)는 체크가 해제되어 있어야 합니다. 그래야 보이지 않는 포인트까지 일괄적으로 적용이 가능합니다.

지금부터는 렉탱글 셀렉션으로 선택하고 무브(Move) 툴로 움직이는 작업만을 하겠습니다. 작업에 앞서 4분할 화면상에서 좌측 상단을 제외한 나머지 화면은 Front, Right, Top과 같은 한 방향만 다루지만, 뷰포트를 움직이는 것은 처음에 배운 것과 동일합니다. 다만 회전할 일이 없어서 Alt + 좌클릭 앤 드래그를 할 경우는 없습니다. 우리가 기본적으로 작업을 진행하는 화면은 Perspective 화면입니다.

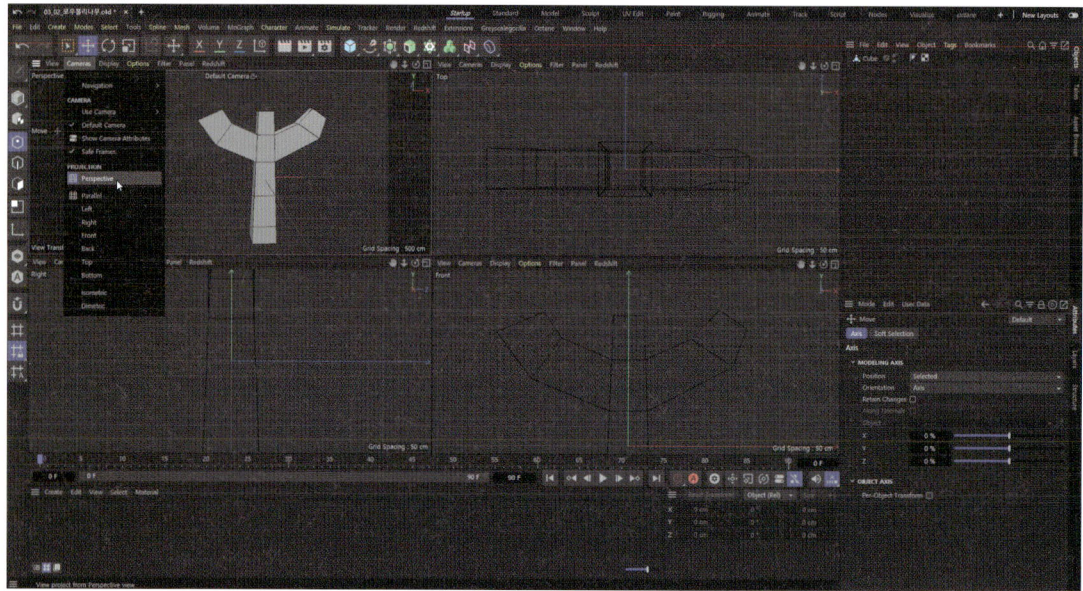

▲ Perspective 화면 보기

이 부분 역시 상단에 [Cameras] 탭에서 설정이 가능하니 참고하기 바랍니다. 그럼, 마저 이어서 Front 화면에서 포인트를 움직여 작업을 진행하겠습니다.

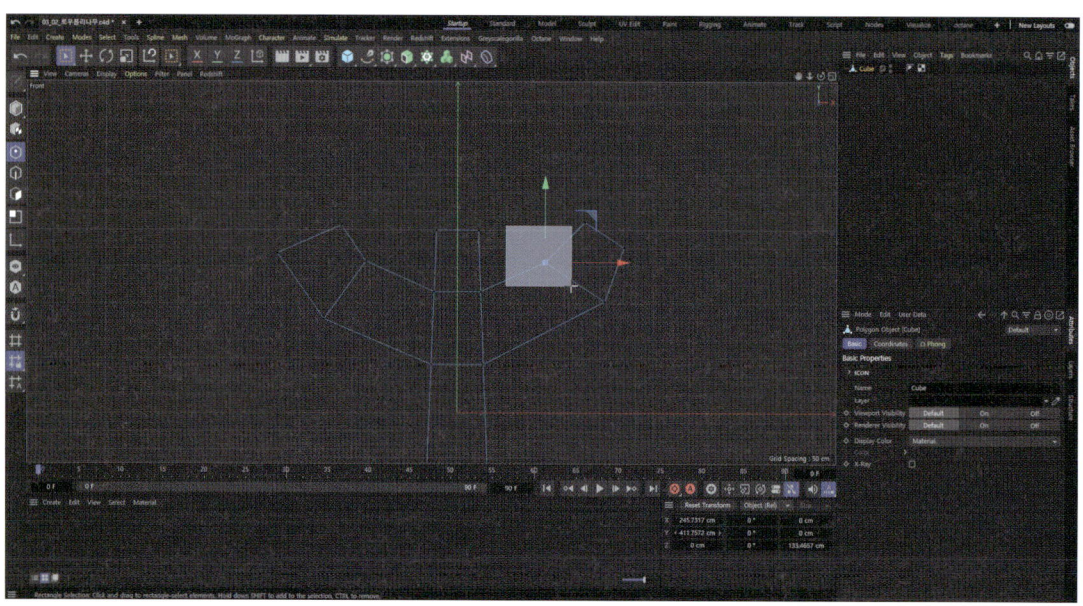

▲ 렉텡글

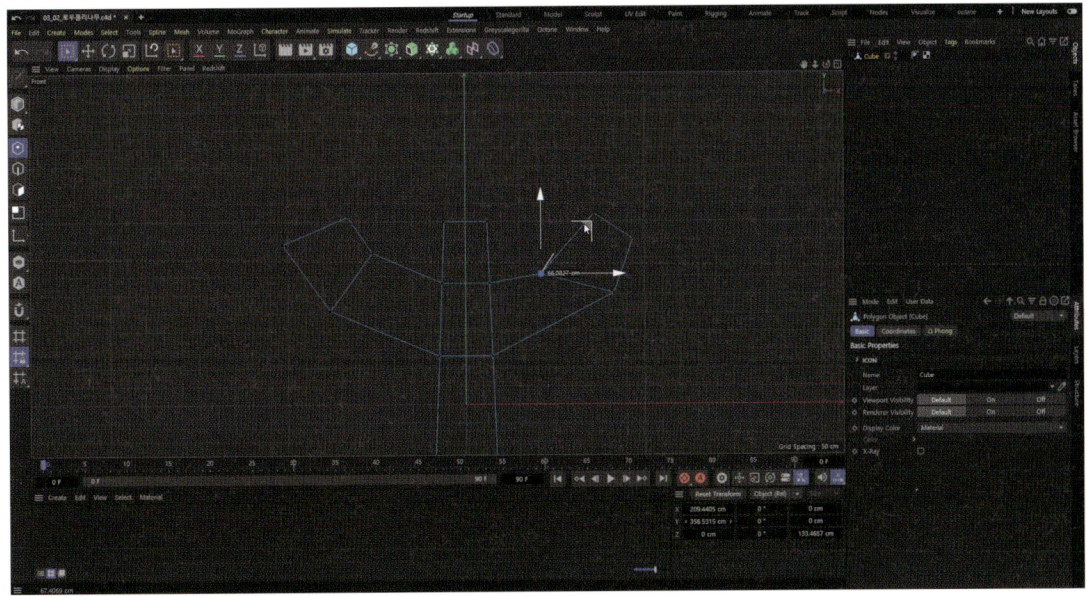

▲ 포인트 이동

선택하고 이동하기를 여러 번 반복합니다.

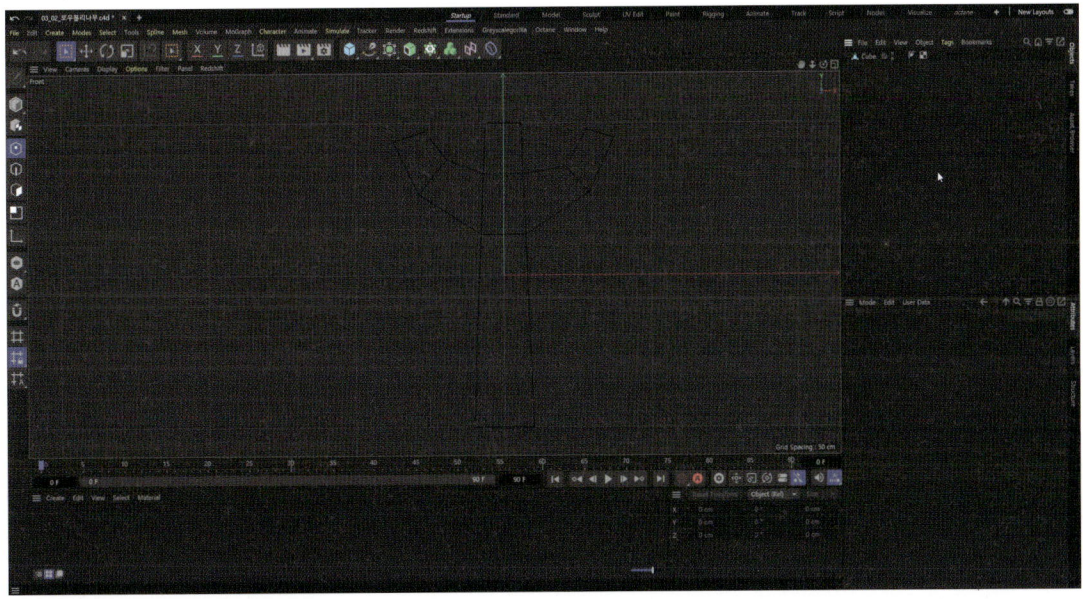

▲ 이동 완료

위 이미지처럼 밑부분은 두껍게, 윗부분은 상대적으로 얇은 형태로 포인트를 이동시킵니다. 비슷한 형태가 만들어졌으면 아직 진행해야 할 부분이 많으므로 이쯤에서 다음 과정으로 넘어가겠습니다.

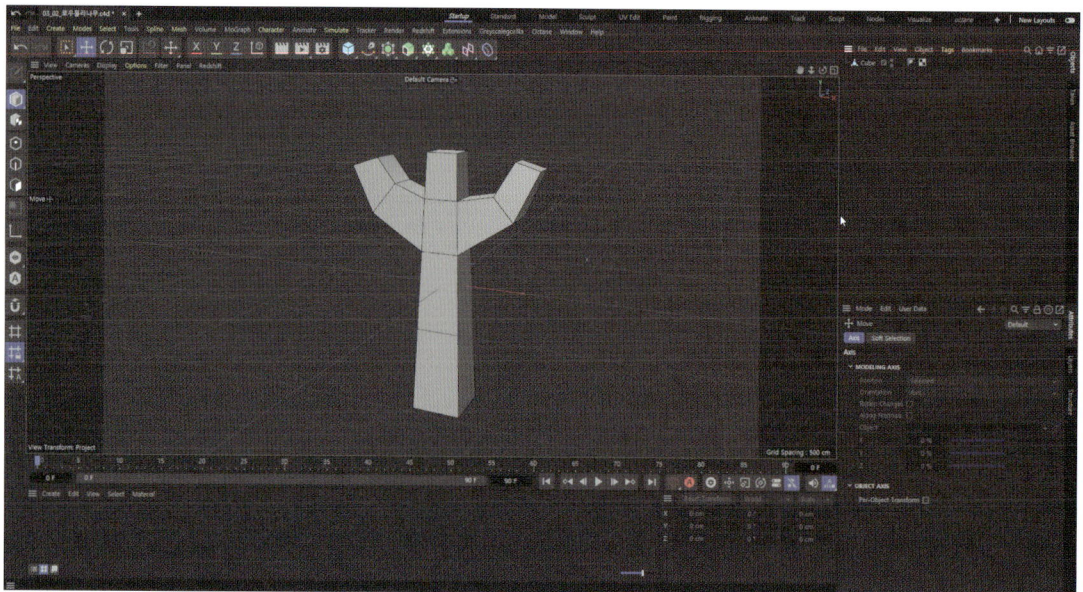

▲ Perspective 화면

다시 Perspective 화면으로 돌아와서 이번엔 나뭇잎을 만들어 보겠습니다. 나뭇잎은 전체적으로 동그란 형태로 제작하겠습니다. 이제 클로너와 랜덤 이펙터를 사용해 볼 텐데, 우선 스피어(Sphere)를 하나 생성합니다.

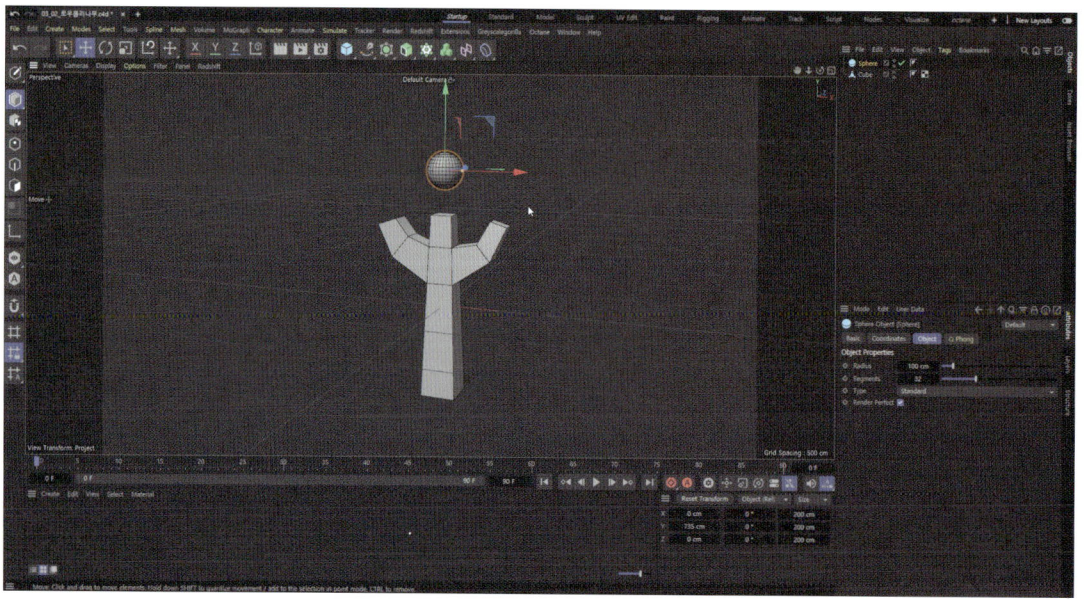

▲ 스피어 위치 이동

스피어를 생성한 후에는 별도의 점, 선, 면 이동 툴이 아닌 모델(Model) 툴로 변경한 후에 작업하는 것이 훨씬 더 수월합니다. 이때 작업을 진행하던 중에는 다른 오브젝트가 선택되지 않는 경우도 있으니 주의하기 바랍니다.

생성된 스피어의 위치를 이동시킨 후 어트리뷰트에서 [Radius: 280cm], [Segments: 9]로 설정합니다. 로우 폴리 모델링이므로 굳이 많은 면을 설정하지 않아도 됩니다. 타입(Type)은 사면체(Tetrahedron)로 설정합니다. 스피어의 타입에는 여러 종류가 있으니 직접 하나씩 확인해 보기 바랍니다. 이렇게 기본적인 세팅이 완료됐습니다.

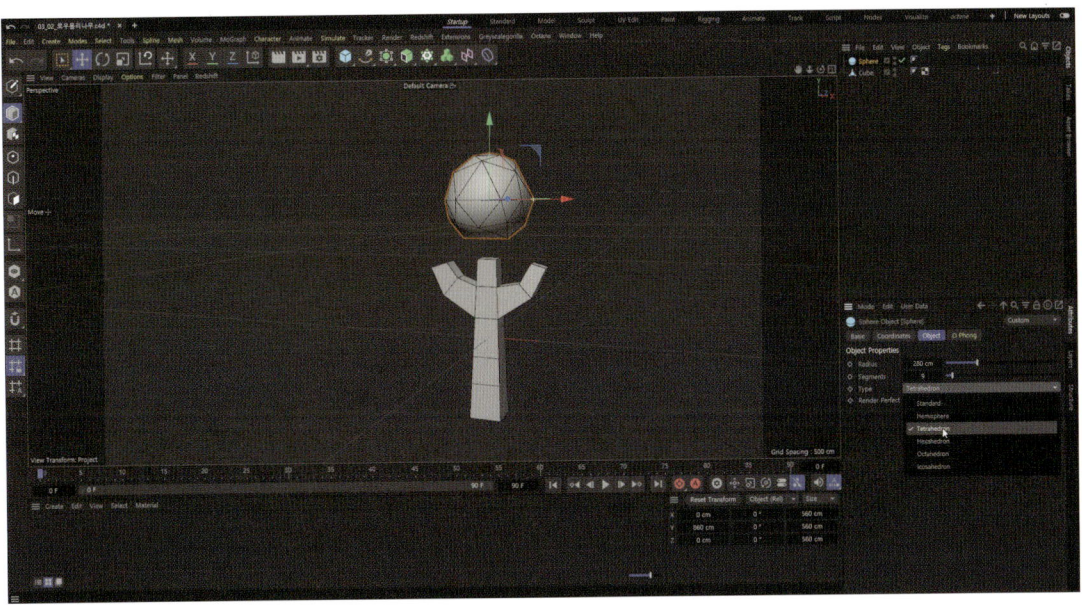

▲ 스피어 타입 설정

이제 본격적으로 클로너의 기능을 다루겠습니다. 클로너 아이콘은 초록색입니다. 그렇다면 스피어가 클로너 내부로 들어가 있는 순서가 되어야 합니다. 클로너를 생성한 후에 스피어를 드래그해서 넣어도 되고, 처음에 클로너를 제작할 때 스피어를 먼저 선택한 상태에서 Alt 를 누르고 클로너를 눌러도 적용됩니다. 두 방법에는 차이가 조금 있는데, 어떤 오브젝트를 생성할 때 위치는 X, Y, Z가 전부 0으로 설정됩니다. 스피어를 드래그해서 적용시키면 위치 값이 일부 달라질 가능성이 있으므로 원하는 오브젝트를 먼저 클릭한 후에 Alt 혹은 Shift 를 눌러 적용하는 편이 좋습니다. 이렇게 진행하면 먼저 선택한 오브젝트의 기준대로 적용이 됩니다. 따라서 우리는 먼저 스피어를 선택한 상태로 Alt 를 누르고 클로너를 생성하겠습니다.

적용을 완료하면 다음과 같은 모습이 될 텐데, 버전마다 모드(Mode)가 다를 수 있습니다. 당황하지 말고 모드를 그리드(Grid)로 바꿔주면 됩니다. 모든 설정은 어트리뷰트에서 한다고 했으니 찾기 어렵지 않을 것입니다.

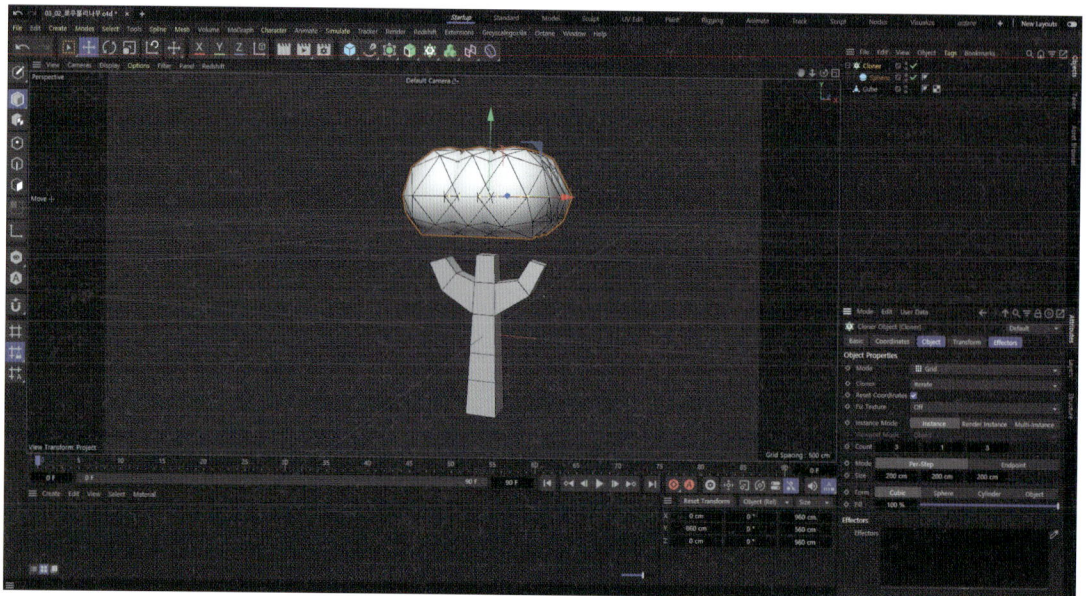

▲ 클로너 생성

우선 카운트(Count) 항목을 보면 숫자가 3개 적혀있습니다. 각각 X, Y, Z 방향으로 몇 개씩 복사할지를 설정할 수 있습니다. X축은 3개, 나머지 축은 1로 설정하겠습니다. 하단의 사이즈(Size)는 각 축을 기준으로 생성된 오브젝트 간의 거리를 뜻합니다. X Size를 350cm로 설정합니다.

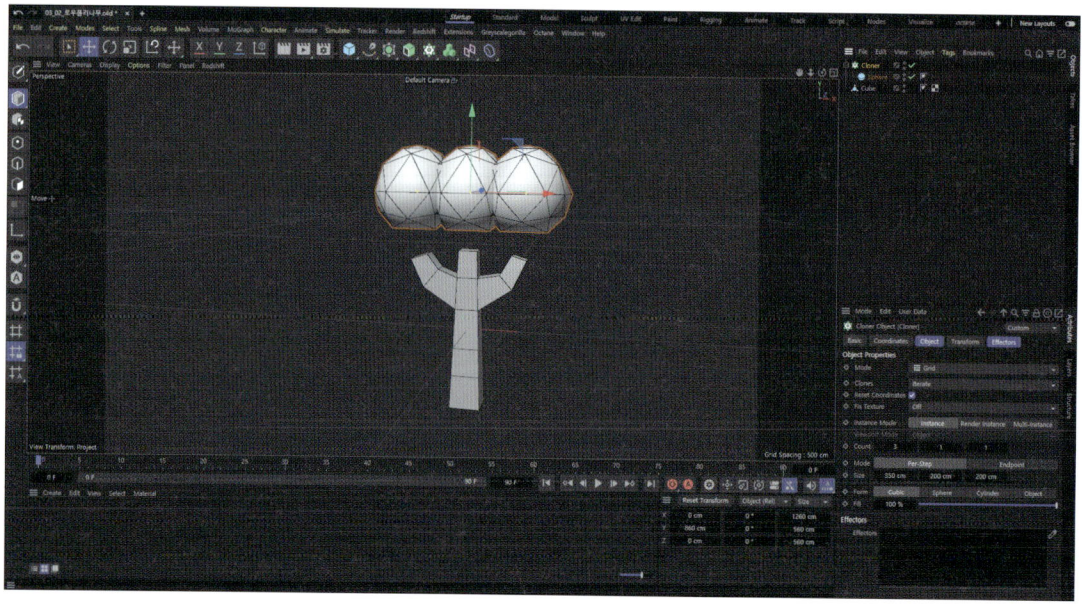

▲ 클로너 설정

그림 위와 같은 모습을 확인할 수 있습니다. 여기에 랜덤 이펙터를 설정하겠습니다. 클로너 아이콘을 클릭한 상태로 있으면 여러 가지 이펙트 기능을 확인할 수 있는데, 주의할 점이 있습니다.

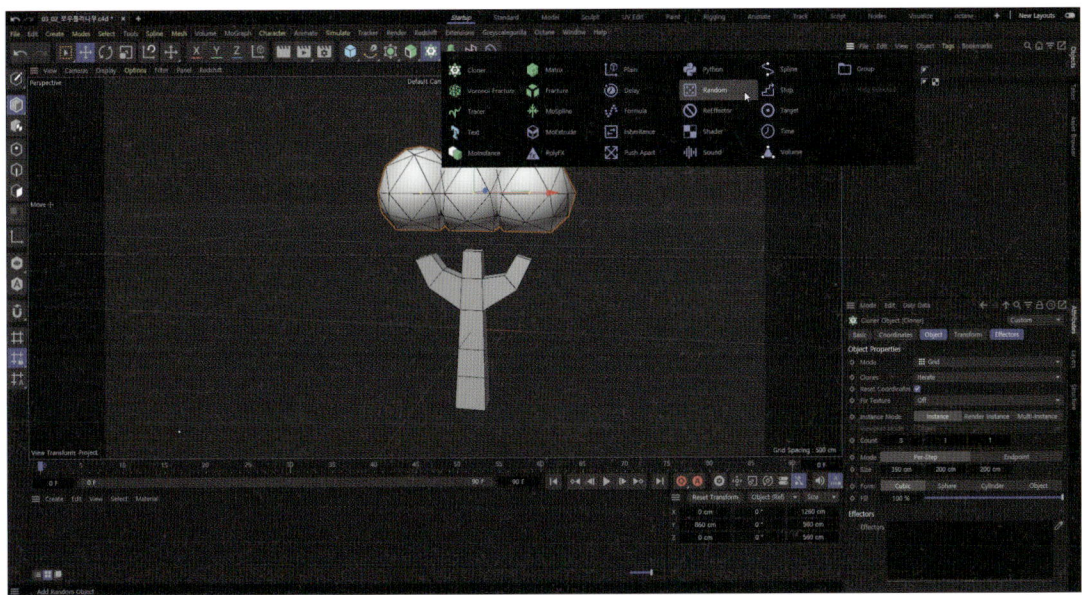

▲ 랜덤 이펙터 선택

먼저 클로너를 선택한 상태로 랜덤을 생성하면 자동으로 클로너의 이펙터(Effectors) 항목에 랜덤(Random)이 추가됩니다.

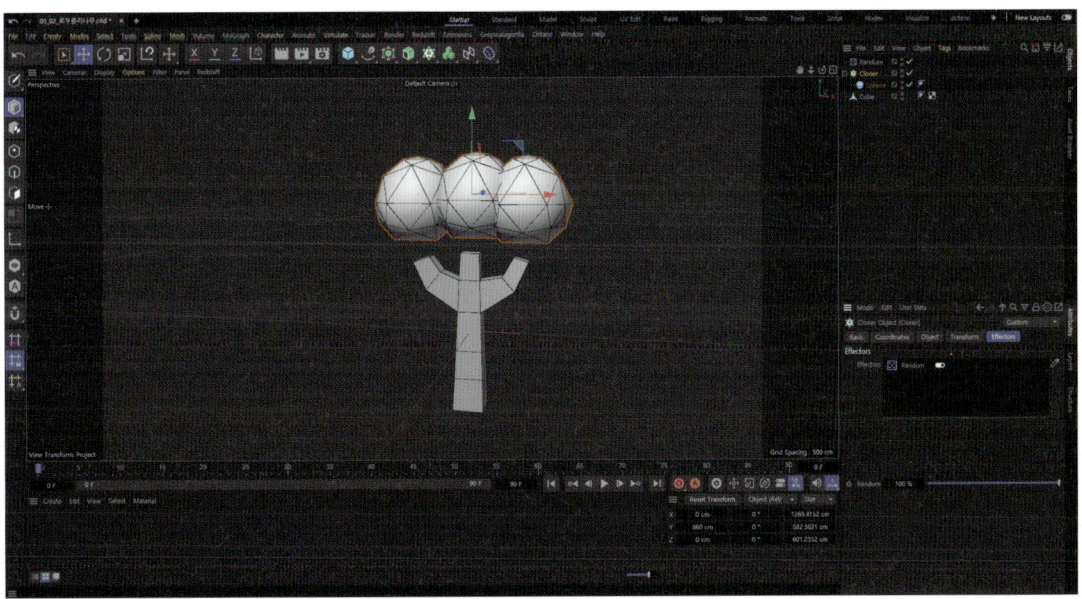

▲ 랜덤 이펙터 적용

물론 랜덤 이펙터를 먼저 생성해도 무관합니다. 생성된 랜덤 이펙터를 이펙터 칸으로 드래그하면 적용이 됩니다. 이펙터 항목에는 여러 이펙터를 적용할 수 있습니다. 상하 관계에 따라서 적용 순서가 달라지므로 주의해야 하지만, 필요에 따라서 활용도가 크므로 익숙해지는 것이 좋습니다. 자 이제 랜덤 이펙터의 어트리뷰트를 살펴보겠습니다.

로우 폴리 모델링 | PART 03 | **61**

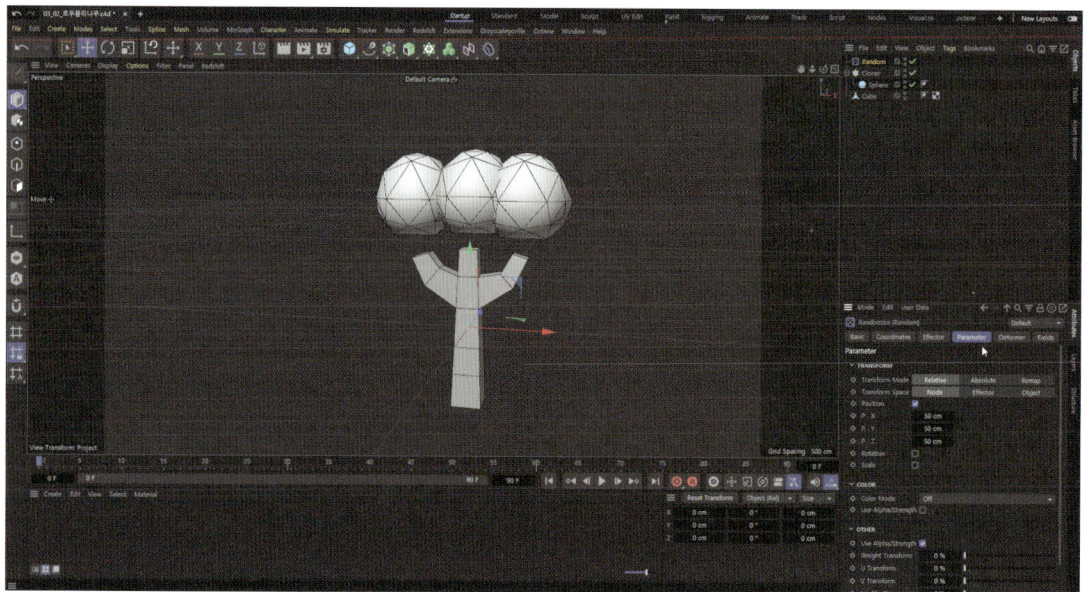

▲ 랜덤 파라미터

파라미터(Parameter)에는 여러 가지 설정이 있는데, 여기서 숫자 부분만 조절해 줄 예정입니다. 랜덤 이펙터의 대표적인 특징은 클로너로 적용된 오브젝트들을 말 그대로 랜덤하게 이동, 회전, 크기 조절을 하는 기능이 있다는 것입니다. X와 Z값은 0으로 두고 Y 값만 385cm로 설정해 주겠습니다. 꼭 이대로 하지 않고 여러분 마음대로 조절해도 괜찮습니다. 숫자 부분을 클릭한 상태로 좌우로 드래그하면 부드럽게 값을 조절할 수 있으며, 마우스를 근처에 갖다 대면 나오는 화살표를 클릭하면서 자유롭게 조절할 수 있습니다. 일반 클릭은 작은 수를, [Shift]를 누른 상태로 클릭하면 큰 값을 조절할 수 있습니다.

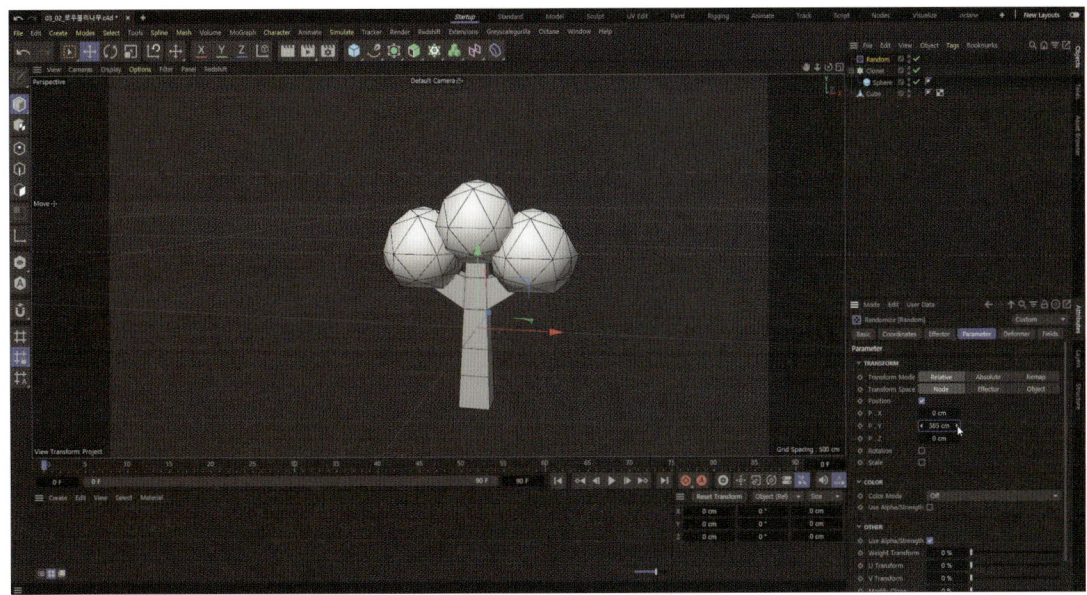

▲ 랜덤 파라미터 설정

설정을 끝낸 모습입니다. 일일이 스피어를 복사해서 이동해도 되지만, 간단한 작업이기도 하고 클로너를 잠깐이나마 맛보기 위해 해당 방법을 사용했습니다. 자, 이렇게 나무가 완성됐으니 저장을 해보겠습니다. 저장은 간단합니다. Ctrl + S를 누른 후 경로와 이름을 설정하고 저장하면 됩니다. 그러면 저장한 위치에서 프로젝트 파일이 생성된 것을 확인할 수 있습니다. 앞으로 작업하는 예제들도 잘 저장하기 바랍니다.

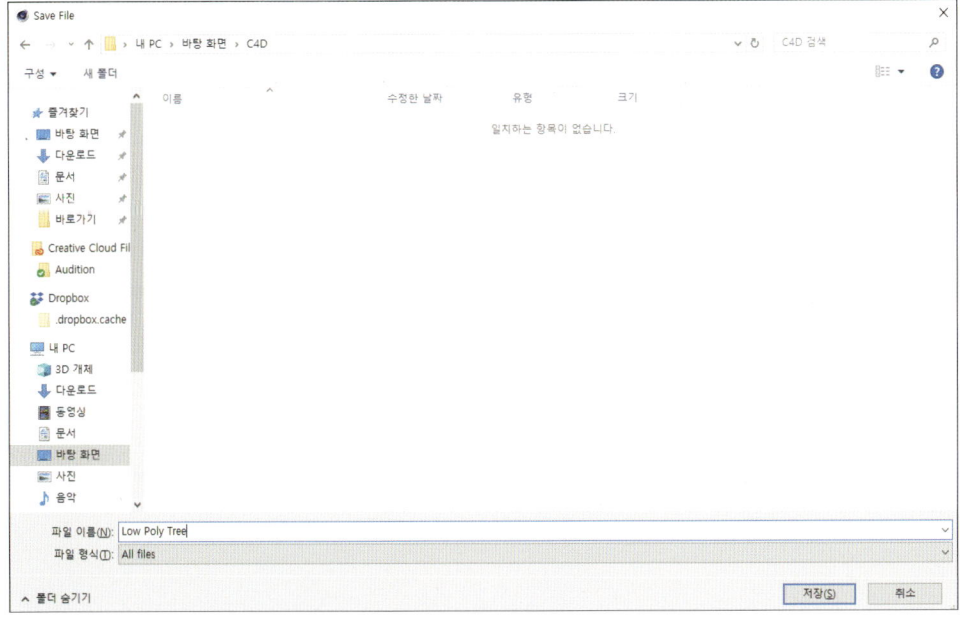

▲ 저장

Symmetry 기능 알아보기

다음은 Symmetry 툴에 대해 알아보겠습니다. Symmetry는 한 축을 기준으로 좌우, 혹은 상하로 대칭 복사를 해주는 기능입니다. 이전 버전들에서는 Symmetry가 상단 메뉴에 있어서 쉽게 찾을 수 있었는데, 최신 버전에서는 [Create]-[Generator]-[Symmetry]에서 찾을 수 있습니다.

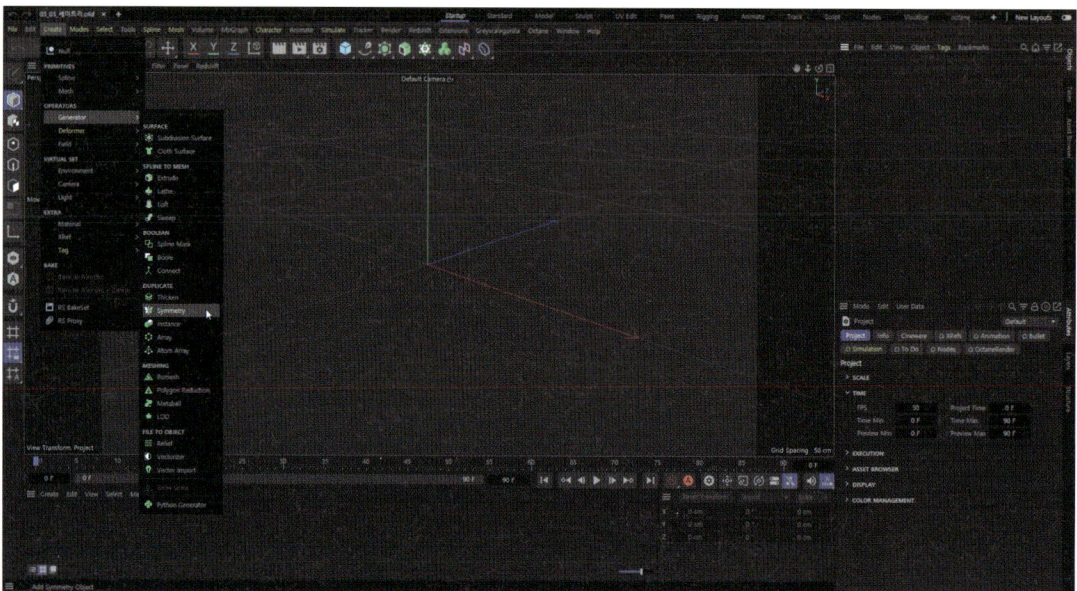
▲ Symmetry

크리에이트(Create)에 웬만한 기능은 다 나와 있기 때문에 잘 살펴보면 되지만, 검색을 사용하는 방식이 더 편리합니다. 검색은 Shift + C 단축키를 활용하면 됩니다.

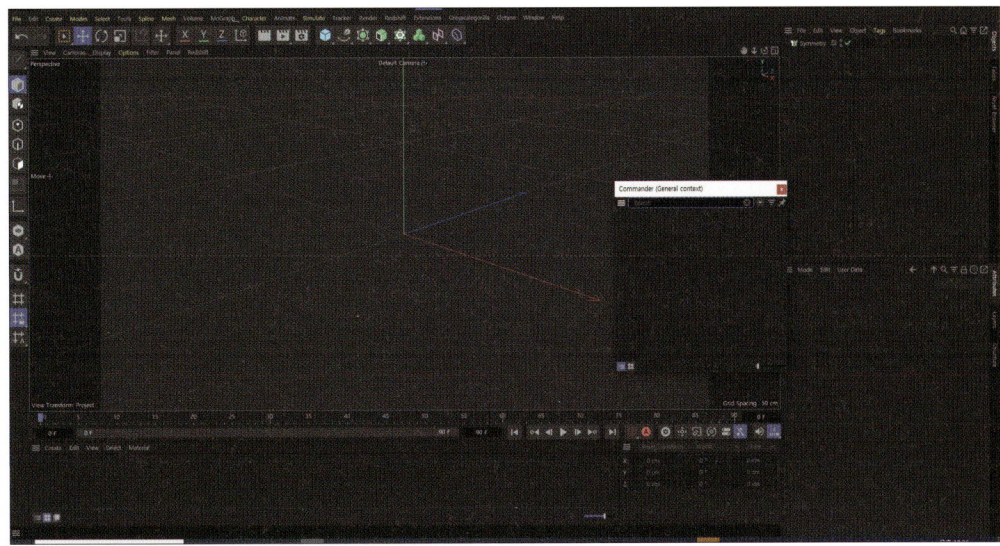

▲ 검색창

검색 메뉴는 마우스 커서를 기준으로 생성되므로 바로 보입니다. 검색할 때 기능의 이름을 알아야 해서 처음엔 어려울 수 있지만, 기능의 전체 이름이 아닌 일부 스펠링만 입력해도 관련된 기능이 전부 검색되기 때문에 익숙해지면 편합니다. 단축키로 검색창을 띄우고 검색어를 입력한 뒤 원하는 기능을 더블 클릭하면 됩니다.

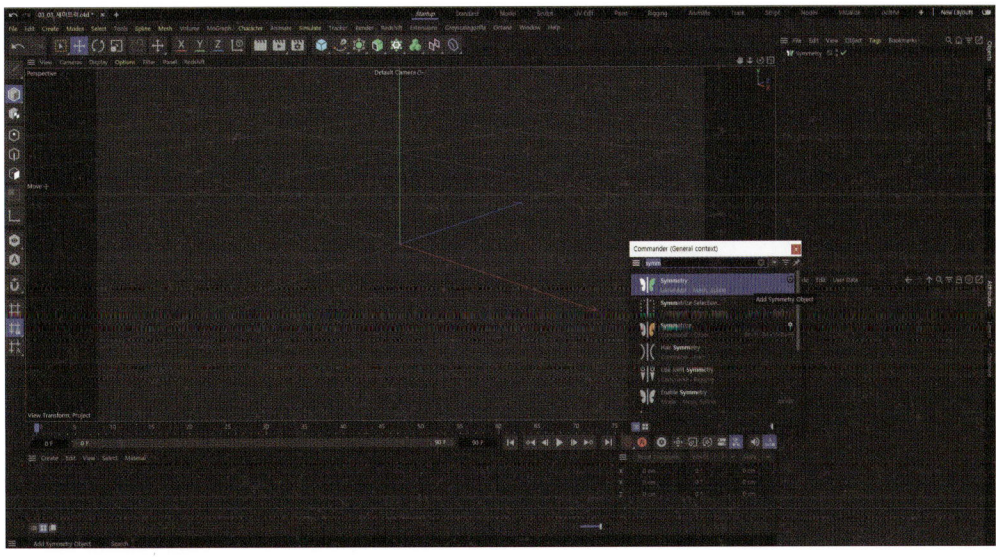

▲ Symmetry 검색

이번에 제작할 예제는 자동차입니다. 나무와 다르게 자동차는 좌우 대칭이 같으므로 Symmetry 툴을 사용합니다. 적용 방법은 클로너와 같습니다. 원하는 도형 오브젝트를 Symmetry에 적용하면 됩니다. 생성한 Symmetry에 큐브를 [Shift]를 누른 상태로 생성합니다. 그럼 Symmetry 하단에 큐브(Cube)가 생성되는 것을 확인할 수 있습니다. Symmetry의 어트리뷰트를 살펴보겠습니다.

로우 폴리 모델링 | PART 03 | 65

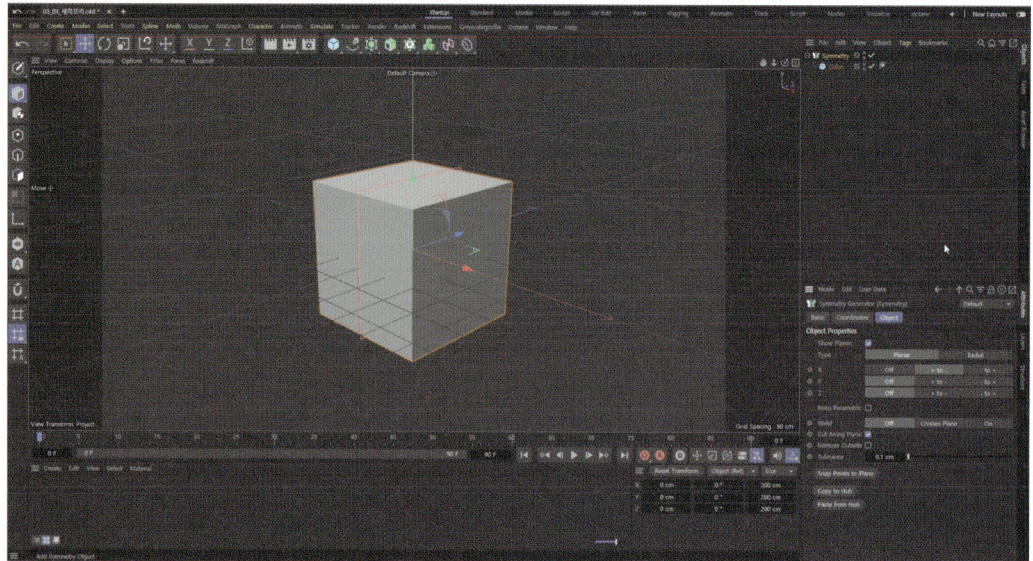

▲ Symmetry 어트리뷰트

큐브 주위로 빨간색 선이 보이고 어트리뷰트를 보면 X, Y, Z축마다 [Off]와 [+ to -] 항목이 있습니다. Off는 적용하지 않겠다는 의미입니다.

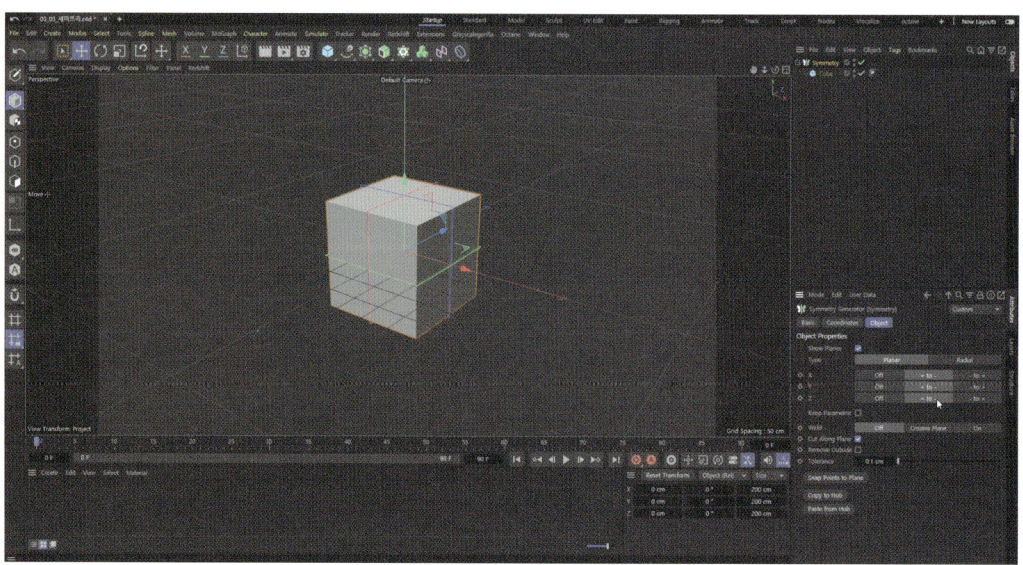

▲ Symmetry 모두 적용

모두 [+ to -]로 활성화하니 큐브 주위로 축에 관한 선이 모두 보이게 됐습니다. 이때 큐브를 에디터블 시키고 면을 움직이면 양쪽이 같이 움직이는 것을 확인할 수 있습니다.

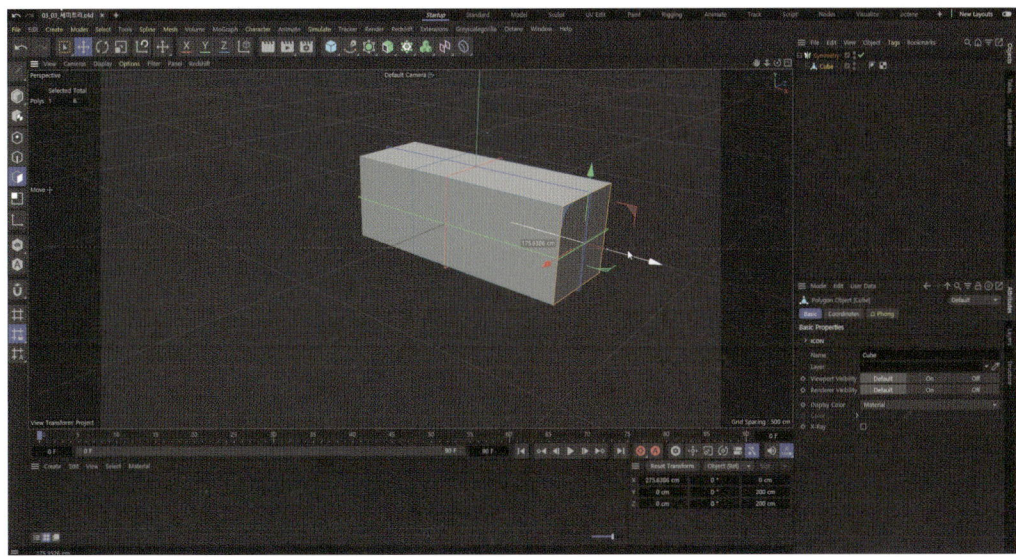

▲ 면 이동

Symmetry를 설정한 축을 기준으로 대칭으로 움직이는 기능이라고 설명한 것처럼 양쪽이 같이 움직이는 것을 확인할 수 있습니다. 이 말은 즉, 대칭이 아닌 오브젝트에 사용하면 오히려 작업 효율이 떨어진다는 것을 의미합니다. 그리고 한 가지 더 주의할 점이 있습니다.

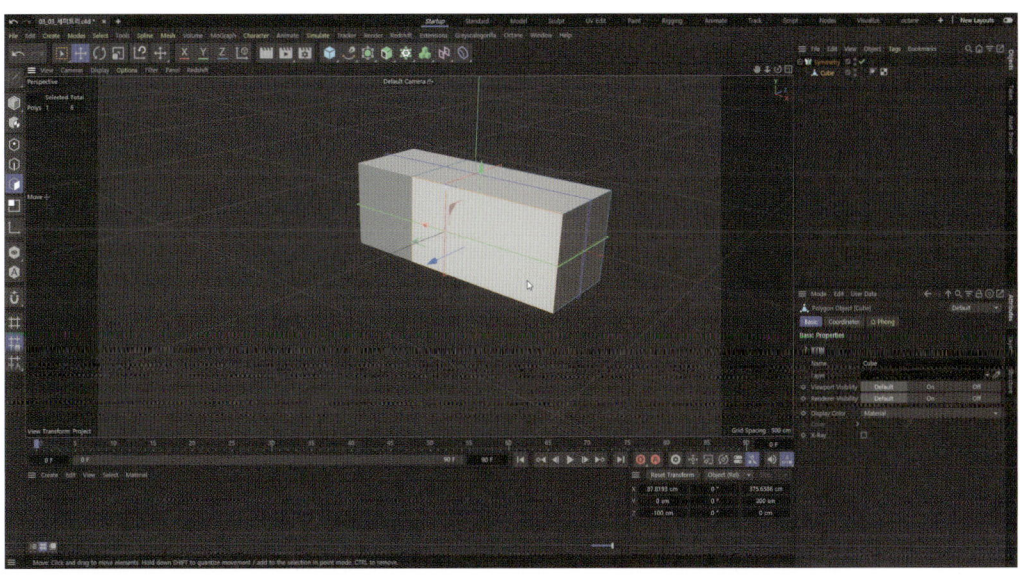

▲ Symmetry 오류

원래 개념대로라면 한 축을 기준으로 적용이 되기 때문에 빨간 영역을 넘어가서 면이 선택되면 안 됩니다. 그런데 이미지를 보면 빨간 영역을 넘어서 선택이 된 것을 볼 수 있습니다.

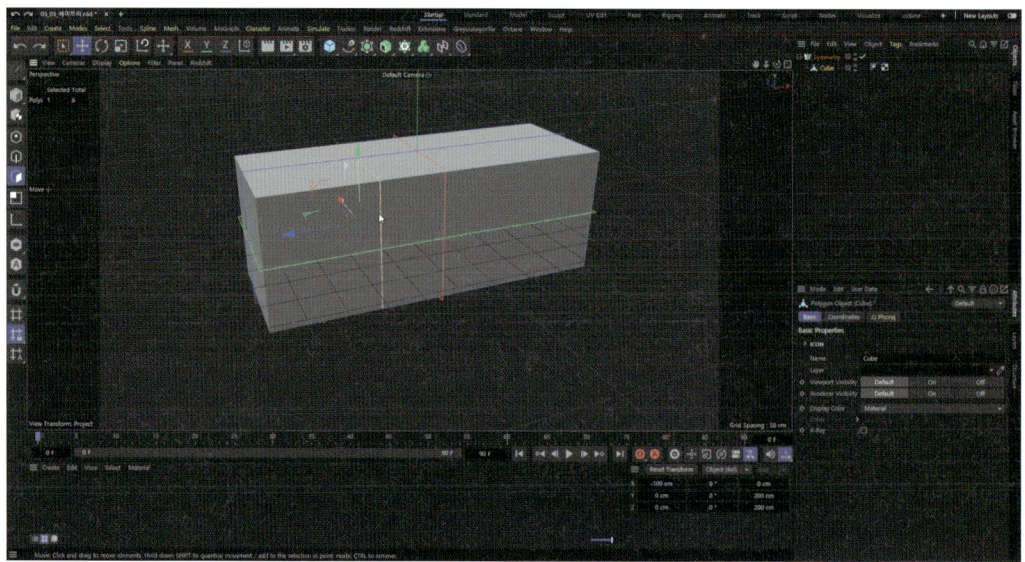

▲ Symmetry 오류 2

Symmetry는 축을 기준으로 한쪽 부분을 수정하면 반대쪽도 수정됩니다. 처음에 큐브를 생성하고 나서 반쪽을 지웠어야 했는데 그러지 않고 작업했기 때문에 나오는 현상입니다. 다음부터는 한 축의 면들을 삭제한 후에 진행하도록 하겠습니다.

로우 폴리 자동차 모델링

이제 자동차를 모델링해 보겠습니다. 먼저 바퀴를 제작하겠습니다. 널(Null)을 하나 생성한 후, 하단에 튜브(Tube)를 넣어줍니다.

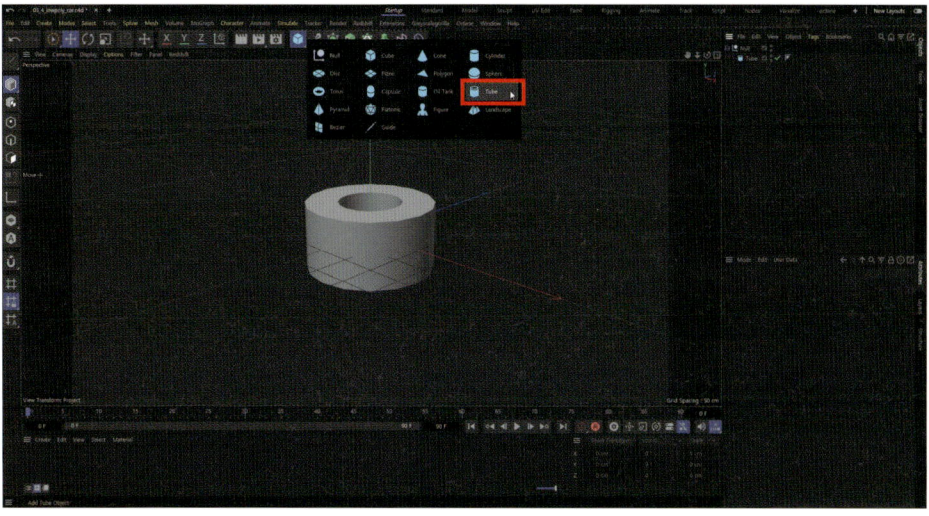

▲ 튜브 생성

튜브를 클릭한 후에 어트리뷰트에서 [Rotation Segments: 32], [Height: 50], [Height Segments: 1]로 설정한 후 [Orientation: +X]로 설정합니다. 바퀴는 굳이 면을 적게 가져갈 필요가 없어서 자연스러운 모습을 위해 면을 조금 많이 설정해 줬습니다.

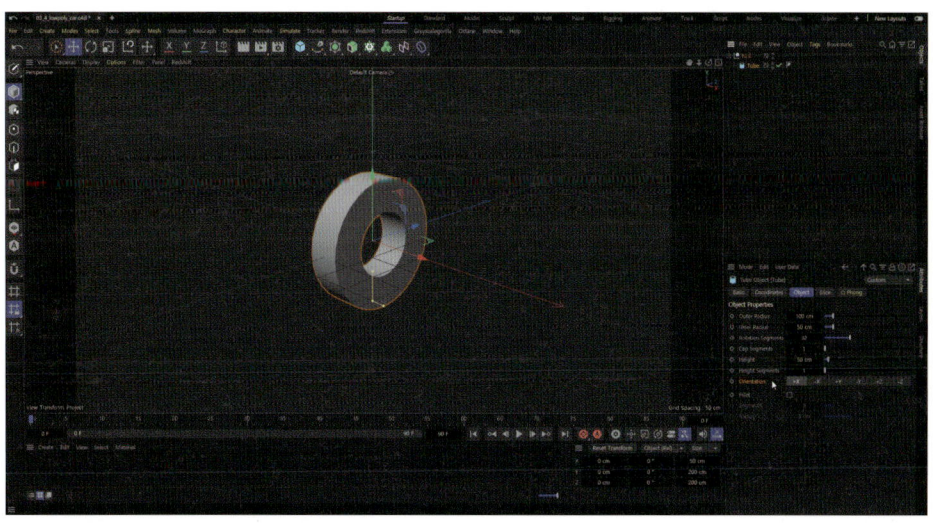

▲ 튜브 설정

그다음 튜브를 생성하고 널 하단에 넣습니다. 큐브는 사이즈만 조절해 주겠습니다. X, Y, Z를 각각 20, 100, 20cm로 설정해 주세요.

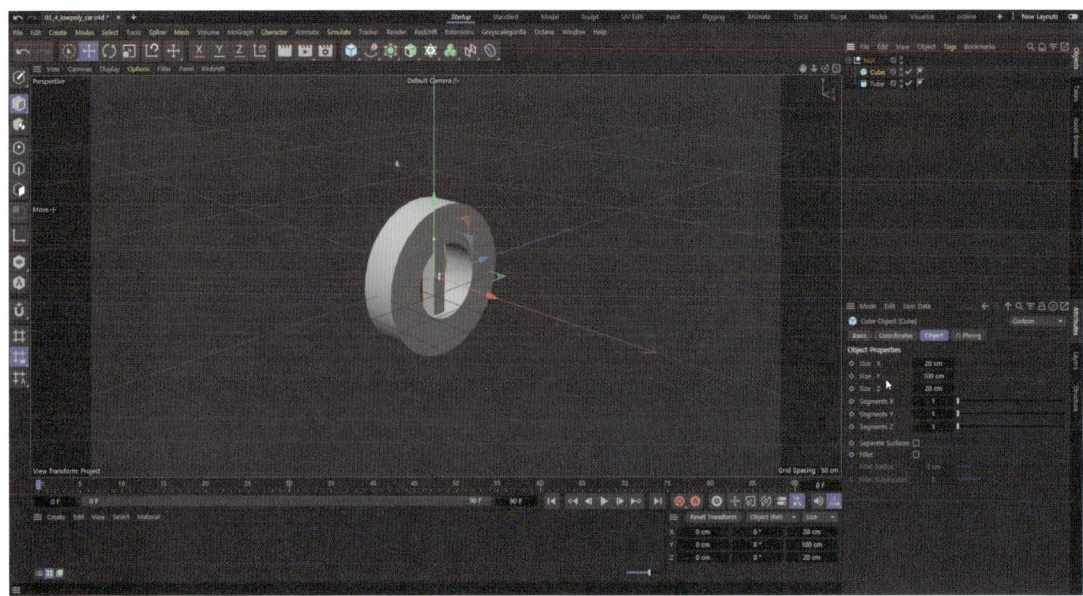

▲ 큐브 설정

큐브를 클로너에 넣고 [Mode: Radial]로 설정합니다. 그리드(Grid)는 네모 칸의 형태로 구현하는 것이고, 레디얼(Radial)은 축을 중심으로 원형의 형태로 복사합니다.

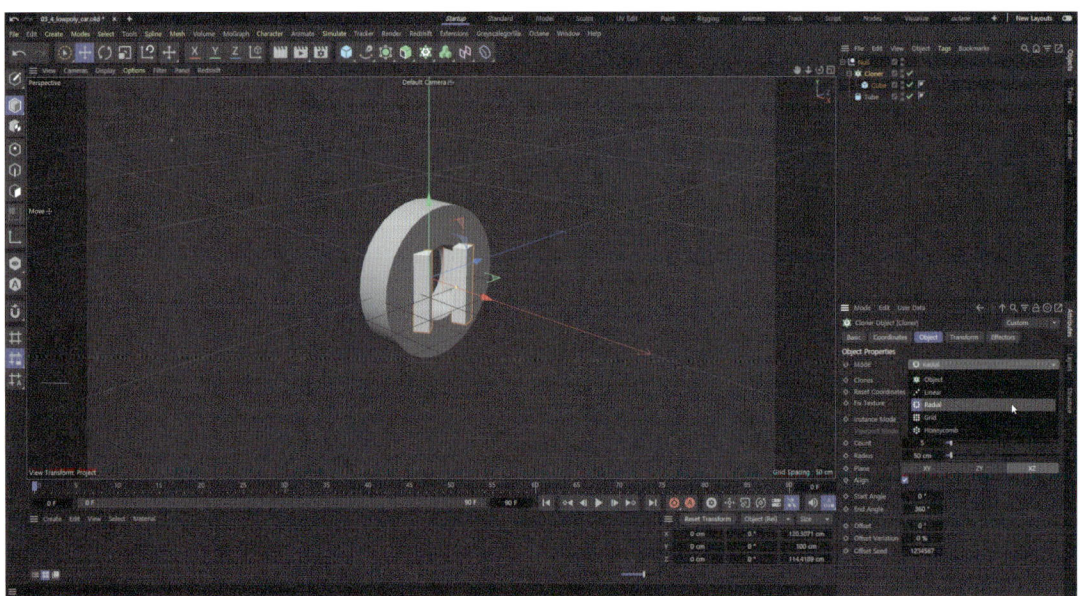

▲ 큐브 클로너

레디얼로 설정하면 그리드와는 설정값들이 약간씩 다른 것을 확인할 수 있습니다. 나머지 설정 중에서는 [Plane: ZY]로만 바꿔줍니다.

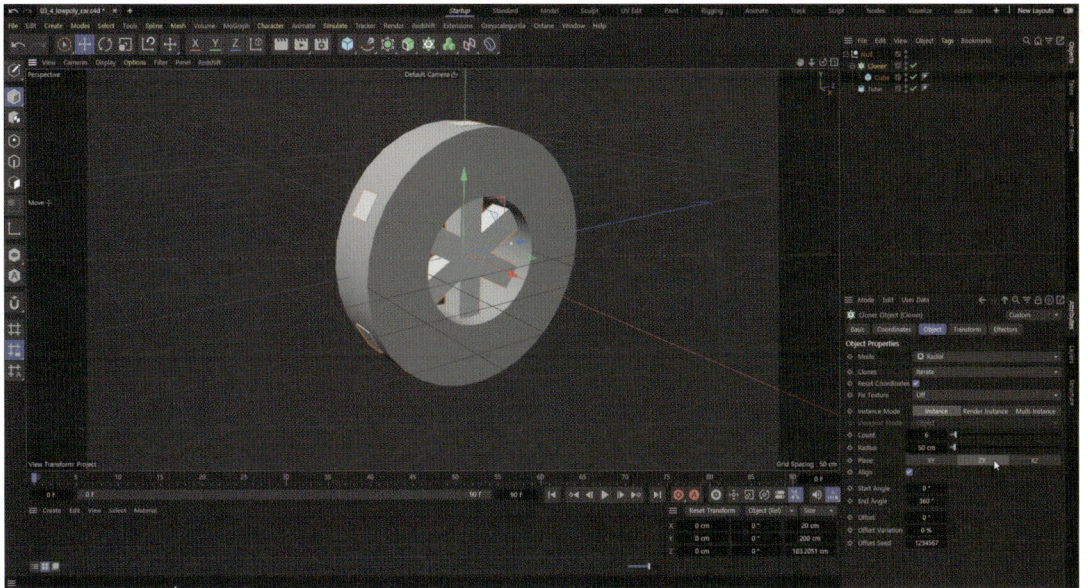

▲ 클로너 축

적용된 화면을 보면 큐브가 튜브 면을 뚫고 나온 것을 확인할 수 있습니다. 레디얼(Radial)의 카운트(Count)는 숫자를, 레디우스(Radius)는 각 오브젝트의 간격을 의미합니다. 현재 간격이 50cm이기 때문에 자동으로 범위가 늘어나서 해당 화면처럼 보이는 것이므로 [Radius: 0]으로 설정합니다. 그러면 면을 뚫고 나온 큐브가 보이지 않게 됩니다.

제일 상단의 'Null'이라고 된 이름은 'Wheel'로 변경합니다. 이름은 해당 오브젝트의 이름을 더블 클릭하거나 어트리뷰트의 베이식(Basic) 창에서 수정할 수 있습니다.

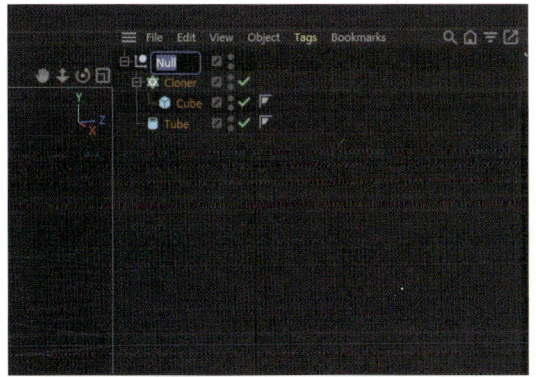 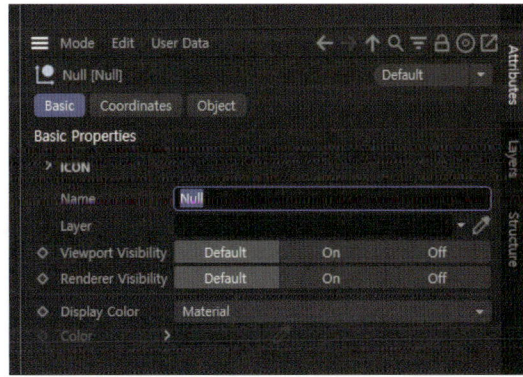

▲ 이름 변경

자, 바퀴 제작이 끝났습니다. 이렇게 만들어진 바퀴는 본체를 마저 만든 후에 4개로 복제하여 크기를 조절하면서 맞춰보겠습니다. 바퀴를 제작했으니 이제 몸통을 제작할 차례입니다. 그전에 바퀴의 모습을 화면에서 안 보이게 설정합니다.

어떤 오브젝트를 보이지 않게 하려면 오브젝트 이름 오른쪽에 있는 콜론(:) 모양의 빨간 점을 클릭합니다. 이는 위아래를 다르게 컨트롤할 수 있고, Alt를 누르면 동시에 컨트롤할 수 있습니다. 또는 하단의 [Viewport Visibility: Off]로 설정하면 됩니다. 뷰포트 비지빌리티(Viewport Visibility)는 뷰포트상에서 보이는 오브젝트를, 렌더러 비지빌리티(Renderer Visibility)는 렌더 시에 보이는 설정입니다. 이 두 가지는 상황에 맞게 사용하면 됩니다.

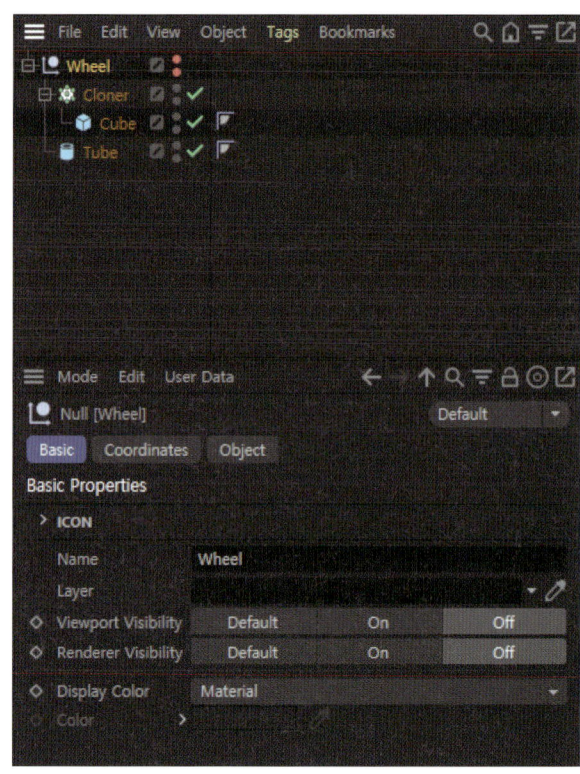

▲ 비지빌리티 해제

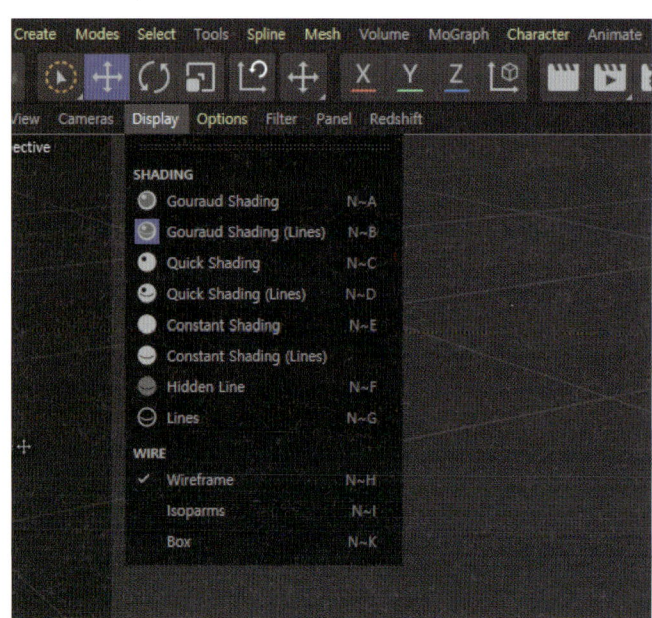

몸체를 제작하기에 앞서 디스플레이(Display) 옵션을 설정하겠습니다.

▲ 디스플레이 옵션

상단에 [Display] 탭을 클릭하면 여러 옵션이 나옵니다. 자동차의 몸체는 면이 잘 보여야 하므로 이 중에서 오브젝트의 세그먼트를 확인할 수 있는 [Gouraud Shading(Lines)]를 선택합니다. 그다음 큐브를 하나 생성하고 에디터블 시킵니다.

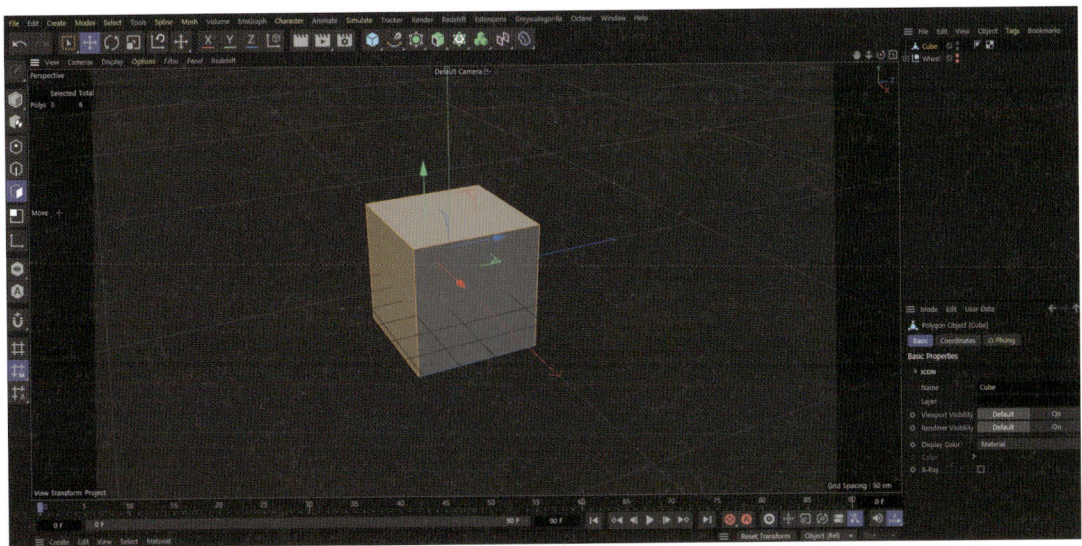

▲ 면 선택

단축키 C를 누르고 폴리곤(Polygons) 툴로 큐브의 앞, 위, 뒤 면을 선택하고 단축키 D를 누릅니다. 그럼 익스트루드(Extrude) 기능이 활성화되고, 각 면이 주황색으로 활성화된 상태에서 클릭 앤 드래그합니다. 참고로 단축키는 한글일 때 적용되지 않으므로 단축키가 적용되지 않는다면 한/영 전환을 확인합니다.

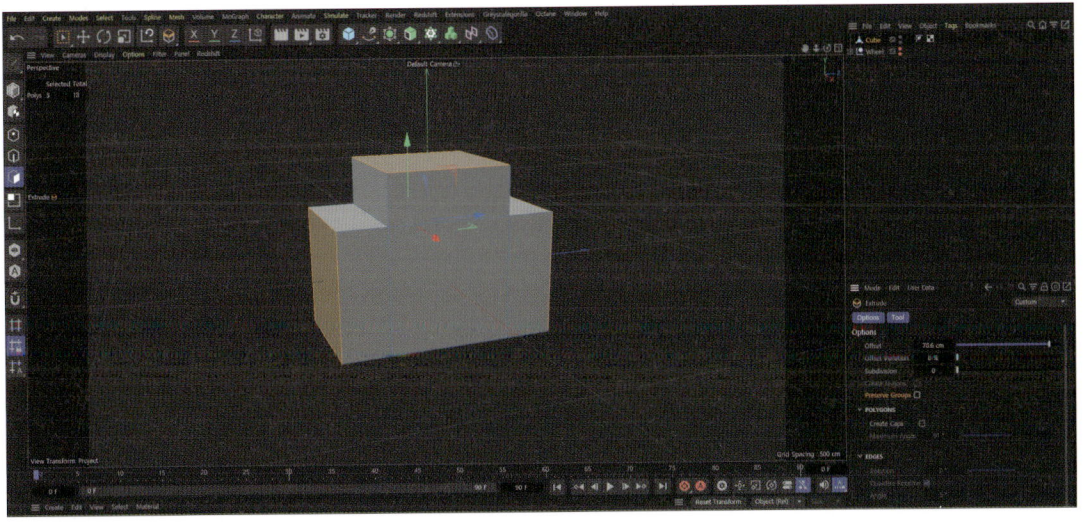

▲ 익스트루드 적용

적용 후 위와 같은 이미지가 아니고 전체 면이 합쳐진 상태라면 설정 화면에서 [Preserve Groups]의 체크를 해제합니다. 그다음 포인트(Points) 툴 선택, 렉탱글 셀렉션(Rectangle Selection) 선택 후 Right 화면으로 이동합니다. 화면은 휠 클릭으로 전환합니다.

로우 폴리 모델링 | PART 03

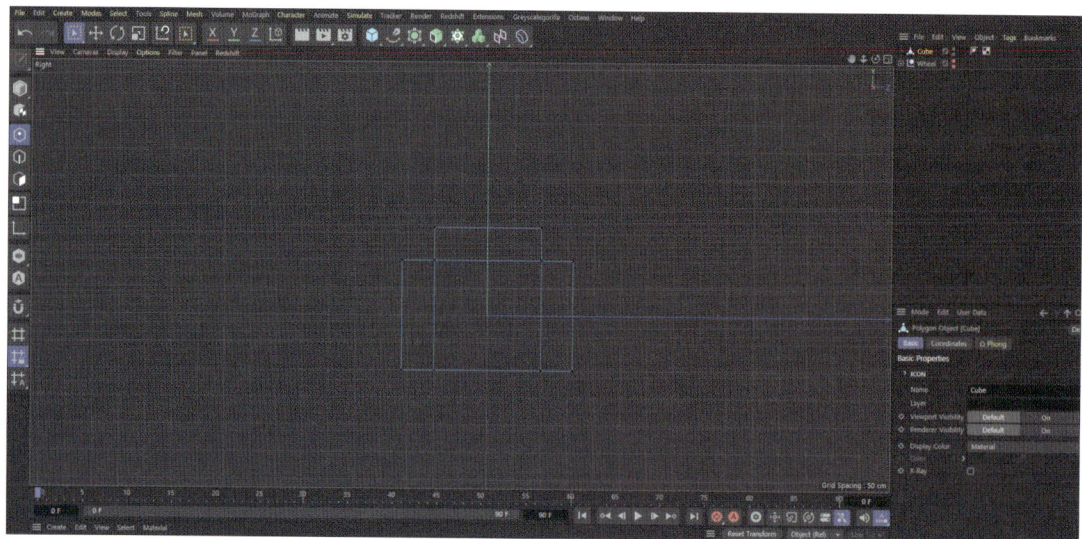

▲ Right 화면

Right 화면 기준으로 왼쪽을 먼저 늘려주겠습니다.

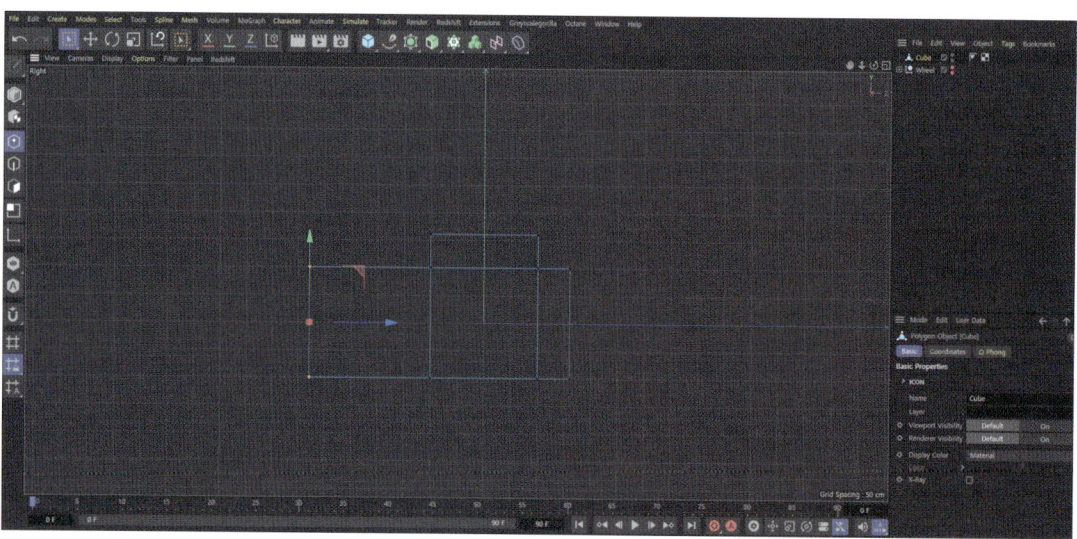

▲ 포인트 이동

점 선택 후 Z축으로만 이동하면 됩니다.

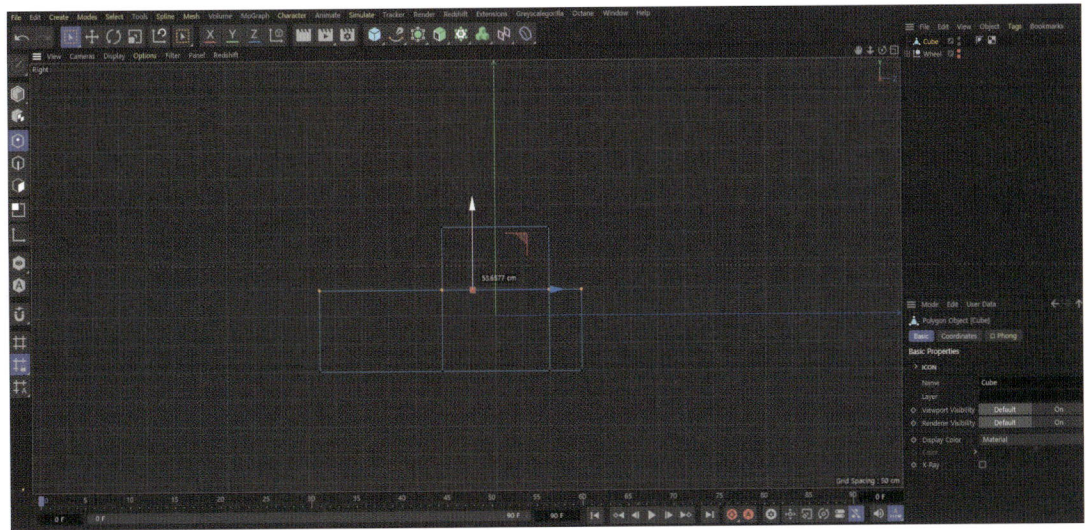

▲ 윗점 이동

같은 방식으로 이미지에 표시된 점들을 선택 후 아래로 내려줍니다.

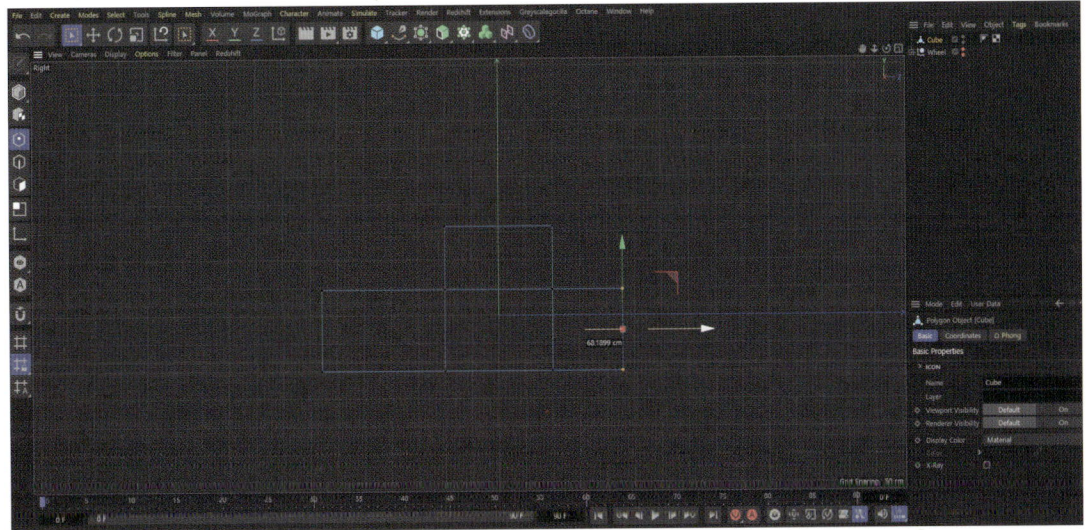

▲ 오른쪽 점 이동

이미지에 표시된 점들을 오른쪽으로 이동합니다. 그럼 어느 정도 자동차의 형태로 비율이 나온 것을 확인할 수 있습니다.

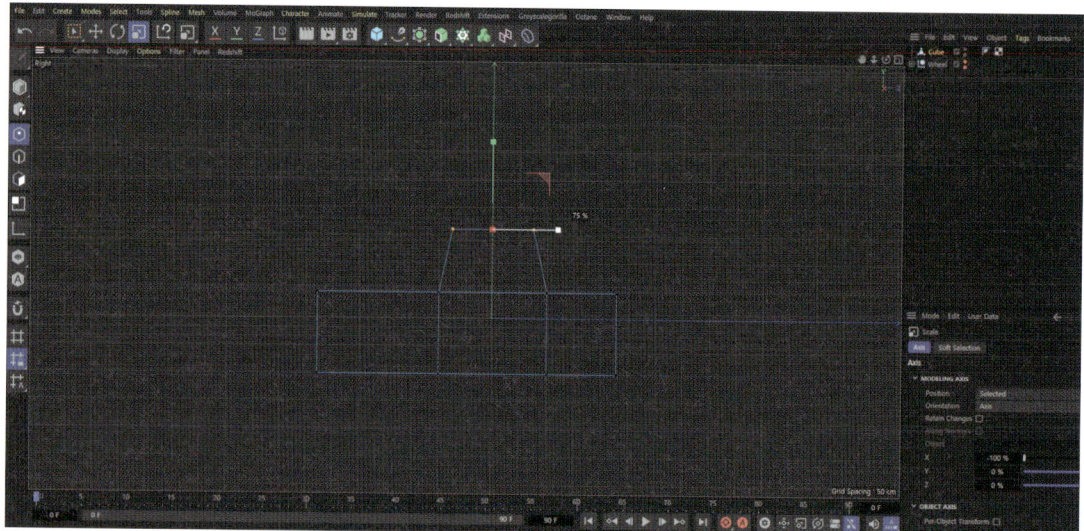

▲ 포인트 크기 조절

이미지에 표시된 점들을 선택한 후에 크기를 Z축 기준으로 원하는 만큼 약간만 줄여줍니다.

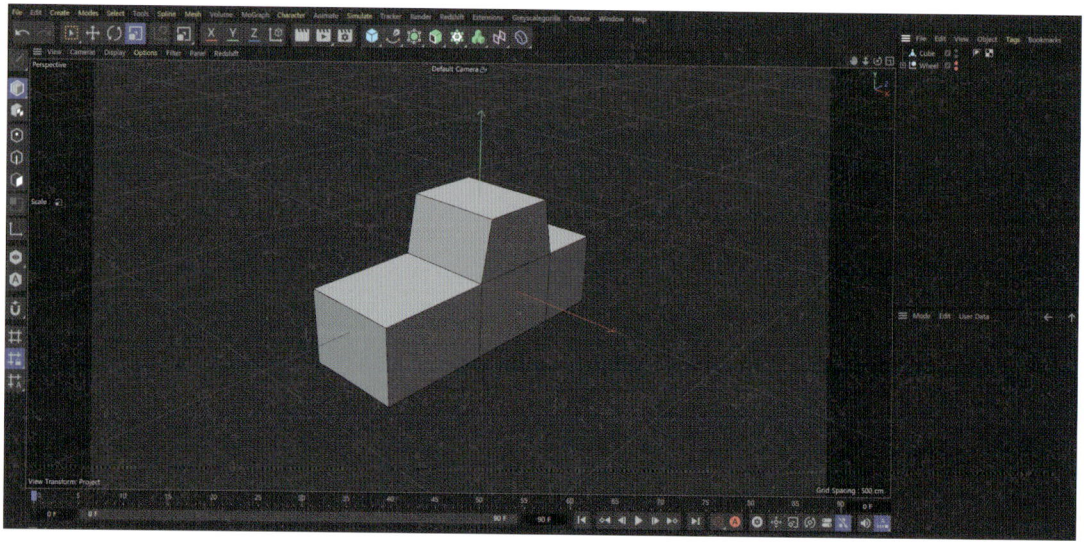

▲ Perspective 화면 확인

Perspective 화면에서 보니 간격이 좁아 보이네요. 모델(Model) 툴 선택 후 간격을 늘려주겠습니다.

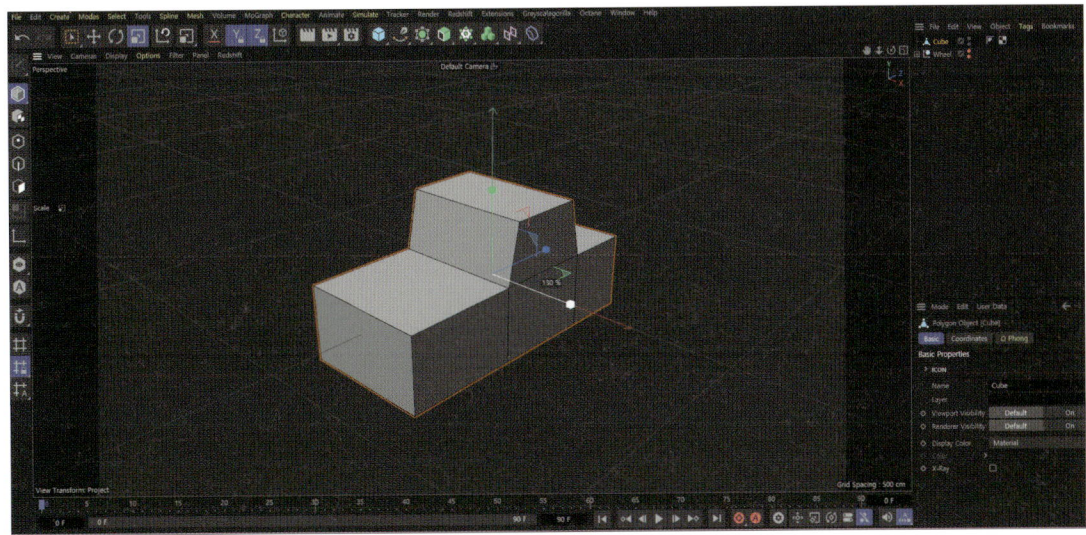

▲ 간격 조절

얼추 자동차의 모습이 나온 것을 확인할 수 있습니다. 이어서 창문을 제작하겠습니다. 폴리곤(Polygons) 툴 선택 후 위쪽 면들만 선택합니다.

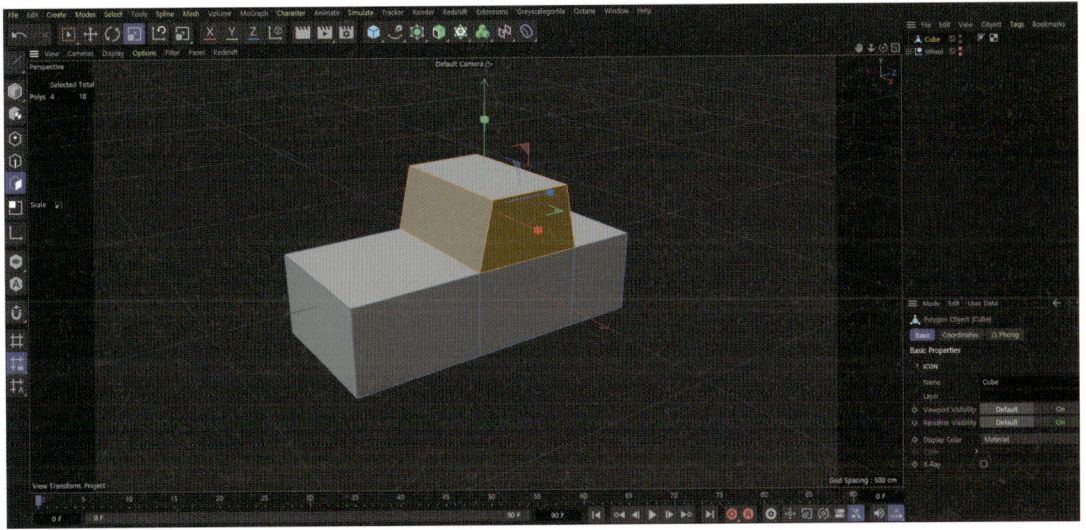

▲ 면 선택

면들은 일일이 선택해도 되고 U~L을 누른 후 루프 셀렉션(Loop Selection) 툴에서 선택해도 됩니다. 이제 I를 눌러서 인셋(Inset) 툴을 선택하고 면 클릭 후 왼쪽으로 드래그합니다.

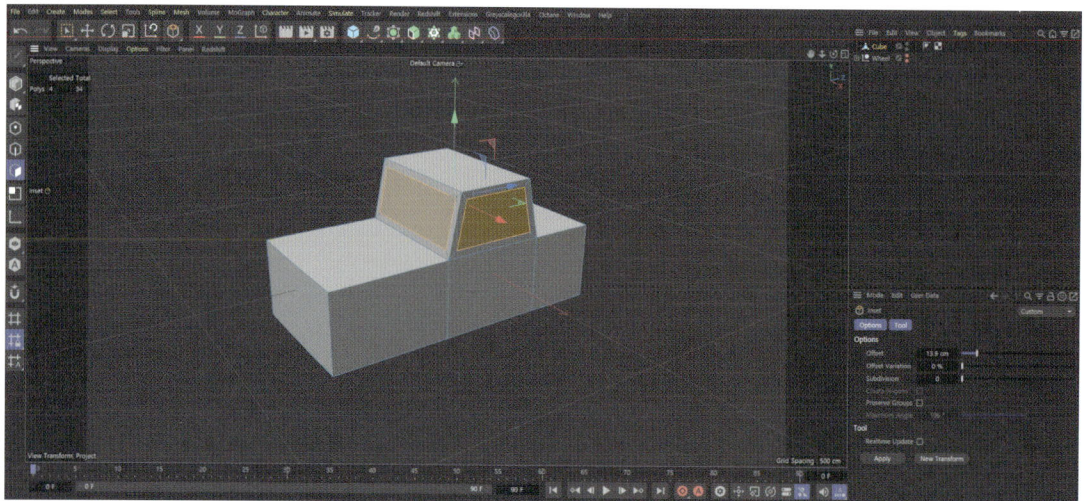

▲ 인셋

D를 눌러서 익스트루드(Extrude) 툴로 전환 후 다시 클릭하고 왼쪽으로 드래그합니다.

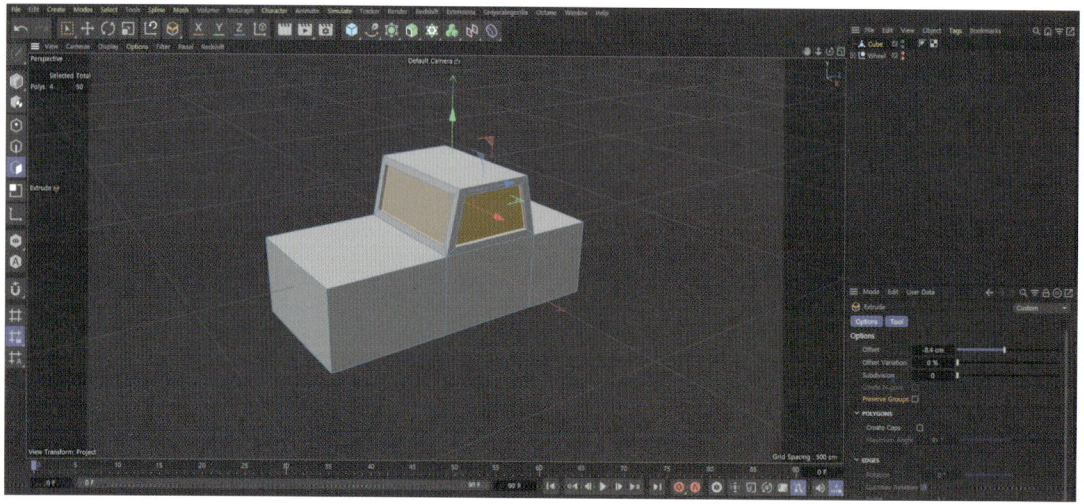

▲ 익스트루드 적용

여기까지 잘 따라왔다면 앞에서 만든 바퀴를 위치시킨 후 조명을 비롯한 액세서리들을 달아줄 예정입니다. 우선 밑면이 너무 커 보이므로 크기를 약간 조절해 주겠습니다. Right 화면으로 전환 후 포인트(Points) 툴로 밑의 점들을 선택 후 위로 올려줍니다.

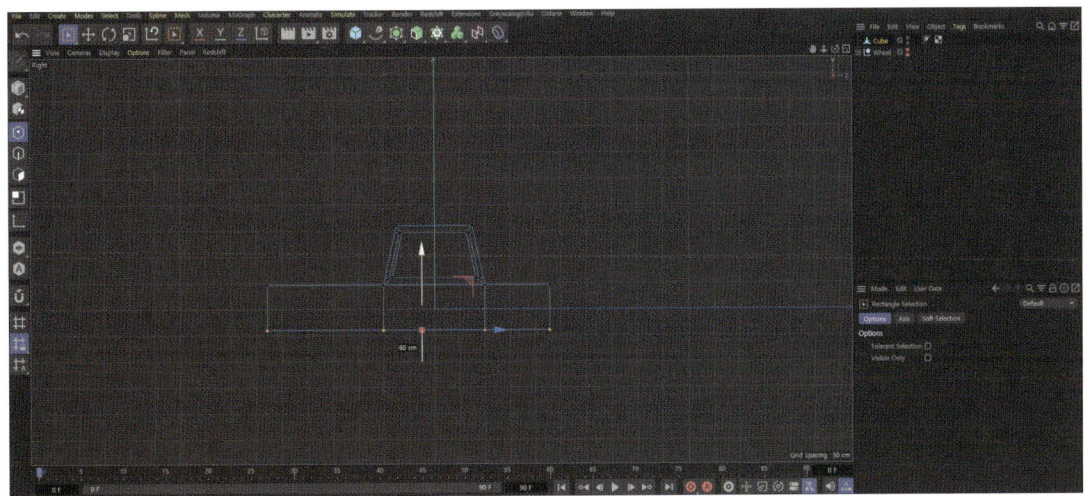

▲ 포인트 이동

이제 바퀴를 위치시켜 보겠습니다. 두 가지 방식이 있는데 나중에 움직임도 적용할 예정이므로 그에 맞춰서 진행하겠습니다.

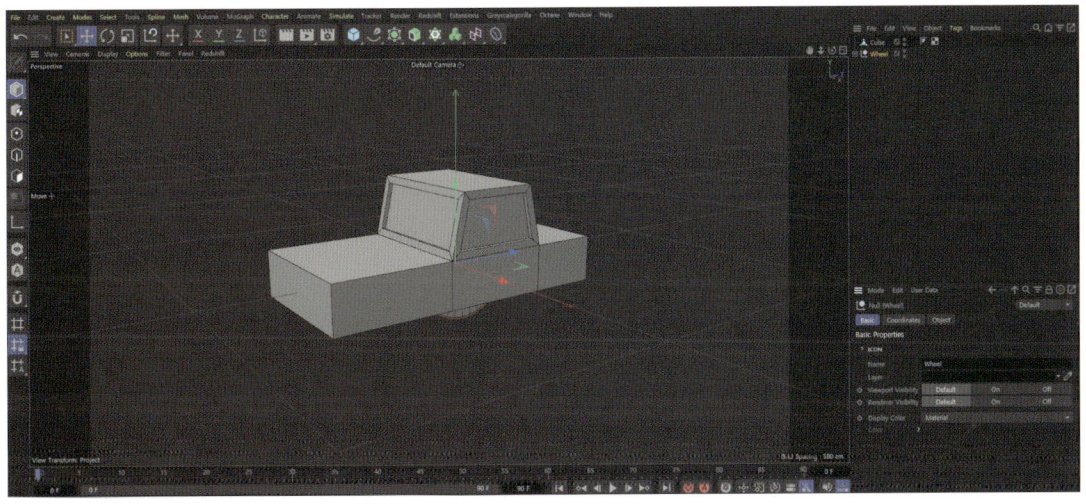

▲ 바퀴 비지빌리티 활성화

바퀴의 비지빌리티 옵션을 켜고 클로너를 적용합니다. 모드가 그리드로 되어 있기 때문에 카운트(Count)와 사이즈(Size)만 설정하겠습니다.

로우 폴리 모델링 | PART 03

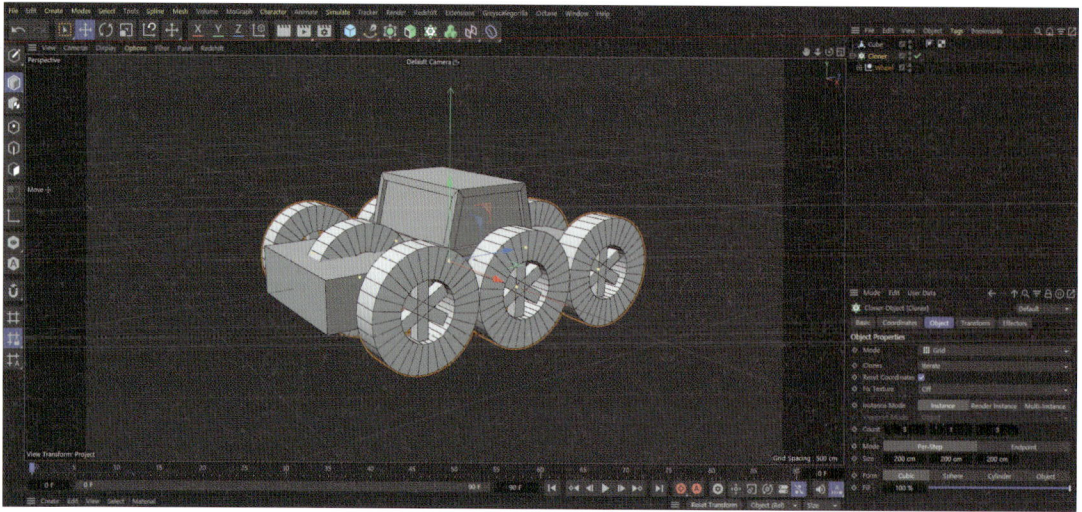

▲ 바퀴 클로너

카운트(Count)는 X: 2, Y: 1, Z: 2로 설정하고 사이즈(Size)는 원하는 값으로 설정해 주세요.

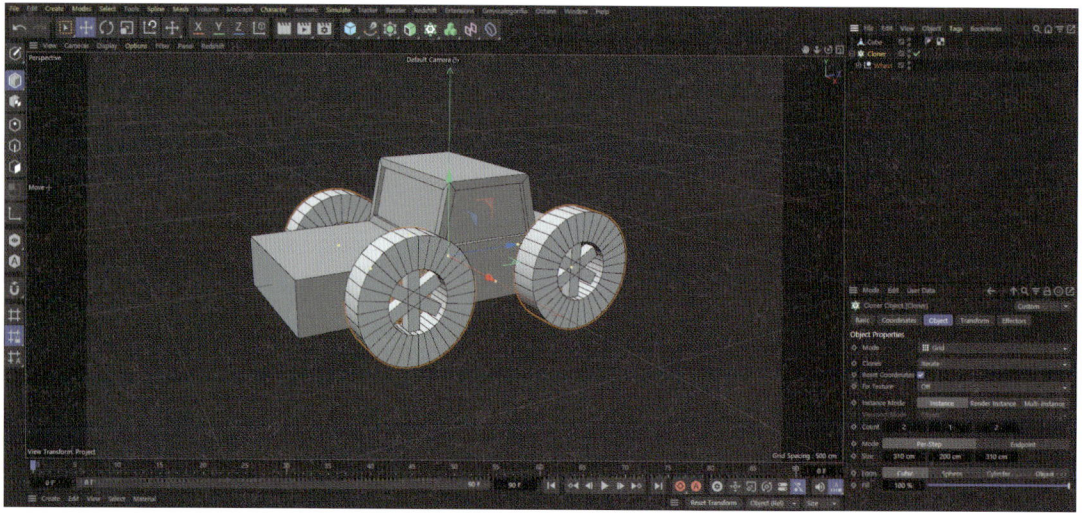

▲ 바퀴 선택

바퀴의 크기가 차제에 비해 너무 큰 것 같습니다. [Cloner] 하단의 [Wheel]만 선택한 뒤 크기를 줄여 줍니다.

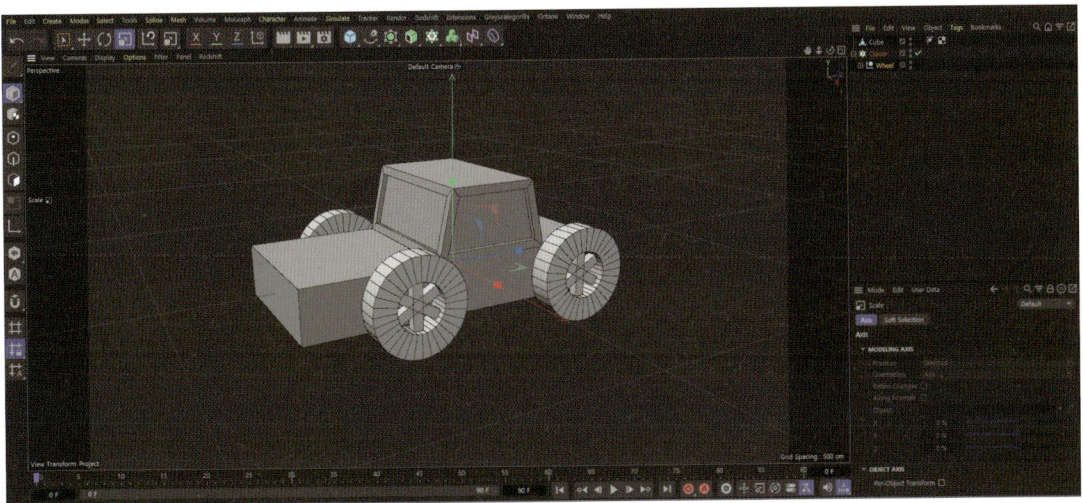

▲ 바퀴 크기 조절

어느 정도 크기 조절이 됐으면 바퀴를 원하는 위치로 이동시킵니다.

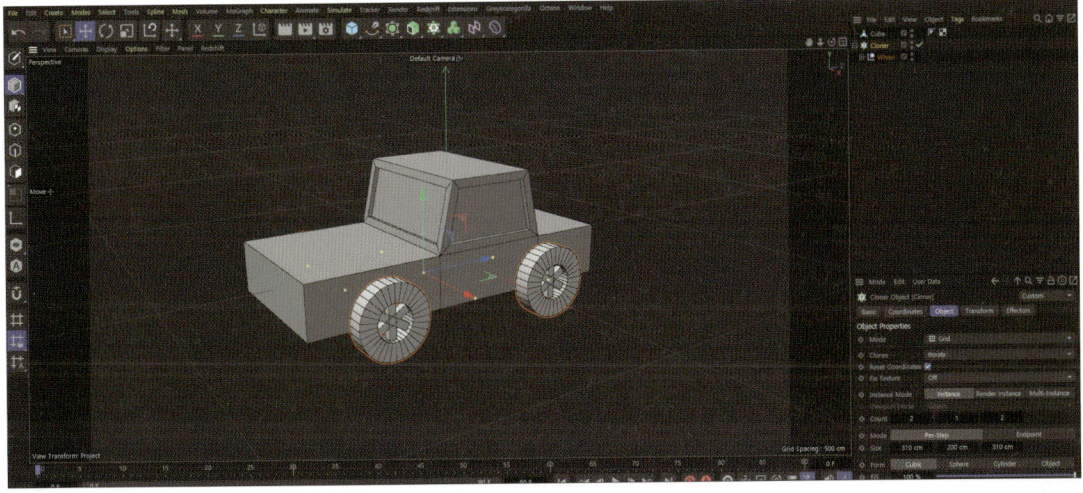

▲ 위치 이동

크기 조절과 반대로 위치를 이동시킬 때는 [Wheel]이 아닌 상단의 [Cloner]를 이동시켜야 합니다. 하이어라키 구조상 상단의 위치, 회전, 크기의 영향을 받기 때문입니다.

바퀴까지 제작이 완료됐으니 자동차의 라이트와 기타 액세서리를 제작하겠습니다. Symmetry 생성 후 하단에 널(Null) 생성, 또 그 하단에 실린더(Cylinder)를 생성합니다.

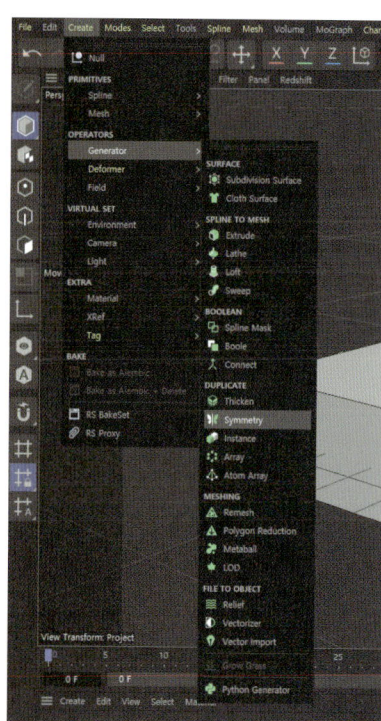
▲ Symmetry

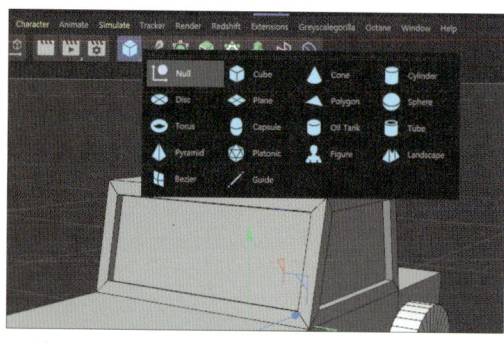
▲ 널

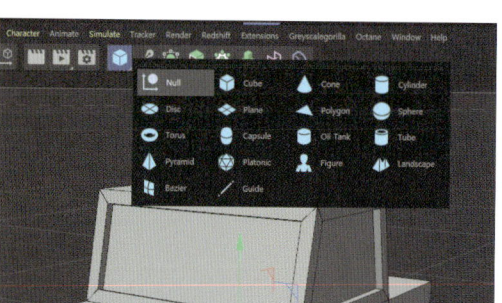
▲ 실린더

널(Null)을 먼저 만든 이유는 Symmetry 하단에 여러 오브젝트가 있으면 적용이 안 될 가능성이 있어서 이를 방지하고자 널로 묶어준 것으로 이해하면 됩니다.

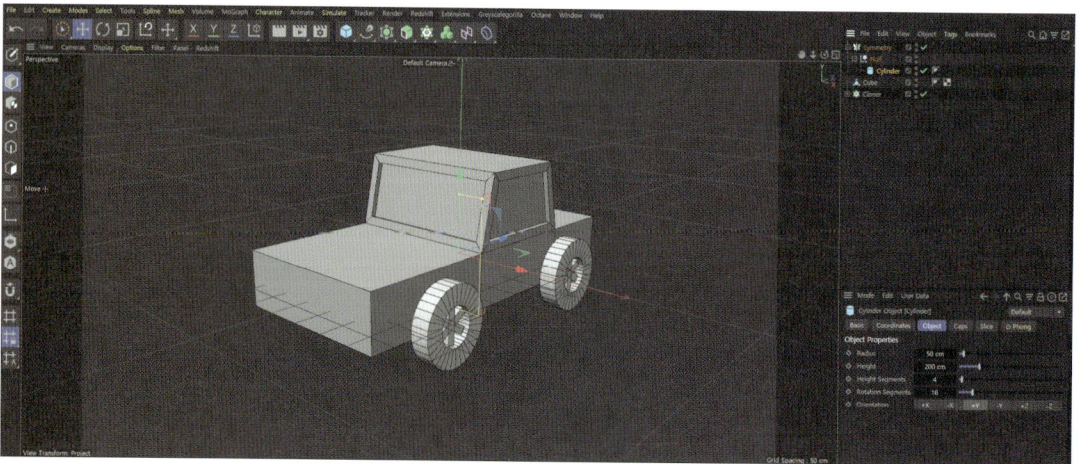
▲ 실린더 이동

실린더를 클릭하고, [Orientation: +Z]로 바꿔준 후 Z축으로 옮겨서 자동차 앞으로 빼줍니다.

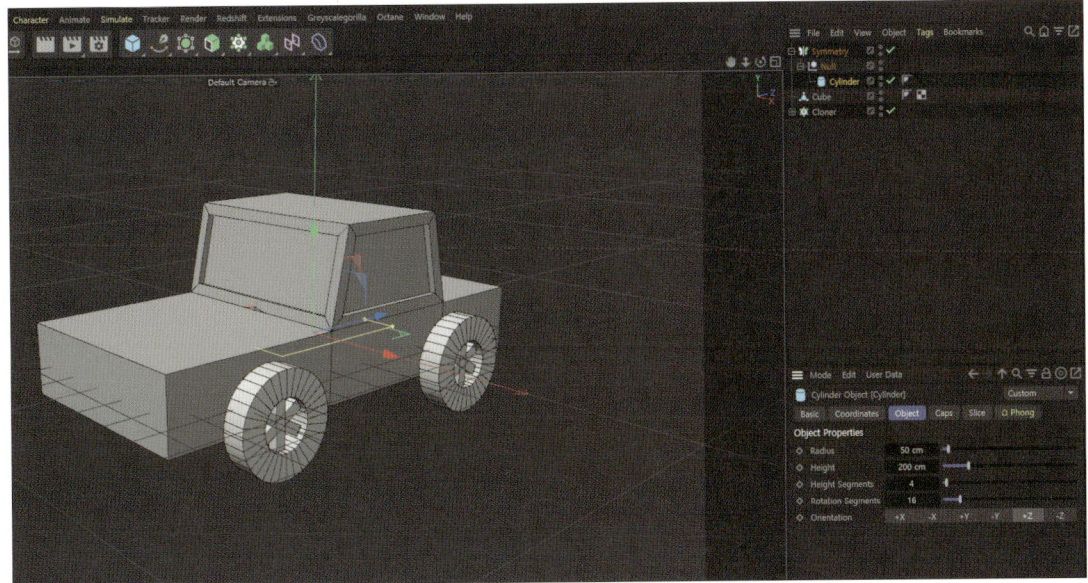

▲ 축 전환

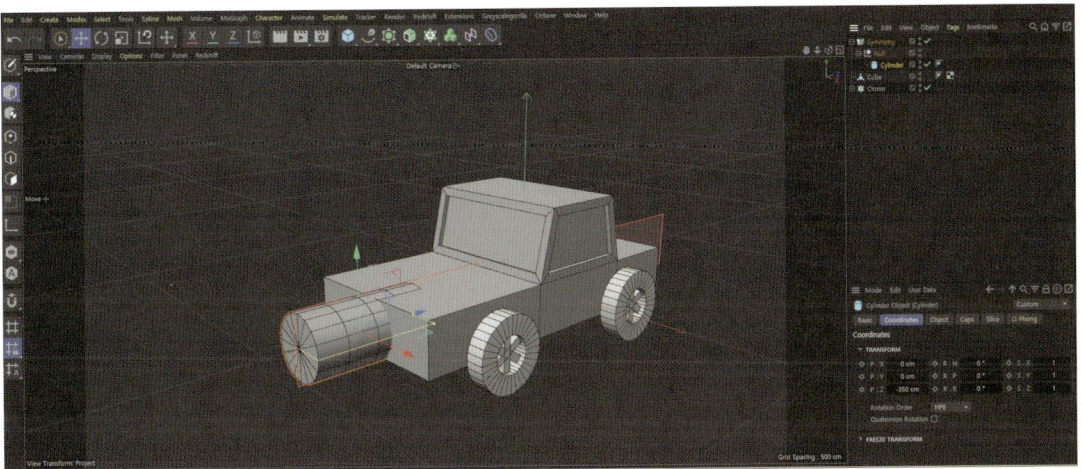

▲ 이동

우선 오브젝트가 잘 보여야 높이나 넓이를 조정하기 쉬우므로 잘 보이는 위치로 이동하고, 설정값을 수정한 후 다시 이동시키겠습니다. [Attributes]-[Object]에서 [Radius: 16], [Height: 36], [Height Segments: 1]로 설정합니다. 그 후 원하는 위치로 X축과 Z축을 기준으로 이동시킵니다.

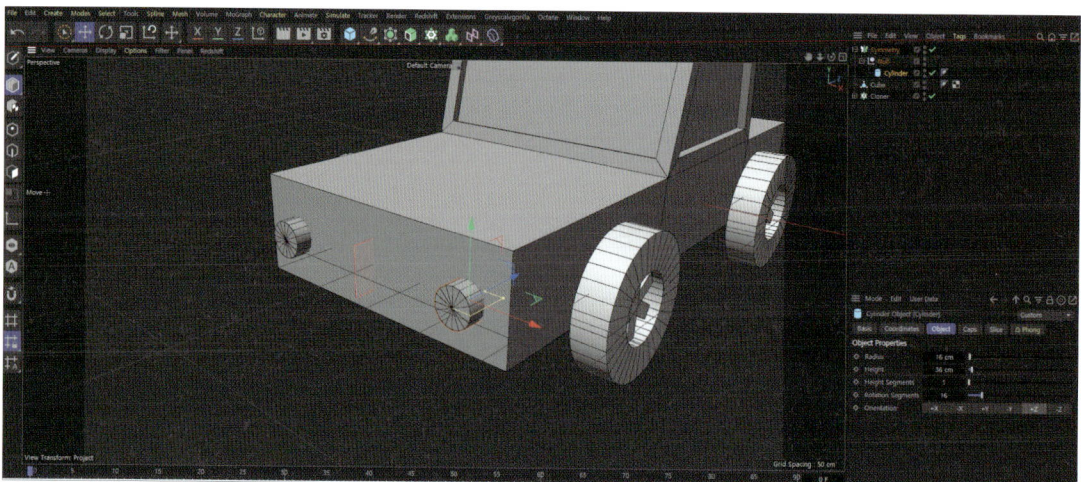

▲ 실린더 복제

위와 비슷하게 설정한 후 실린더를 잡고 Ctrl을 누른 상태로 X축으로 드래그합니다. 그러면 복제가 되면서 실린더가 새로 하나 더 생성됩니다. 복제된 실린더를 선택 후 [Radius: 8]로 설정하면 라이트가 완성됩니다.

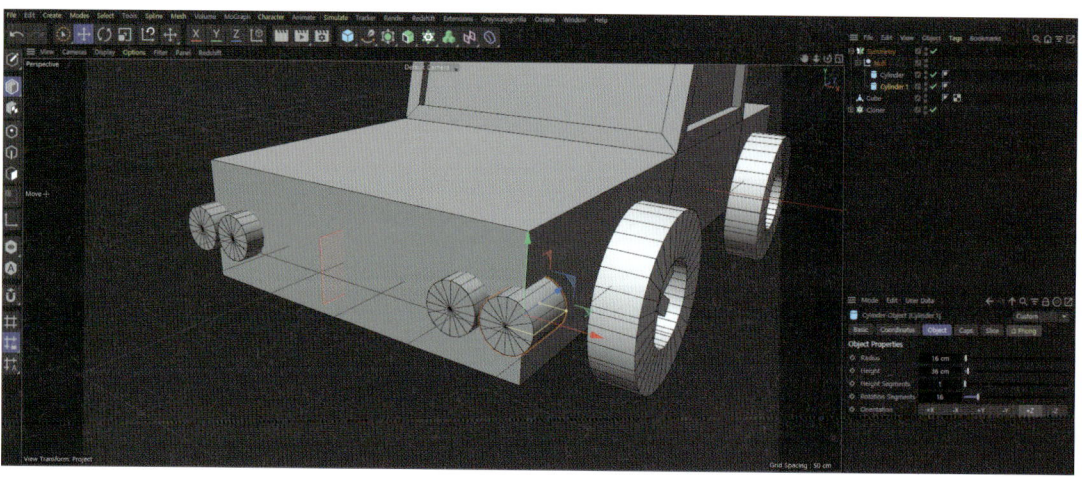

▲ 라이트 완성

그럼 이제 양쪽 라이트 가운데에 그릴을 제작해보겠습니다. 큐브를 생성한 후 Size X, Y, Z를 각각 120, 45, 35로 설정하고 라이트가 위치한 앞쪽으로 이동시켜 줍니다.

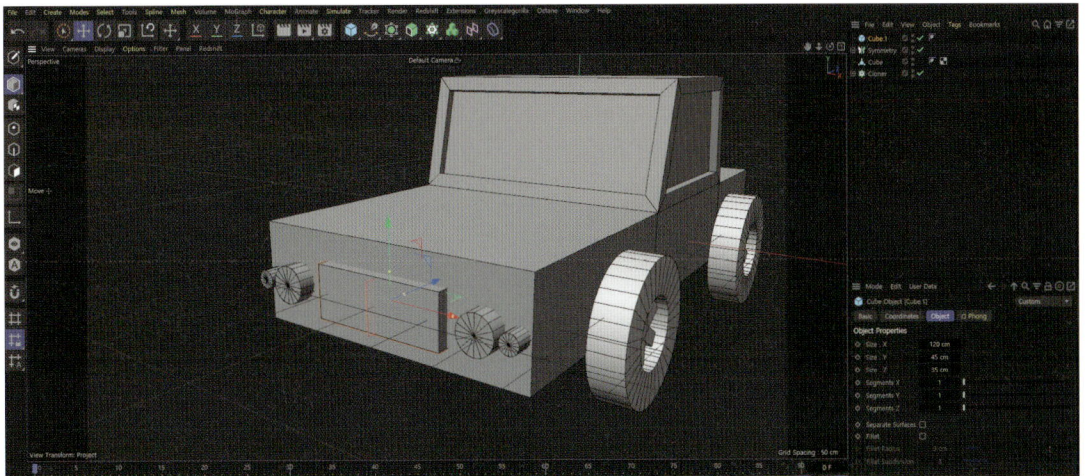

▲ 그릴

큐브를 새로 복제한 후 Z축 방향으로 이동시켜 줍니다.

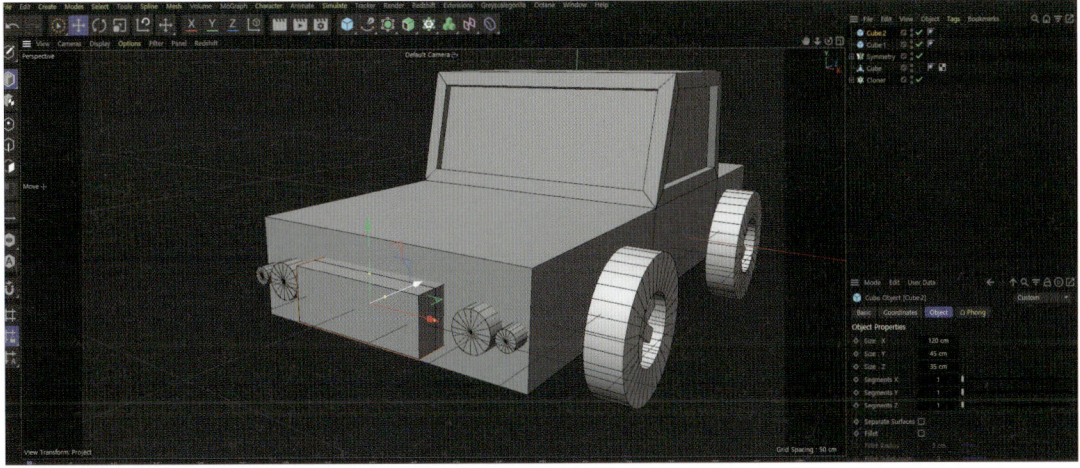

▲ 큐브 복제

Size X, Y를 각각 9, 43으로 설정한 후 클로너를 적용합니다.

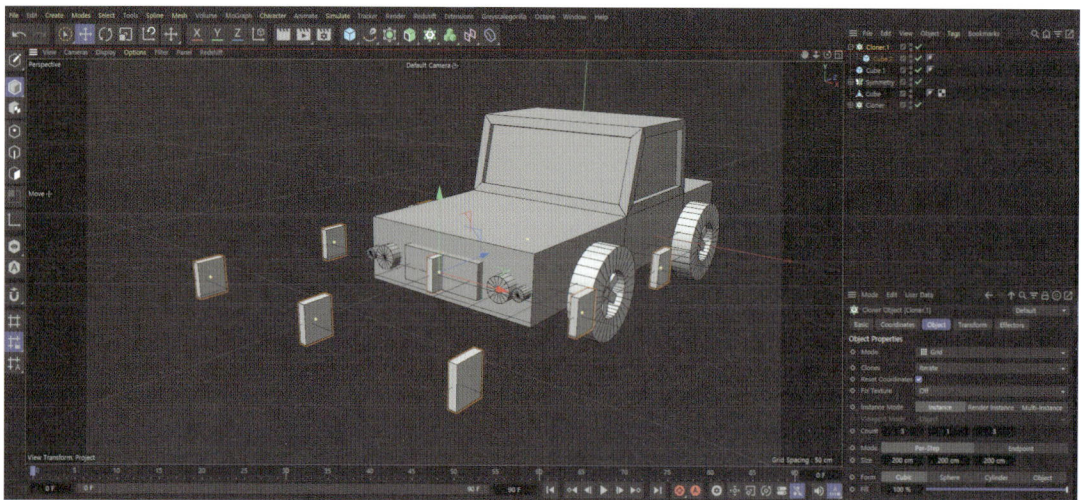

▲ 클로너

모드는 그대로 그리드로 유지합니다. 카운트를 X값만 6으로 설정하고, Size Z를 20으로 설정합니다.

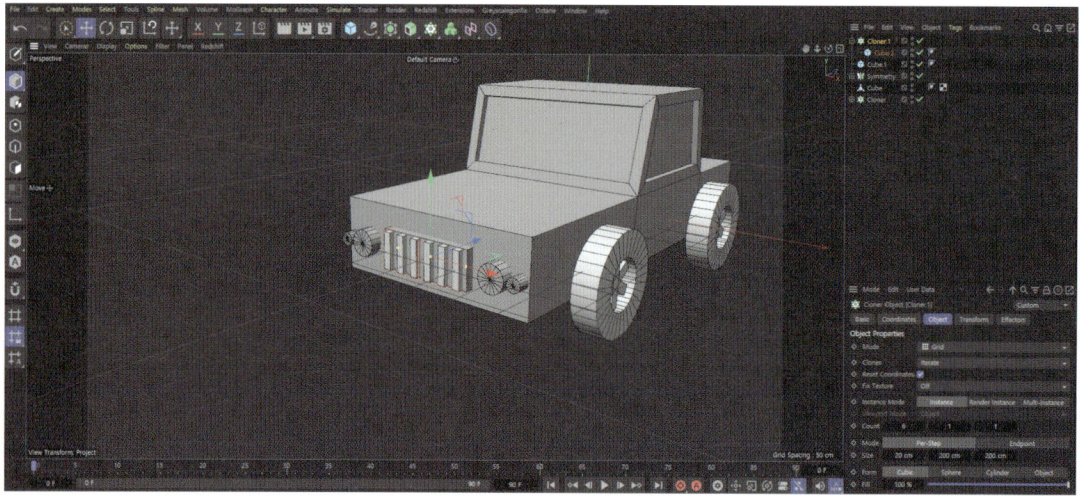

▲ 클로너 설정

해당 값으로 설정 후 Z축을 기준으로 적절히 위치를 조절합니다. 자, 이렇게 로우 폴리 자동차 제작이 완료되었습니다. 마지막으로 널(Null)을 하나 생성하고 이름을 'Car'로 변경합니다.

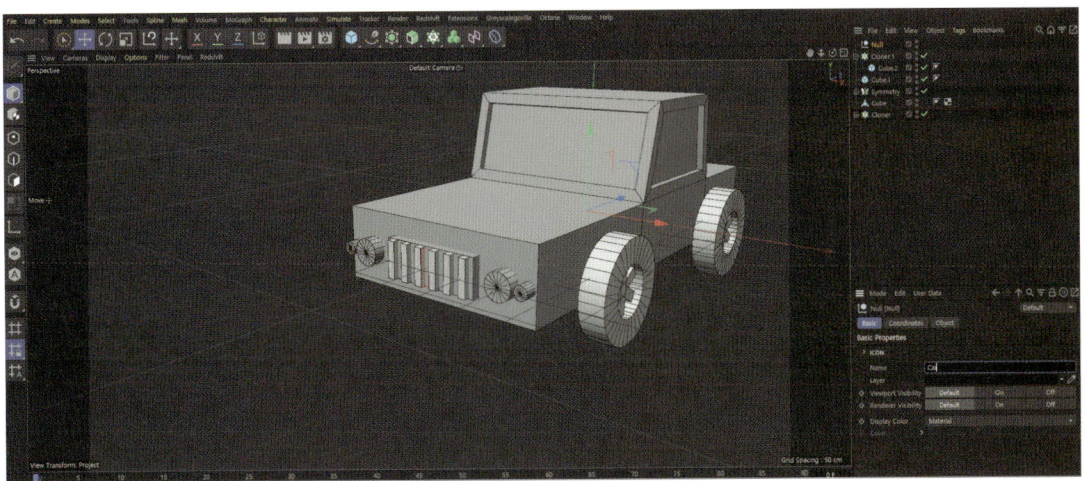

▲ 널 이름 수정

그리고 앞으로 제작할 예제들과 구분하기 쉽도록 자동차에 속한 모든 오브젝트를 [Car] 하단에 적용합니다.

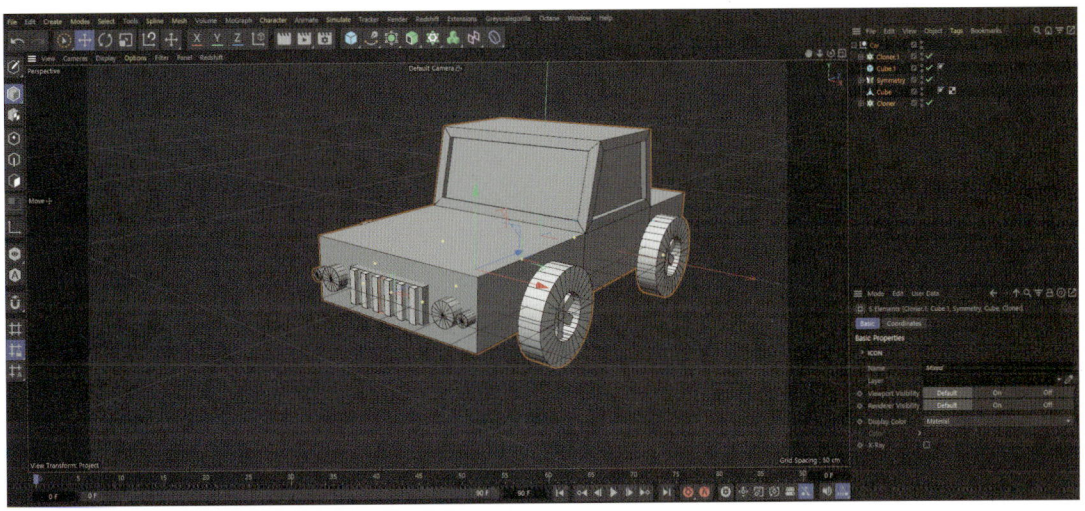

▲ 오브젝트 정리

로우 폴리 건물 모델링

이번에는 건물을 만들어 보겠습니다. 상단의 [+]를 클릭하여 새 프로젝트 파일을 생성합니다.

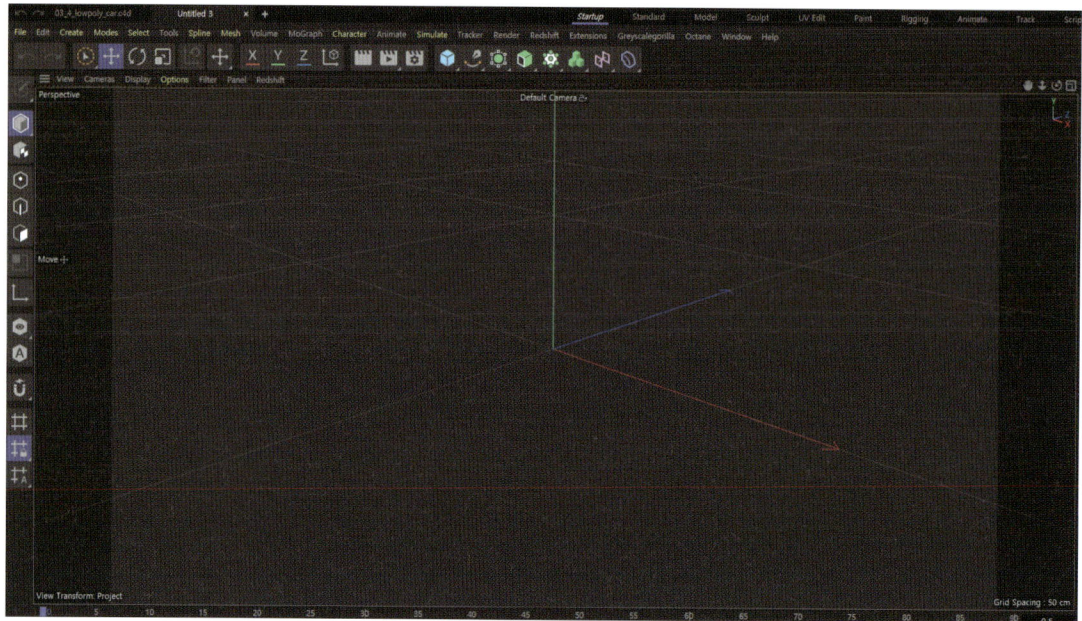

▲ 새 프로젝트 생성

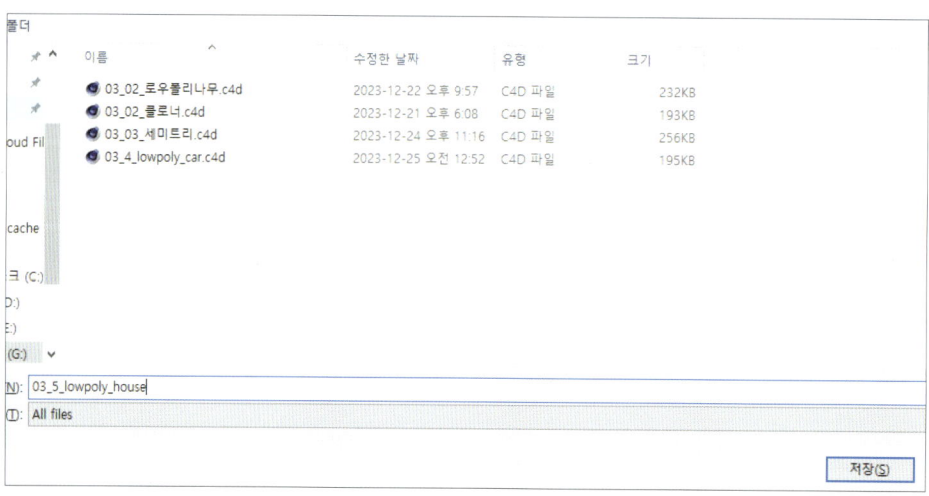

▲ 새 프로젝트 저장

새로운 프로젝트가 생성됐으면 본격적인 작업에 앞서 저장을 먼저 하겠습니다. 이전에 했던 것처럼 원하는 위치와 이름을 설정한 후 저장합니다.

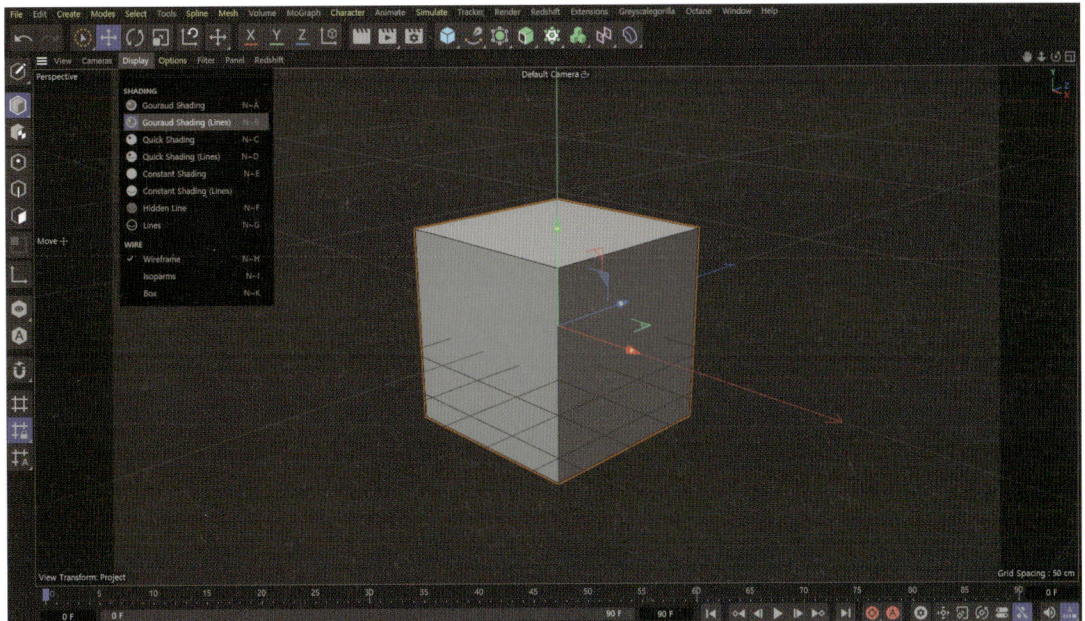

▲ 큐브 라인 설정

우선 큐브를 하나 생성합니다. 이번 예제에서는 선이 잘 보여야 하므로 디스플레이(Display)를 [Gouraud Shading(Lines)]로 변경합니다. 그리고 세로로 길쭉한 형태를 만들어 주기 위해 Size Y를 400cm로 설정합니다.

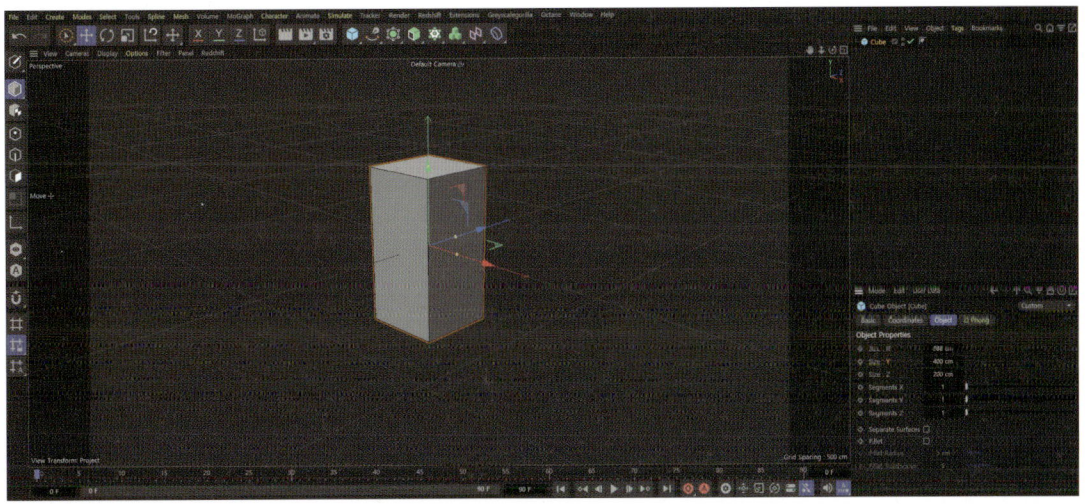

▲ 크기 설정

Segments X와 Y를 4로 설정합니다.

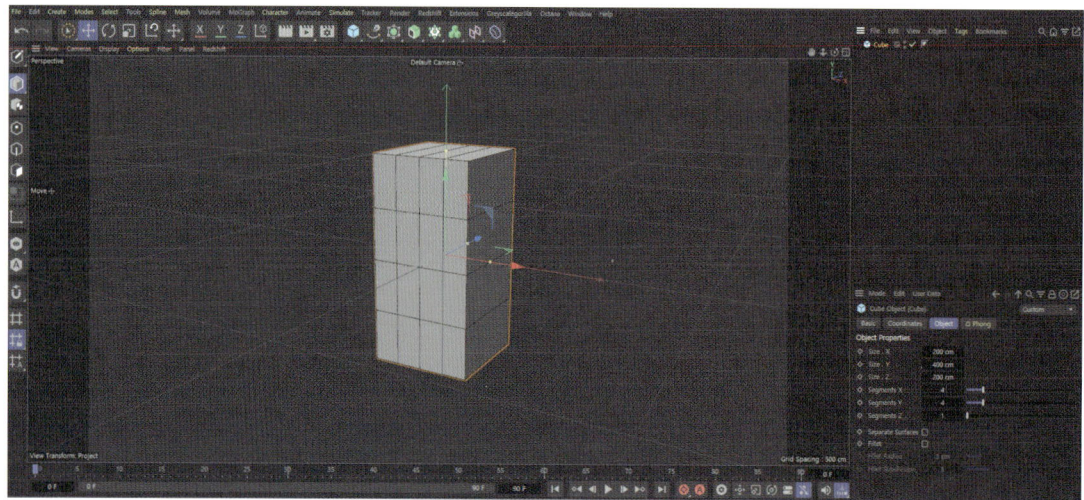

▲ 세그먼트 설정

이제 에디터블 시킨 후 면들을 선택하고 인셋(Inset) 후 익스트루드(Extrude) 시켜주겠습니다. 단축키 C를 누르거나 좌측 상단의 에디터블(Make Editable) 아이콘을 클릭합니다.

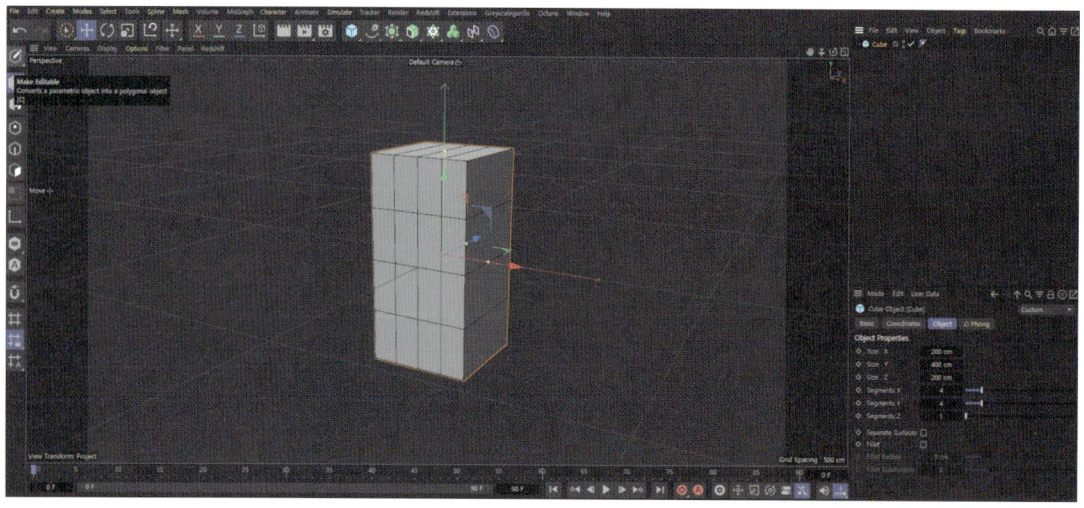

▲ 에디터블 적용

한번 에디터블 시킨 후에는 다시 되돌릴 수 없으니 이 점에 유의하고, 단축키가 적용되지 않을 경우에는 한/영 전환을 다시 한번 확인해주세요. 이는 자주 실수하는 부분이므로 작업을 진행하면서 여러 번 언급하도록 하겠습니다. 이제 폴리곤(Polygons) 모드로 설정한 후 앞쪽 면들만 전부 선택합니다.

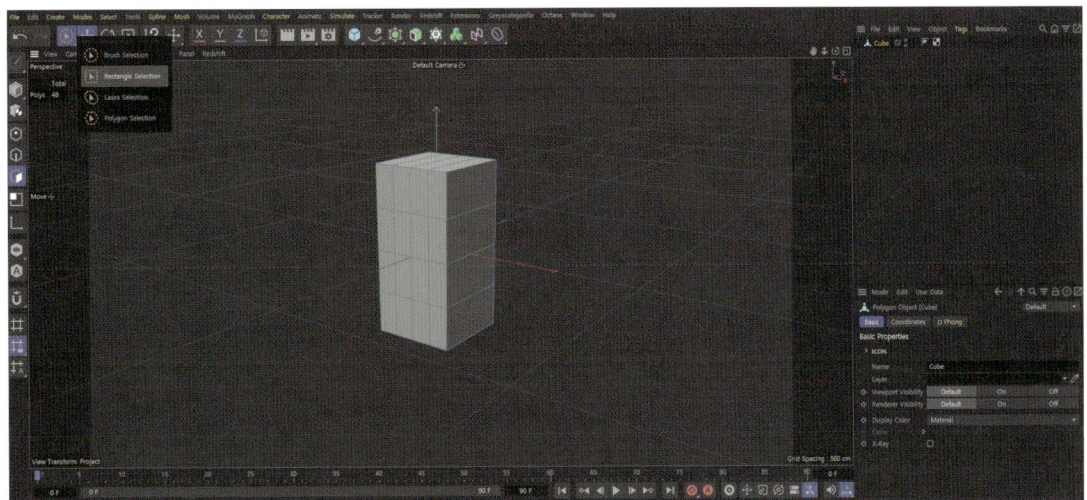

▲ 렉탱글 셀렉션

렉탱글 셀렉션(Rectangle Selection)을 선택한 후 휠 클릭으로 4분할 화면에서 Front 화면으로 이동해 주세요.

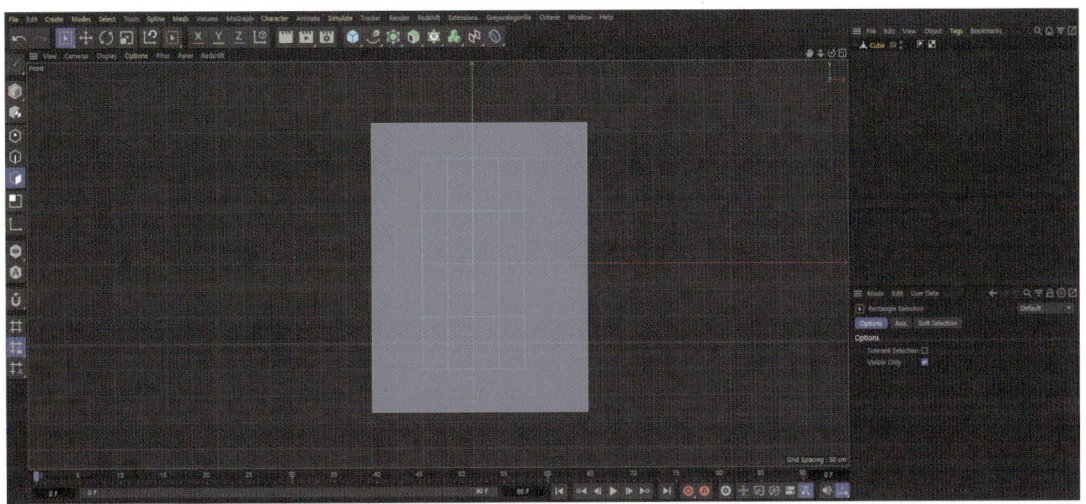

▲ 드래그

비지블 온리(Visible Only)가 활성화된 상태로 드래그해 주세요.

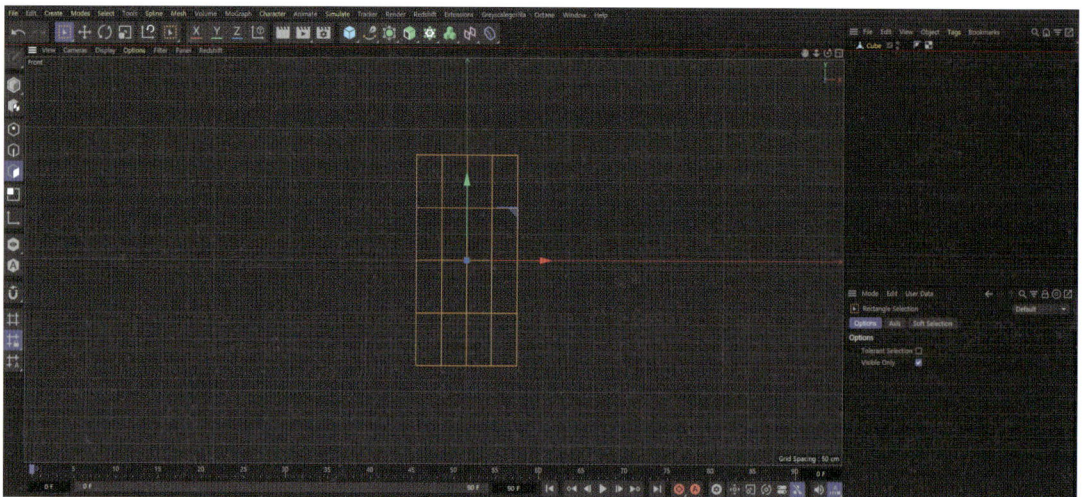

▲ 활성화

노란색으로 활성화된 모습을 확인할 수 있습니다. 혹시라도 어트리뷰트 창에서 설정값들이 보이지 않으면 해당하는 선택 도구를 다시 선택해야 합니다. 렉탱글 셀렉션(Rectangle Selection) 선택 후 무브(Move)로 잠깐만 이동해도 렉탱글 셀렉션의 설정값들은 보이지 않게 됩니다.

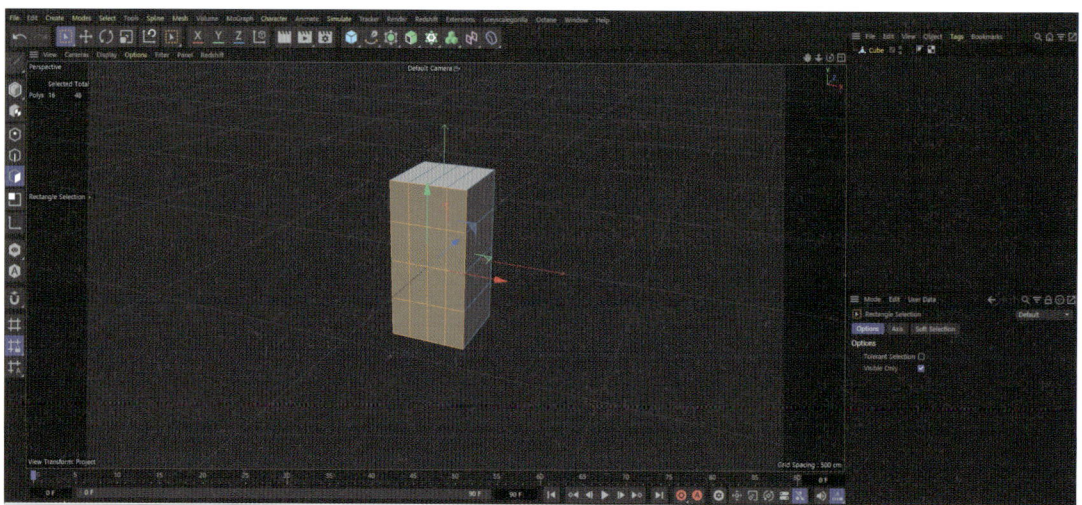

▲ Perspective 화면

Perspective 화면으로 이동하면 면들이 위와 같이 선택된 것을 확인할 수 있습니다.

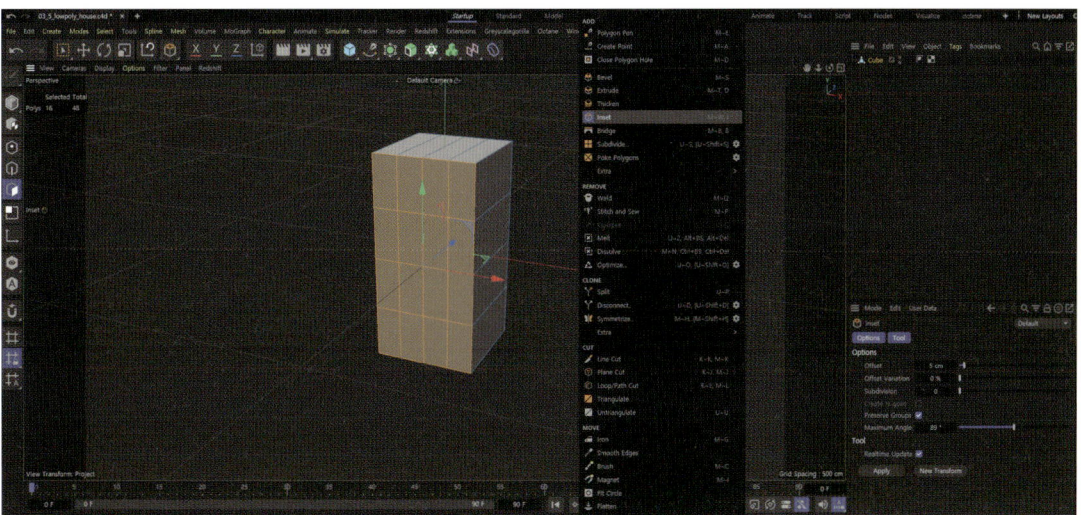

▲ 인셋 적용

이 상태에서 단축키 I를 누르거나 우클릭한 뒤 [Inset]을 선택하여 인셋을 설정합니다. 축을 제외한 면이나 아무 화면을 클릭한 상태에서 왼쪽으로 마우스를 드래그하면 적용됩니다.

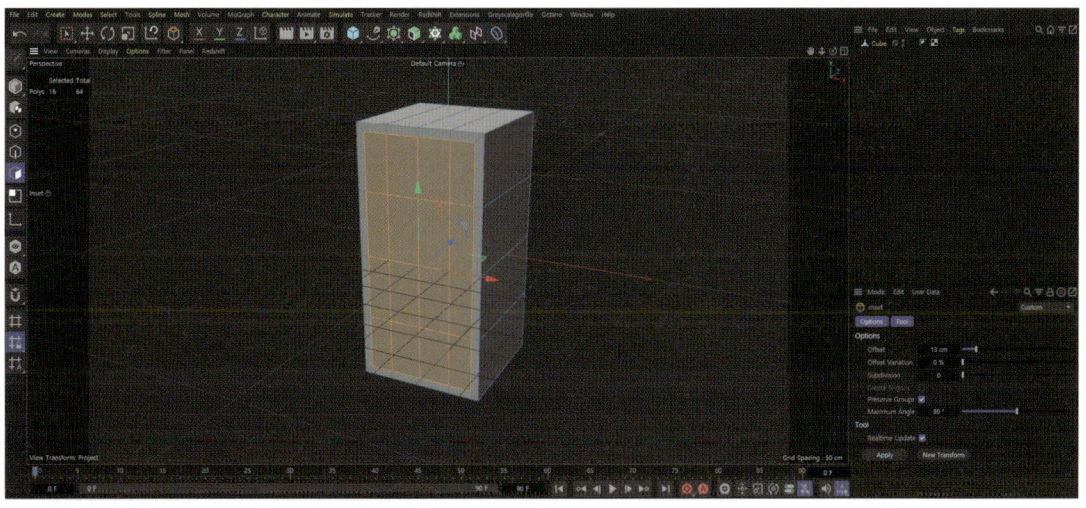

▲ 선택된 면 그룹 해제

이때 [Preserve Groups]의 체크를 해제합니다. 선택된 면들을 통합해서 면을 추가한 상태로 줄일 것인가, 혹은 따로 줄일 것인가에 대한 옵션입니다. 우리는 건물의 장문을 제작할 예정이기 때문에 체크를 해제하고 진행하겠습니다.

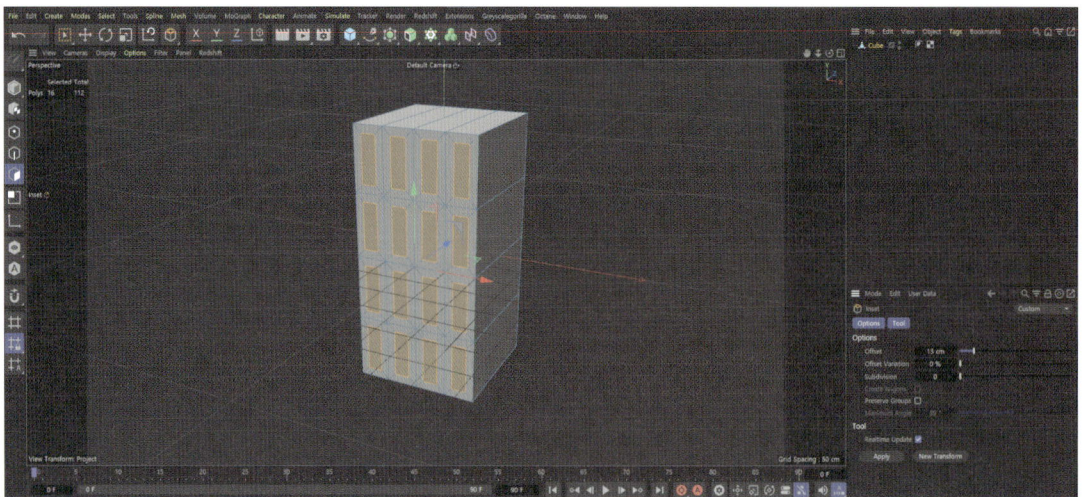

▲ 그룹 해제 완료

체크를 해제하면 이렇게 면이 따로따로 적용된 것을 확인할 수 있습니다. [Preserve Groups] 옵션은 상황에 맞게 적절히 사용하면 됩니다.

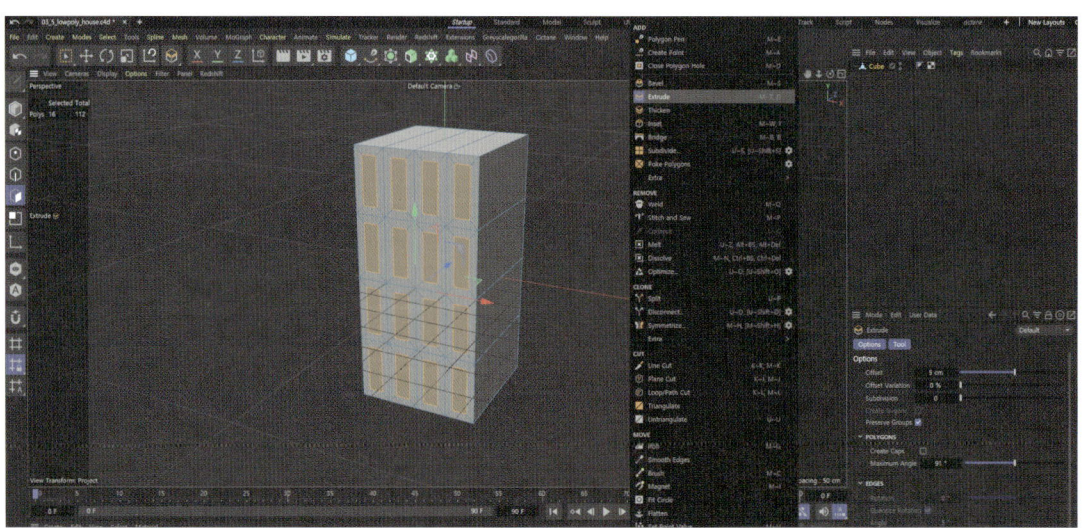

▲ 익스트루드 적용

이 상태에서 단축키 D를 누르거나 우클릭으로 [Extrude]를 선택하여 익스트루드를 활성화합니다. 그리고 인셋과 마찬가지로 축을 제외한 면이나 아무 화면을 클릭한 후에 왼쪽으로 마우스를 드래그합니다.

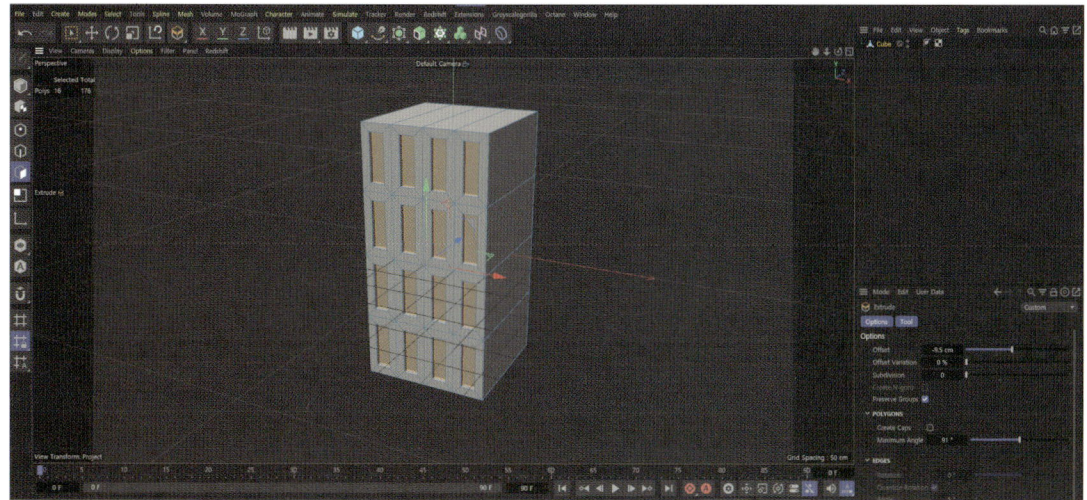

▲ 익스트루드 적용 완료

자 그럼 면이 안쪽으로 살짝 들어가 창문처럼 보이는 것을 확인할 수 있습니다. 축을 잡고 드래그할 경우 면을 새로 제작하면서 이동하는 것이 아니라 기존 면들을 이동하기 때문에 생각대로 조정이 안 될 수도 있다는 점을 유의하세요.

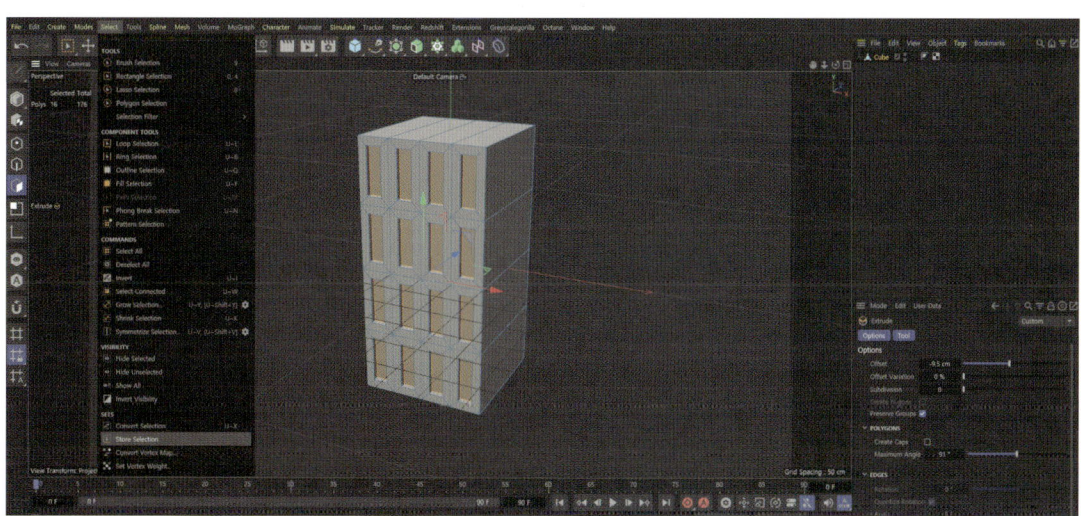

▲ 스토어 셀렉션 선택

이제 상단의 [Select] 탭에서 [Store Selection]을 선택합니다.

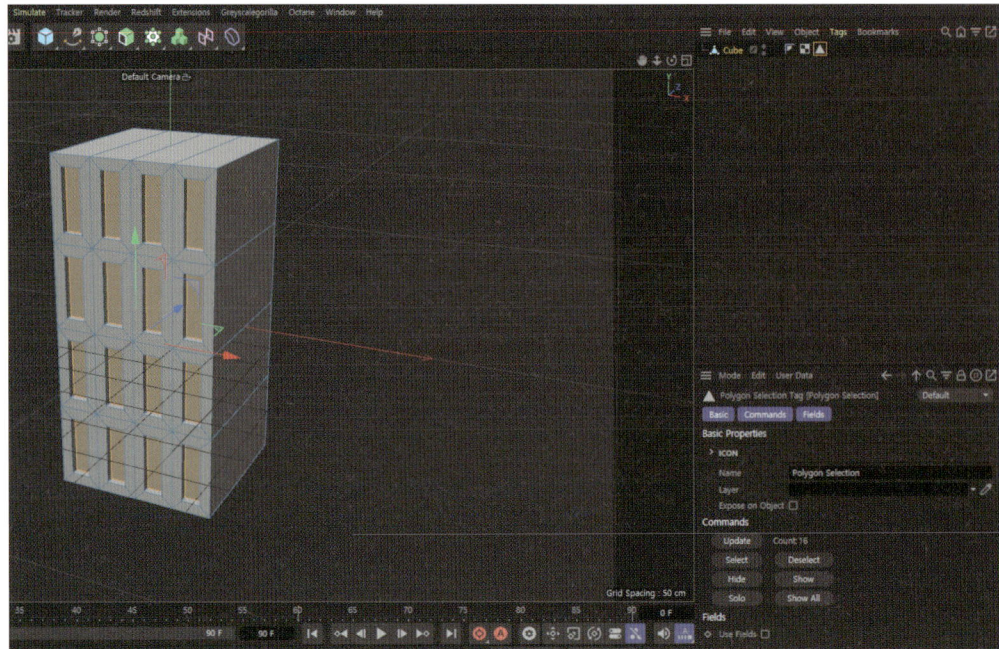

▲ 스토어 셀렉션 적용

스토어 셀렉션(Store Selection)은 점, 선, 면의 각 선택된 부분을 저장하는 기능으로, 별도의 재질을 적용할 수 있습니다. 이를 적용하면 레이어 이름 오른쪽에 세모 모양의 태그(tag)가 생긴 것을 확인할 수 있습니다. 이처럼 레이어 오른쪽에 있는 아이콘들을 태그라고 하며, 세모 모양의 태그는 셀렉션 태그라고 부르면 됩니다. 셀렉션 태그를 더블 클릭하면 선택된 면들이 다시 활성화된 것을 확인할 수 있습니다. 스토어 셀렉션을 사용할 때는 반드시 선택된 부분들을 잘 확인하고 설정해야 합니다.

건물의 윗부분을 제작했으니 아랫부분을 마저 제작하겠습니다. 다시 큐브를 하나 생성합니다.

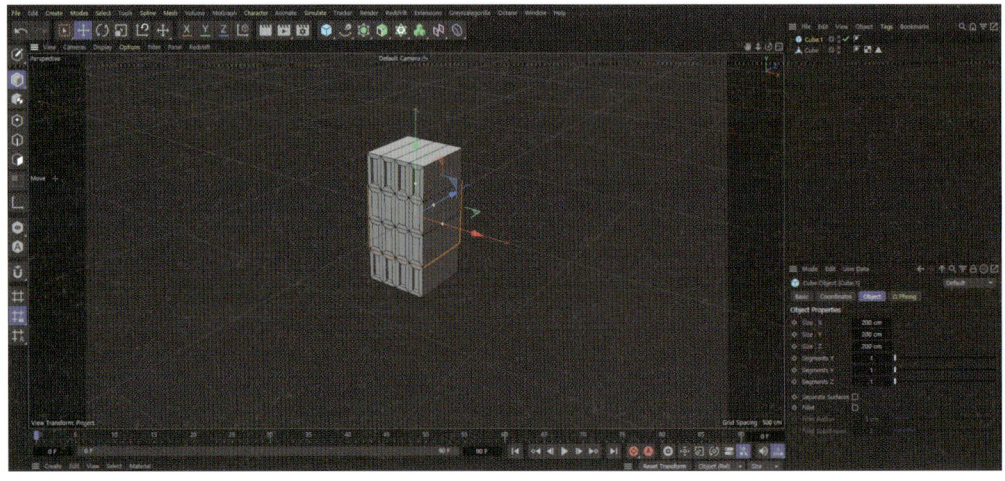

▲ 큐브 생성

큐브를 생성하니 기존에 제작한 오브젝트와 겹치므로 위치를 이동하겠습니다.

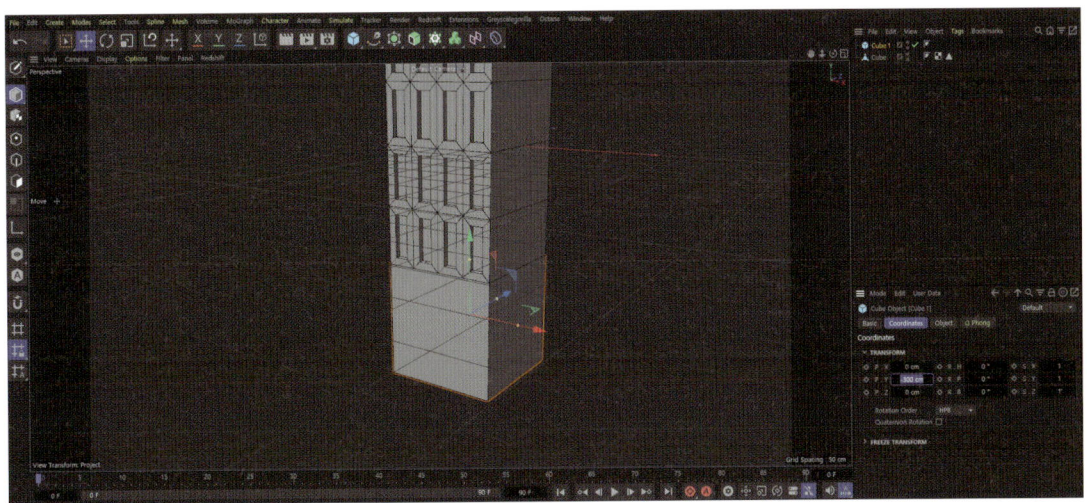

▲ 위치 이동

코디네이트(Coordinates)에서 P.Y를 -300으로 설정합니다. 값은 위쪽과 아래쪽의 오브젝트가 붙어 있을 수 있을 만큼만 임의로 설정하면 됩니다.

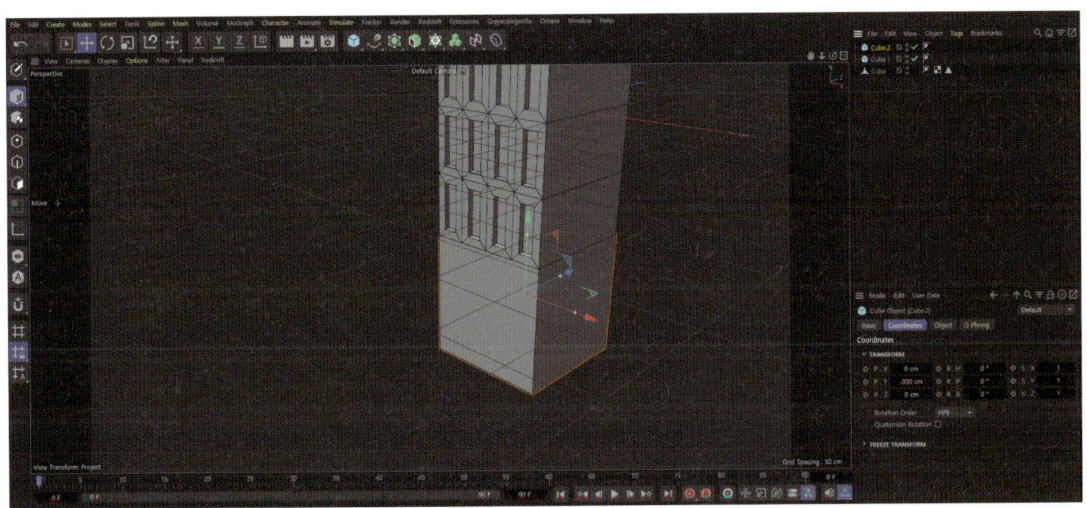

▲ 복제

밑에 위치한 오브젝트를 복제합니다. 오브젝트 클릭 후 Ctrl + C → Ctrl + V를 하거나 레이어 오브젝트 선택 후 클릭한 상태로 Ctrl + 드래그하면 됩니다.

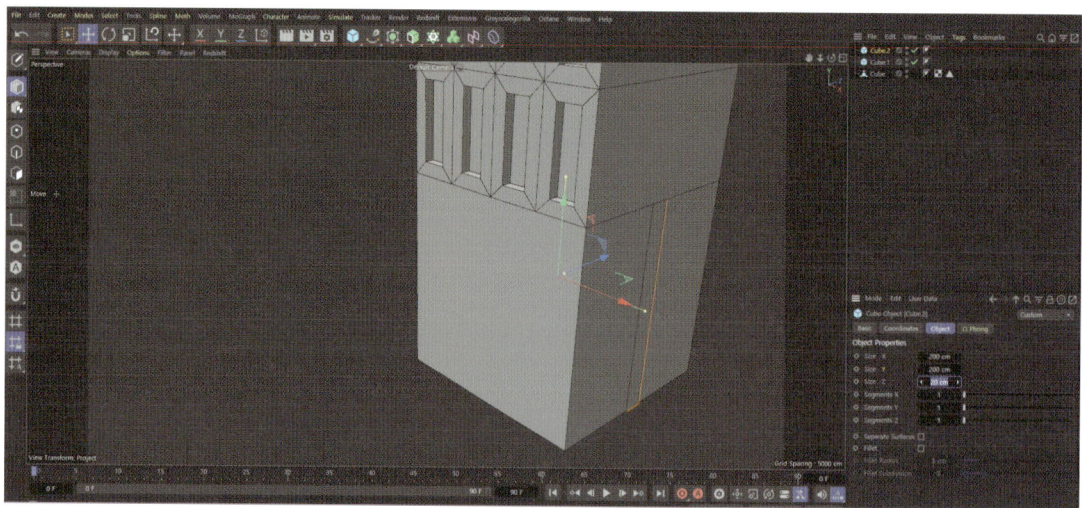

▲ 오브젝트 크기 조절

총 3개의 오브젝트가 제작된 것을 확인할 수 있습니다. 여기서는 사이즈를 200, 200, 20cm로 설정하였으나 원하는 크기대로 만들면 됩니다. 현재 설정 중인 오브젝트로는 문을 작업할 예정입니다. 사이즈를 설정한 후 위치를 조절합니다.

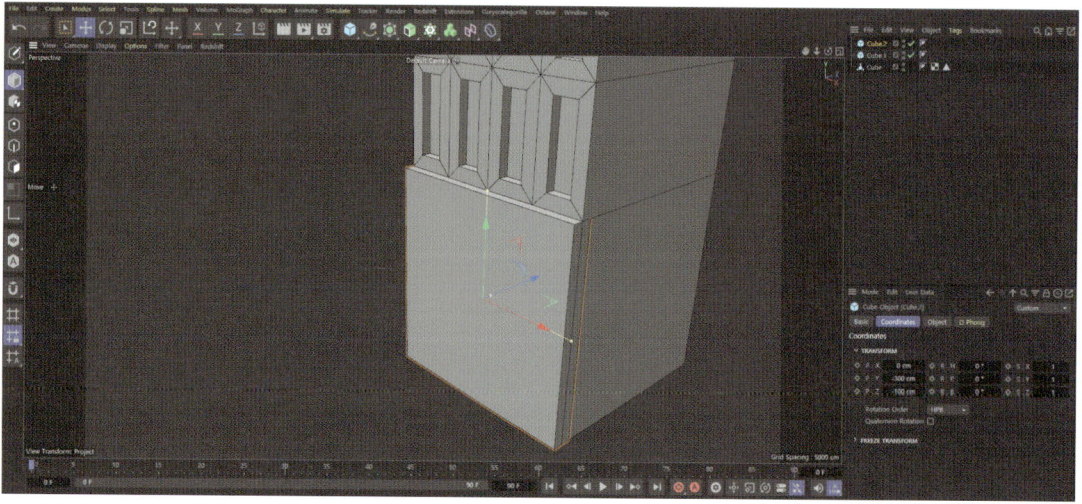

▲ 위치 이동

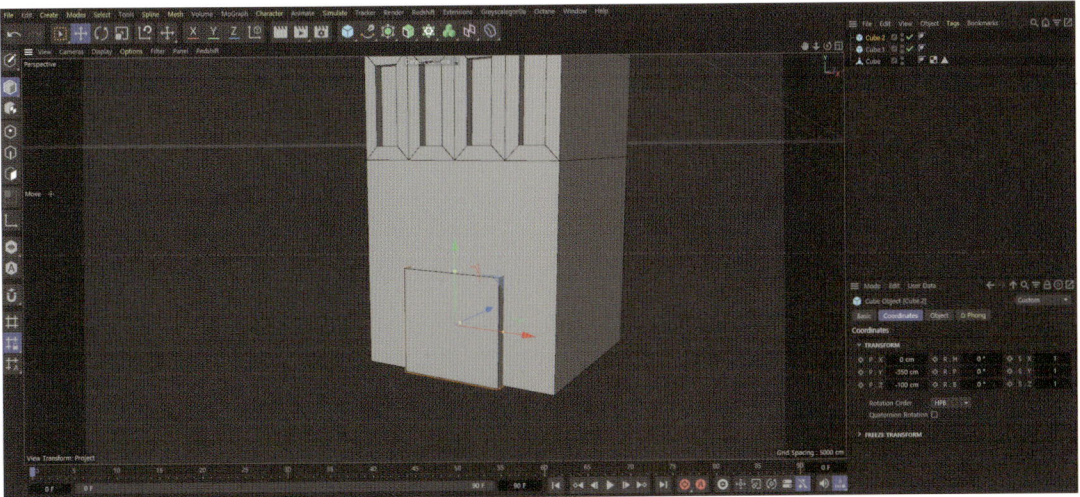

▲ 문 만들기

이제부터는 대부분의 작업이 동시적으로 진행됩니다. 위치 이동과 크기 조절을 반복하며 위 이미지처럼 문의 형태를 만듭니다.

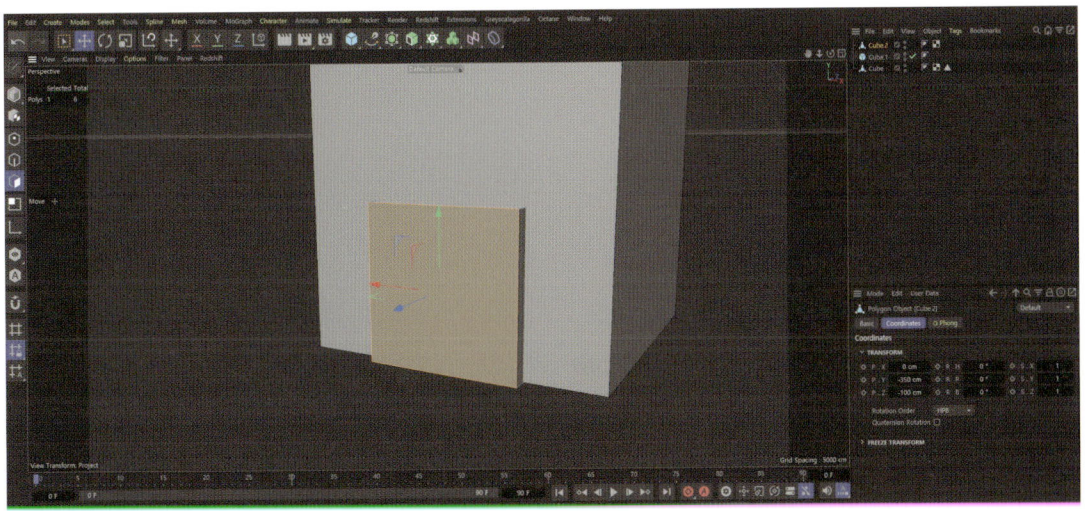

▲ 에디터블 적용

문을 제작하기 위해 에디터블(Make Editable) 시키겠습니다. 단축키는 C입니다. 에디터블 시킨 후 앞쪽 면을 선택하여 아까와 마찬가지로 인셋과 익스트루드를 적용합니다.

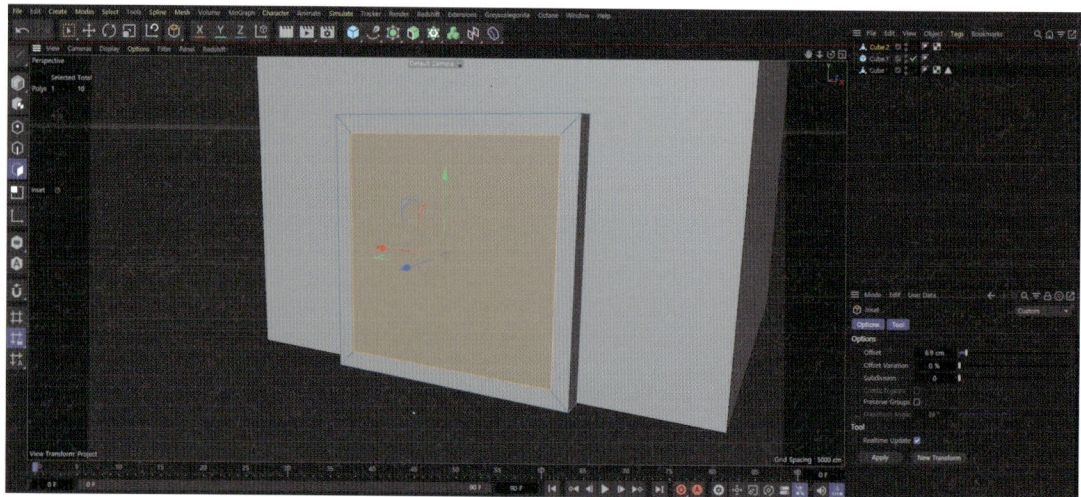

▲ 인셋

우클릭 후 메뉴를 선택해도 되지만 빠른 작업을 위해 단축키를 연습하길 권장합니다. 인셋을 위해 I 를 누른 상태로 클릭 후 마우스를 왼쪽으로 드래그합니다.

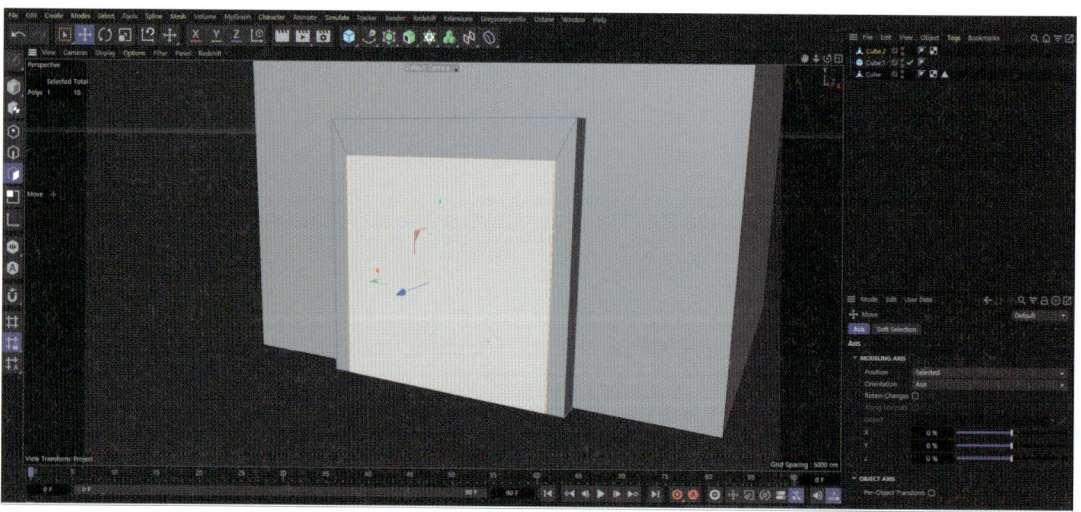

▲ 위치 이동

인셋이 적용된 상태로 E를 눌러 무브(Move) 툴로 바꿔줍니다. 그 후 Y축을 잡고 아래로 약간 내려줍니다. 바닥과 너무 딱 붙일 필요는 없지만, 건물의 입구가 공중에 떠 있으면 어색해 보이기 때문에 미리 아래로 내려주는 작업입니다.

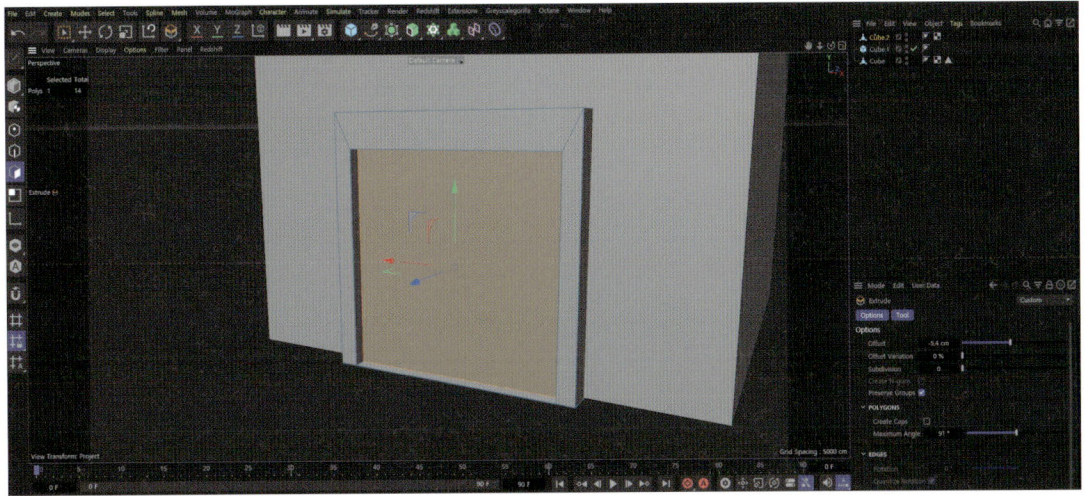

▲ 익스트루드 적용

단축키 D를 눌러 익스투루드 설정 후, 다시 왼쪽으로 드래그하면 문이 완성됩니다.

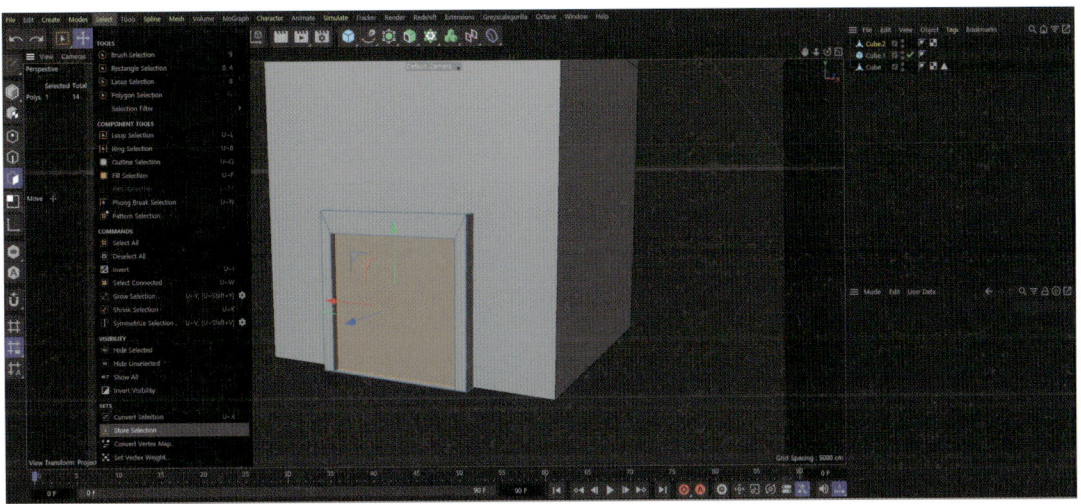

▲ 스토어 셀렉션 적용

문은 재질을 따로 적용할 것이므로 스토어 셀렉션을 적용해 줍니다. 면이 클릭된 상태로 [Select]-[Store Selection]을 선택합니다. 오브젝트 이름 오른쪽에 세모 태그가 생기면 적용된 것입니다.

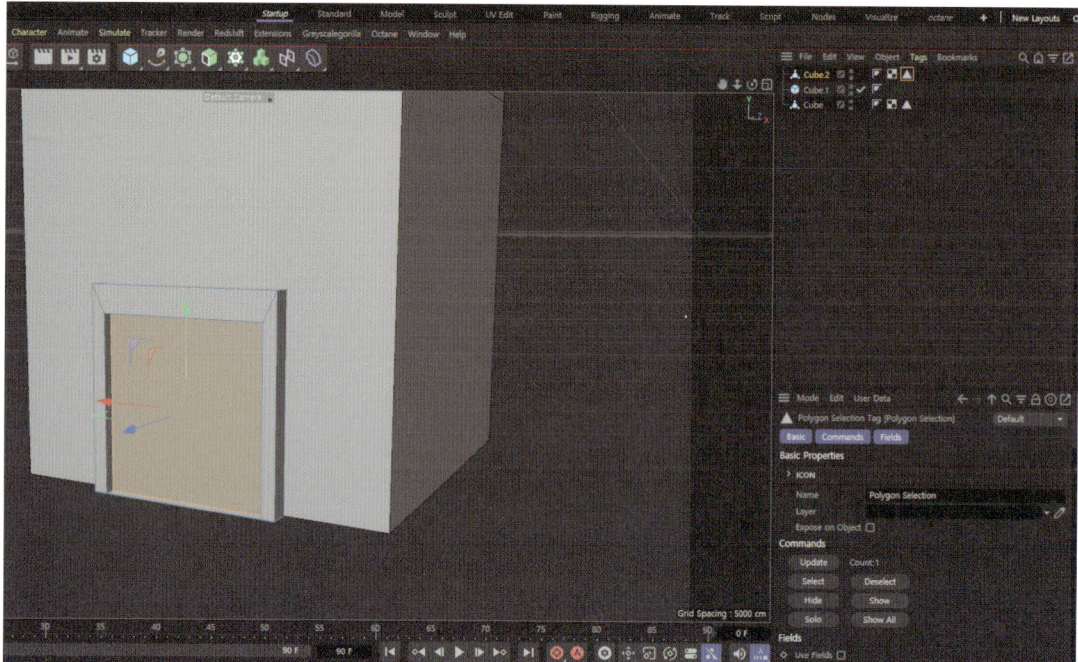

▲ 스토어 셀렉션 태그

완성된 건물을 널(Null)로 묶어줍니다.

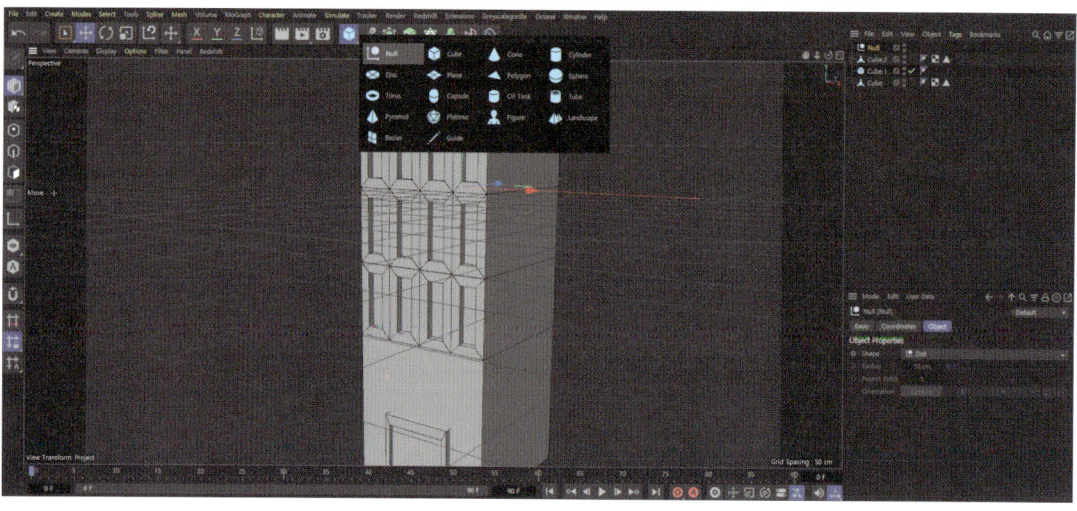

▲ 널 생성

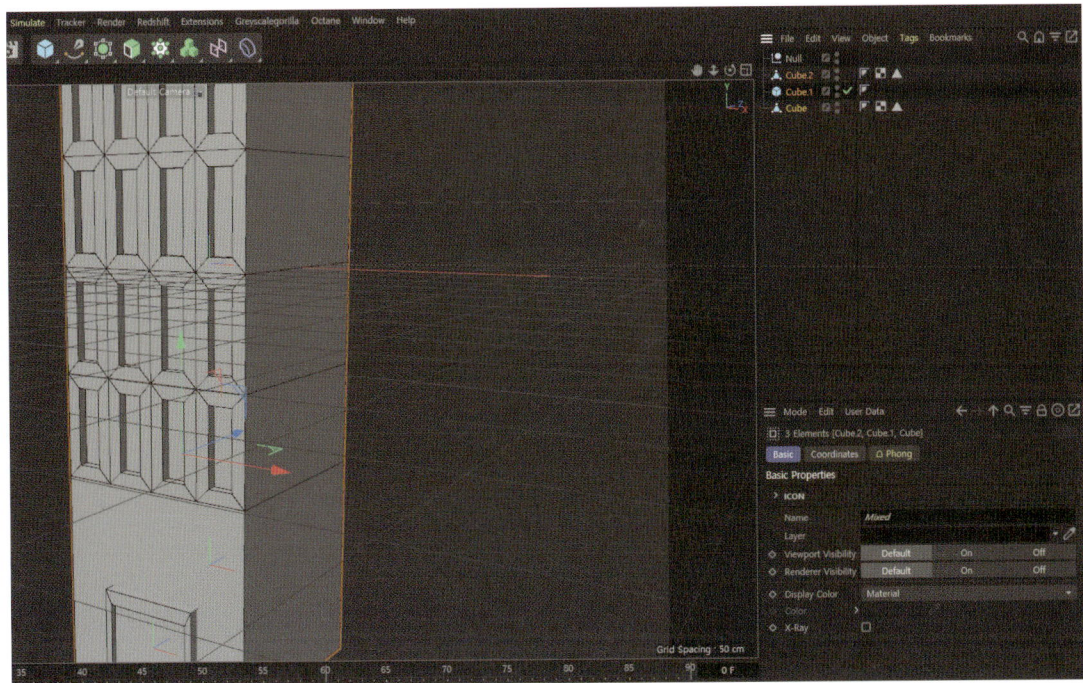

▲ 오브젝트 선택

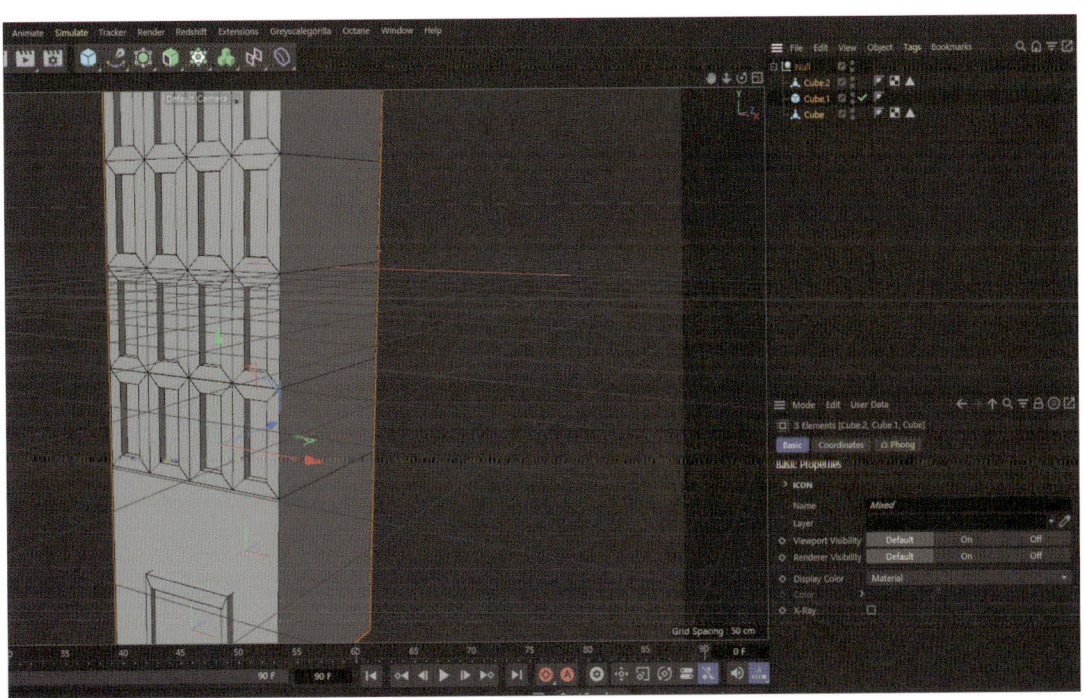

▲ 널 하단으로 묶기

널로 묶어준 후 다음 챕터에서는 앞서 제작한 나무와 자동차, 건물을 모두 이용하여 도시를 꾸며 보겠습니다.

스탠더드 렌더러 기초 기능

스탠더드 렌더러는 옥테인 렌더를 공부하면서 별도로 공부할 필요는 없지만, C4D의 가장 기본적인 렌더러이기 때문에 기초 기능만 알아보겠습니다. 여기서는 앞에서 만든 나무, 자동차, 건물에 색과 재질을 적용하여 하나의 프로젝트로 모아서 도시를 만들고 렌더링하는 작업을 진행합니다. 먼저, 로우 폴리 나무에 스탠더드 렌더러를 적용하겠습니다.

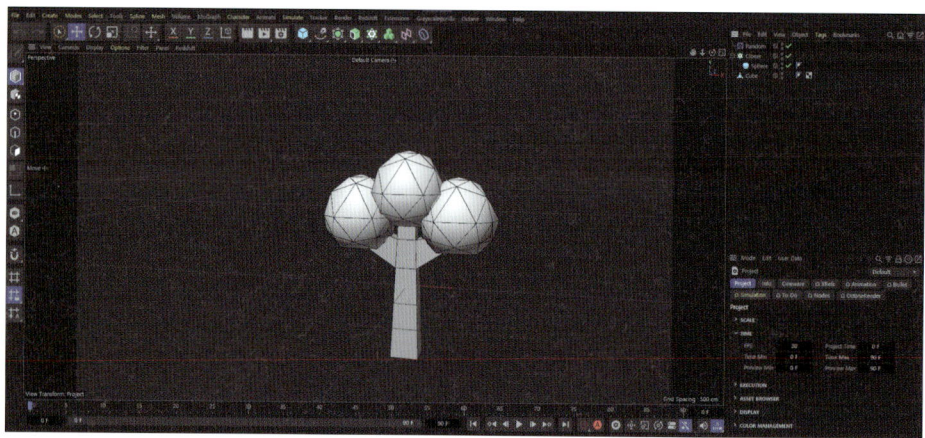

▲ 널로 묶기

나무를 만들었던 프로젝트를 열면 오브젝트가 그룹화되어 있지 않기 때문에 우선 그룹화를 먼저 진행하겠습니다. 널을 생성합니다.

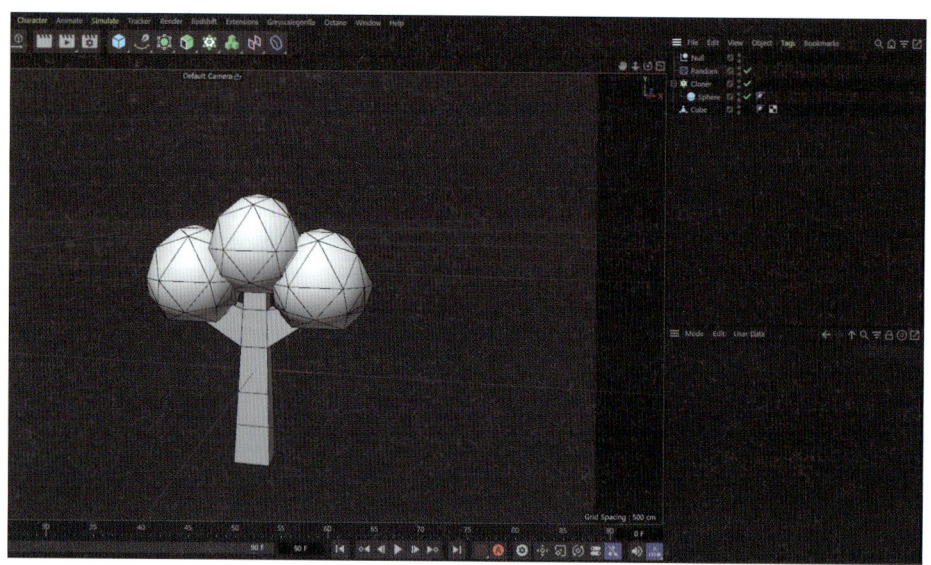

▲ 널 생성

하단의 모든 오브젝트를 선택한 후 널 하단으로 드래그합니다. 그런 다음, 쉽게 구분하기 위해 이름을 '나무' 혹은 'tree'로 변경합니다.

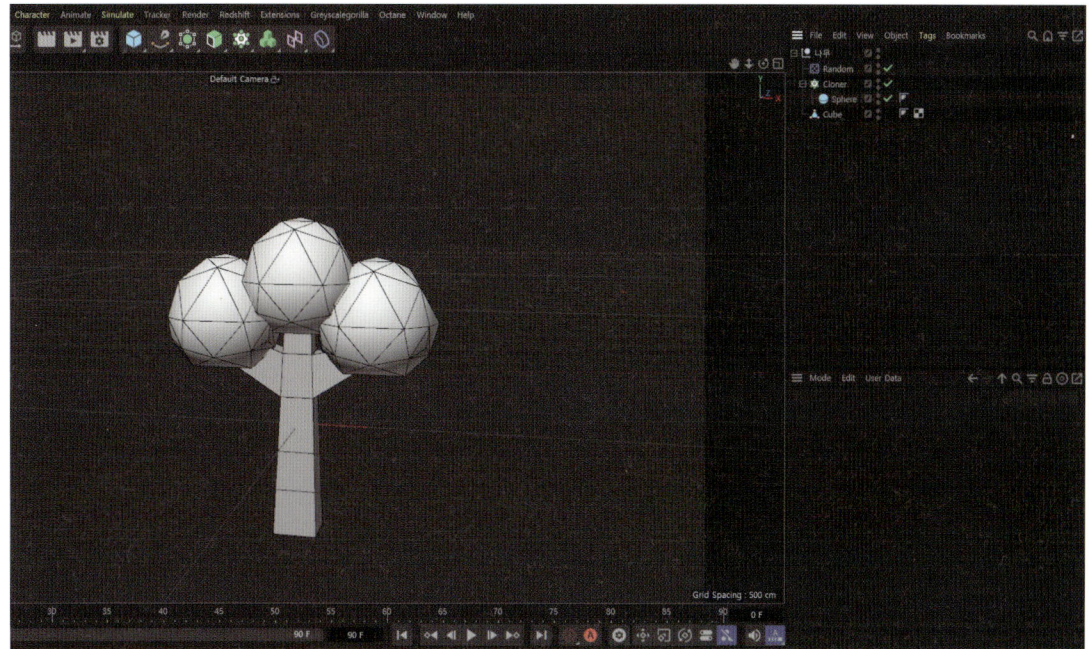

▲ 그룹화

이제 기본적인 스탠더드 렌더의 기능들을 사용해 보겠습니다. 우선 렌더 설정을 변경해야 합니다.

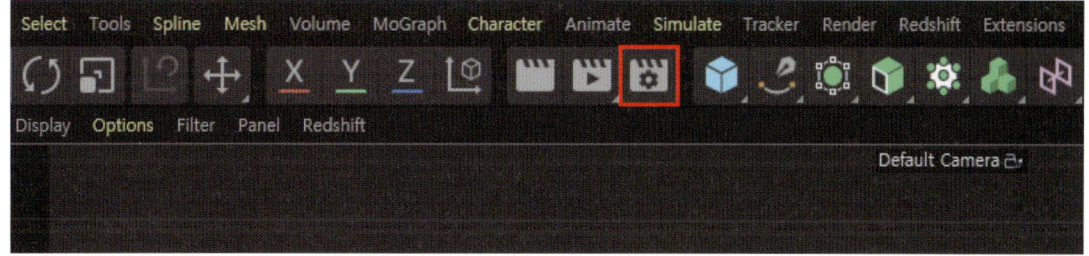

▲ 렌더 설정 아이콘

해당 아이콘을 클릭하면 [Render Settings] 창이 나옵니다.

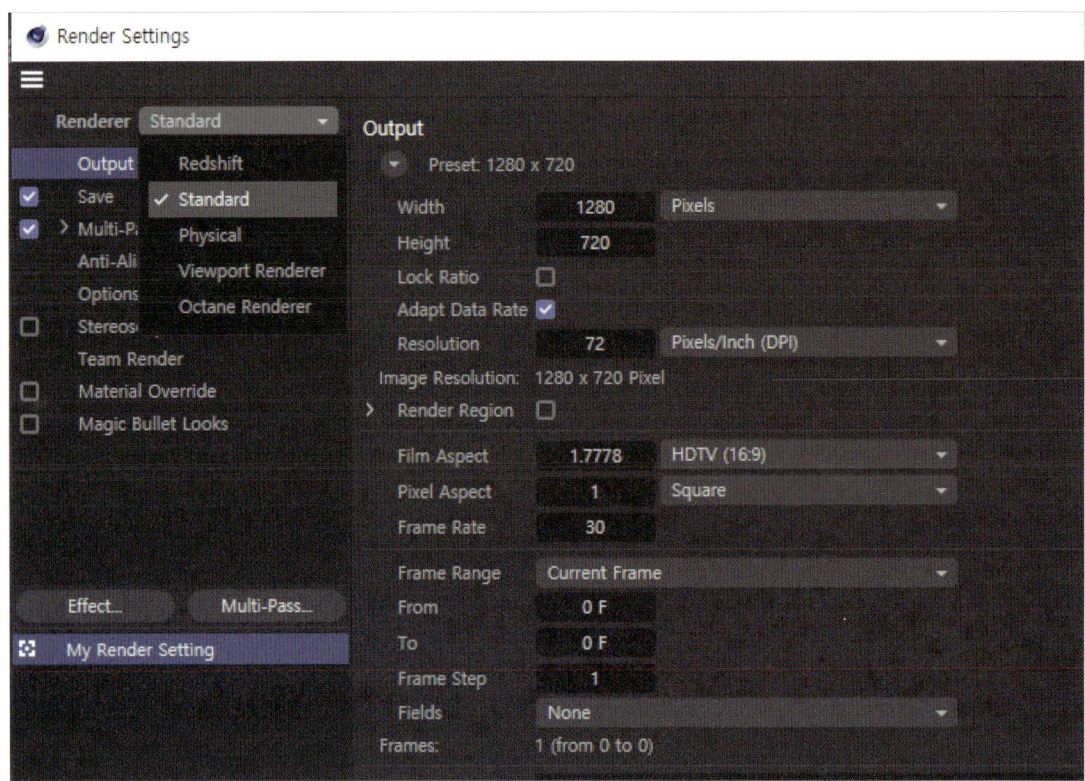

▲ 렌더 설정 창

렌더러는 기본으로 [Redshfit]로 선택되어 있는데, 현재 사용할 [Standard]로 바꿔줍니다. 나중에 [Octane Renderer]도 사용해 볼 예정입니다.

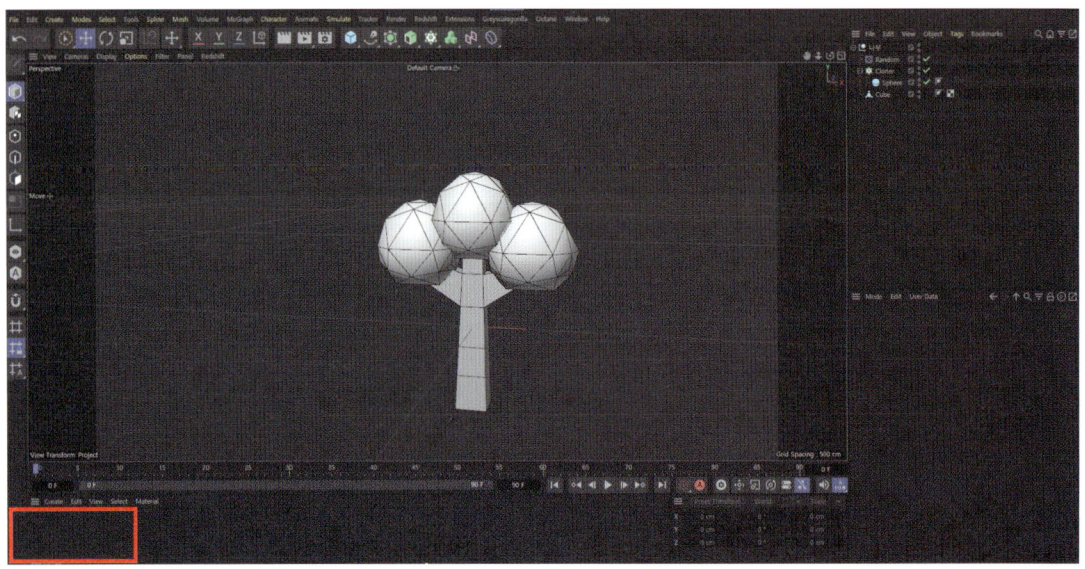

▲ 머티리얼 생성

렌더 설정 창을 닫고 하단 영역을 더블 클릭하면 머티리얼(Material)이 하나 생성됩니다.

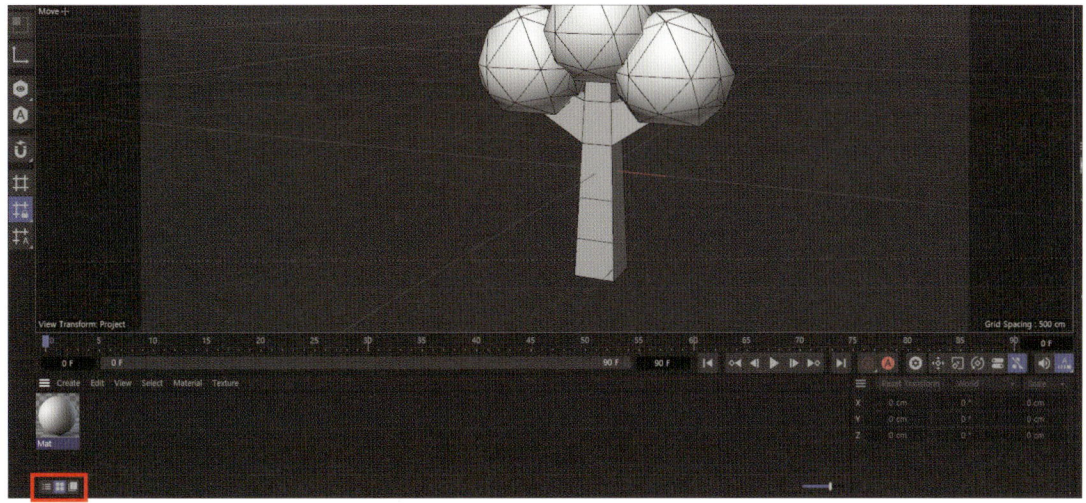

▲ 머티리얼 보기 화면

머티리얼이 생성된 후 해당 아이콘을 클릭하면 머티리얼 화면을 설정할 수 있는데, 세 가지 중 가운데 화면으로 진행하겠습니다.

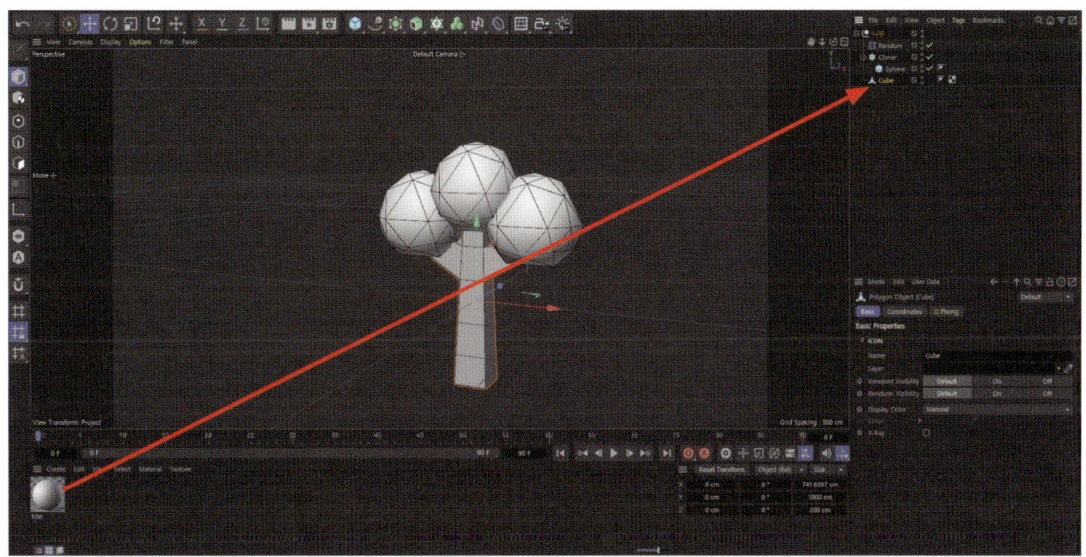

▲ 머티리얼 적용

머티리얼을 오브젝트에 적용하겠습니다. 머티리일을 클릭한 후 오브젝트에 드래그하고, 커서 모양이 화살표 모양으로 변경됐을 때 마우스 클릭을 떼면 오브젝트에 적용되는 것을 확인할 수 있습니다.

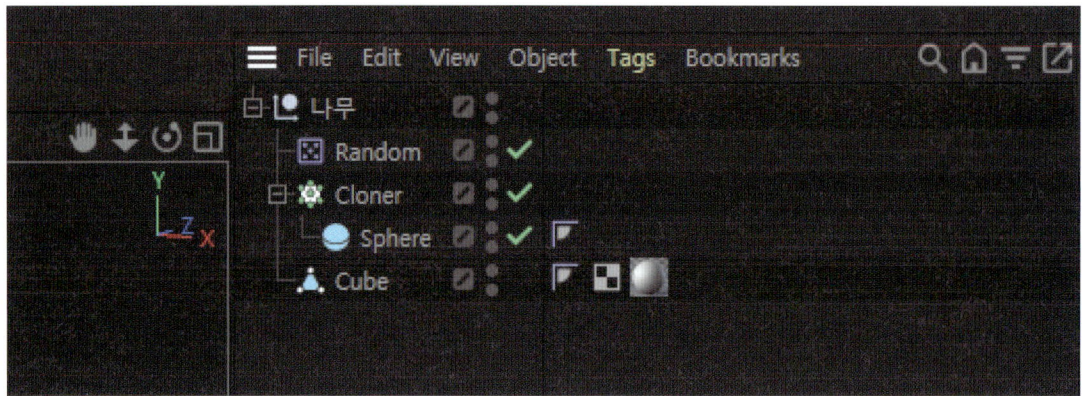

▲ 머티리얼이 적용된 모습

이제 구체적인 머티리얼 설정을 진행하겠습니다. 하단의 머티리얼 아이콘을 더블 클릭하면 [Material Editor] 창이 열립니다.

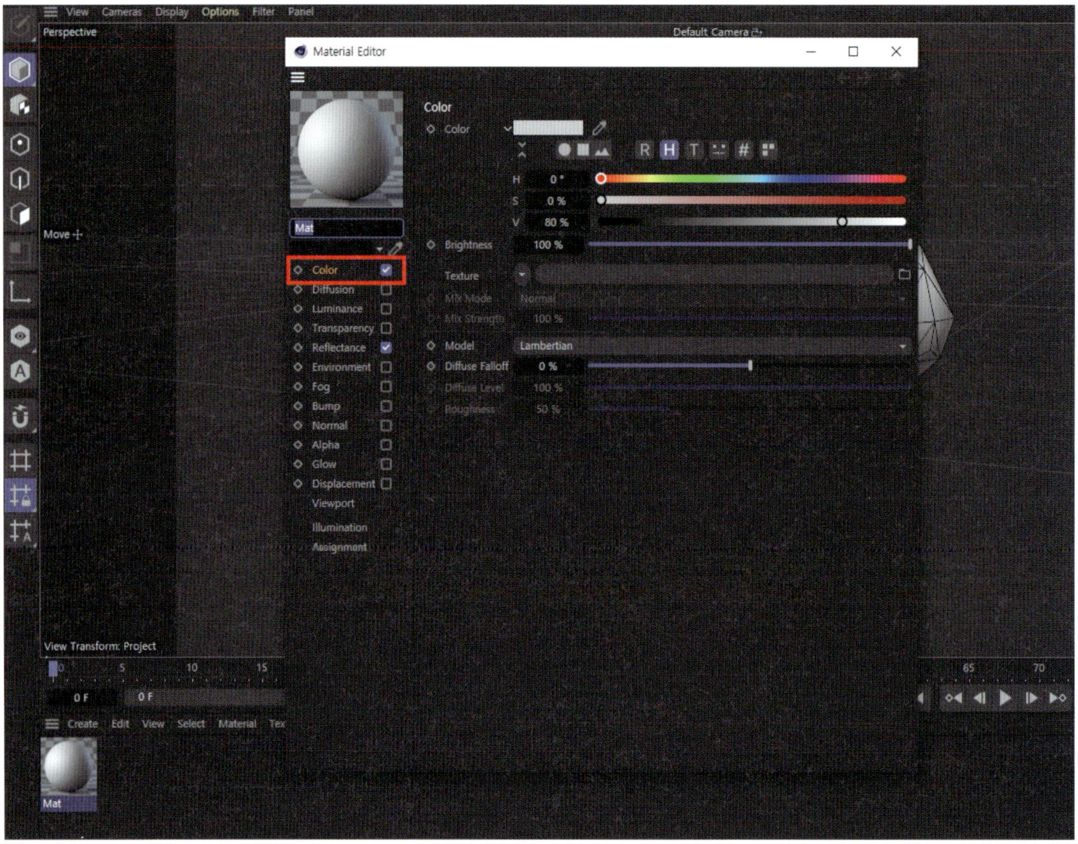

▲ 머티리얼 에디터 창

나무는 기본적인 색상만 수정할 것이므로 [Color]를 선택합니다.

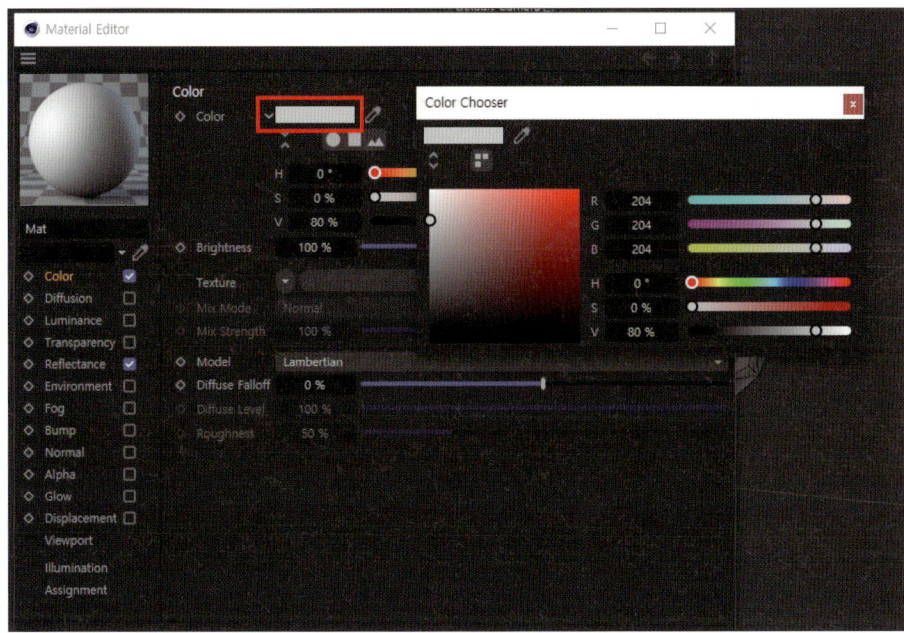

▲ 색상 선택 창

[Color] 오른쪽에 있는 흰색 네모를 클릭하면 [Color Chooser] 창이 뜨고, 여기서 원하는 색을 선택하면 됩니다.

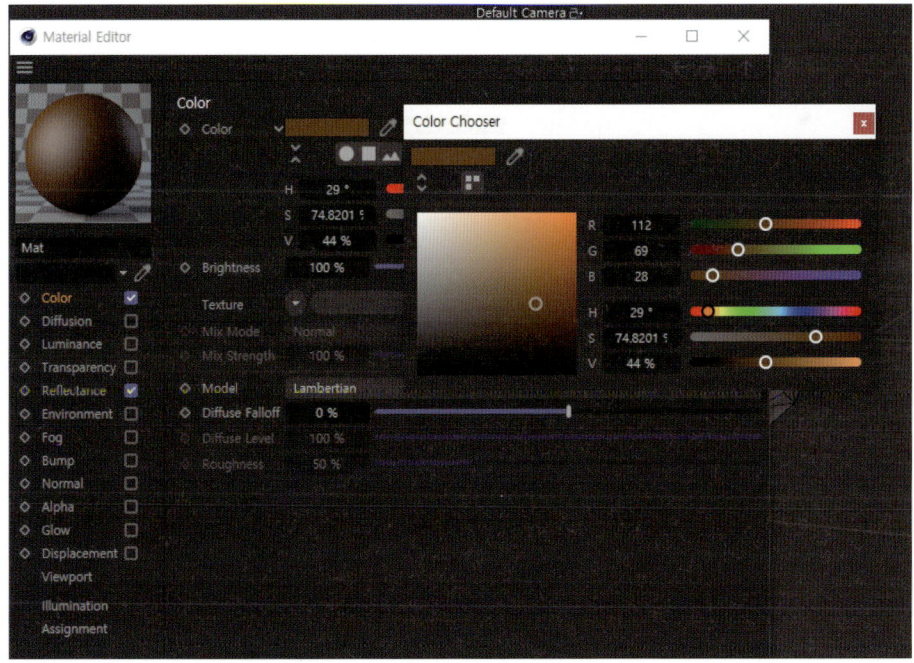

▲ 색상 선택

먼저 나무의 기둥 부분을 갈색으로 설정해 주겠습니다. 에디터를 닫으면 오브젝트의 색이 바뀐 것을 확인할 수 있습니다.

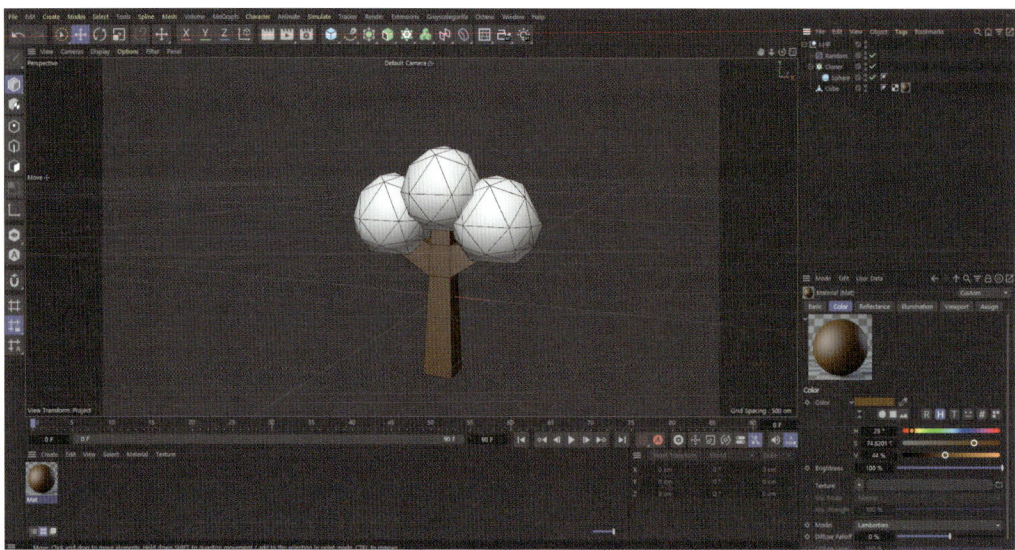

▲ 색이 변경된 나무 기둥

마찬가지로 잎 부분도 진행하겠습니다. 색상 변경은 옥테인 렌더에서도 조절하는 방식이 비슷하므로 잘 숙지해 놓기 바랍니다. 우선 머티리얼을 Ctrl+드래그하여 복사합니다. 오브젝트를 복사하는 방식과 같습니다.

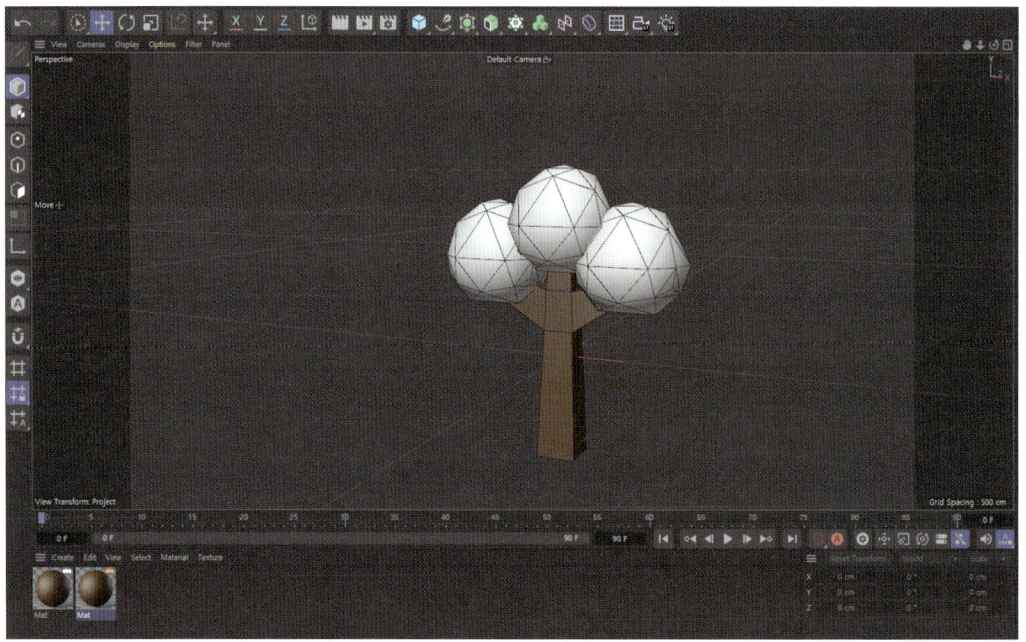

▲ 머티리얼 복사

머티리얼은 색을 먼저 변경한 뒤 오브젝트에 적용해도 되고, 오브젝트를 먼저 적용한 후 색을 변경해도 됩니다. 여기서는 색상을 먼저 변경하겠습니다. 복사한 머티리얼을 다시 더블 클릭해서 에디터를 열어줍니다.

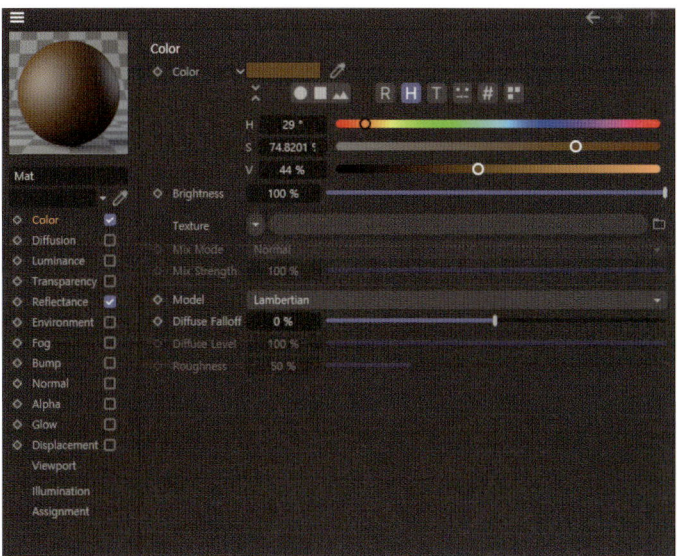

▲ 머티리얼 에디터 창

아까와 마찬가지로 색을 수정합니다. 이때 머티리얼의 이름이 전부 'Mat'으로 되어 있어서 헷갈릴 수 있는데, 이름을 수정하고 진행해도 됩니다.

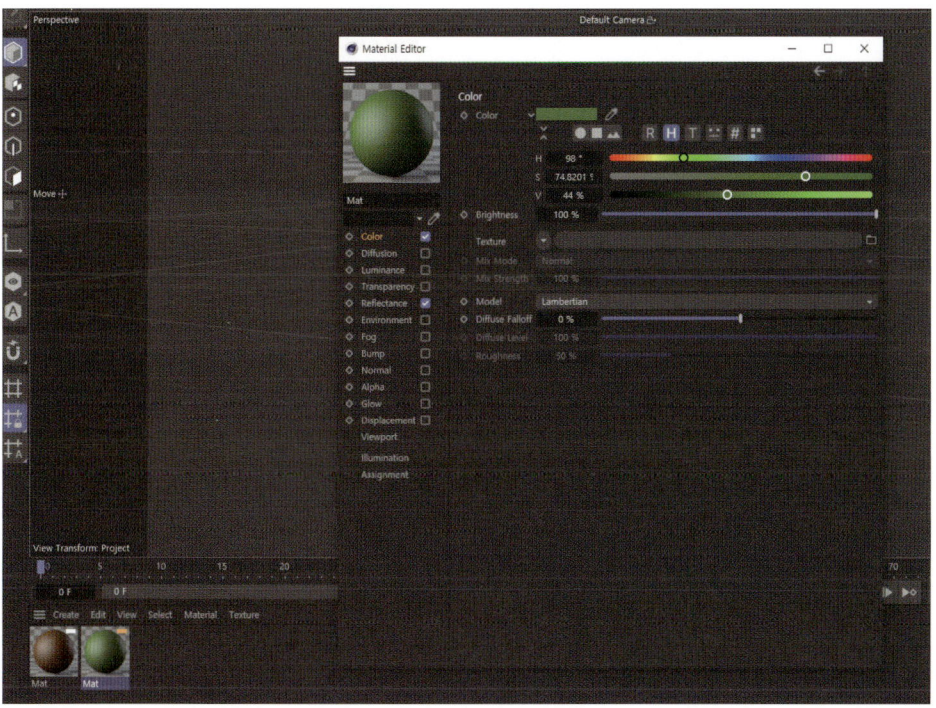

▲ 색 변경

잎을 초록색으로 지정하면 갈색과 초록색 두 가지의 재질이 완성됩니다. 이제 초록색 재질을 오브젝트에 드래그하면 색이 적용된 나무가 만들어집니다.

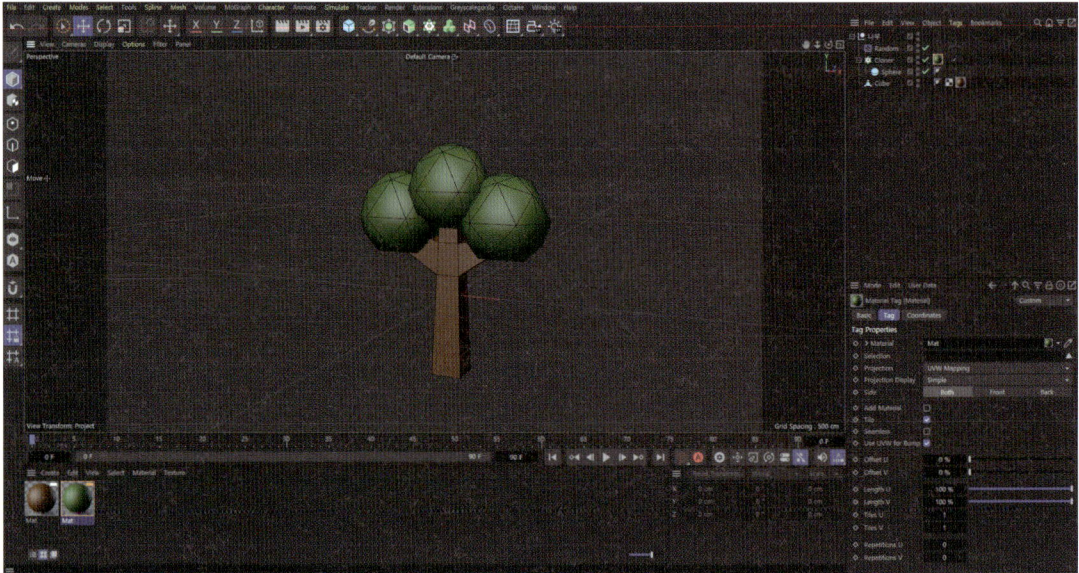

▲ 재질 적용

이번에는 건물 프로젝트를 열어서 모델링한 로우 폴리 건물에 재질을 적용합니다.

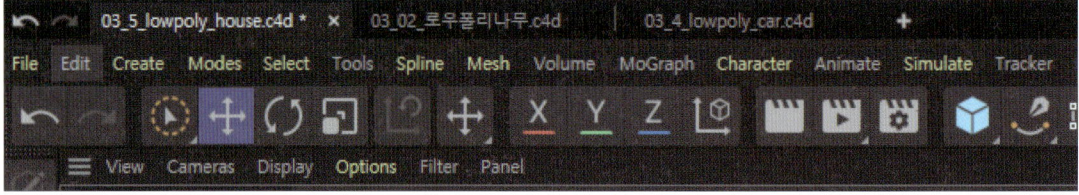

▲ 프로젝트 탭

앞서 제작한 총 3개의 프로젝트를 모두 열어놓은 상태로 진행해도 됩니다. 여러 개의 프로젝트를 열면 상단에 탭으로 추가되어 클릭만 하면 해당 프로젝트로 넘어갈 수 있습니다.

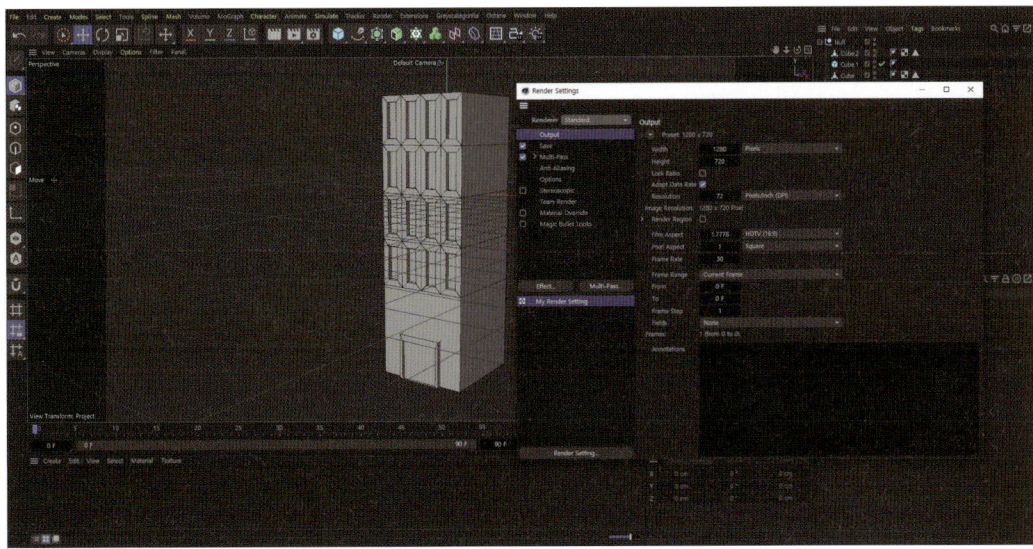

▲ 건물 렌더러 변경

프로젝트마다 기본 렌더러는 [Redshift]로 설정되어 있습니다. 따라서 아까와 마찬가지로 [Standard]로 변경한 후에 진행합니다. 그리고 하단 영역을 더블 클릭하여 재질을 생성해 줍니다.

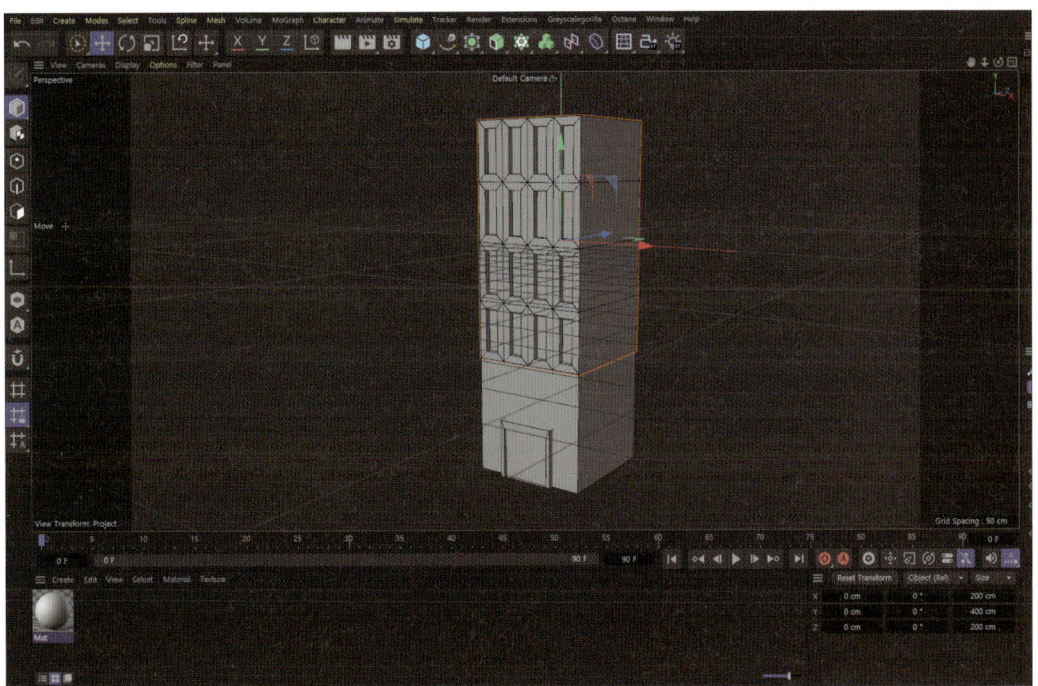

▲ 재질 생성

재질을 적용하기 전에 한 가지 더 다뤄야 할 부분은 스토어 셀렉션입니다. 앞서 설명했듯이 점, 선, 면의 데이터값을 저장해주는 기능으로 한 번 더 실습해 보겠습니다. 우선 위쪽 건물을 선택하고 폴리곤(Polygons) 모드로 변경합니다.

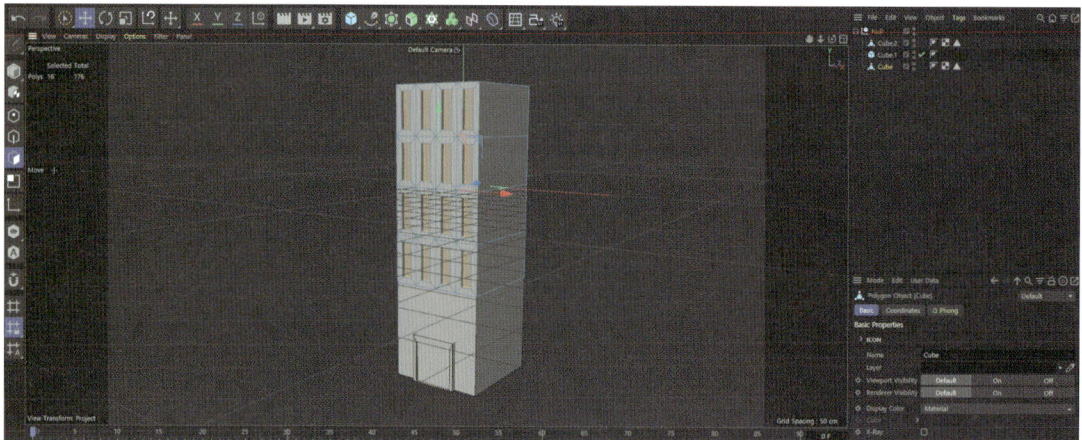

▲ 면 선택

위 이미지와 같이 해당 부분들만 선택한 후 상단의 [Select]-[Store Selection]을 클릭합니다.

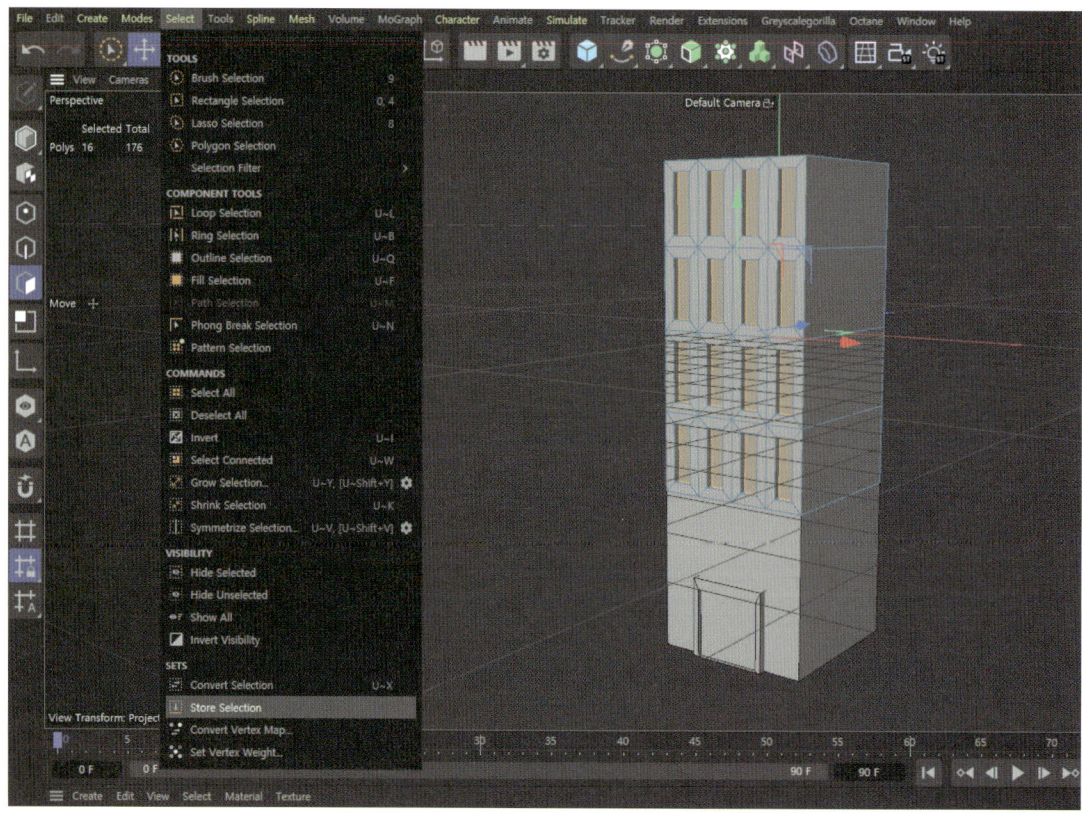

▲ 스토어 셀렉션

스토어 셀렉션을 적용하면 오브젝트 오른쪽에 셀렉션 태그가 생성된 것을 확인할 수 있습니다. 다른 작업을 하다가도 셀렉션 태그를 더블 클릭하면 선택했던 면들이 다시 활성화됩니다.

이제 재질을 복사하여 총 2개를 제작합니다. 그리고 하나는 흰색으로, 하나는 검은색으로 바꿔줍니다.

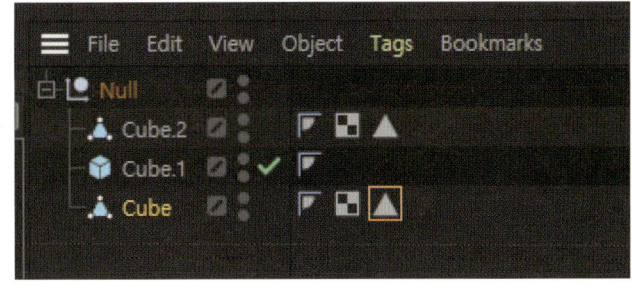

▲ 셀렉션 태그

두 재질 모두 위쪽에 위치한 건물에 적용합니다. 두 개를 같이 선택한 후에 드래그해서 적용하면 됩니다.

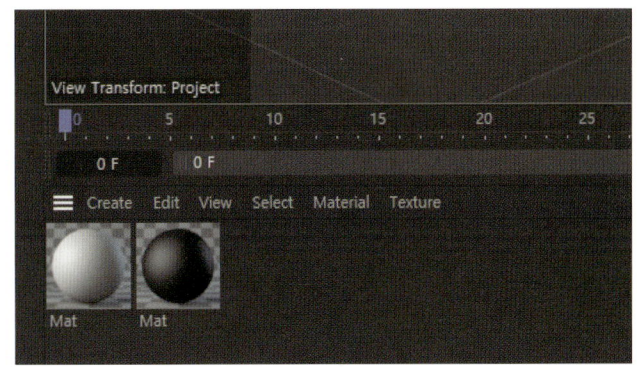

▲ 재질

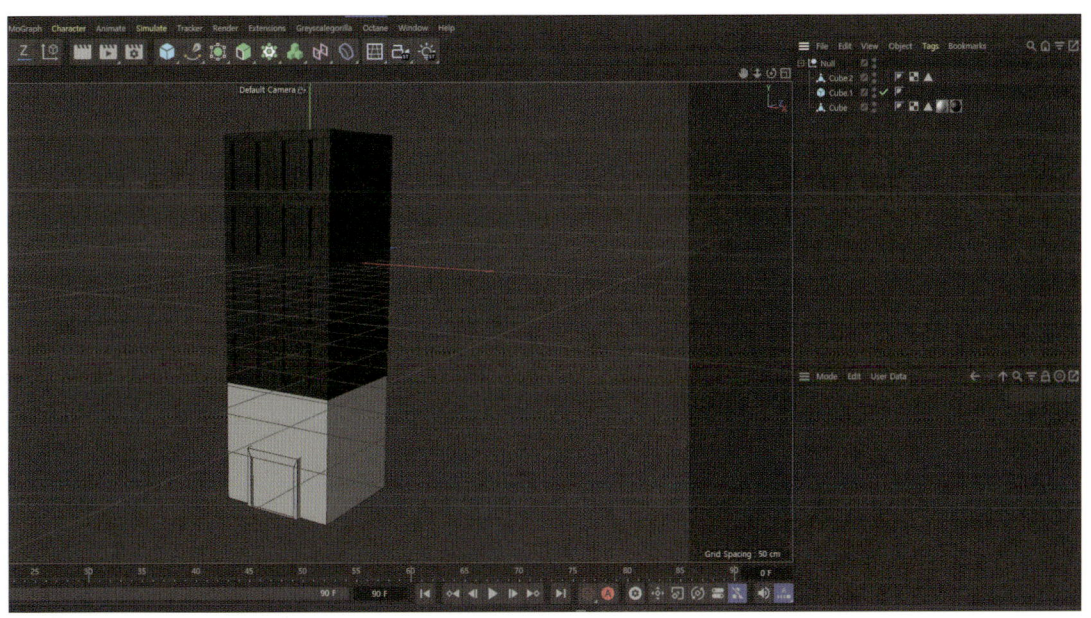

▲ 적용

재질은 여러 가지를 적용할 수 있으며, 가장 우측에 있는 재질이 우선 적용되어서 위쪽 건물이 검은색으로 바뀌었습니다. 생성된 태그를 활용하여 영역을 지정해 보겠습니다.

검은색 태그를 클릭하면 어트리뷰트 화면이 이와 같이 보입니다. 이때 삼각형 모양의 아이콘을 [Selection] 탭으로 드래그하면 한 오브젝트에 두 가지의 재질이 같이 적용되는 것을 확인할 수 있습니다.

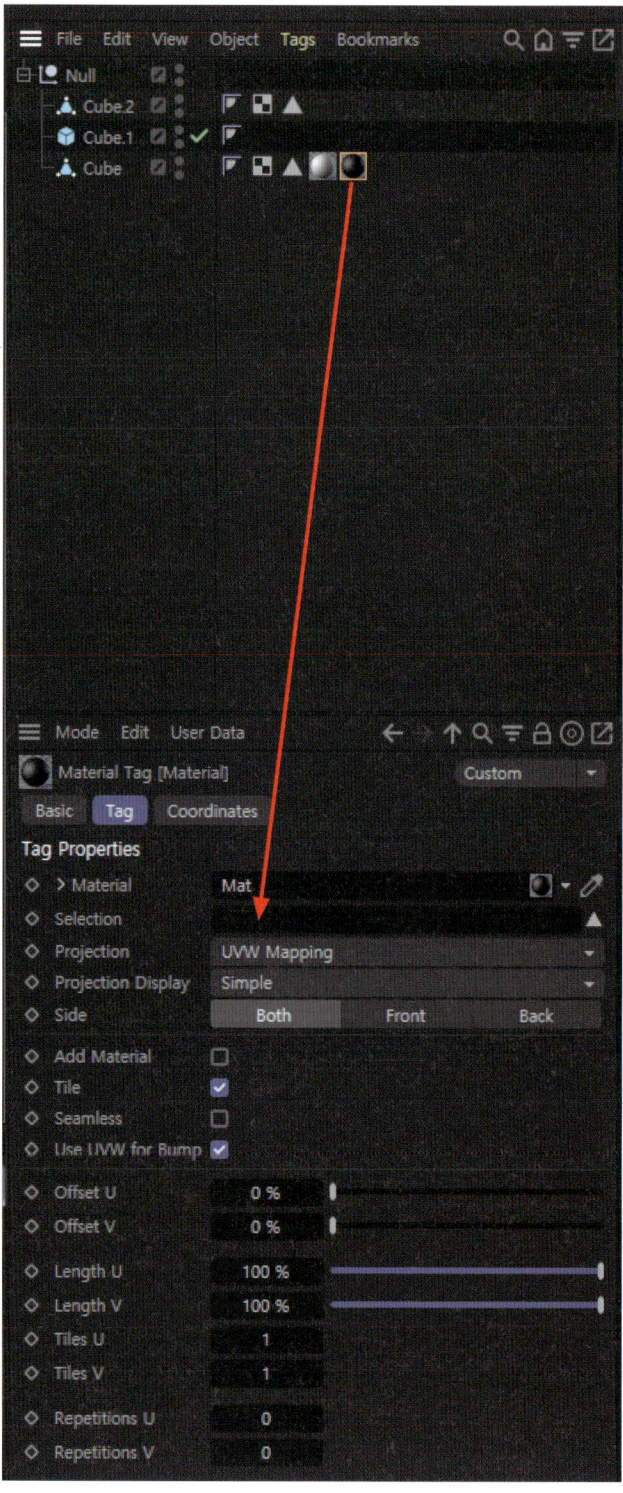

▲ 재질 적용

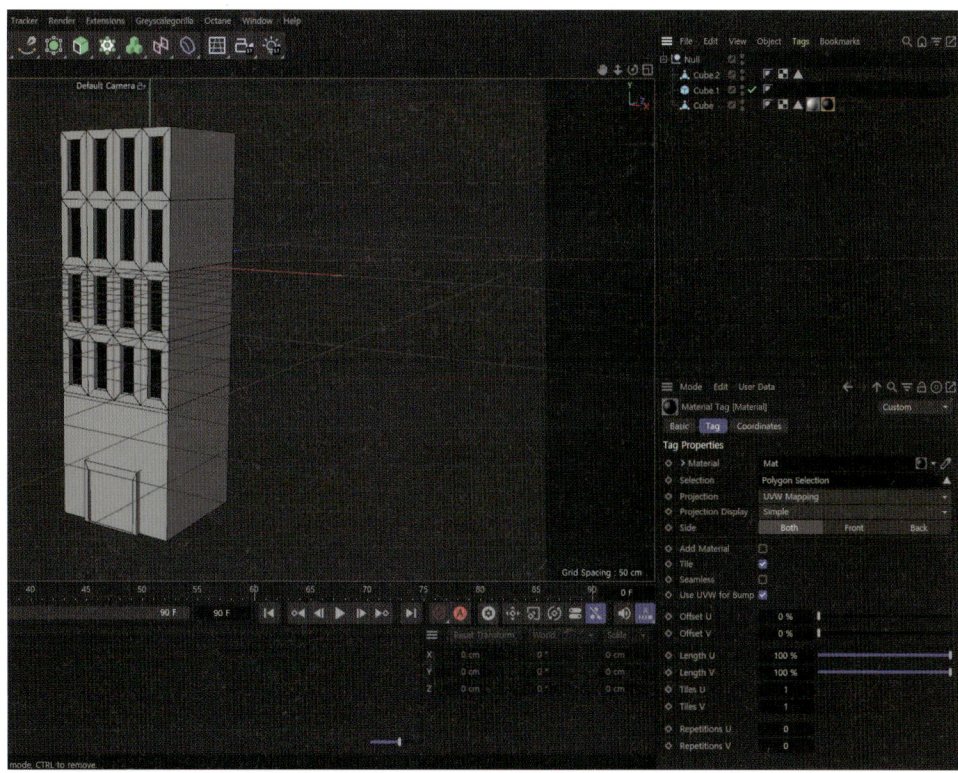

▲ 태그 적용

이렇게 건물의 재질을 생성하고 적용하는 부분까지 실습이 완료됐습니다.

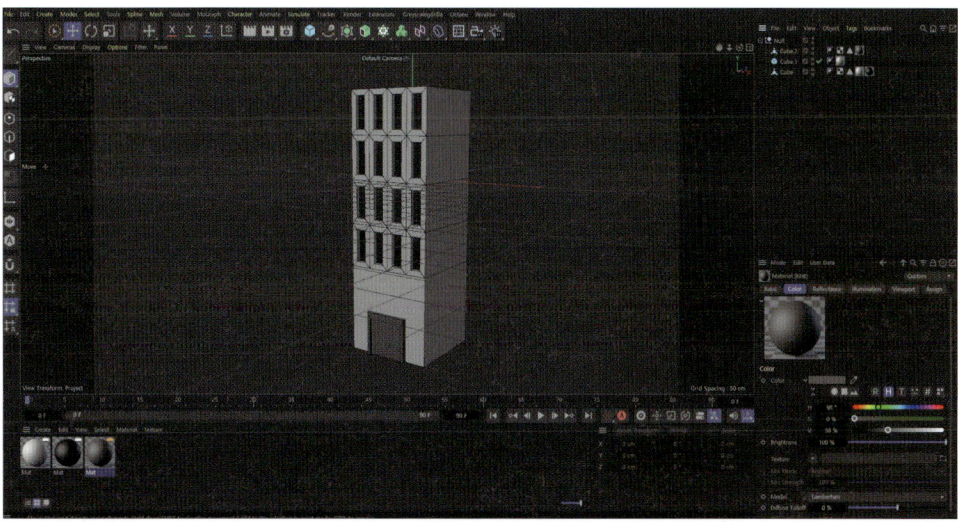

▲ 재질 적용 완료

자, 이제 마지막 남은 자동차를 진행하겠습니다. 자동차는 파란색, 검은색, 살구색, 회색을 사용합니다. 자동차 오브젝트를 제작한 프로젝트 파일을 열어주세요. 이미 열어놓았다면 상단 탭으로 넘어가주세요.

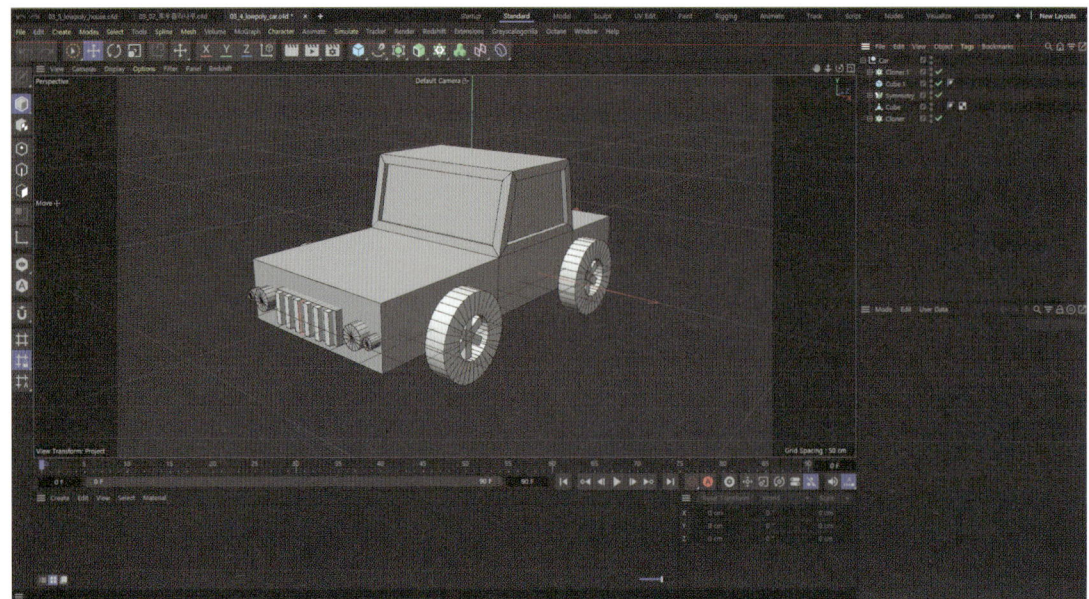

▲ 자동차

자동차 프로젝트를 열었으면 렌더 설정에서 렌더러를 [Standard]로 바꿔줍니다.

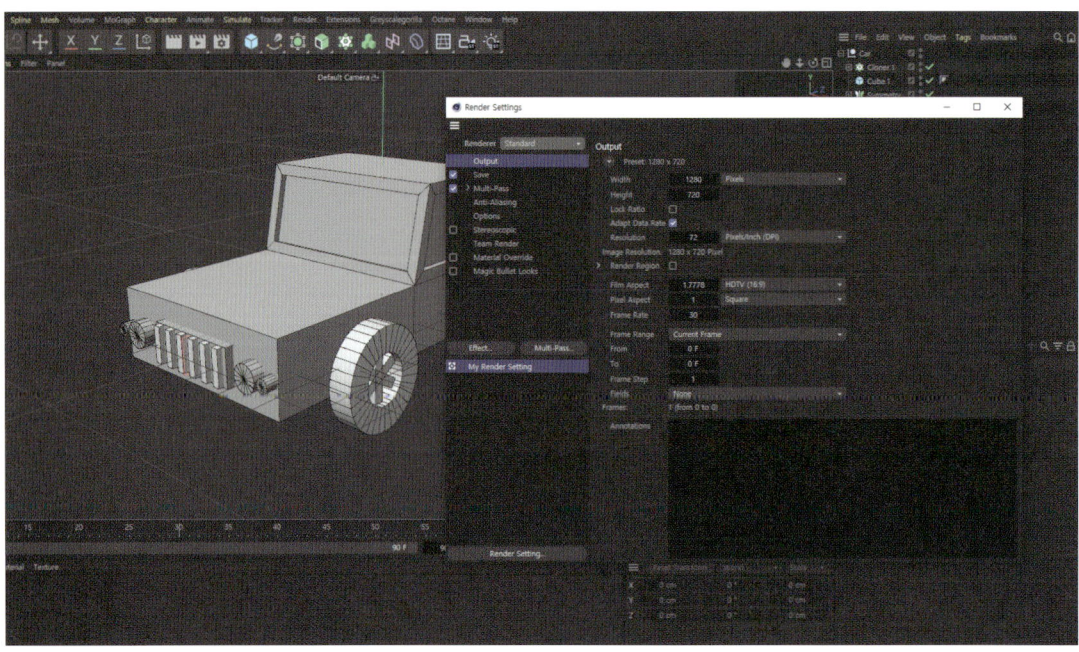

▲ 기본 렌더러 변경

설정을 바꾼 후에 하단 탭을 더블 클릭하여 재질을 생성합니다.

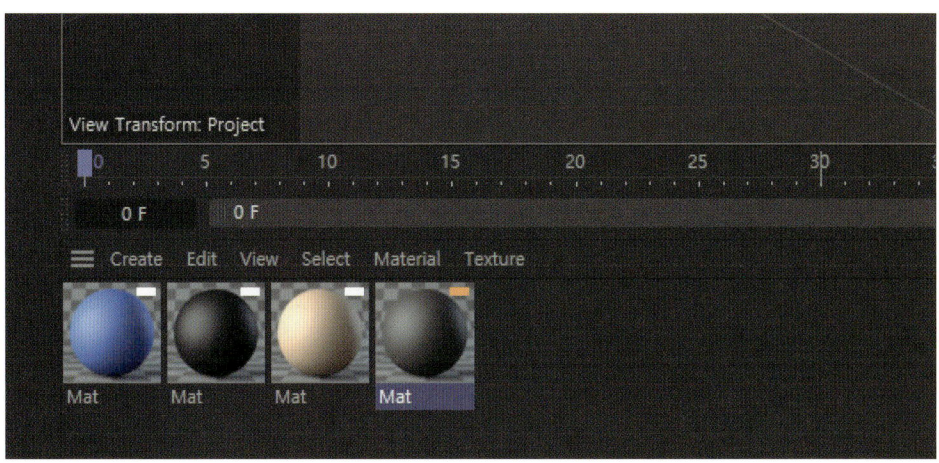

▲ 재질 생성

재질은 일괄로 적용하기가 편하기 때문에 이렇게 네 가지의 재질을 먼저 생성한 뒤 각 색상을 설정합니다.

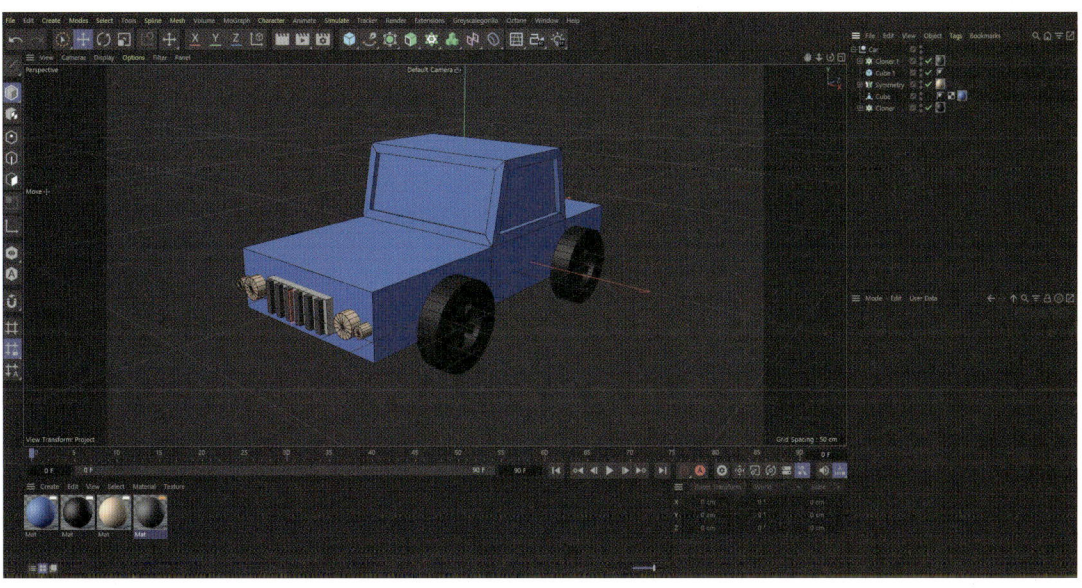

▲ 재질 적용

생성한 재질을 자동차에 모두 적용한 모습입니다. 여러분이 원하는 색으로 수정해서 다양하게 연습해 보길 바랍니다.

로우 폴리 도시 만들기

자, 이제 본격적으로 도시를 만들어 보겠습니다. 나무, 자동차, 건물 중 아무 프로젝트를 열어도 상관없으며 여기서는 건물 프로젝트를 열겠습니다.

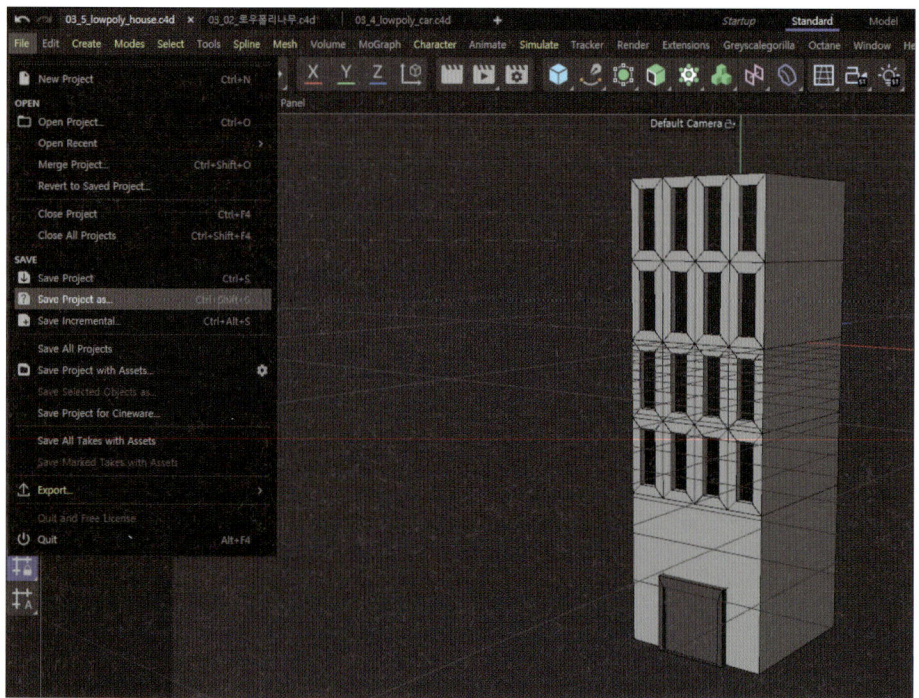

▲ 다른 이름으로 저장

상단 메뉴에서 [File]-[Save Project as…]를 클릭합니다. 다른 이름으로 저장 후에 이 프로젝트 파일을 도시로 만들 예정입니다.

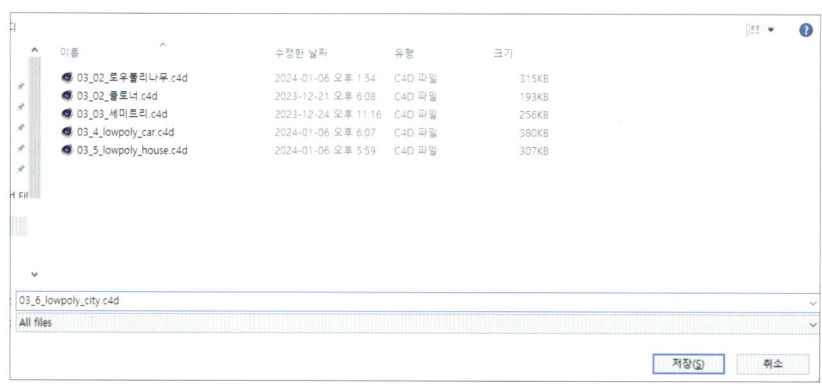

▲ 이름 변경 후 저장

기존 프로젝트가 저장된 경로에서 이름을 수정한 뒤 [저장]을 누르면 현재 프로젝트 파일의 이름이 바뀐 것을 확인할 수 있습니다. 건물을 이용해 도시를 먼저 제작한 다음, 나무를 심어주겠습니다.

건물을 그룹화하기 위해 'Null'의 이름을 'Building'으로 수정합니다. 그리고 Building 오브젝트를 선택한 후에 클로너를 적용합니다.

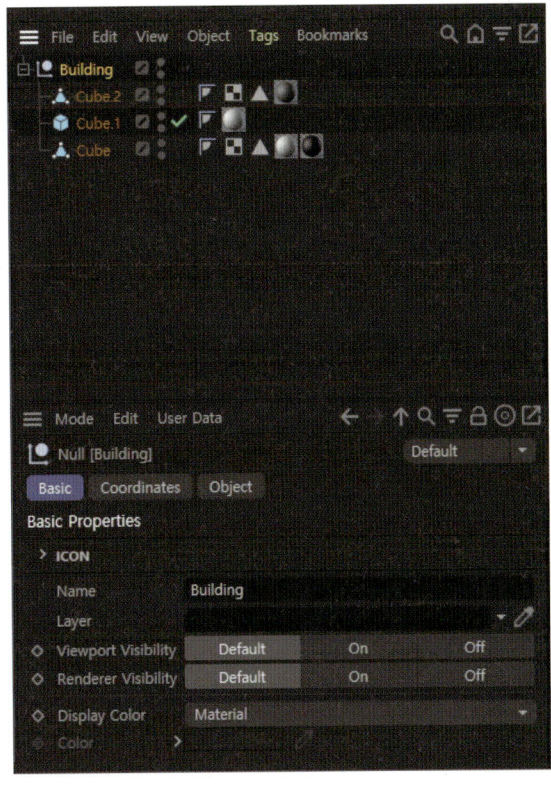

▲ 널 이름 변경

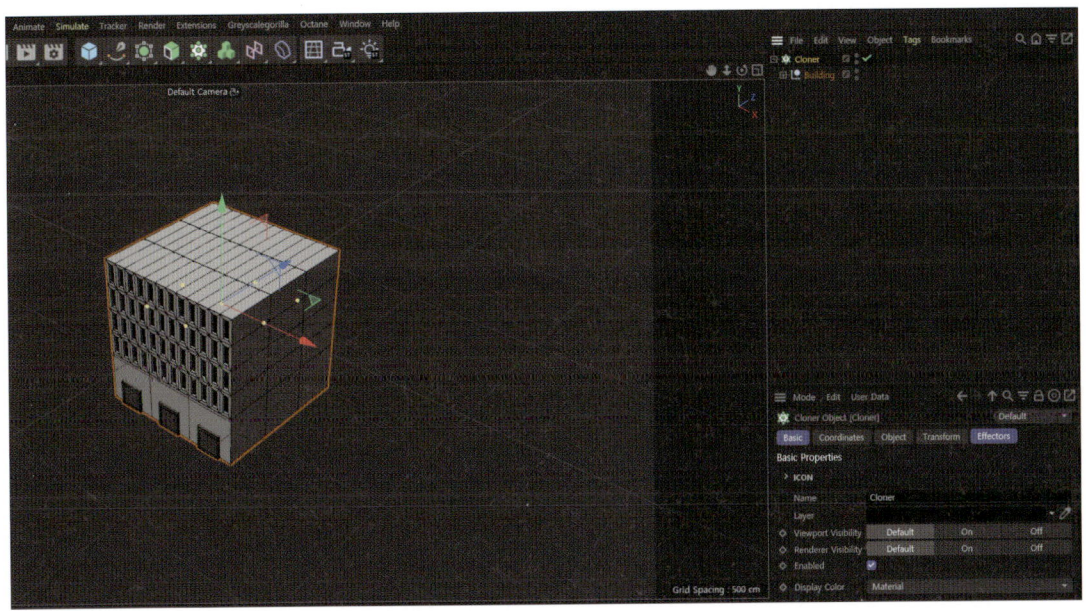

▲ 클로너 생성

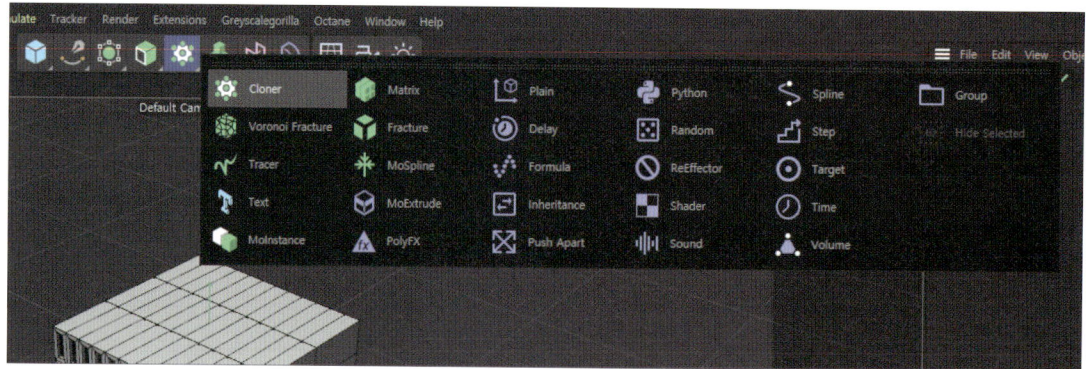

▲ 클로너

클로너는 오브젝트를 복사하는 기능이며, 원하는 오브젝트를 선택한 후에 Alt를 누른 상태로 적용하면 됩니다. 클로너를 적용하면 건물이 복사된 것을 확인할 수 있습니다.

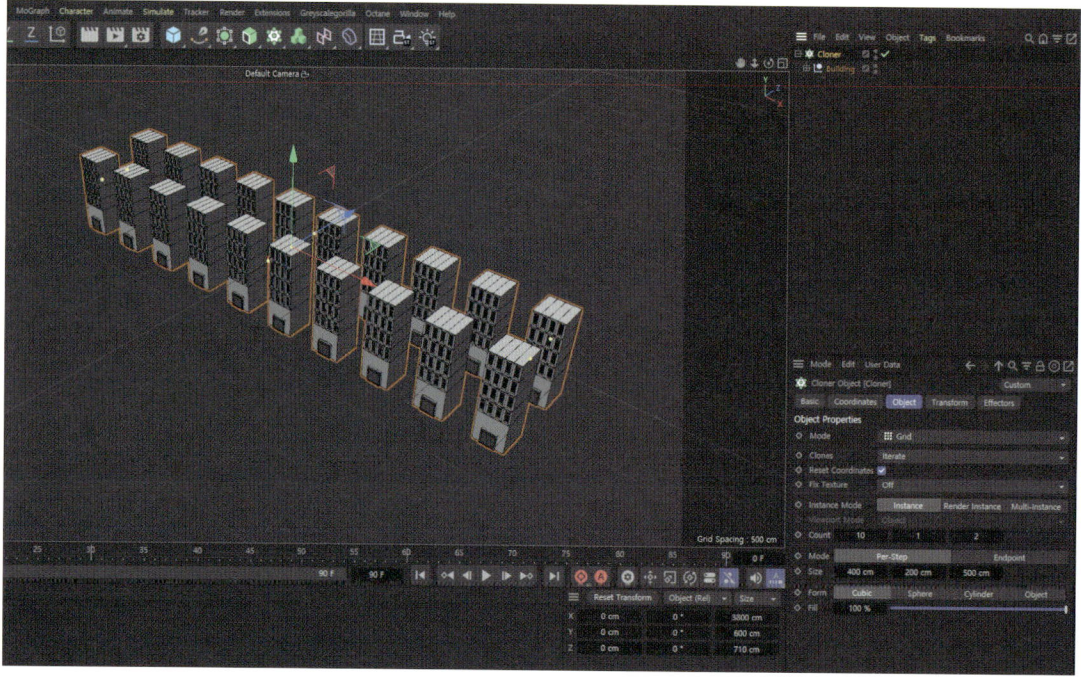

▲ 클로너 설정

[Cloner]를 선택 후 어트리뷰트에서 [Mode: Grid], [Count: 10, 1, 2], [Size: 400, 200, 500]으로 설정합니다. Y축의 값들은 설정하지 않고 그대로 진행하면 됩니다. 설정 완료 후 Symmetry를 적용합니다.

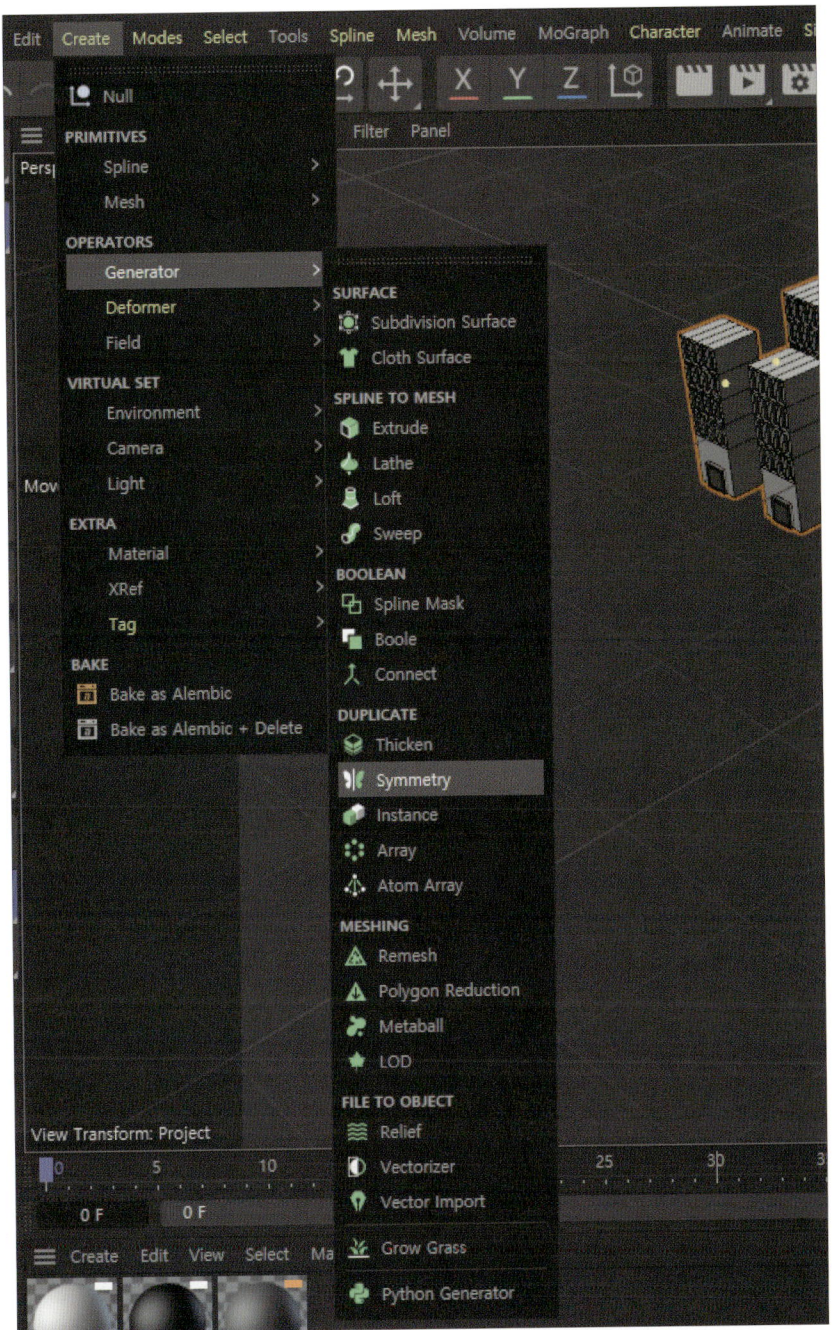

▲ Symmetry

Symmetry는 [Create]-[Generator]-[Symmetry]로 적용하면 되고, 이 역시 Alt 를 누른 상태로 적용하면 쉽게 적용이 가능합니다. 찾는 것이 어렵다면 Shift + C 로 검색합니다.

Symmetry를 적용한 후에도 아무런 변화가 없을 것입니다. 아직 클로너를 움직이지 않아서 그렇습니다.

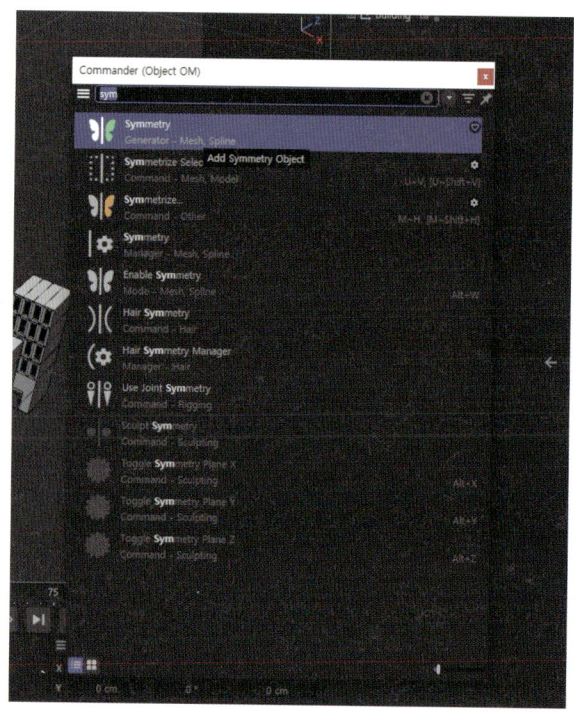

▲ 검색창

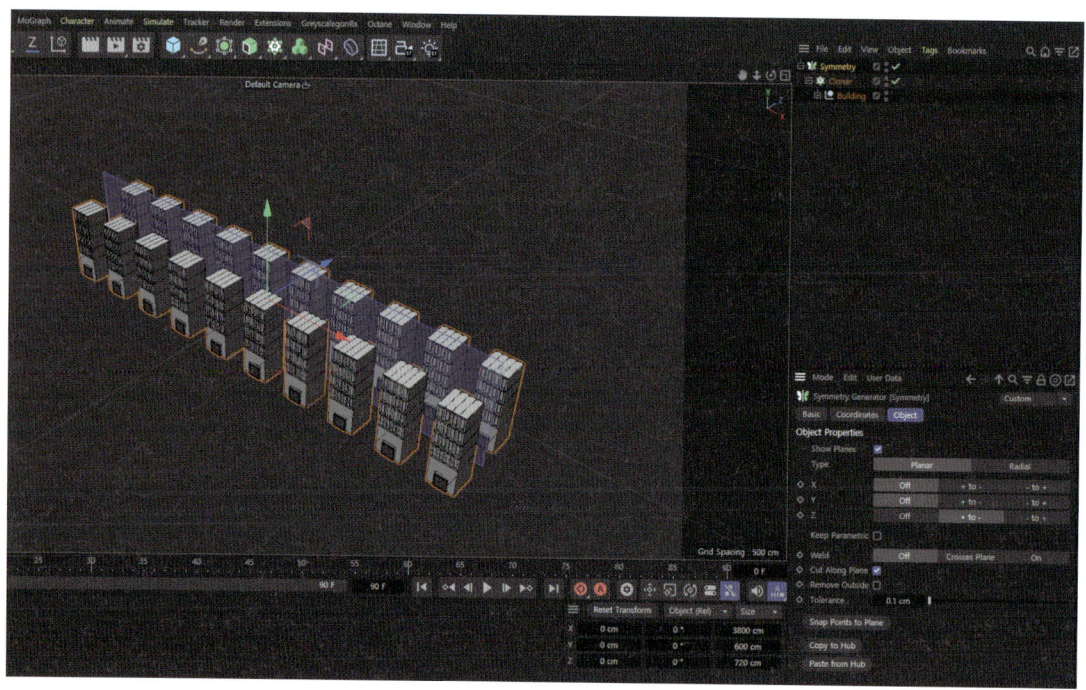

▲ Symmetry 설정

Symmetry의 설정값을 [X: Off], [Z: + to -]로 설정합니다. Z의 설정이 Off만 아니면 됩니다. 설정이 완료됐으면 [Symmetry]가 아닌 하단의 [Cloner]를 클릭하고 움직여야 합니다.

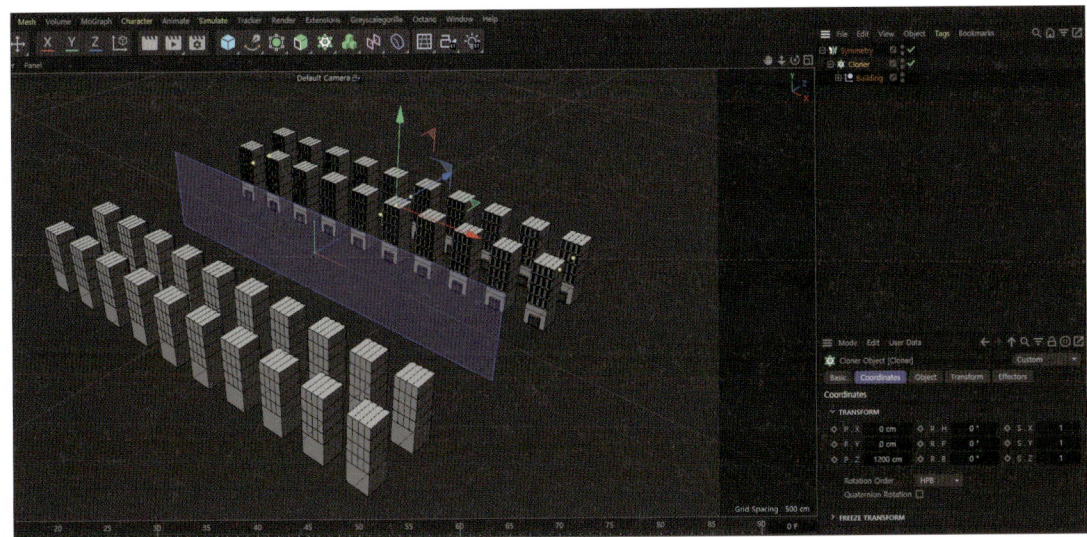

▲ 이동

이제 클로너를 Z축으로 1,200cm만큼 이동합니다. 그다음 나무를 가져오기 전에 바닥을 만들어 주겠습니다.

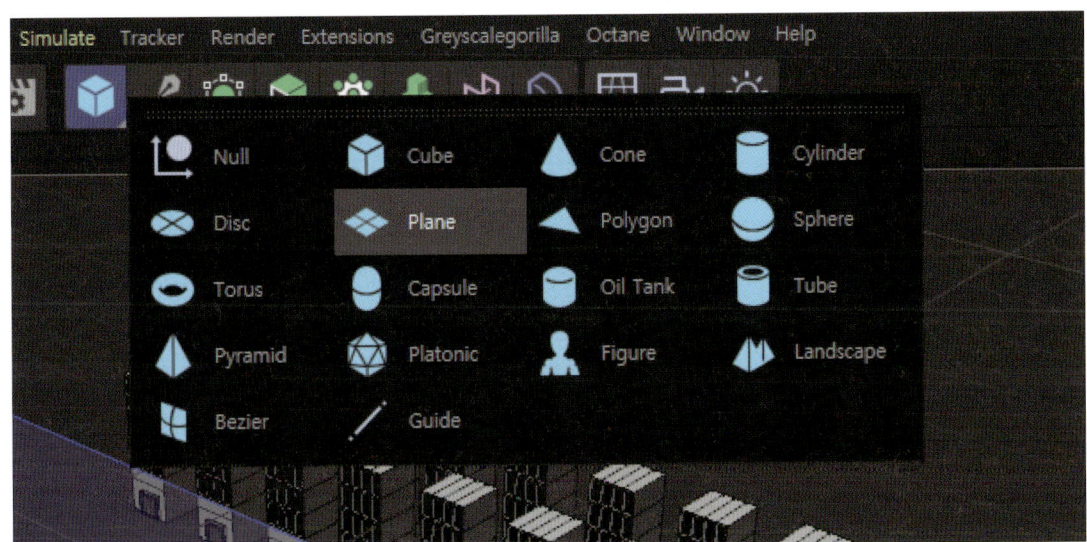

▲ 플레인 생성

플레인(Plane)을 생성합니다.

크기를 [Width: 7,000], [Height: 7,000]으로 설정합니다.

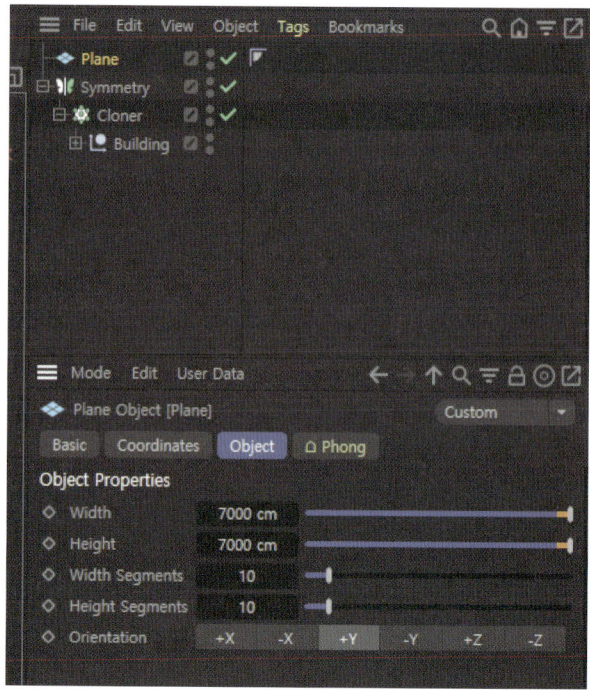
▲ 플레인 크기

위치는 [P.X: 0], [P.Y: -405], [P.Z: 0]으로 조절합니다. 건물을 제작했을 때 값을 다르게 설정했을 수도 있으므로 여기서는 값을 똑같이 설정해 주세요.

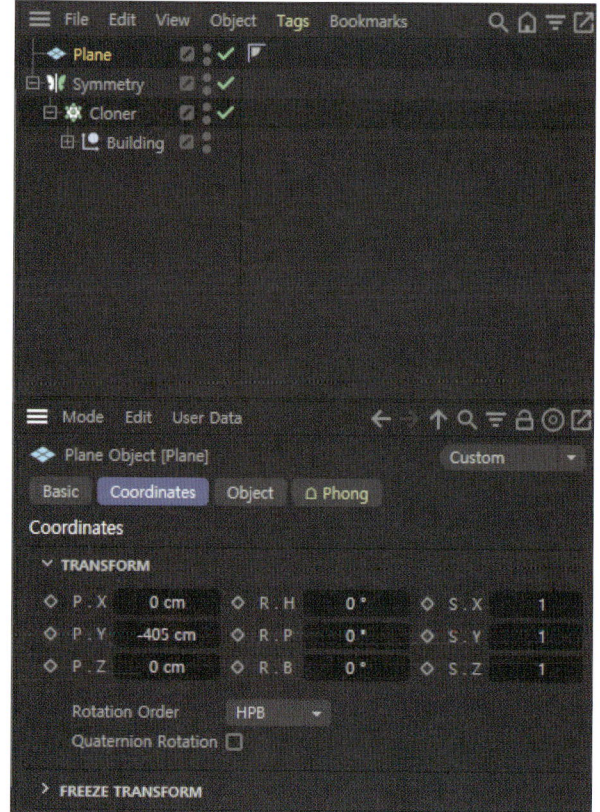
▲ 플레인 위치

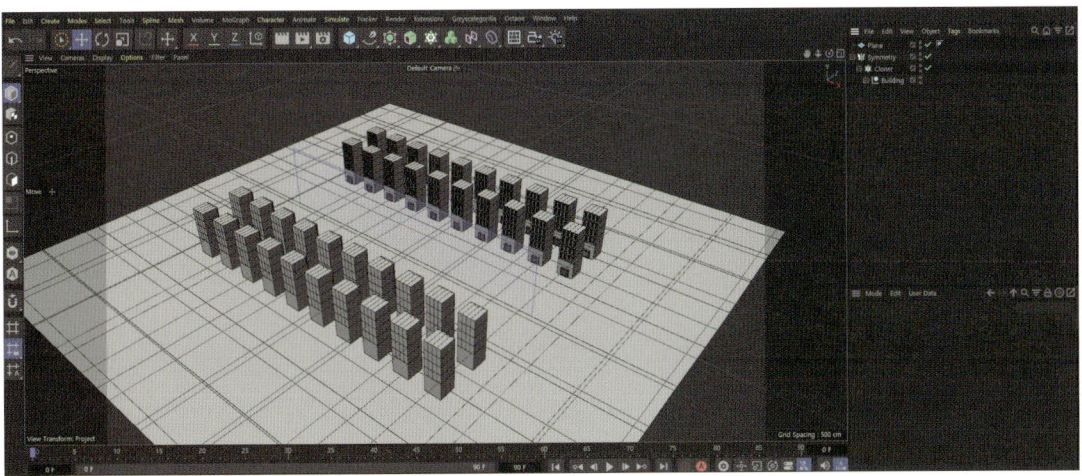

▲ 완료

이제 나무를 불러오겠습니다. 우선 나무 프로젝트를 열어주세요.

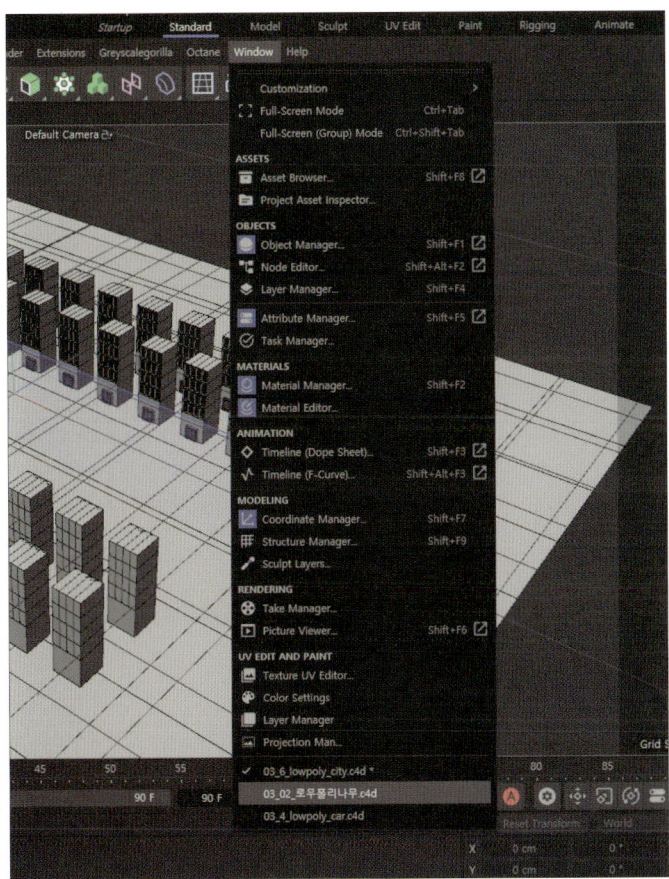

▲ 나무 프로젝트 열기

이미 열어놓았다면 상단 탭에서 열어줍니다. 상단의 [Window] 탭에서도 이동할 수 있습니다.

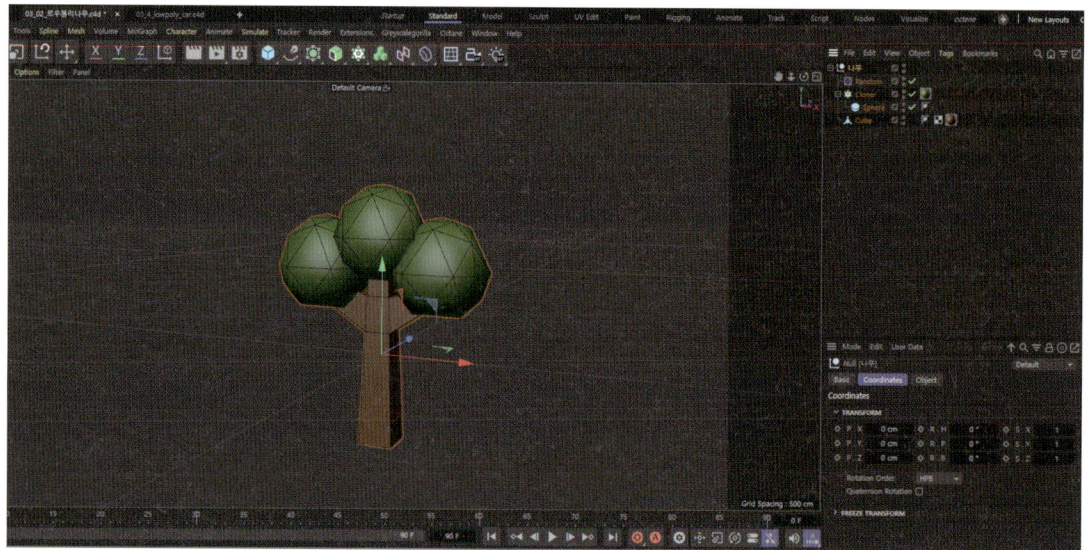

▲ 나무

해당 프로젝트의 최상단에 있는 [나무]를 클릭합니다. 그리고 Ctrl + C로 복사한 후 다시 도시 프로젝트 파일로 이동합니다.

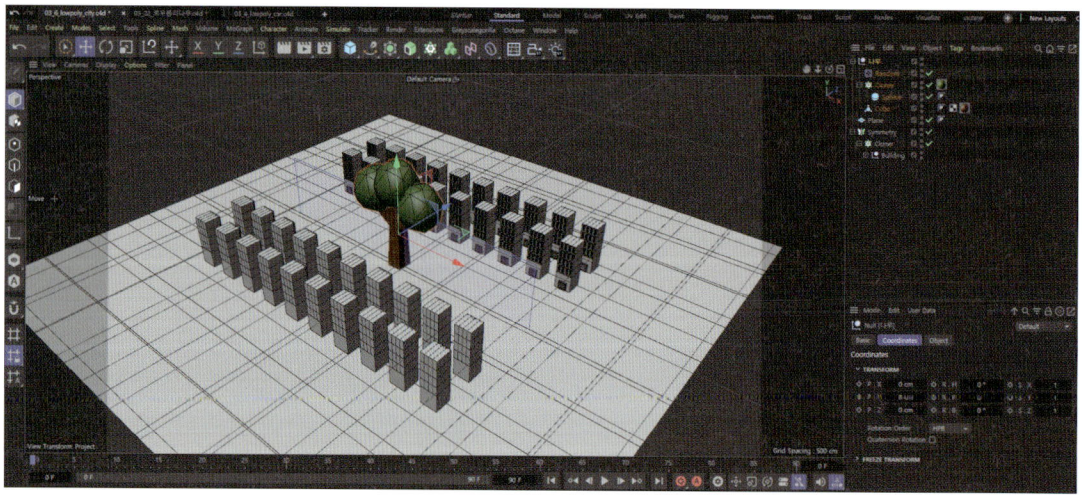

▲ 붙여넣기

도시 프로젝트 파일에서 Ctrl + V를 누르면 나무가 복사됩니다. 나무가 건물보다 클 수도 있지만 위와 같은 경우는 과도하게 큰 것 같습니다. [나무]를 선택한 후 단축키 T를 눌러서 크기를 줄여줍니다.

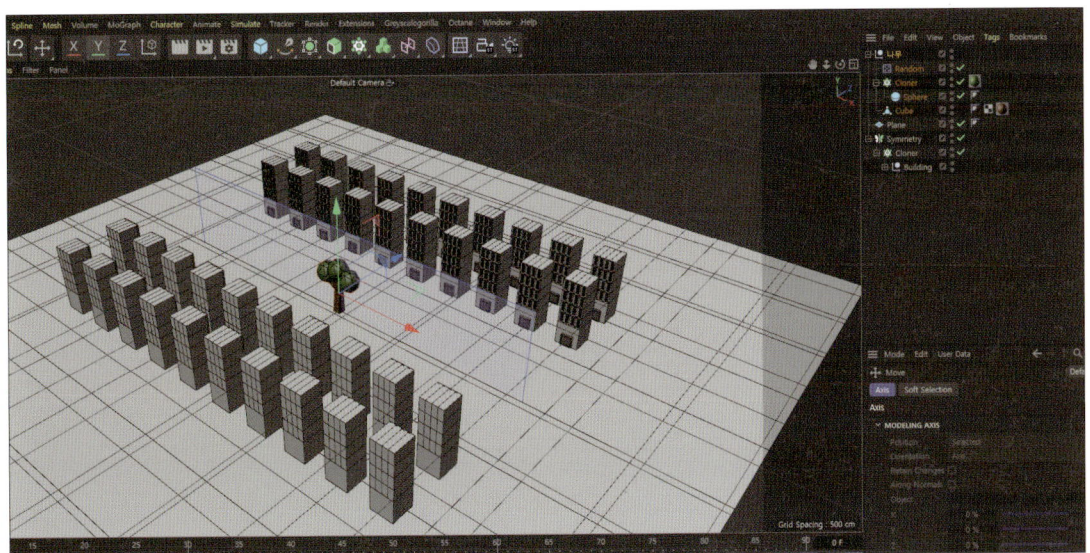

▲ 크기 조절

크기를 조절했다면 단축키 E로 위치도 같이 조절해 줍니다. 위치 조정이 끝나면 [나무]를 클릭하고 클로너를 적용합니다.

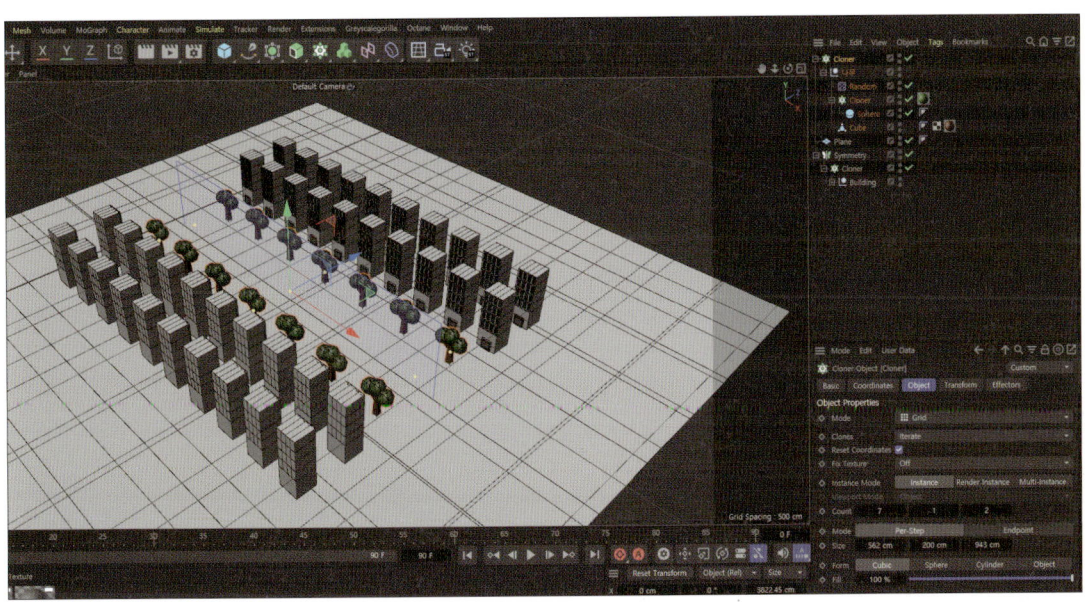

▲ 클로너

클로너를 적용했으면 위와 같이 설정값을 변경합니다.

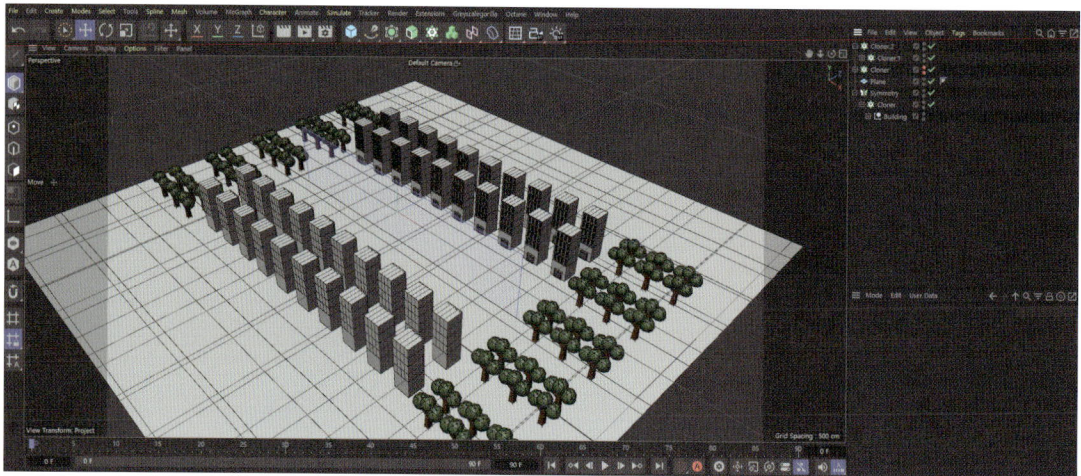

▲ 응용

꼭 똑같이 만들지 않아도 괜찮습니다. 여러분이 책을 보지 않고도 응용해서 작업할 수 있도록 과정을 배우는 것이 이 책의 가장 큰 목적입니다. 따라서 여러 가지 예제로 이렇게도 응용할 수 있다는 것을 보여주기 위한 것이므로 많은 참고 이미지를 보면서 여러분이 원하는 도시를 만들어 보기 바랍니다.

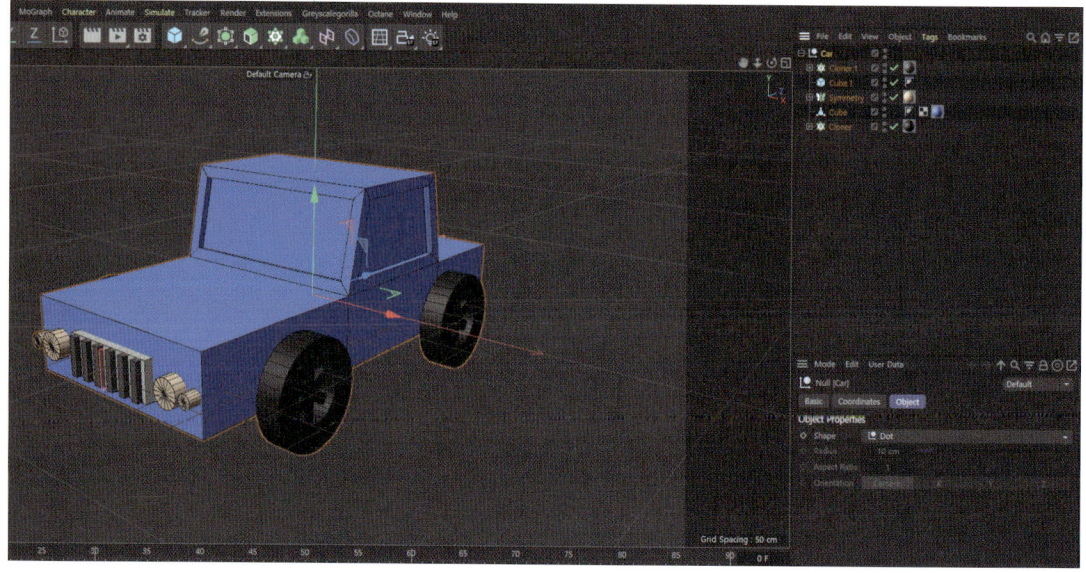

▲ 자동차 복사

이번엔 자동차를 가져오겠습니다. 아까와 같이 자동차 프로젝트로 이동 후 [Car]를 클릭하여 복사한 후 도시 프로젝트에 와서 붙여넣기 합니다.

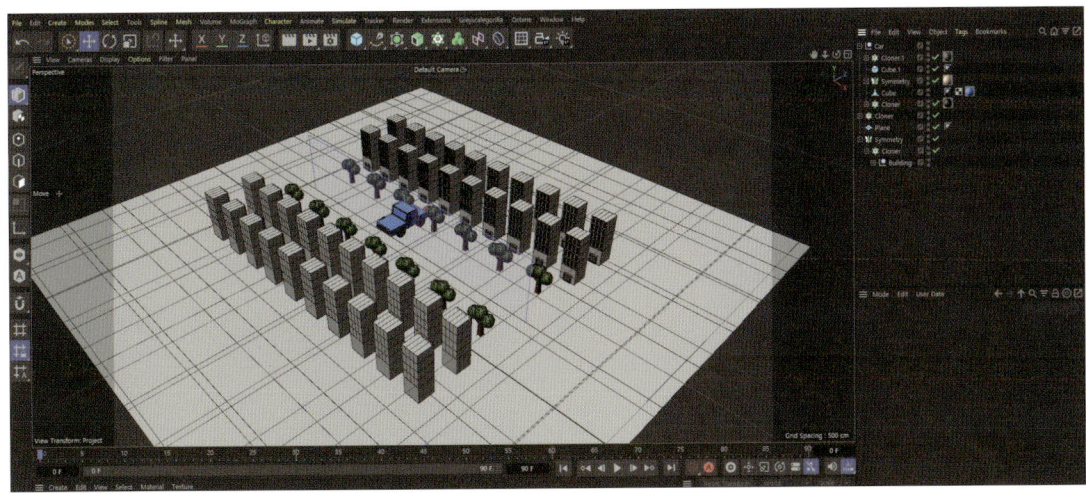

▲ 붙여넣기

다행히 불러온 자동차는 크기가 그리 크지는 않습니다. 하지만 큰 것은 분명하니 [Car]를 클릭한 후 T 를 눌러서 크기를 줄여줍니다.

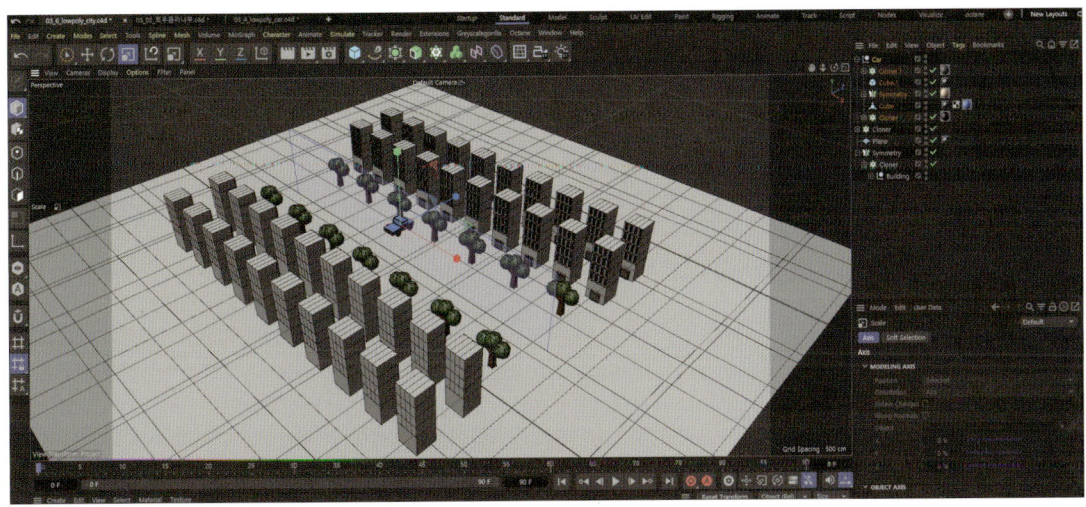

▲ 크기 조절

자동차를 회전시킵니다. 회전이나 이동은 아주 기초적인 부분이기에 따로 다루지는 않겠습니다. 한 가지 주의할 점은 꼭 상단의 널(Null)을 클릭한 후에 회전이나 이동을 해야 한다는 것입니다. 자동차에는 나중에 건물 사이를 이동하는 모션을 넣을 예정입니다.

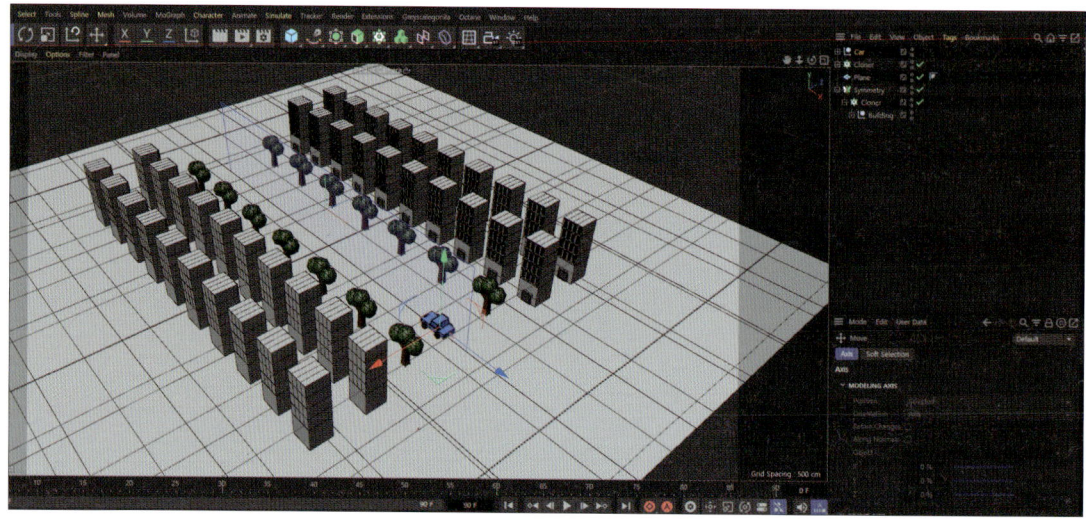

▲ 회전 및 이동

최종 렌더링

다음과 같이 완성된 도시에 빛을 넣어서 최종 렌더링하면 모든 작업이 끝납니다. 빛을 넣기 전에 화면을 먼저 렌더하겠습니다.

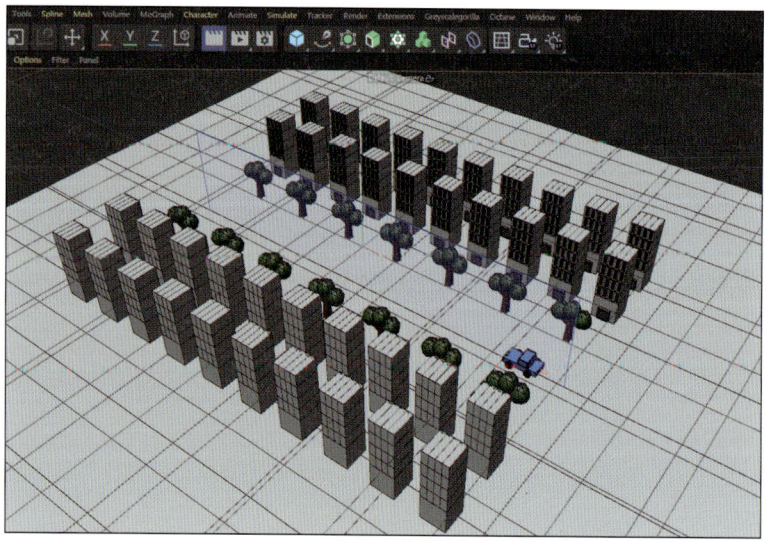

▲ 완성된 도시

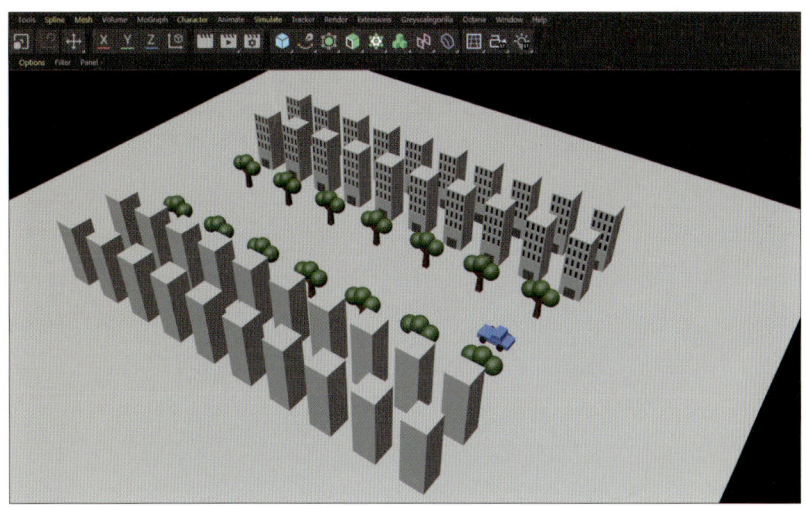

▲ 렌더

상단에 렌더링과 관련된 설정 아이콘이 3개 모여 있습니다. 가장 좌측의 아이콘을 클릭하면 다음 이미지처럼 깔끔한 화면으로 보입니다. 아직 이미지나 영상으로 완성된 파일은 아니고 앞으로의 작업을 효율적으로 하기 위해 현재 화면 그대로를 렌더해서 보여주는 작업입니다.

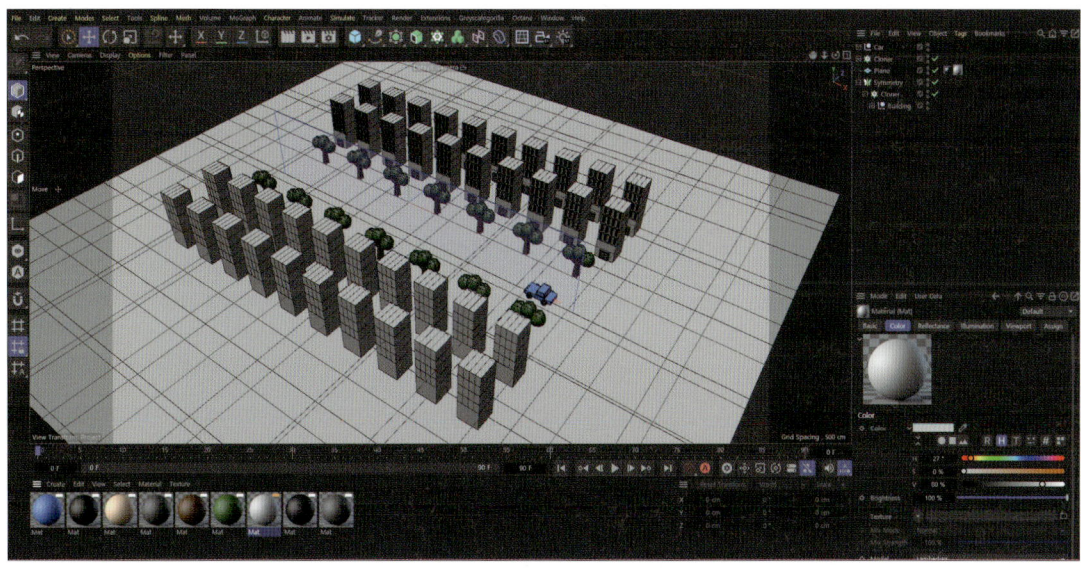

▲ 바닥 재질 적용

바닥으로 제작했던 플레인(Plane)을 제외한 모든 오브젝트에는 재질을 적용했습니다. 플레인에도 재질을 적용하고 도로를 만든 후 빛을 넣어주겠습니다. 플레인에는 하얀색 재질을 적용합니다.

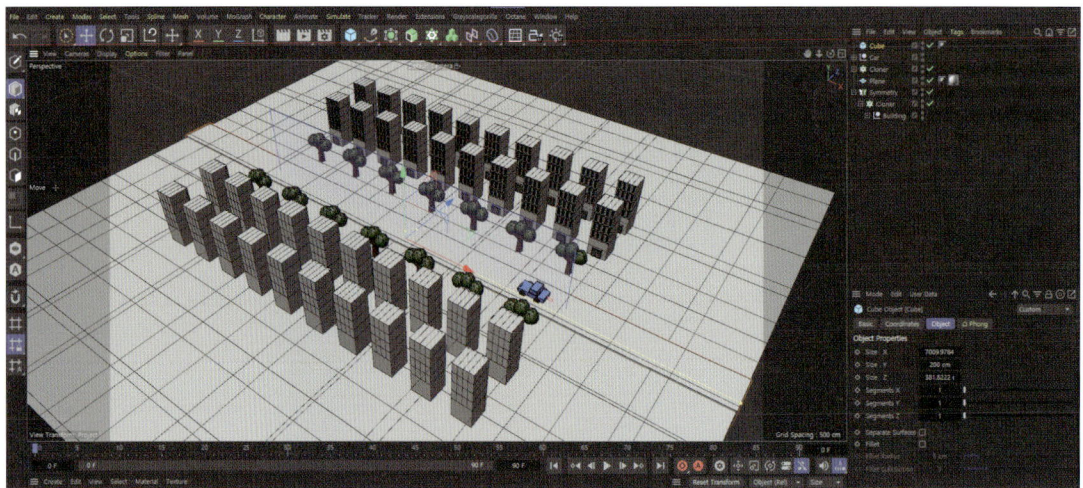

▲ 도로 제작

도로를 만들기 위해 큐브를 생성하고 크기와 위치를 조절해 줍니다. 바닥의 양 끝을 가로지를 만큼 크기를 조절하고, 위치는 바닥에 가려지지만 않으면 됩니다.

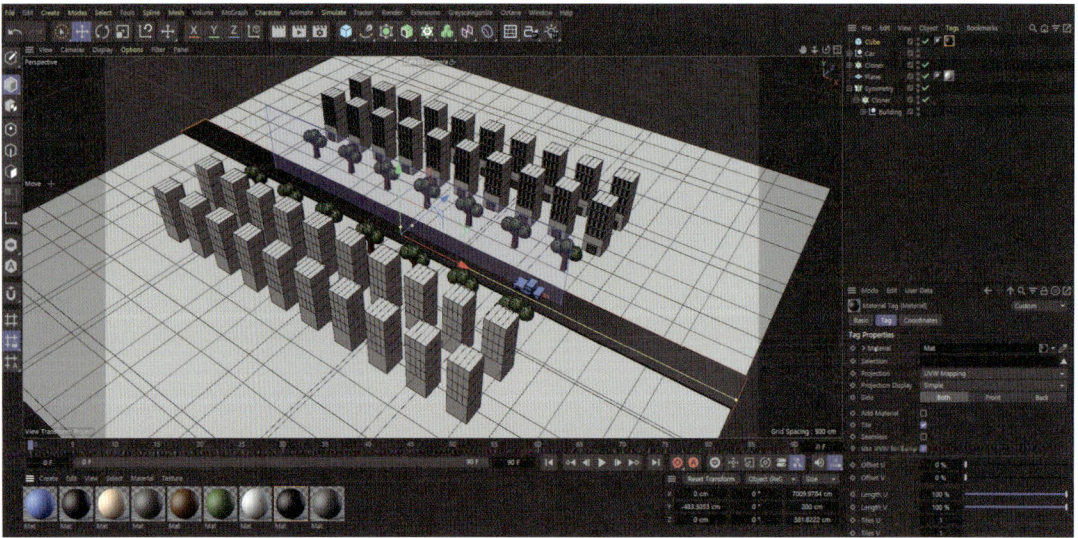

▲ 도로 재질

그리고 이미 제작된 재질을 이용하여 검은색을 큐브에 적용하면 도로가 완성됩니다.

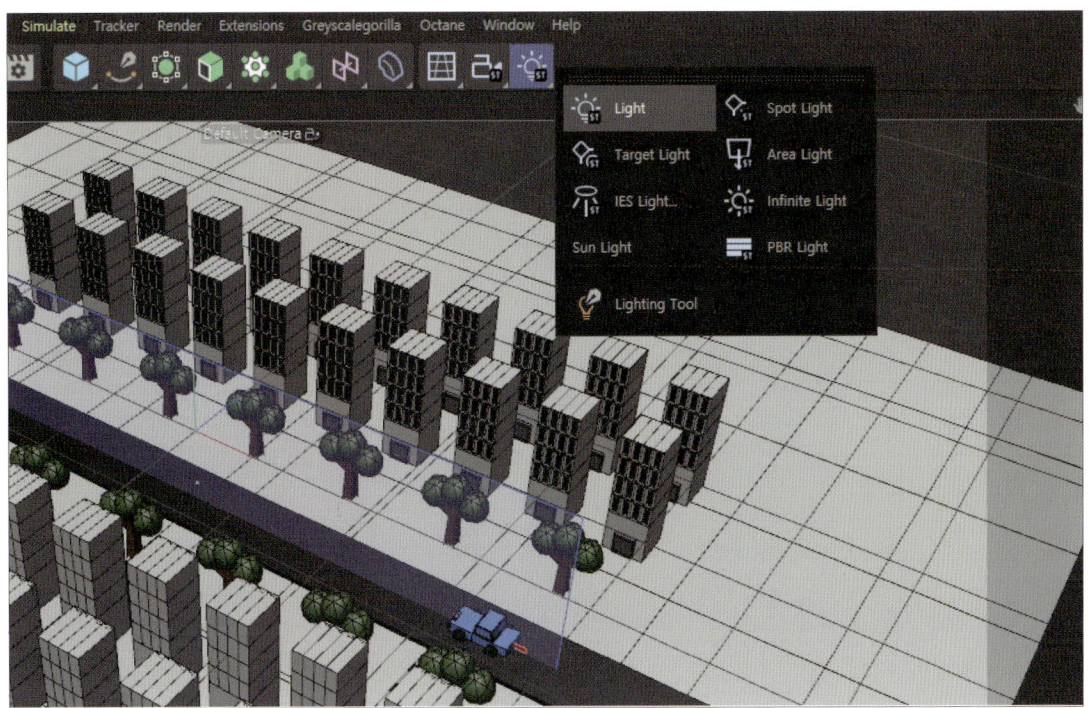

▲ 빛

이제 빛을 넣어주겠습니다. 상단에 빛 모양 아이콘이 있습니다. 아이콘을 길게 누르면 여러 가지 라이트가 보이는데, 한 번씩 생성해서 기능을 시험해 보기 바랍니다. 현재 작업 중인 렌더는 기본 스탠더드 렌더이므로 기본 라이트를 생성하여 진행합니다.

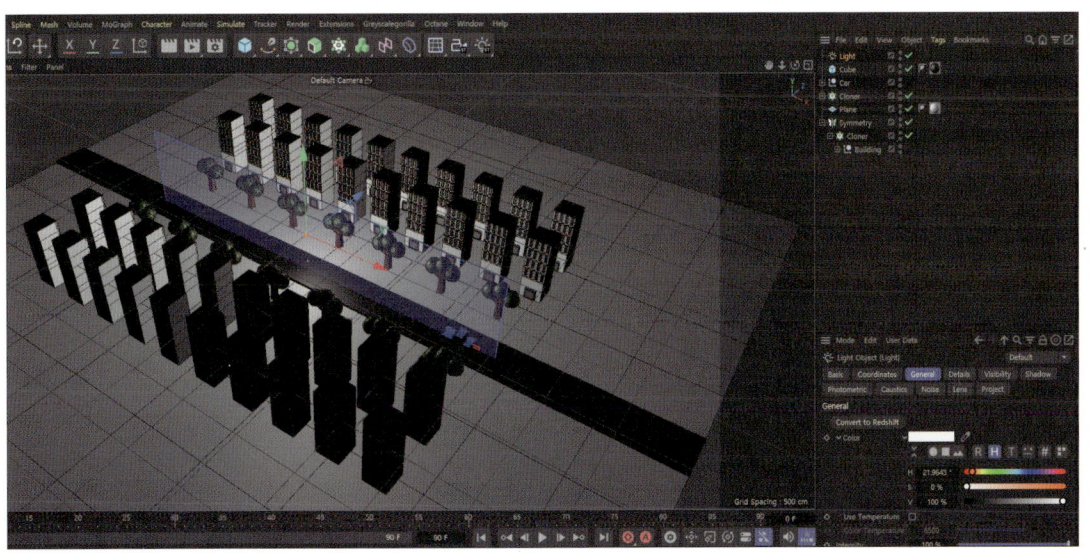

▲ 빛 생성

라이트를 생성하면 화면에 조명을 넣은 것처럼 바뀌는 것을 확인할 수 있습니다.

로우 폴리 모델링 | PART 03   **135**

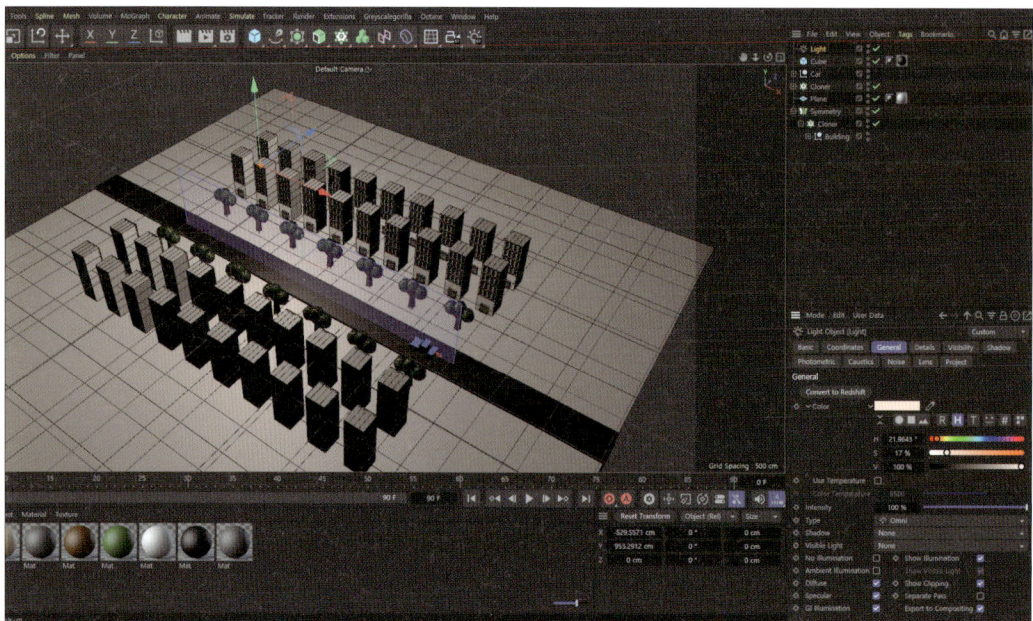

▲ 빛 색 조절

[Attributes]-[General]에서 색을 조절하고 위치도 한번 이동해보세요. 아주 약간 주황빛이 도는 색으로 설정하고, 도시를 중심으로 좌측 상단으로 이동한 모습입니다. 그리고 라이트를 클릭 후 Ctrl을 누른 상태로 이동시켜서 복제하겠습니다.

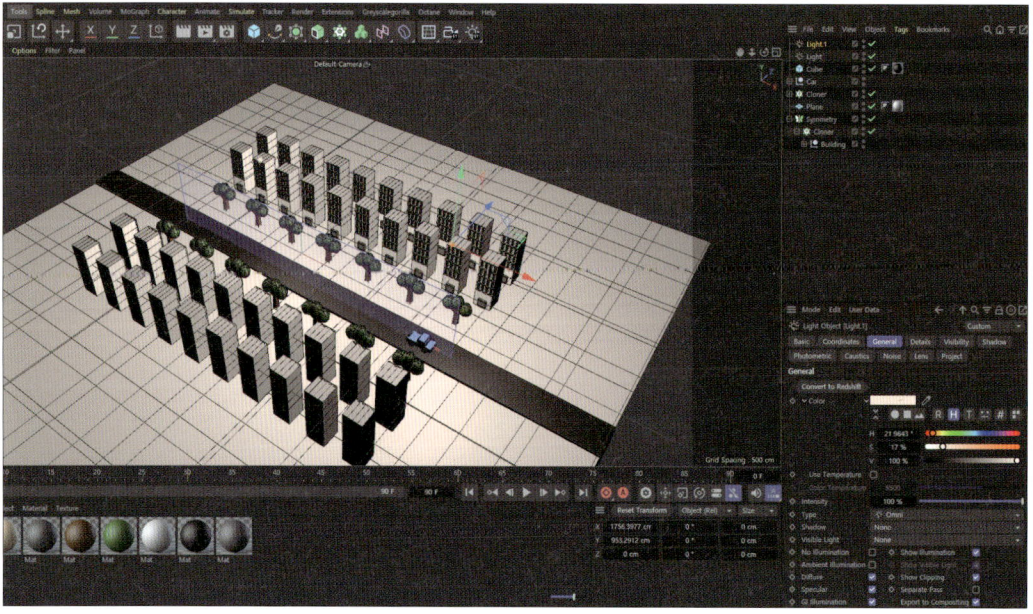

▲ 빛 복제

복제된 라이트는 우측 상단에 위치시키고, 연한 파란색으로 설정하겠습니다. 그럼 최종적으로 다음과 비슷한 화면이 될 것입니다. 빛 설정까지 완료했으니 이제 이미지로 내보내겠습니다.

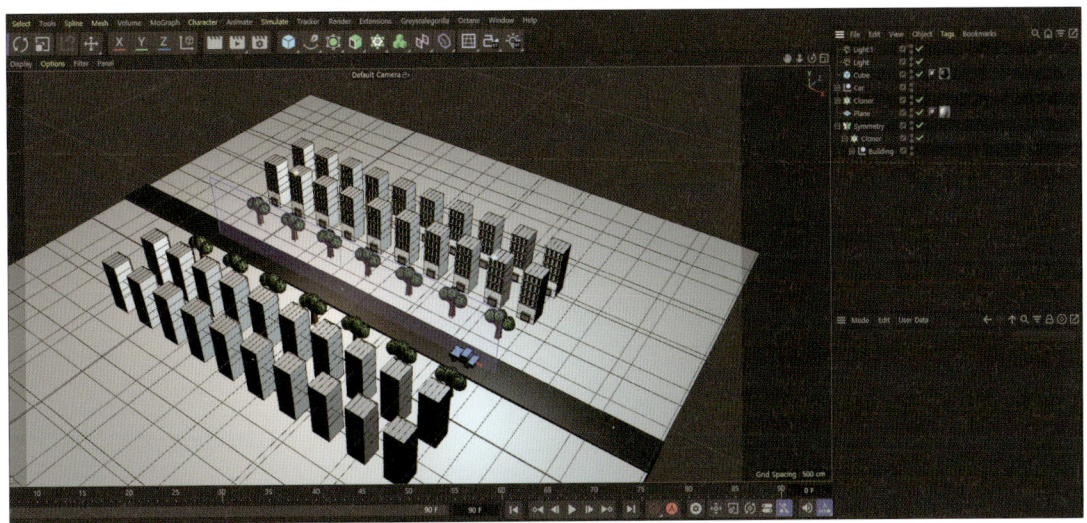

▲ 빛 설정 완료

카메라 설정은 뒤에서 알아볼 예정이므로 우선 이 상태로 이미지로 추출하겠습니다.

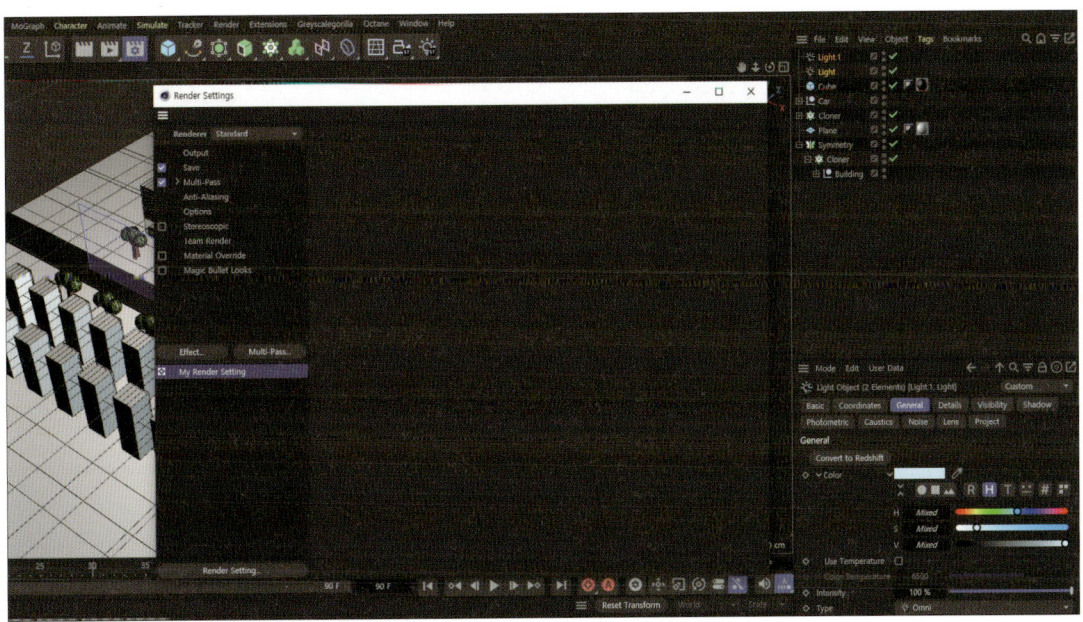

▲ 렌더 설정 창

상단의 [Render Settings]를 클릭합니다. 여러 가지 옵션 탭 중에서 [Output]과 [Save]만 살펴보겠습니다.

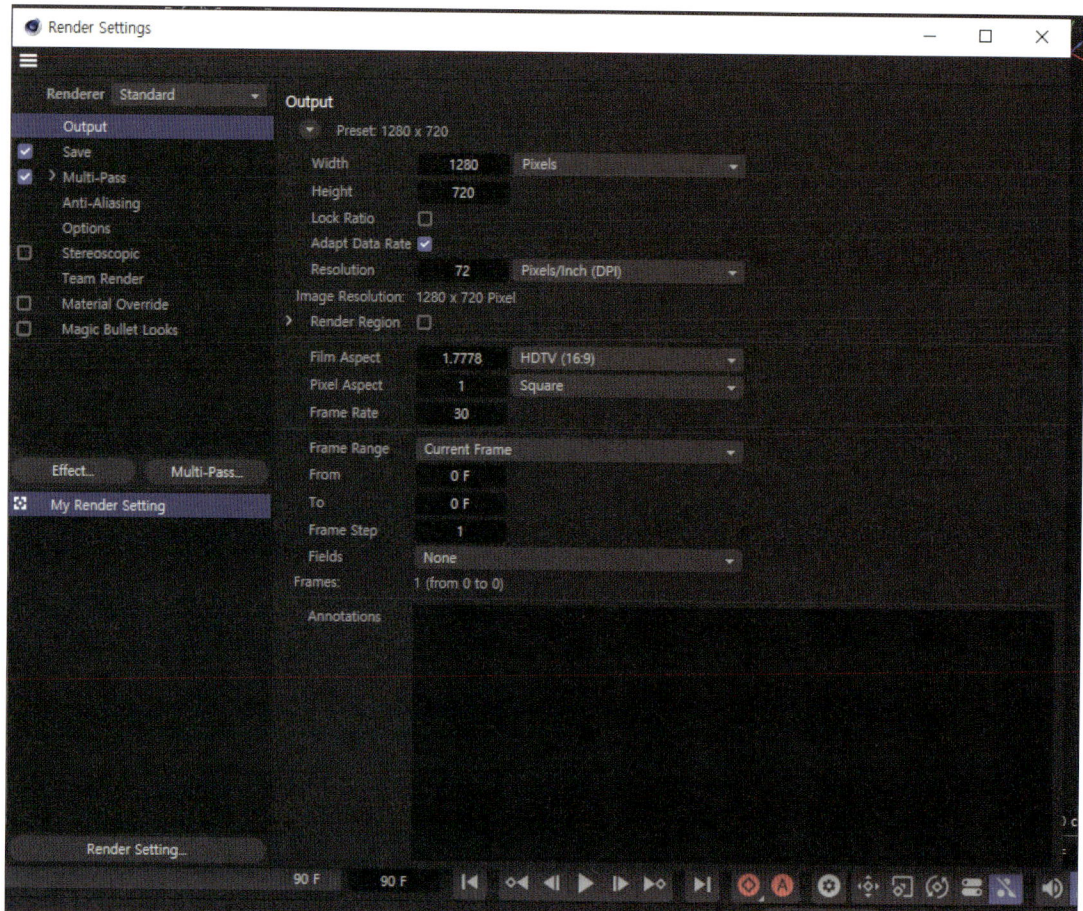

▲ 아웃풋 탭

[Output]에서는 내보낼 영상이나 이미지의 크기를 조정할 수 있습니다. 나중에 모션을 공부하면서 키 프레임과 타임라인에 대해 나오면 자세히 알아볼 텐데, 흔히들 시청하는 영상은 1초를 기준으로 30장의 이미지가 연속적으로 보이는 원리입니다. 그 한 장의 이미지를 프레임이라고 부르며 그 프레임의 범위를 조정하는 탭입니다. 현재는 [Output] 탭에서 수정할 부분은 없습니다.

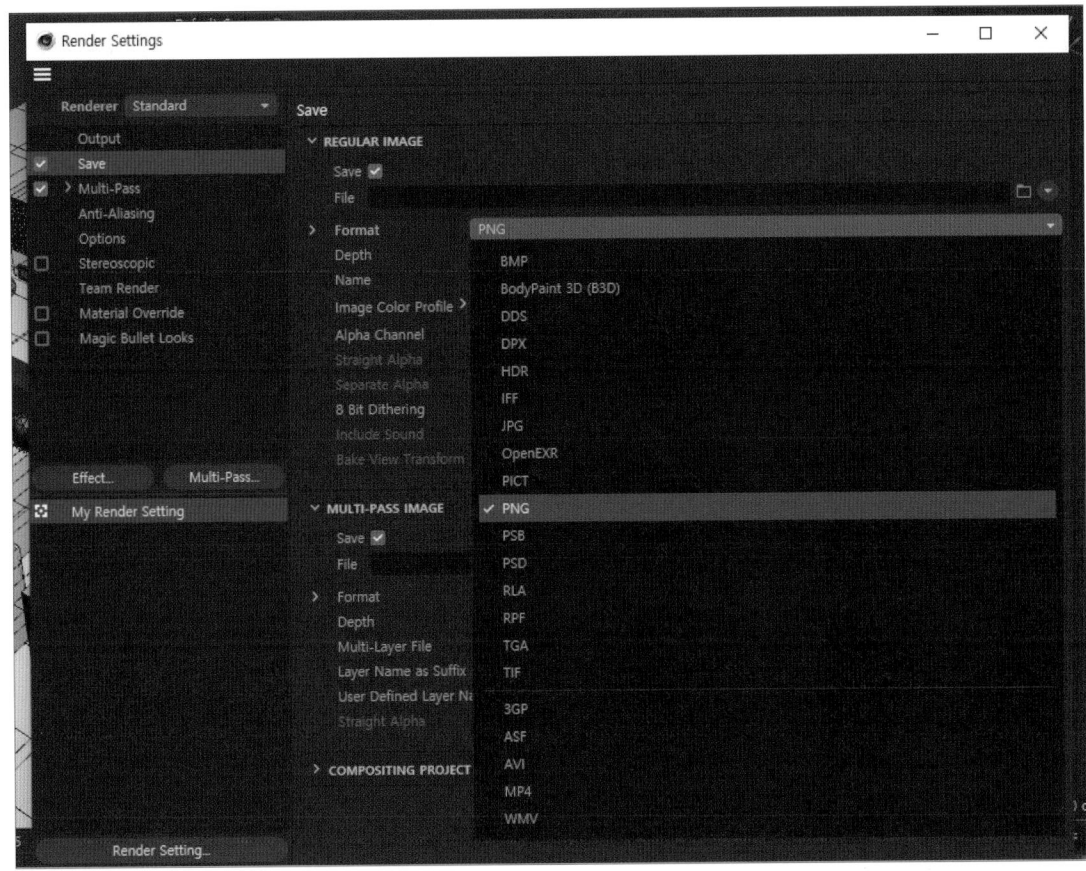

▲ 세이브 탭

그다음 [Save] 탭입니다. 내보낼 영상이나 이미지의 포맷, 파일 링크를 조절하는 탭입니다. [Format]은 PNG로, [Depth]는 16Bit로 설정합니다.

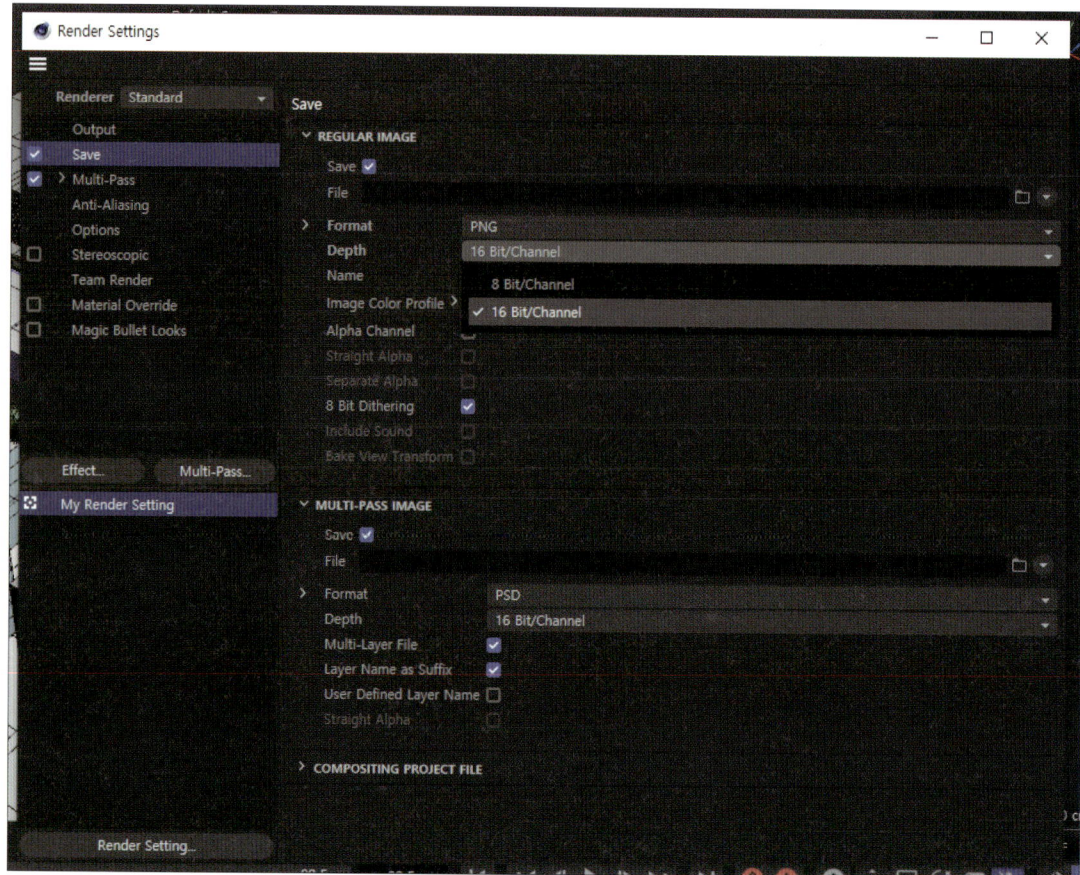

▲ 세이브 탭 2

[Depth]는 색의 영역 값입니다. 스탠더드 렌더에서는 굳이 설정을 안 해도 되지만, 이 역시 나중에 다루기 전에 한번 훑고 가기 위해 설정했습니다. 그 후 상단의 폴더 모양 아이콘을 클릭합니다.

▲ 폴더 생성

지금까지 작업한 프로젝트가 저장된 경로에 render라는 폴더를 생성하고, 폴더를 더블 클릭합니다.

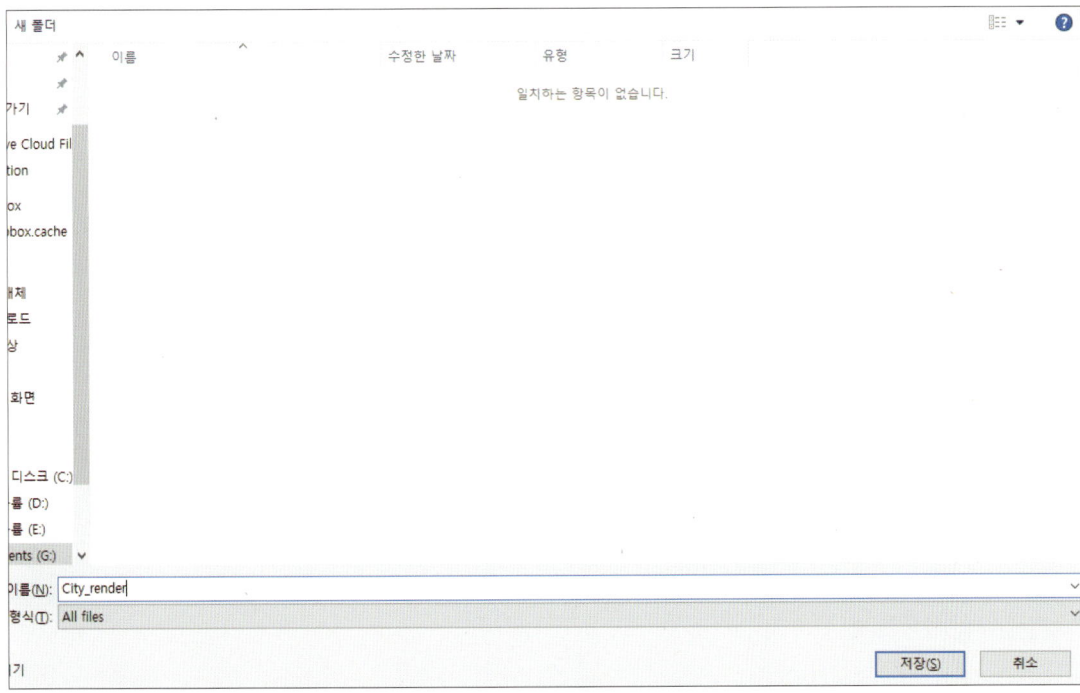

▲ 파일 저장

파일 이름을 City_render라고 설정하겠습니다. 다른 이름으로 설정해도 문제는 없으니 원하는 이름으로 설정합니다.

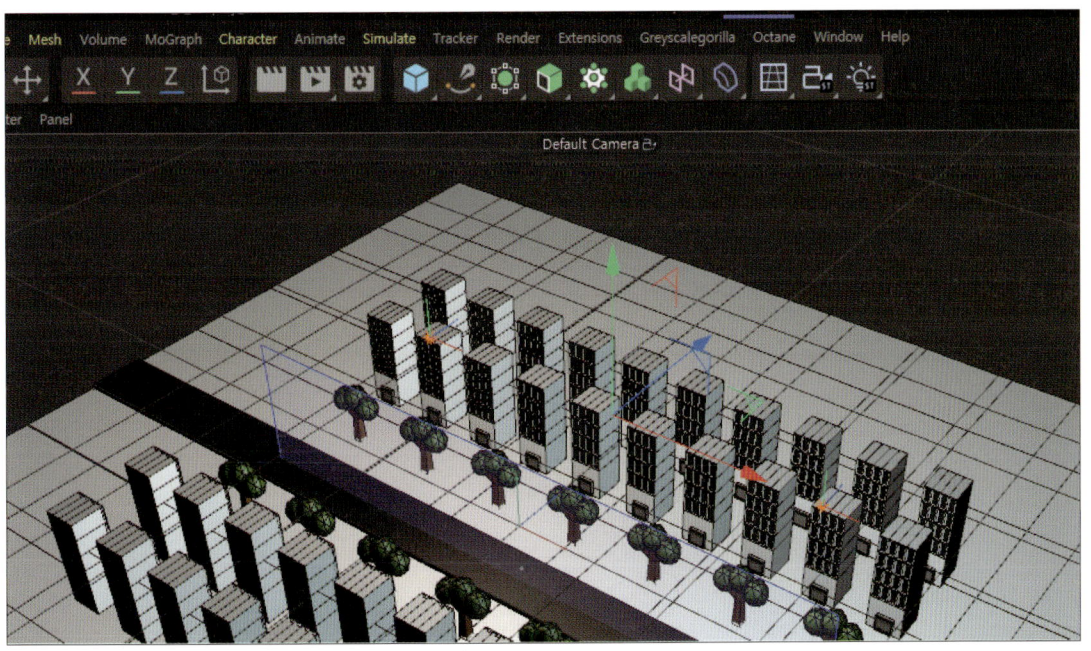

▲ 렌더링

[저장]을 누른 후 가운데 렌더링 버튼을 클릭합니다.

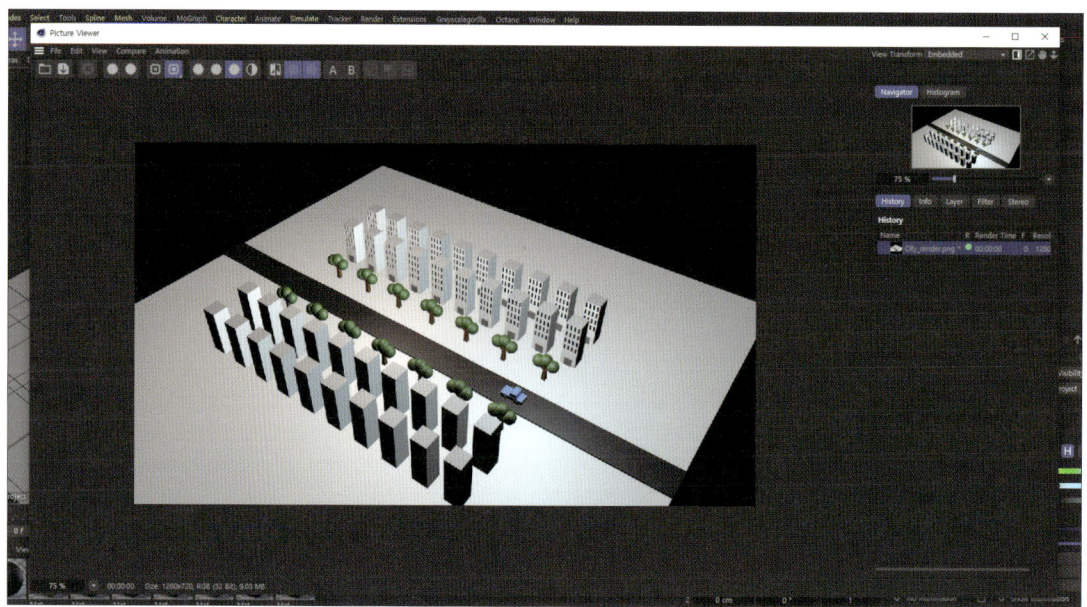

▲ 픽처 뷰어 창

[Picture Viewer]가 생성되며 렌더링이 진행됩니다.

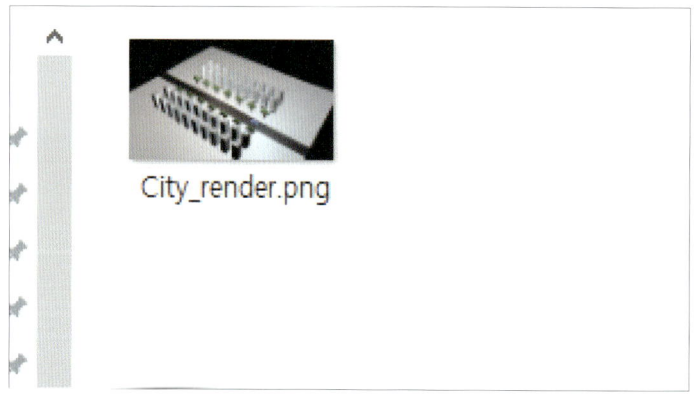

▲ 렌더링 완료 이미지

렌더링이 완료되면 저장한 경로에 이미지가 생성된 것을 확인할 수 있습니다. 축하합니다! 간단하지만 하나의 도시를 만들어보는 프로젝트를 렌더링까지 완료했습니다. 다음 파트에서는 제작했던 도시에서 자동차를 움직여보겠습니다.

MEMO

PART

04

모션
익히기

01 키 프레임 작업하기

02 그래프 익히기

03 바운싱 볼 만들기

04 자동차에 모션 넣기

키 프레임 작업하기

간단한 모션 작업을 위해 새 프로젝트를 생성하겠습니다.

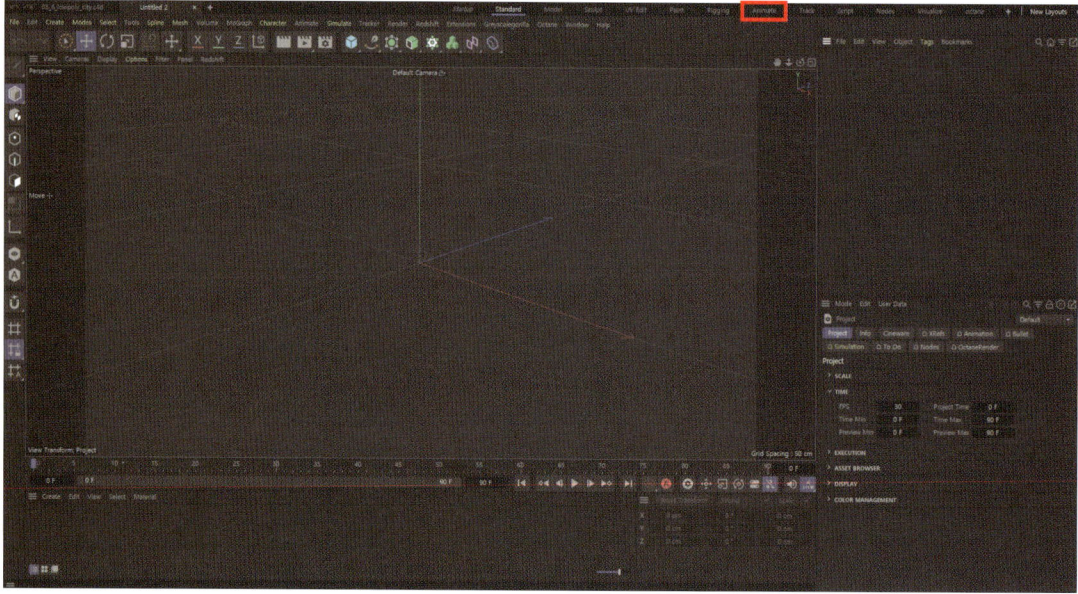

▲ 새 프로젝트

모션 작업을 위한 레이아웃으로 변경합니다. 상단의 레이아웃 탭에서 [Animate]를 클릭합니다.

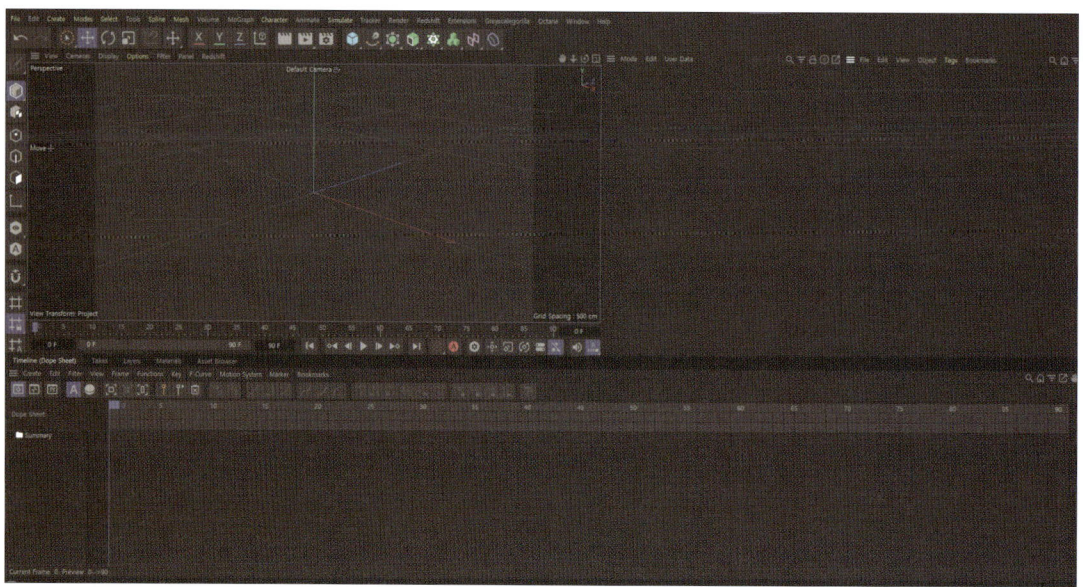

▲ 애니메이트 레이아웃

애니메이트 화면으로 레이아웃이 바뀌었습니다. 이제 큐브를 생성해서 키 프레임을 통한 모션 작업을 진행하겠습니다.

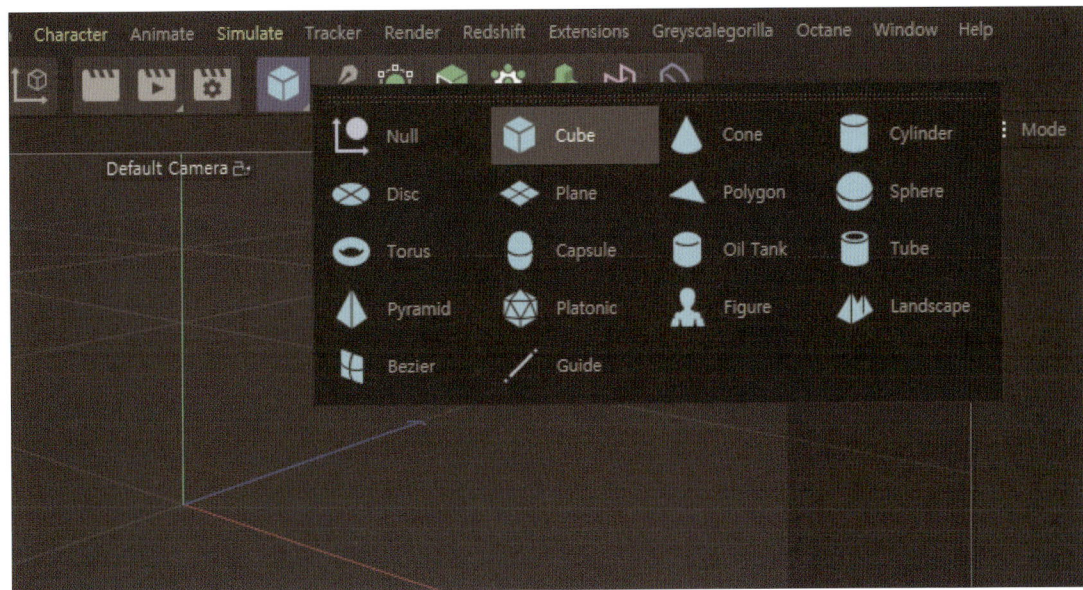

▲ 큐브 생성

큐브(Cube)를 하나 생성해 줍니다. 레이아웃의 위치 정도만 달라지고 타임라인(Timeline)이 추가된 형태이기 때문에 금방 적응할 수 있을 것입니다. 큐브를 선택한 후 어트리뷰트 창에서 키 프레임을 적용하겠습니다.

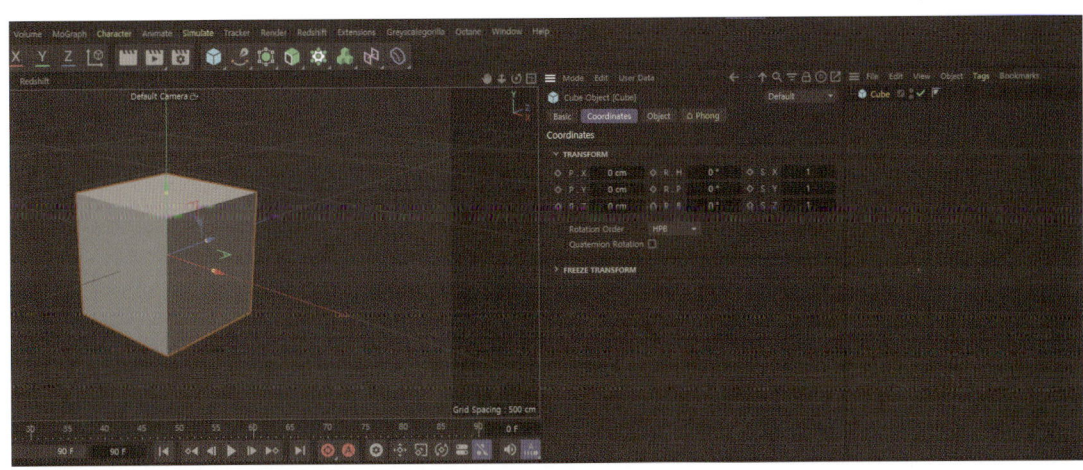

▲ 코디네이트

큐브를 클릭한 후 어트리뷰트에서 [Coordinates]를 확인합니다. 아직 아무런 값을 적용하기 전이므로 값이 0 혹은 1인 것을 확인할 수 있습니다. 우선 간단하게 X축으로 이동하겠습니다.

모션 익히기 | PART 04 **147**

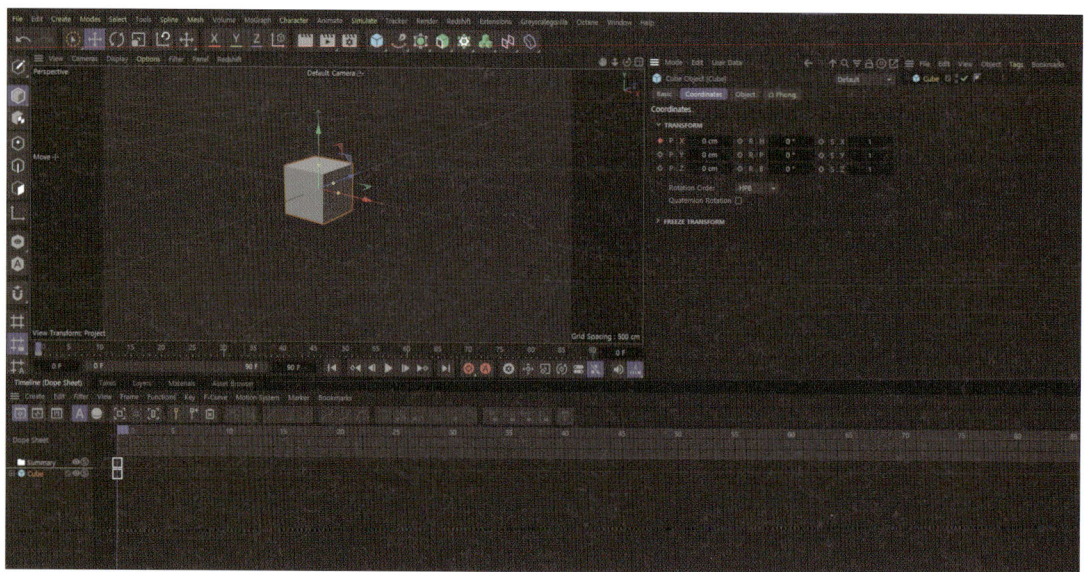

▲ 키 찍기

다이아몬드 모양의 아이콘을 클릭하면 하단 타임라인에 네모난 아이콘이 생성됩니다. 반드시 빨간색으로 다이아몬드 아이콘이 활성화되어야 적용됩니다. 이제 프레임을 조절해 보겠습니다.

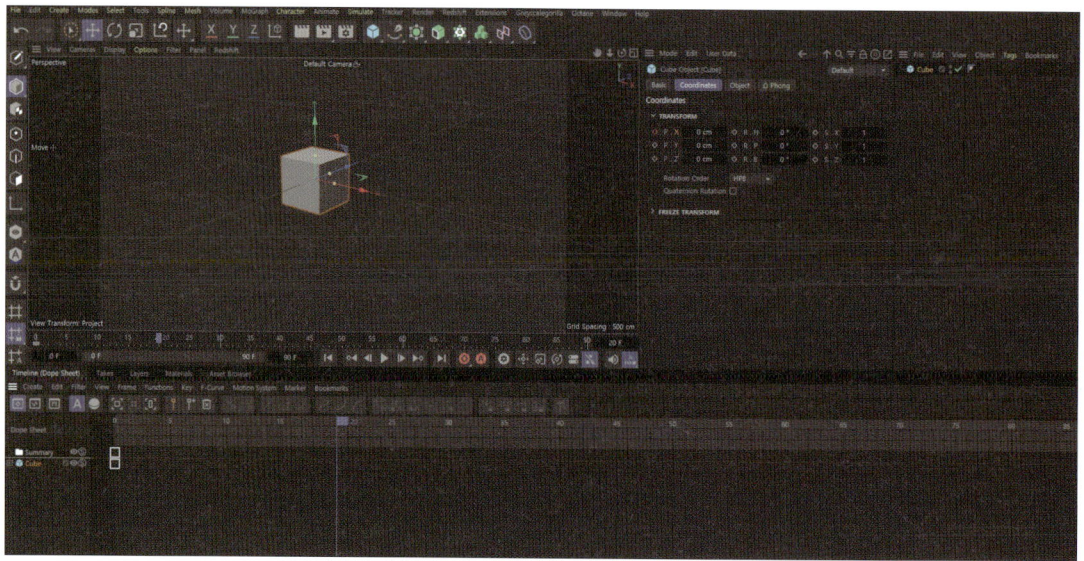

▲ 프레임 이동

타임라인을 보면 숫자가 적혀 있습니다. 이 숫자 부분을 클릭하면 프레임을 이동할 수 있고, 상단에 프레임이 적힌 부분에 직접 숫자를 입력해서 조절할 수도 있습니다. 프로젝트를 생성하면 기본적으로 90프레임으로 생성되며, 이 역시 수정이 가능합니다. 일단 마저 큐브를 움직이겠습니다. 0프레임에서 키값을 적용했고, 20프레임으로 이동합니다.

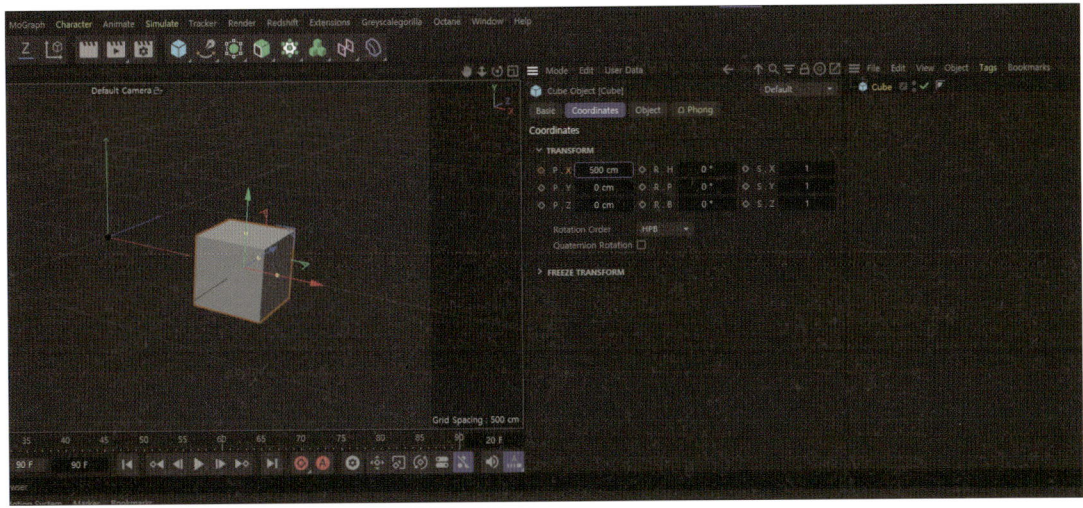

▲ X축 이동

P.X에 500을 입력하겠습니다. 현재 X축에만 키를 적용했으므로 원하는 만큼 X축으로 이동해보세요. 숫자를 입력하거나 이동하게 되면 다이아몬드 아이콘이 빨간색에서 노란색 테두리로 표시된 것을 확인할 수 있습니다. 이는 아직 적용되지 않은 상태이며 다시 클릭을 해서 빨간색으로 바뀌어야 적용이 됩니다.

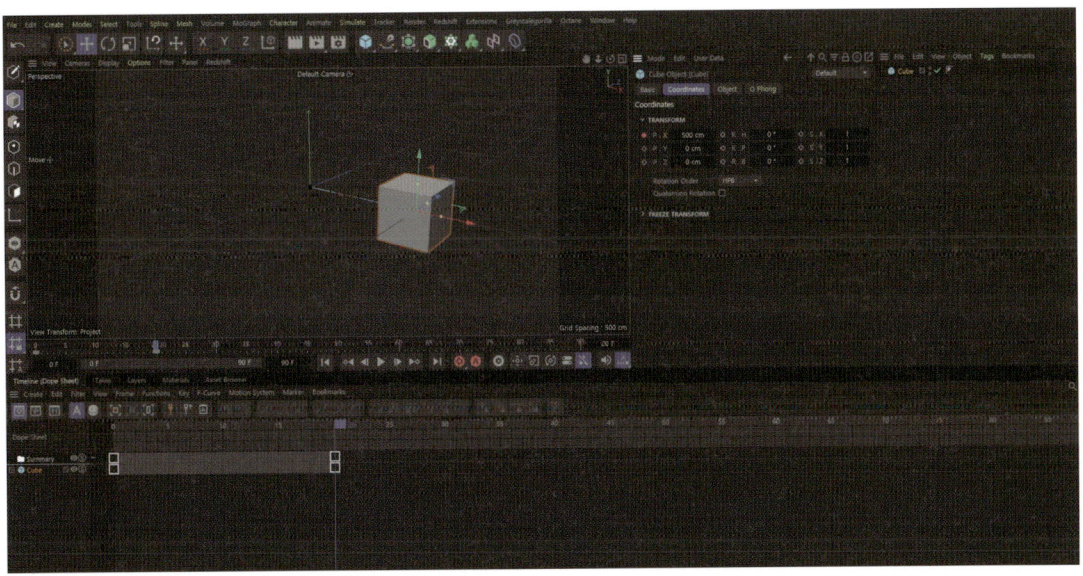

▲ 키 찍기

다이아몬드 아이콘을 클릭하면 빨간색으로 활성화됨과 동시에 추가적으로 키 프레임이 생기는 것을 확인할 수 있습니다. 타임라인에서 숫자 부분의 라인을 드래그하거나 재생 버튼을 눌러 확인할 수 있습니다. 여기까지가 기초적인 모션 작업입니다. 다음 과정에서 생성된 키 프레임을 기준으로 그래프 작업을 진행하기 위해 추가적으로 키를 하나 더 적용해 보겠습니다. 20프레임 그대로 시작합니다.

▲ 프레임

20프레임에 바(bar)가 위치한 상태에서 이번엔 Y축에 움직임을 적용하겠습니다. P.Y 왼쪽의 다이아몬드 아이콘을 클릭합니다.

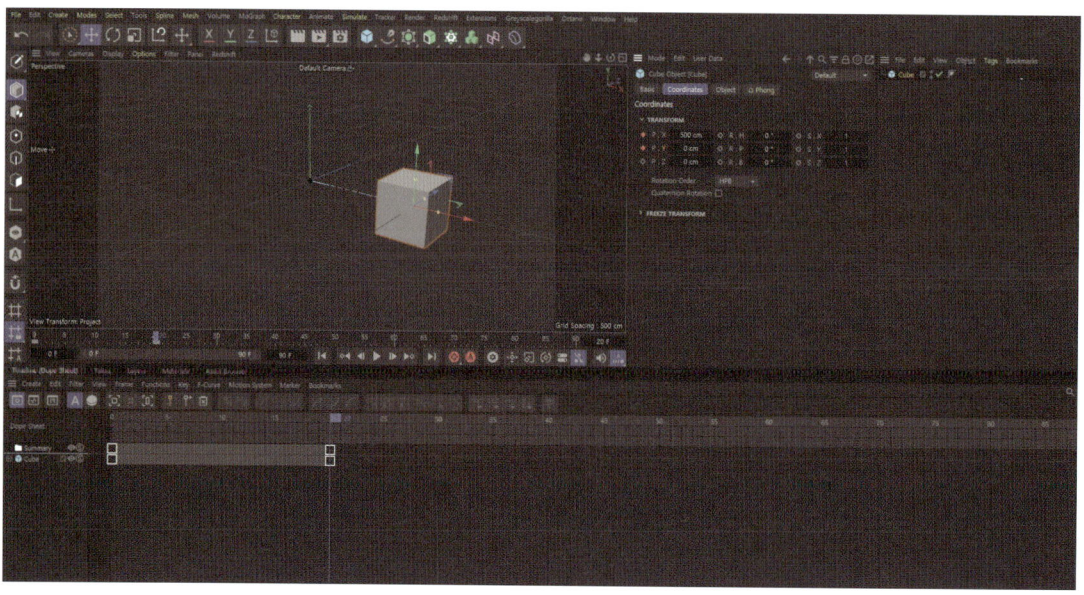

▲ 키 프레임

다이아몬드 아이콘이 빨간색으로 활성화는 됐지만 이미 키 프레임이 찍혀 있기 때문에 확인이 어렵습니다. 이럴 때는 이미지에 표시한 [+]를 클릭하면 하단 영역들을 확인할 수 있는데, 그러면 별개로 적용된 X와 Y의 위치 값을 확인할 수 있습니다.

▲ 하단 영역 확인

타임라인에서 보라색으로 보이는 세로줄을 우리는 인디케이터(indicator)라고 부르겠습니다. Y축을 이동할 것이므로 인디케이터를 40프레임으로 위치한 후, 다시 Y 포지션 키를 적용합니다.

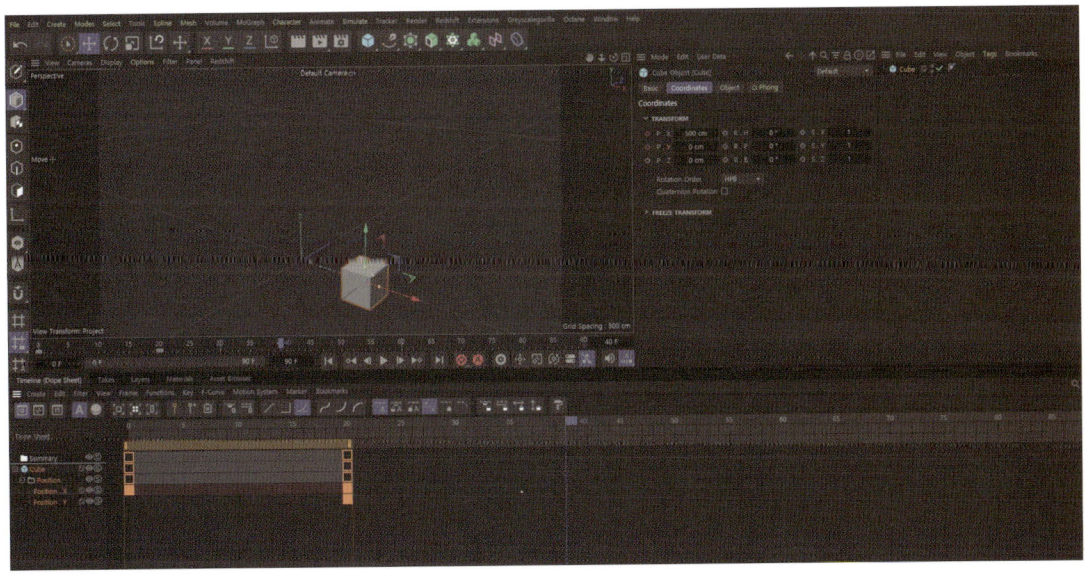

▲ 키 적용

▲ 키 적용 2

▲ 키 적용 3

키를 적용했으면 다시 재생을 해서 제대로 움직이는지를 확인해 보세요. 오른쪽으로 한 번 이동 후 다시 위쪽으로 이동하는 큐브의 모습이 보일 것입니다. 이렇게 두 가지 키 프레임이 적용됐습니다.

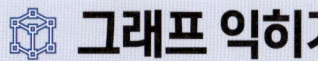 그래프 익히기

그래프를 다뤄보겠습니다. 그래프는 모션에 텐션(tension)을 주기 위해서 작업합니다.

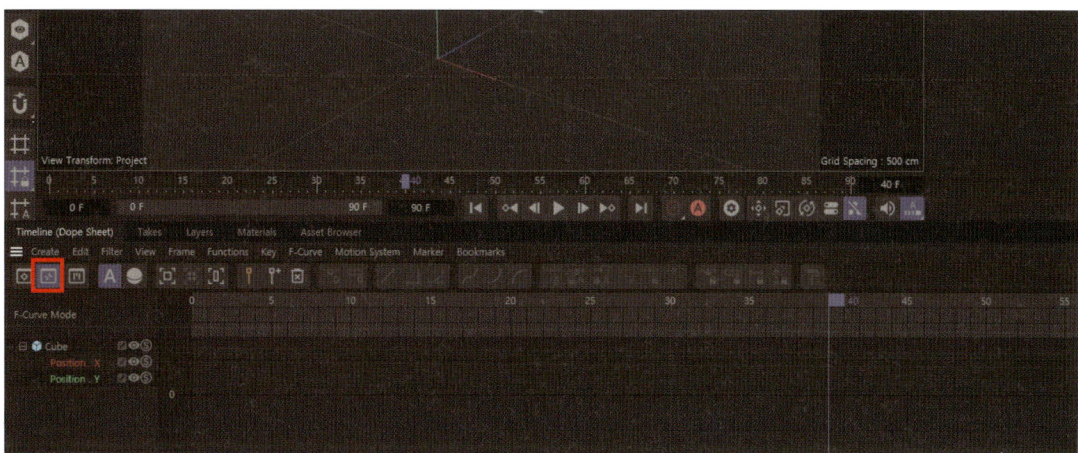

▲ 커브 모드

이미지에 표시된 아이콘을 클릭하면 커브 모드(F-Curve Mode)로 전환할 수 있으며, 다시 그 왼쪽의 아이콘을 클릭하면 키 프레임 모드(Dope sheet Mode)로 전환할 수 있습니다.

▲ 커브 확인

Position.X를 클릭하면 빨간색 선이 생긴 것을 확인할 수 있습니다. 이는 X축의 좌표 색이 빨간색이어서 그렇습니다. Y를 클릭할 경우에는 초록색으로 보이게 됩니다. 해당 화면을 크게 보기 위해서 Alt +A(모두 선택)를 누른 후 S를 누릅니다. 단축키 S는 타임라인과 Perspective 화면을 포함한 대부분의 기능에서 사용이 가능합니다.

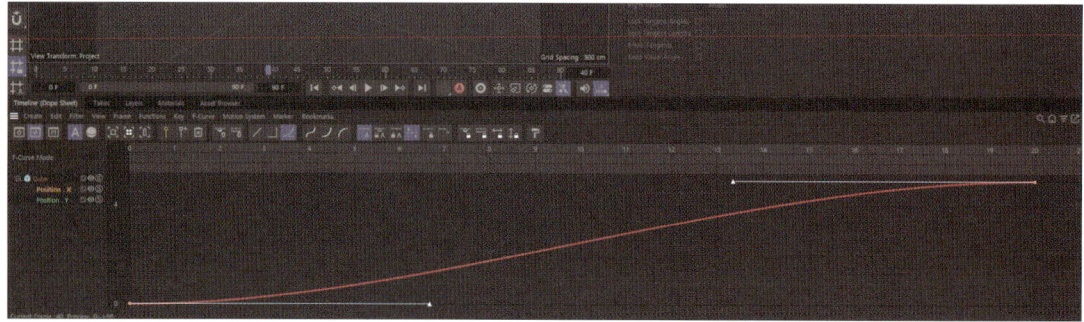

▲ 커브 확대

화면을 크게 보면 이런 모습입니다. 좌측 하단과 우측 상단의 포인트를 잡고 커브의 방향을 수정할 수 있습니다.

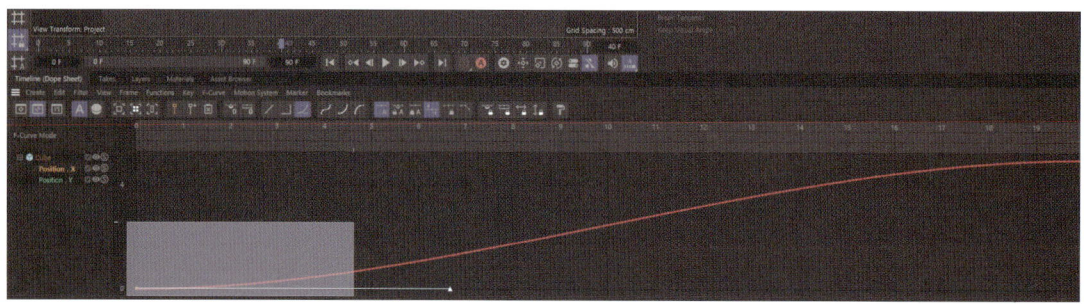

▲ 그래프 선택

그래프의 좌측 하단 부분을 클릭하거나 드래그로 선택합니다.

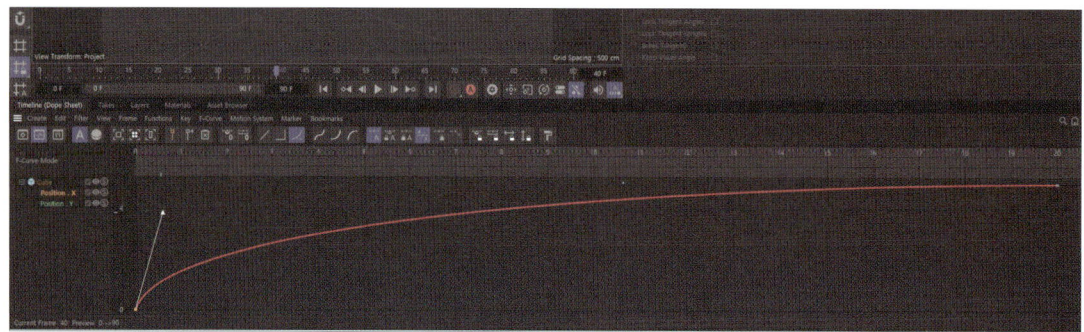

▲ 그래프 조정

그래프가 선택된 상태에서 위쪽으로 올리면 그래프가 수정되는 것을 확인할 수 있습니다. 대부분의 모션 작업은 이런 형태로 진행합니다. 모션의 기초적인 부분이 끝났습니다. 다음으로는 간단하게 공이 튀는 움직임을 만들어보고, 앞에서 제작했던 도시에 모션을 추가하겠습니다.

바운싱 볼 만들기

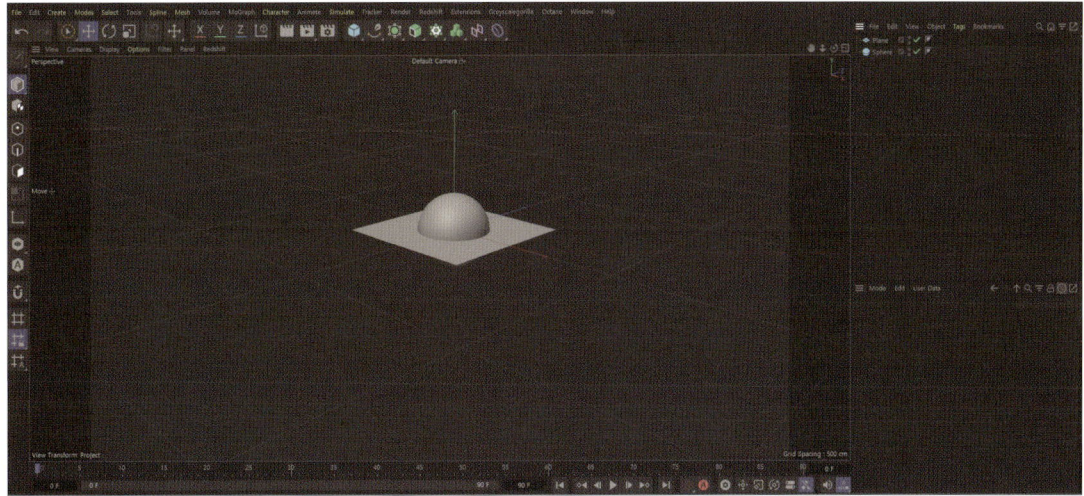

▲ 새 프로젝트

새 프로젝트를 제작한 후 스피어와 플레인을 하나씩 생성합니다.

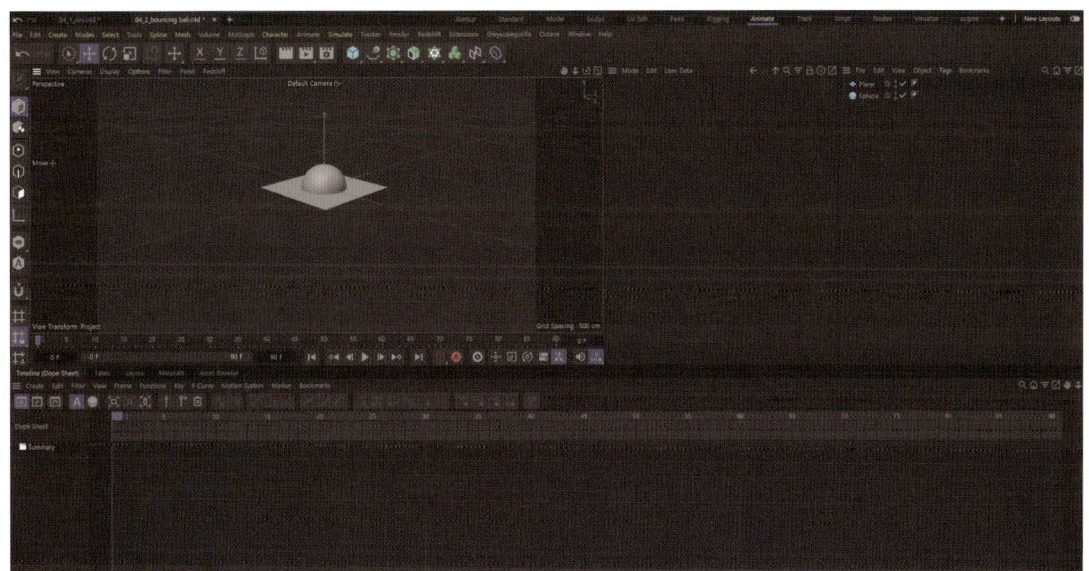

▲ 애니메이트 탭

상단의 [Animate] 탭을 클릭하여 레이아웃을 애니메이트 모드로 변경합니다. 현재 플레인과 스피어가 겹쳐 있기 때문에 스피어의 위치를 올리거나 플레인을 내려줘야 합니다. 편한 계산을 위해 플레인을 내려주겠습니다.

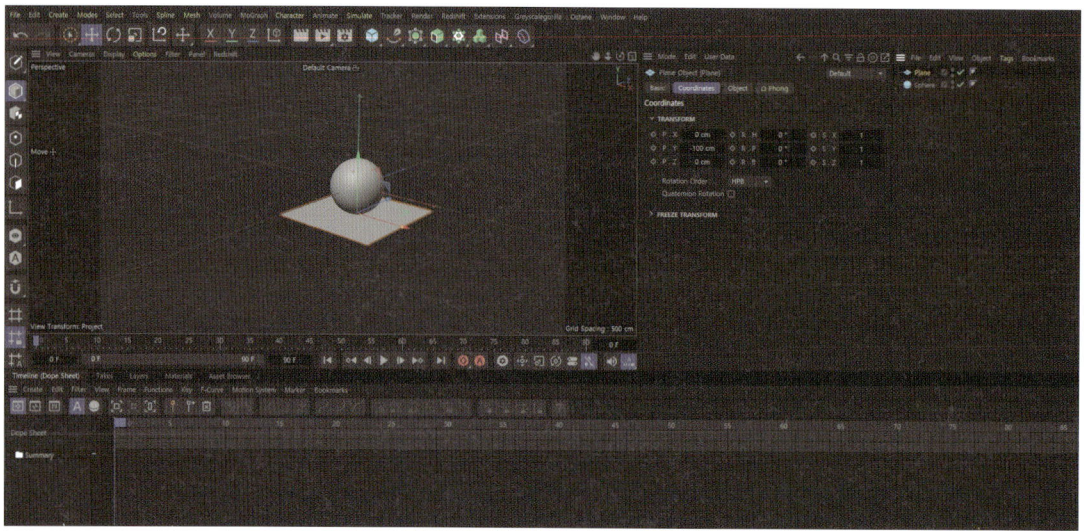

▲ 플레인 위치 이동

플레인을 클릭하여 코디네이트에서 P.Y 값을 -100cm로 설정합니다. 그다음 스피어에 키 프레임을 적용하여 움직임을 주겠습니다.

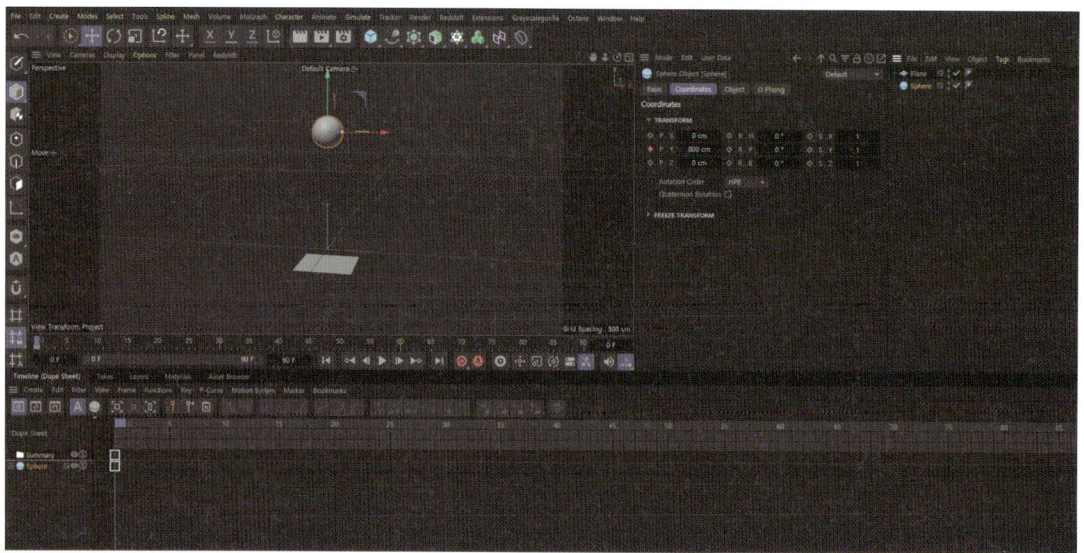

▲ 키 적용

스피어를 클릭한 후 0프레임에서 P.Y를 800으로 설정한 뒤 키를 적용합니다. 왼쪽의 다이아몬드 아이콘을 클릭하면 빨간색으로 활성화되면서 적용됩니다. 이후에도 값을 적용할 때마다 아이콘을 클릭해서 반드시 빨간색으로 활성화가 됐는지 확인하며 작업합니다.

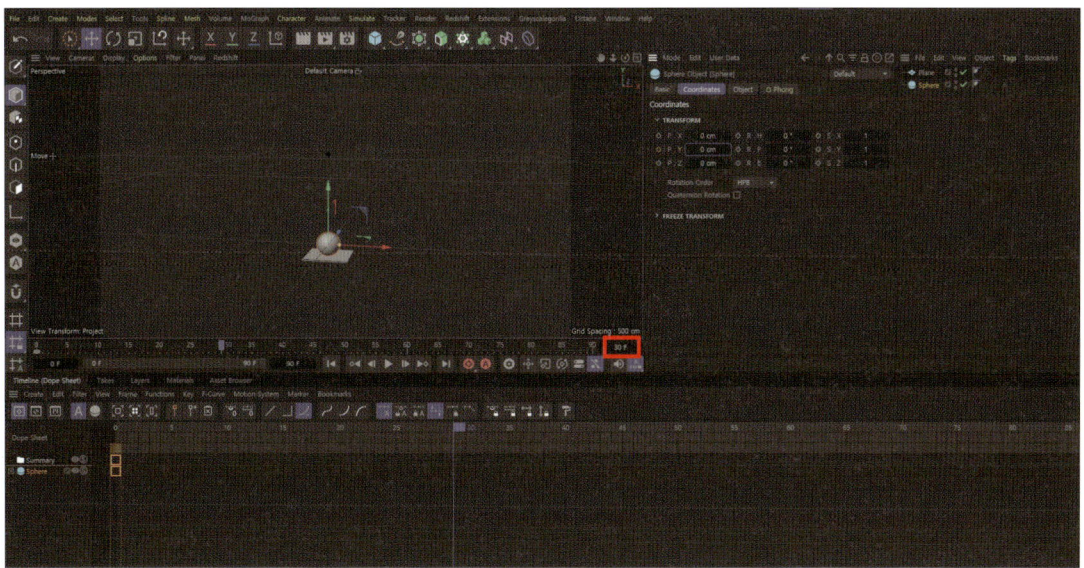

▲ 인디케이터 이동

인디케이터를 30프레임으로 이동시킵니다. 숫자 30을 입력해도 30프레임으로 이동할 수 있습니다. 이동시킨 후 P.Y를 0으로 입력하면 다이아몬드 아이콘의 테두리가 주황색으로 변한 것을 확인할 수 있는데, 아직 적용된 것이 아니며 클릭을 해줘야 빨간색으로 바뀌며 적용됩니다.

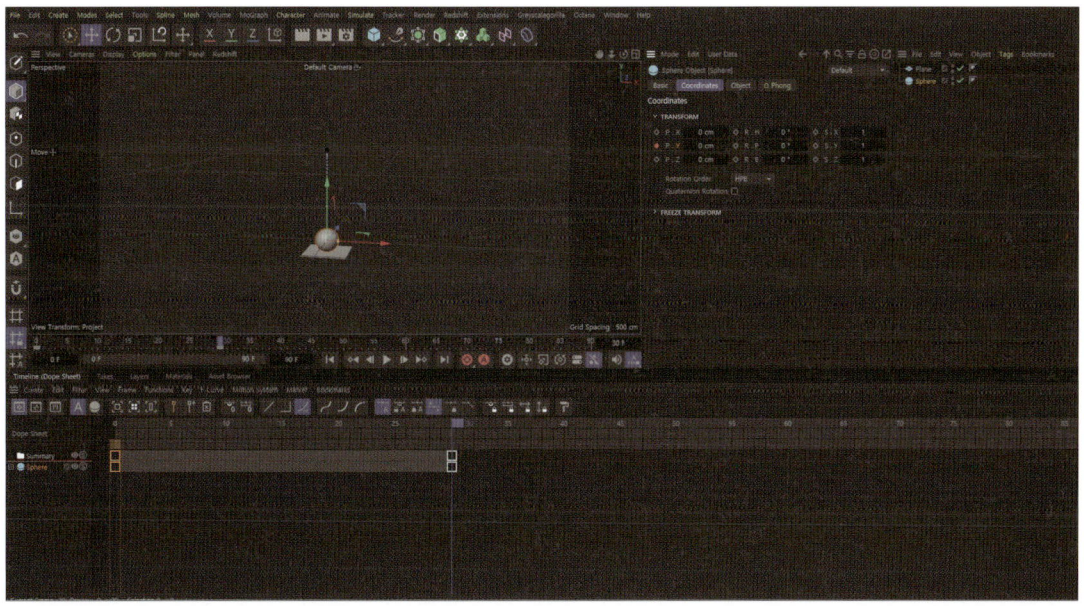

▲ 키 적용

다이아몬드 아이콘을 클릭해서 키를 적용합니다. 바운싱 볼은 처음에 떨어진 곳에서부터 점차 튀어 오르는 지점이 낮아지며, 그 빈도가 줄어들게 작업을 진행할 예정입니다.

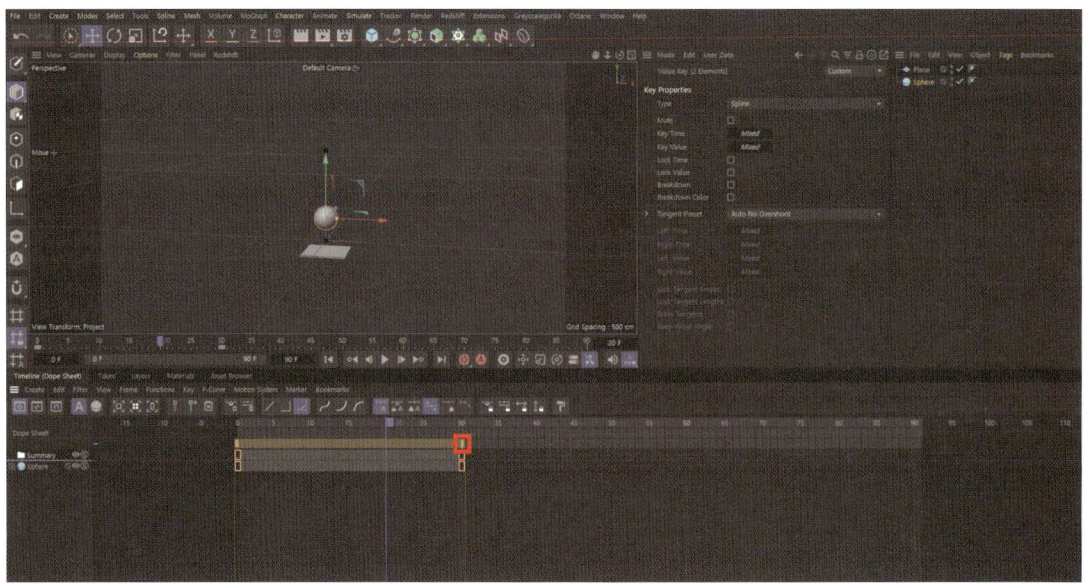

▲ 키 선택

재생 버튼을 눌러 재생을 해보니 볼이 처음 떨어지는 시간이 너무 긴 것 같네요. 30프레임에서 20프레임으로 줄여보겠습니다. 0프레임에 키를 클릭하고 Shift 를 누른 상태로 30프레임의 키를 누르거나 두 키보다 넓은 영역을 드래그해서 선택합니다. 그리고 표시된 부분을 잡고 클릭 앤 드래그하면 조정이 가능합니다. 20프레임까지 드래그합니다.

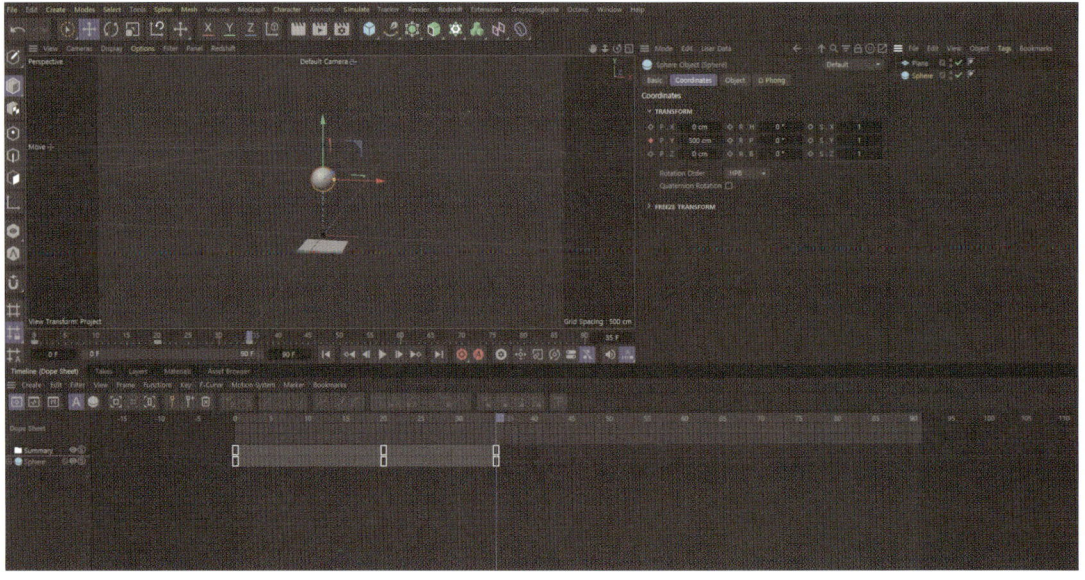

▲ 키 적용

인디케이터를 35프레임으로 이동한 후 P.Y에 500을 입력하고 키를 적용합니다.

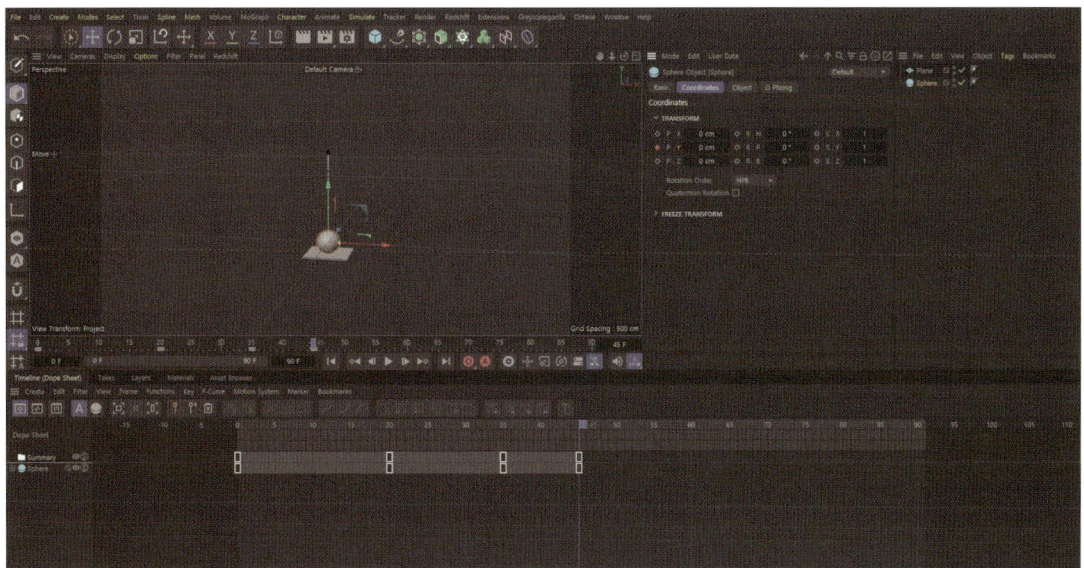

▲ 키 적용 2

인디케이터를 45프레임으로 이동 후 P.Y에 0을 적용하고 키를 생성합니다. 범위와 간격이 점차 줄어드는 것을 확인할 수 있습니다.

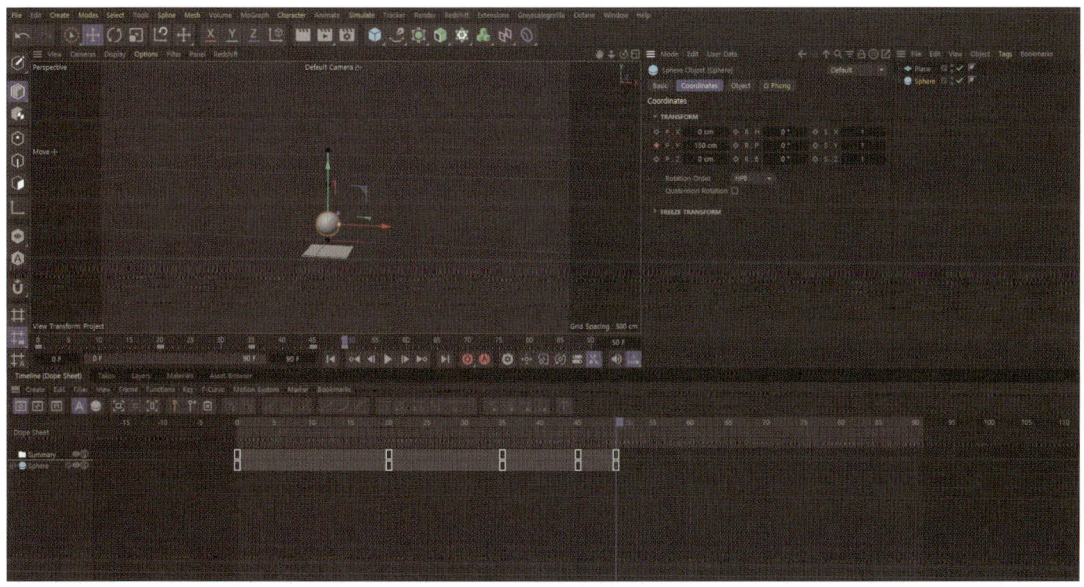

▲ 키 적용 3

50프레임에서 P.Y에 150을 적용하고 키를 눌러줍니다.

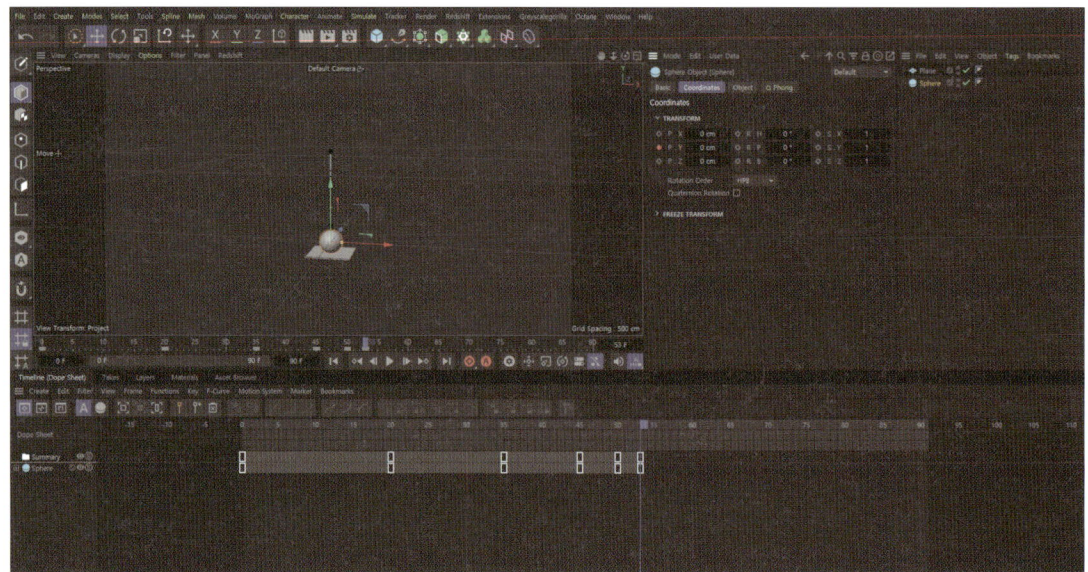

▲ 키 적용 4

53프레임에서 다시 0을 적용한 후 키를 눌러줍니다.

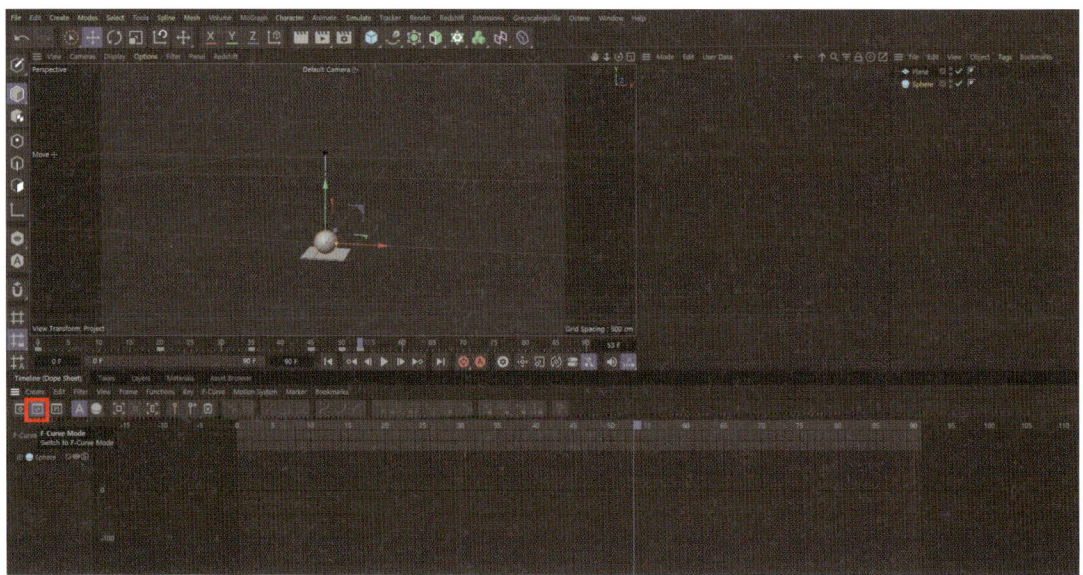

▲ 커브 모드 전환

커브 모드 아이콘을 눌러서 그래프 화면으로 이동합니다.

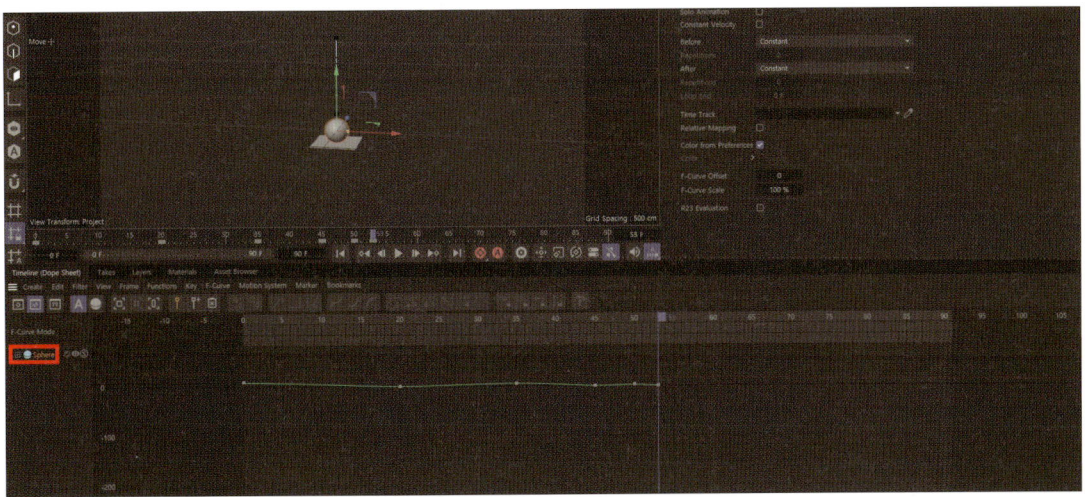

▲ 그래프 확인

타임라인 왼쪽의 레이어 이름을 클릭하면 그래프를 확인할 수 있습니다.

▲ 크게 보기

그래프가 너무 작아 보이므로 크게 보기 위해 그래프 영역의 빈 곳을 클릭한 후 Ctrl + A로 전체 선택을 하고 S를 누릅니다. S는 어느 화면에서나 선택한 부분을 잘 보이게 해주는 단축키입니다.

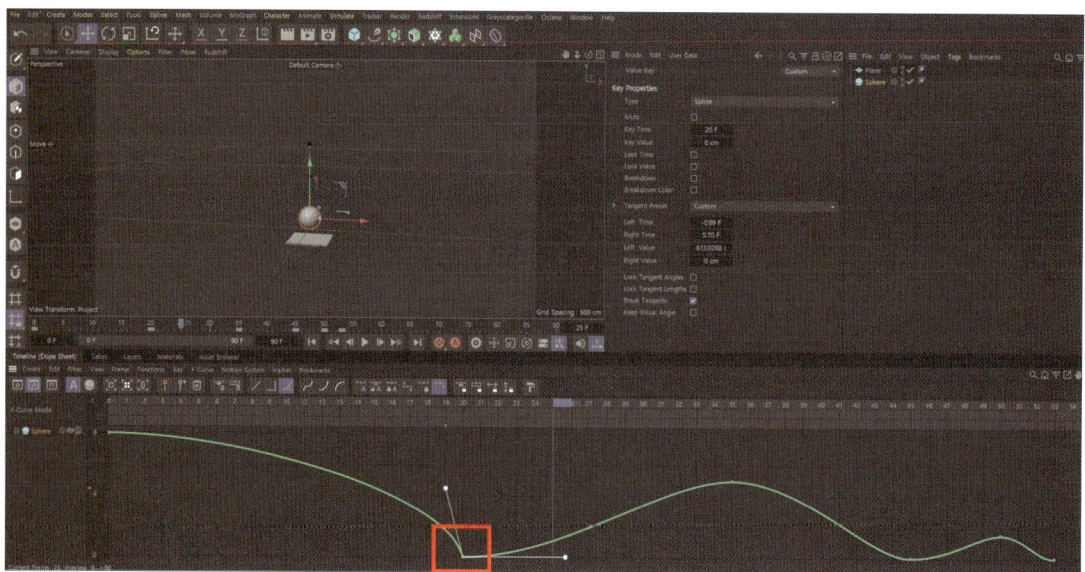

▲ 그래프 조절

이제 그래프의 형태를 조정하겠습니다. 현재는 그래프가 전체 선택되어 있으므로 한 부분만 다시 클릭해서 조정합니다. 이미지에 표시된 부분을 선택하고 그래프 방향을 조절합니다. 단, 이번 작업에서는 양쪽을 조절하면 안 되기 때문에 Shift 를 누른 상태로 조절하여 양쪽을 따로따로 조절해 줍니다.

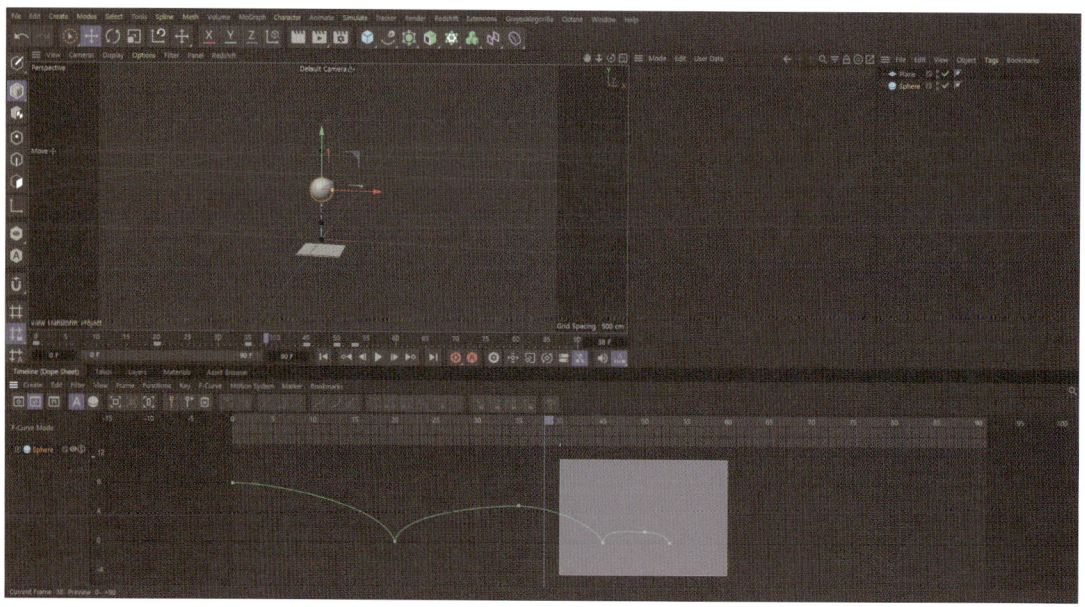

▲ 드래그 선택

위 모양처럼 그래프를 조절해 주면 됩니다. 드래그로 그래프 선택 후 이동을 반복하고, 계속 재생해 보면서 텐션감을 확인하며 진행합니다.

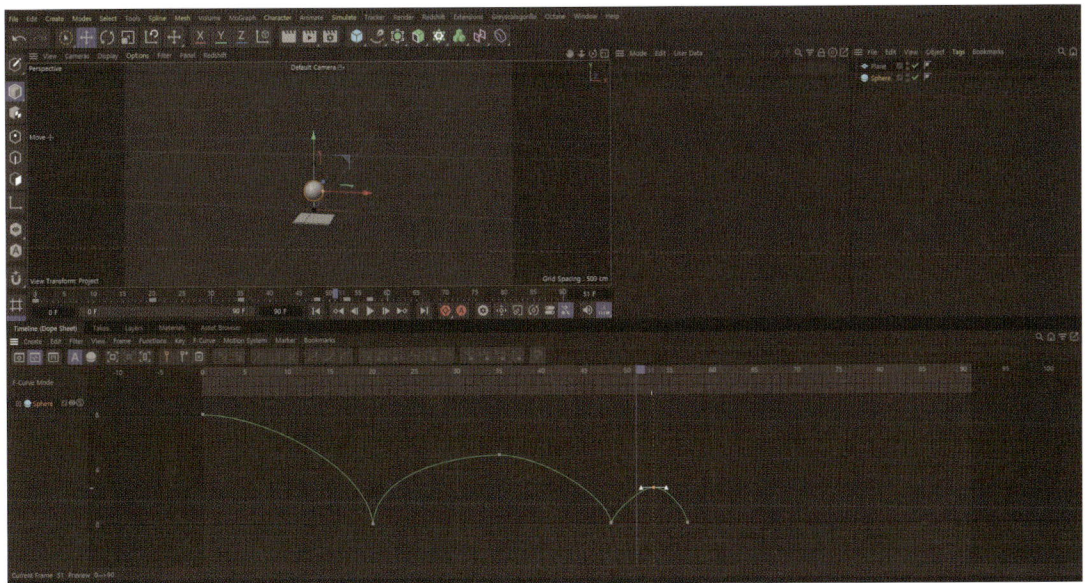

▲ 포인트 이동

Alt + 마우스 우클릭 앤 드래그로 전체 영역을 작게 볼 수 있으며, Alt + 마우스 휠 드래그로 수평 수직 이동도 가능합니다. 해당하는 부분만 클릭해서 위아래로 조절하여 값을 수정할 수도 있습니다.

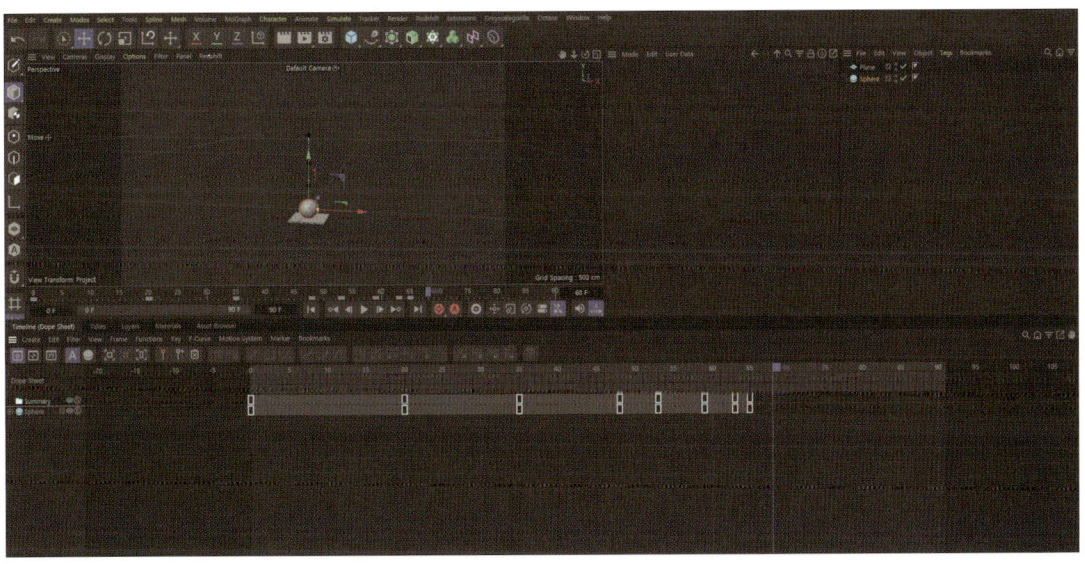

▲ 최종 확인

최종적으로는 이와 같이 키 프레임이 찍혀 있는 모습을 확인할 수 있습니다.

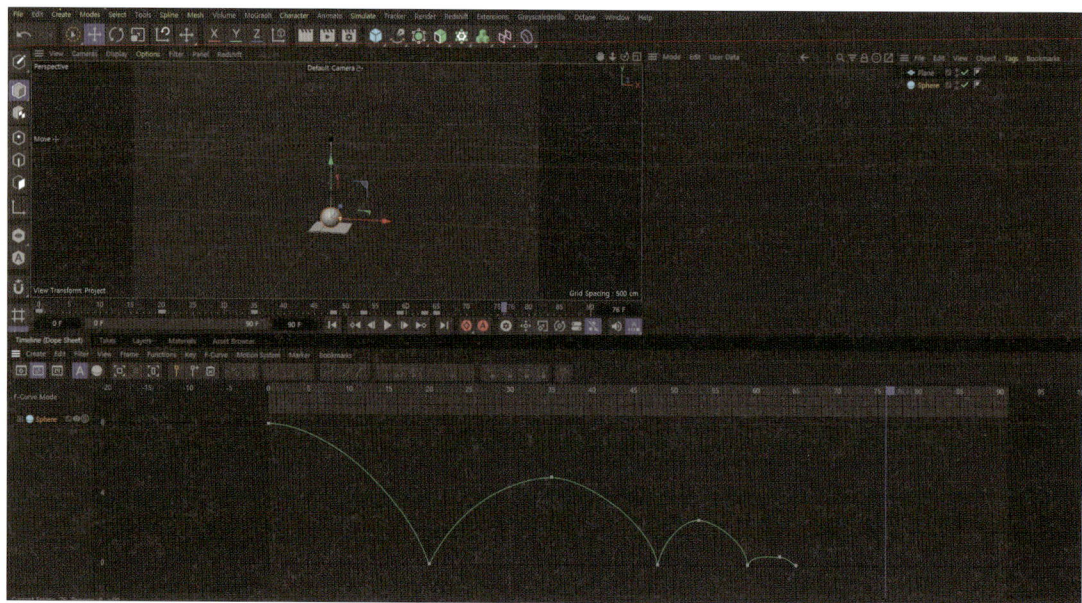

▲ 최종 그래프

최종 그래프는 이렇습니다. 키를 선택하고 나서 Ctrl을 누른 상태로 클릭 앤 드래그하면 복제도 가능합니다. 비슷한 형태의 그래프가 완성됐다면 재생해서 확인해보세요. 이번 실습은 완벽한 바운싱 볼을 만드는 것이 아닌 키 프레임을 계속 추가하고 그래프의 디테일을 조정하는 연습이었으므로 바운싱 볼의 움직임이 조금 어색해 보여도 괜찮습니다.

자동차에 모션 넣기

이번에는 앞서 제작했던 도시에서 필요한 부분에 움직임을 넣는 작업을 하겠습니다.

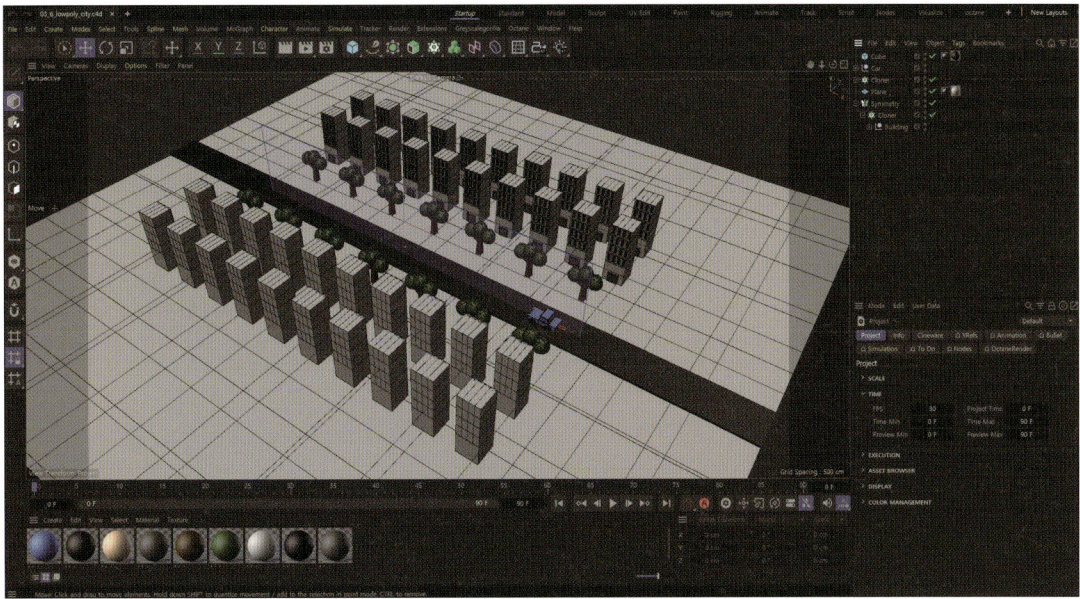

▲ 도시 프로젝트 열기

제작했던 로우 폴리 도시 프로젝트를 열어 줍니다. 자동차 두 대가 이동하는 키 프레임 작업을 진행하겠습니다. 우선 자동차를 하나 복사합니다. [Car] 널 오브젝트를 선택하고 Ctrl + C → Ctrl + V를 눌러주세요.

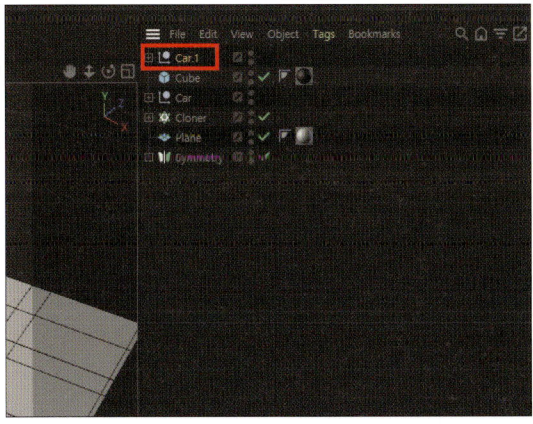

▲ 자동차 복사

오브젝트가 복사된 것을 확인할 수 있습니다. 복사된 오브젝트는 이름 뒤에 '.1'이 붙습니다. 복사를 하고 아무 작업도 하지 않았기 때문에 두 대의 차가 동일한 위치에 있습니다. 자동차 한 대를 반대편으로 이동하겠습니다. [Car.1]을 선택하고 위치를 이동시켜 줍니다.

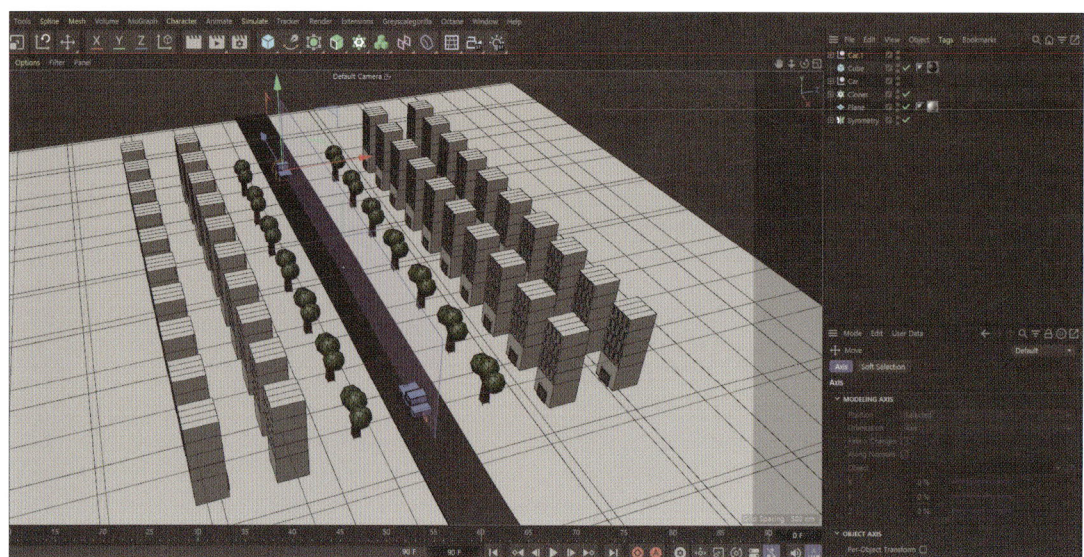

▲ 회전 및 이동

복사한 자동차를 180도 돌려서 반대편으로 위치시킵니다. 그리고 서로 맞은편에 있는 두 자동차가 이동하면서 부딪히지 않도록 위치를 조금씩 이동시켜 줍니다.

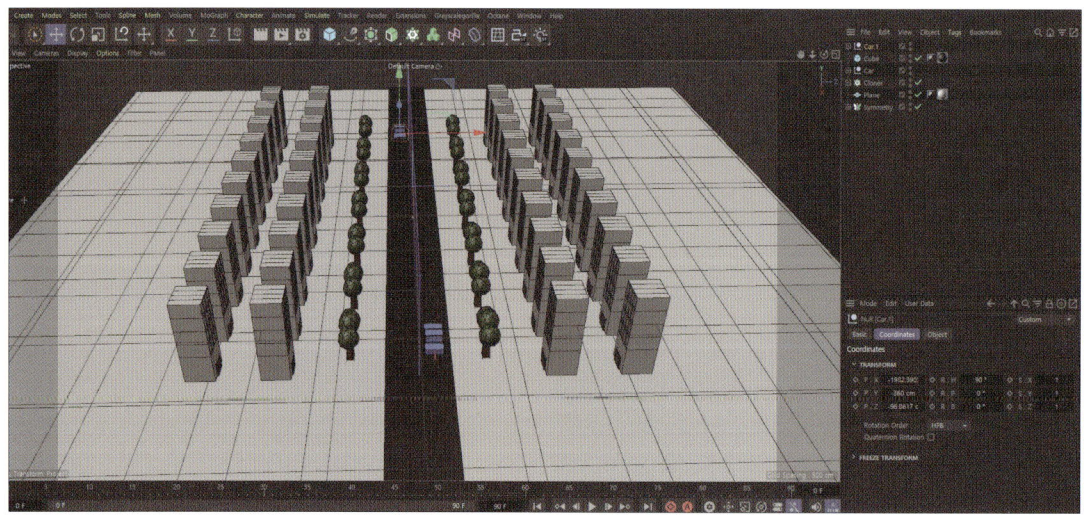

▲ 위치 이동

자동차의 위치를 이동하면서 도로의 크기도 적절하게 다시 조절합니다. 이제 키 프레임 작업을 진행하겠습니다.

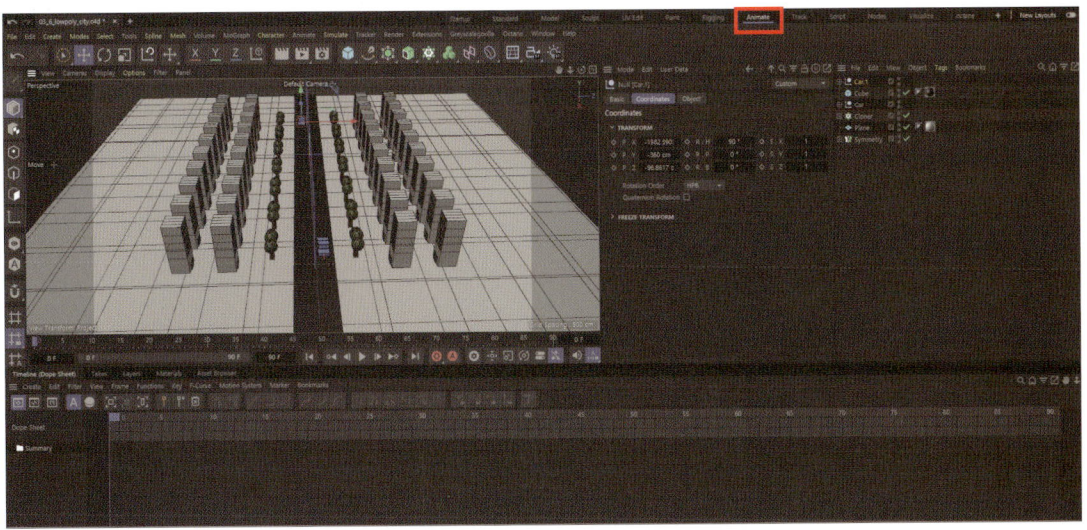

▲ 애니메이트 탭

상단의 애니메이트 탭을 클릭해서 키 프레임 작업을 편하게 진행하기 위한 레이아웃으로 바꿔줍니다. 자동차와 각 바퀴에 모션을 줄 텐데, 먼저 바퀴의 회전을 작업하겠습니다.

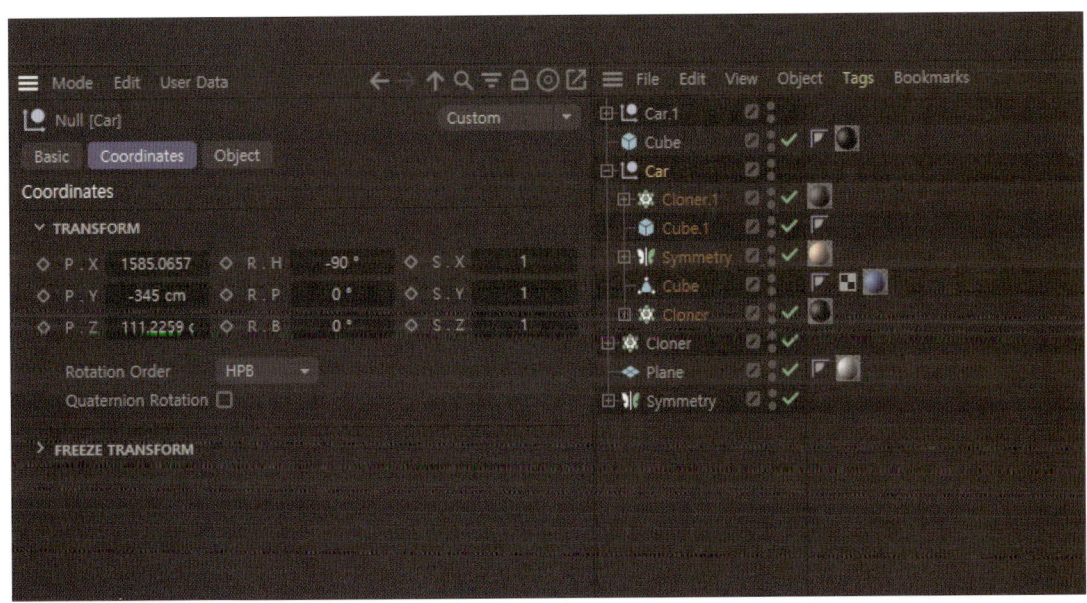

▲ 오브젝트 목록 열기

[Car] 왼쪽에 있는 [+] 버튼을 눌러서 하단의 오브젝트들이 보이게 펼칩니다. [Car] 밑에 [Cloner.1]과 [Cloner] 두 개의 클로너 중 바퀴인 [Cloner]를 선택합니다.

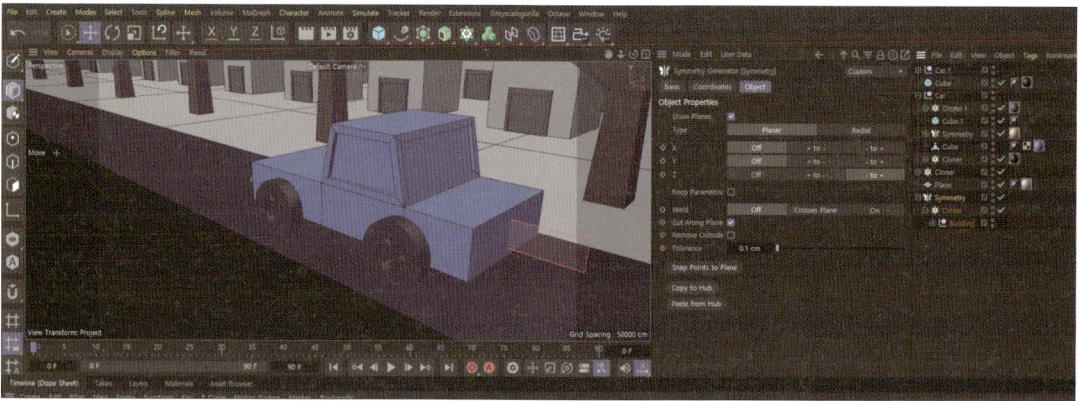

▲ 투명막

그런데 자동차를 가리는 파란색의 투명한 막이 너무 신경 쓰입니다. C4D가 새롭게 업데이트되면서 추가된 기능인데, 이를 없애는 작업을 먼저 하겠습니다.

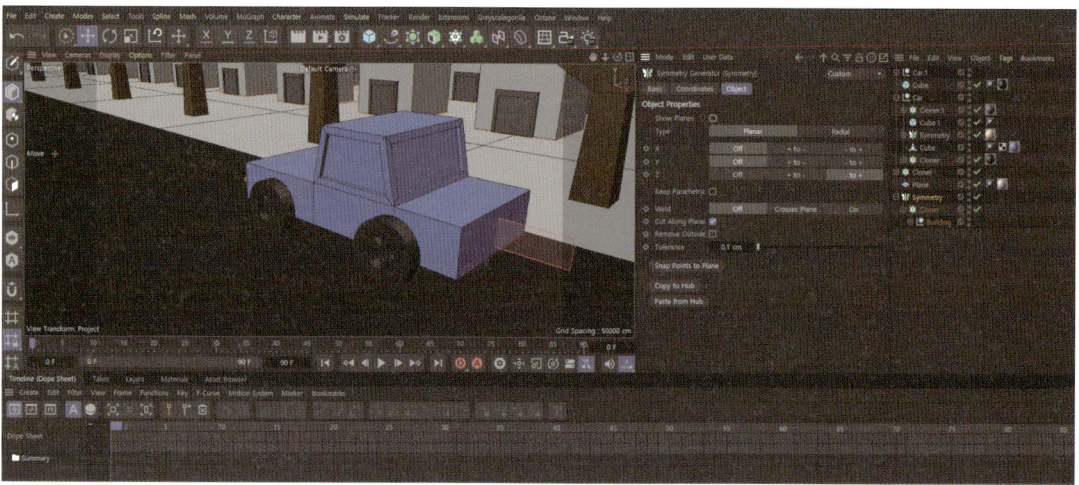

▲ 기준점 끄기

프로젝트 기준으로 제일 하단에 있는 레이어를 선택하고 오브젝트 창에서 [Show Planes]의 체크를 해제합니다. 그럼 투명막이 사라지면서 더욱 편하게 작업할 수 있습니다.

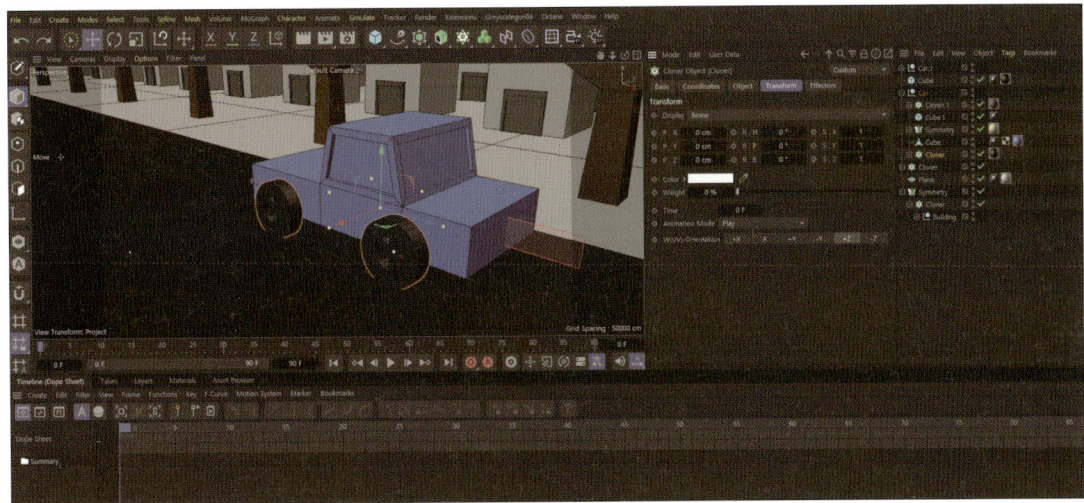

▲ 바퀴 회전

이제 바퀴를 선택한 후 트랜스폼(Transform) 창에서 R.P를 조절하면 됩니다. 마우스 커서를 숫자 부분에 갖다 대고 칸 안쪽으로 화살표가 나오면 이를 클릭해서 조절해도 되고, 직접 숫자를 입력하거나 혹은 마우스를 숫자 부분에 대고 클릭 앤 드래그해서 조절해도 됩니다. 만약 축이 다르거나 R.P를 조절했는데 회전이 이상한 것 같다면 다른 회전 값들을 조절해 보세요.

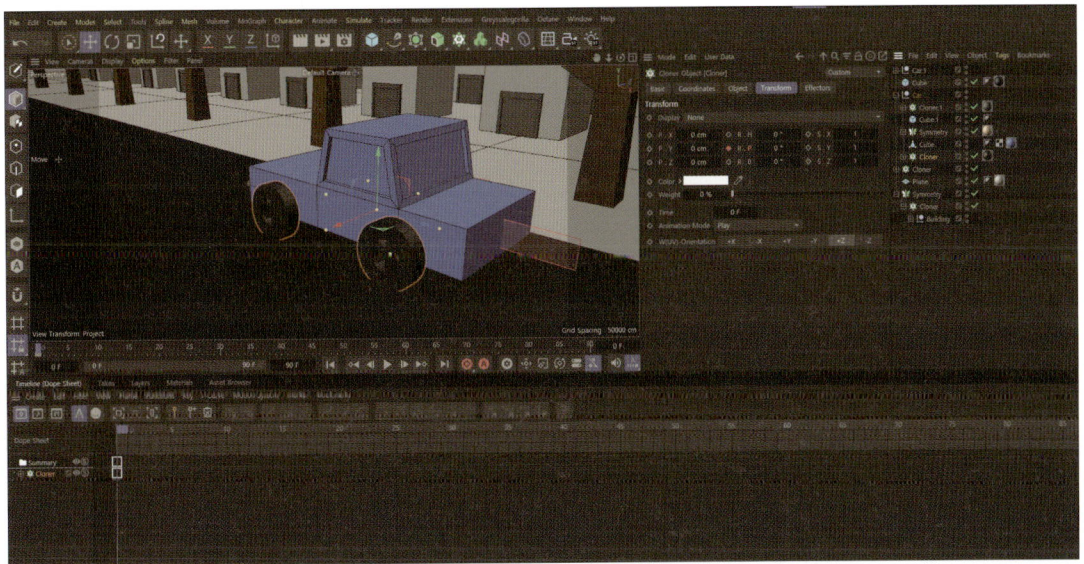

▲ 키 적용

우선 보라색 선으로 보이는 인디케이터를 0프레임에 위치시킵니다. 그리고 클로너의 트랜스폼 창에서 R.P의 왼쪽에 있는 다이아몬드 아이콘을 눌러서 빨간색으로 활성화시켜 줍니다. 바퀴는 자동차가 움직이는 동안에 계속해서 회전해야 합니다.

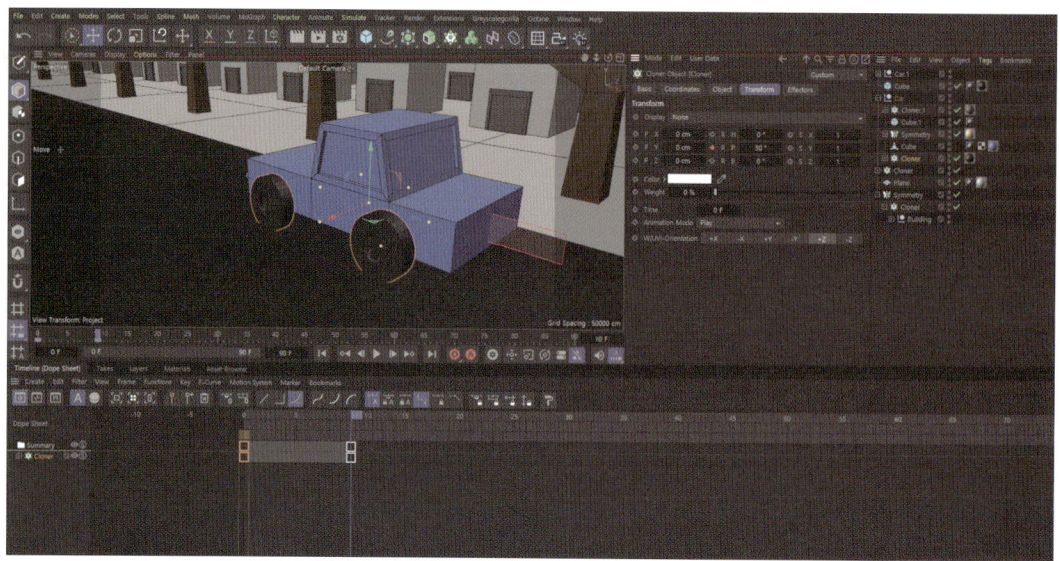

▲ 인디케이터 이동

우선 인디케이터를 이동시켜 줍니다. 그 후 바퀴의 R.P에 30을 입력하고 키를 적용합니다. 타임라인을 재생하면 바퀴가 회전하는 것을 확인할 수 있습니다. 하지만 10프레임 이후로는 움직이지 않습니다. 이 부분을 마저 움직여보겠습니다.

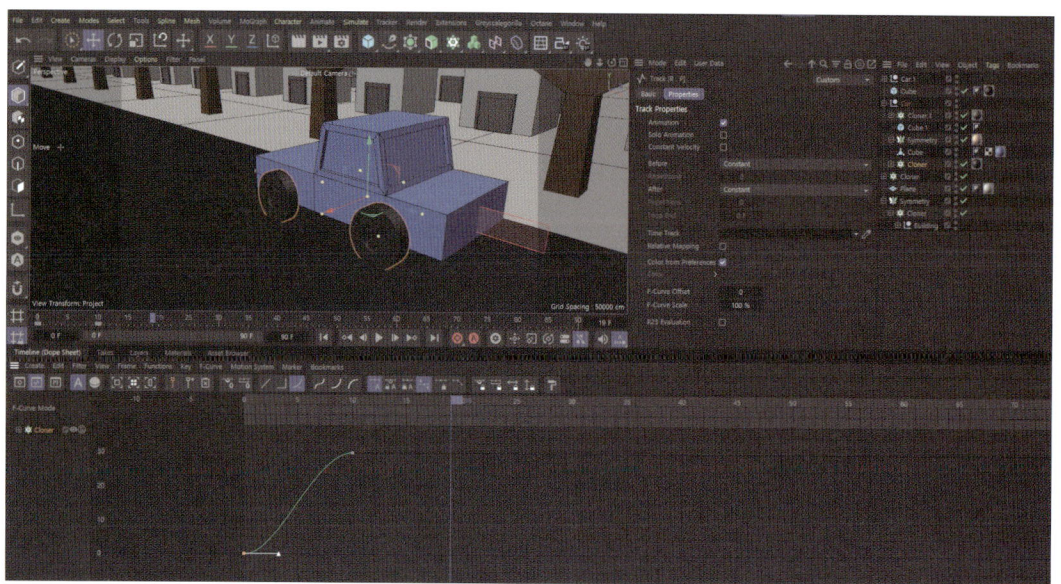

▲ 커브 모드 확인

우선 커브 모드(F-Curve Mode)에서 커브를 확인하면 그래프가 곡선인 것을 확인할 수 있습니다. 왼쪽의 레이어 이름을 클릭하면 우측 상단에 프로퍼티(Properties) 창이 뜨는데, 조금 아래를 보면 [Before]와 [After]를 확인할 수 있습니다. 여기서 한 번 적용한 키를 반복해서 사용하거나 지속적으로 이어서 사용할 수도 있습니다.

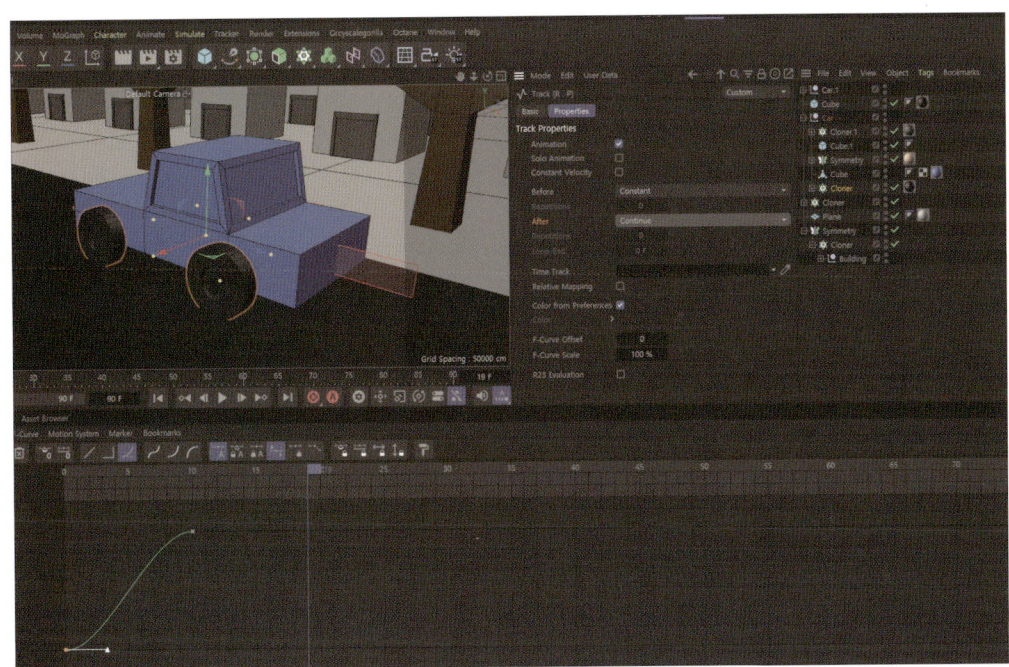

▲ 바퀴 회전 설정

바퀴는 반복이 아닌 지속적으로 회전해야 하므로 [After: Continue]로 변경합니다.

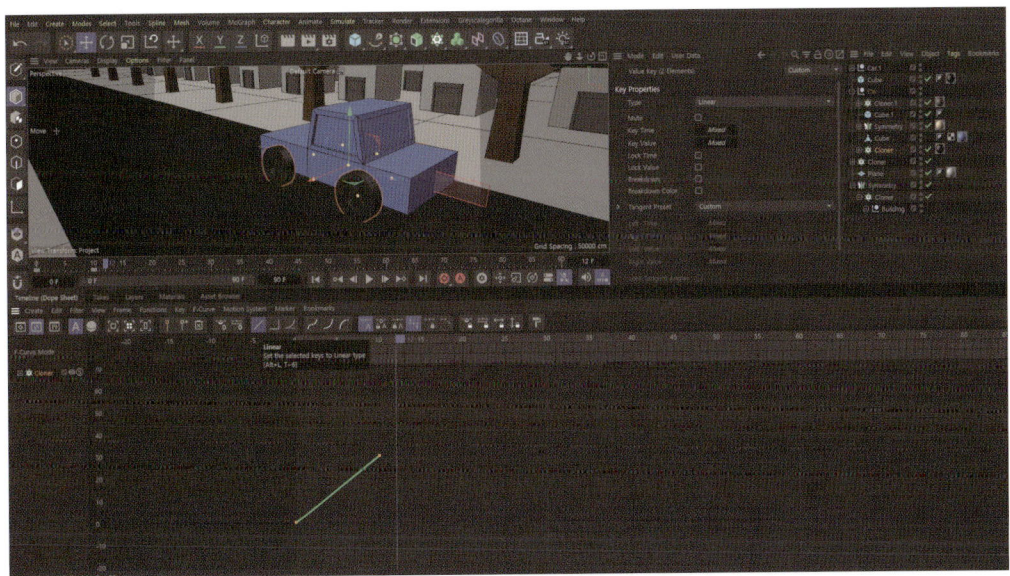

▲ 리니어 모드

하지만 변경을 해도 아무런 변화가 없습니다. 커브 모드를 직선(Linear)으로 변경해야 그래프에 검은색 선이 보이면서 적용됩니다. 재생을 해보면 바퀴가 지속적으로 회전하는 것을 확인할 수 있습니다.

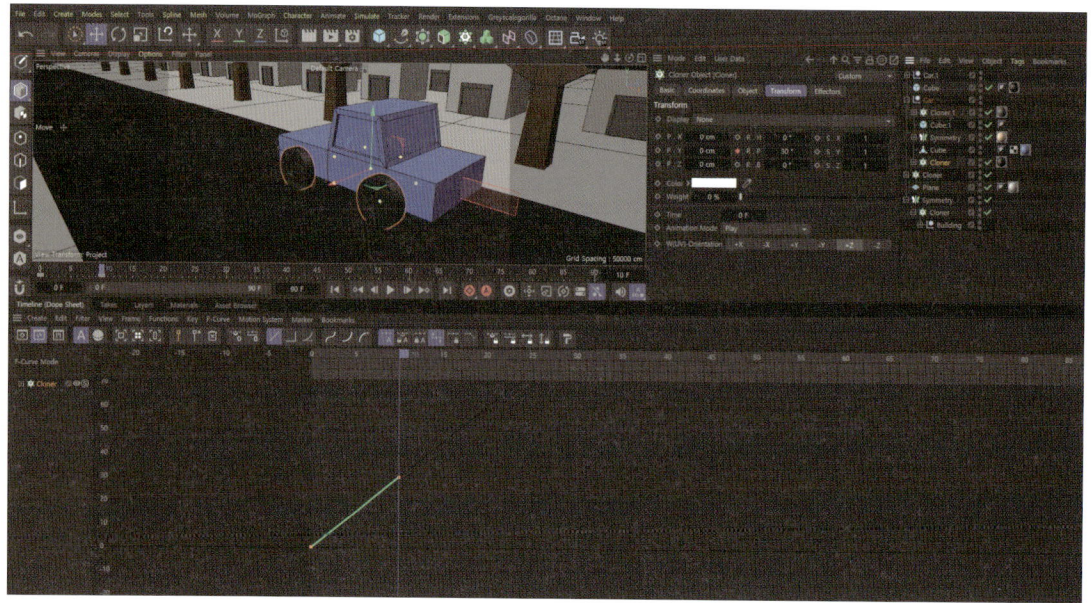

▲ 값 조절

우측의 포인트를 클릭한 후에 위아래로 내리면서 회전 속도를 조절할 수 있습니다. 혹은 키를 적용했던 값 자체를 높이거나 낮춰도 됩니다.

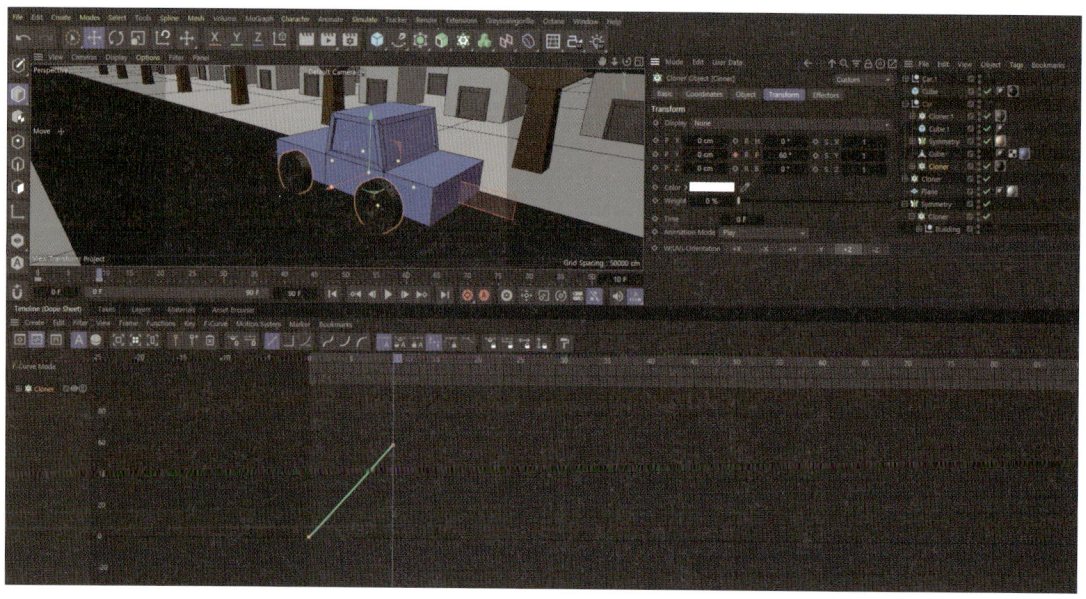

▲ 값 수정

R.P를 두 배 빠른 60도로 다시 설정해 보면 좀 더 자연스러워 보입니다. 바퀴의 회전이 완료됐습니다.

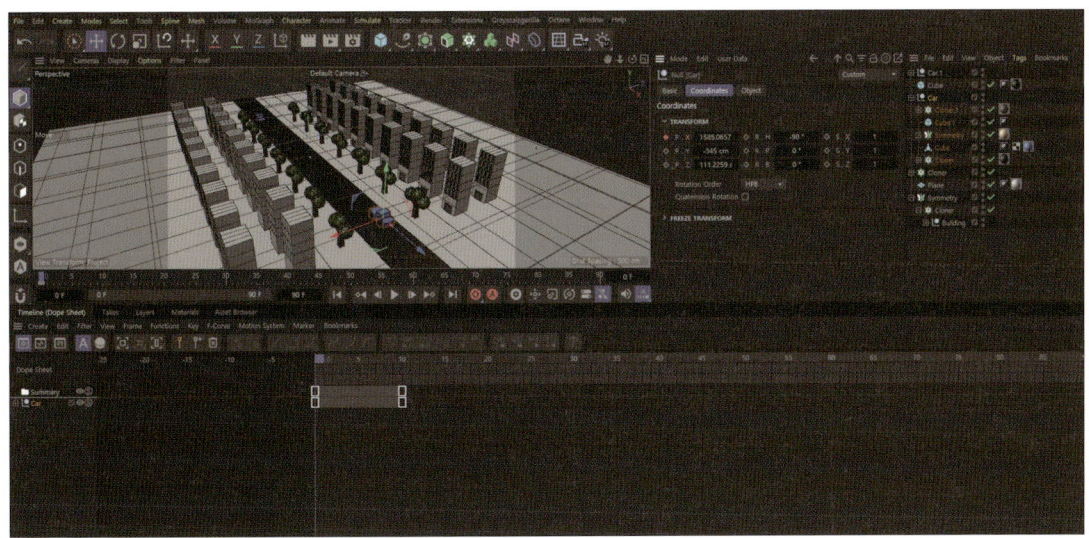

▲ 포지션 키

이제 자동차가 이동하는 모션을 작업하겠습니다. [Car]를 클릭하고 코디네이트 창에서 P.X에 키를 적용합니다. 바퀴와 마찬가지로 축 방향이 다르다면 꼭 X축이 아닌 자동차가 도로를 따라 움직이는 방향으로 조절합니다. 자동차의 위치를 이동하면 특정 축의 값들이 바뀌기 때문에 어떤 축이 기준인지 쉽게 확인할 수 있습니다.

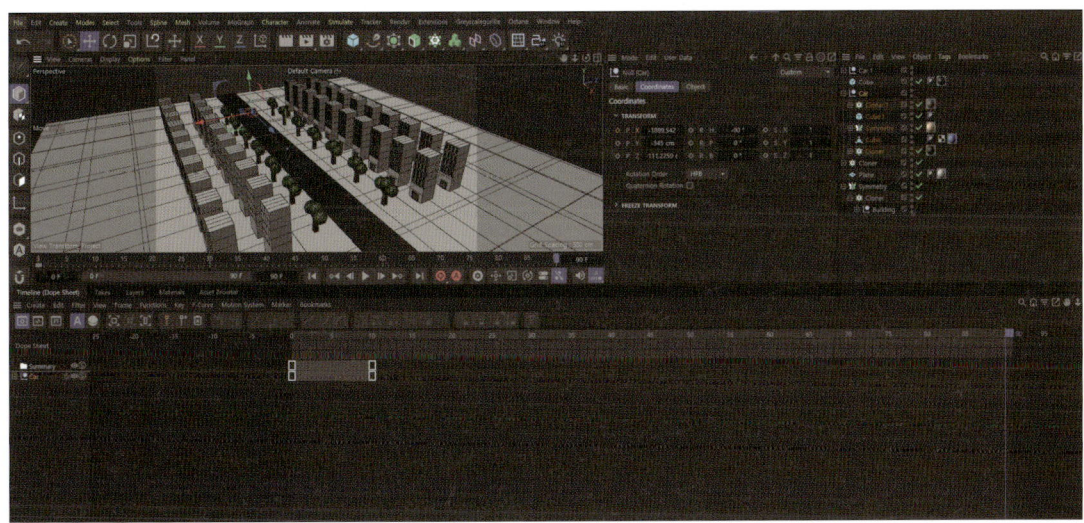

▲ 포지션 키 2

바퀴는 지속적으로 회전하기 때문에 특정 모드를 바꿨지만, 자동차의 위치 같은 경우는 정해진 프레임에서 위치하도록 설정하겠습니다. 인디케이터를 90프레임으로 설정한 후 자동차를 선택하고 도로 반대편 끝으로 위치시키면 됩니다. 처음에 P.X에 키를 적용했기 때문에 빨간색으로 활성화된 아이콘의 테두리가 주황색으로 변한 것을 확인할 수 있습니다.

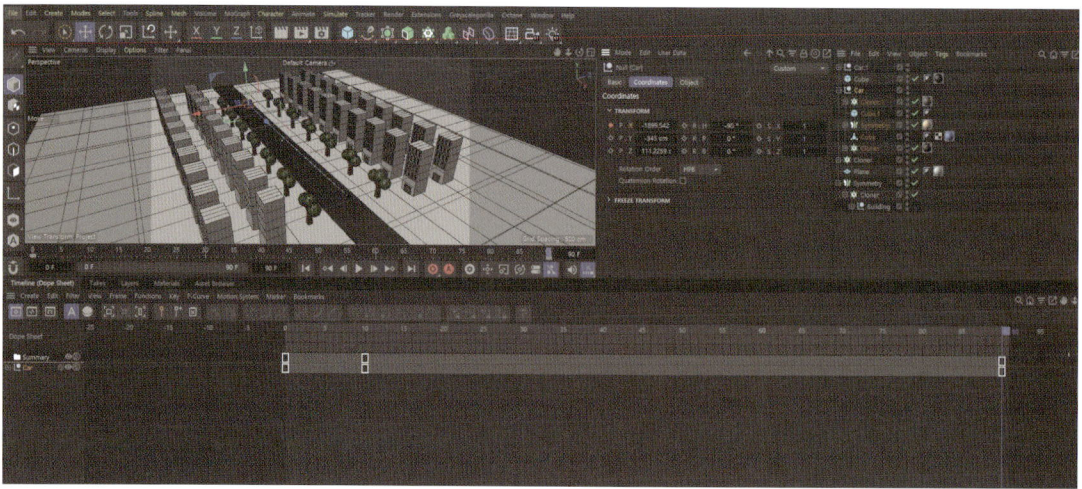

▲ 키 적용

위치는 이동했지만 아직 키가 적용되지 않았습니다. 키가 적용되면 타임라인에서도 키 프레임이 보입니다. 다이아몬드 아이콘을 한 번 더 눌러서 키를 활성화하면 키가 적용된 것을 확인할 수 있습니다.

▲ 하단 영역 보기

레이어 왼쪽의 [+] 버튼을 눌러서 하단 오브젝트를 확인하면 여러 레이어가 활성화된 것을 확인할 수 있습니다. 여기에서 포지션(Position)을 클릭하여 키 프레임을 선택해 줍니다.

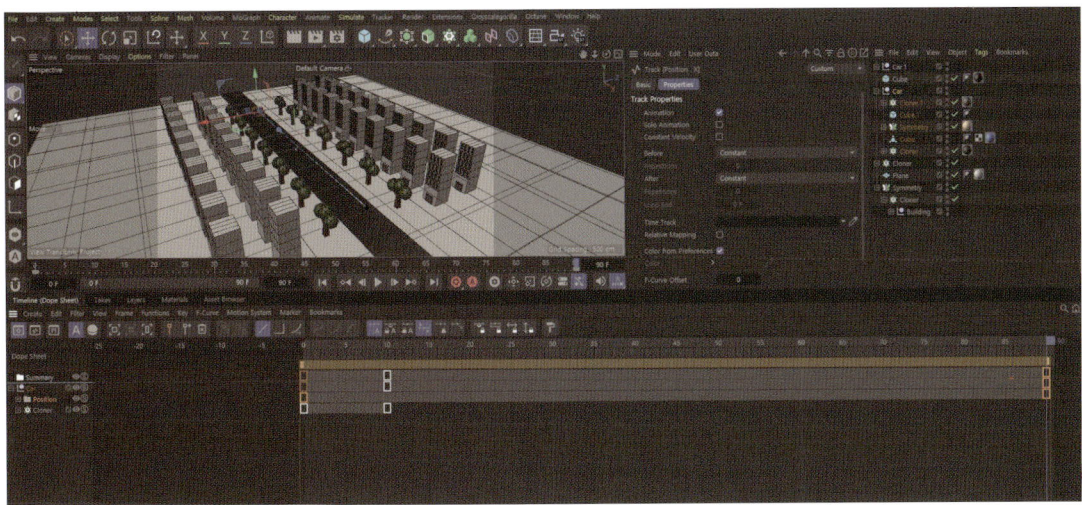

▲ 리니어 적용

키 프레임을 선택하면 해당하는 부분만 노란색으로 활성화됩니다. 상단의 아이콘을 눌러서 커브 모드를 직선으로 바꿔줍니다. 그래야 더욱 자연스러운 움직임을 볼 수 있습니다. 재생을 하면 자동차가 제대로 이동하는 것을 확인할 수 있습니다. 다른 자동차 한 대는 여러분이 직접 모션을 넣어 보세요.

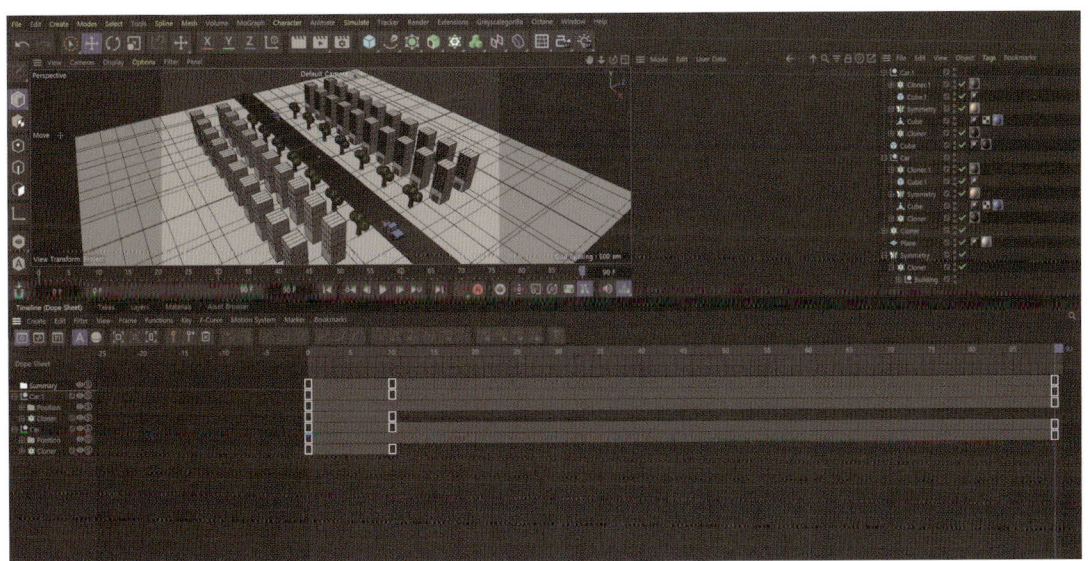

▲ 최종 완료

남은 자동차까지 작업을 완료하면 최종적으로 키 프레임이 총 4세트가 찍히는 것을 확인할 수 있습니다. 이렇게 도시 프로젝트를 모두 완성했습니다. 이후 실습에선 새로운 예제로 시작하니 잘 저장해두세요.

PART

05

공장 제작하기

01   공장의 각 파트 배치하기

02   디테일한 모델링

03   옥테인 렌더 기초 기능 알아보기

04   모델링한 파트에 옥테인 재질 적용하기

05   옥테인 라이트 배치하기

06   각 오브젝트에 모션 넣기

07   카메라의 앵글 설정하기

공장의 각 파트 배치하기

새로운 공장을 제작하겠습니다. 먼저 단순한 오브젝트를 활용해서 위치를 정하고 널(Null)로 묶어서 정리합니다. 그런 다음 디테일한 모델링을 진행하겠습니다.

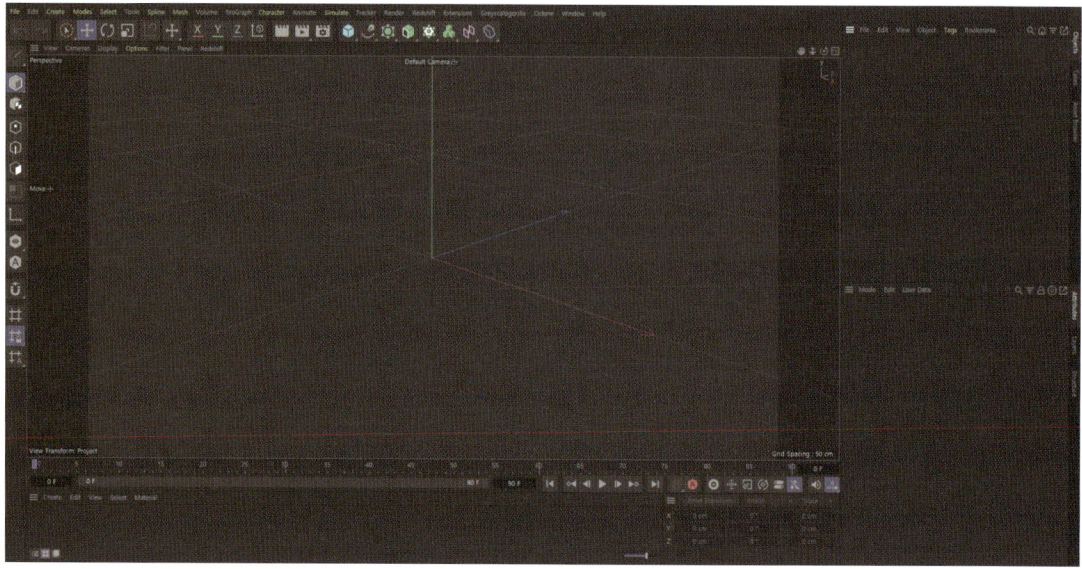

▲ 새 프로젝트

새 프로젝트를 생성하고 저장을 먼저 합니다. Ctrl + S를 누른 후 원하는 파일 경로에 원하는 이름으로 저장합니다.

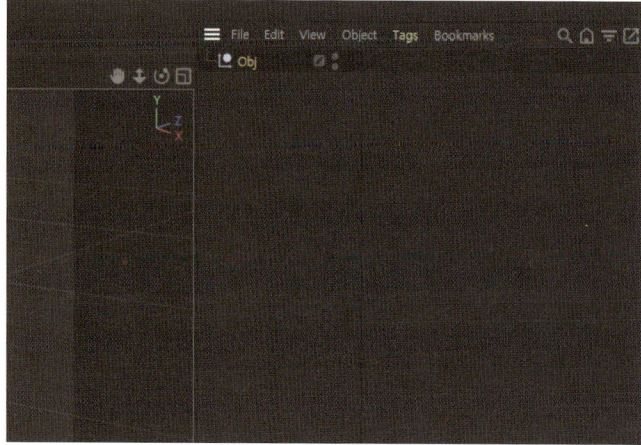

▲ 널 레이어

널 레이어를 하나 생성하고 이름을 'Obj'로 변경합니다. 나중에 카메라와 라이트를 배치할 때 원활한 정리를 위한 우선 작업입니다.

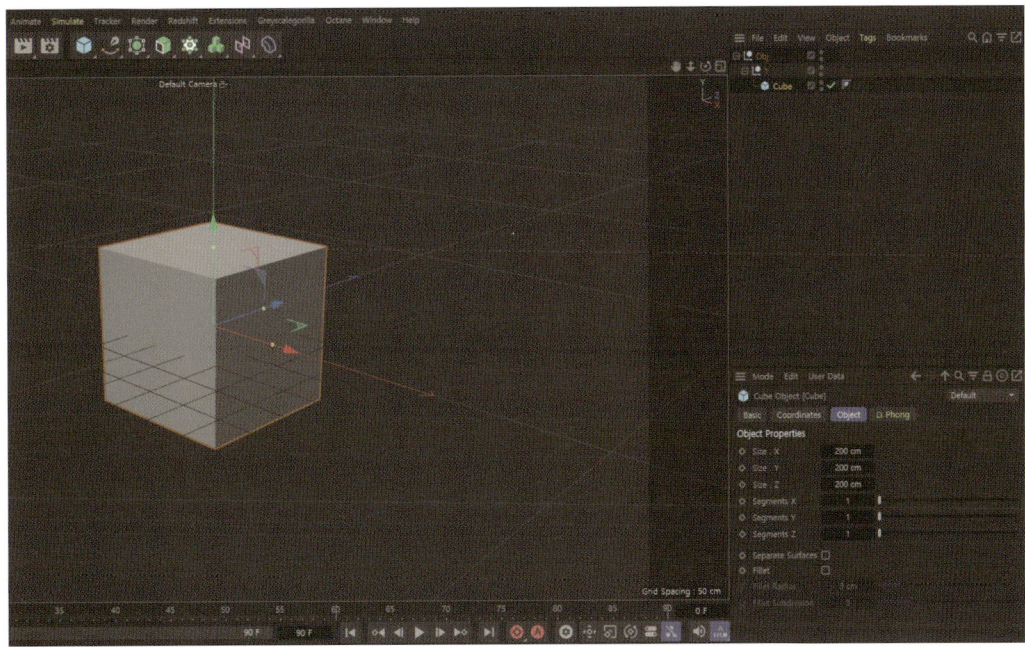

▲ 널과 큐브 생성

[Obj] 밑에 새롭게 널을 생성한 후 또 그 밑에 큐브를 생성합니다. 그리고 'Null'의 이름은 숫자 '1'로 변경합니다. 같은 방법으로 2부터 5까지 널과 큐브를 총 5개씩 생성합니다. 화면상에선 아직 이동을 하지 않았기 때문에 큐브 하나만 보입니다.

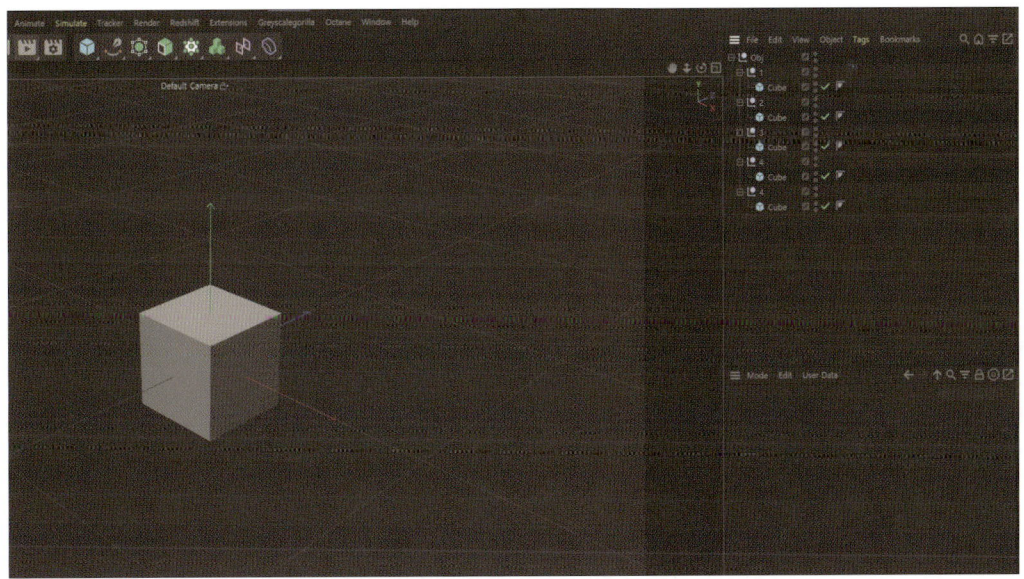

▲ 다섯 개의 널과 큐브

이제 큐브들을 이동할 차례인데 주의할 점이 있습니다. 큐브를 직접 움직이는 것이 아닌 상단의 각 숫자로 만든 널을 이동해야 합니다. 널 밑으로 계속 모델링을 추가할 예정이기 때문에 그렇습니다.

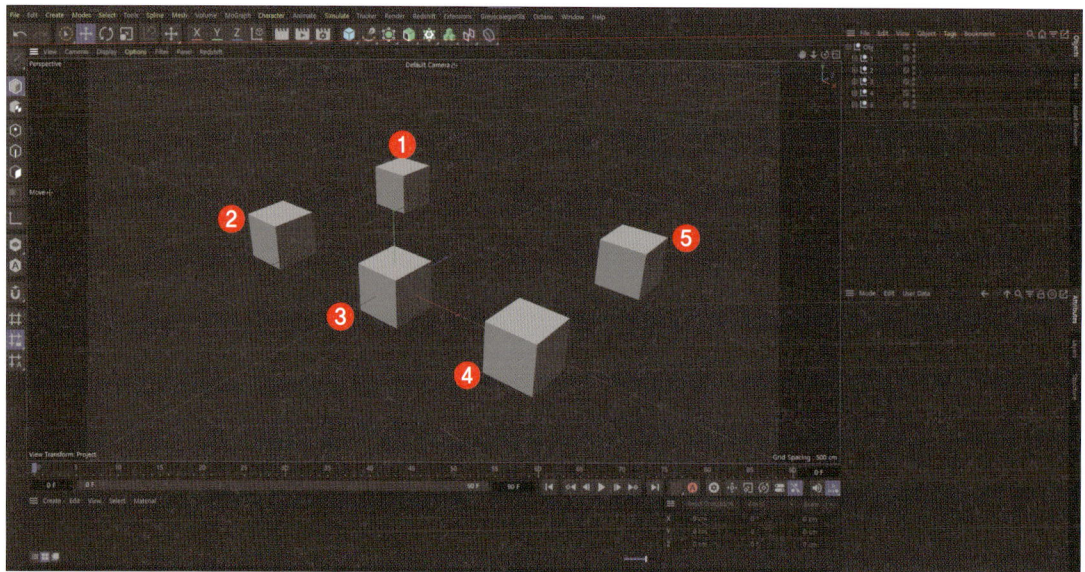

▲ 위치 이동

생성한 널과 큐브들을 이미지에 표시된 숫자대로 배치합니다. 모델링을 진행하면서 위치가 바뀌기 때문에 위와 같은 형태로 대략적인 위치만 잡아주면 됩니다.

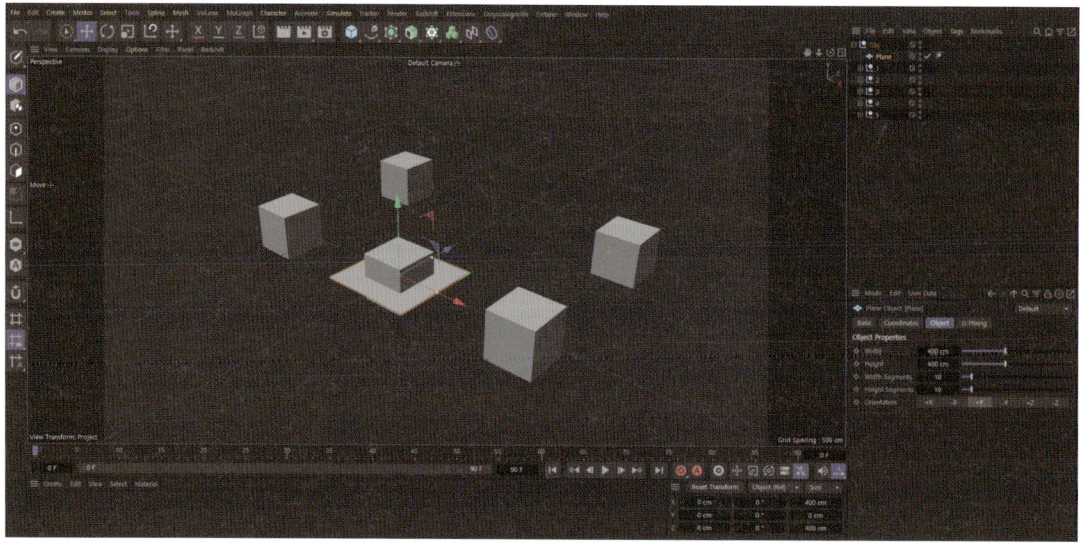

▲ 플레인 생성

다음으로 [Obj]를 선택한 상태로 Shift 를 누르면서 플레인을 생성합니다. 선택한 오브젝트를 기준으로 Alt 를 누르면 상단으로, Shift 를 누르면 하단으로 적용된다고 했습니다. 초반부터 널 오브젝트를 생성해서 진행하는 만큼 축 기준에 유의해서 작업을 진행합니다.

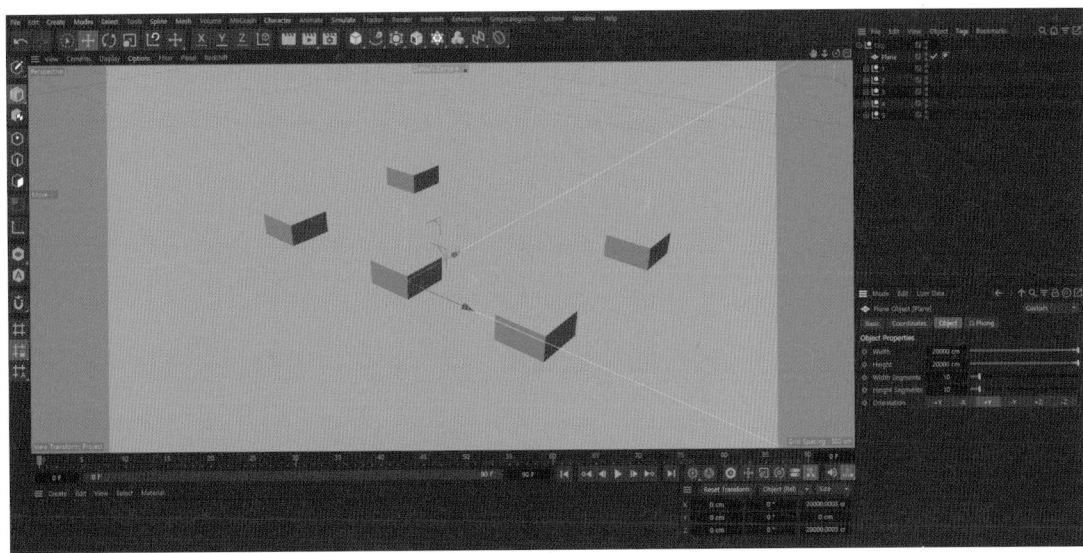

▲ 크기 조절

생성한 플레인의 크기를 조절합니다. [Width: 20,000], [Height: 20,000]으로 입력합니다.

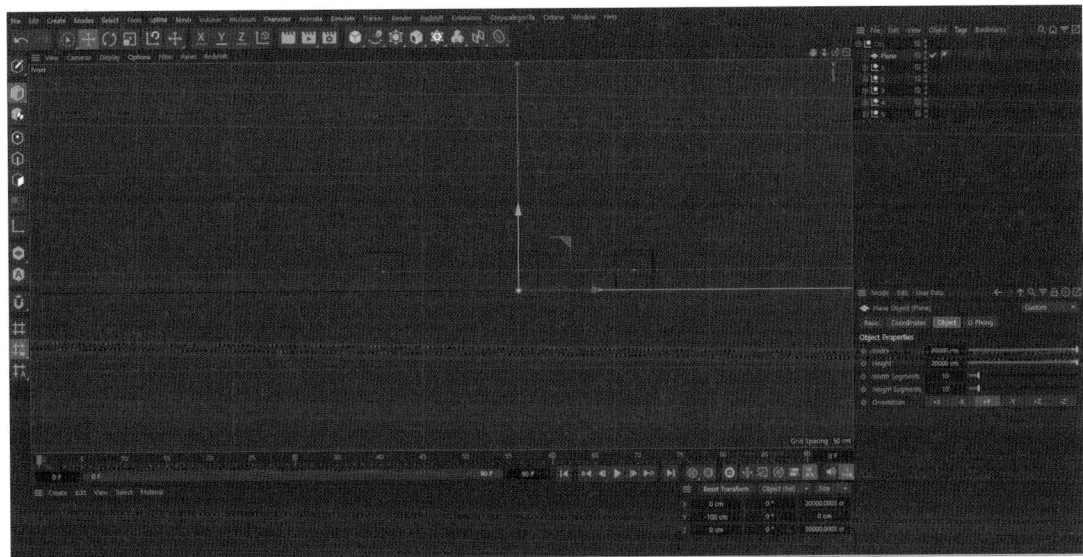

▲ 위치 이동

Front 화면에서 플레인의 위치를 아래로 이동시켜 줍니다. 아까 말했듯이 정확한 위치는 모델링을 진행하면서 수정할 예정입니다. 이미 생성된 5개의 오브젝트를 이동시키는 것보다 플레인을 이동하는 것이 더 효율적이므로 플레인만 이동시킵니다.

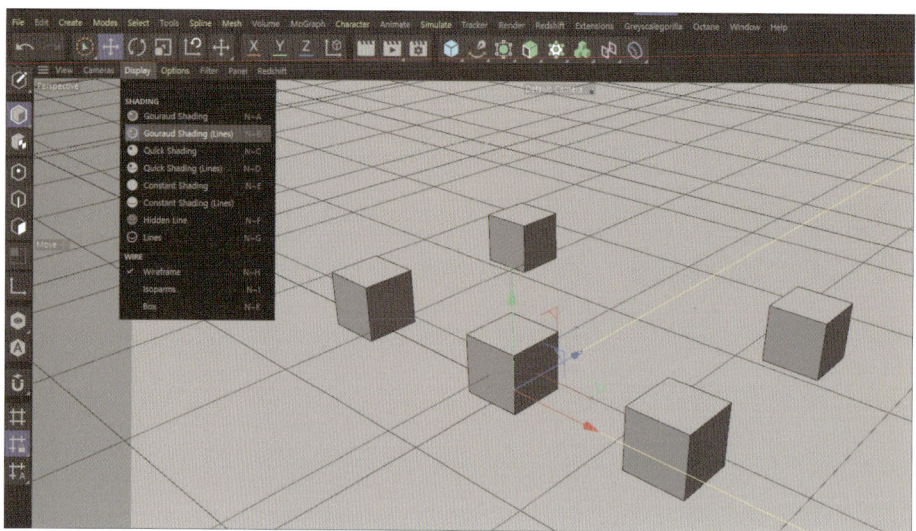

▲ 라인

오브젝트의 선을 확인하기 위해서 [Display]-[Gouraud Shading(Lines)]로 설정합니다.

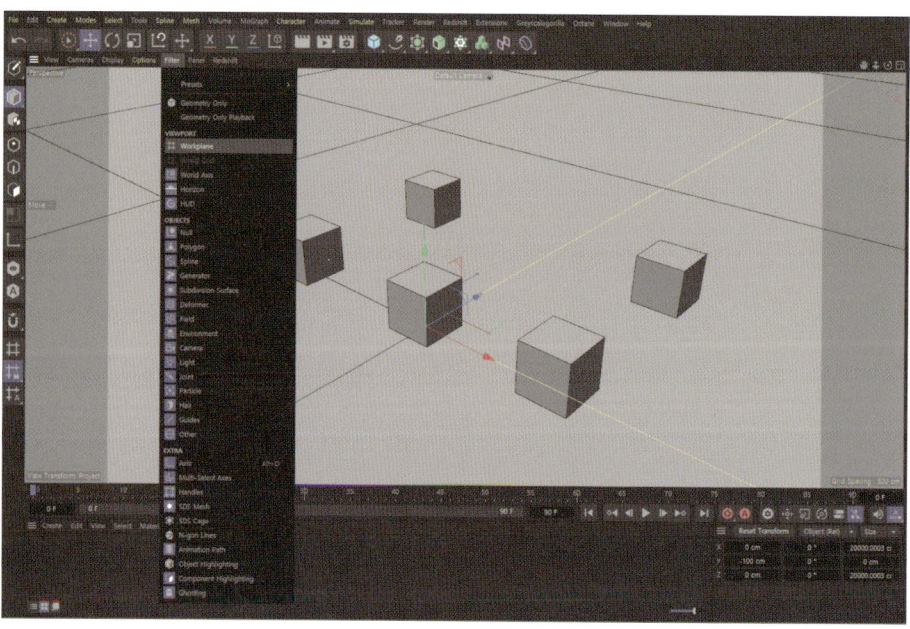

▲ 워크플레인 해제

그리고 [Filter]-[Workplane]을 해제합니다. 플레인이 바닥에 깔려 있고 굳이 그리드를 볼 필요가 없으므로 작업 편의상 해제합니다.

디테일한 모델링

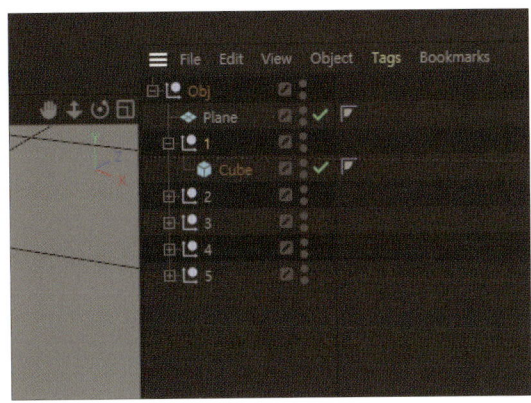 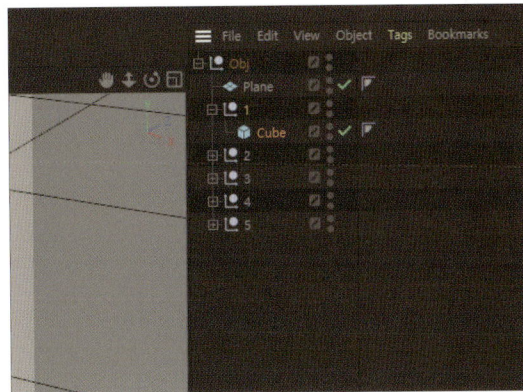

▲ 일반 클릭 / 휠 클릭

그다음 1번 널 오브젝트를 마우스 휠로 클릭합니다. 그냥 클릭 시에는 하단의 오브젝트는 선택이 안 되지만, 휠로 클릭하면 하단의 모든 오브젝트까지 선택됩니다.

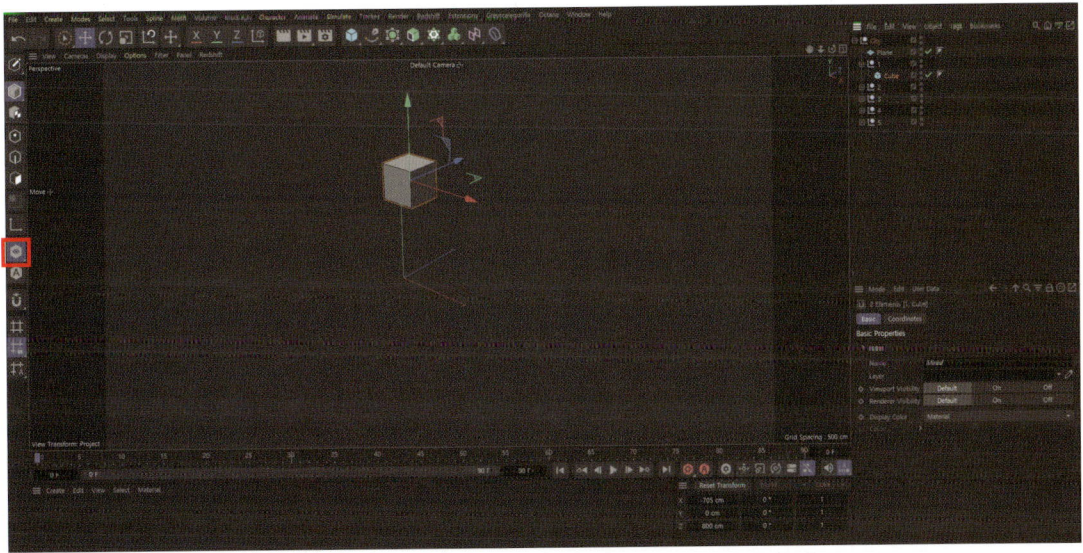

▲ 솔로잉

이미지에 표시된 아이콘을 클릭합니다. 그러면 선택한 오브젝트만 화면에 보입니다. 오브젝트의 위치나 크기는 모델링을 진행하고 나서 조정해도 되기 때문에 편의상 다른 오브젝트는 안 보이게 설정해 줍니다.

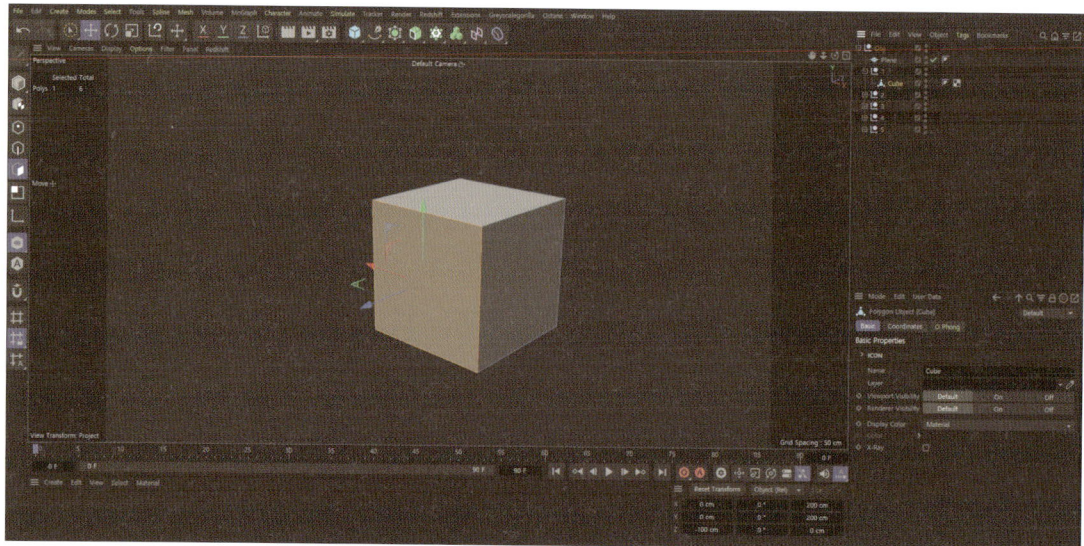

▲ 에디터블

생성했던 큐브를 C를 눌러서 에디터블 시키고, 폴리곤 모드로 변경 후 해당 면을 선택합니다.

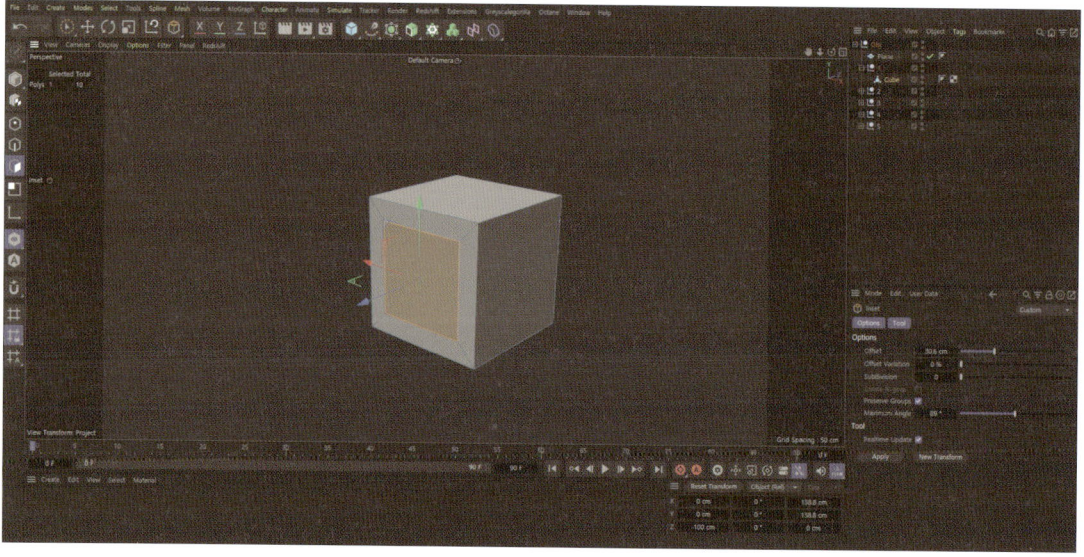

▲ 인셋

단축키 I를 눌러서 인셋 모드를 활성화하고 면이 선택된 상태로 클릭 앤 드래그합니다. 이때 축을 잡고 드래그하면 축이 이동되기 때문에 인셋이 적용되지 않습니다. 반드시 축을 제외한 면이나 다른 부분을 잡고 드래그해야 합니다.

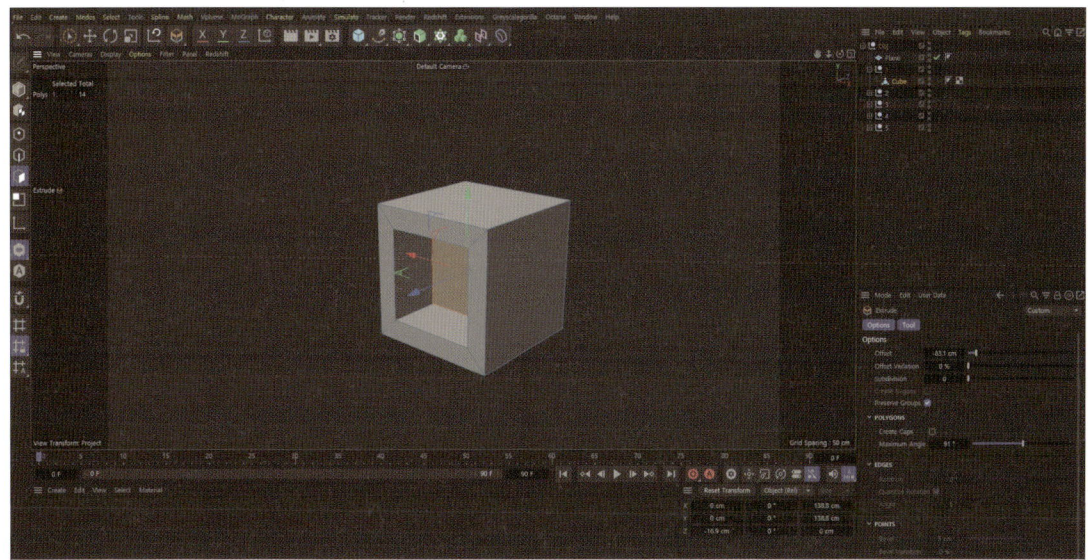

▲ 익스트루드

단축키 D를 눌러 익스트루드를 활성화한 후 클릭 앤 드래그를 합니다. 인셋과 마찬가지로 축을 잡고 드래그하면 안 되니 주의하세요.

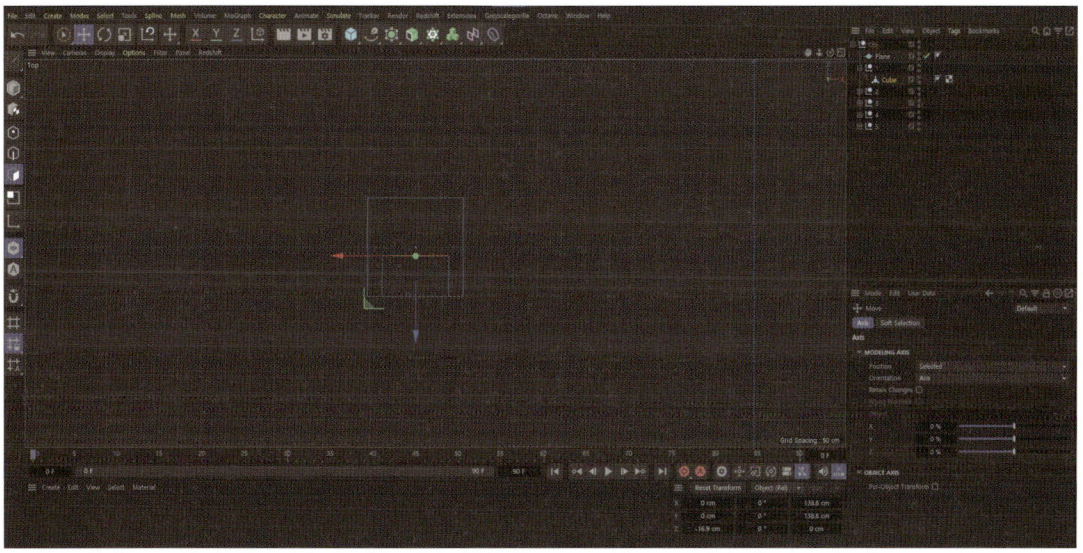

▲ 면 이동

E를 누르면 익스트루드가 해제되며 다시 이동이 가능해집니다. 물론 익스트루드가 활성화된 상태로도 이동할 수는 있지만 실수할 가능성이 있기에 E를 누르고 이동하는 것을 권장합니다. 한번 익스트루드 상태로 설정된 면은 E를 눌러서 이동하는 것이 더 편합니다.

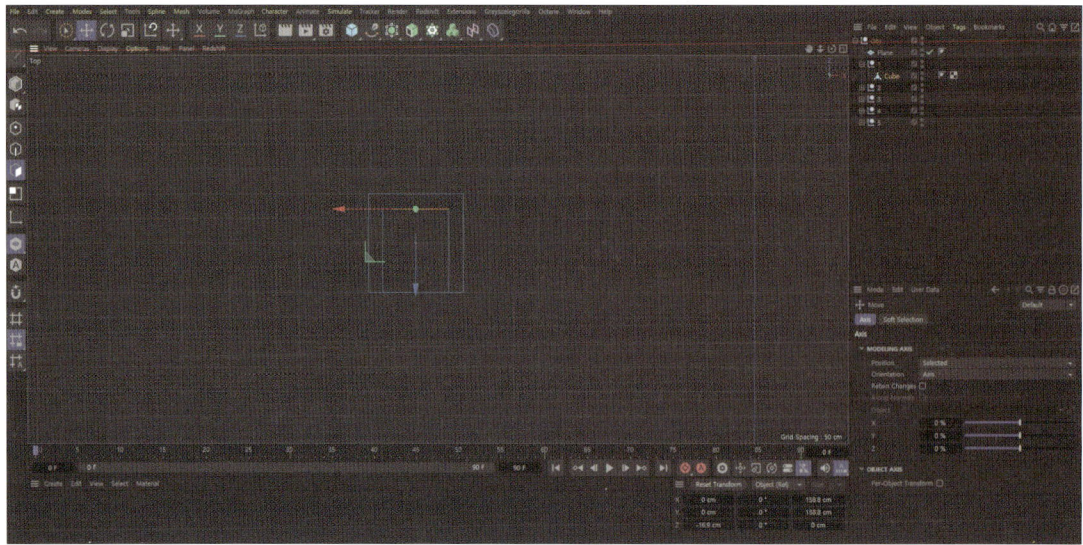

▲ 면 이동

Top 화면에서 Z축을 잡고 그대로 위로 드래그해서 면을 더 이동시켜 줍니다. Perspective 화면상에서 안쪽 면이 보이지 않게 하기 위함입니다.

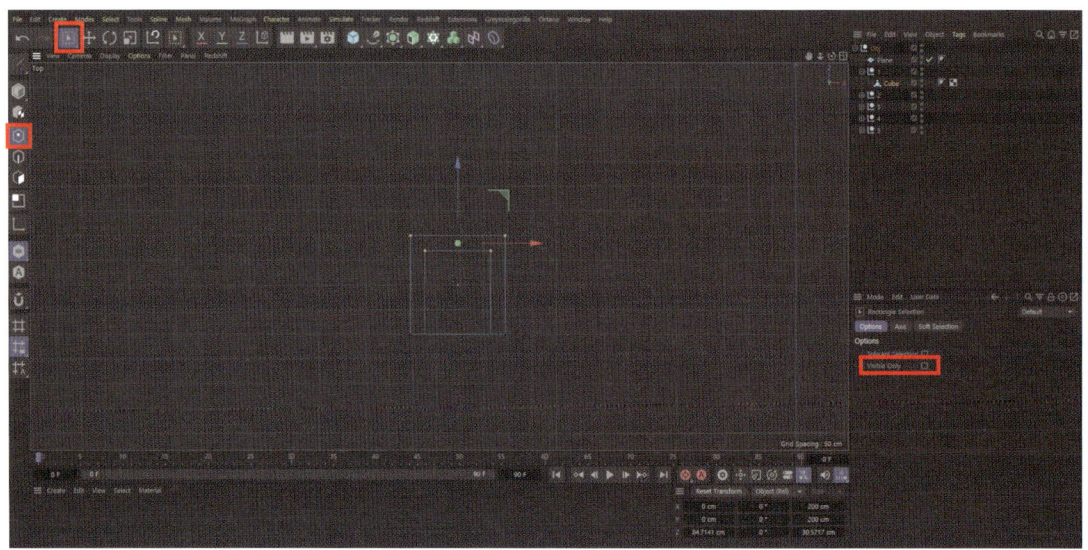

▲ 포인트 선택

[Points]-[Rectangle Selection] 선택 후 위 이미지처럼 드래그해서 선택해주세요. 드래그 시에는 비지블 온리 체크가 해제되어 있어야 합니다. 렉탱글 셀렉션을 길게 누르면 선택 모드를 설정할 수 있습니다.

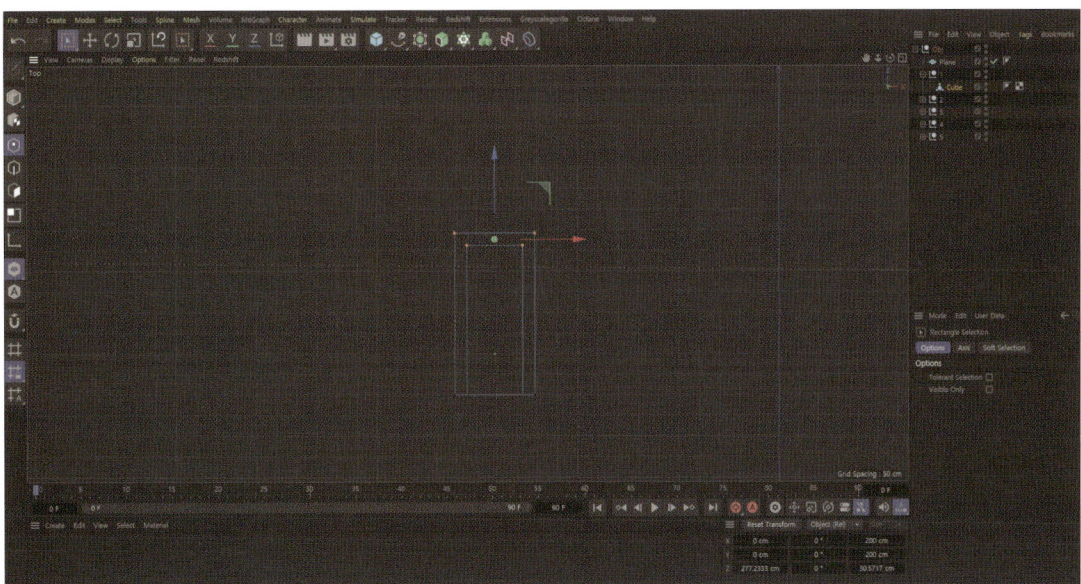

▲ 포인트 이동

선택을 완료했으면 가로로 긴 형태의 오브젝트를 제작하기 위해 포인트를 위쪽으로 이동시켜 주세요.

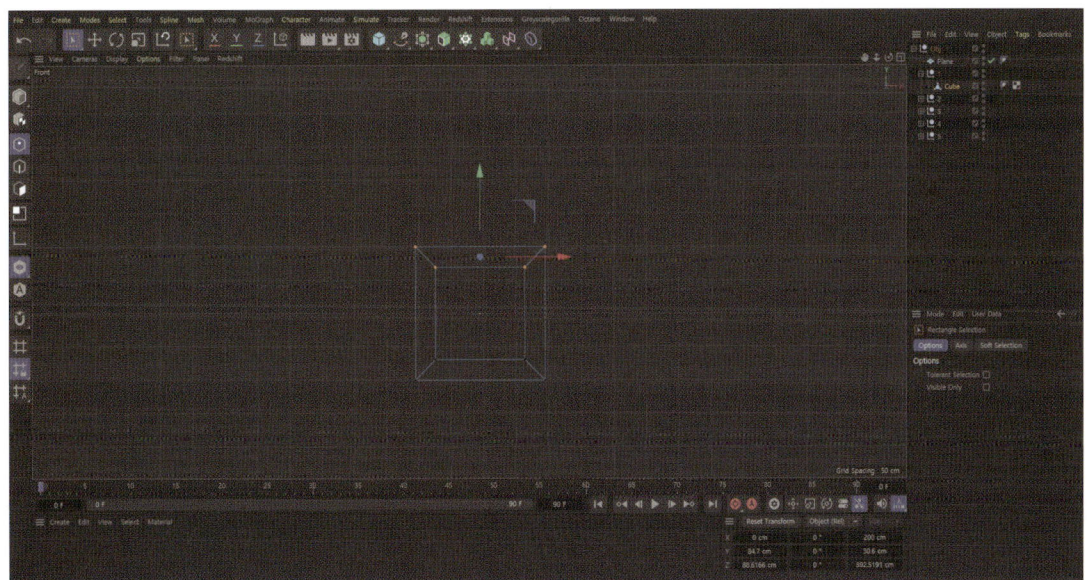

▲ Front 화면

Front 화면으로 전환 후 위 이미지처럼 선택합니다.

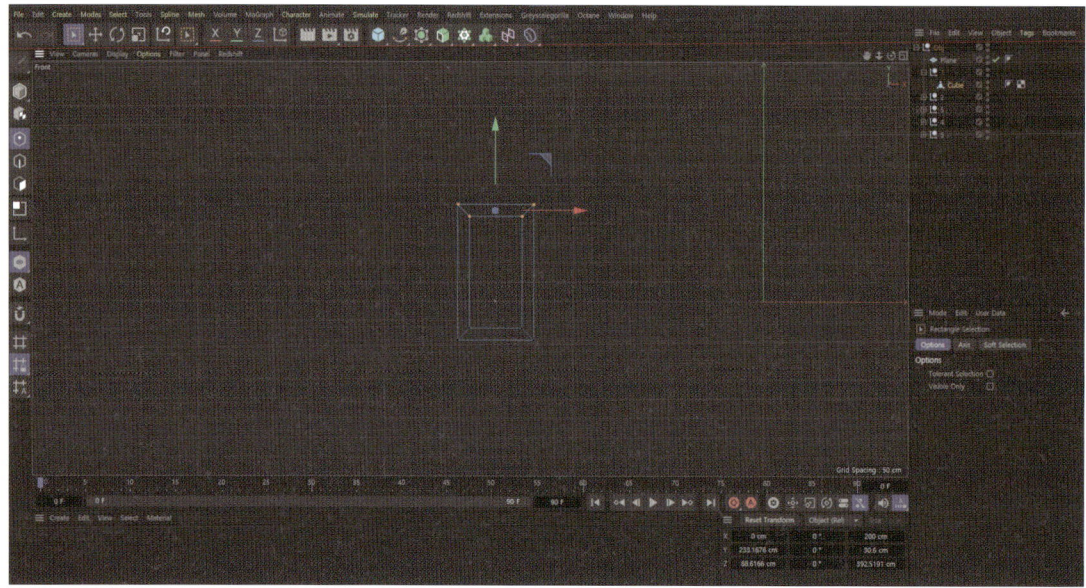

▲ 포인트 이동

이번엔 포인트를 위쪽으로 이동시키겠습니다.

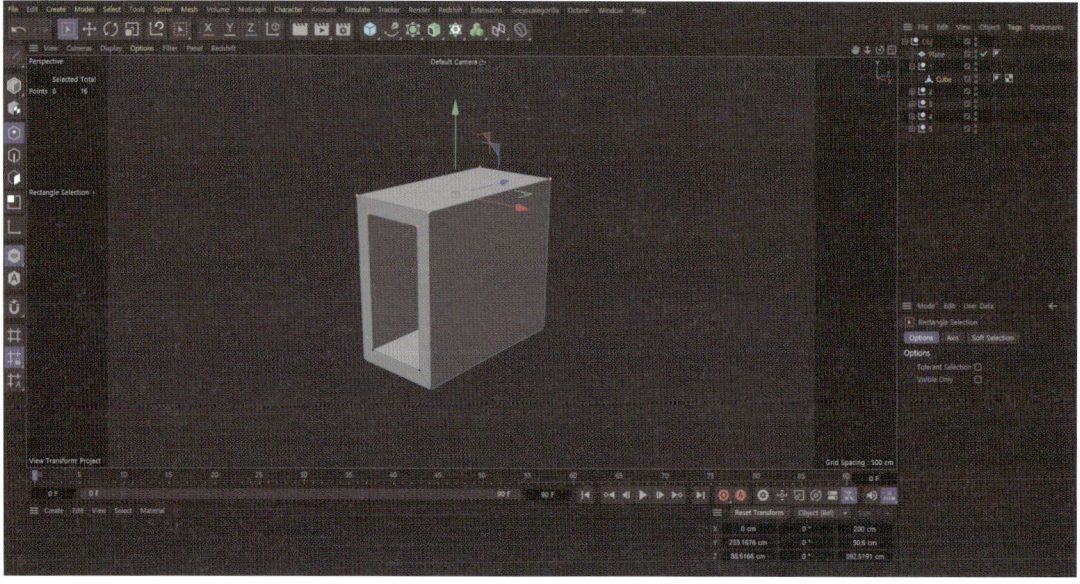

▲ Perspective 화면

Perspective 화면으로 봤을 때 위 이미지처럼 보이면 됩니다.

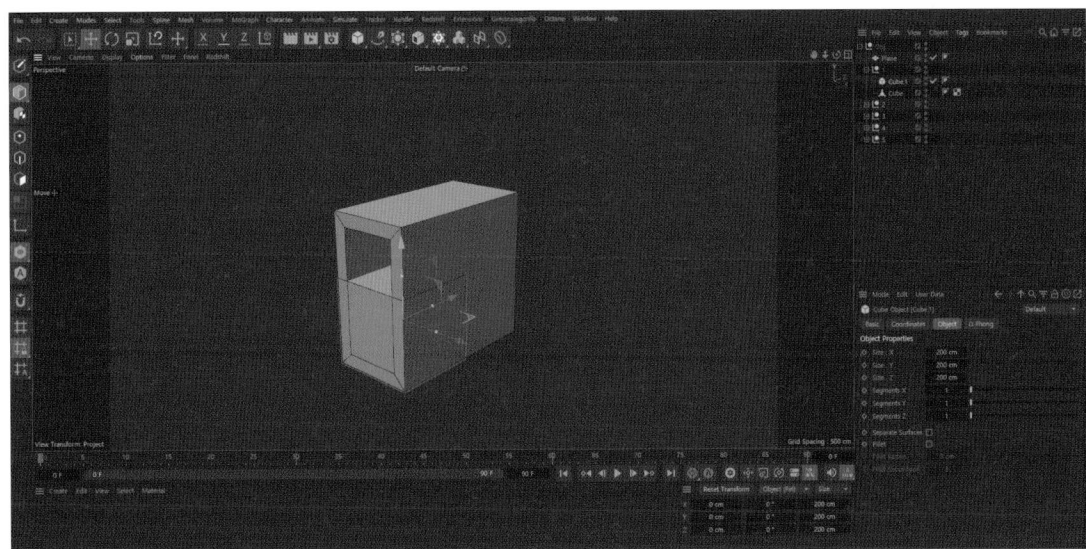

▲ 큐브 생성

다시 1번 널을 선택한 상태로 Shift 를 누르고 큐브를 생성해 주세요. 널 안에 2개의 오브젝트가 들어 있는 상태이며, 아직 위치 이동을 하지 않았기 때문에 위 이미지처럼 보입니다.

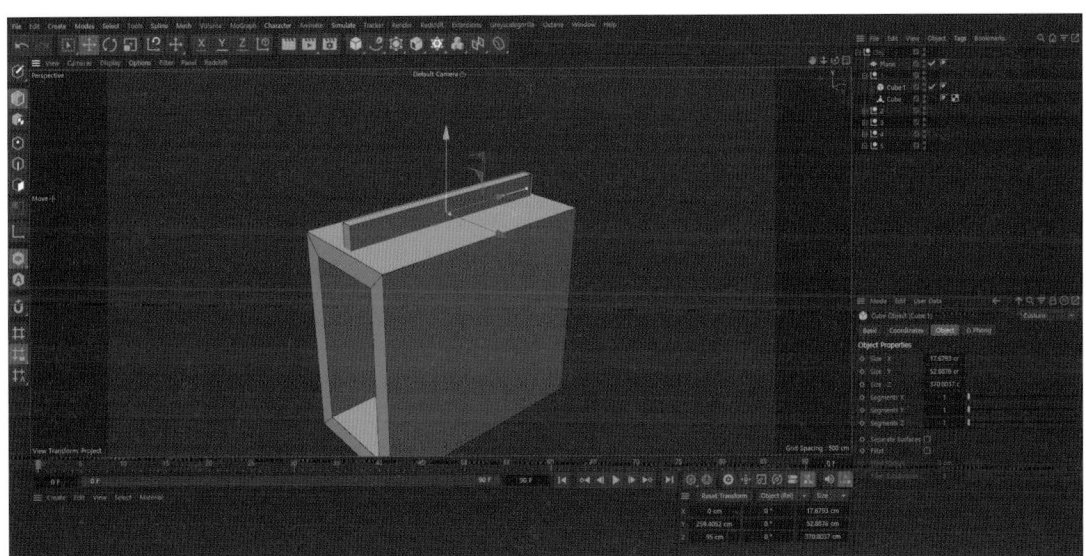

▲ 크기와 위치 조정

위 이미지처럼 크기와 위치를 조절해 줍니다. 여러 번 해본 작업이므로 큰 어려움은 없을 것입니다.

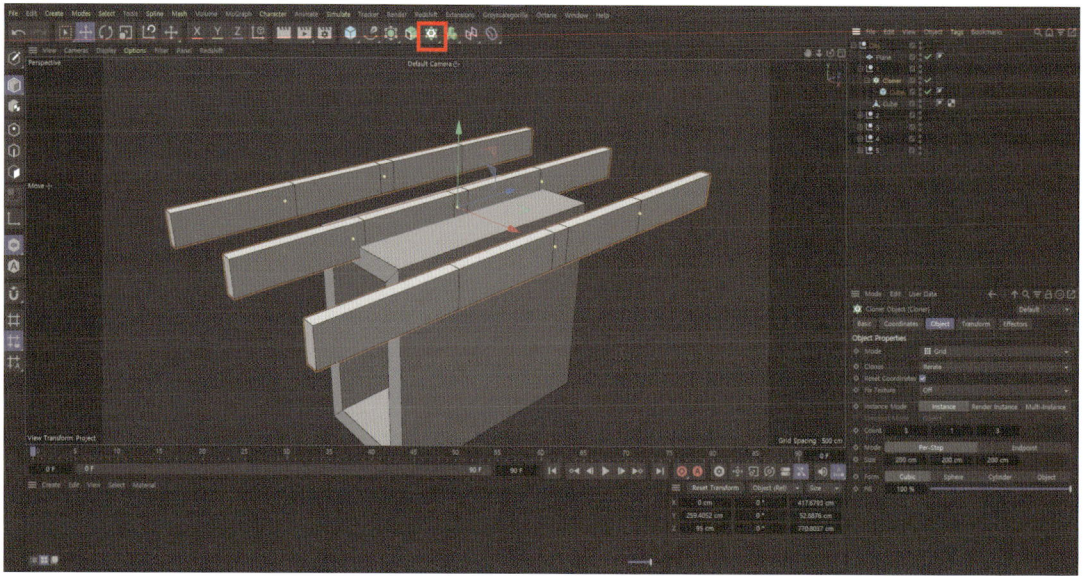

▲ 클로너

큐브를 선택한 상태로 Alt를 누르고 클로너를 적용합니다. 그럼 클로너가 큐브 상단에 생성된 것을 확인할 수 있습니다. 클로너는 이미지에 표시된 상단의 아이콘을 클릭하면 찾을 수 있습니다.

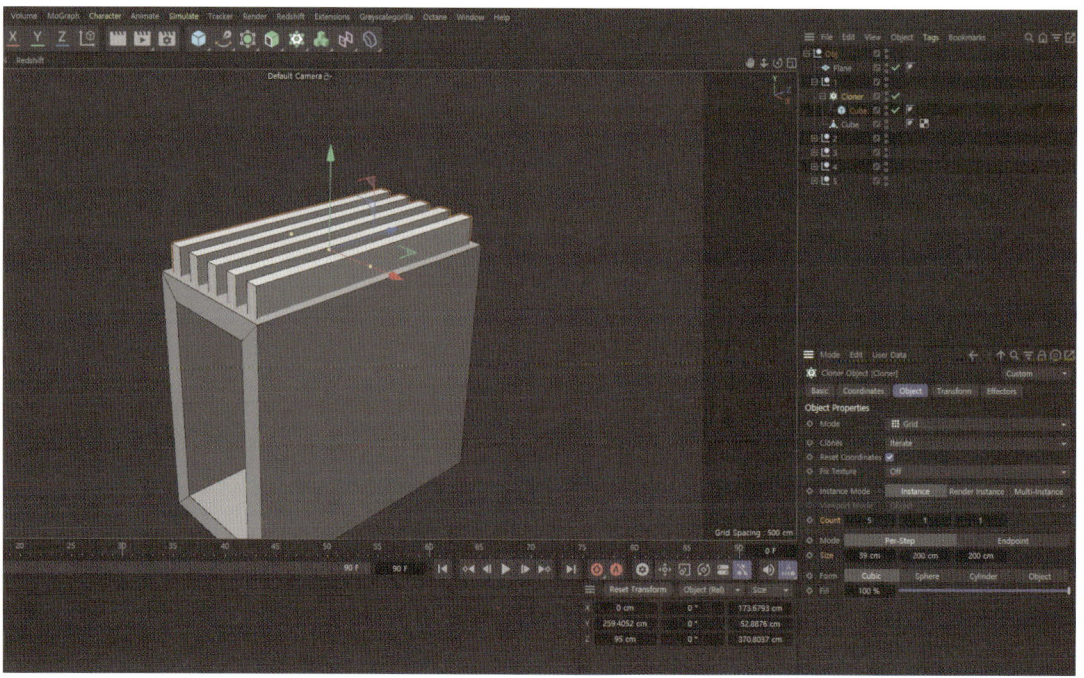

▲ 클로너 값 수정

클로너의 모드는 그리드로, Z축 방향으로 복사하지 않기 때문에 X축 개수만 5개로 설정하고 나머지는 1로 설정합니다. 사이즈는 간격 설정이기 때문에 하단의 메인 오브젝트를 넘어가지 않는 값으로 설정하면 됩니다.

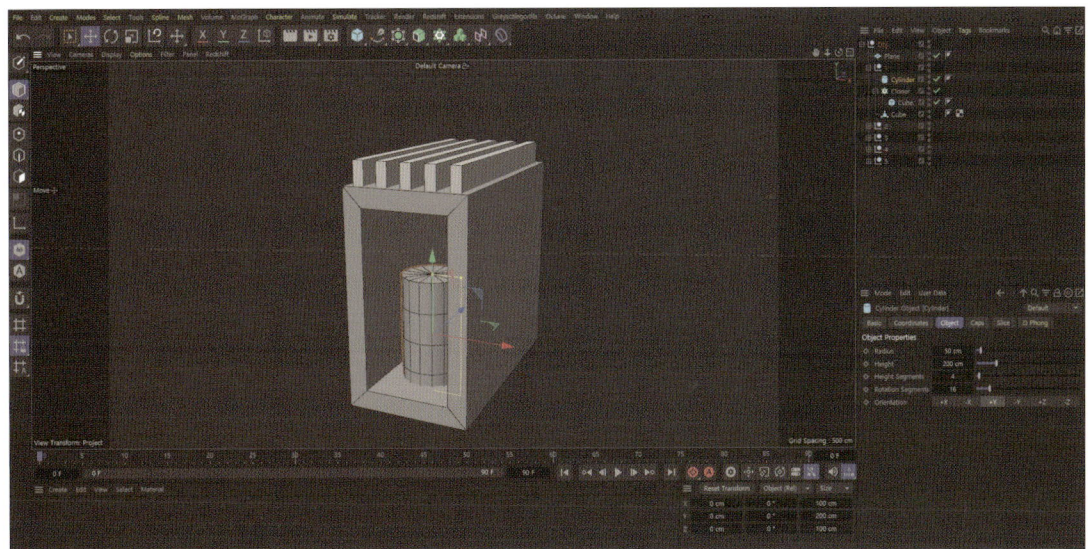

▲ 실린더 제작

다음으로 레버를 제작하겠습니다. 1번 널을 클릭한 후 Shift 를 누른 상태로 실린더를 생성합니다.

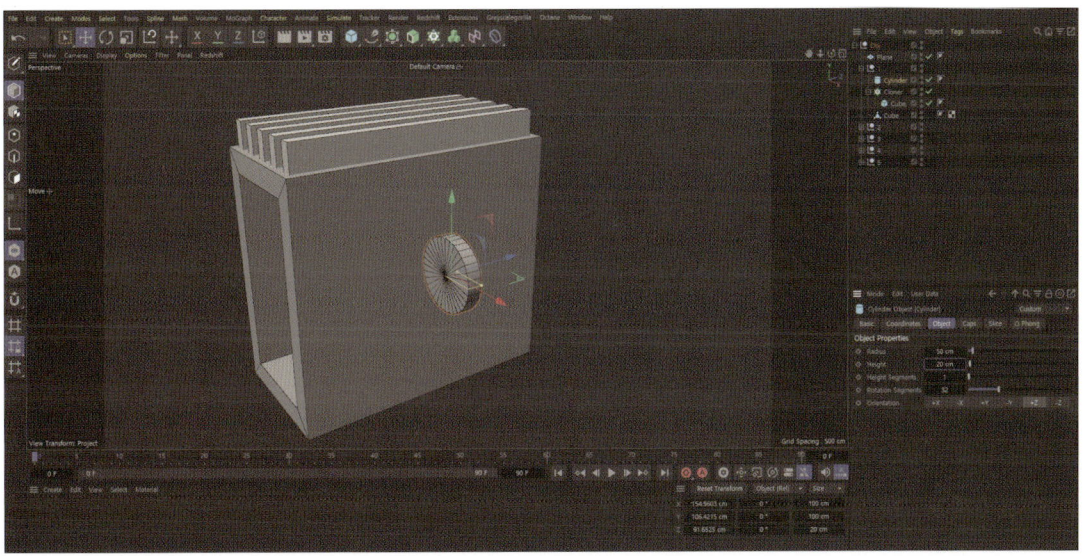

▲ 실린더 값 수정

잘 보이는 위치로 이동하여 위 이미지처럼 속성값을 설정합니다. 반드시 똑같이 설정할 필요는 없습니다.

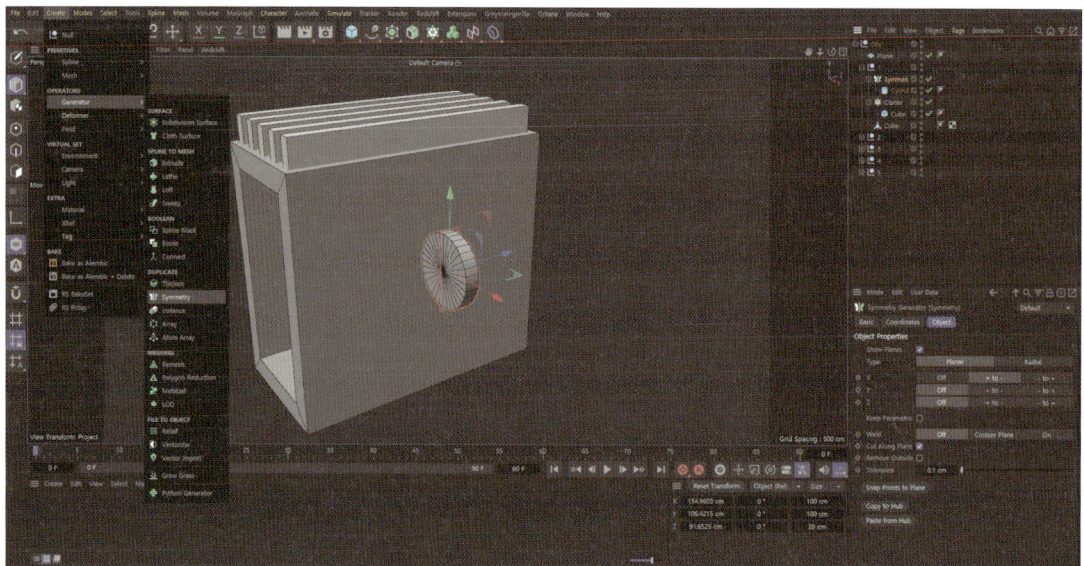

▲ Symmetry

실린더를 클릭한 상태로 Symmetry를 생성합니다.

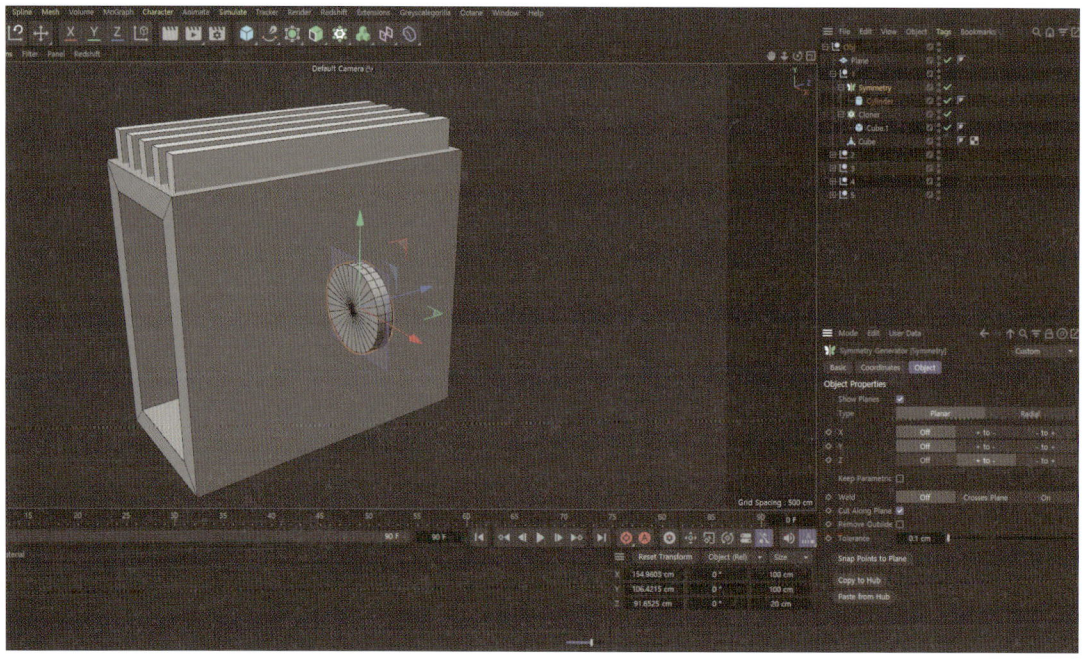

▲ 값 수정

Z축 방향으로 복제할 예정이기 때문에 [X: Off], [Z: + to -]로 설정합니다.

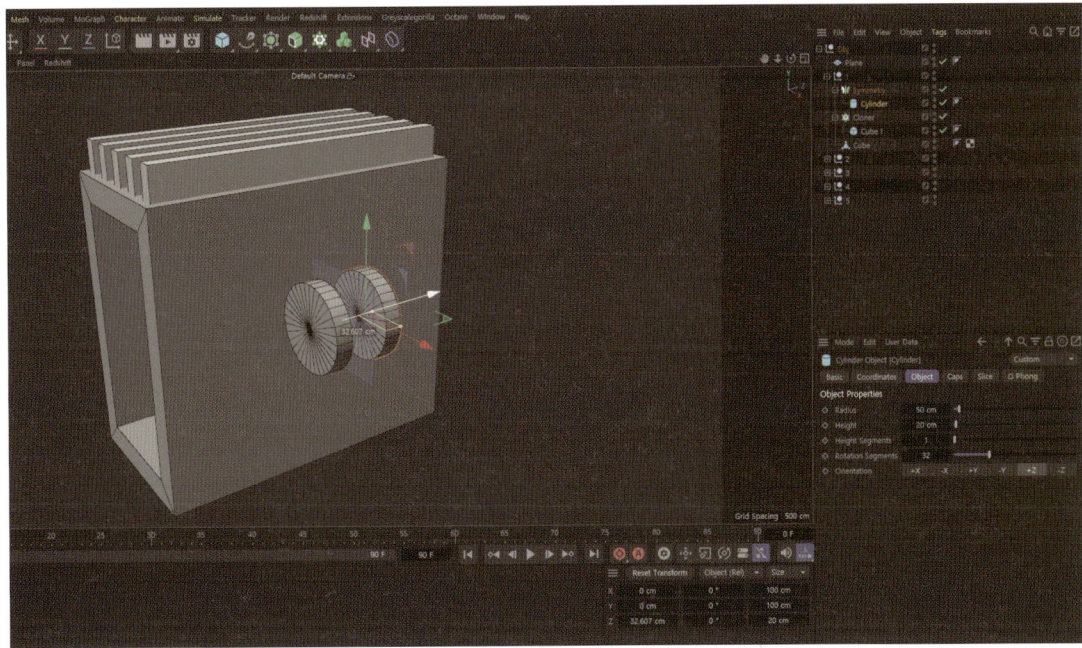

▲ 위치 이동

실린더를 선택한 상태로 Z축으로 이동시킵니다. Symmetry를 선택한 후 이동하면 전체가 같이 이동되면서 원하는 복제가 되지 않으니 주의하기 바랍니다.

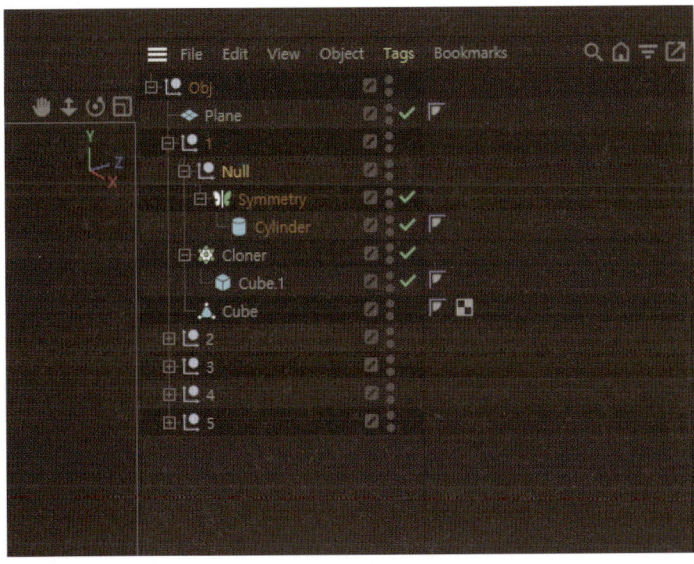

▲ 그룹

[Symmetry] 선택 후 Alt + G를 눌러서 그룹화합니다. 그럼 널이 새로 생성되면서 Symmetry가 하단으로 들어가는 것을 확인할 수 있습니다.

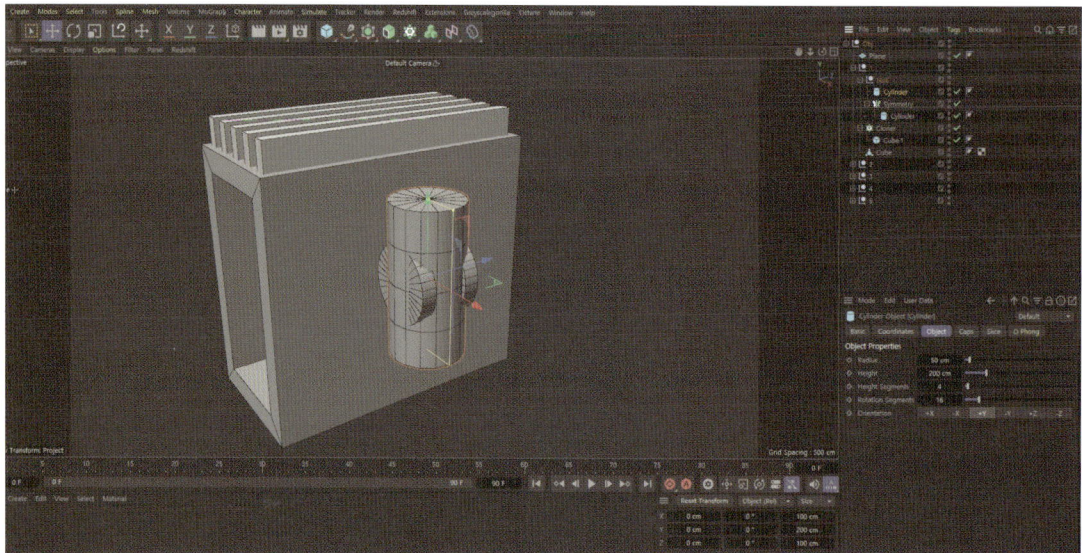

▲ 실린더

생성된 널을 클릭 후 실린더를 추가로 만들어줍니다.

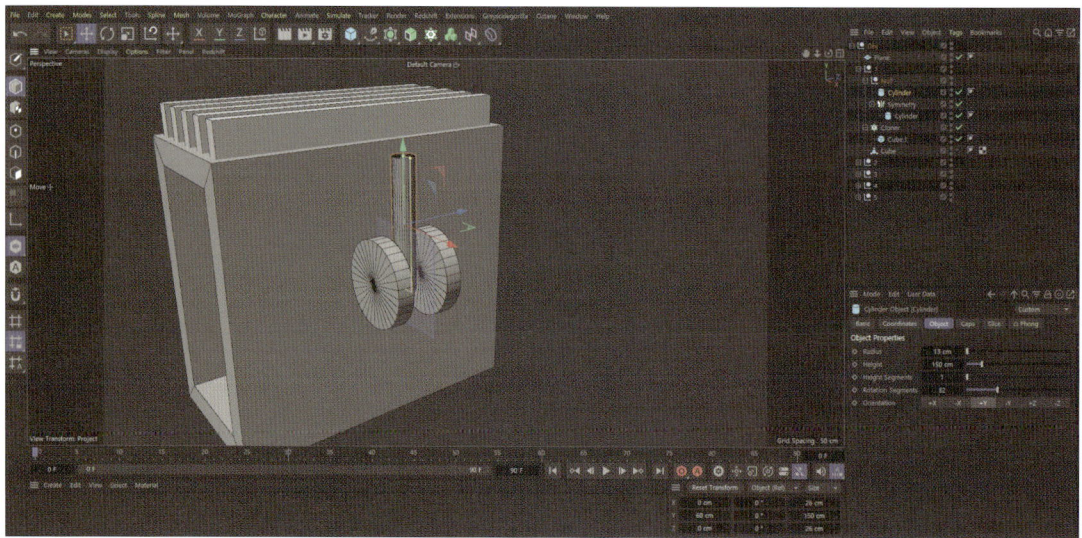

▲ 설정

이미지와 같은 비율로 설정합니다. [Height Segments]의 경우에는 굳이 면을 늘릴 필요가 없기 때문에 1로 설정하고, [Rotation Segments]의 경우에는 부드러운 모델링을 위해 32로 설정했습니다.

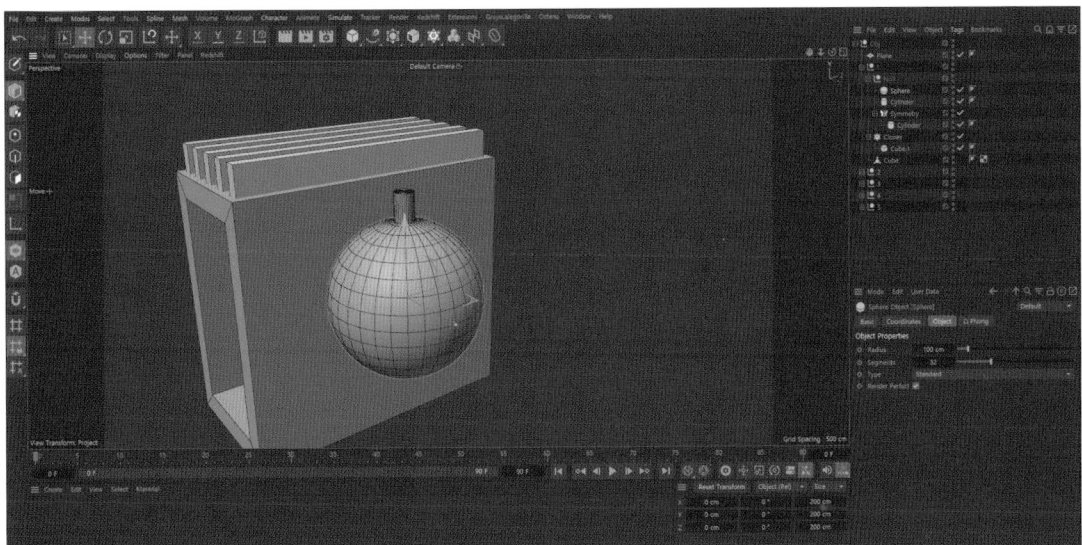

▲ 스피어 제작

널 오브젝트를 클릭한 후 스피어를 생성합니다.

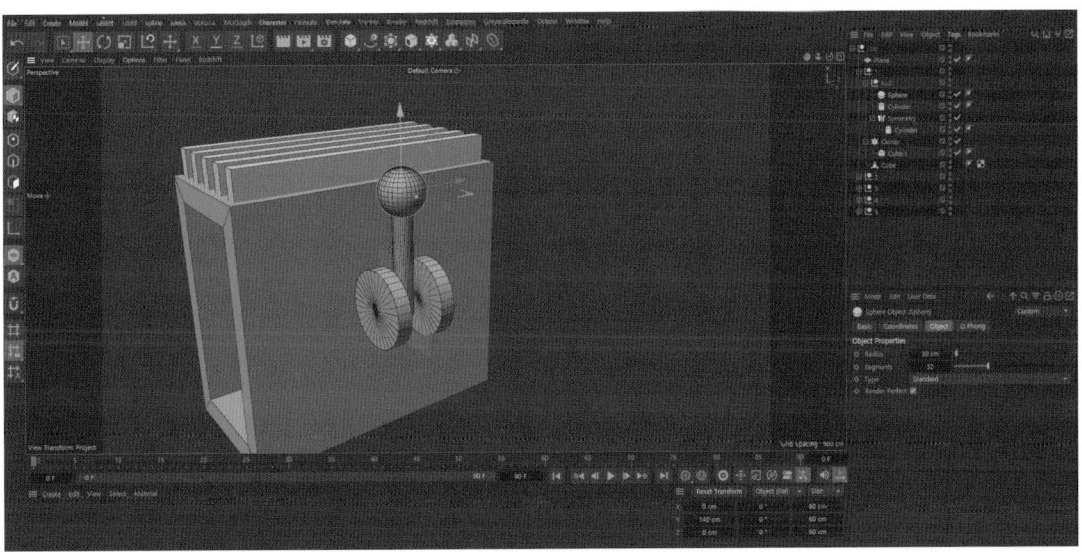

▲ 설정

크기를 적당히 조절한 후 위치를 위 이미지처럼 이동합니다.

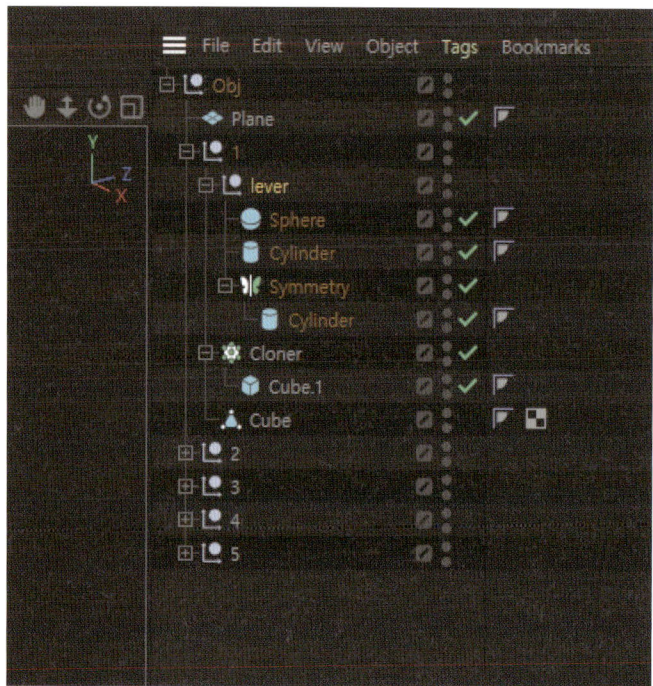

▲ 이름 변경

제작 완료된 모델링 상단의 'Null'을 'lever'로 변경합니다. 레버에는 나중에 회전을 적용할 예정입니다.

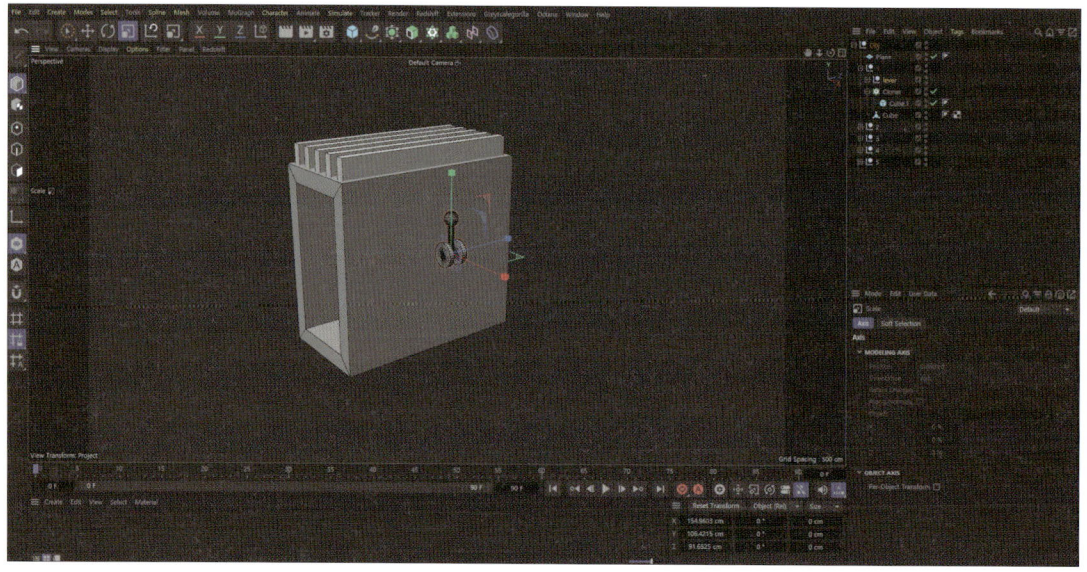

▲ 크기 조절

[lever]를 선택한 후 T를 누르고 클릭 앤 드래그하여 크기를 줄여줍니다. 클로너를 적용해서 복제하기 전에 원활한 작업을 위해 크기를 미리 줄였습니다.

▲ 클로너

[lever]를 선택하고 클로너를 적용합니다. 그리고 Z축 개수를 6으로, 간격을 60cm로 설정합니다. 중간에 축 설정이 달라서 이미지와 다른 방향으로 복제가 됐더라도 당황하지 말고 위 이미지와 같은 모양으로 다시 설정해 주면 됩니다. 작업하다 죽이 틀어지는 경우는 초기 단계에서 흔하게 발생하는 실수입니다. 원활한 작업을 위해 'Cloner'의 이름 역시 'lever'로 변경합니다.

▲ 큐브 제작

1번 널 안에 새롭게 큐브를 하나 생성해 주고 위치와 크기를 위 이미지와 비슷하게 설정합니다. 오른쪽에는 다른 버튼을 넣을 예정이므로 비워 주세요.

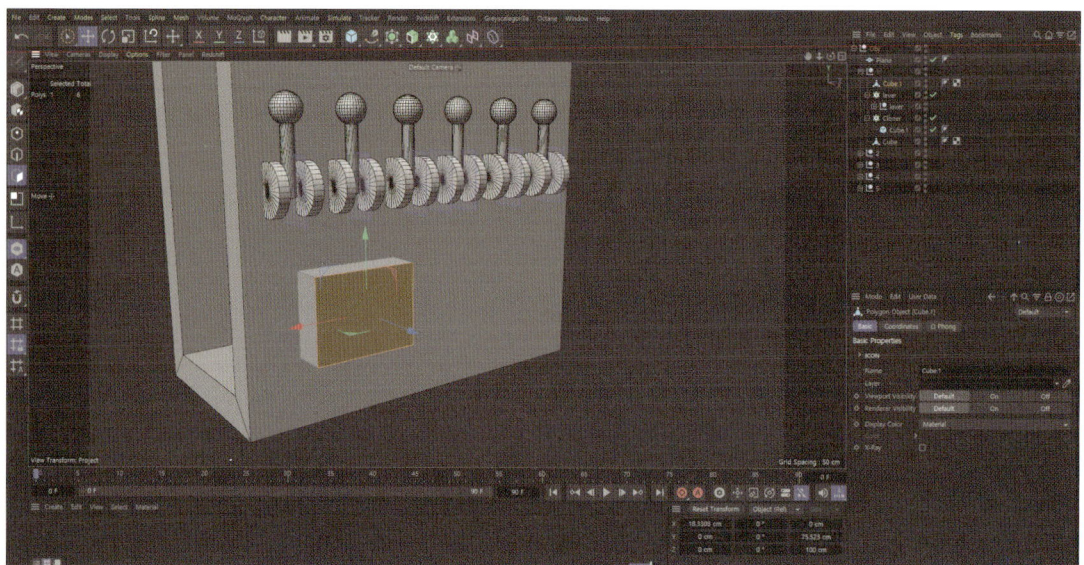

▲ 에디터블

새로 생성한 큐브는 [C]를 눌러 에디터블 시킵니다.

단축키 [I]를 눌러 클릭 앤 드래그로 면의 크기를 줄여줍니다.

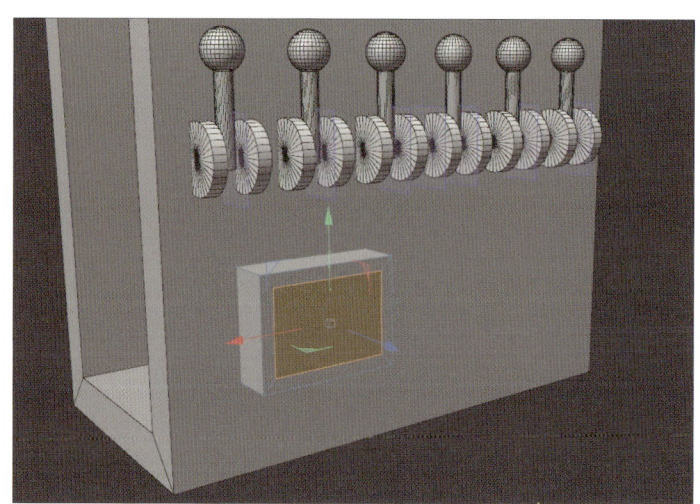

▲ 인셋

홈을 파줘야 하기 때문에 한 번 더 면의 크기를 줄여줍니다.

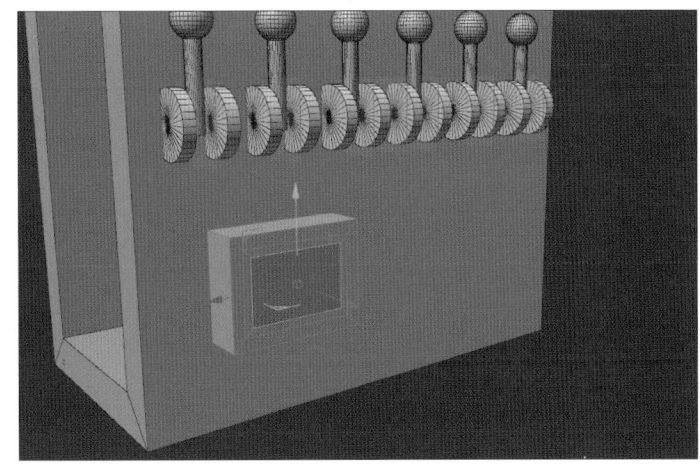

▲ 인셋

U를 한 번 누르고 다시 L을 눌러서 루프 셀렉션 모드에서 중간 부분만 선택해 줍니다. 각 모서리 부분에 커서를 갖다 대면 조금 더 수월하게 선택할 수 있습니다.

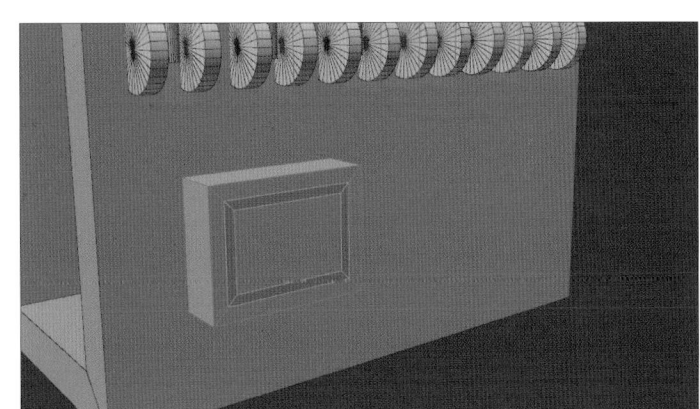

▲ 루프 셀렉션

D를 누르고 다시 면을 클릭 앤 드래그해서 넣어줍니다.

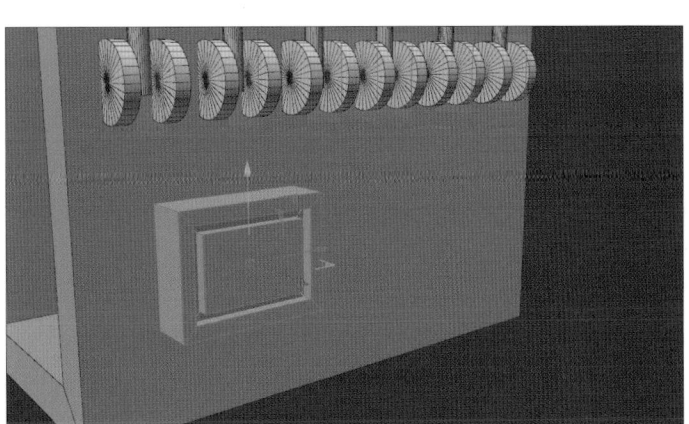

▲ 익스트루드

지금까지 작업한 오브젝트의 이름을 'button'으로 변경합니다.

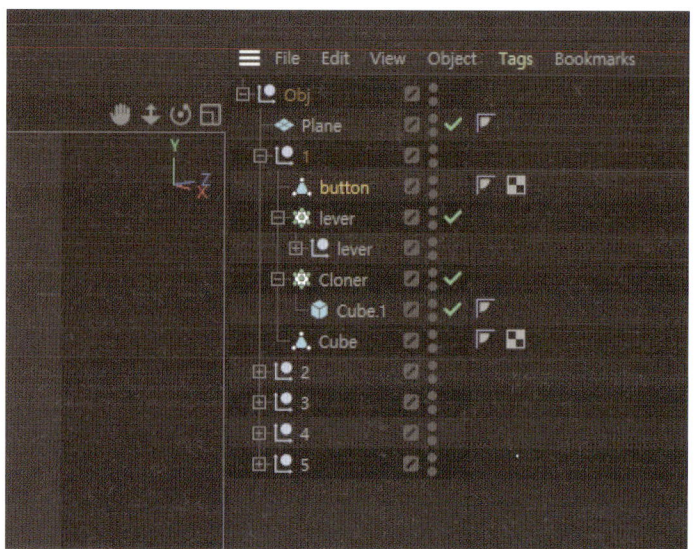

▲ 이름 변경

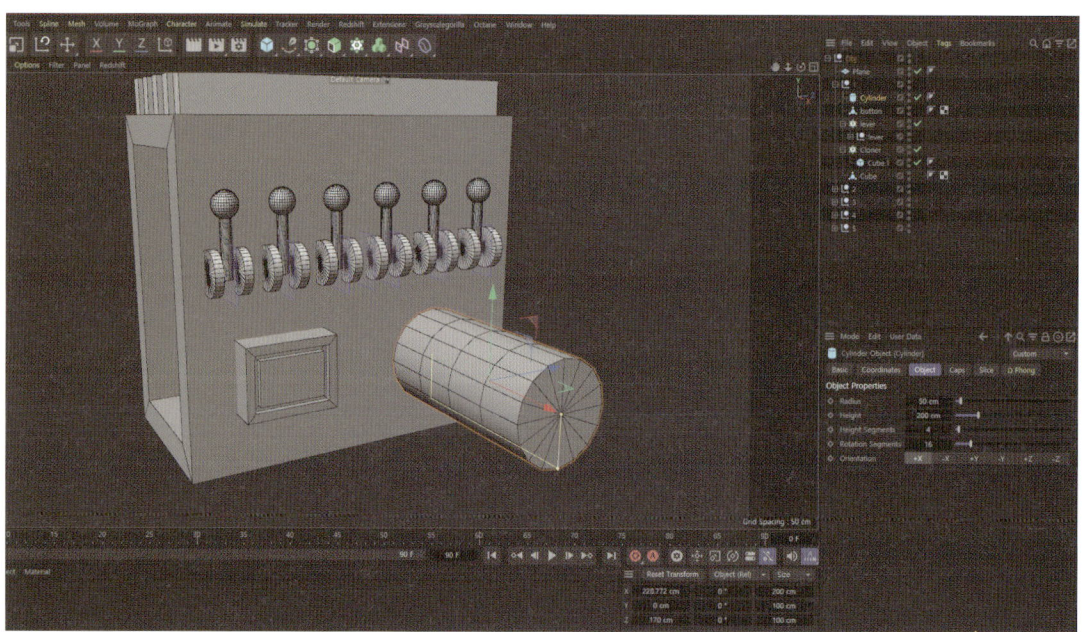

▲ 실린더 제작

새롭게 실린더를 생성하여 1번 널 밑에 넣습니다.

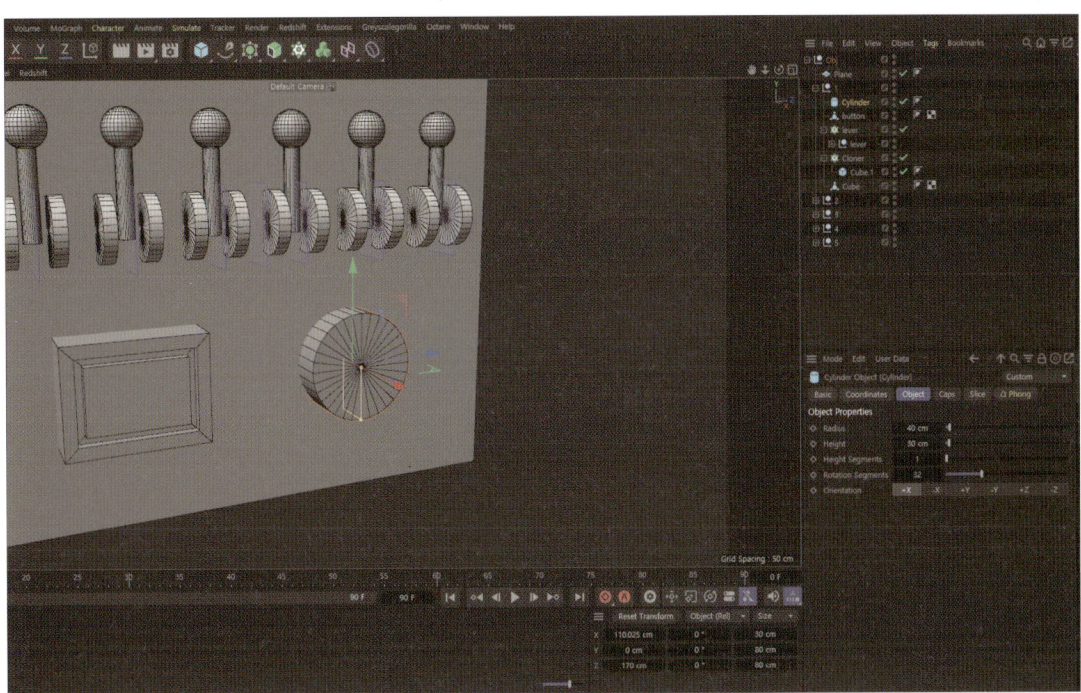

▲ 위치 크기

위치와 크기를 위와 같이 맞춰줍니다. 반드시 똑같은 값으로 진행할 필요는 없습니다.

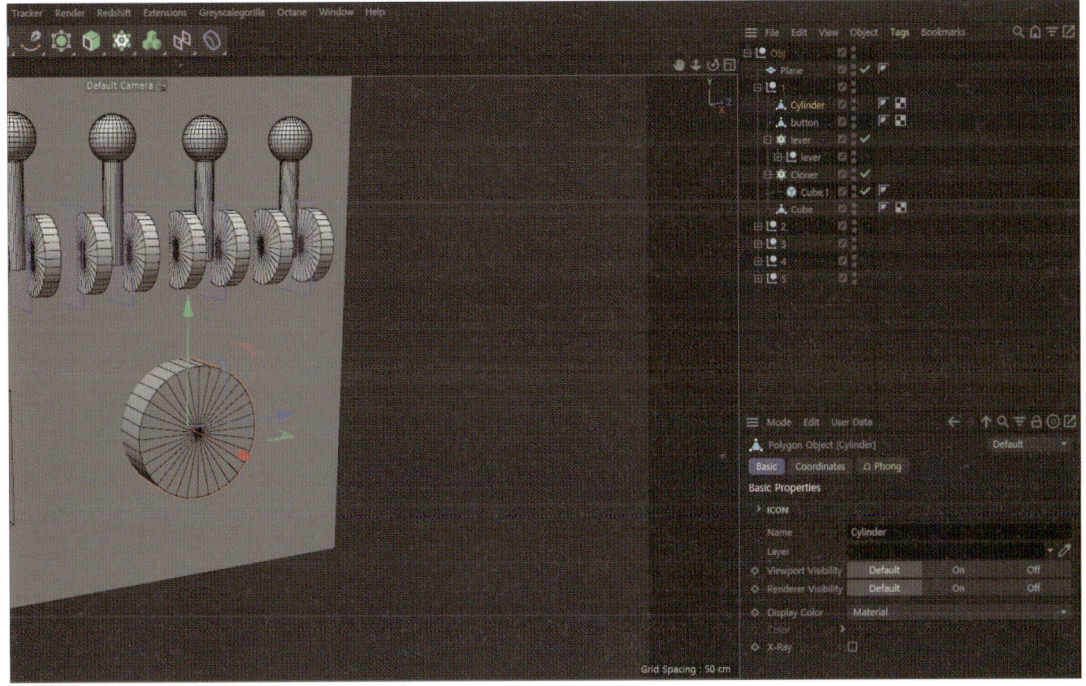

▲ 에디터블

C를 눌러서 에디터블 시켜줍니다. 아까 네모난 버튼을 만들 때와 과정이 비슷합니다.

⒰~⒧(⒰ 누르고 바로 ⒧ 누르기)로 루프 셀렉션을 활성화하고 오른쪽 이미지와 같이 면을 선택합니다.

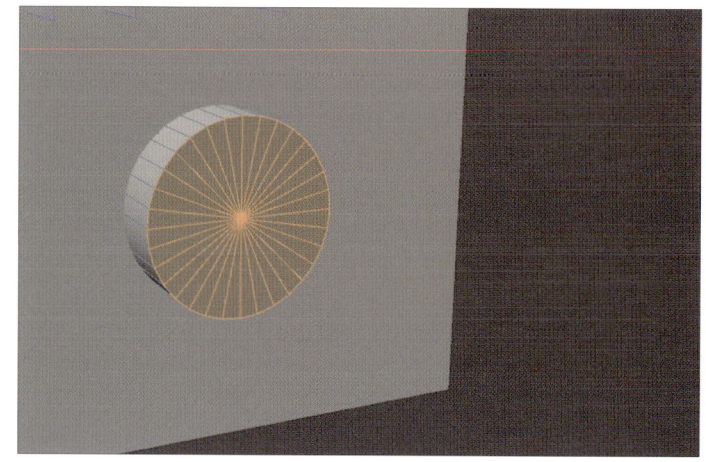

▲ 루프 셀렉션

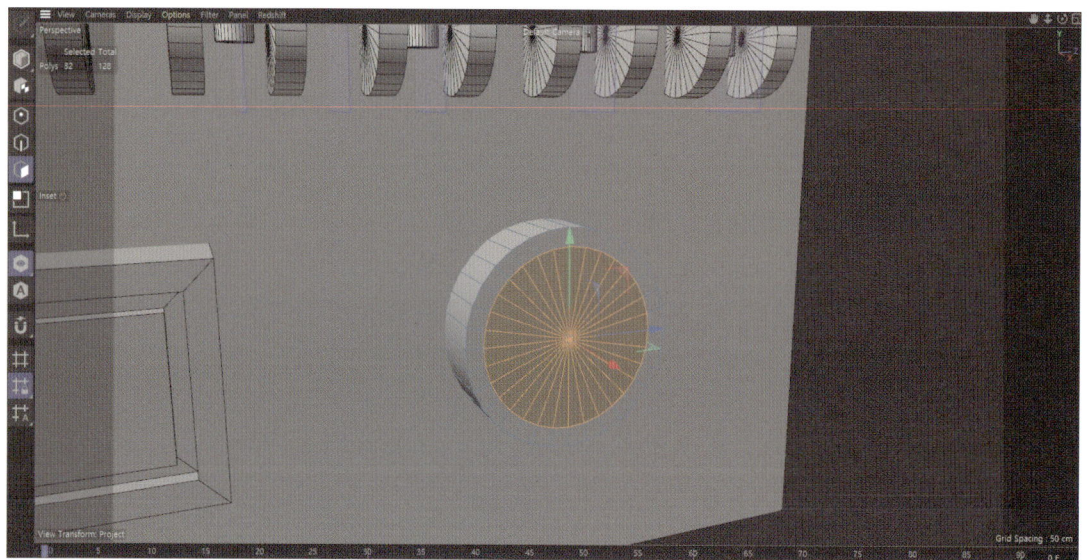

▲ 인셋

⒤를 누르고 클릭 앤 드래그하여 면을 축소합니다.

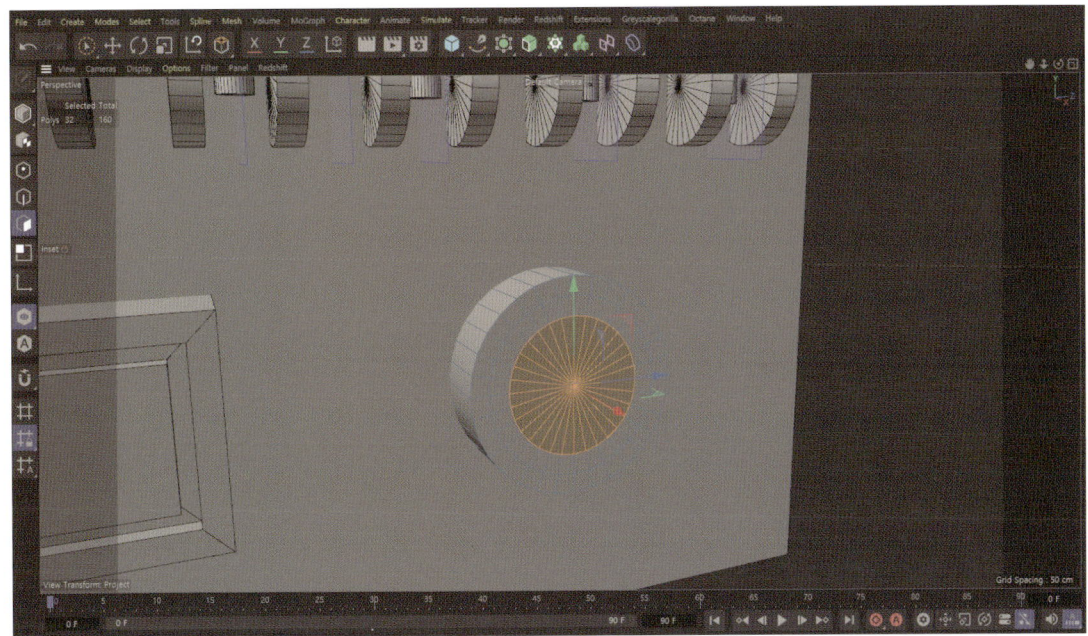

▲ 인셋

아까와 마찬가지로 한 번 더 축소시켜 줍니다.

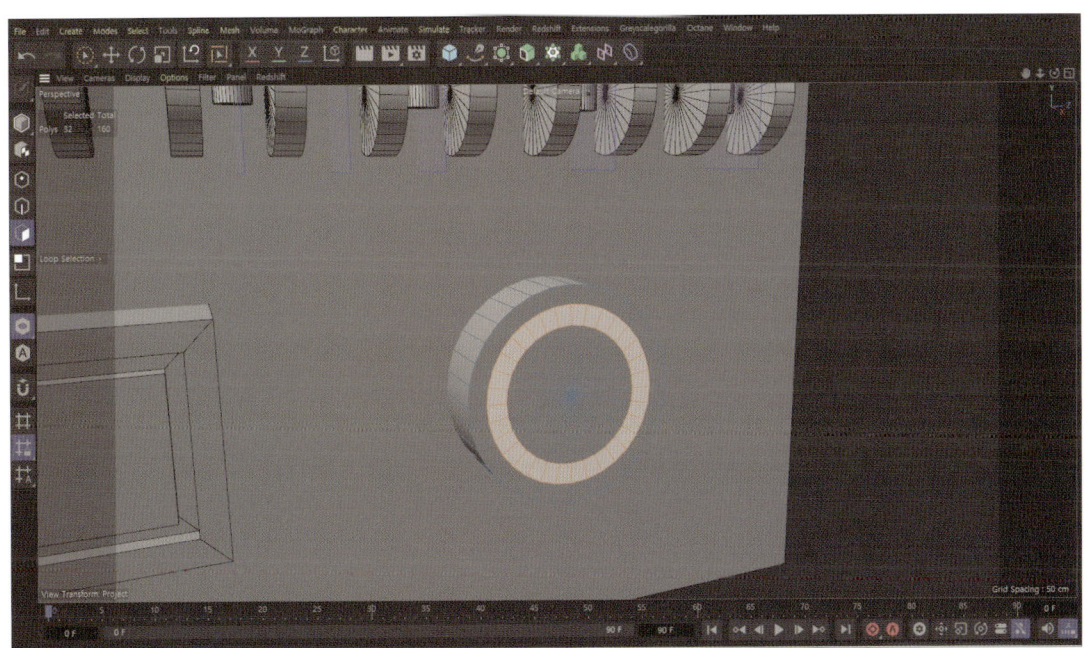

▲ 루프 셀렉션

다시 루프 셀렉션을 활성화하고 중간 면들만 선택합니다.

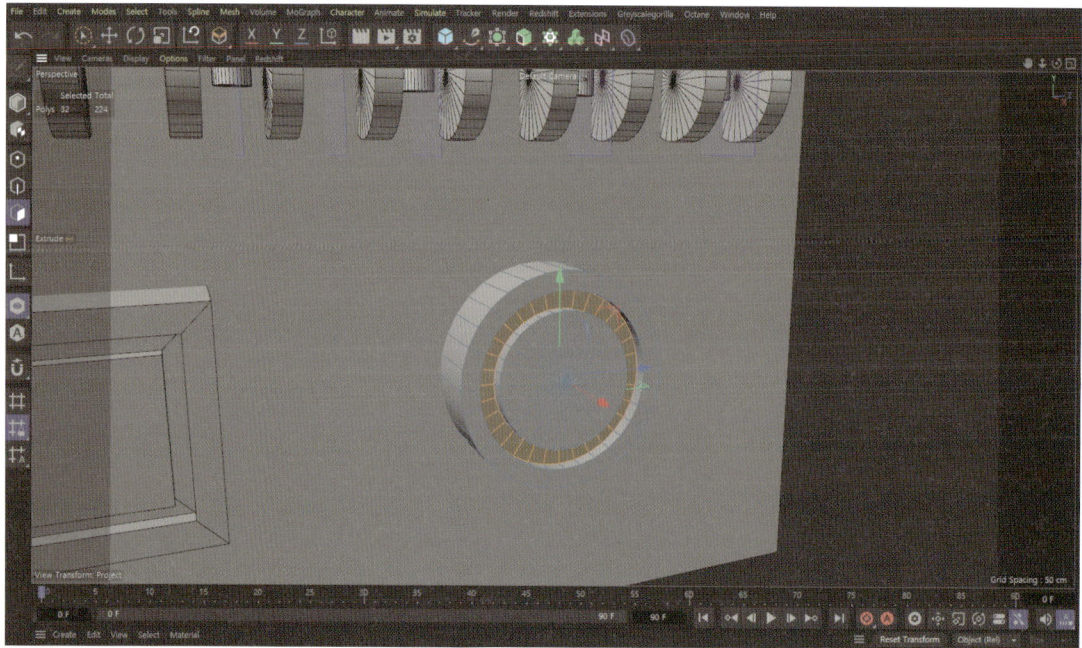

▲ 익스트루드

D를 누르고 클릭 앤 드래그하여 면을 안으로 넣어줍니다.

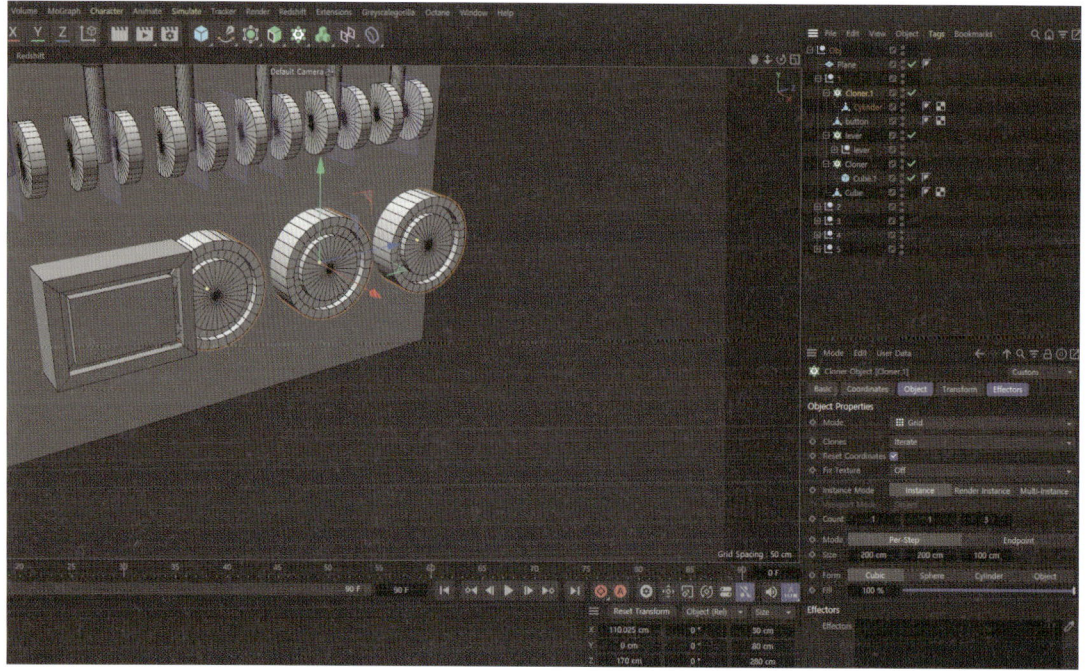

▲ 클로너

지금까지 제작한 오브젝트에 클로너를 적용해서 위 이미지처럼 조절해 줍니다. 클로너는 이제 많이 다뤄봤으니 별도의 설명 없이도 이미지와 비슷하게 작업할 수 있을 것입니다.

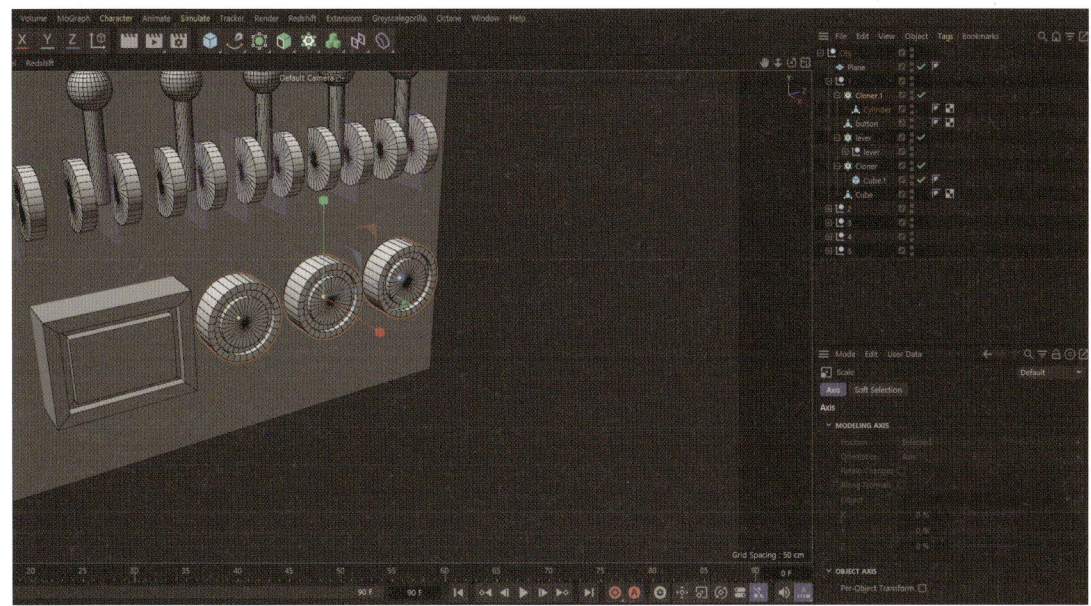

▲ 크기 조절

오브젝트의 크기가 너무 큰 것 같아 T를 누르고 크기를 줄이겠습니다. 이때 클로너를 선택하면 전체가 일괄적으로 줄어들고, 하단의 실린더를 선택하고 줄이면 클로너의 간격은 그대로 두고 실린더의 크기만 줄어듭니다. 우리는 클로너를 선택하고 줄이겠습니다.

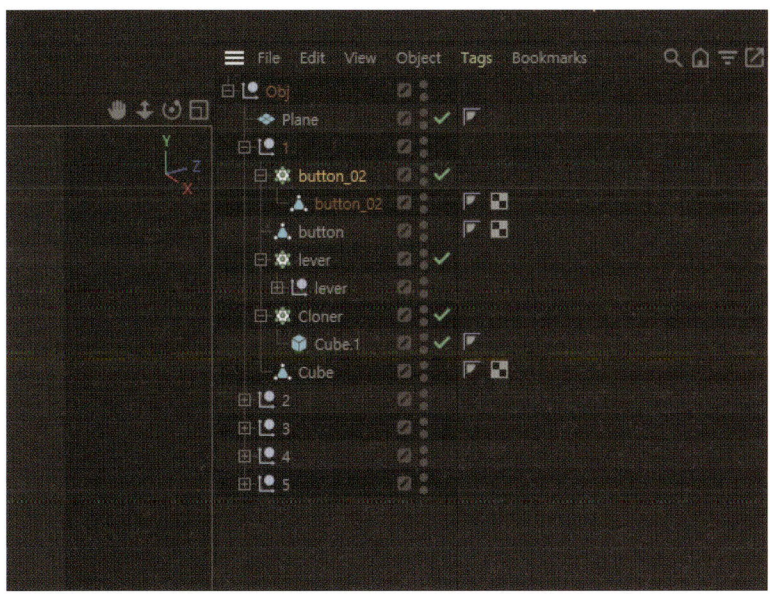

▲ 이름 변경

제작한 오브젝트의 이름을 'button_02'로 변경합니다. 상위의 'Cloner.1'과 하위의 'Cylinder'도 같이 변경해 주면 나중에 재질을 적용할 때 구분하기 편합니다.

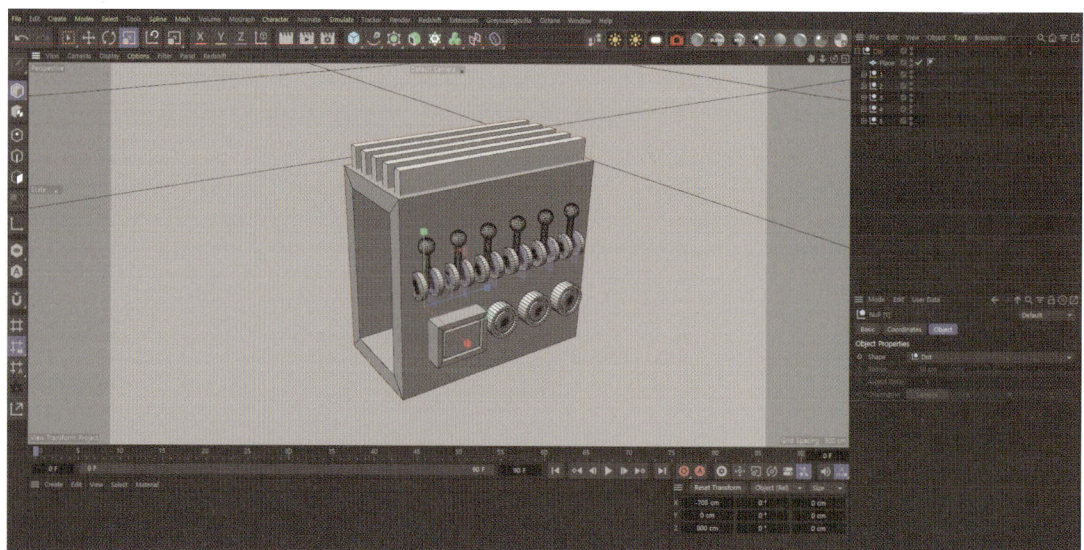

▲ 솔로 해제

다음으로 두 번째 모델링을 진행하겠습니다.

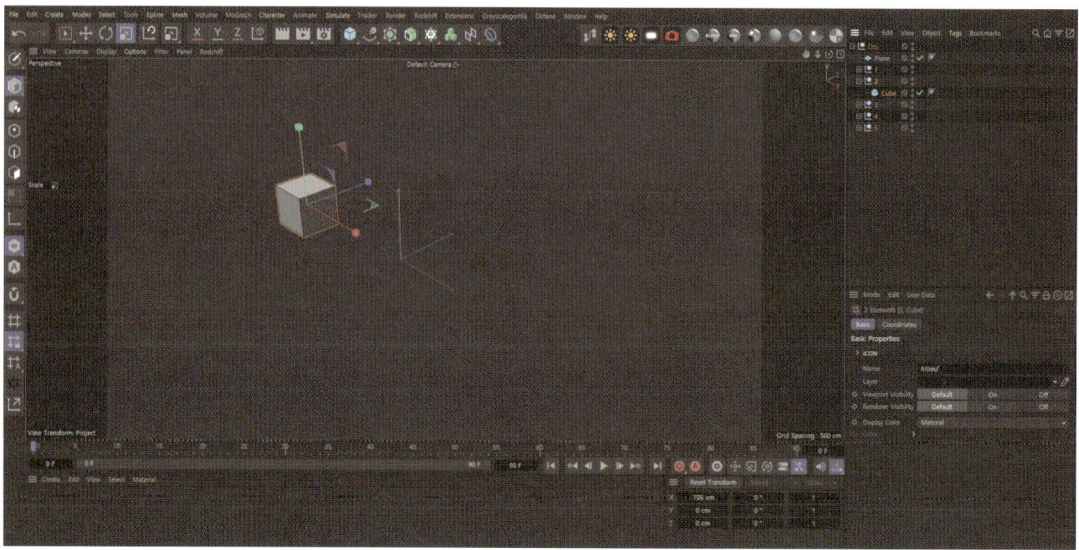

▲ 솔로

2번 널을 휠로 클릭한 후 솔로 모드를 눌러 해제합니다.

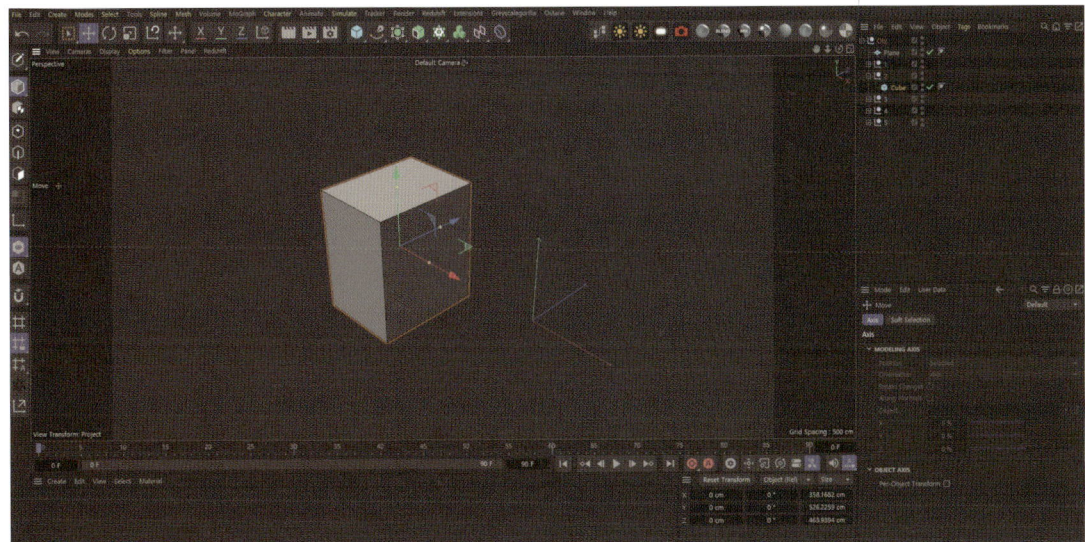

▲ 크기 조절

큐브를 선택하고 위 이미지의 크기 정도로 조절합니다.

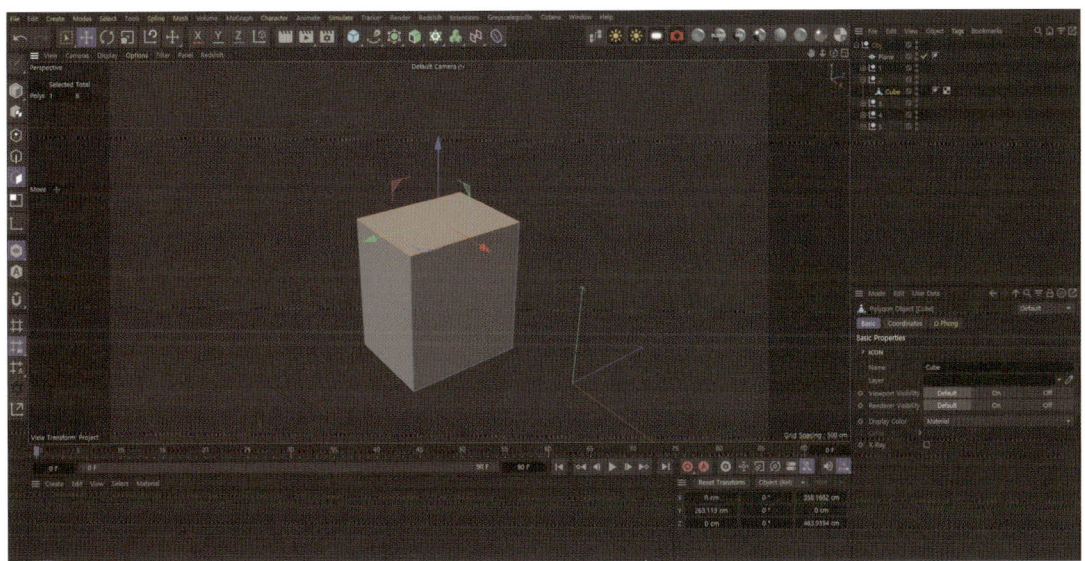

▲ 면 선택

C를 눌러 에디터블 시킨 후, 면 선택 모드에서 윗면만 선택합니다.

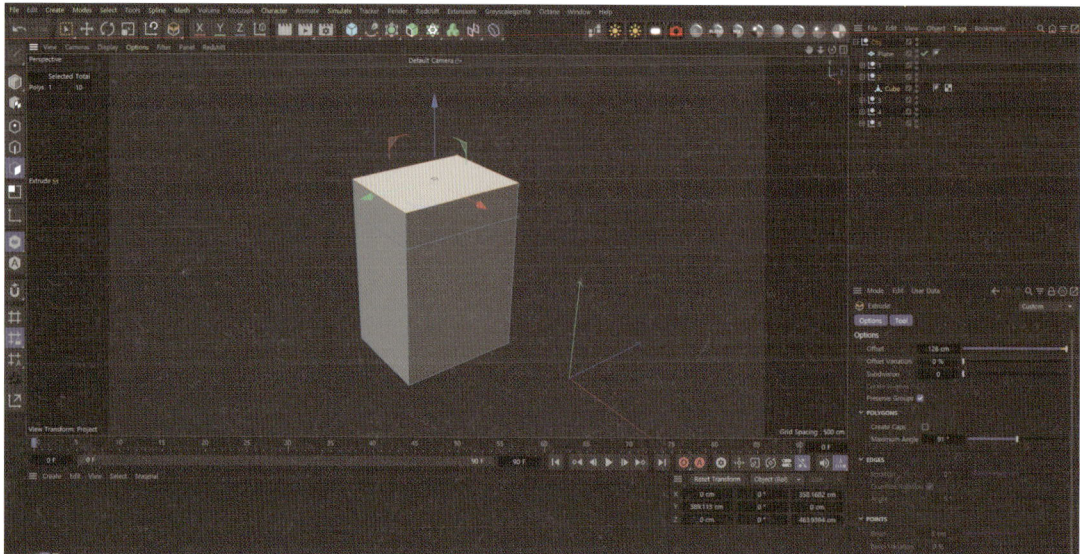

▲ 익스트루드

D를 누르고 클릭한 뒤 오른쪽으로 드래그하여 면을 추가합니다.

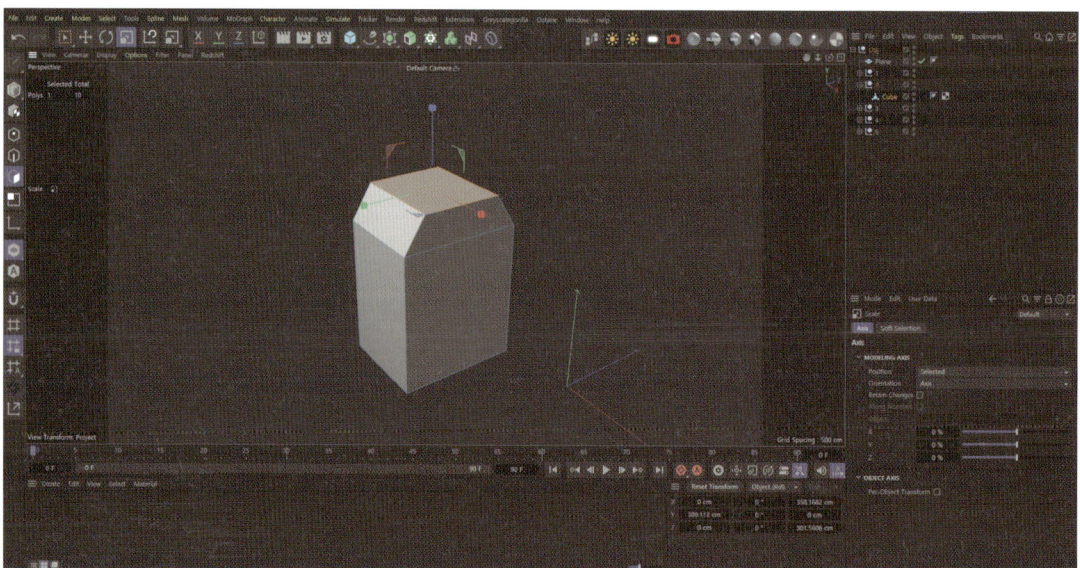

▲ 스케일

T를 눌러 크기를 조절합니다.

오른쪽과 같이 면들을 선택합니다.

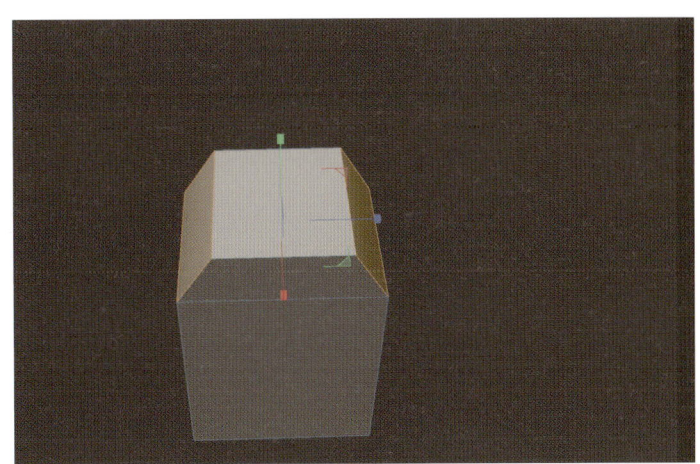

▲ 면 선택

▲ 익스트루드

그리고 인셋과 익스트루드를 활용하여 위와 같이 조절해 줍니다.

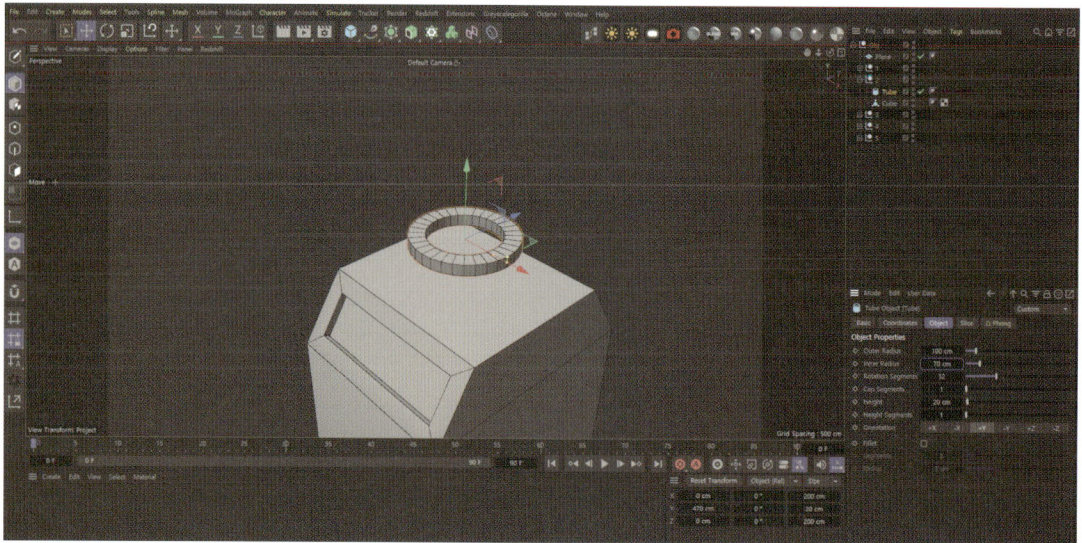

▲ 튜브

튜브를 하나 생성해서 위쪽으로 이동시키고 위 이미지와 비슷하게 값을 조절합니다.

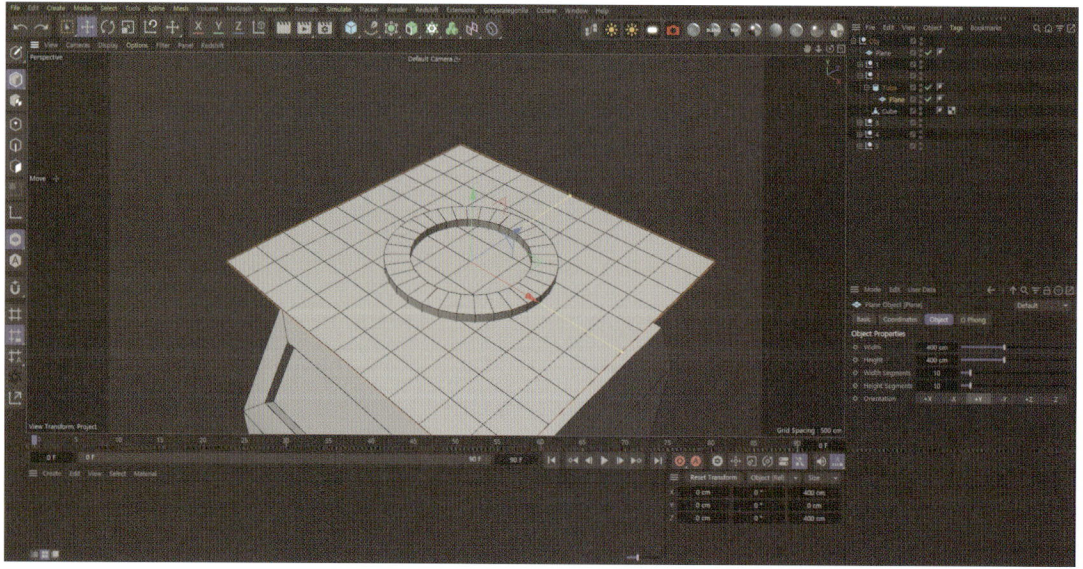

▲ 플레인 생성

튜브를 선택한 후 Shift 를 누르면서 플레인을 생성합니다. 널을 만들어서 진행해도 되지만 번거로울 가능성이 있어서 해당 방식으로 진행하겠습니다.

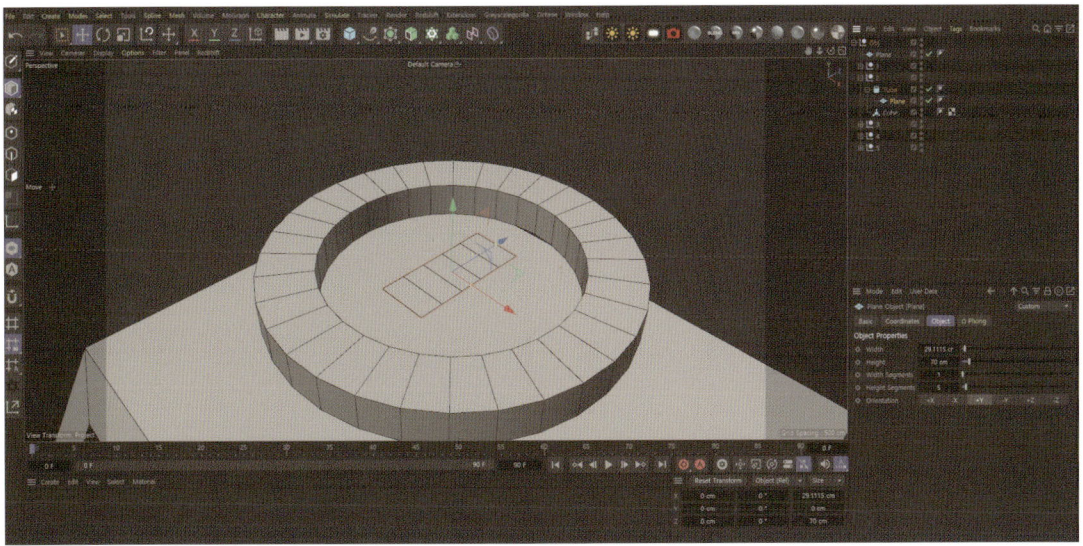

▲ 크기 조절

플레인의 크기와 값을 조절합니다.

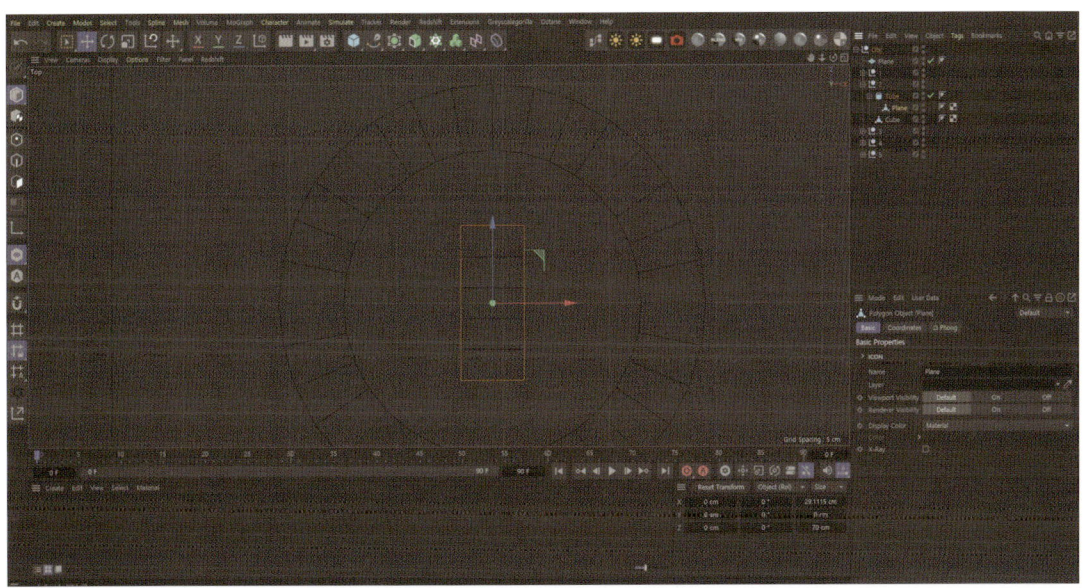

▲ Top 화면

C를 눌러 에디터블 시켜준 후 Top 화면으로 전환합니다.

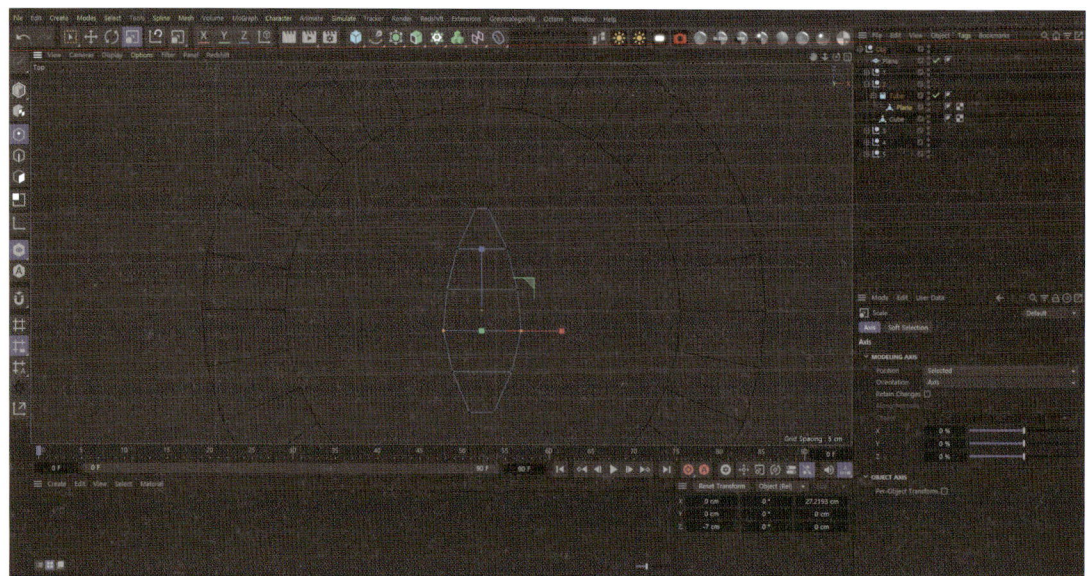

▲ 모델링

앞에서 같이 했던 것처럼 포인트 선택 모드와 렉탱글 셀렉션, 스케일 조절을 활용하여 위 이미지와 동일하게 작업을 진행합니다.

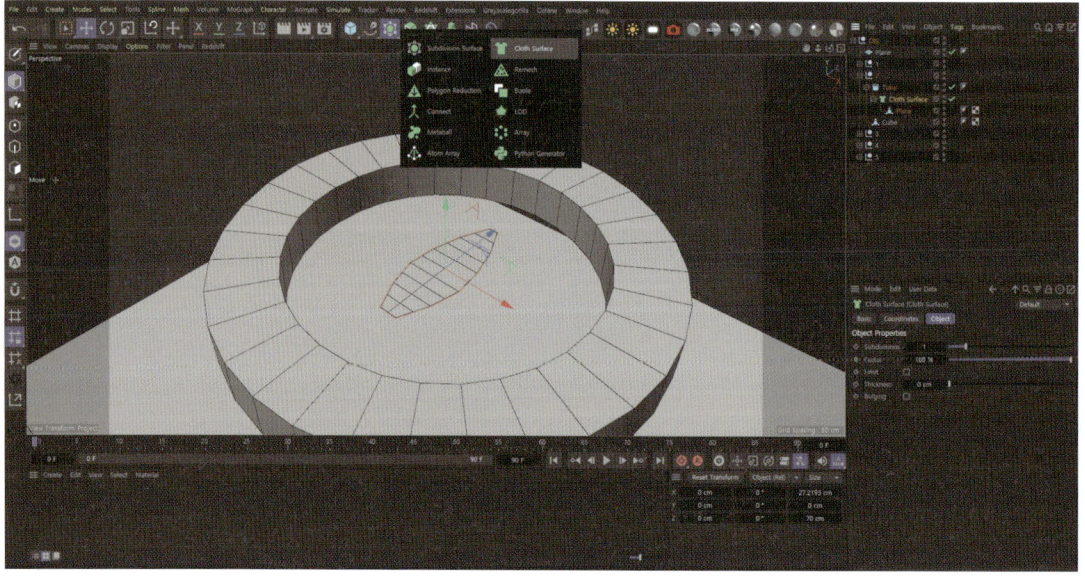

▲ Perspective 화면

Perspective 화면으로 전환한 후 [Cloth Surface]를 적용합니다. 클로스 서페이스는 파란색 오브젝트이므로 초록색의 하단으로 적용합니다.

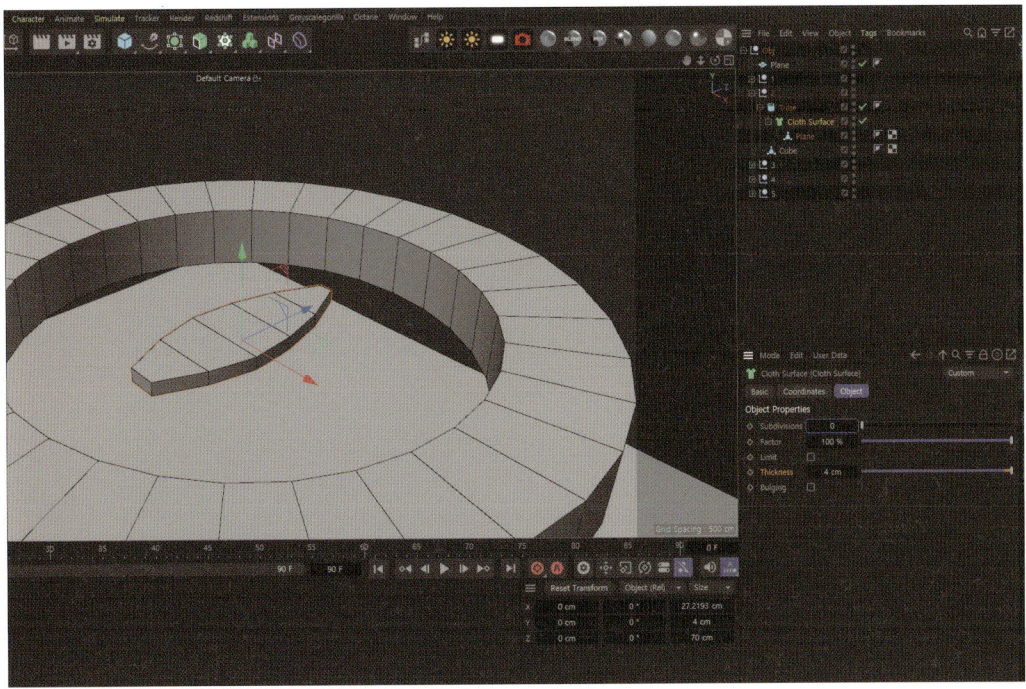

▲ 수치 조절

클로스 서페이스는 폴리곤에 두께를 주는 기능입니다. [Subdivisions]는 기존의 면을 분할하는 기능, [Thickness]는 두께를 얼마나 줄지에 대한 기능입니다. 각각 0과 4를 적용하겠습니다.

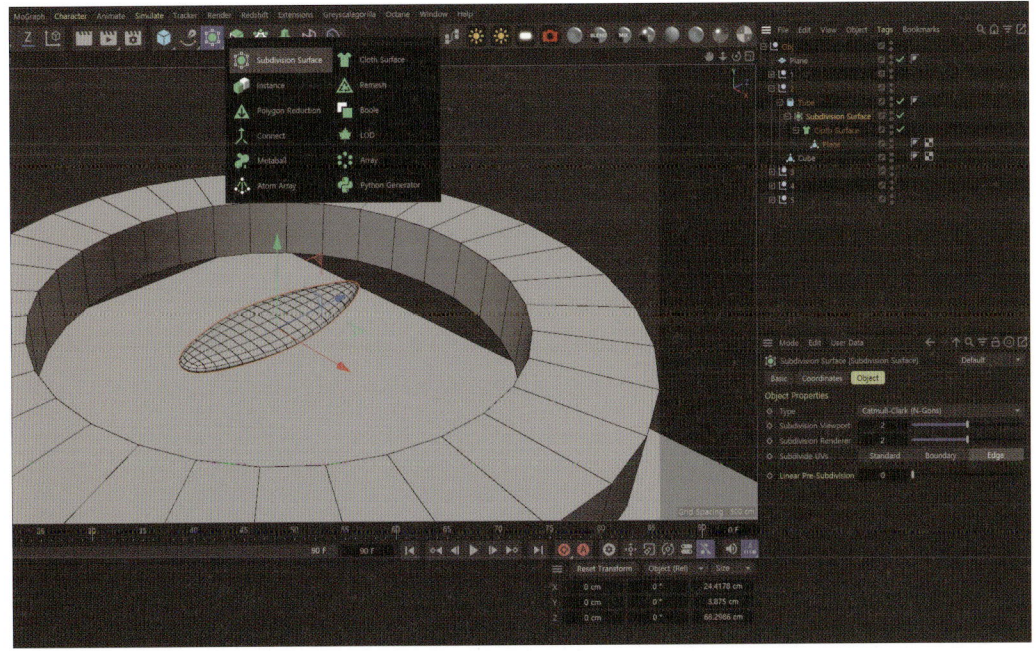

▲ 서브디비전 서페이스

앞에서 [Cloth Surface]를 적용했으니 이번에는 [Subdivision Surface]를 적용합니다.

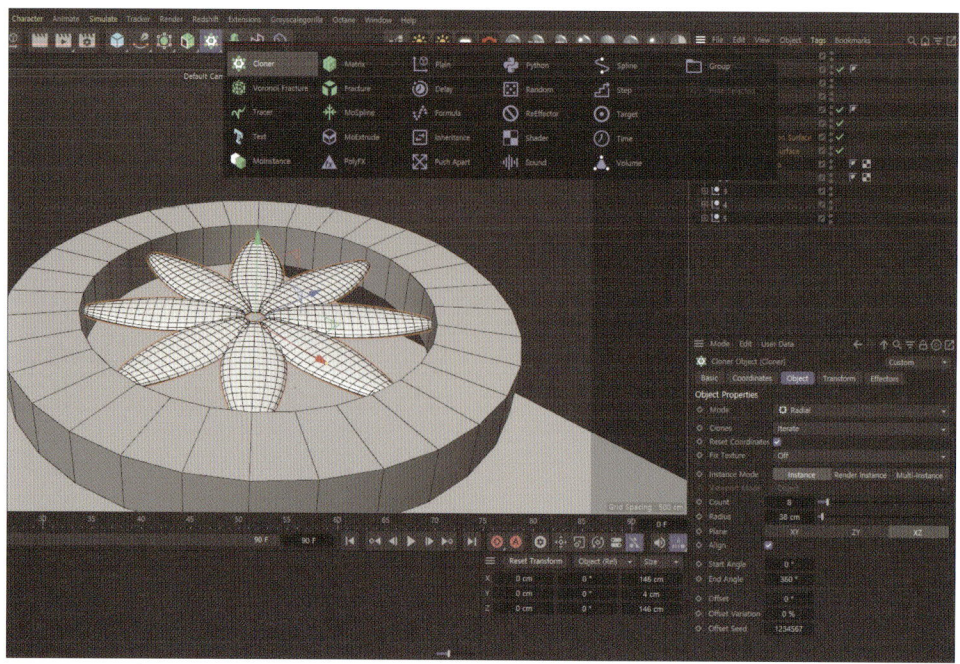

▲ 클로너

서브디비전 서페이스에 클로너를 적용합니다. [Mode: Radial]로 변경 후, 카운트와 레디우스는 원하는 값으로 적용합니다.

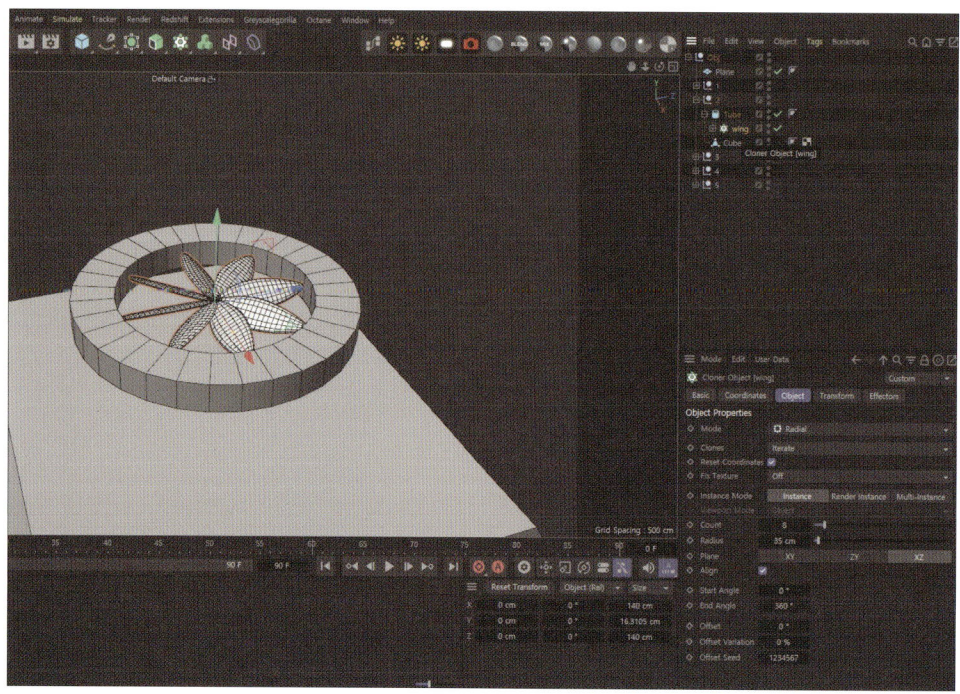

▲ 날개 조정

클로너의 트랜스폼 창에서 R.B의 값을 조절합니다. 이 역시 자유롭게 조절하면 됩니다.

최종적으로 상단에 위치한 'Cloner'의 이름을 'Wing'으로 변경합니다. 이름을 꼭 변경할 필요는 없지만 작업할 때 구분하기 쉽도록 간단하고 연상이 잘 되는 이름으로 변경하는 것이 좋습니다.

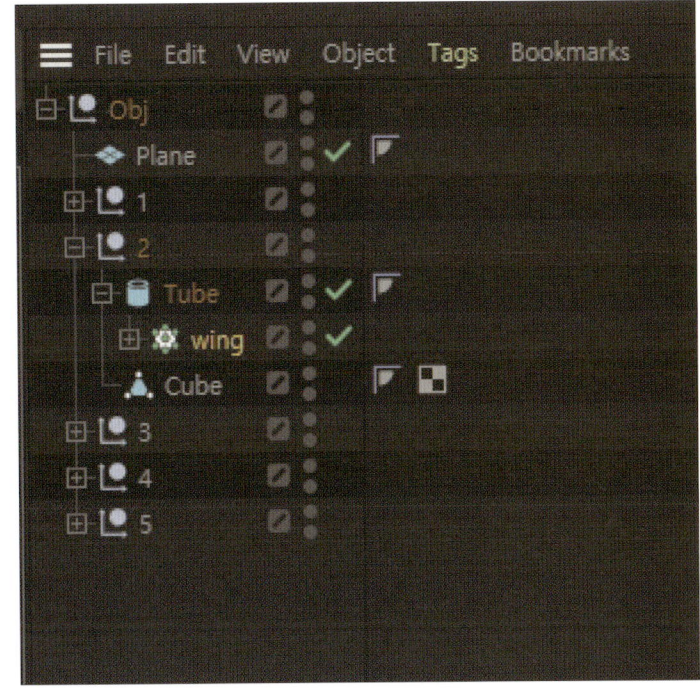

▲ 이름 변경

크기를 적당히 조절하고 위치를 메인 오브젝트에 딱 붙여줍니다. 클로너를 사용하여 4개를 복사할 예정입니다.

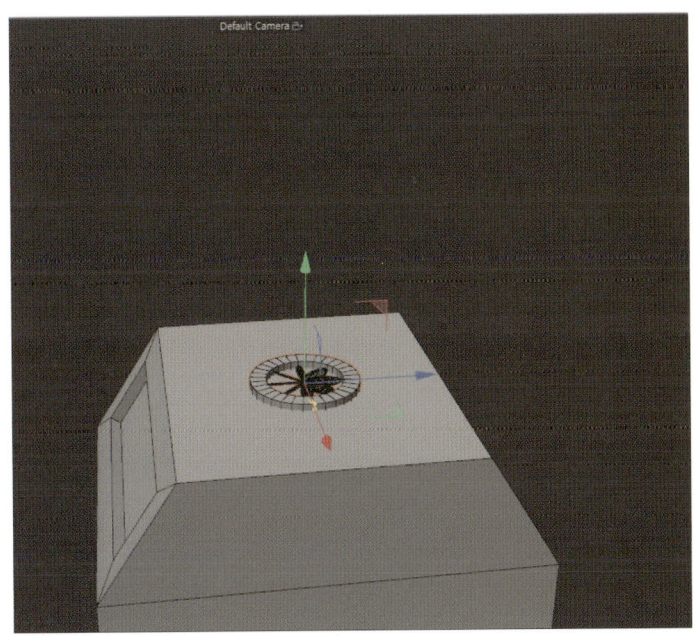

▲ 위치 이동

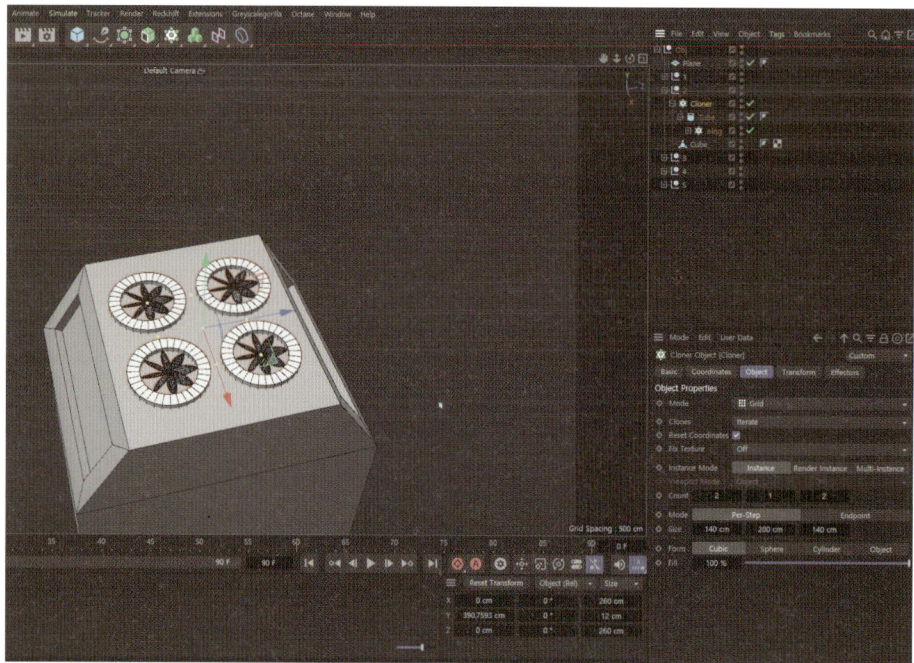

▲ 클로너

조절을 완료한 오브젝트에 클로너를 적용해 줍니다. 클로너의 설정은 해당 오브젝트 안에만 위치할 수 있도록 넉넉하게 조절합니다.

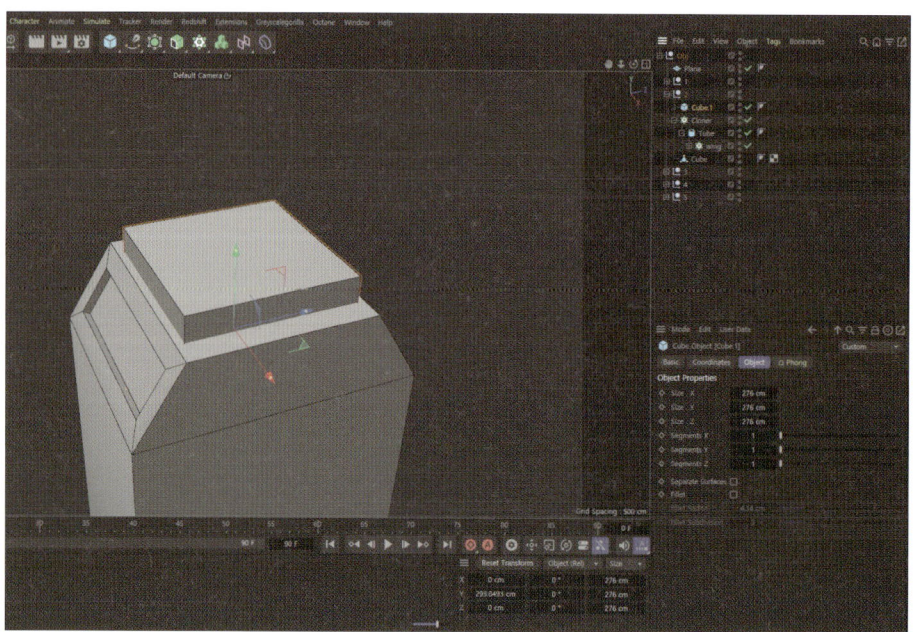

▲ 큐브

2번 널 안에 큐브를 새로 생성하고 위치와 크기를 위 이미지처럼 조절해 줍니다.

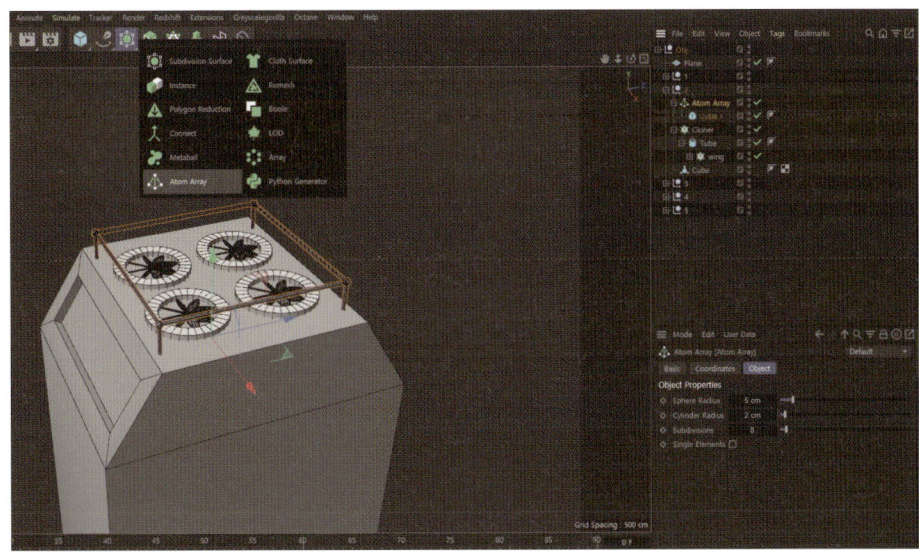

▲ 아톰 어레이

큐브를 선택하고 아톰 어레이(Atom Array)를 적용합니다. 아톰 어레이는 오브젝트의 세그먼트를 기준으로 기둥을 만들어주는 기능입니다. 큐브의 세그먼트를 늘리면 기둥이 늘어나는 것을 확인할 수 있으며, 스피어 레디우스(Sphere Radius)와 실린더 레디우스(Cylinder Radius)의 수치를 조절해서 설정하면 됩니다. 각각 2로 설정하고 진행하겠습니다.

▲ 실린더 제작

2번 널 안에 실린더를 생성해 주고 위 이미지처럼 크기와 위치를 설정합니다. 이 역시 이제 많이 해봤으니 익숙해졌을 것입니다.

바로 C를 눌러서 에디터블 시켜 준 후 U~L을 눌러 루프 셀렉션 모드에서 앞쪽 면들만 선택합니다.

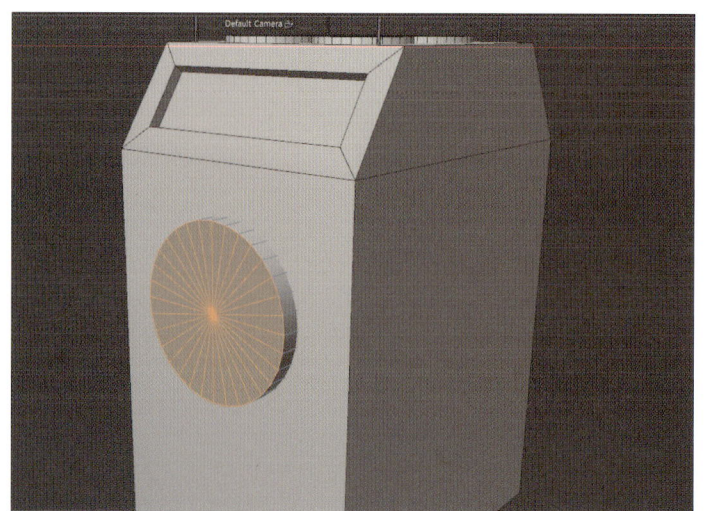

▲ 면 선택

I를 누르고 면을 축소합니다.

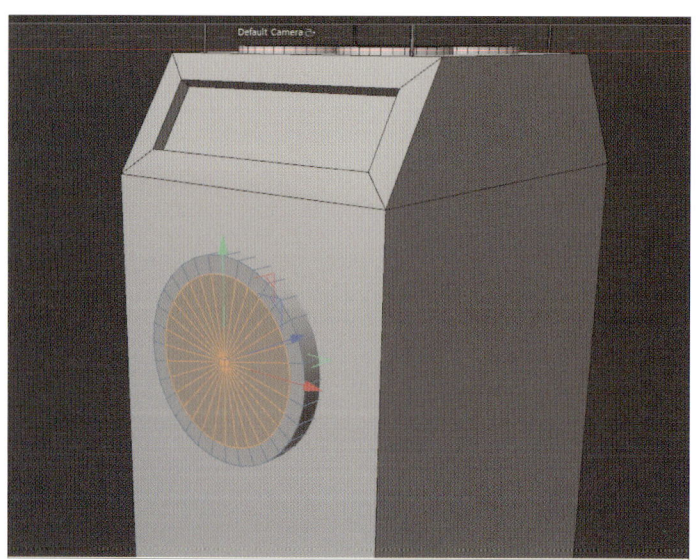

▲ 인셋

D를 눌러 면을 안쪽으로 넣어줍니다.

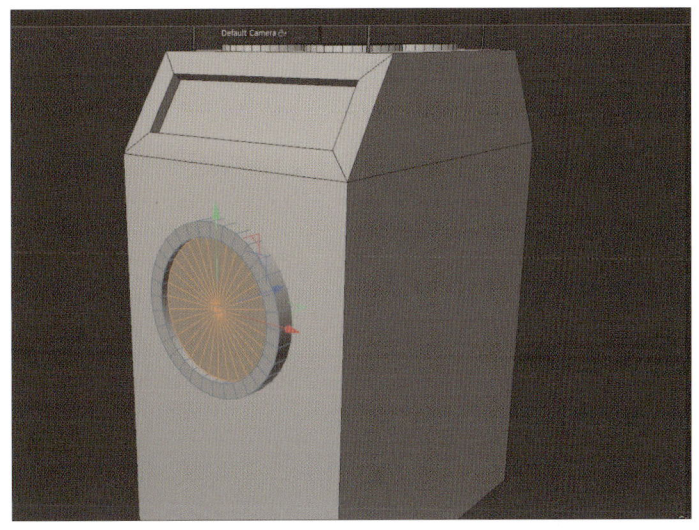

▲ 익스트루드

조절 완료한 오브젝트의 이름을 변경합니다. 보통 영어나 숫자로 수정하며, 여기서는 '00'으로 수정하겠습니다.

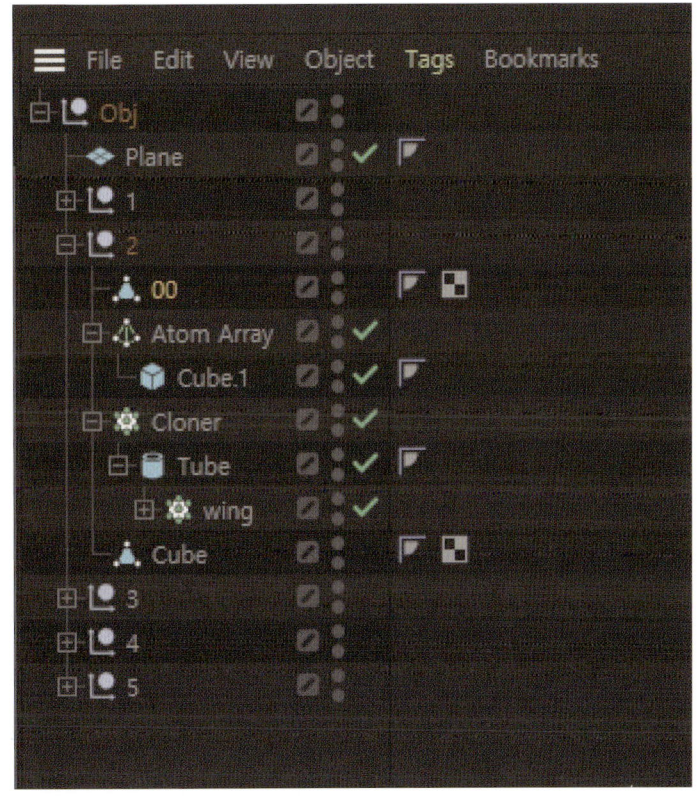

▲ 이름 변경

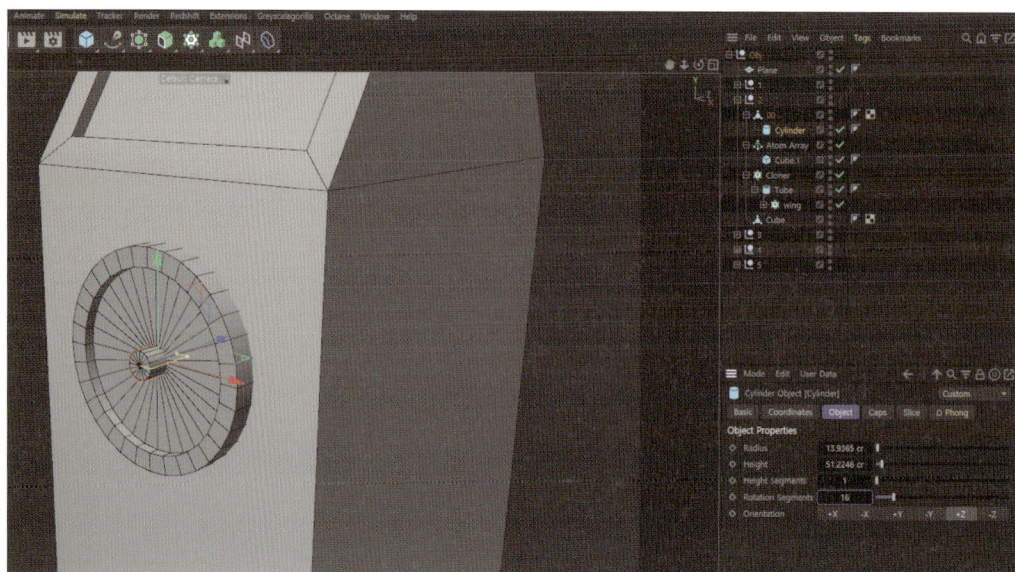

▲ 실린더 제작

00 오브젝트 밑으로 새로 실린더를 생성하고, 위 이미지처럼 값을 조절합니다.

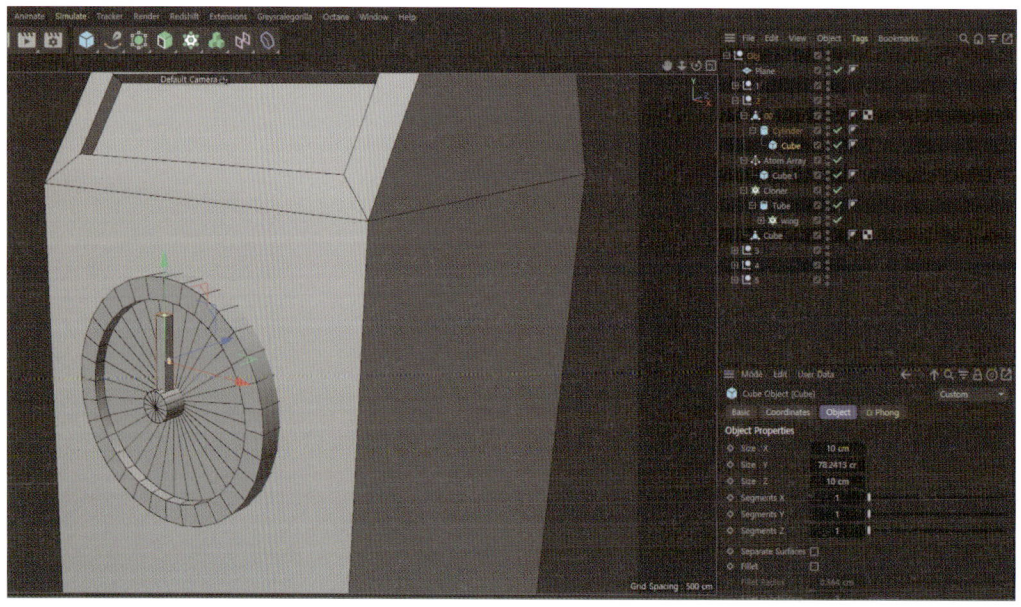

▲ 큐브 제작

조절한 실린더 안으로 큐브를 새로 생성한 후 위 이미지처럼 크기와 위치를 이동시켜 줍니다. 나중에 움직임을 적용할 때는 실린더만을 사용해서 작업을 진행할 예정입니다. 간혹 작업자에 따라서 추가적으로 널을 생성하는 경우도 있습니다. 모든 작업에는 정답이 없으며 같은 작업이라도 각자의 스타일에 따라 다양한 방법으로 진행할 수 있다는 점을 늘 염두에 두세요.

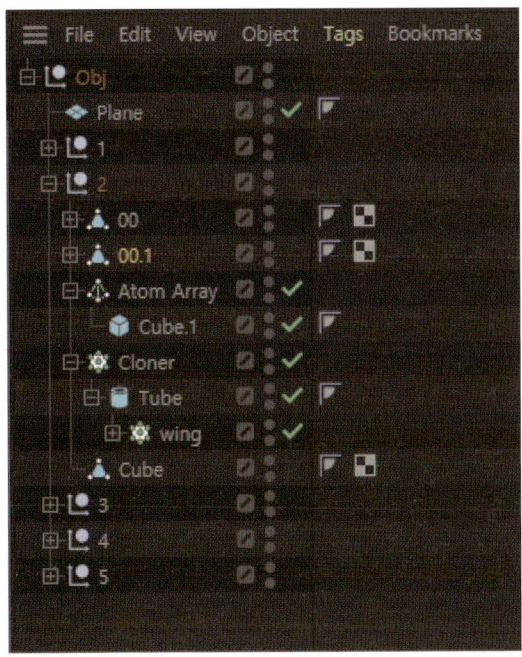 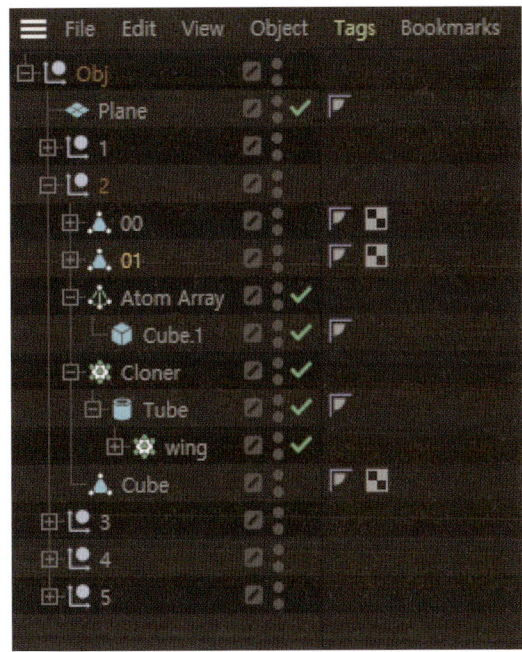

▲ 복제   ▲ 이름 변경

제작한 레이어를 선택하고 이름을 '01'로 변경합니다.

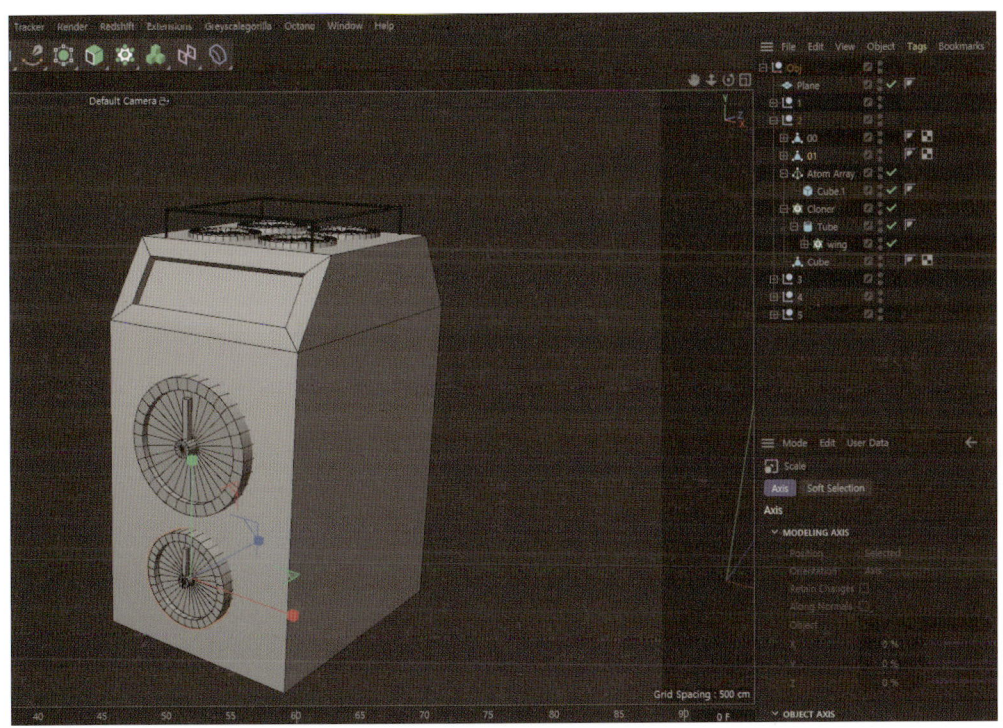

▲ 위치 이동

최종적으로 위치와 크기를 조절해 줍니다. 이로써 두 번째 오브젝트도 제작이 완료됐습니다.

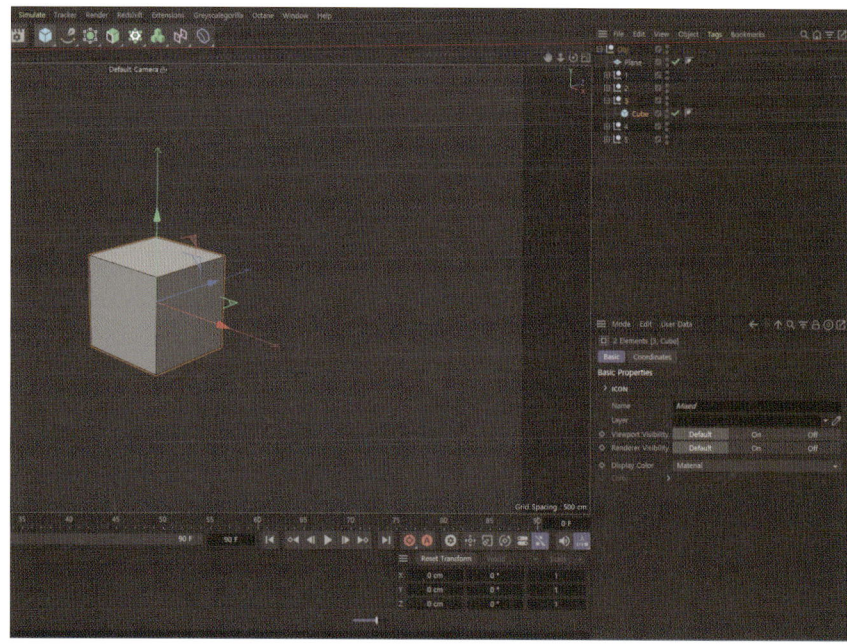

▲ 솔로

이제 2번 널의 솔로 뷰를 해제하고 3번 널을 휠 클릭 후 솔로 모드를 활성화합니다. 이전과 같은 방식으로 진행되므로 솔로 뷰를 설정하는 것은 어렵지 않을 것입니다. 솔로 뷰가 제대로 활성화되지 않는 경우도 있는데, 이는 여러분이 잘못한 것이 아닙니다. 프로그램을 다루다 보면 생기는 오류 중 하나이므로 너무 신경 쓰지 말고 오브젝트가 잘 보이는 위치로 이동한 후 작업을 재개하면 됩니다.

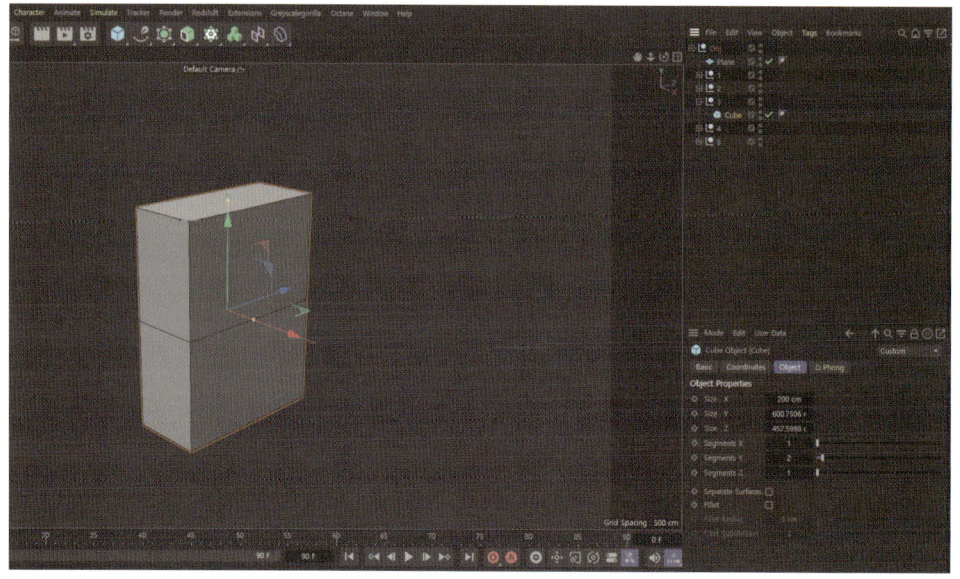

▲ 수치 조절

3번 널 밑에는 하나의 오브젝트밖에 없기 때문에 우선 크기를 위 이미지와 같이 조절해 줍니다. 그 후 [Segments Y: 2]로 설정합니다.

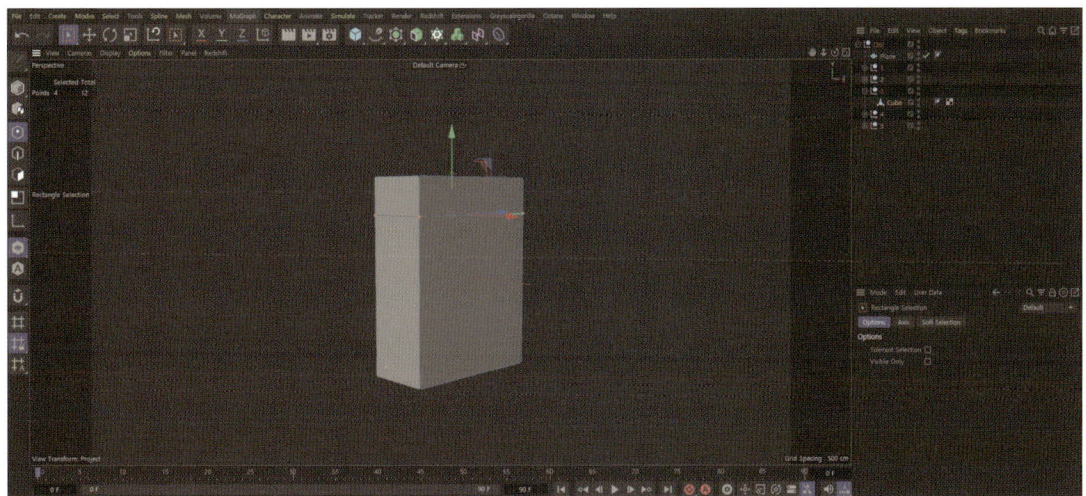

▲ 에디터블

에디터블 시킨 후에 [Points]-[Rectangle Selection]으로 중간 부분만 선택 후에 위쪽으로 올려줍니다.

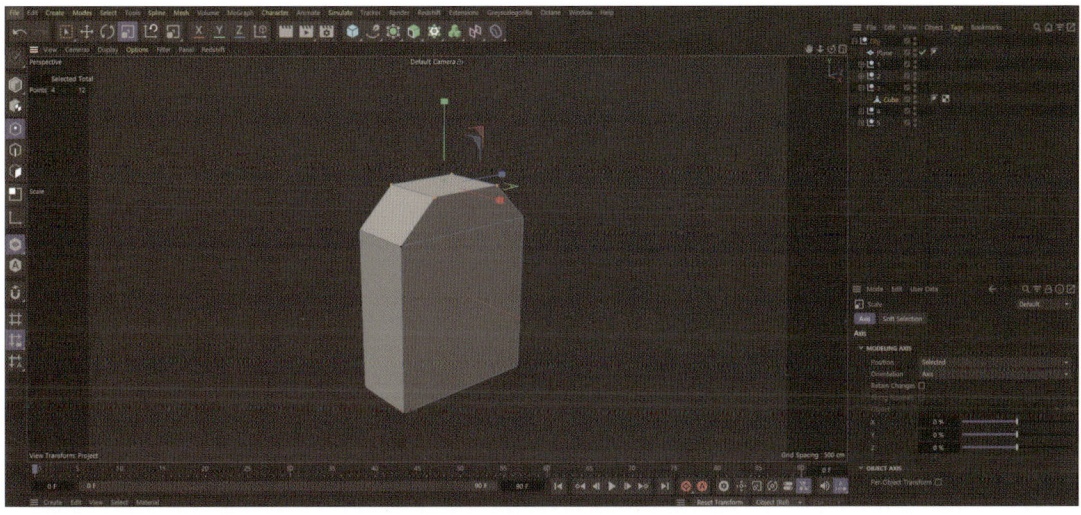

▲ 포인트 조절

다시 맨 위쪽 점들만 선택한 후 위 이미지처럼 크기를 조절합니다.

U~ㄴ을 눌러 루프 셀렉션 모드로 설정한 후 오른쪽 이미지처럼 선택합니다.

▲ 루프 셀렉션

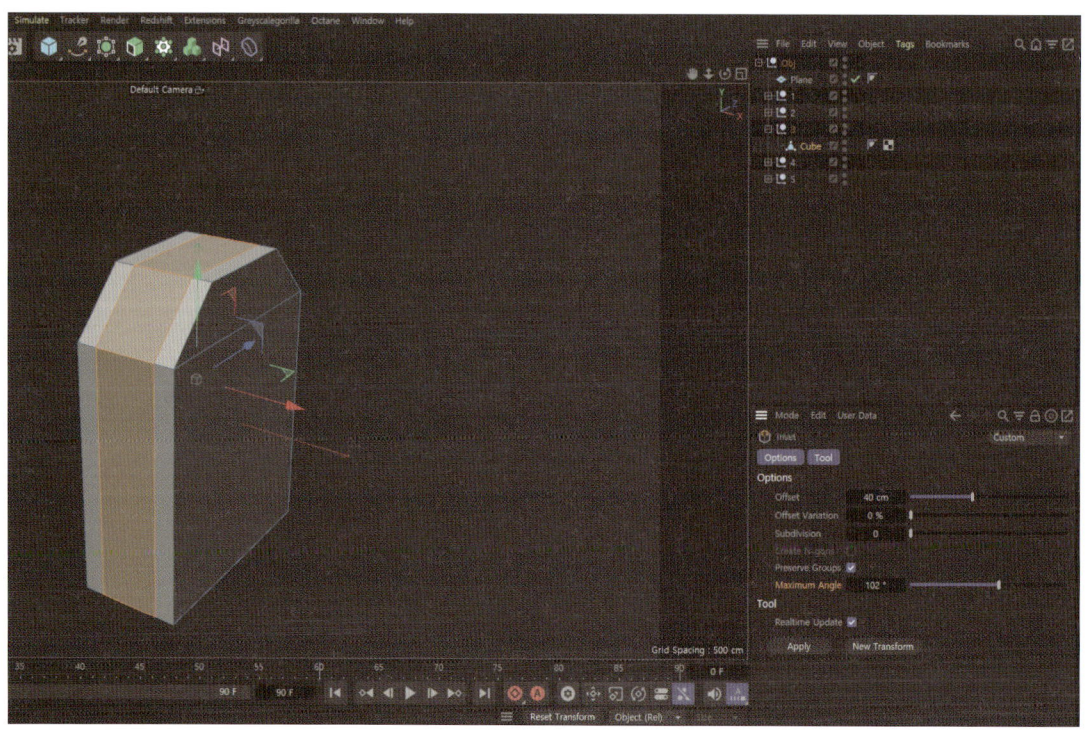

▲ 인셋

I를 눌러 인셋 모드로 바꿔준 후 클릭 앤 드래그하여 면을 축소합니다. 전체 면을 일정하게 줄이므로 꼭 [Preserve Groups]에 체크하고, [Maximum Angle]을 90도 이상으로 설정하면 됩니다. 간혹 90으로도 안 되면 그 이상의 값으로 설정하기 바랍니다.

인셋을 한 번 더 적용합니다.

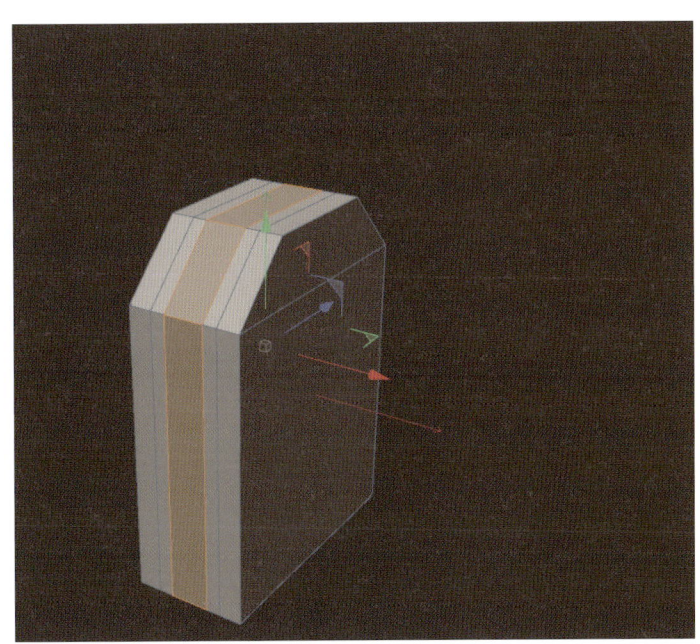

▲ 인셋

루프 셀렉션으로 해당 부분만 선택합니다.

▲ 루프 셀렉션

D를 눌러 익스트루드로 해당 부분을 안쪽으로 넣으면 베이스 오브젝트가 완성됩니다.

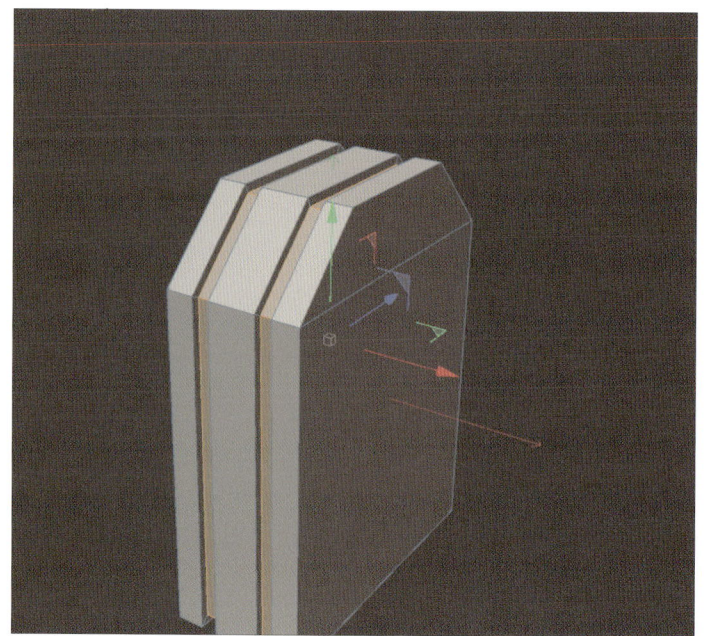

▲ 익스트루드

만든 오브젝트를 복제합니다.

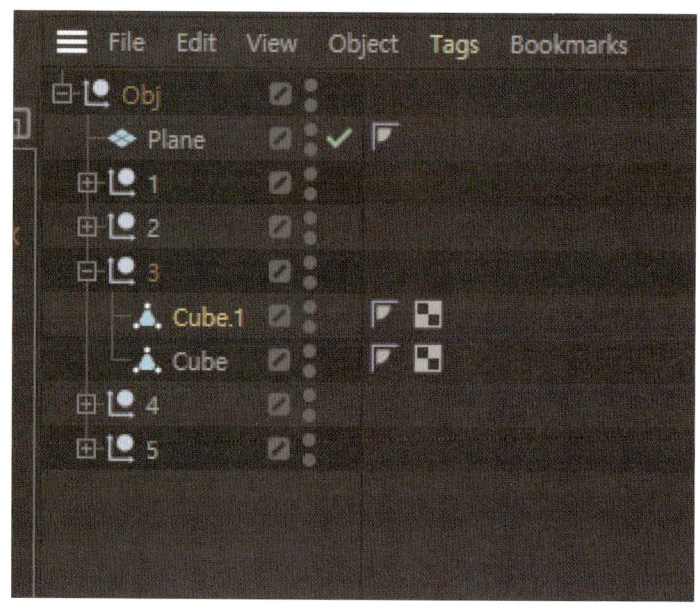

▲ 복사

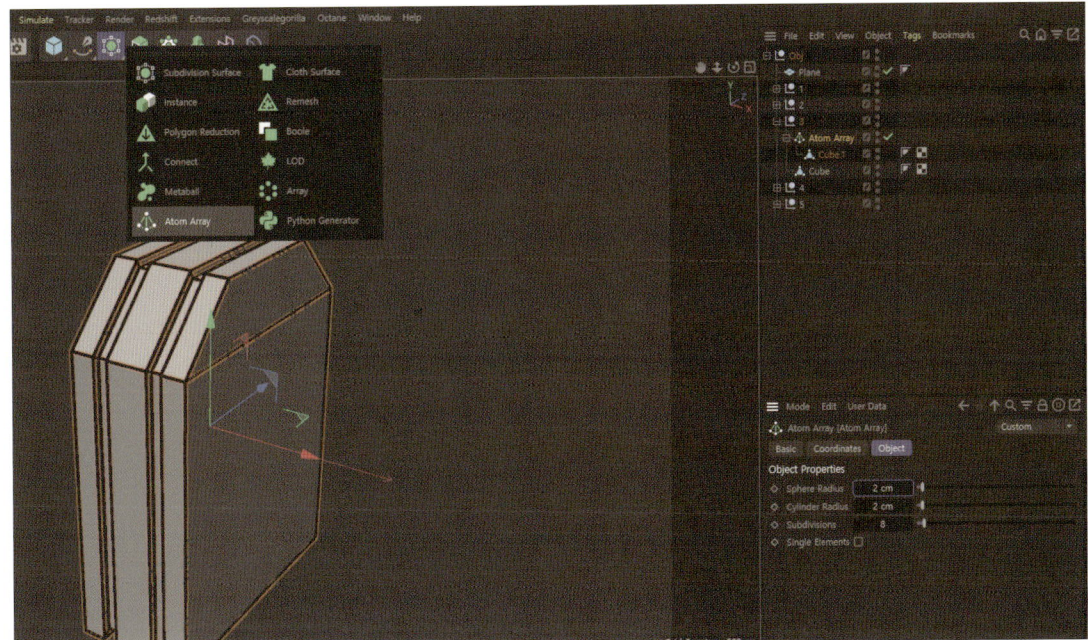

▲ 아톰 어레이

제작한 오브젝트에 아톰 어레이를 적용하고, 스피어 레디우스와 실린더 레디우스를 각각 2로 설정합니다.

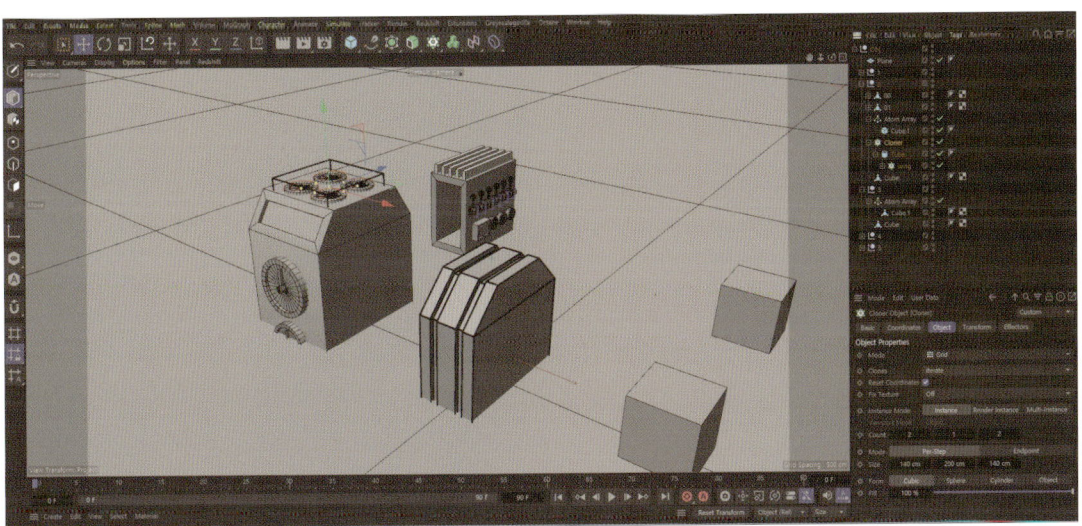

▲ 솔로 모드 해제

이전에 만든 오브젝트를 찾아서 가져오기 위해 솔로 뷰를 해제합니다. 2번 널 밑에 제작했던 Wing 오브젝트를 찾아줍니다. 맨 하단의 이름만 'Wing'으로 변경했었기 때문에 최상단 오브젝트의 이름은 바뀌어 있지 않습니다.

공장 제작하기 | PART 05 **227**

관련 오브젝트들을 구별하기 쉽도록 모두 'Wing'으로 변경합니다.

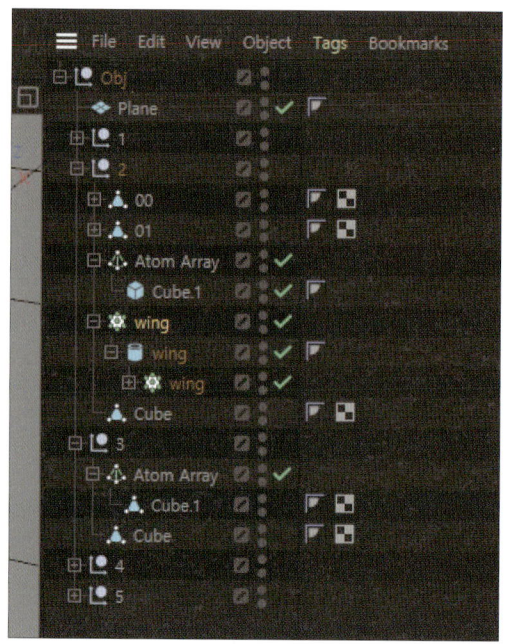
▲ 이름 변경

2번 널 밑에 있는 Wing 오브젝트를 통째로 3번 널 밑으로 복제합니다. Ctrl을 누른 채로 클릭 앤 드래그하면 됩니다.

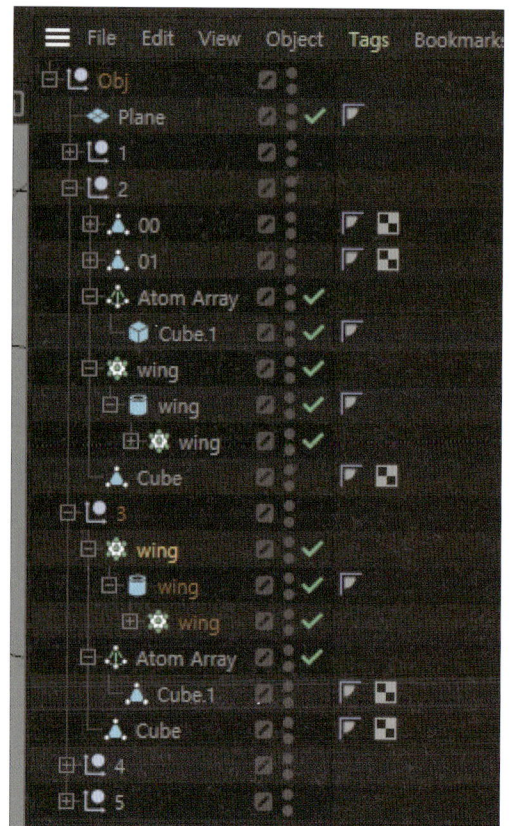
▲ 복제

▲ 휠 클릭 후 솔로 뷰

다시 3번 널을 휠 클릭하고 솔로 뷰를 켭니다. 그럼 위 이미지처럼 보일 텐데, 이는 매우 정상적인 모습이며 이제부터 추가 작업을 진행해 보겠습니다.

▲ 위치 이동

Wing의 P.X, P.Y, P.Z를 전부 0으로 설정하면 3번 널의 한가운데로 이동하게 됩니다. 이는 하단의 오브젝트가 상단의 오브젝트 하단에 들어가게 되면 원점이 상단 오브젝트를 기준으로 바뀌게 되기 때문입니다. 그래서 작업 초기에 널을 생성하고, 널을 이동해서 위치를 조절했습니다. 앞으로 작업할 때도 이 방식을 참고하기 바랍니다.

Wing의 위치를 이동한 후 오른쪽 이미지처럼 회전시켜 줍니다.

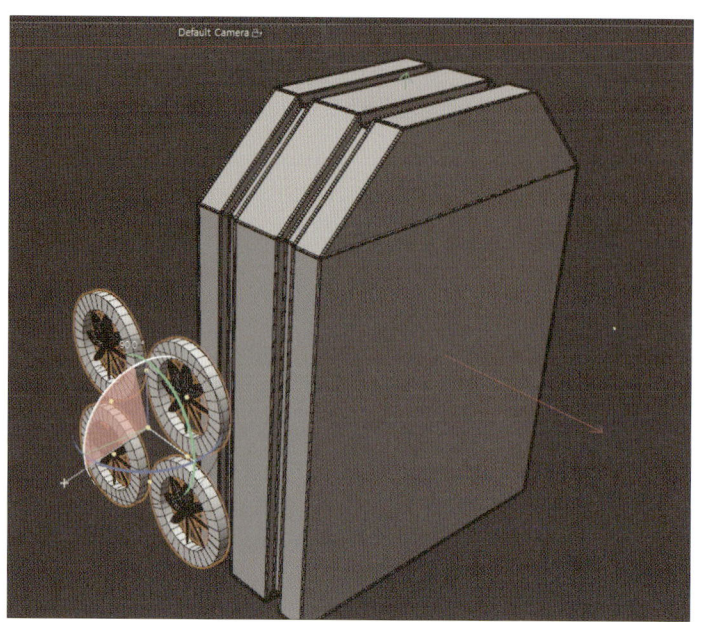

▲ 위치 이동

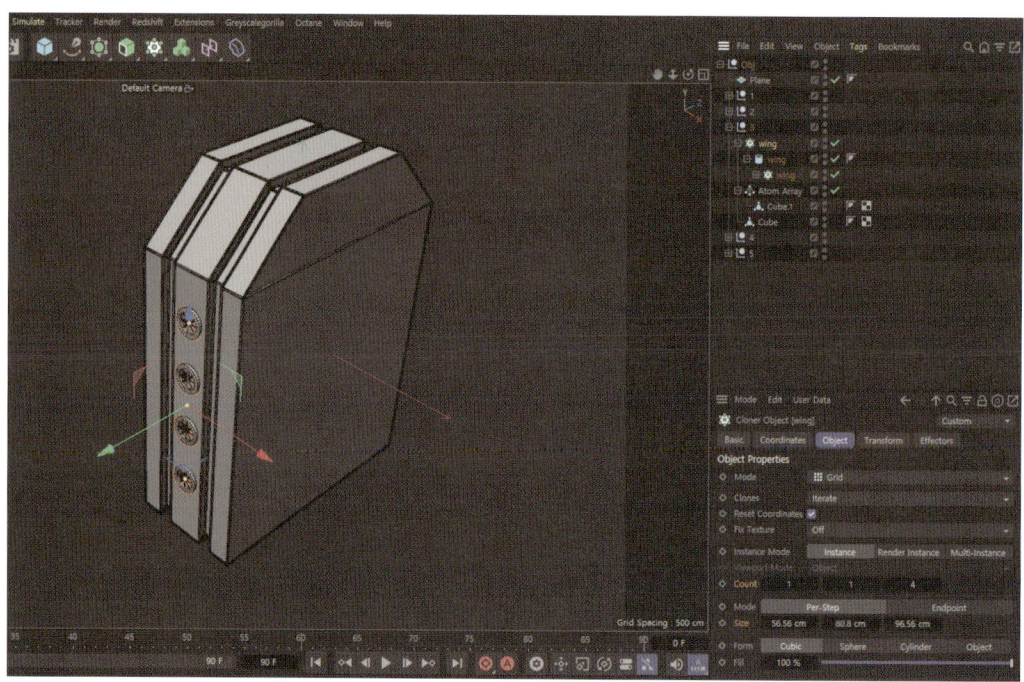

▲ 설정값 조절

오브젝트 창에서 벽면의 세로 면에 위치하게끔 값을 설정한 후 위치를 다시 이동시켜 맞춰줍니다.

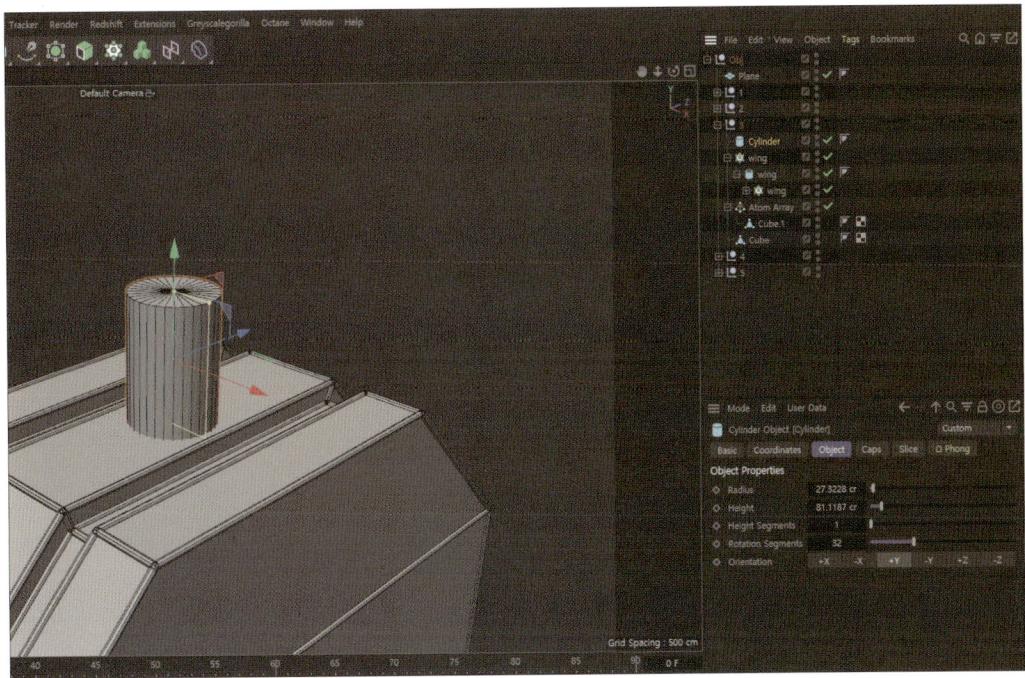

▲ 실린더

3번 널 밑에 새롭게 실린더를 생성합니다. 설정값들을 위 이미지와 비슷하게 조절해 주세요.

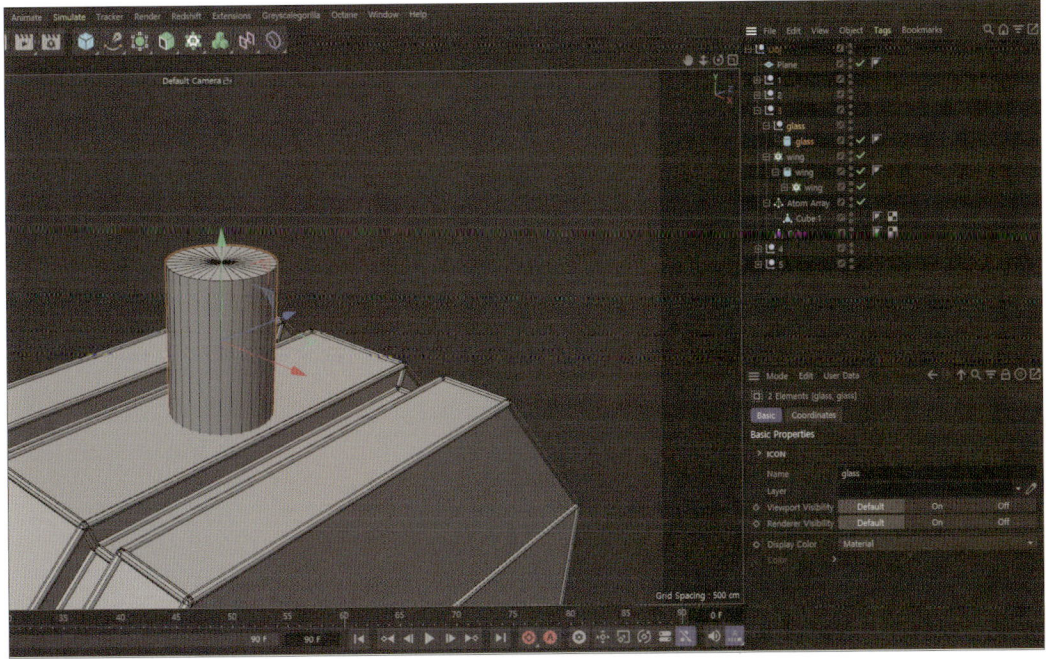

▲ 이름 변경

Alt + G 를 눌러 그룹화한 후 이름을 'glass'로 변경합니다.

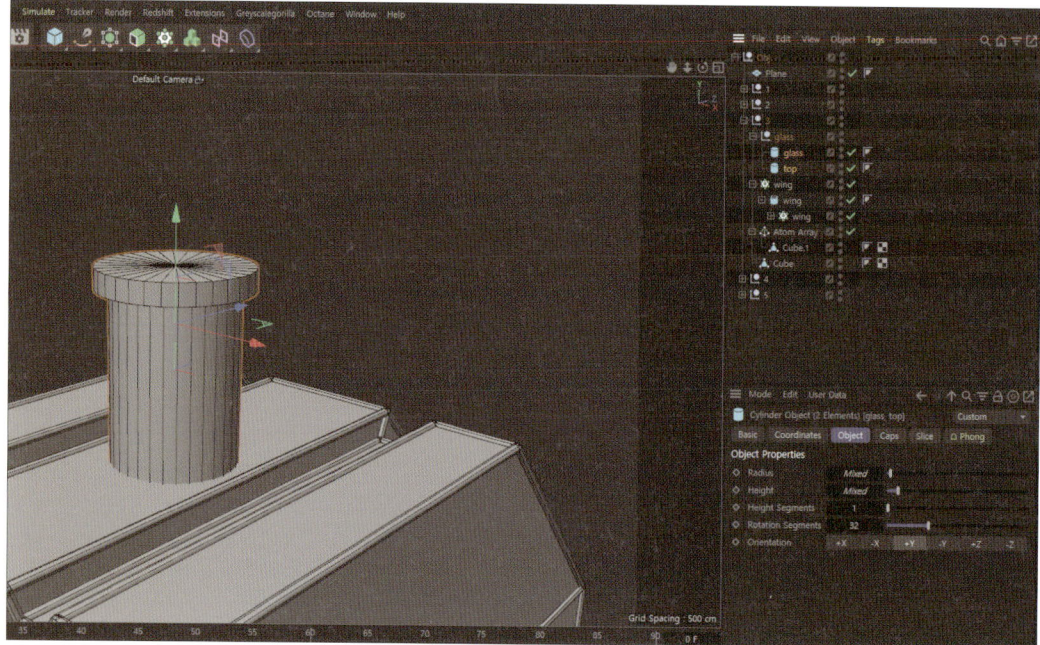

▲ 복제

위 이미지와 비슷한 모양으로 조절합니다. 실린더의 이름은 'top'으로 변경합니다. 그럼 glass 널에는 총 두 가지의 실린더가 있는 것을 확인할 수 있습니다.

glass 오브젝트를 우클릭하고 [Render Tags]-[Display]로 디스플레이 태그를 달아줍니다.

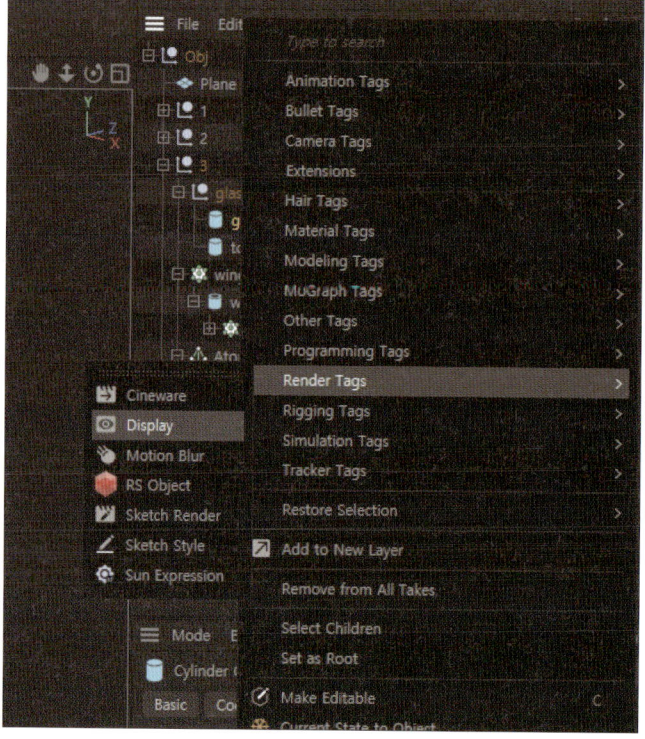

▲ 태그

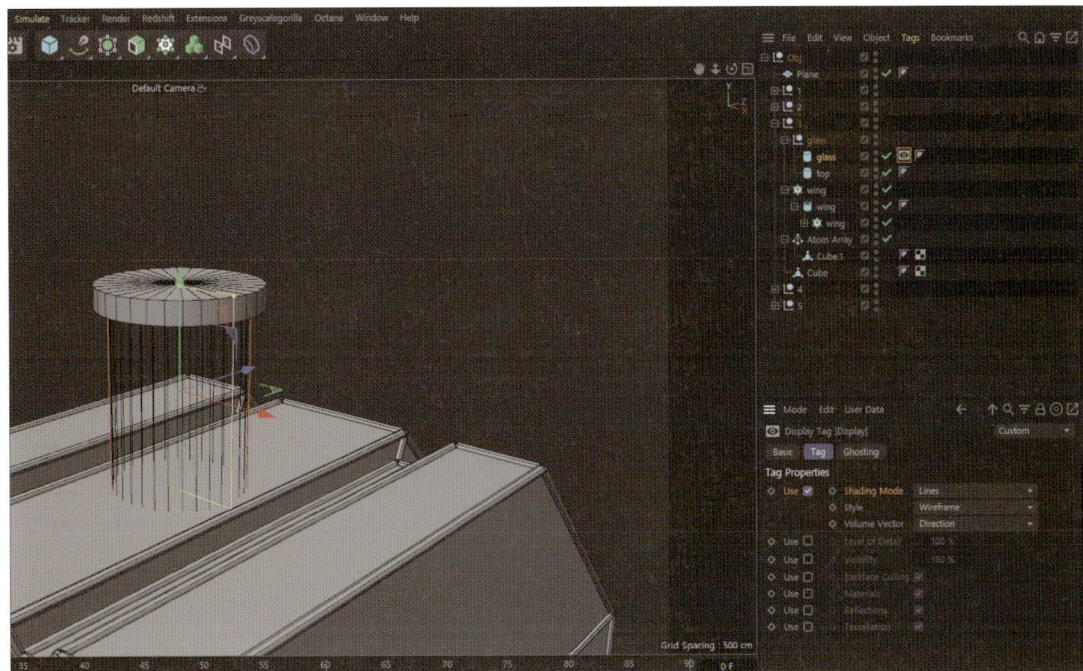

▲ 설정

태그를 클릭한 뒤 [Use]에 체크하고, [Shading Mode: Lines]로 설정합니다. 태그에 원하는 오브젝트만 셰이딩 모드(Shading Mode)를 설정해 주는 기능을 설정한 것입니다.

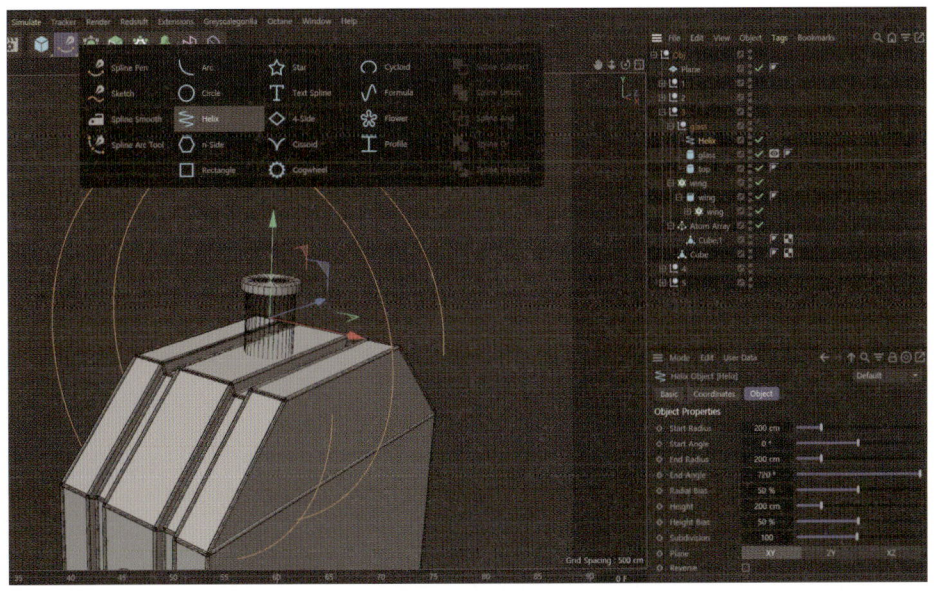

▲ 헬릭스

glass 널 밑에 헬릭스(Helix)를 생성합니다.

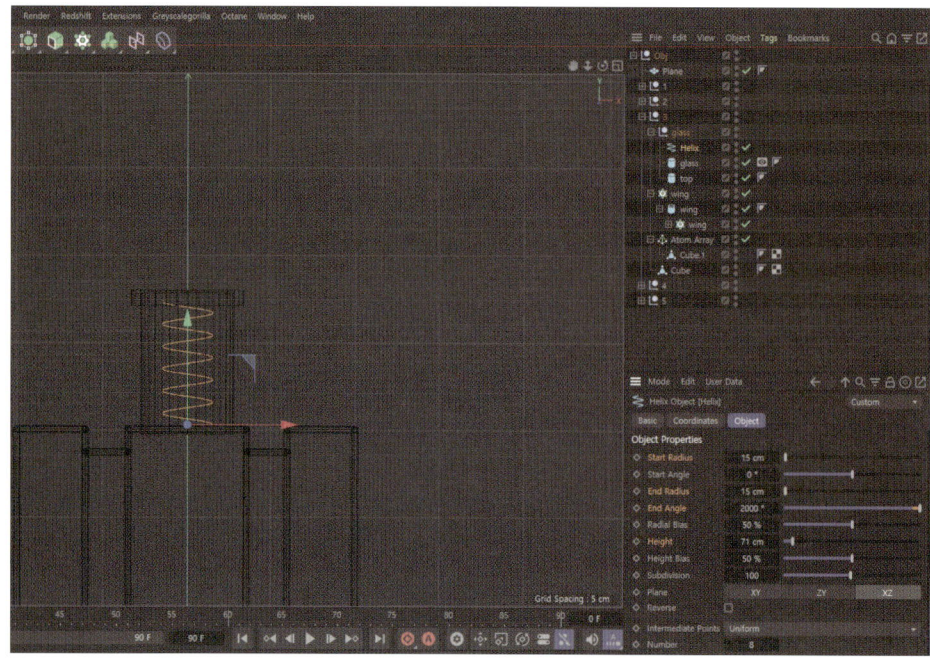

▲ 수치 조절

Top을 제외한 아무 화면으로 전환하고 헬릭스(Helix)의 값을 위 이미지처럼 설정합니다. 플레인(Plane)의 방향을 먼저 설정하는데, 여기서는 XZ로 바꾸니까 지면과 수직으로 설정이 됐습니다. 이미지를 보며 차근차근 설정해 주세요. 헬릭스의 설정값은 [Start]와 [End] 값이 별도로 있으며 레디우스(Radius)는 크기, 앵글(Angle)은 꼬임의 정도, 하이트(Height)는 높이를 설정할 수 있습니다.

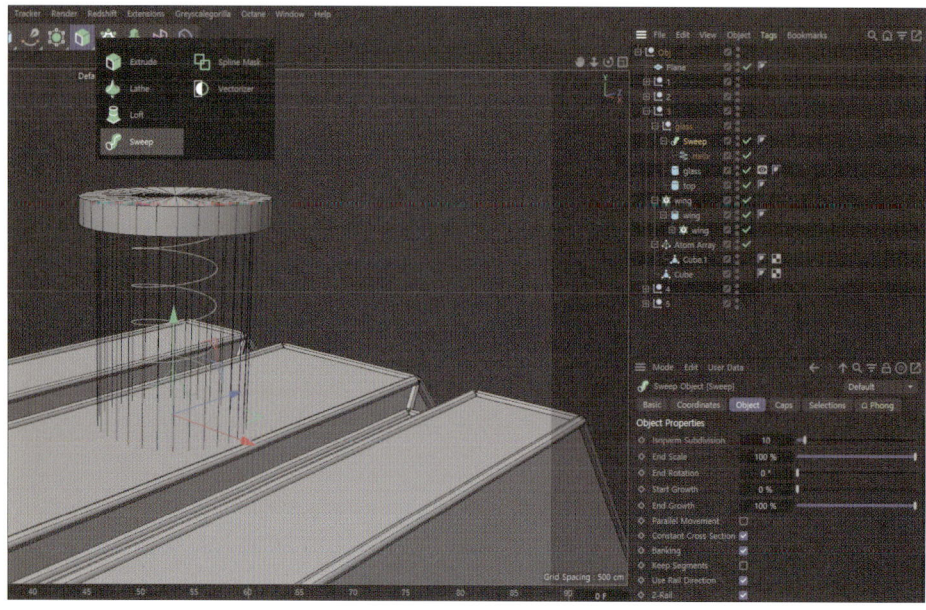

▲ 스위프

헬릭스를 선택하고 스위프(Sweep)를 적용합니다.

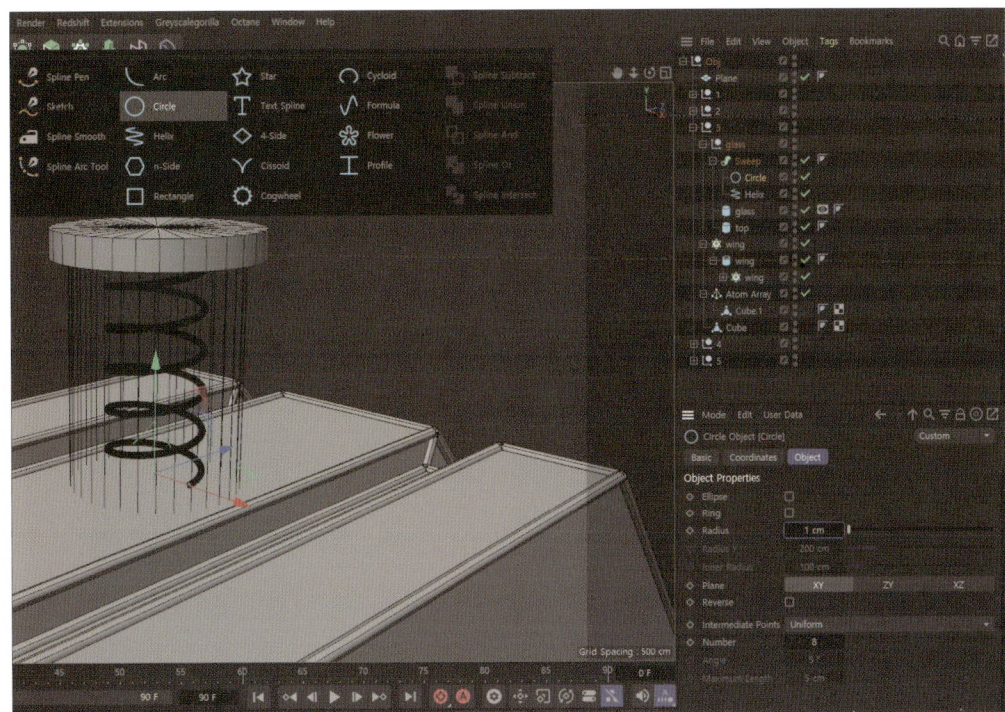

▲ 서클

스위프가 생성됐으면 스위프 밑에 바로 서클(Circle)을 적용해 주고 [Radius: 1]로 설정합니다.

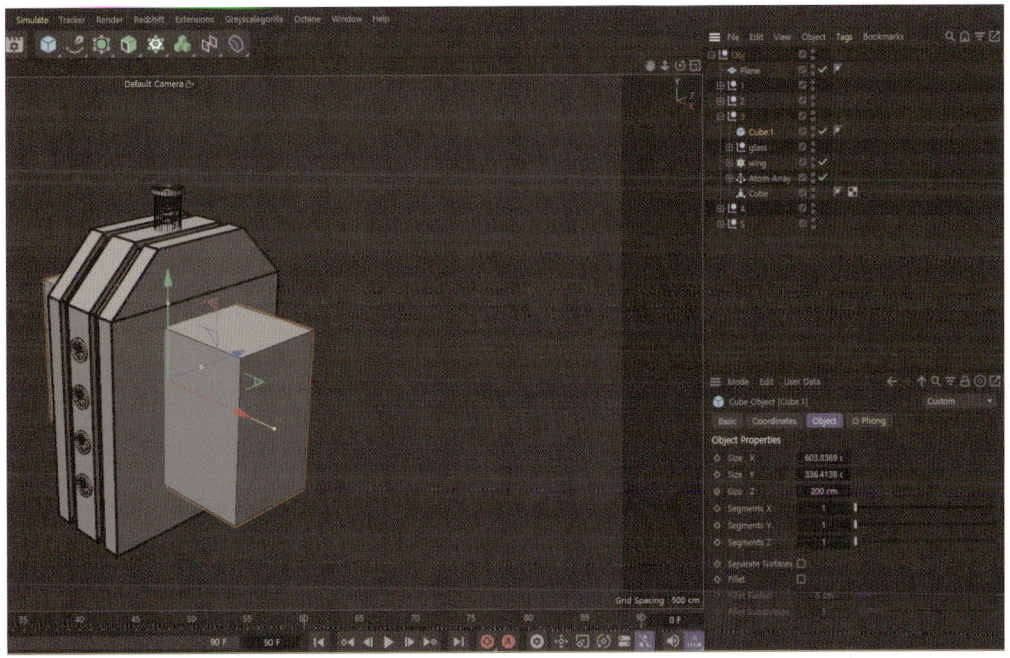

▲ 큐브 제작

3번 널 밑에 새롭게 큐브를 만들고 크기와 위치를 위 이미지와 같이 설정합니다.

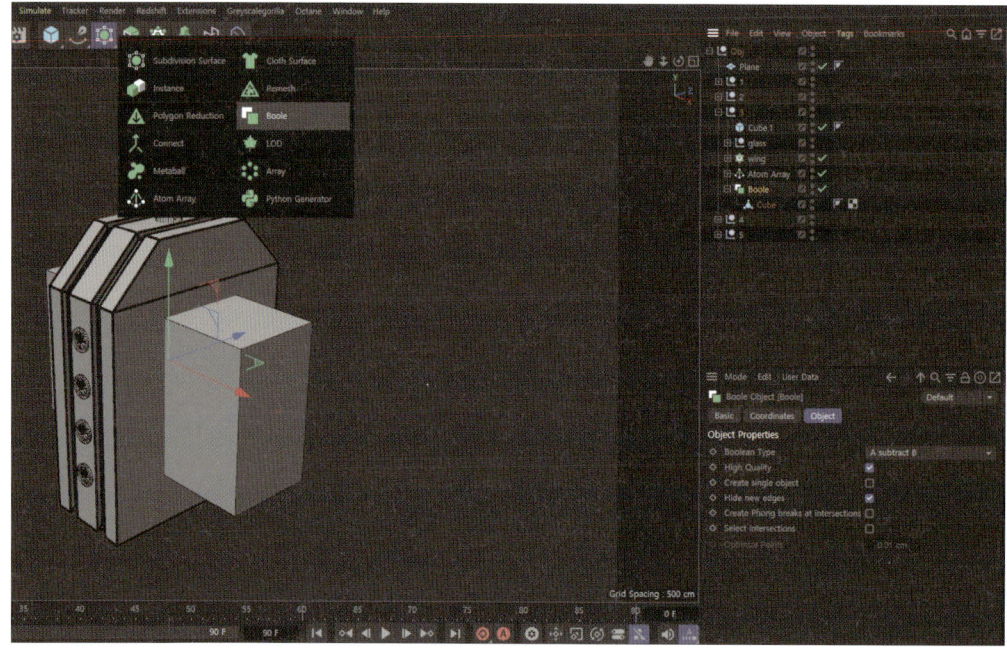

▲ 불린 적용

제일 처음 제작했던 큐브(Cube)에 불린(Boole)을 적용합니다. Cube와 Cube.1 중에 .1이 붙어있지 않은 오브젝트에 적용하면 됩니다.

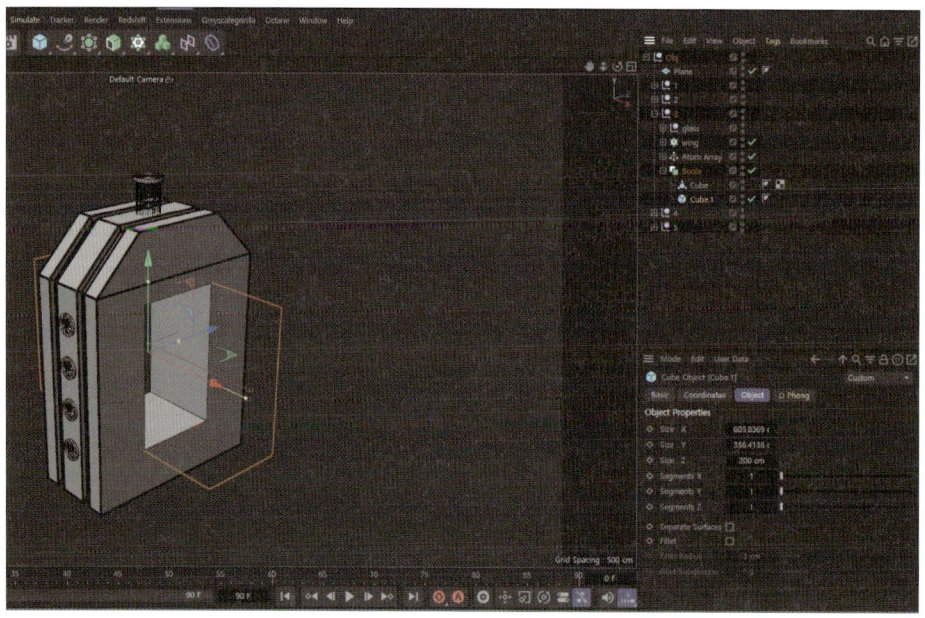

▲ 불린 적용 2

그리고 가장 마지막에 제작한 큐브를 불린(Boole) 밑에 넣어줍니다. 이때 순서가 중요합니다. 위에 있는 오브젝트에서 밑에 있는 오브젝트로 빼주는 것입니다. 즉, '.1'이 붙은 오브젝트가 가장 밑에 위치하도록 순서를 조정하면 됩니다. 3번 널의 작업이 끝났으니 솔로 모드를 해제합니다.

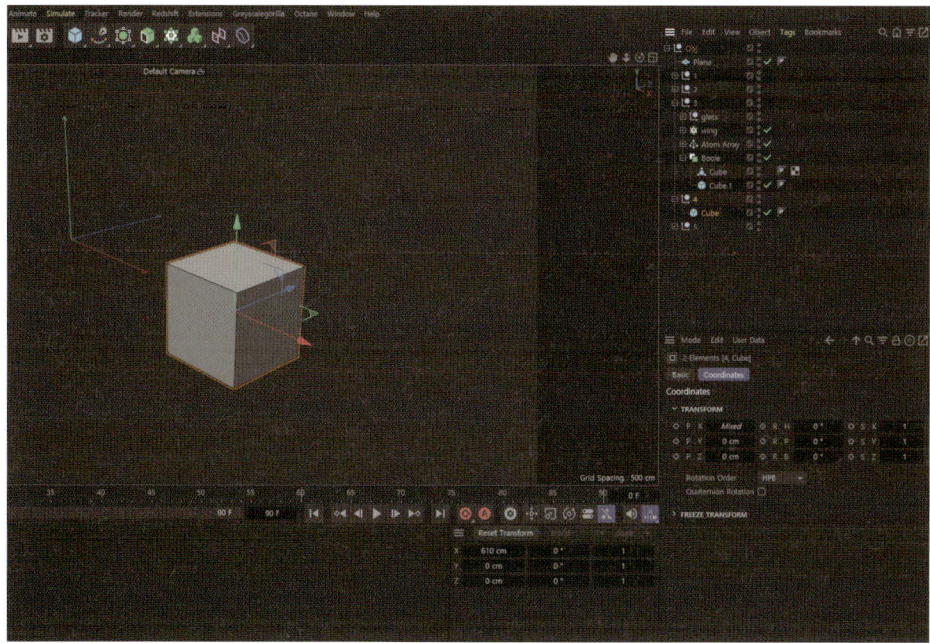

▲ 솔로

4번 널을 휠 클릭 후 솔로 모드를 켜줍니다. 4번 널에서는 기본적인 큐브를 그대로 베이스로 가져가서 작업할 것입니다.

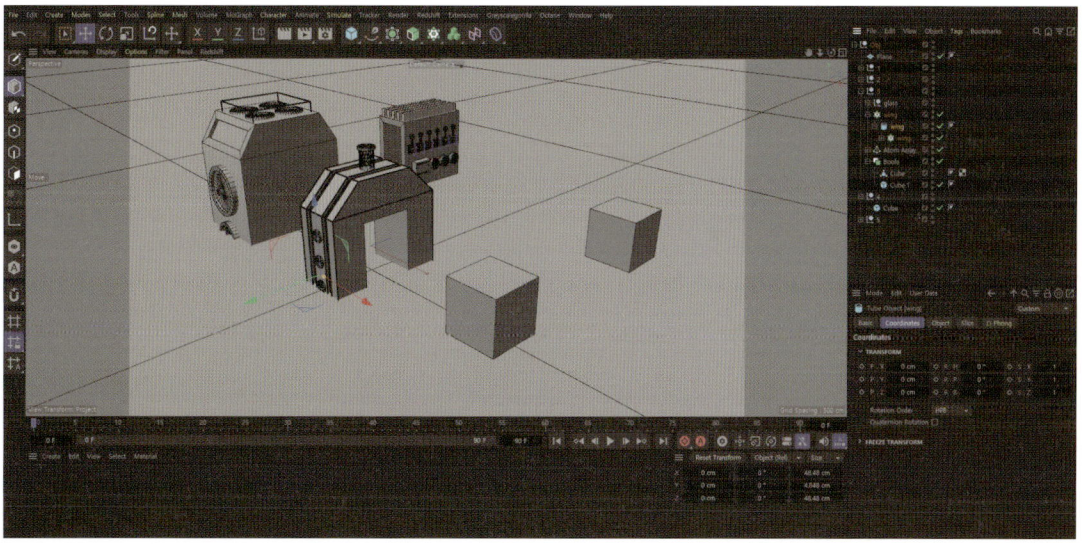

▲ 솔로 해제

다시 솔로 모드를 해제하고 3번 널에 있는 Wing 클로너 밑의 Wing 튜브를 선택해서 4번 널로 복제합니다. Ctrl을 누른 채로 오브젝트를 드래그하면 됩니다.

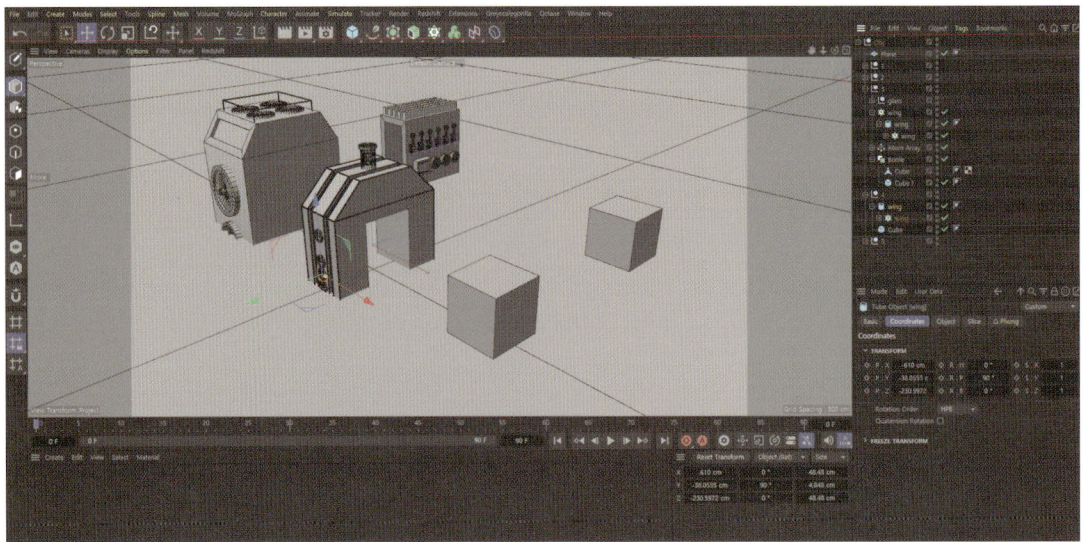

▲ 복제

튜브를 복제하고 나면 다시 4번 널을 휠 클릭한 후 솔로 모드를 켭니다.

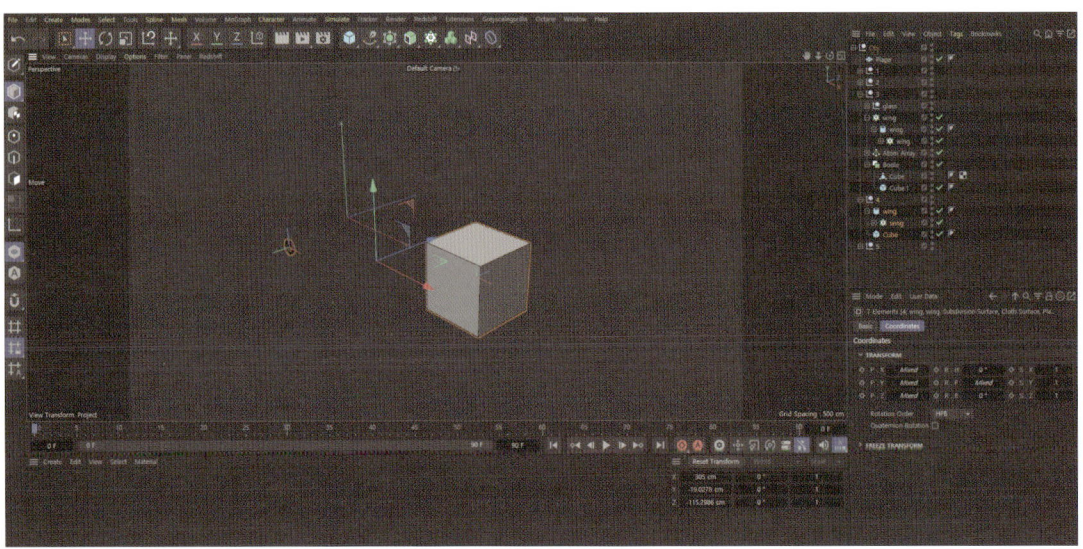

▲ 솔로 뷰

솔로 모드를 켜면 위치가 맞지 않는 것을 확인할 수 있습니다.

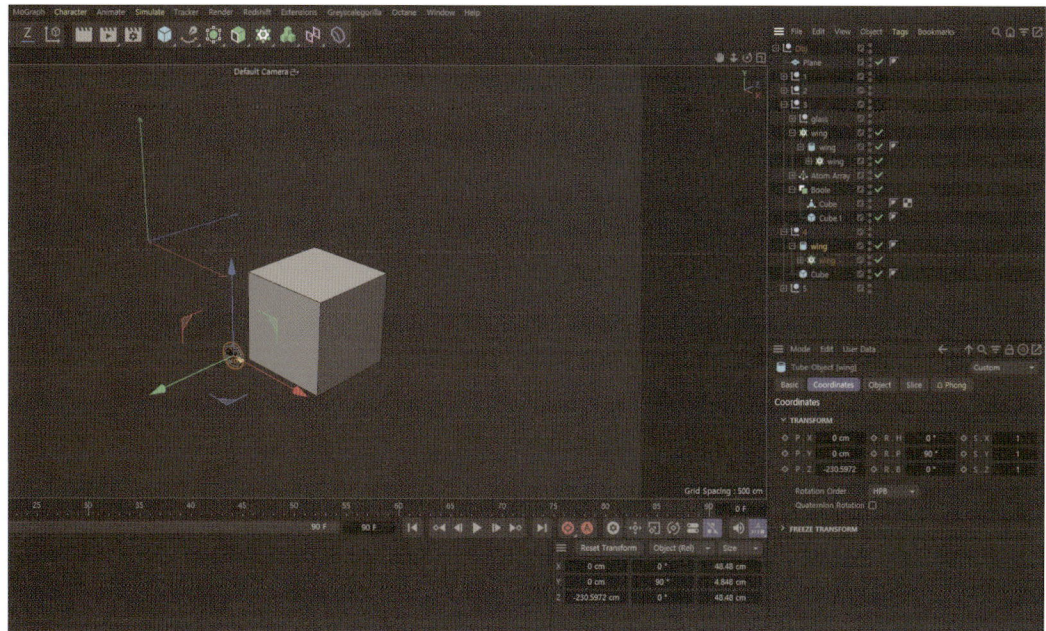

▲ 튜브 조절

튜브 오브젝트를 클릭 후 코디네이트 창에서 P.X와 P.Y를 0으로 맞춰줍니다. 축이 다를 때는 수동으로 맞추거나 P.Z 값도 확인해 보기 바랍니다.

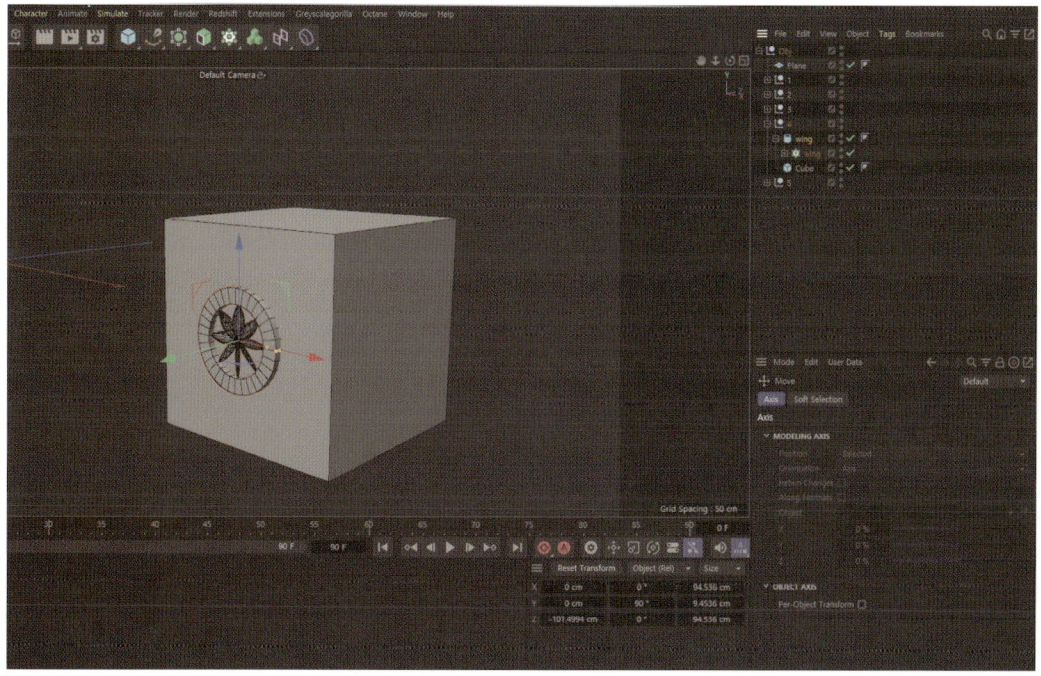

▲ 튜브 조절

나머지 위치와 크기를 위 이미지처럼 맞춰주면 됩니다.

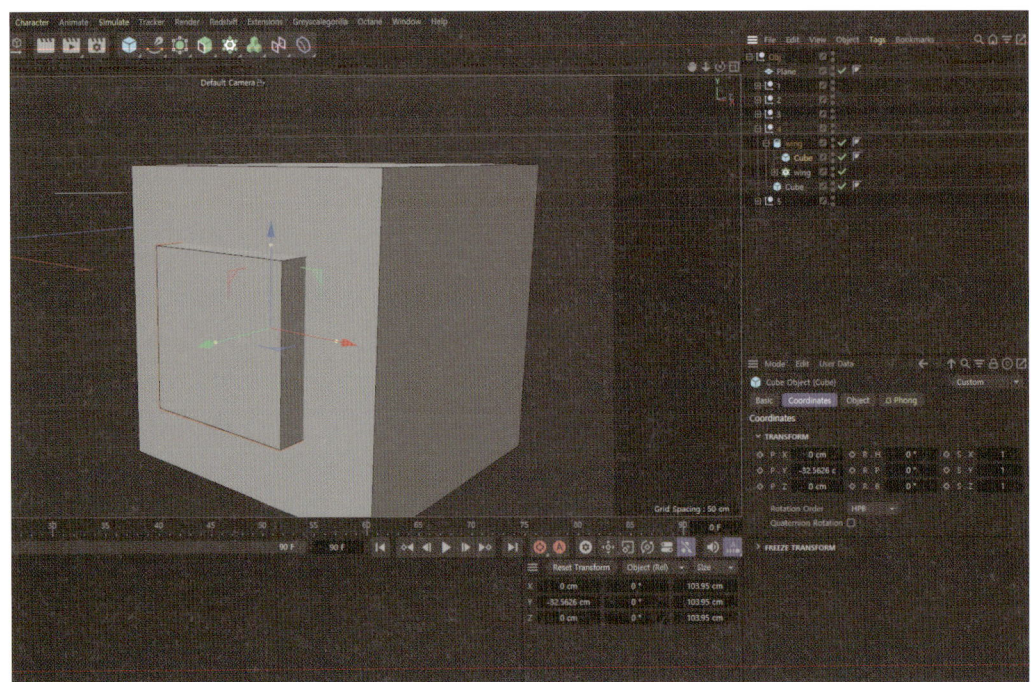

▲ 큐브 생성

Wing 튜브 밑에 새롭게 큐브를 생성합니다.

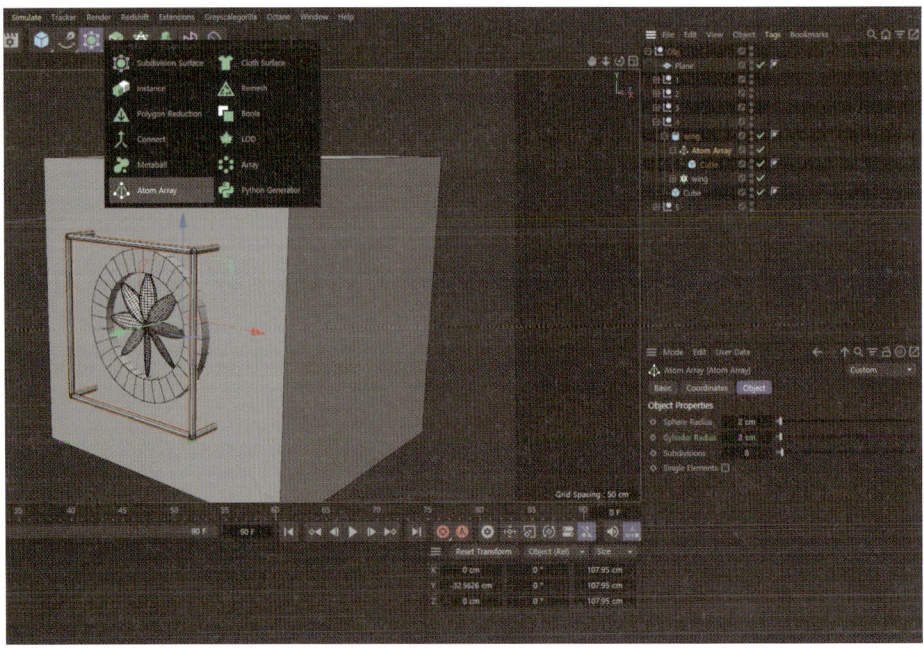

▲ 아톰 어레이

생성된 큐브에 바로 아톰 어레이를 적용합니다. 그리고 두 개의 레디우스 값을 2로 조절해 주세요.

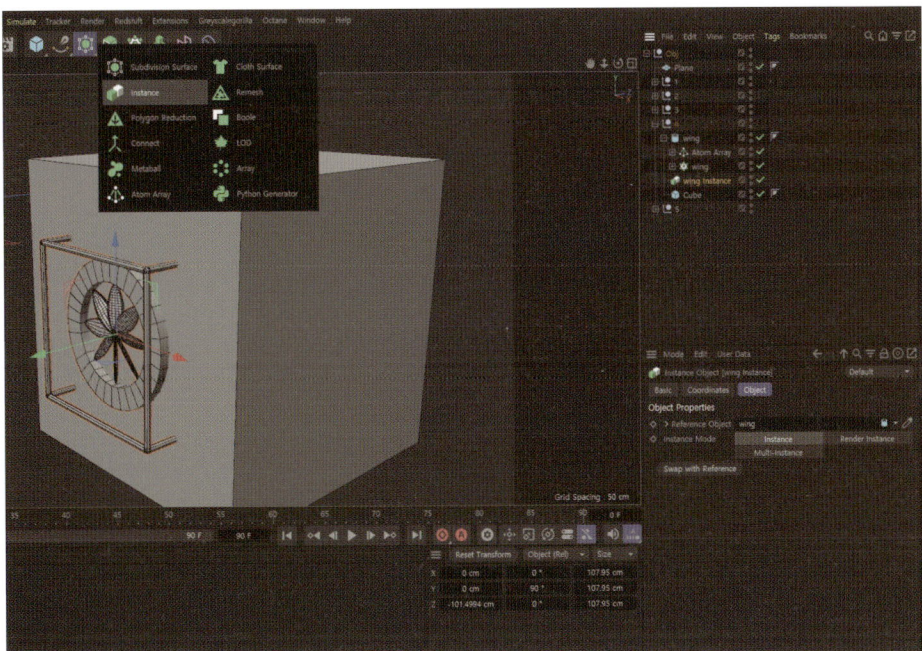

▲ 인스턴스

Wing 튜브를 클릭하고 인스턴스(Instance)를 생성합니다. 인스턴스는 선택한 오브젝트를 비롯한 모든 하위 오브젝트를 복제하며, 원본 오브젝트를 수정하면 인스턴스도 같이 수정되는 특징이 있습니다.

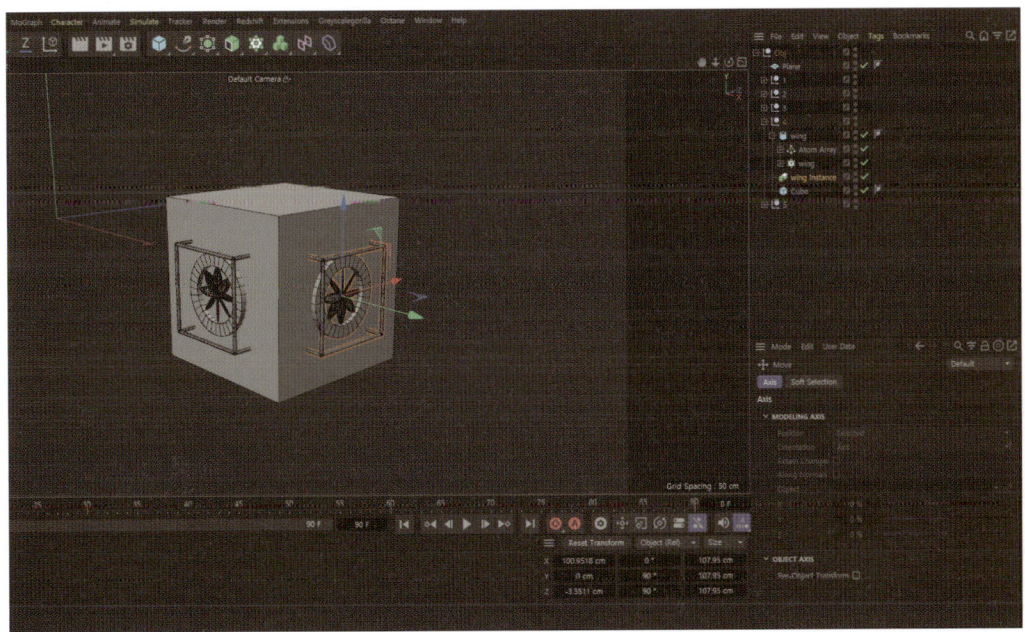

▲ 위치 이동

생성한 인스턴스 위치와 회전 값을 위 이미지와 같이 설정합니다.

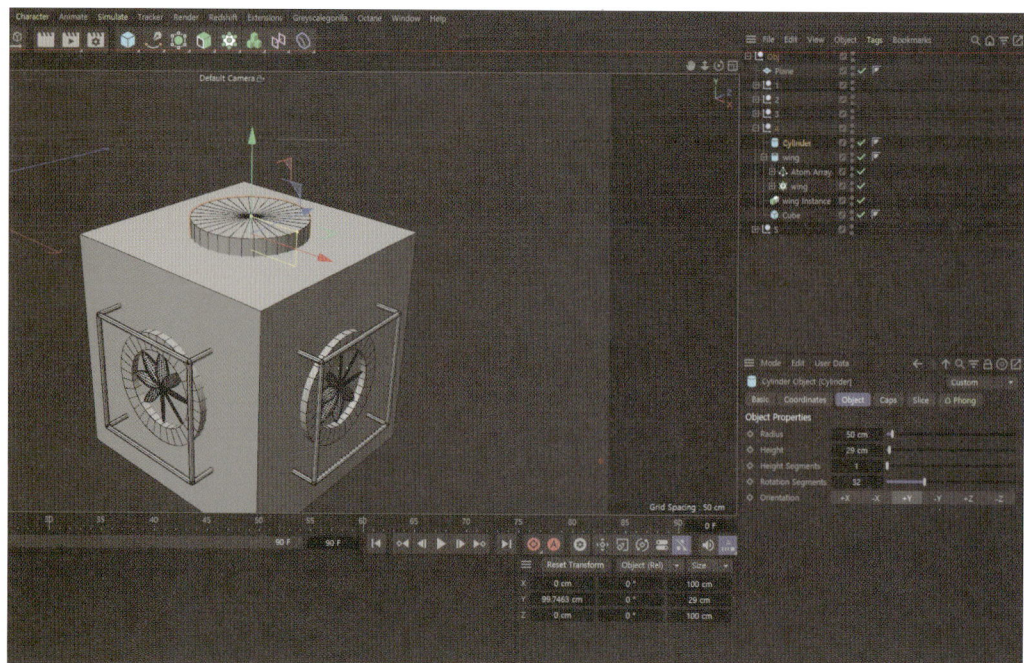

▲ 실린더 생성

4번 널 밑에 새롭게 실린더를 생성한 후에 위 이미지와 같이 크기를 설정해 주세요.

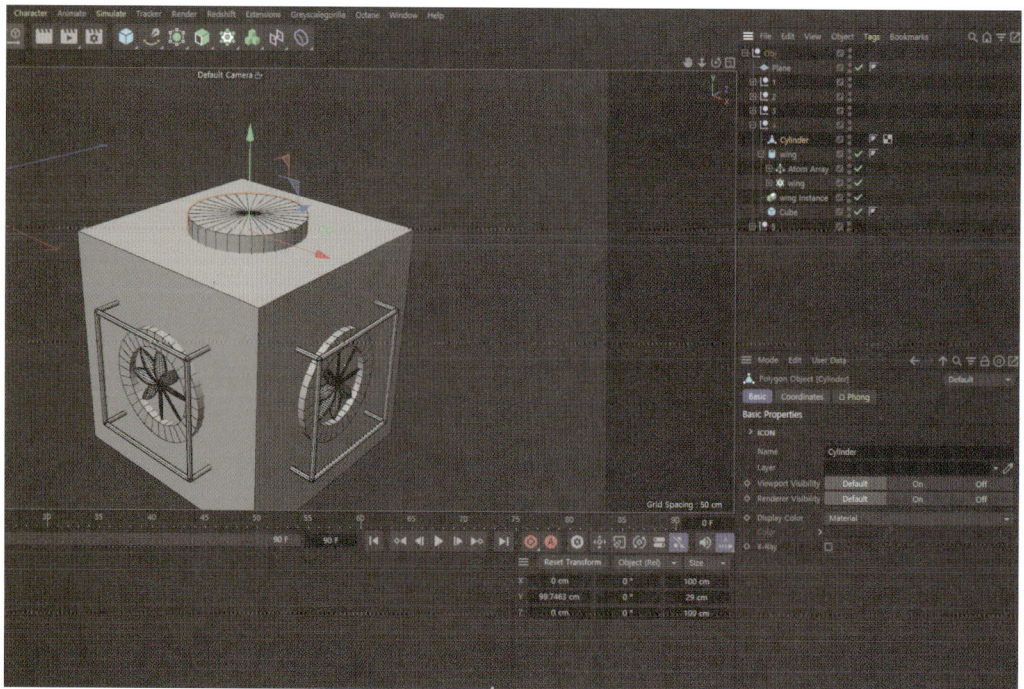

▲ 에디터블

그리고 C를 눌러 에디터블 시켜줍니다.

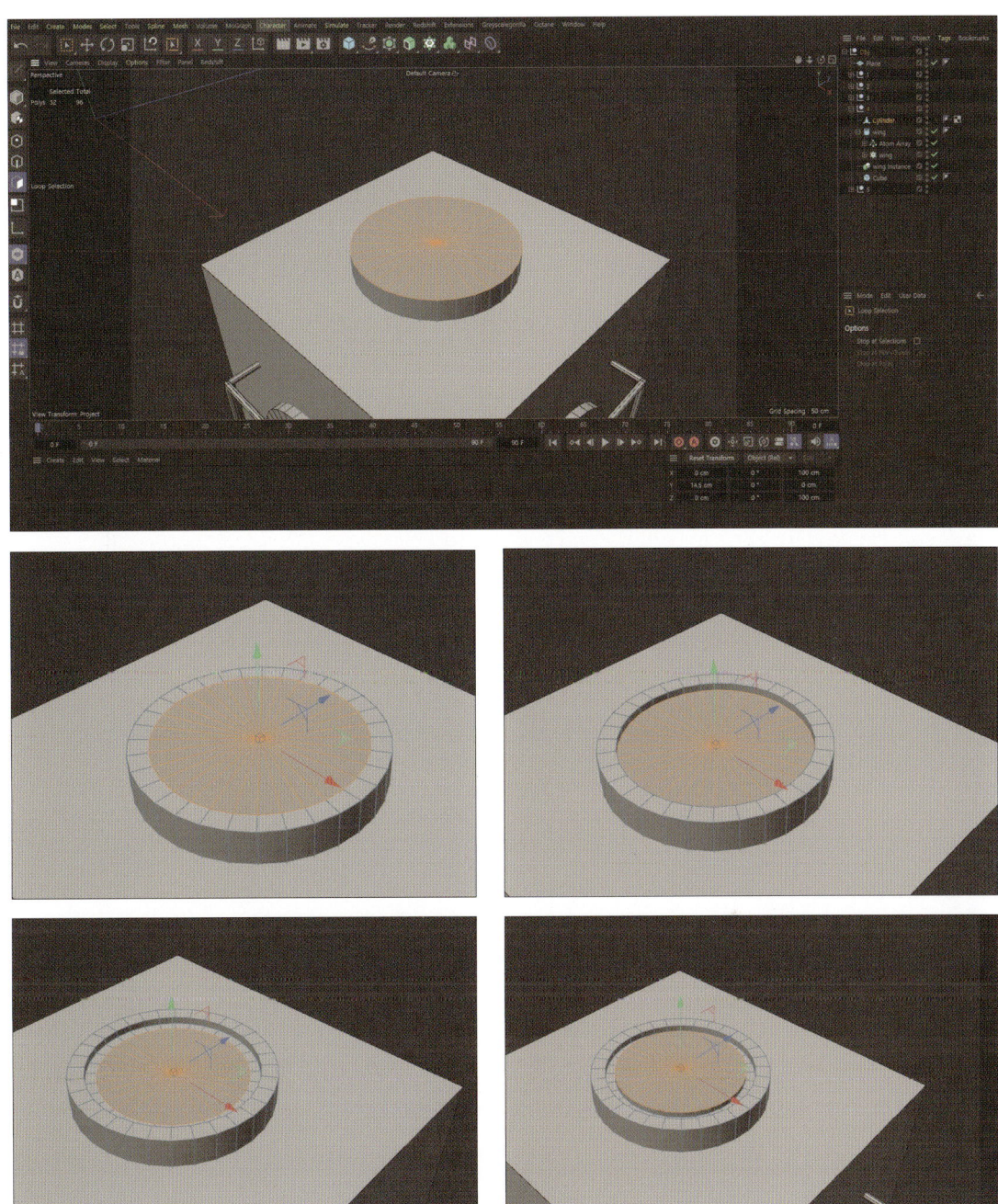

▲ 면 조정

에디터블 시킨 오브젝트를 인셋과 익스트루드를 활용하여 모양을 잡아줍니다. 단축키는 각각 ⓘ와 ⓓ 입니다.

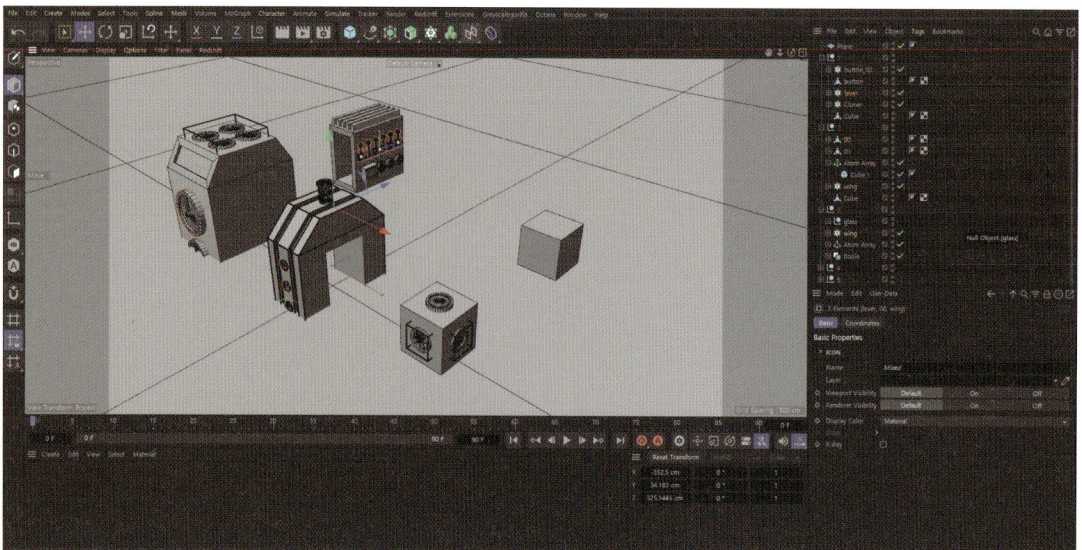

▲ 솔로 해제

4번 널의 작업이 끝났으니 솔로 모드를 해제합니다. 마지막으로 5번 널을 진행하기 전에 1, 2, 3번 널에서 순서대로 레버(lever)와 시계 모양(00), 환풍구(wing) 오브젝트를 선택합니다.

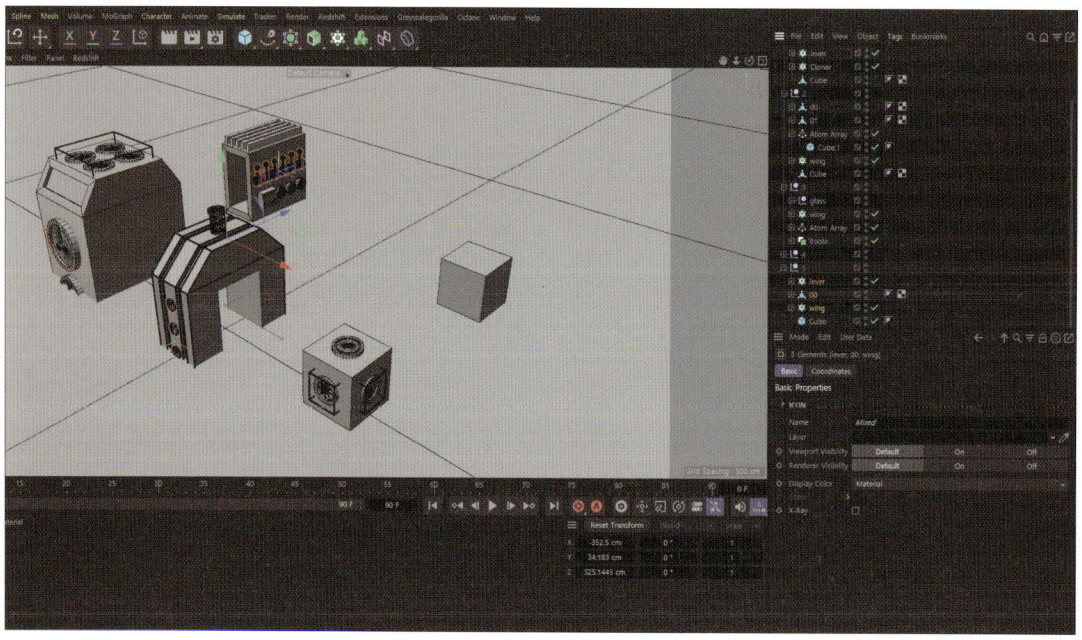

▲ 복제

선택한 3개의 오브젝트를 5번 널에 복사합니다.

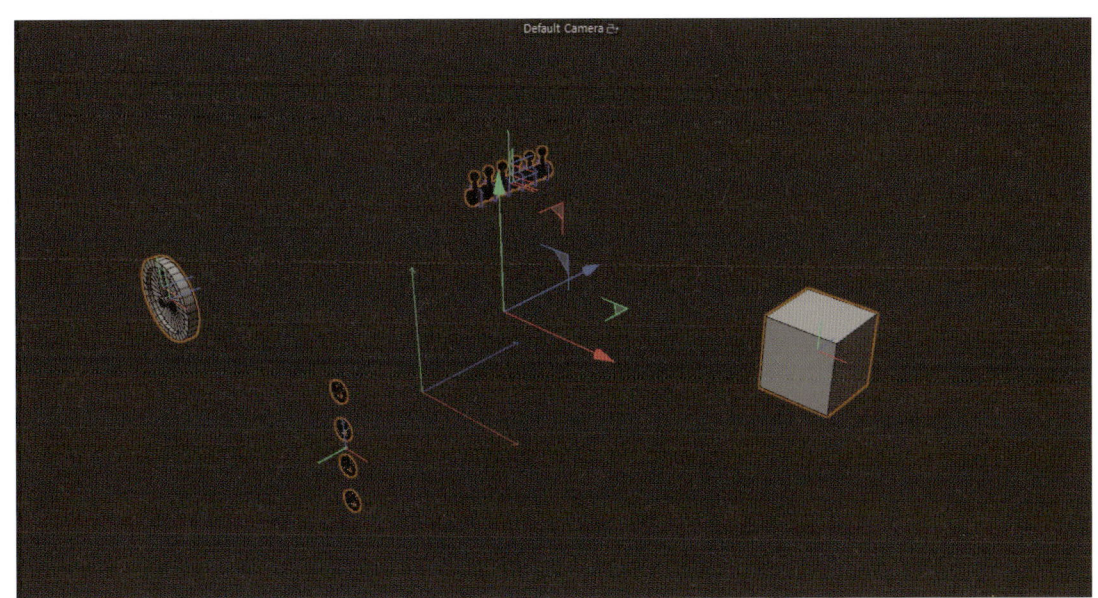

▲ 솔로 뷰

솔로 모드를 켜면 위 이미지처럼 보입니다. 각각 위치를 맞추기 전에 우선 큐브를 모델링합니다.

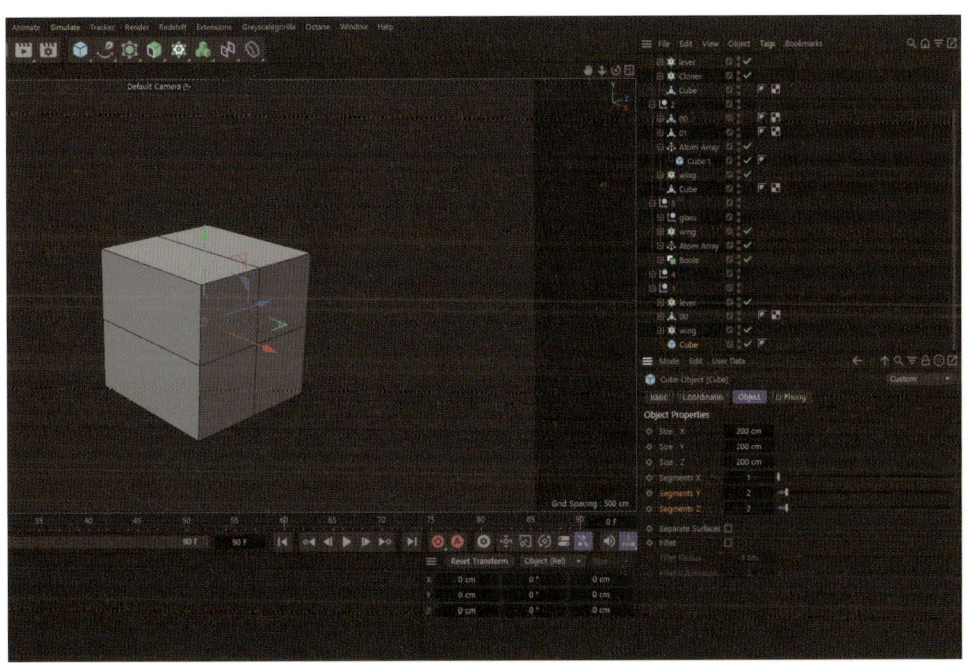

▲ 세그먼트 추가

큐브의 세그먼트를 [Segments Y: 2], [Segments Z: 2]로 추가합니다.

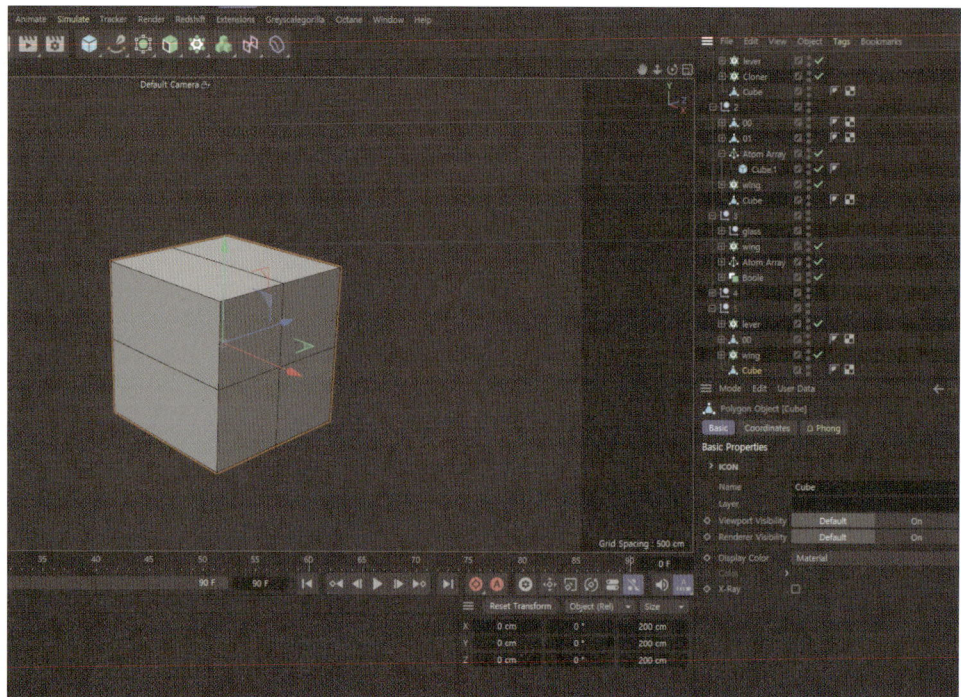

▲ 에디터블

그리고 에디터블 시킵니다.

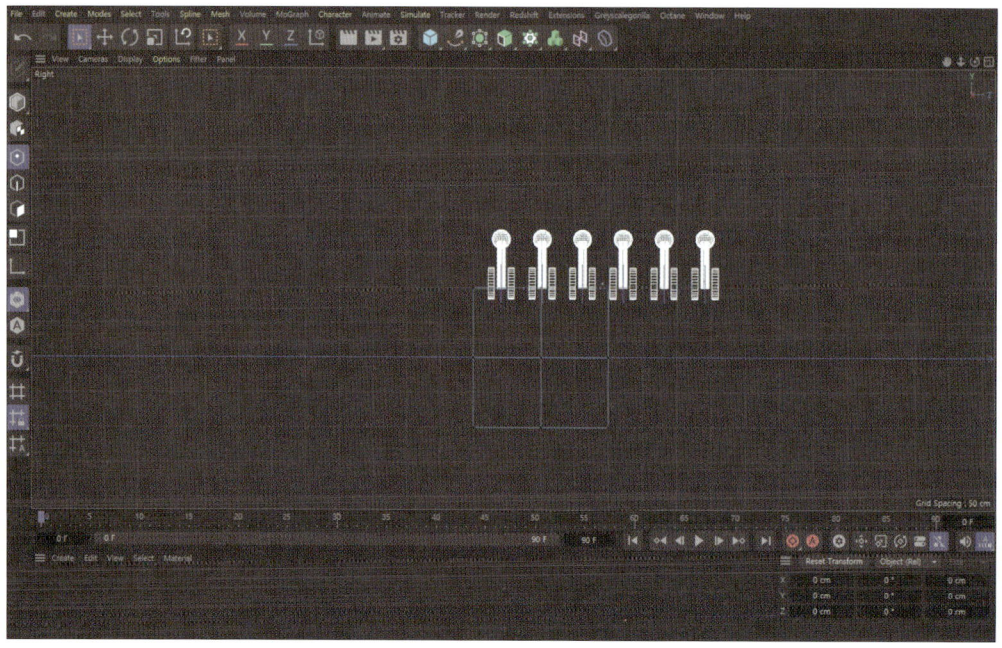

▲ Right 화면

Right 화면으로 전환하고, 포인트 모드와 렉탱글 셀렉션을 활성화합니다.

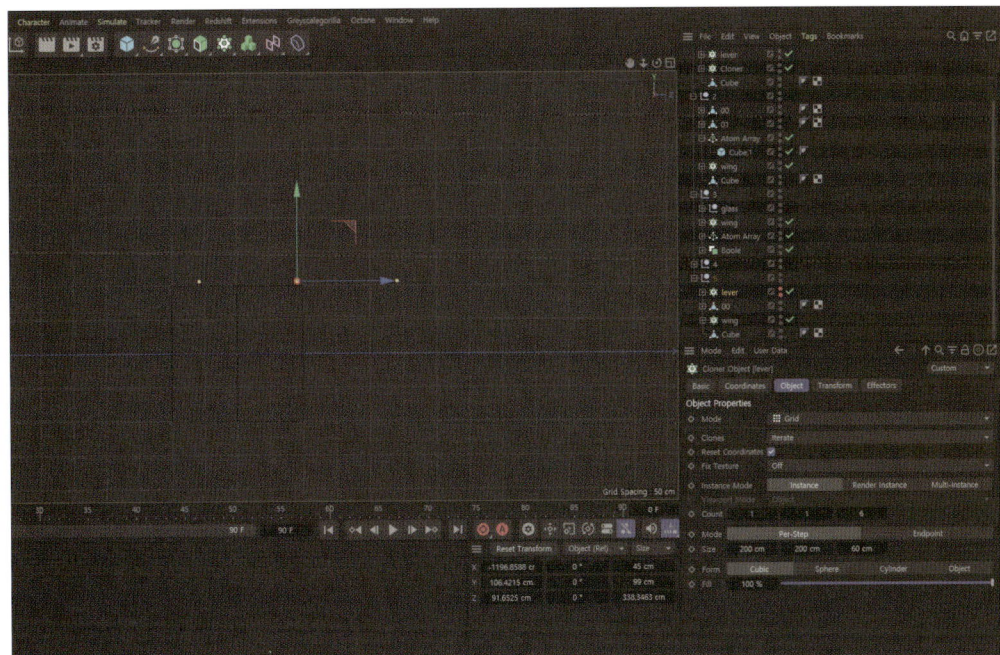

▲ 비지빌리티 비활성화

뒤에 레버가 거슬린다면 레버의 비지빌리티(Visibillity)를 비활성화합니다.

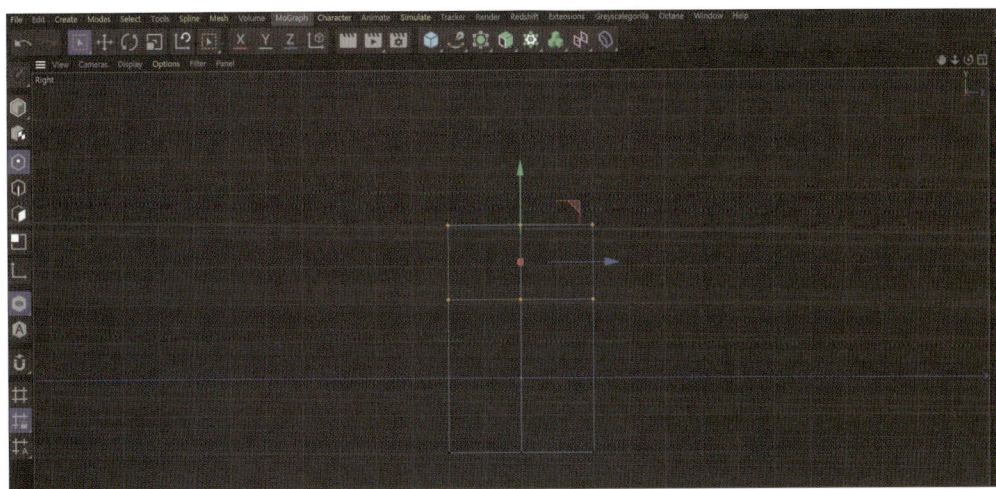

▲ 포인트 이동

총 9개의 포인트 중 위에 있는 6개를 드래그로 선택한 후 위로 이동합니다.

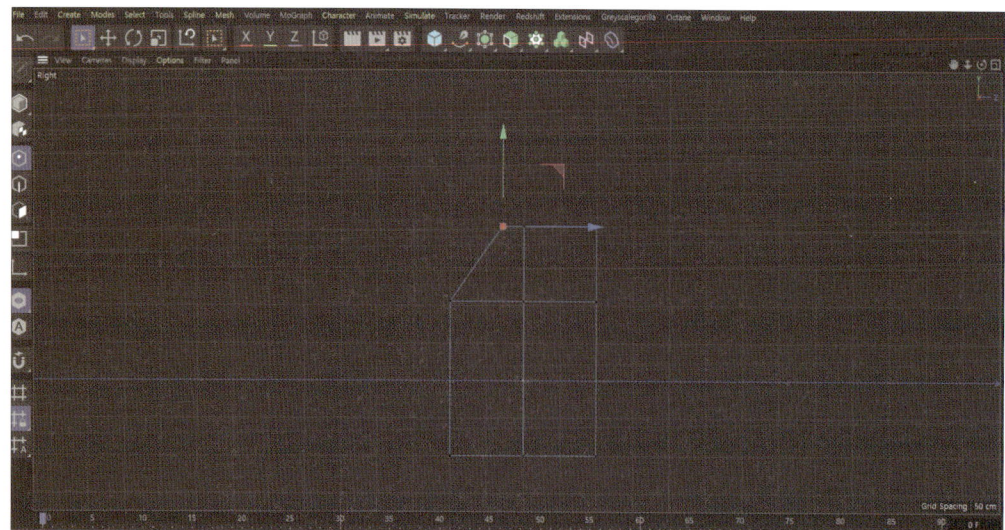

▲ 포인트 이동

첫 번째 점만 다시 선택한 후 오른쪽으로 이동합니다.

Perspective 화면에서 봤을 때 오른쪽 이미지처럼 보이면 됩니다.

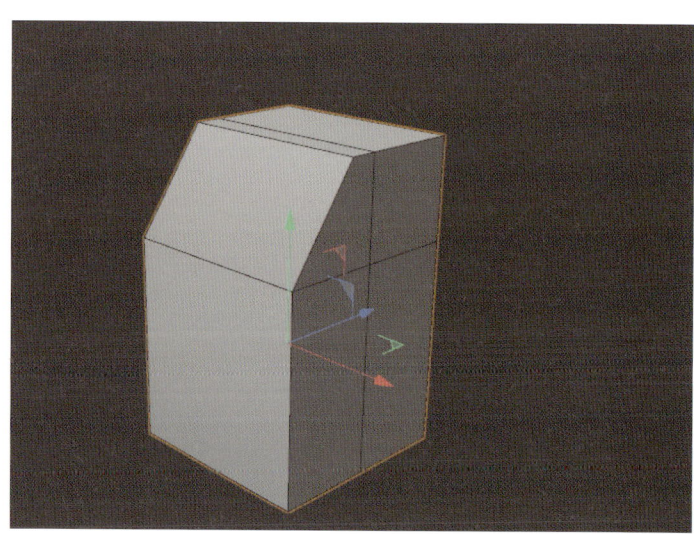

▲ Perspective 화면

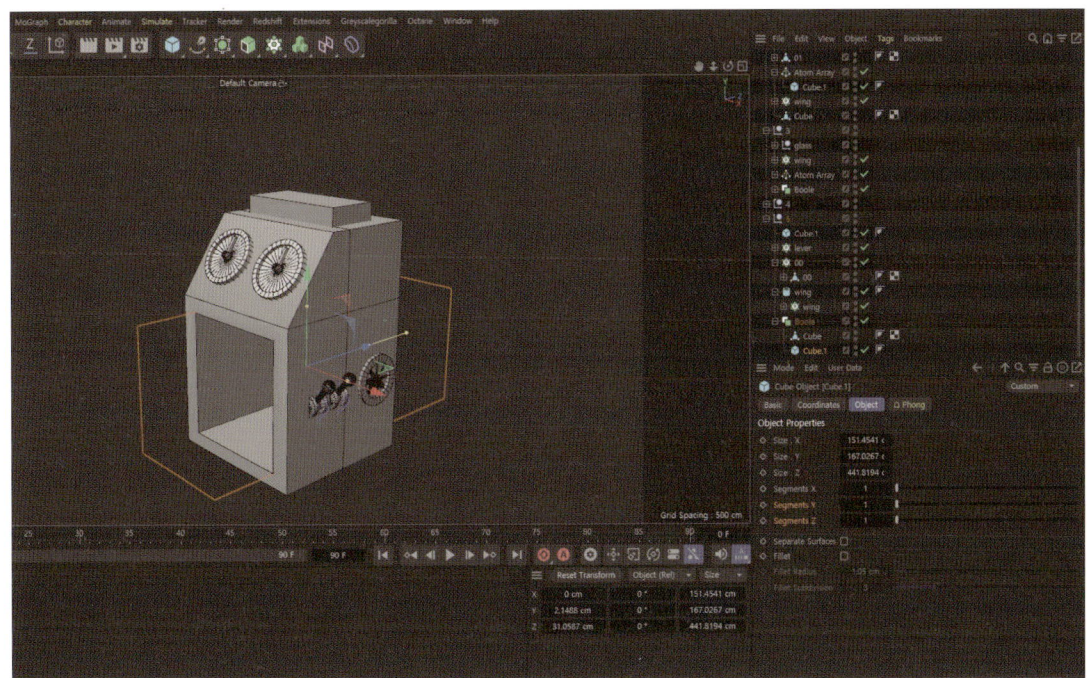

▲ 최종

지금까지 실습한 내용을 복습하며 이와 같이 모델링해 보세요. 5번 널의 최종 모습입니다.

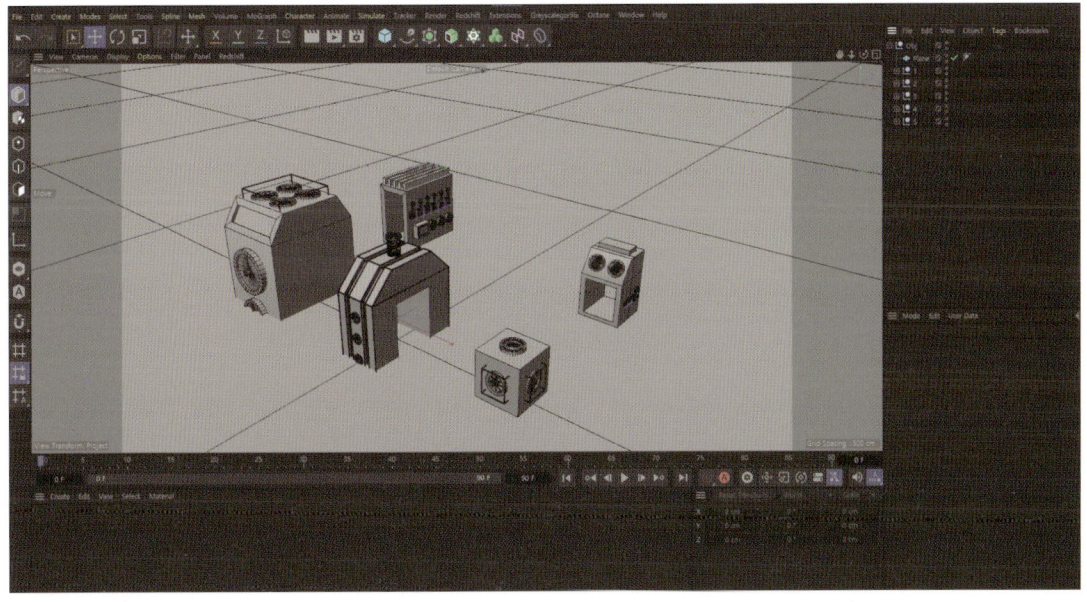

▲ 솔로 뷰 해제

최종 모습이 완성됐으면 뷰포트 솔로 모드를 해제합니다.

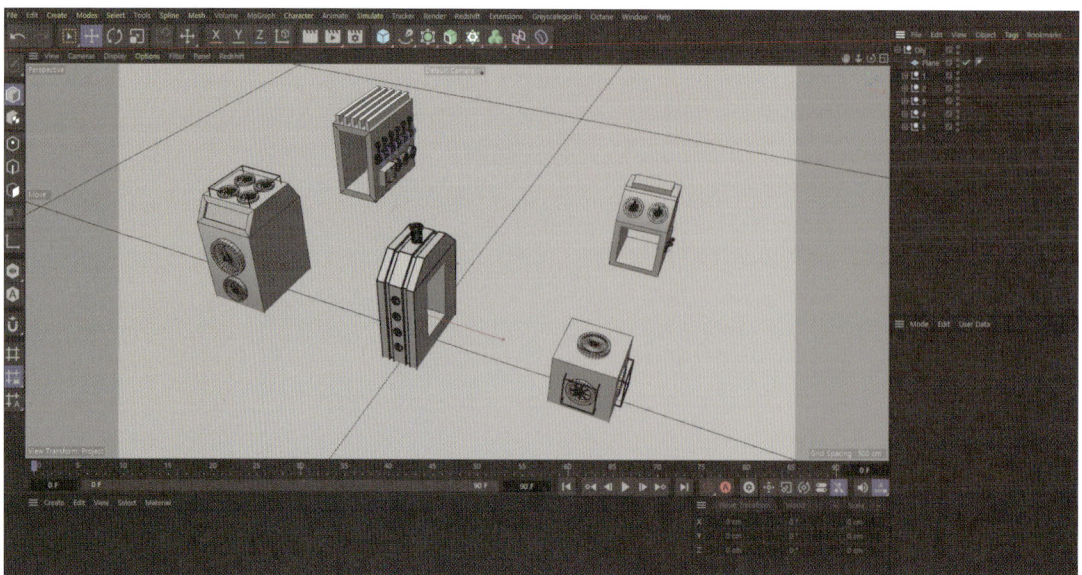

▲ 위치 조정

각 오브젝트의 대략적인 크기와 위치를 조정합니다.

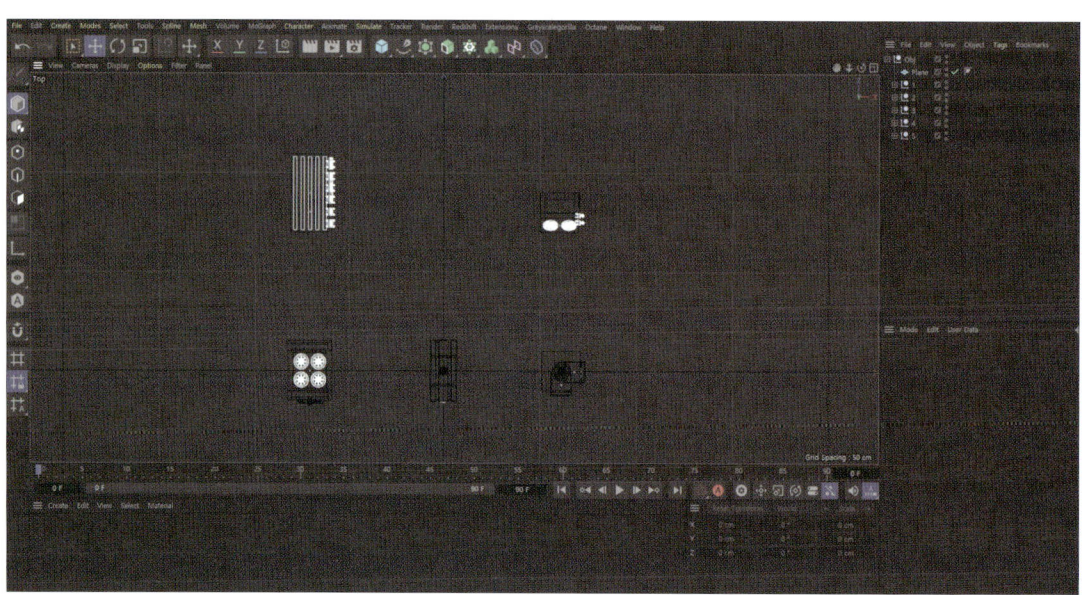

▲ Top 화면

이제 유리관과 레일을 설치하겠습니다. Top 화면으로 전환합니다.

▲ 스플라인 펜

상단의 스플라인 펜(Spline Pen) 아이콘을 클릭합니다.

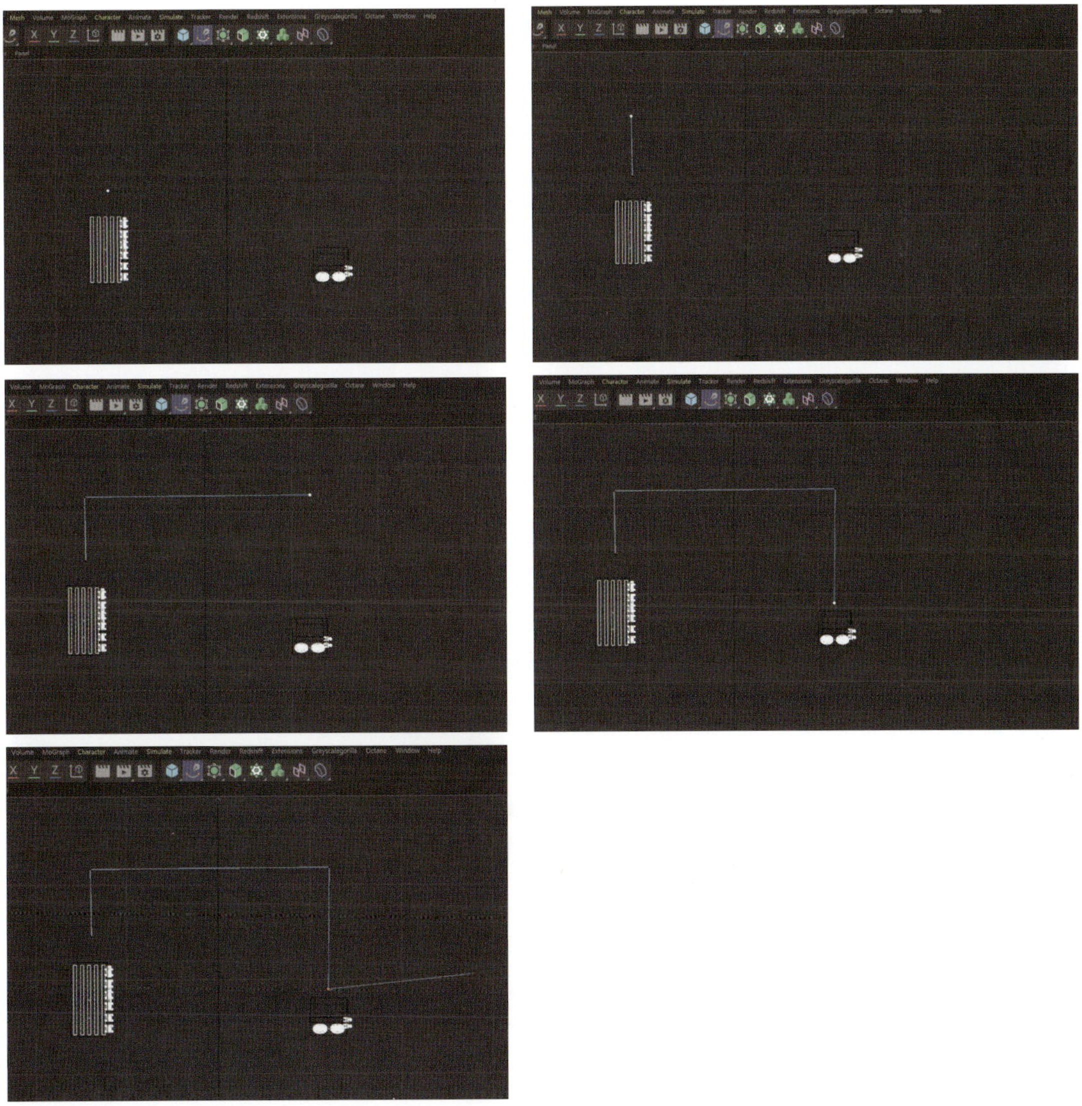

▲ 선 만들기

위 이미지를 따라 순서대로 클릭하면 선이 만들어지는 것을 확인할 수 있습니다.

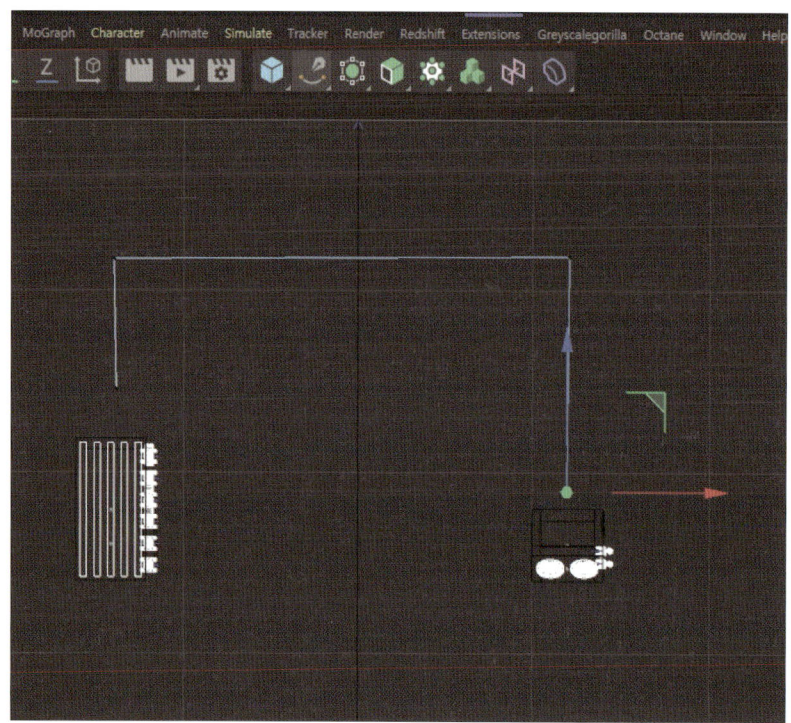

▲ 선 마무리

마지막 클릭까지 하면 마우스 커서와 선이 계속 이어져 있는데, E를 눌러서 무브 툴로 전환하면 선이 끊깁니다. 생성된 선은 포인트 모드에서 선택하여 변경할 수 있습니다.

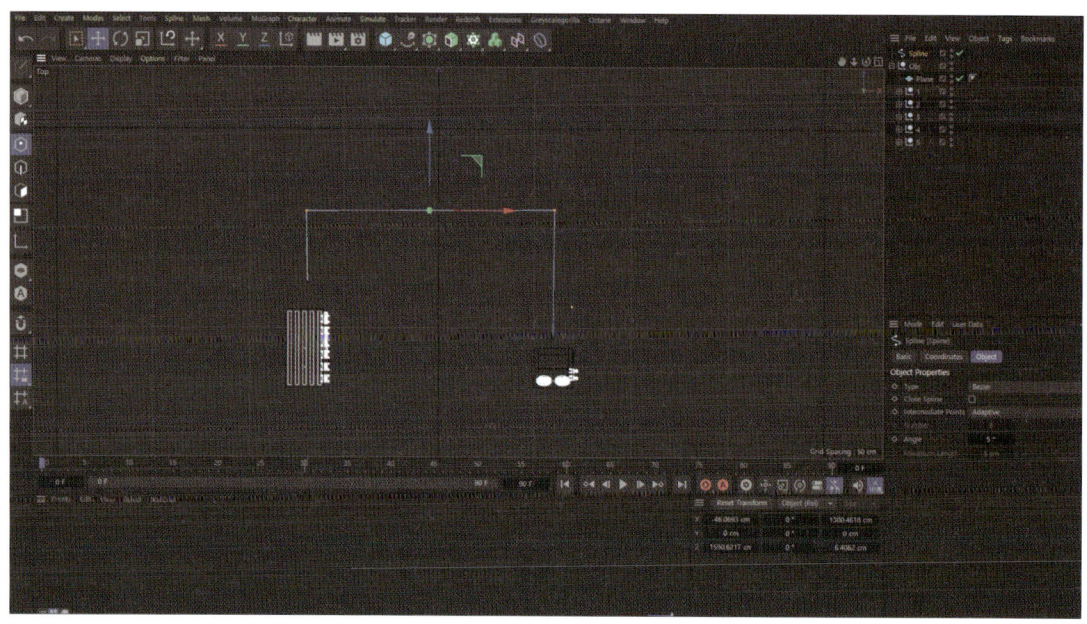

▲ 선택

포인트 모드에서 위 이미지의 점들을 선택합니다.

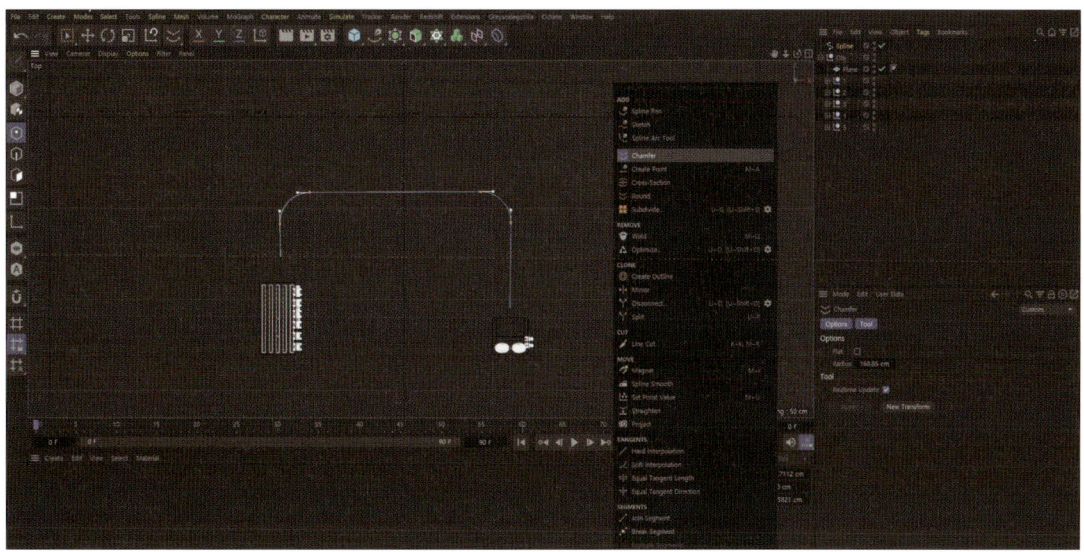

▲ 챔퍼

우클릭 후에 챔퍼(Chamfer)를 활성화하고 인셋과 마찬가지로 클릭 앤 드래그해서 적용합니다. 드래그 값이 크지 않을 경우에는 한 번 드래그하고 나서 어트리뷰트 창에서 레디우스 값을 늘리거나 줄여 주면 됩니다.

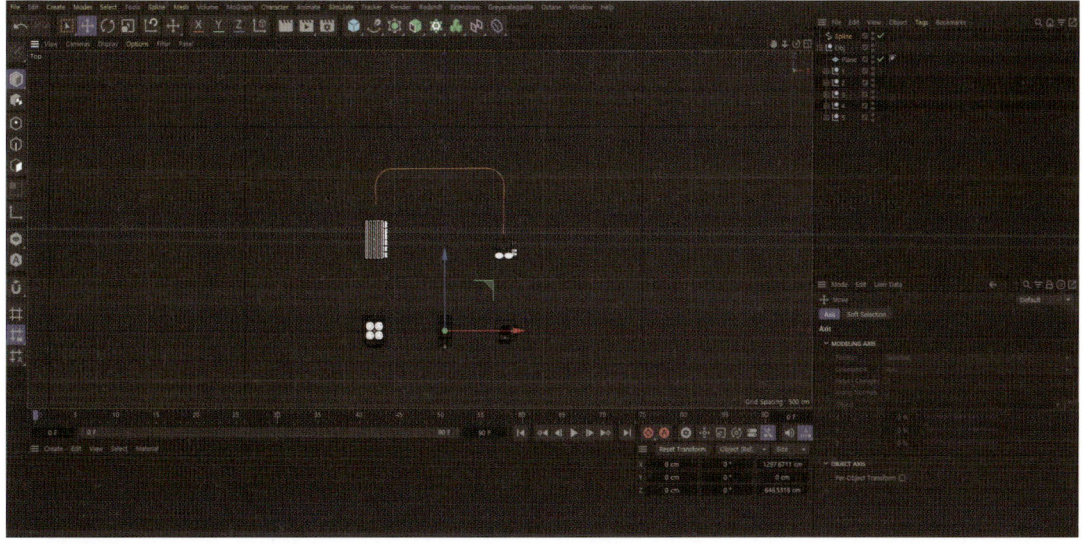

▲ 위치 확인

모델 모드를 활성화하면 축이 위와 같이 있는 것을 확인할 수 있습니다. 스플라인의 경우에는 선을 어디서 제작하든 처음의 축은 항상 원점에 위치합니다.

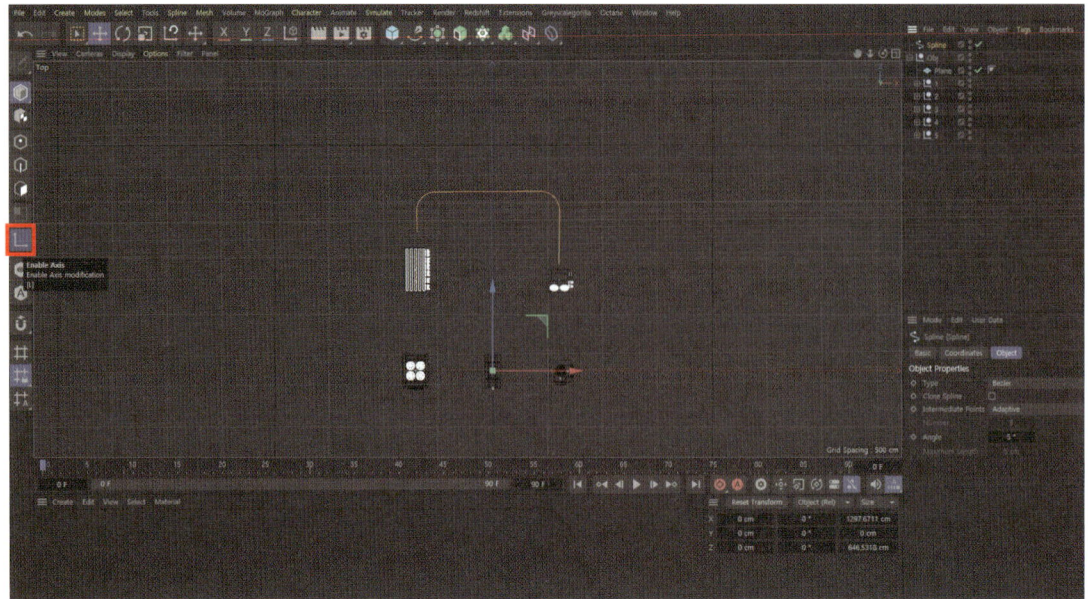

▲ 엑시스

왼쪽 영역에서 언에이블 엑시스(Enable Axis)를 활성화합니다. 언에이블 엑시스가 활성화되어 있을 경우 축을 움직이면 오브젝트는 가만히 있고 축만 조정할 수 있습니다.

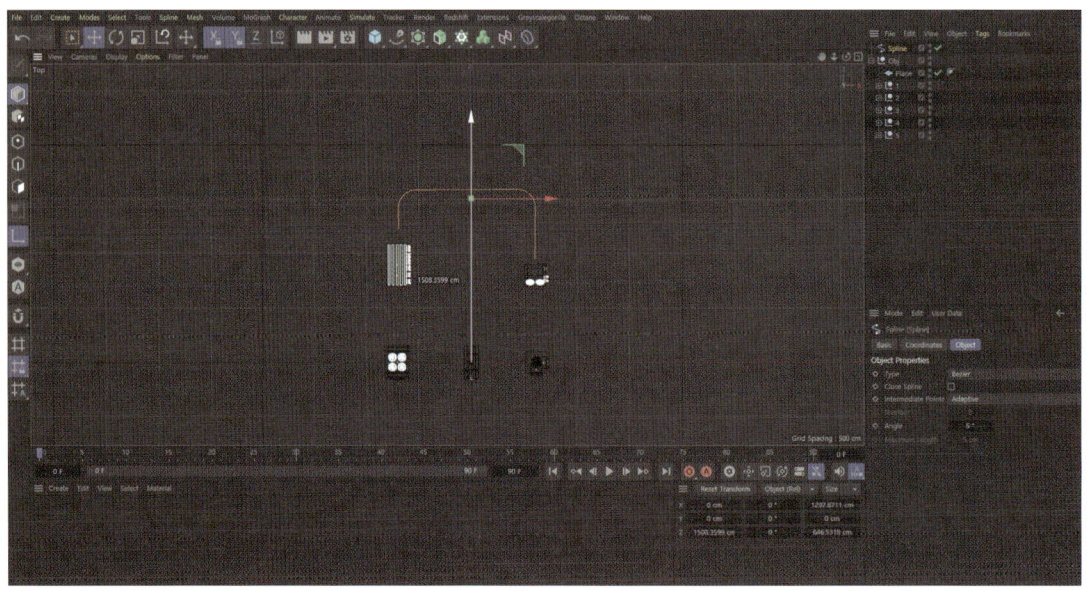

▲ 위치 이동

축을 선의 중심부에 위치시키고 다시 인에이블 엑시스 아이콘을 눌러서 비활성화합니다.

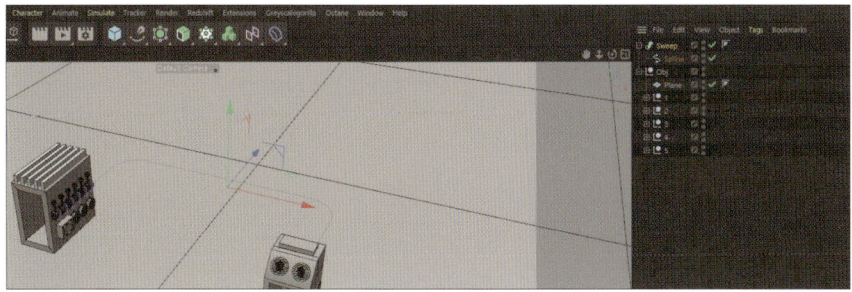

▲ 스위프

스플라인을 선택한 후 스위프(Sweep)를 적용합니다.

▲ 서클

이어서 서클(Circle)을 적용합니다.

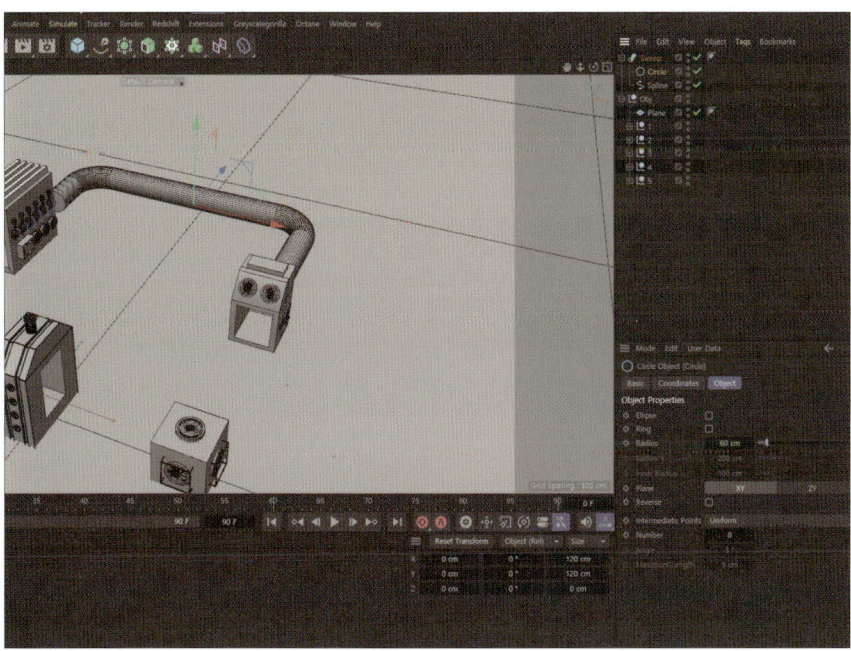

▲ 크기 조절

서클의 레디우스를 적절히 조절해 줍니다.

▲ 스플라인 조절

자세히 보면 스플라인이 오브젝트와 이어져 있지 않은 모습을 확인할 수 있습니다.

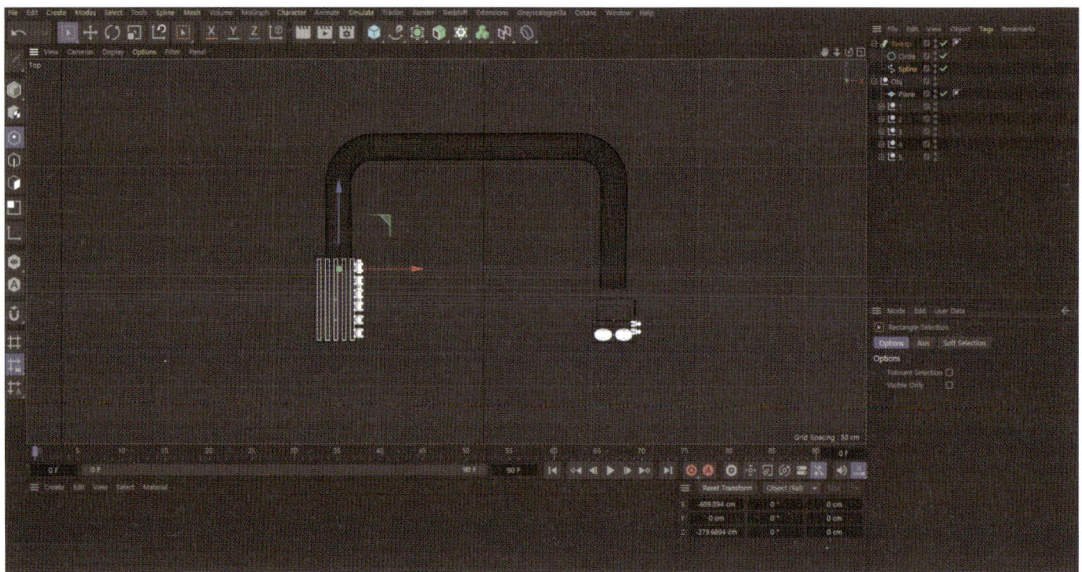

▲ 위치 이동

포인트 모드에서 좌측 하단의 점만 선택한 후에 아래로 내려줍니다.

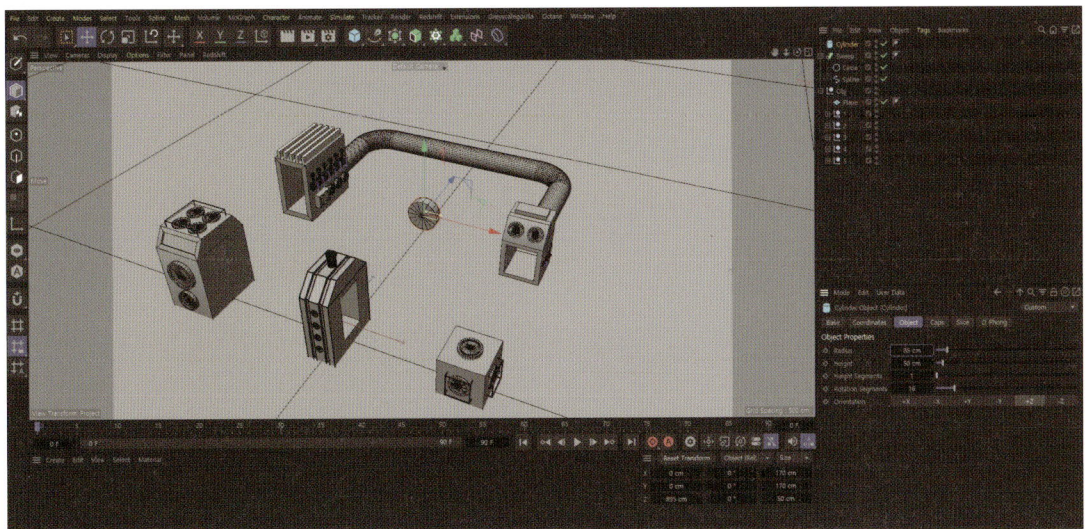

▲ 실린더 제작

Perspective 화면에서 실린더를 새로 제작한 후에 위 이미지처럼 크기를 조절해 줍니다.

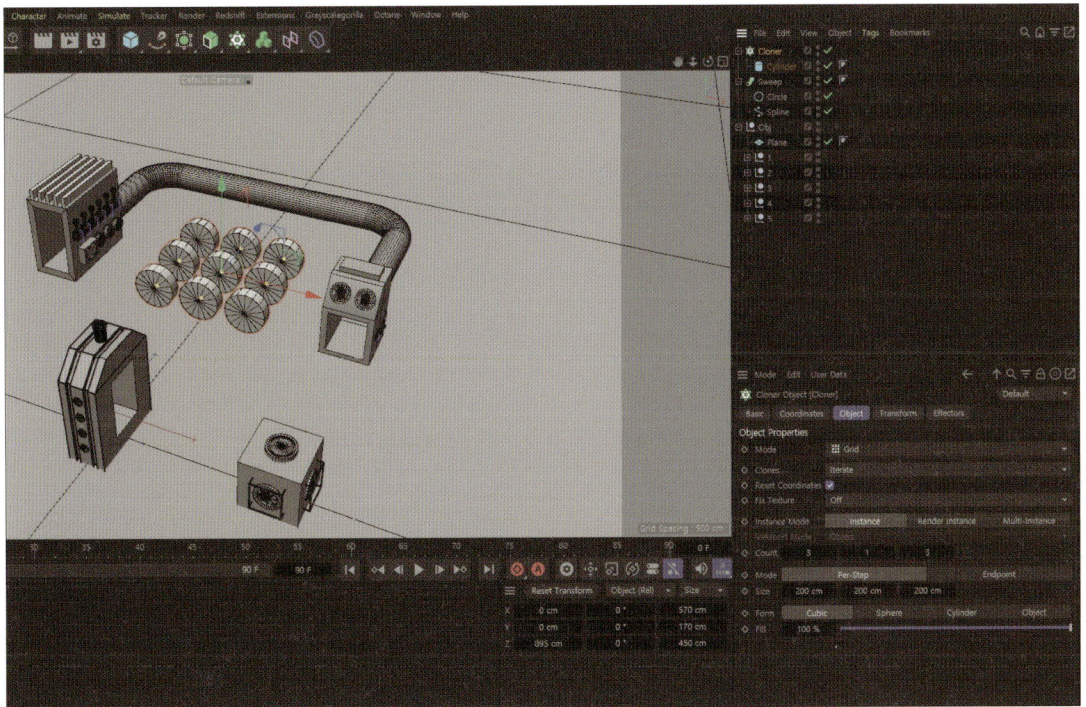

▲ 클로너 적용

제작한 실린더에 클로너를 적용합니다.

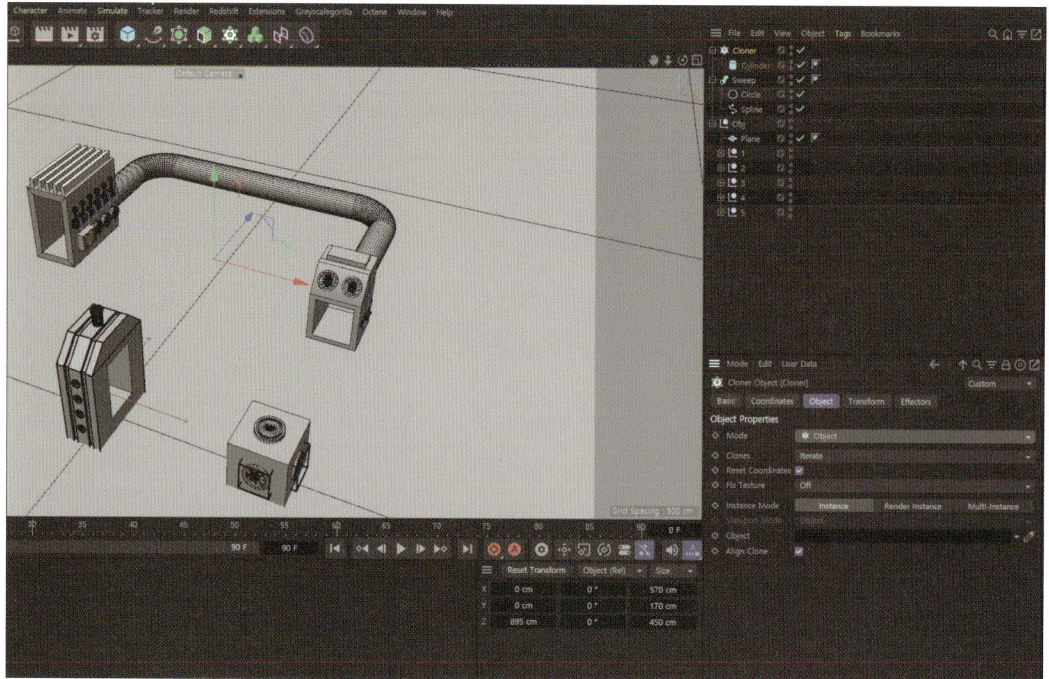

▲ 오브젝트 모드

모드를 오브젝트 모드로 변경합니다.

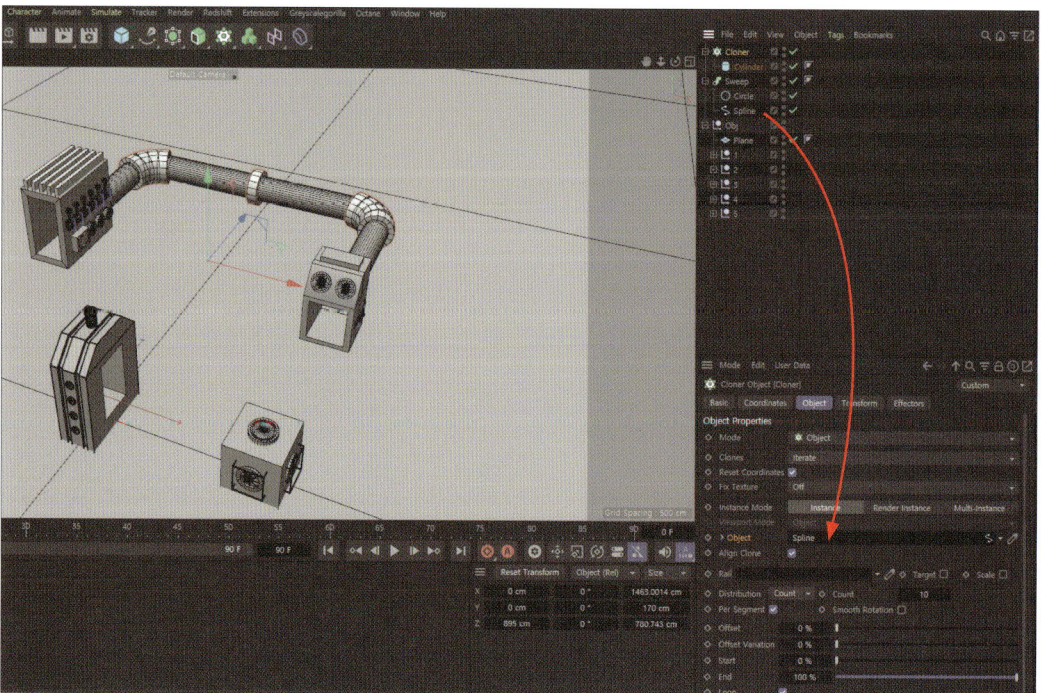

▲ 스플라인 적용

오브젝트 창에 스플라인을 드래그해서 적용합니다.

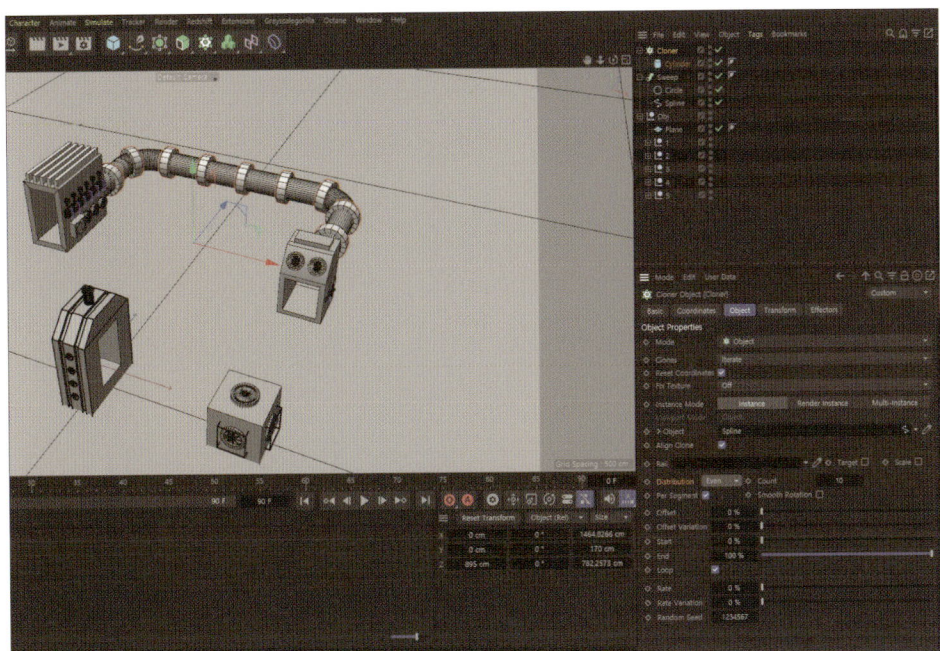

▲ 설정

그리고 [Distribution: Even]으로 설정합니다. 간격에 대한 설정으로, [Even]으로 설정하면 전체 간격을 일정하게 설정할 수 있으며 카운트(Count)는 개수를 설정합니다. 여기서는 10개로 진행하겠습니다.

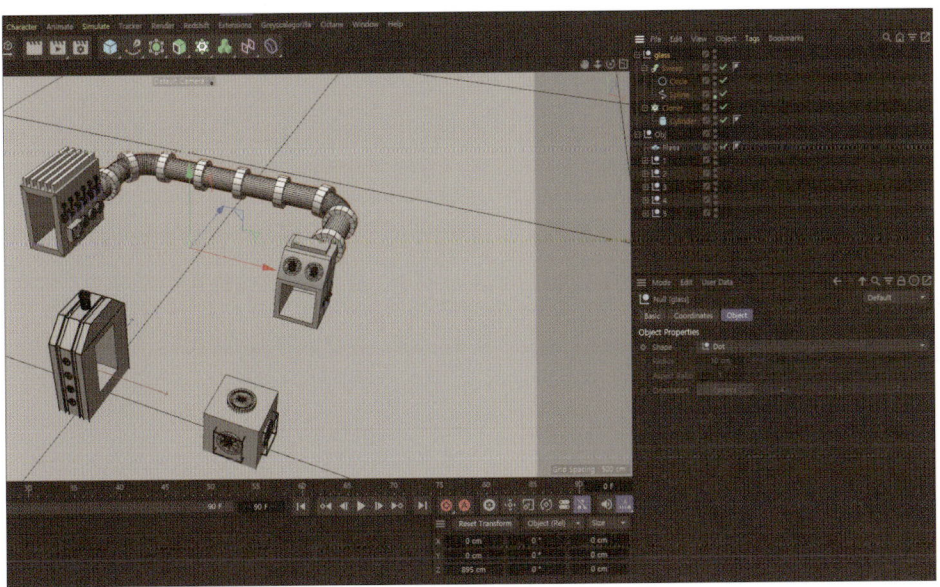

▲ 그룹

유리 재질을 적용할 예정이므로 널로 묶어준 후 이름을 'glass'로 변경합니다. glass는 Obj 널 밑으로 이동합니다.

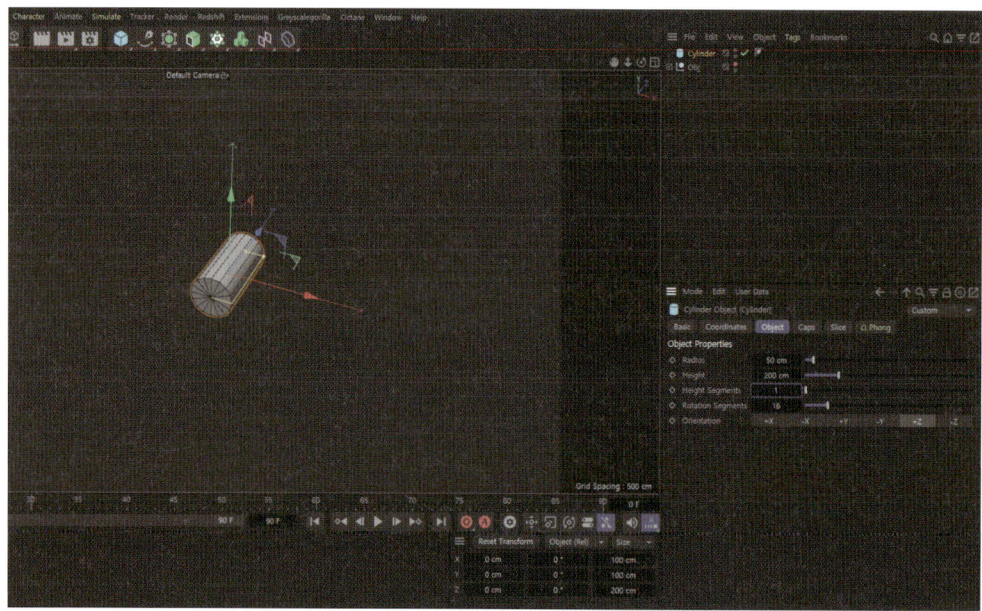

▲ 실린더 제작

Obj 널을 안 보이게 설정하고 실린더를 새로 만듭니다.

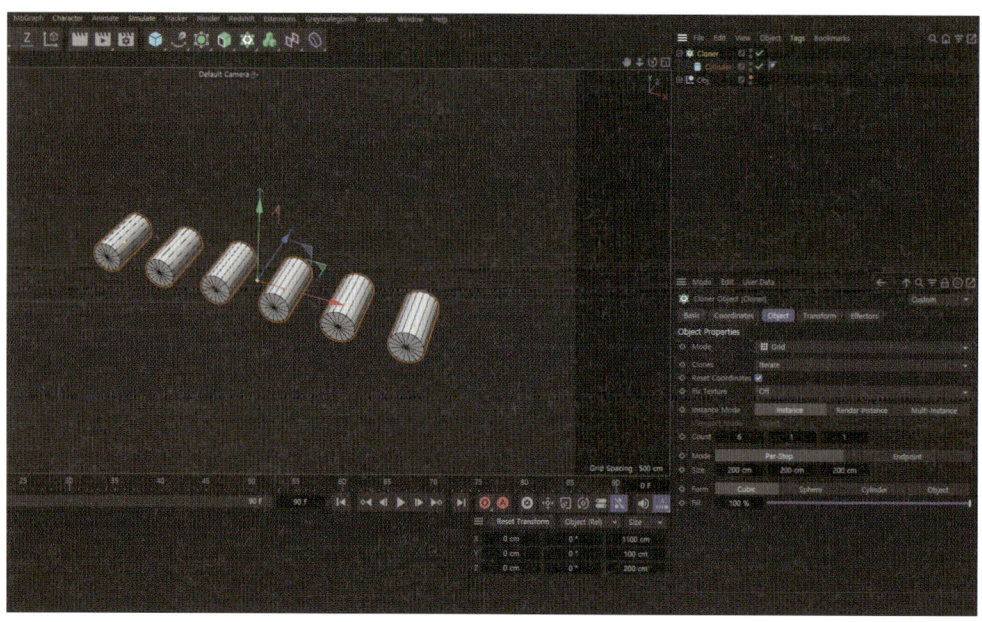

▲ 클로너 적용

실린더에 클로너를 적용하고 위 이미지와 같은 값으로 설정합니다.

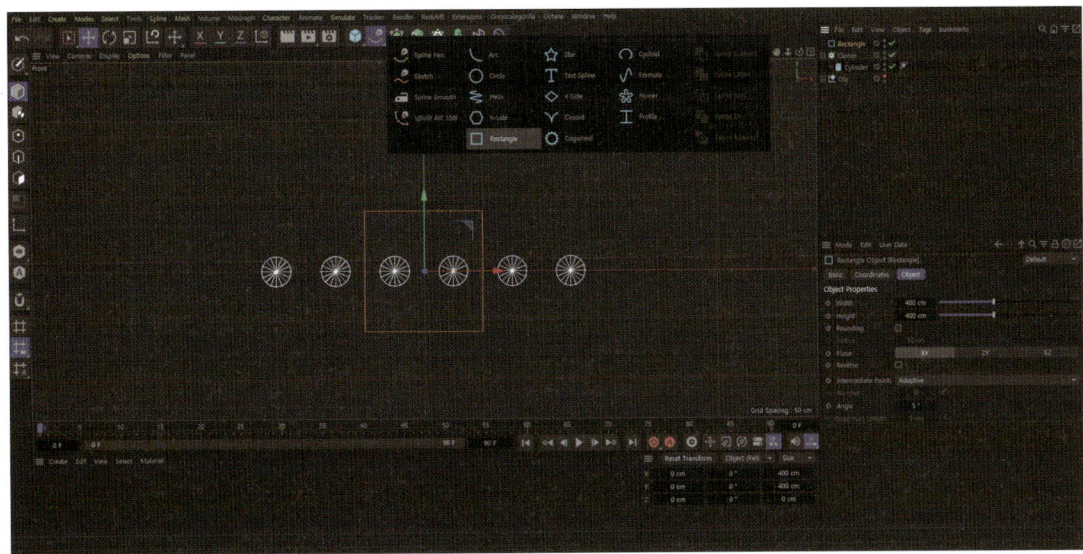

▲ 렉탱글 제작

Front 화면으로 전환 후 렉탱글(Rectangle)을 생성합니다.

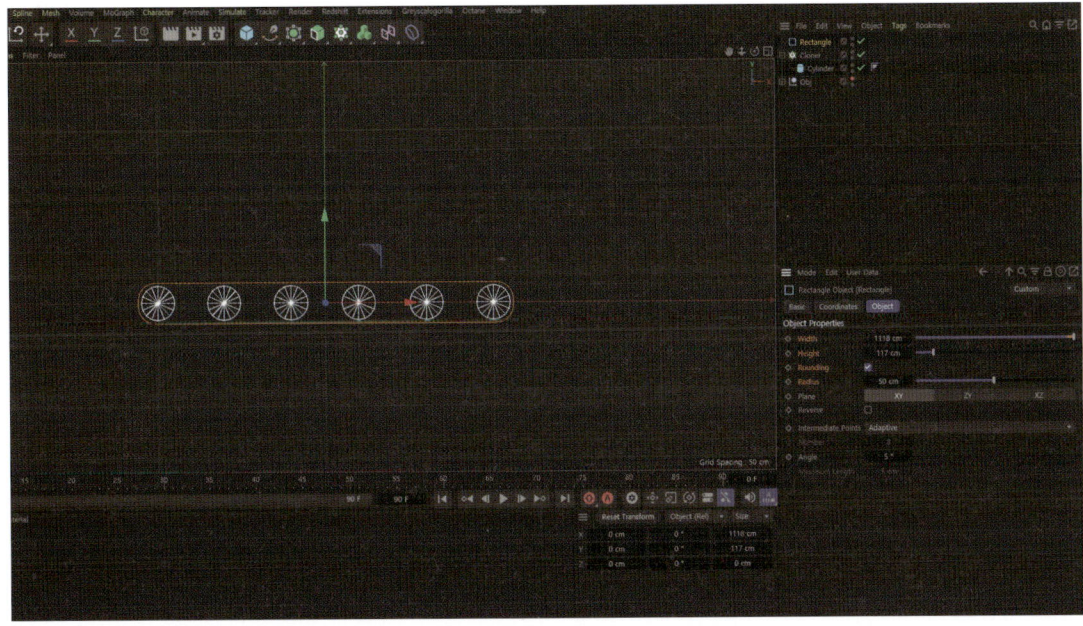

▲ 설정

네모난 선이 클로너를 감싸는 크기로 설정값을 조절합니다. 이 값은 나중에 수정해도 되니 지금은 대략적으로 설정해도 괜찮습니다.

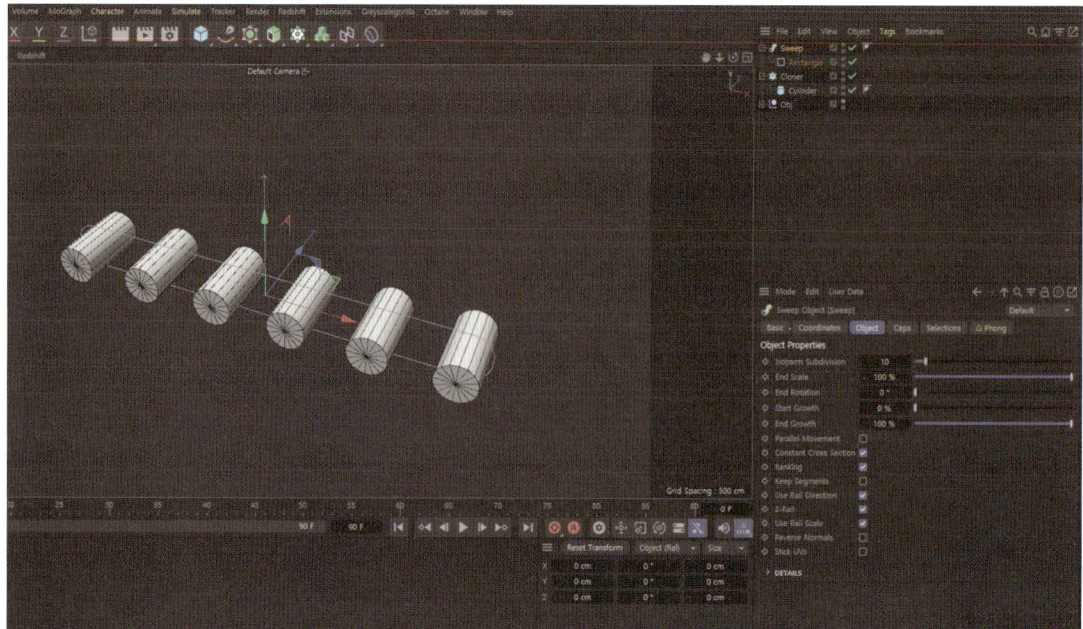

▲ 스위프 적용

렉탱글에 스위프를 적용합니다.

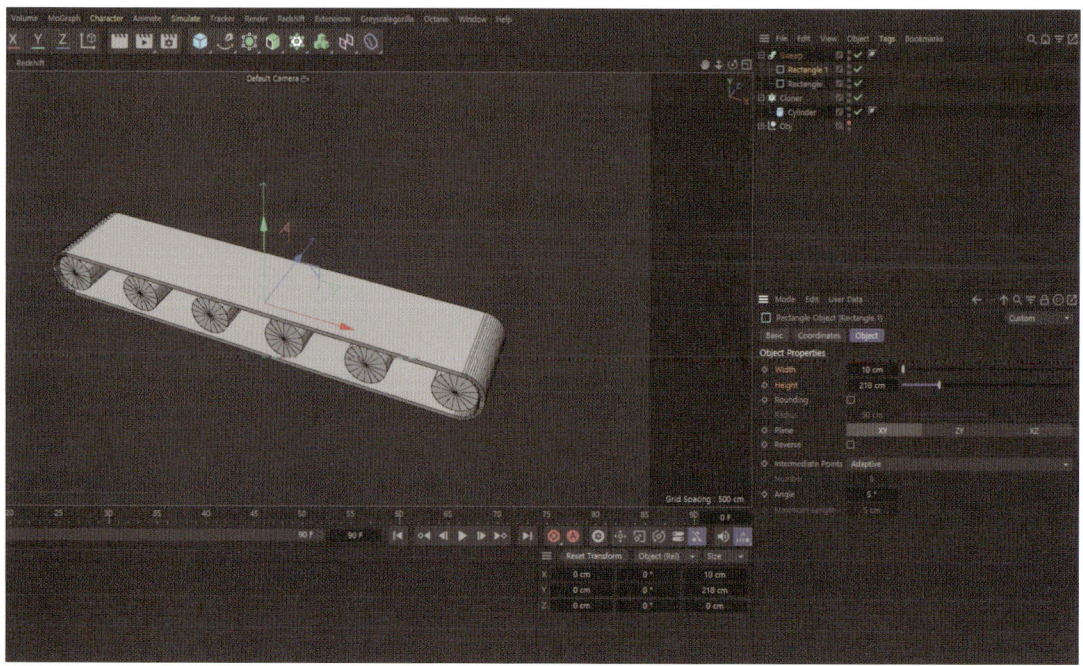

▲ 렉탱글 적용

다시 렉탱글을 적용한 후 Wid[Width]와 [Height] 값을 조절합니다.

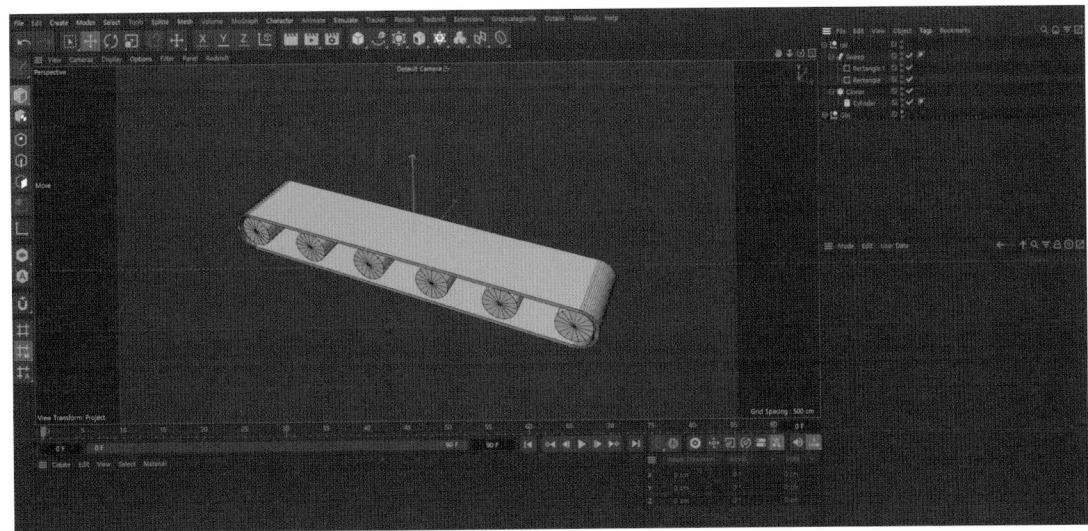

▲ 그룹화

지금까지 만든 오브젝트를 'rail'이라는 그룹으로 묶습니다.

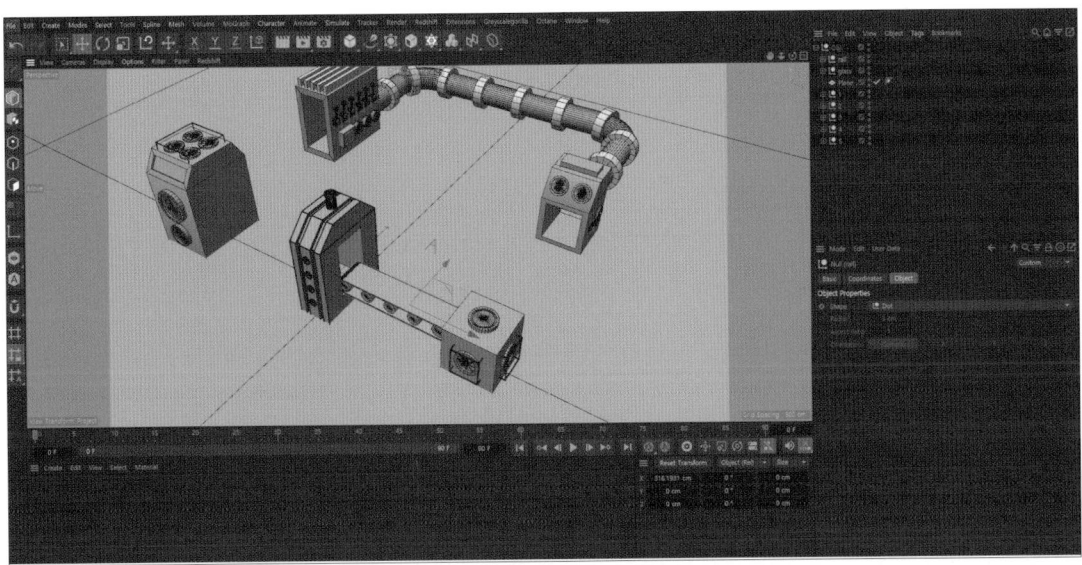

▲ 위치 조절

Obj 널을 다시 보이게 설정한 후 앞에서 만든 오브젝트들의 위치를 조정합니다.

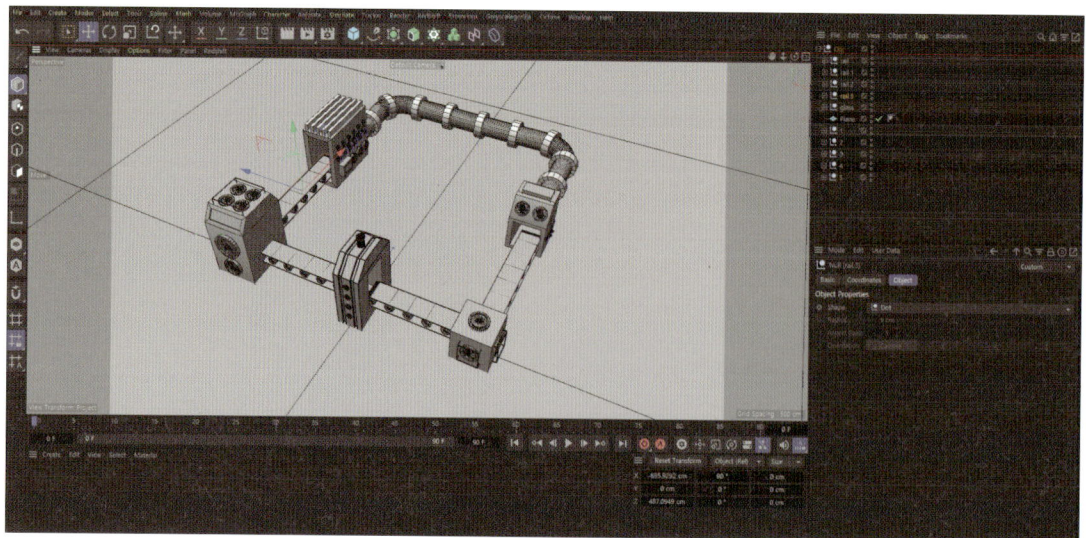

▲ 레일 설치

추가적으로 레일을 배치하면 모델링이 완성됩니다. 그런데 구멍이 뚫리지 않아서 오브젝트가 겹친 부분이 있습니다. 이제 구멍 뚫는 것 정도는 수월하게 할 수 있을 테니 마무리 작업을 해보세요.

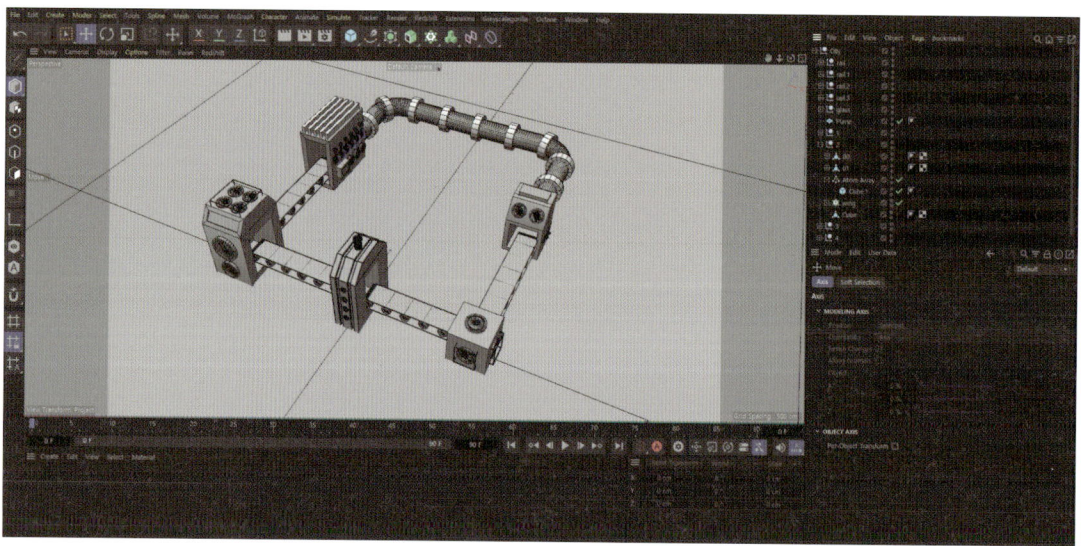

▲ 마무리 수정

이와 같이 마무리 작업까지 하고 나면 공장 제작이 완성됩니다.

옥테인 렌더 기초 기능 알아보기

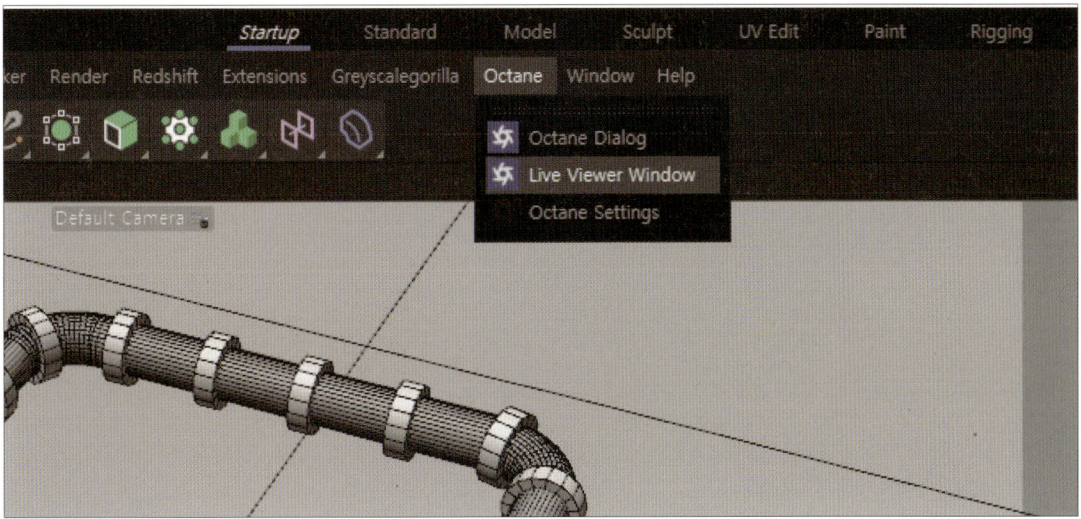

▲ 옥테인 실행

이제 옥테인에 대해 알아보겠습니다. 상단의 [Octane]-[Live Viewer Window]를 클릭합니다.

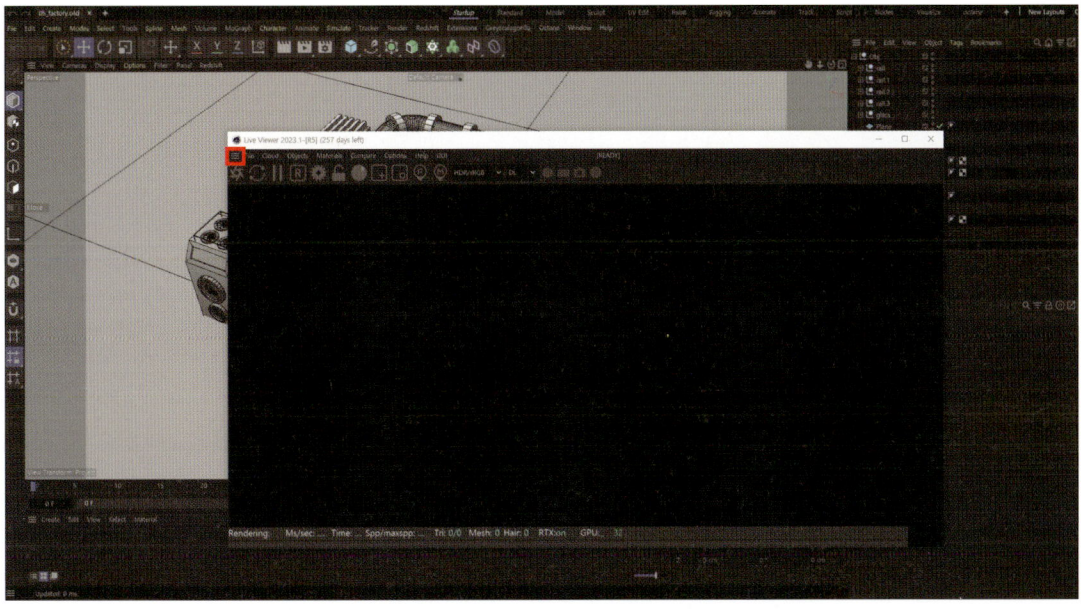

▲ 옥테인 화면

[Live Viewer] 창이 뜨면 좌측 상단의 가로줄 3개가 연달아 있는 아이콘을 클릭한 후 레이아웃을 조절합니다.

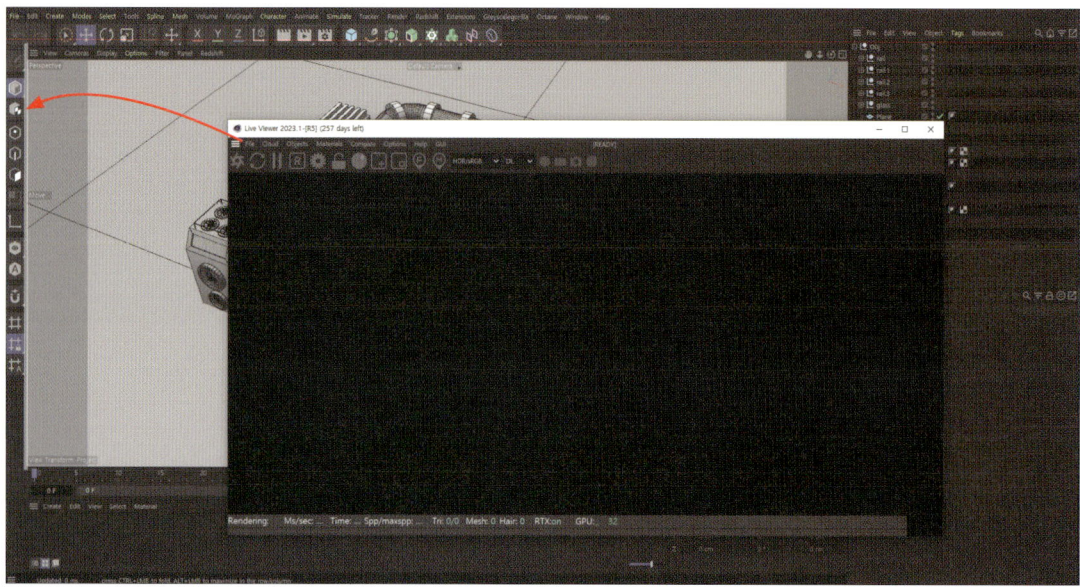

▲ 화면 이동

▲ 오브젝트

뷰어를 자세히 살펴보면 여러 가지 옵션이 있습니다. 자주 사용하는 부분을 먼저 확인하겠습니다. 우선 오브젝트(Objects)입니다. 카메라와 각종 라이트를 제작할 수 있으며, 스캐터(Scatter)와 볼륨(Volume) 같은 기능들을 사용할 수 있습니다. 각 기능은 앞으로 예제를 다뤄보며 알아보겠습니다.

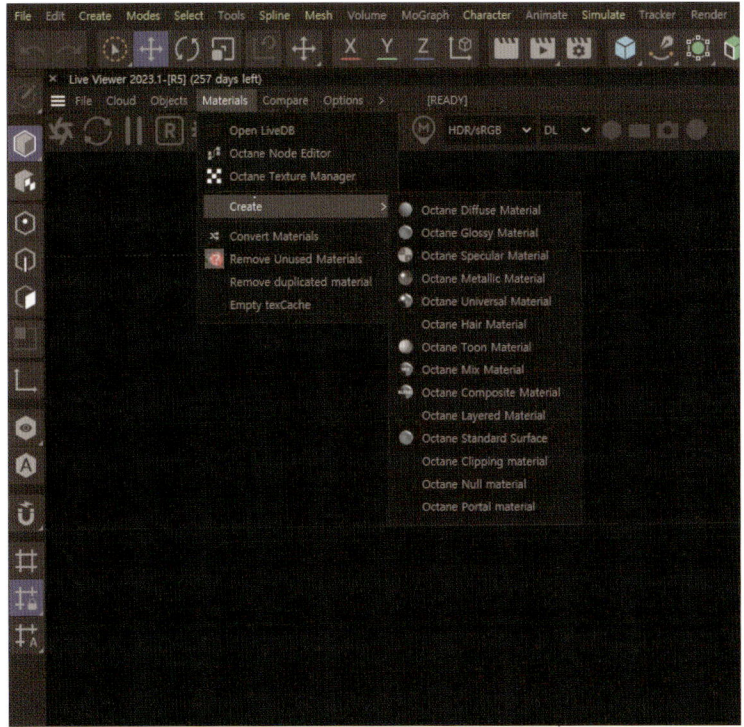

▲ 머티리얼

다음으로는 머티리얼(Materials)입니다. 머티리얼에서는 여러 가지 재질을 적용할 수 있습니다. 우리는 모든 재질을 사용하지는 않고 일부 재질만 사용할 예정입니다. 간략하게 설명하면 디퓨즈(Diffuse)는 반사 값이 없으며 빛 재질을 활용할 때 주로 사용합니다. 글로시(Glossy)의 경우에는 유리와 철 재질을 제외한 대부분의 재질에 사용할 수 있습니다. 스펙큘러(Specular)는 유리 재질, 메탈릭(Metallic)은 쇠 재질을 표현할 때 사용합니다.

▲ 각 머티리얼 적용 모습

맨 왼쪽부터 순서대로 디퓨즈, 글로시, 스펙큘러, 메탈릭 재질을 적용한 모습입니다. 각각의 적용 방법은 작업을 진행하면서 알아보겠습니다.

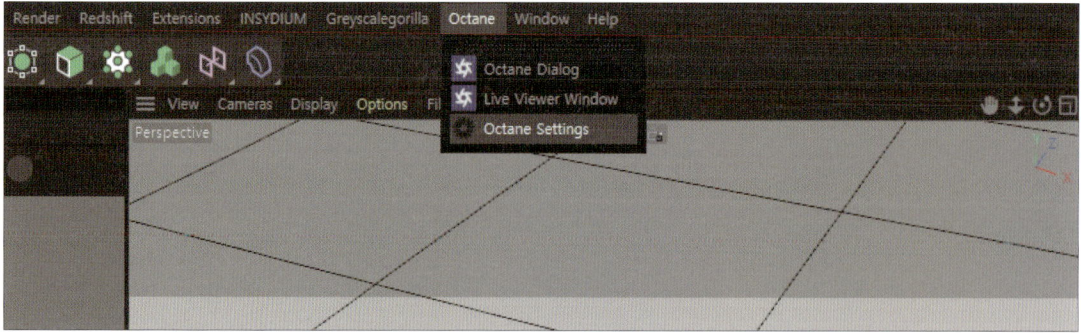

▲ 옥테인 설정

옥테인을 설정하겠습니다. 상단에 [Octane]-[Octane Settings]를 클릭해주세요.

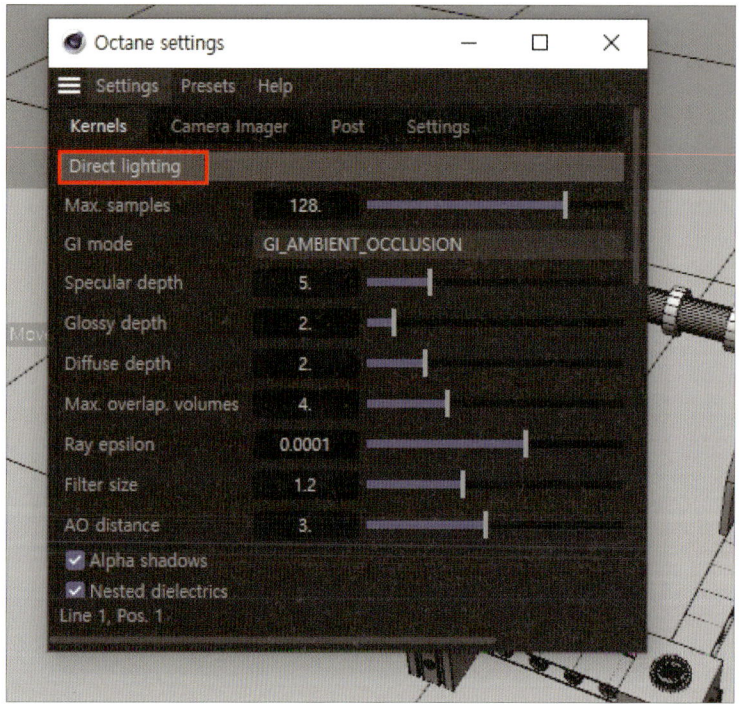

▲ 옥테인 설정 2

[Octane settings] 창이 뜨면 기본값으로 설정된 내용을 확인할 수 있습니다. 상단의 [Direct lighting]을 [Path tracing]으로 변경합니다.

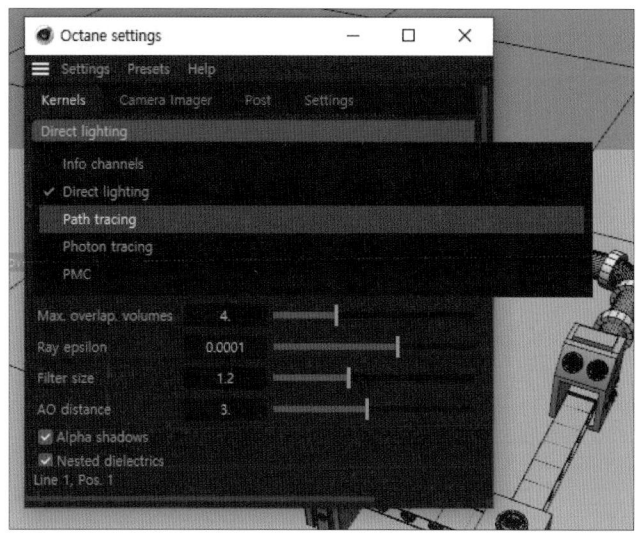

▲ 옥테인 설정 3

빛의 반사에 대한 설정값으로, 우리는 대부분의 프로젝트를 이 설정으로 진행합니다. 다만 무조건적인 값이 아니므로 작업을 진행하면서 다른 값도 하나씩 적용해 보세요.

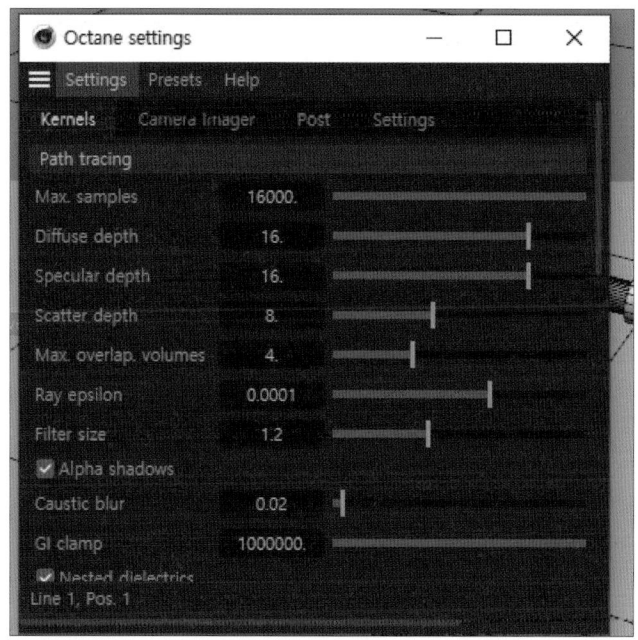

▲ 옥테인 설정 4

설정을 [Path tracing]으로 바꾸면 아래의 값들이 바뀌는 것을 확인할 수 있습니다. 이 중에서 [Max. samples], [Diffuse depth], [Specular depth], [Scatter depth], [Gl clamp]를 다음처럼 변경합니다.

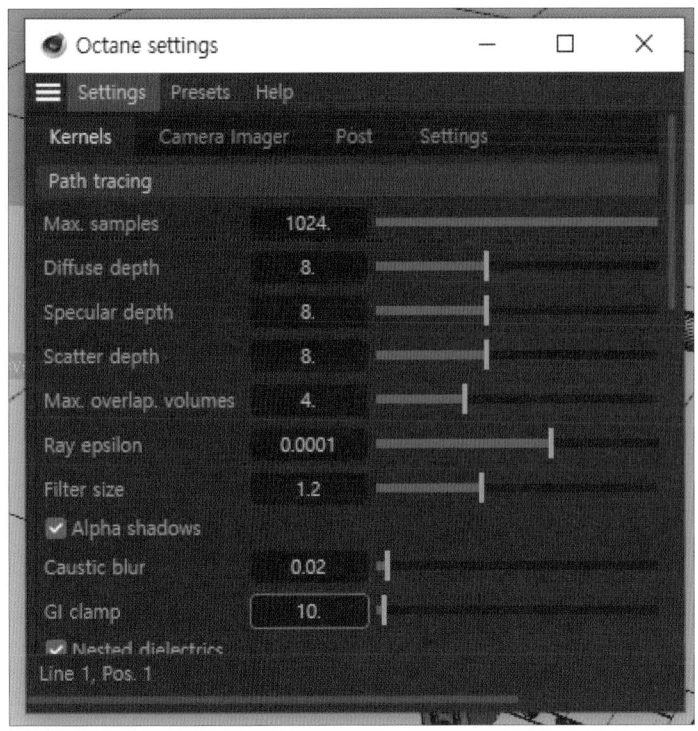

▲ 옥테인 설정 5

[Max. samples]는 보통 512~1,024 사이로 설정하는데, 값이 클수록 렌더링의 퀄리티가 높아지며 그만큼 시간도 오래 걸립니다. [Depth]는 밝기를 담당합니다. 숫자가 작을수록 각 부분에 해당하는 재질이 어둡게 보이며 숫자가 클수록 밝아집니다. [Depth]는 너무 밝아지지 않을 정도로만 설정하면 되는데, 보통 8로 설정하면 더 이상 올릴 필요가 없기 때문에 처음부터 8로 설정하고 진행하는 것이 편합니다.

빛은 물체에 한 번 부딪히면 힘의 방향대로 진행하며 또다시 다른 물체에 부딪히는데, [GI clamp]는 그 횟수를 조절해 주는 기능입니다. 이 역시 정해진 값은 없지만 보통 10으로 설정하면 원활하게 작업할 수 있습니다.

모델링한 파트에 옥테인 재질 적용하기

이제 오브젝트에 본격적으로 재질을 적용해 보겠습니다.

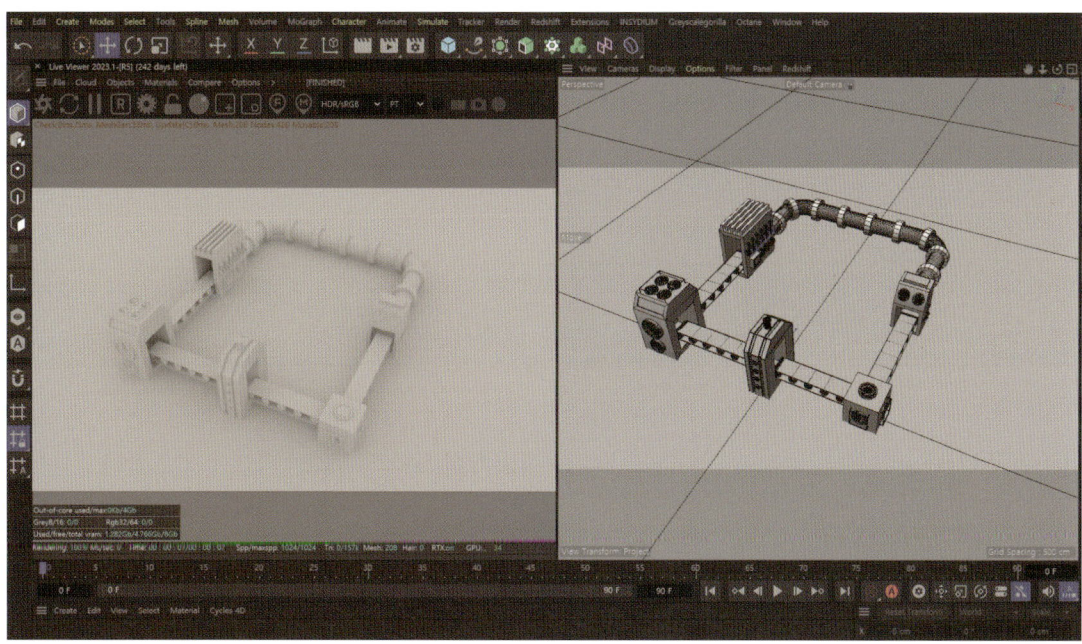

▲ 프리뷰

이미지에 표시된 아이콘을 누르면 화면이 렌더 모드로 보이게 됩니다. Perspective 화면을 자유롭게 움직여도 렌더 모드 화면이 같이 변하는 것을 확인할 수 있습니다. 재질을 작업하기 전에 간단한 빛을 설정하겠습니다.

[Object]-[Hdri Environment]를 설치합니다. HDRI란 High Dynamic Range Imaging의 약자로 일반적인 이미지 파일보다 훨씬 많은 정보 값을 가지고 있는 파일을 말합니다. [Hdri Environment]는 그 파일을 전반적으로 설치함으로써 라이트를 배치합니다.

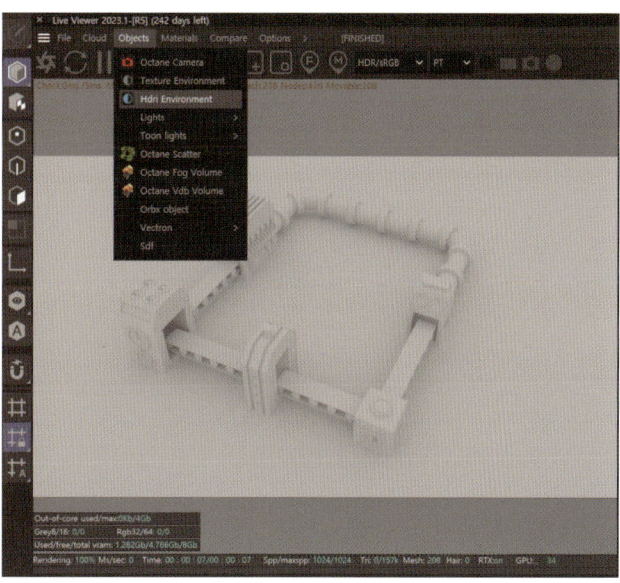

▲ HDRI

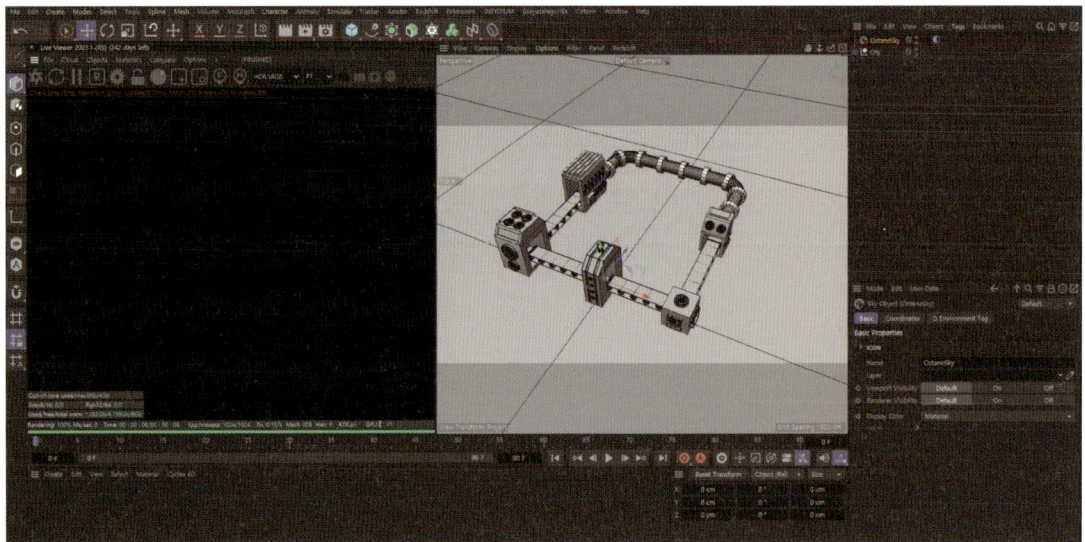

▲ HDRI 설치

HDRI를 설치하면 이렇게 렌더 화면이 검은색으로 보이기 때문에 추가적인 파일이 필요합니다.

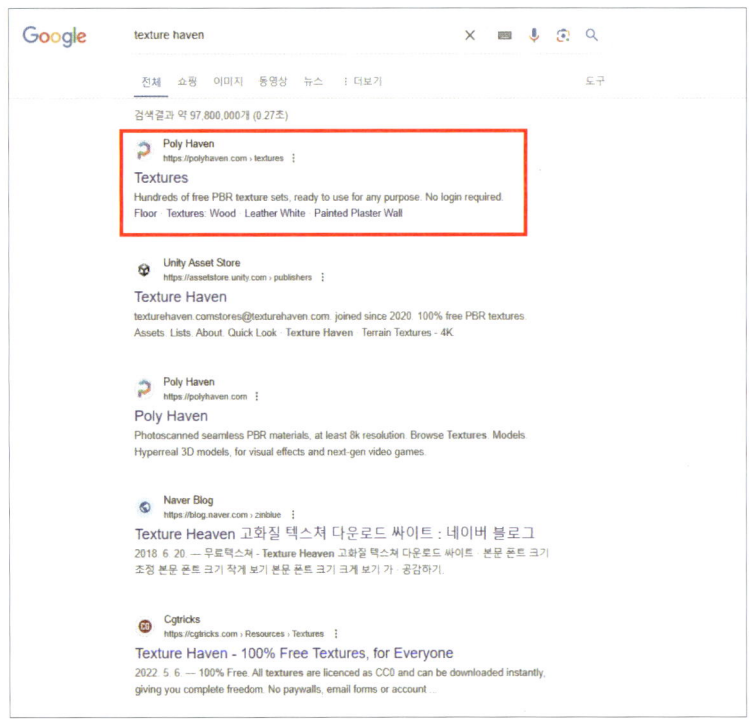

▲ 구글 검색

구글에 'texture haven'을 검색한 후에 맨 위의 Poly Haven 사이트에 접속합니다.

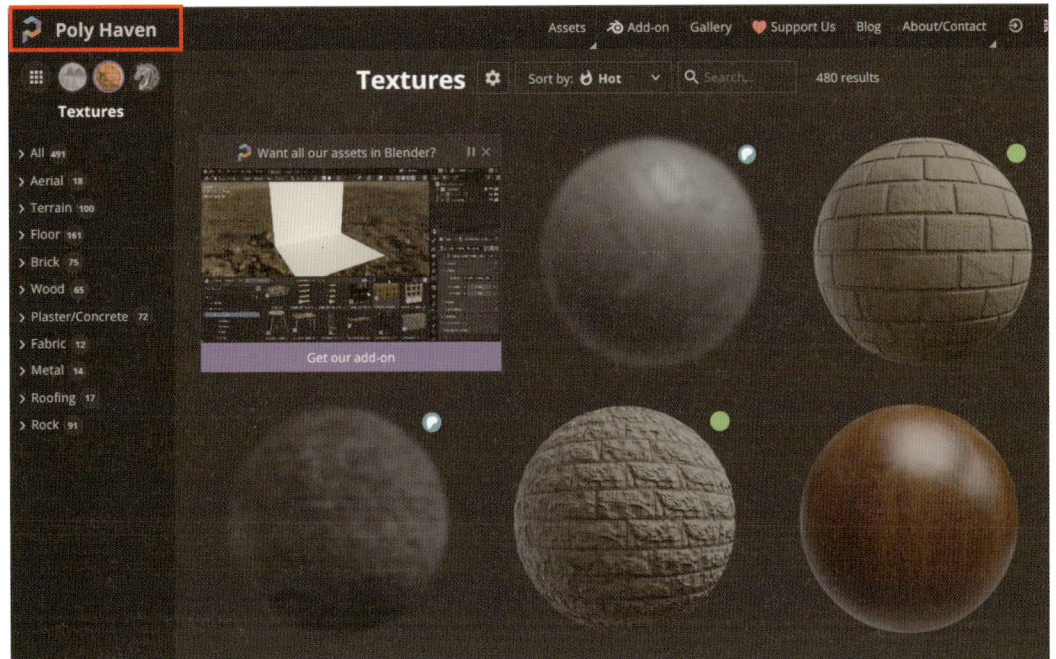

▲ 사이트 접속

왼쪽 상단의 로고를 눌러 Poly Haven의 홈으로 이동합니다.

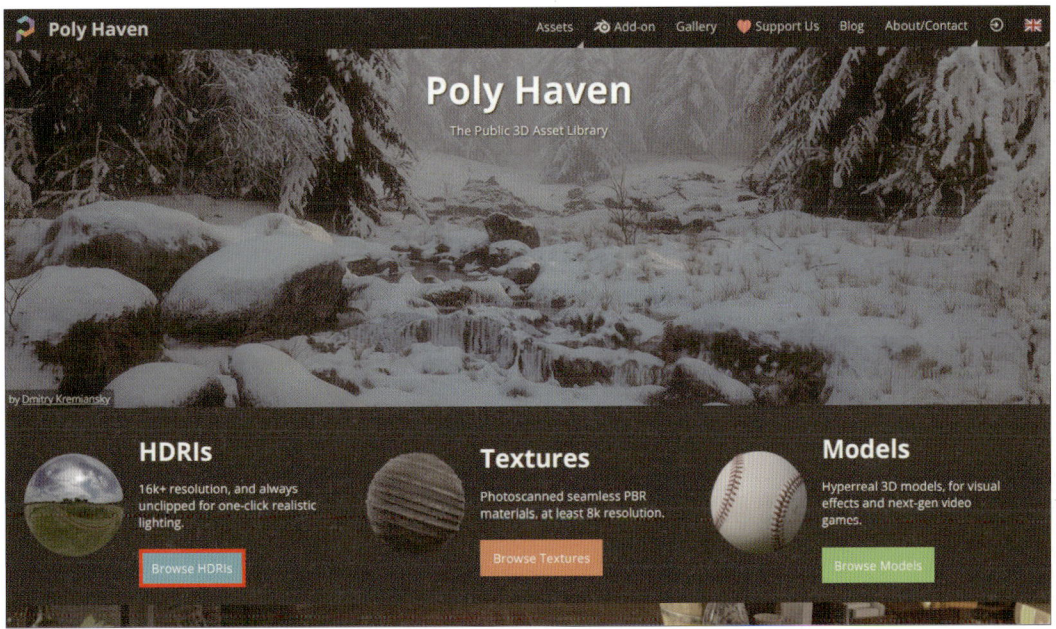

▲ 홈 화면

홈에서 스크롤을 조금 내리면 3가지 파트가 보입니다. 이 중 HDRIs를 살펴보기 위해 [Browse HDRIs]를 클릭합니다.

공장 제작하기 | PART 05 **273**

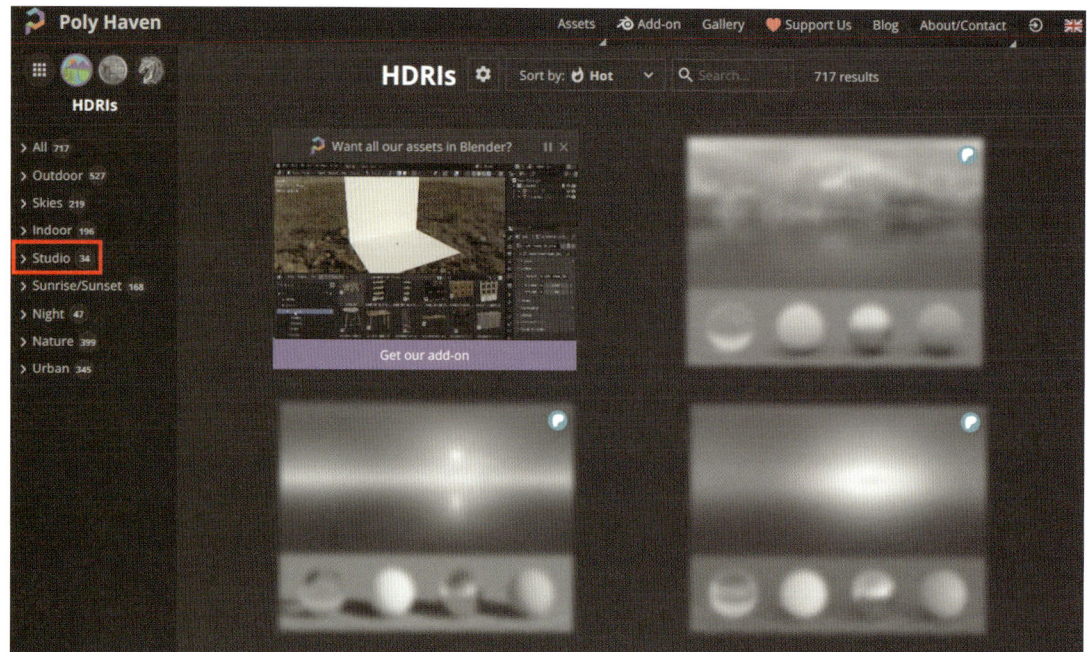

▲ HDRIs

왼쪽의 [Studio]를 클릭합니다.

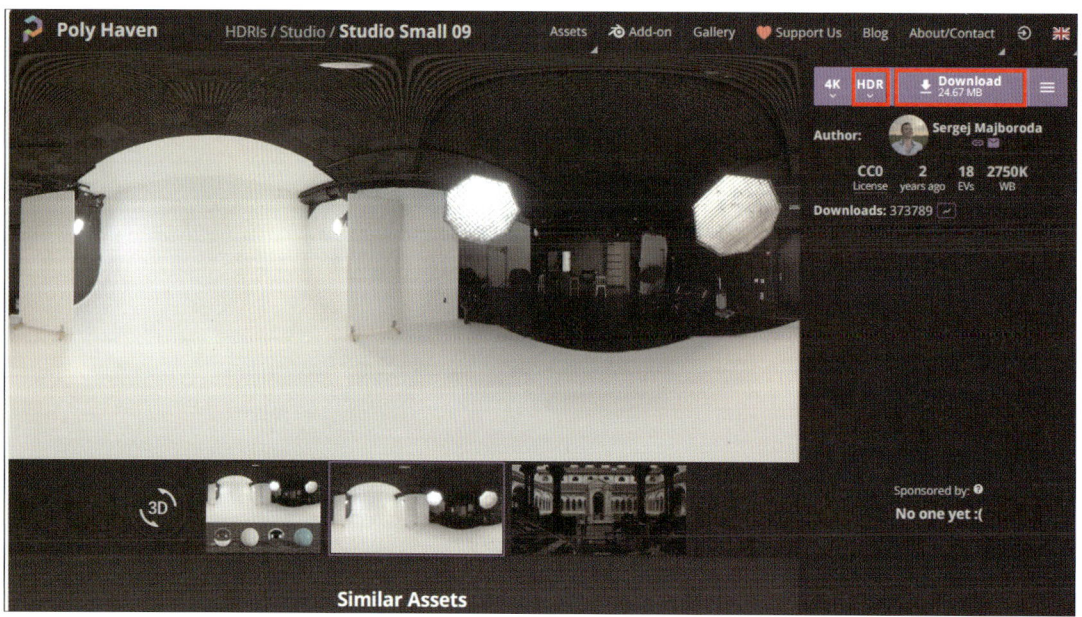

▲ 다운로드

다양한 이미지 중에서 아무거나 마음에 드는 것을 클릭한 후에 화질은 4K, 포맷은 HDR로 다운로드합니다.

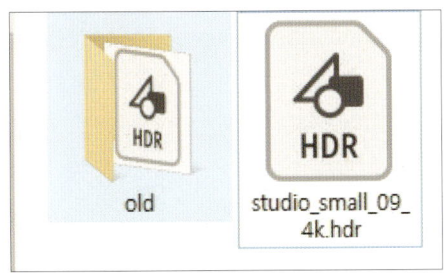

▲ hdr 파일

hdr 파일이 다운된 것을 확인할 수 있으며, 여러 개를 다운로드하여 테스트해 보세요.

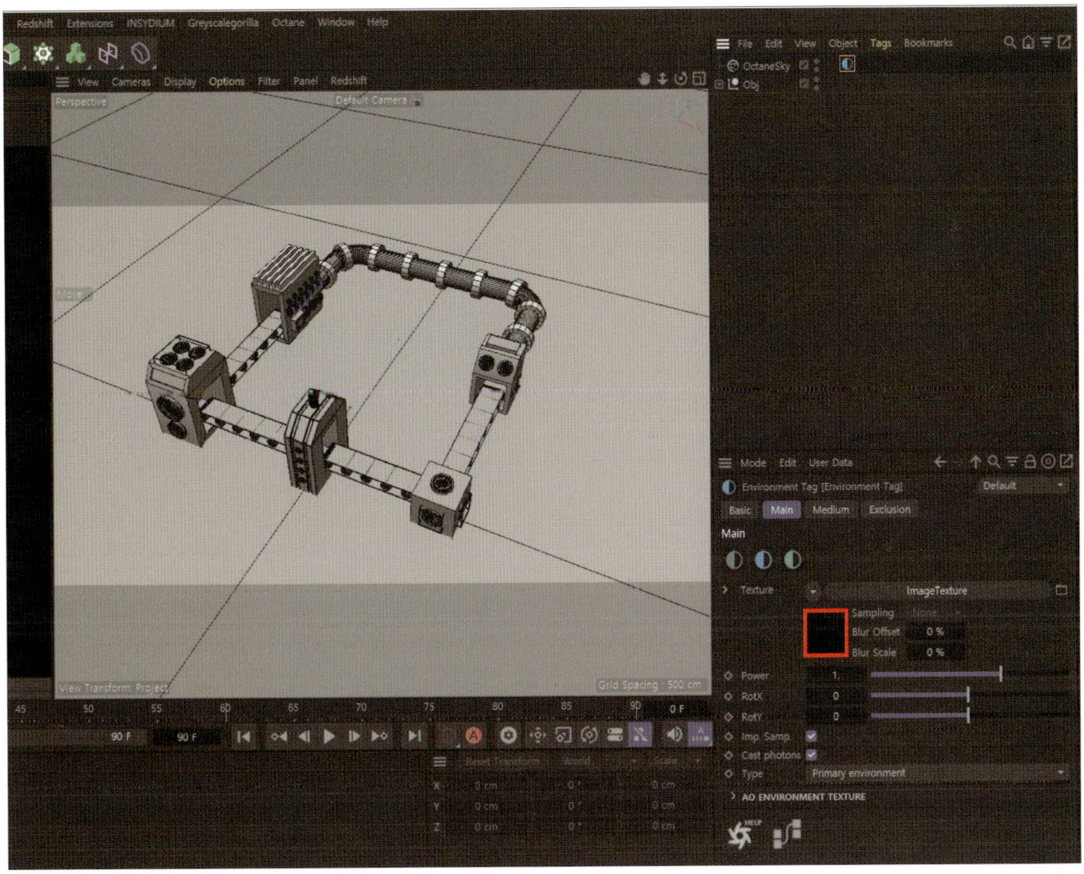

▲ 프로젝트

프로젝트로 돌아와서 [hdri]를 클릭하면 [OctaneSky]가 생성됩니다. 오른쪽의 태그를 클릭하고 텍스처(Texture)에 있는 검은 사각형 부분을 클릭합니다.

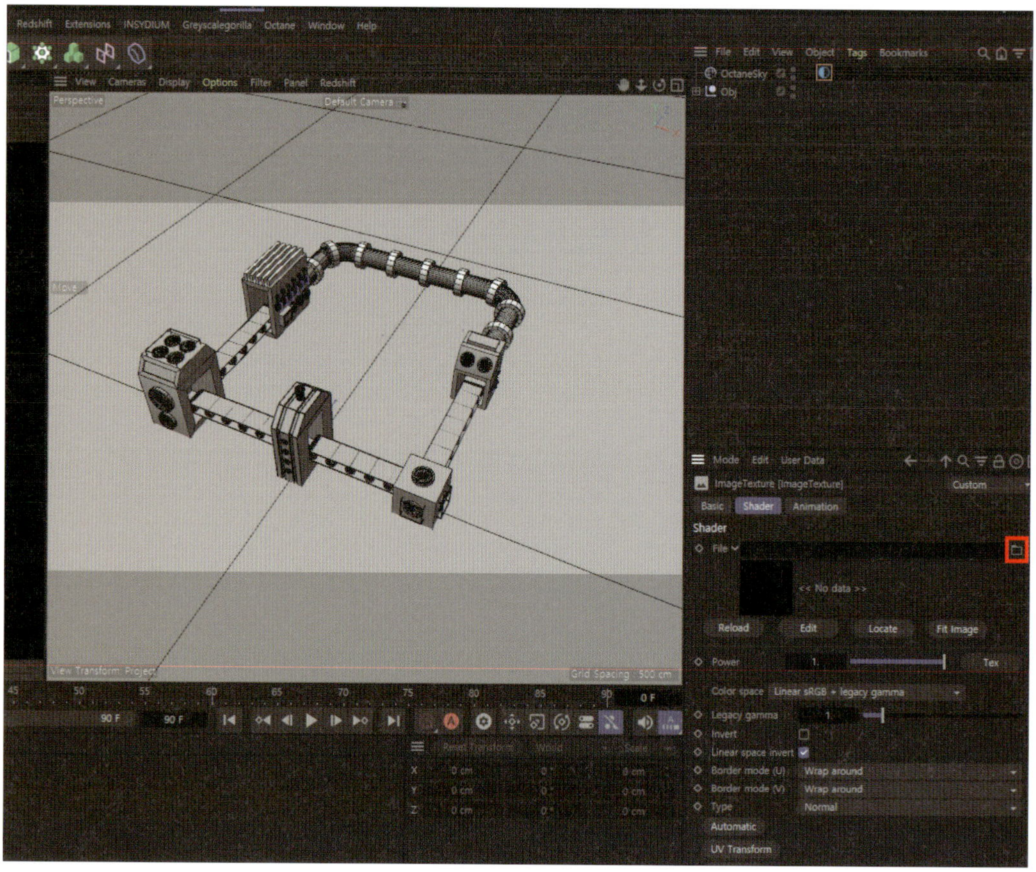

▲ 불러오기

그리고 바로 위에 있는 폴더 모양 아이콘을 클릭합니다.

▲ 폴더 선택 창

폴더를 선택하는 창이 뜨면 다운받은 hdr 파일이 있는 링크로 이동한 후 파일을 더블 클릭하거나 한 번 클릭 후 [열기]를 눌러줍니다.

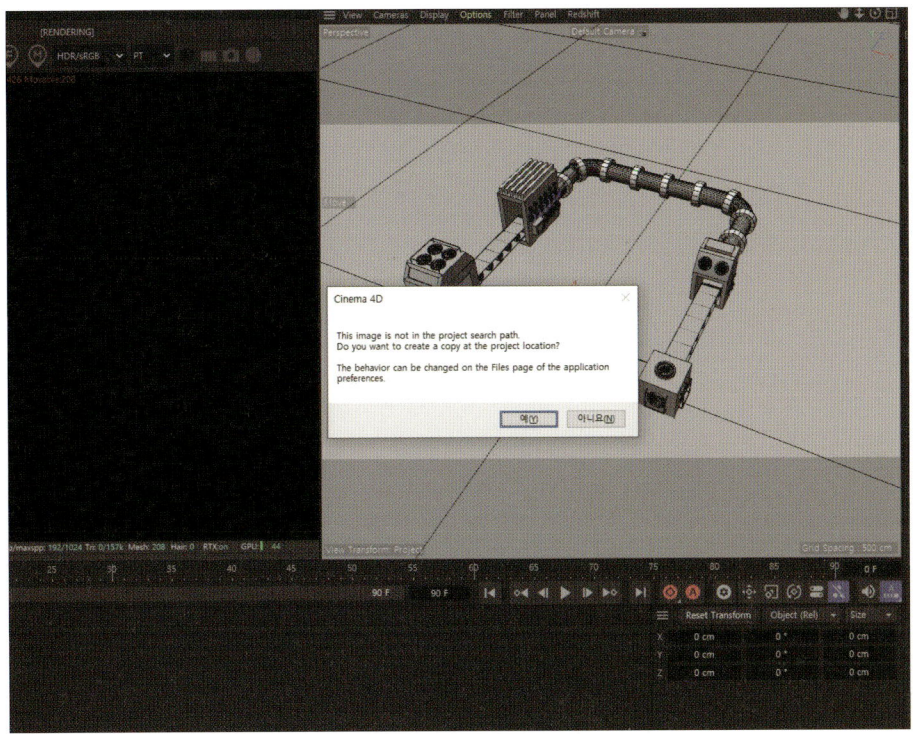

▲ 메시지 창

그러면 메시지 창이 하나 뜹니다. 프로젝트가 저장된 경로에 tex라는 폴더를 만들어서 그 폴더 내부로 해당 이미지 파일을 복사하겠냐고 물어보는 메시지입니다. [아니요]를 눌러도 적용은 되지만 같은 경로에 파일이 없어서 나중에 다시 프로젝트를 열 때 링크가 끊기는 경우가 생길 수도 있습니다. 따라서 [예]를 눌러줍니다.

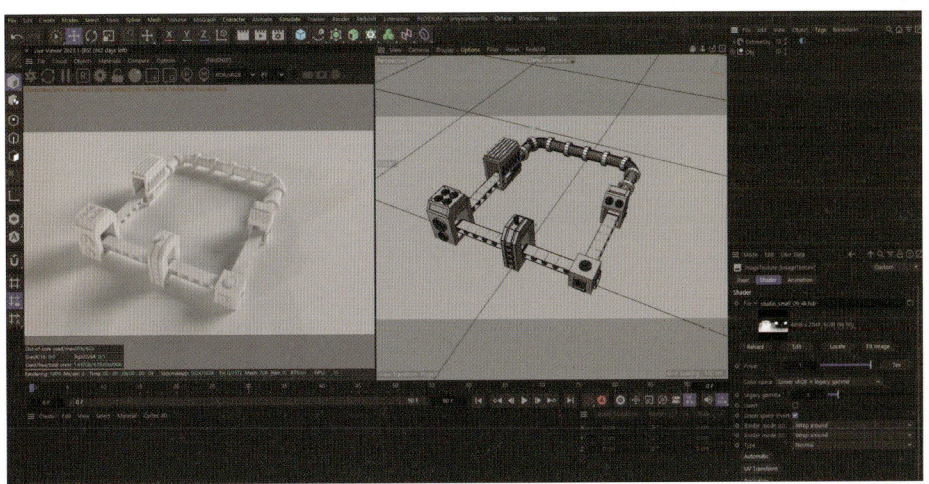

▲ HDRI 적용 완료

HDRI가 적용된 것을 확인하면 재질을 적용하기 위한 사전 작업이 모두 끝났습니다. 이제 재질 작업을 진행한 후 라이트까지 배치하겠습니다.

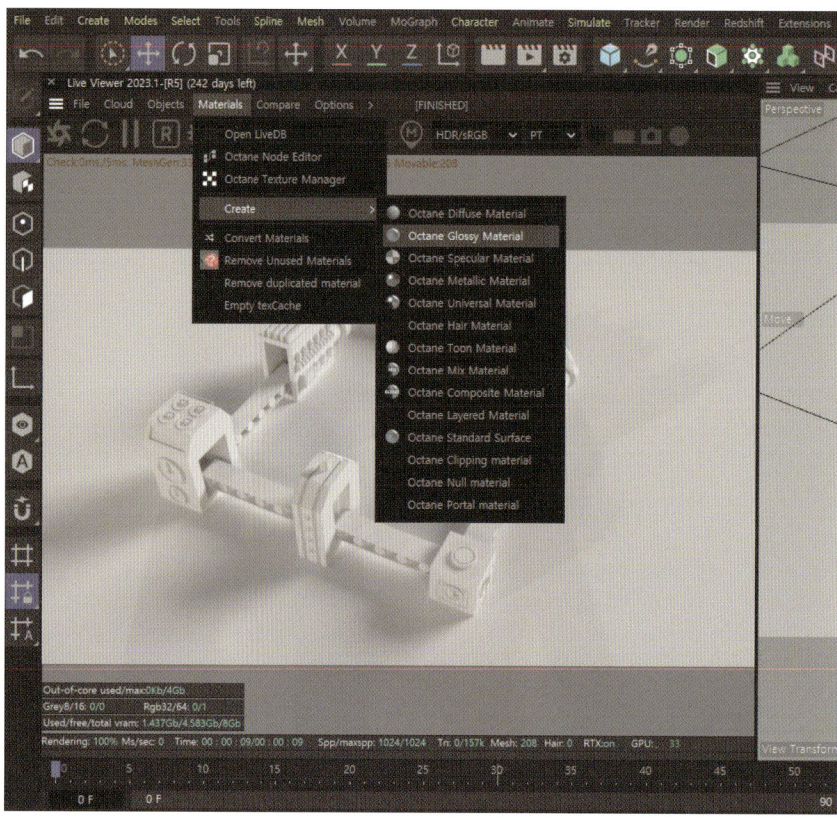

▲ 글로시 머티리얼

[Materials]-[Create]-[Octane Glossy Material]을 하나 생성합니다. 글로시는 철과 유리 재질을 제외한 제일 기본이 되는 재질이라고 설명했습니다.

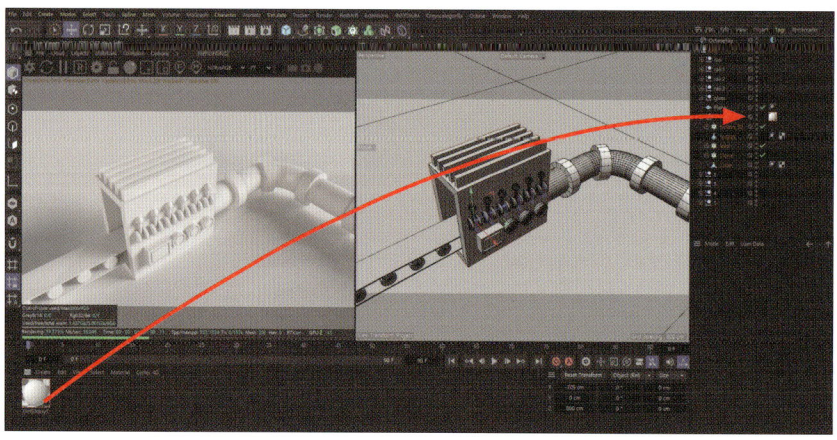

▲ 재질 적용

생성한 재질을 오브젝트로 드래그합니다. 재질 적용은 스탠더드 렌더러를 다룰 때 해봤으므로 어렵지 않을 것입니다. C4D는 기본적으로 하이어라키 구조로 이루어져 있어서 제일 상단에 베이스가 되는 머티리얼을 적용한 후, 하단에 다시 원하는 재질들을 따로따로 적용할 수 있습니다.

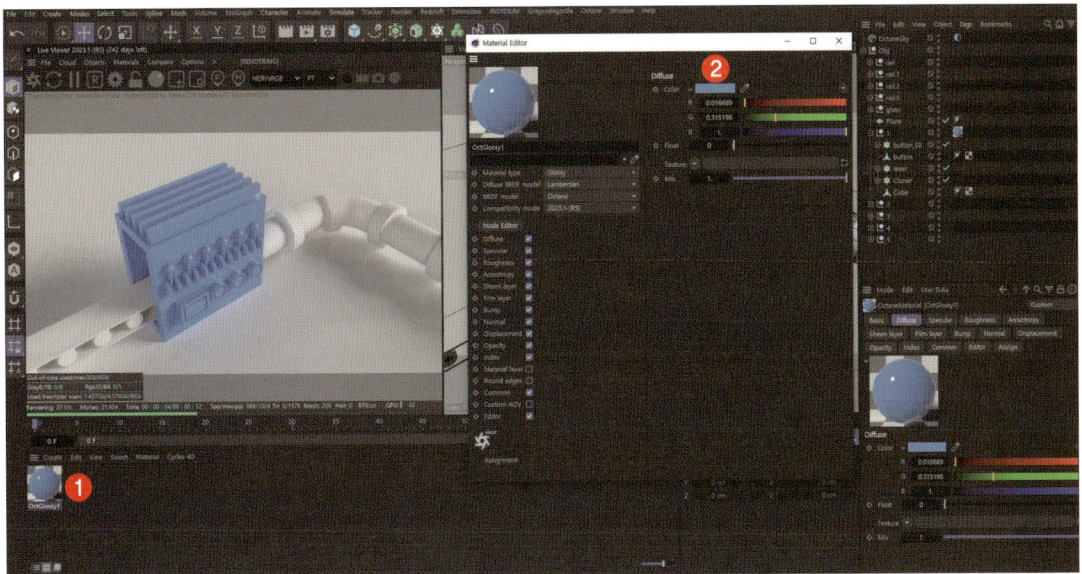

▲ 색 변경

재질을 더블 클릭한 후 [Diffuse]-[Color]에서 흰색 부분을 클릭하면 색을 변경할 수 있습니다. 여러분이 원하는 색으로 변경해 주세요.

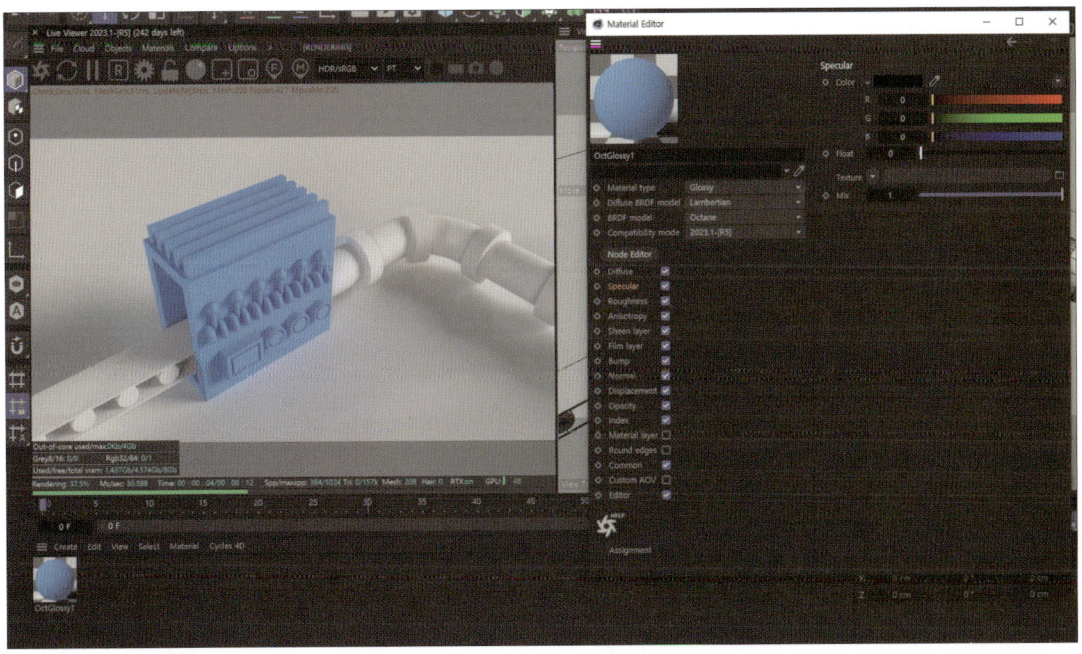

▲ 스펙큘러 없음

그다음으로 스펙큘러(Specular)에 대해 알아보겠습니다. 스펙큘러는 반사에 대한 강도를 나타냅니다. [Specular]-[Float: 0]으로 설정하고 나니 재질을 적용한 오브젝트에 반짝임이 사라진 것을 확인할 수 있습니다.

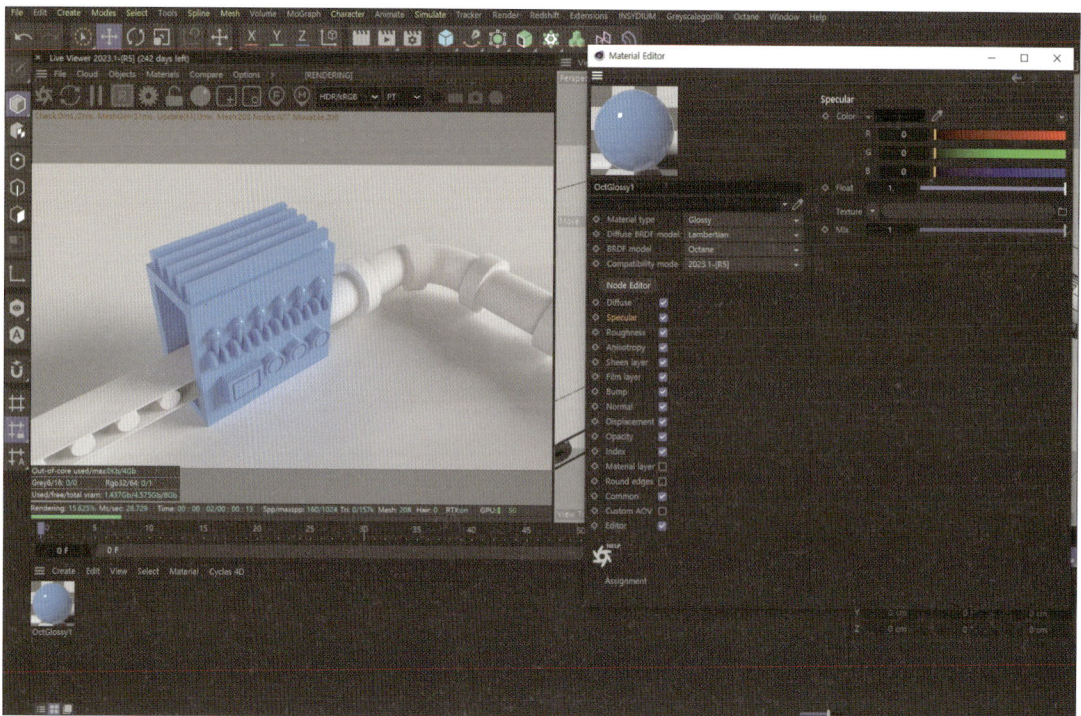

▲ 스펙큘러 설정

다시 값을 1로 설정하여 반짝이게 합니다.

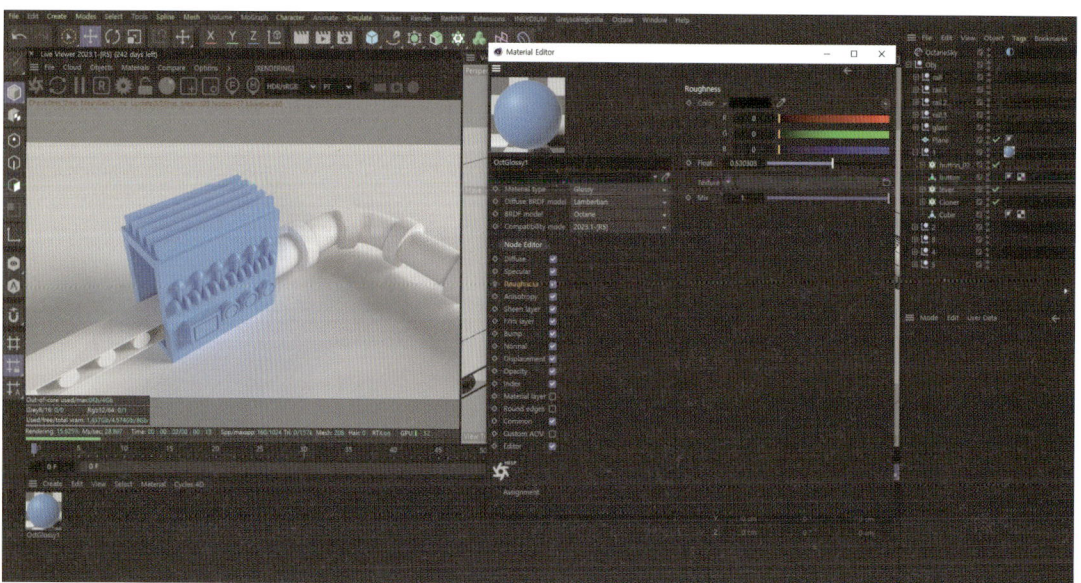

▲ 러프니스

이번엔 러프니스(Roughness)를 알아보겠습니다. 러프니스는 거칠기를 뜻하며 반사되는 양을 조절하여 표면이 매끈하게 또는 거칠게 반사되는 것을 설정합니다.

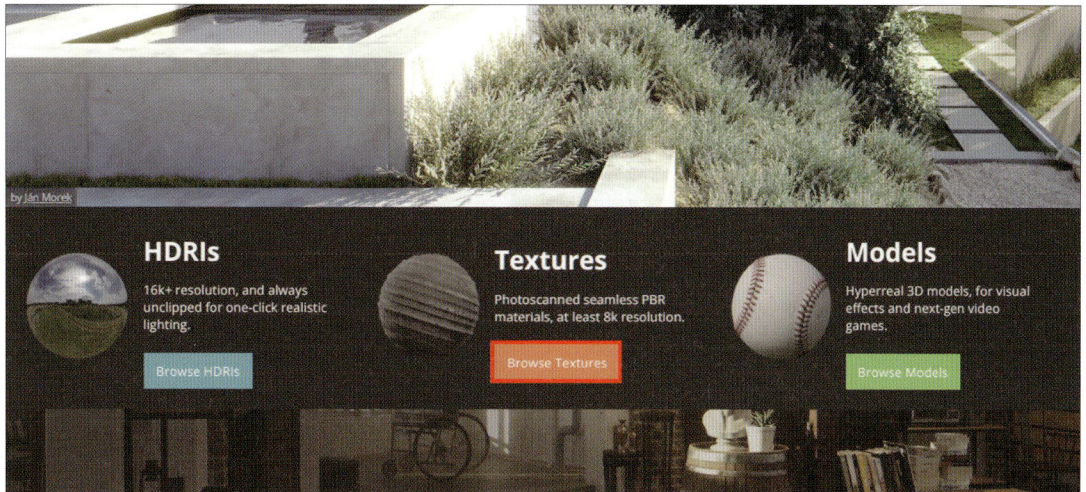

▲ 텍스처

조금 전 HDRI를 다운받았던 Poly Haven 사이트에 다시 접속하여 [Textures]-[Browse Textures]를 클릭합니다.

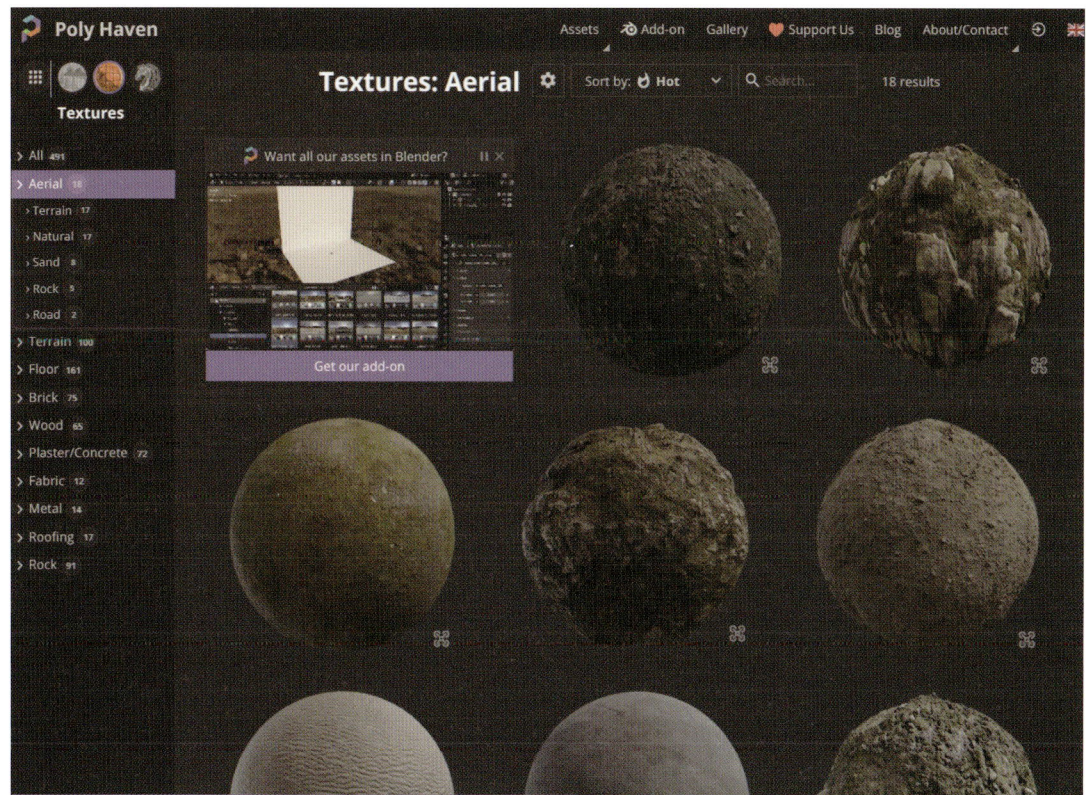

▲ 선택

원하는 종류의 텍스처를 선택합니다.

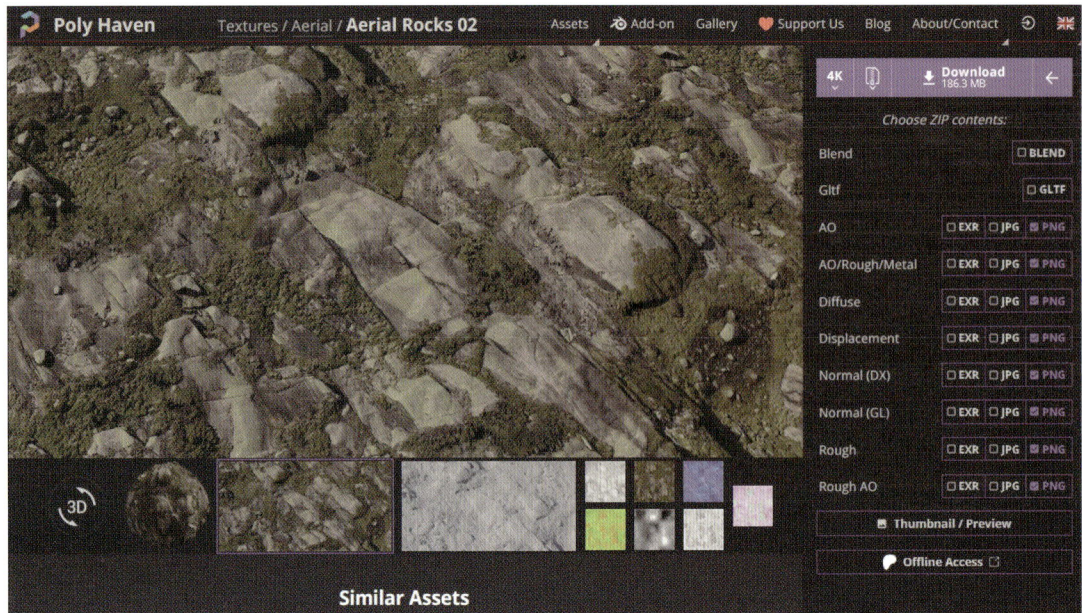

▲ 다운로드

화질은 4K, 포맷은 ZIP을 선택하고 [BLEND]와 [GLTF]에는 체크를 해제한 뒤 다운로드합니다.

▲ 다운 확인

다운로드한 zip 파일의 압축을 해제합니다.

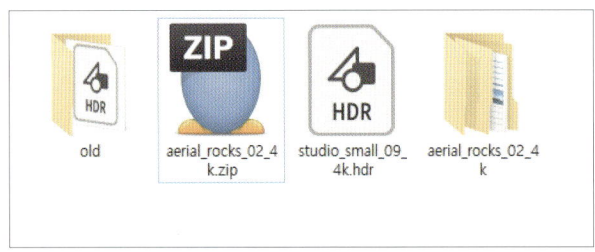

▲ 압축 해제

압축을 해제한 폴더를 더블 클릭합니다.

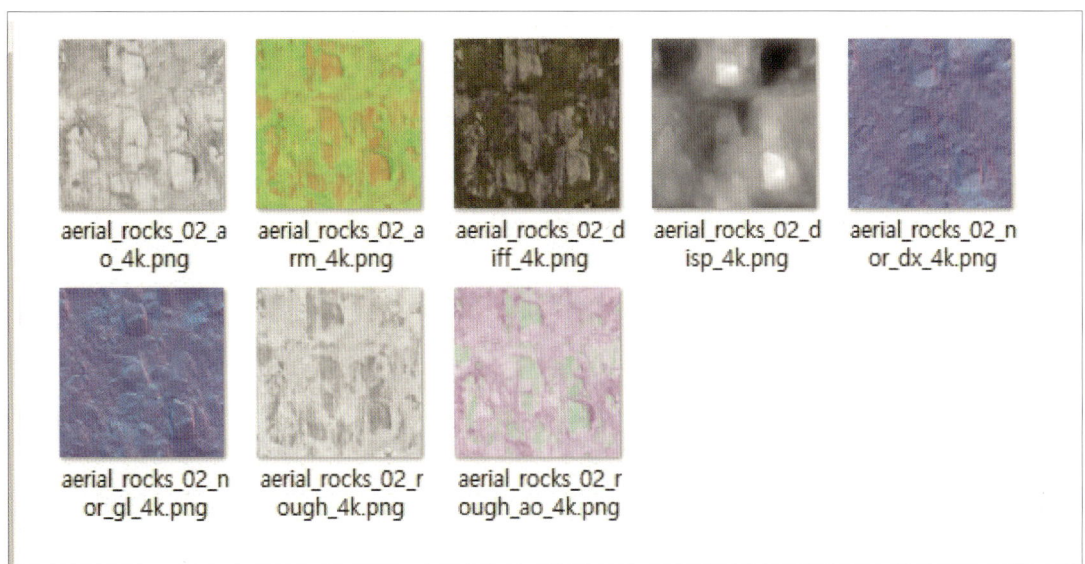

▲ 파일 확인

여러 가지 텍스처 파일이 있습니다. 이 중에서 파일명에 diff, disp, nor, rough, spec이 들어간 종류의 텍스처를 사용해 보겠습니다.

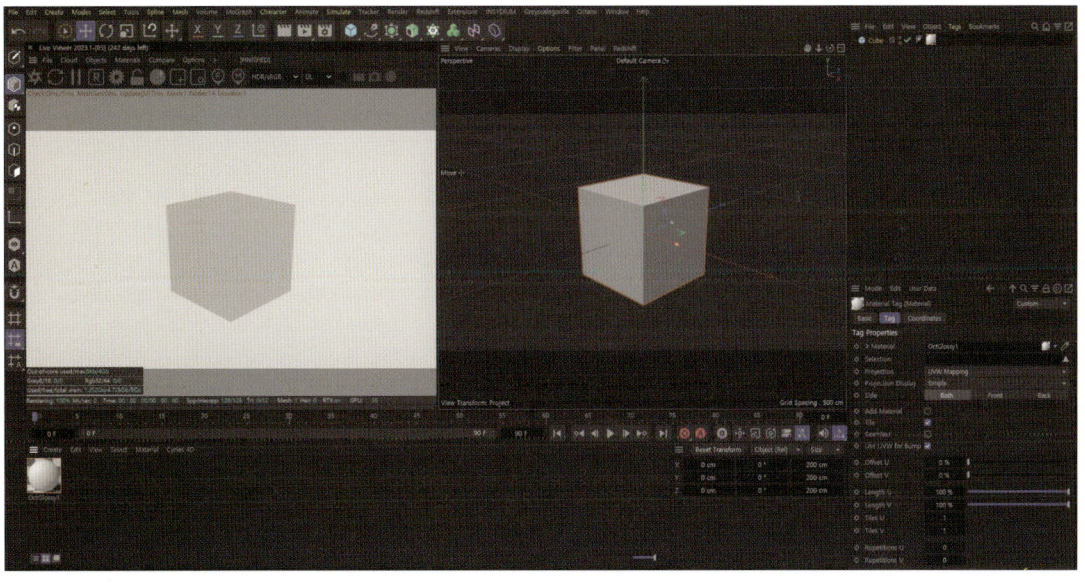

▲ 머티리얼 적용

테스트를 위해 새 프로젝트를 엽니다. 큐브를 하나 생성하고 렌더 모드 화면을 켭니다.

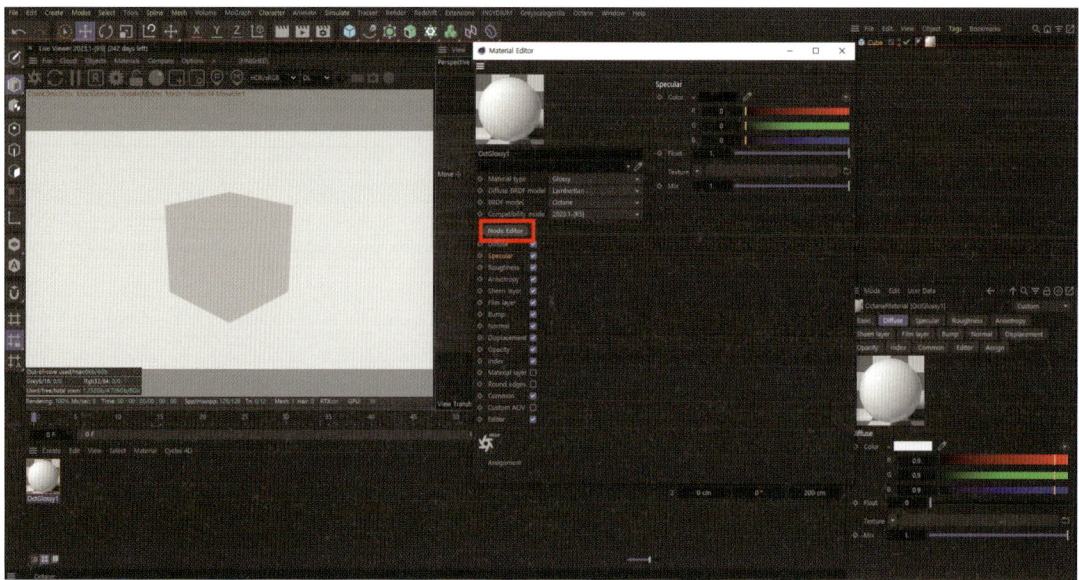

▲ 노드 에디터

머티리얼을 더블 클릭한 후 이미지에 표시된 [Node Editor]를 클릭합니다. 여기서 노드란 점과 점의 연결이라는 뜻으로, 앞으로 굉장히 자주 접하게 될 기능 중 하나입니다.

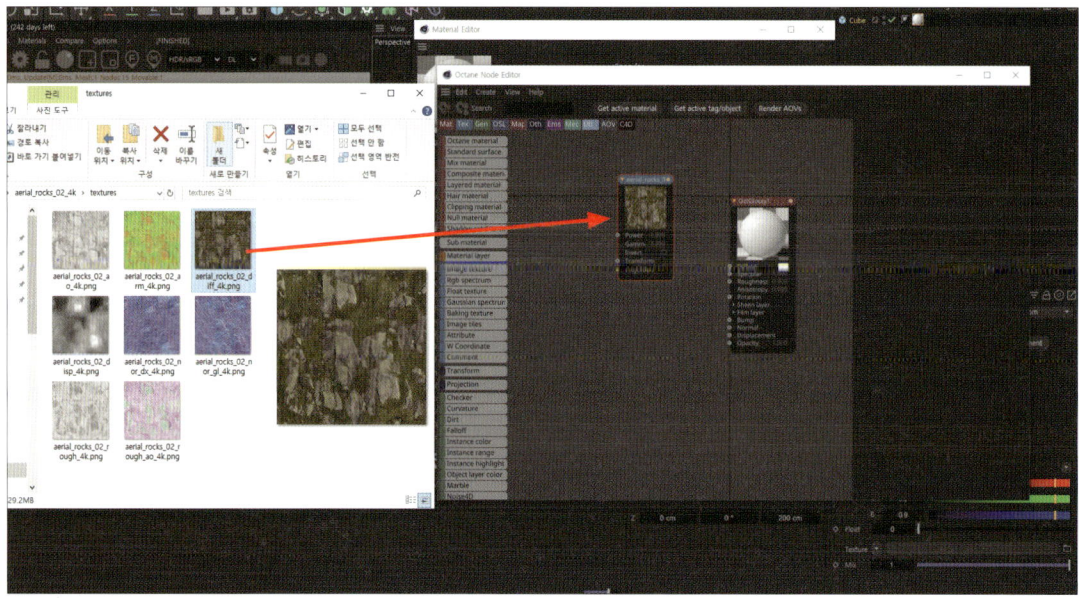

▲ 텍스처 적용

에디터를 열면 머티리얼을 제외하고는 아무것도 없는 빈 화면이 뜨는데, 폴더에 있는 텍스처 이미지를 드래그하여 에디터로 가져올 수 있습니다.

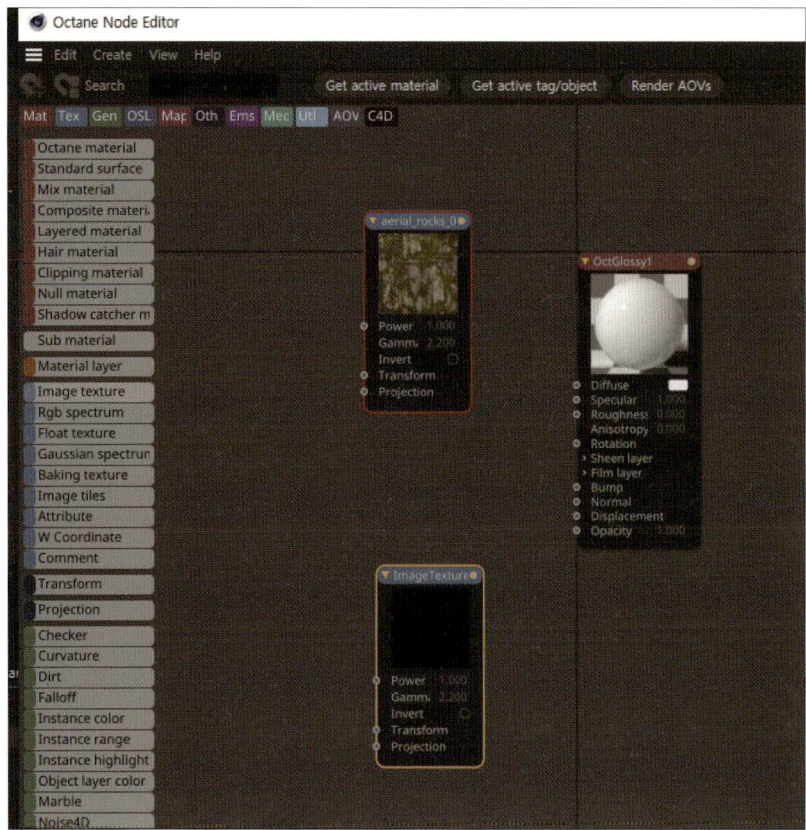

▲ 이미지 텍스처

또는 마우스 커서를 왼쪽에 가져가면 각종 노드 옵션들이 보이는데, 파란색 부분에 [Image texture]를 드래그해서 불러올 수도 있습니다.

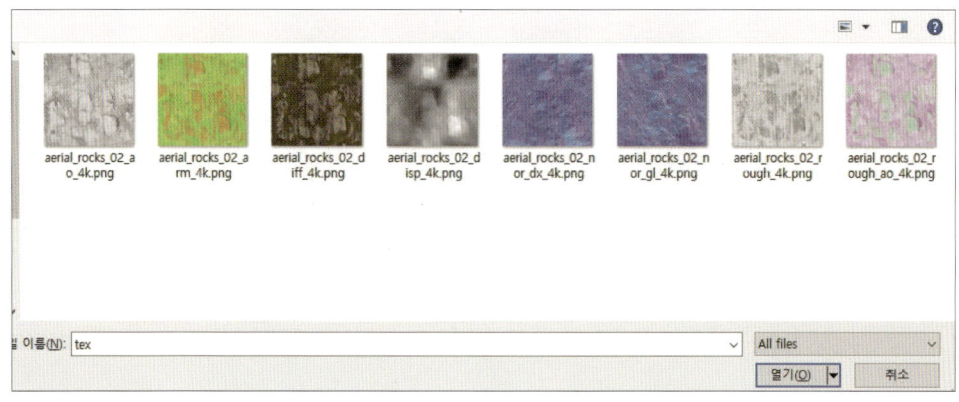

▲ 파일 경로 확인

이미지 텍스처를 불러오면 파일 경로를 지정하는 창이 뜨고, 지정한 경로로 들어가서 파일을 더블 클릭하거나 한 번 클릭 후 하단의 [열기]를 누르면 됩니다. 이때도 앞에서와 같은 메시지가 뜰 수 있는데, 마찬가지로 [예]를 누르면 됩니다.

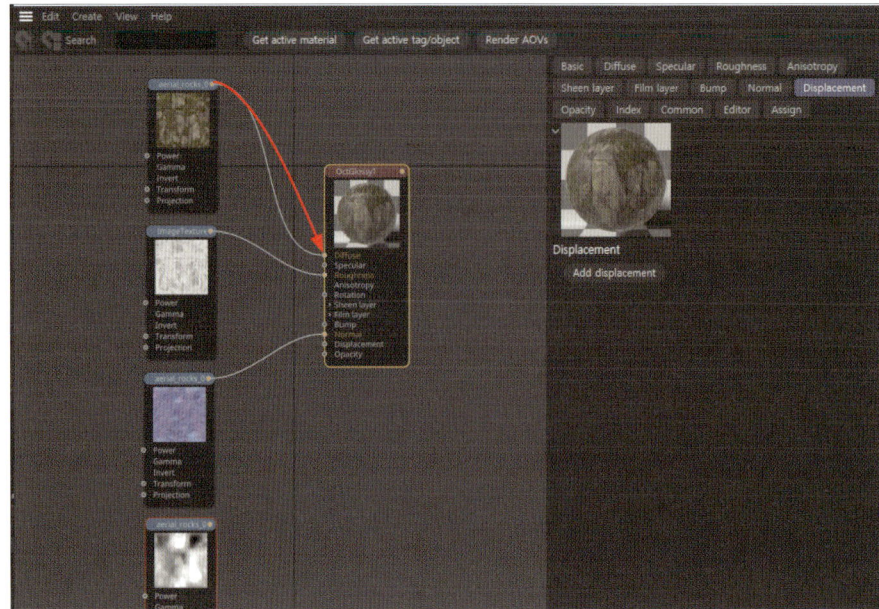

▲ 디스플레이서

위 이미지처럼 노드의 이름 오른쪽에 있는 노란색 점을 머티리얼 옵션 이름과 연결합니다. 그리고 화면 오른쪽의 [Displacement]-[Add displacement]를 클릭합니다.

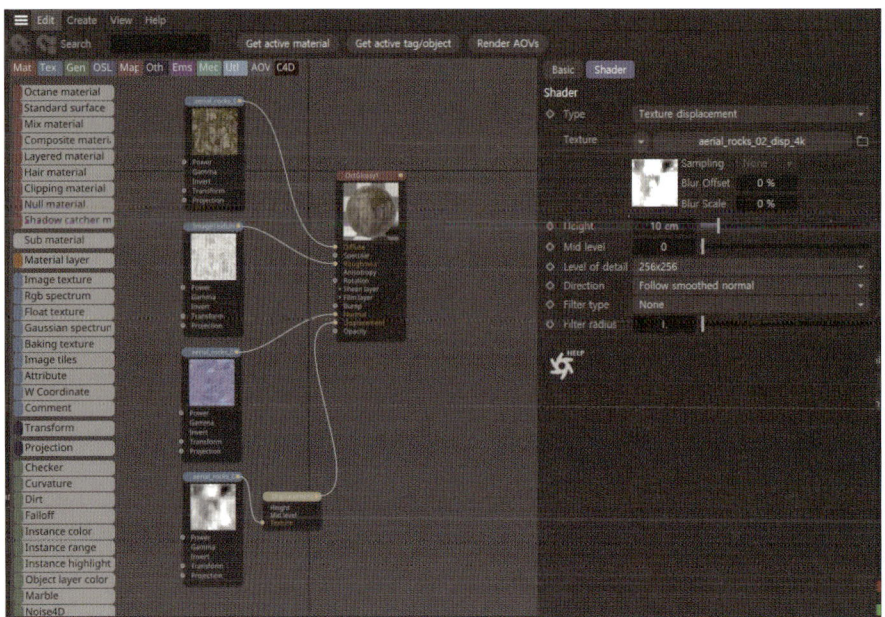

▲ 최종 연결

그러면 연결할 수 있는 별도의 옵션 탭이 뜹니다. 여기서 해당 부분에 연결하면 끝입니다. 텍스처 파일 중에 없는 부분은 제외하고 모두 연결하면 됩니다.

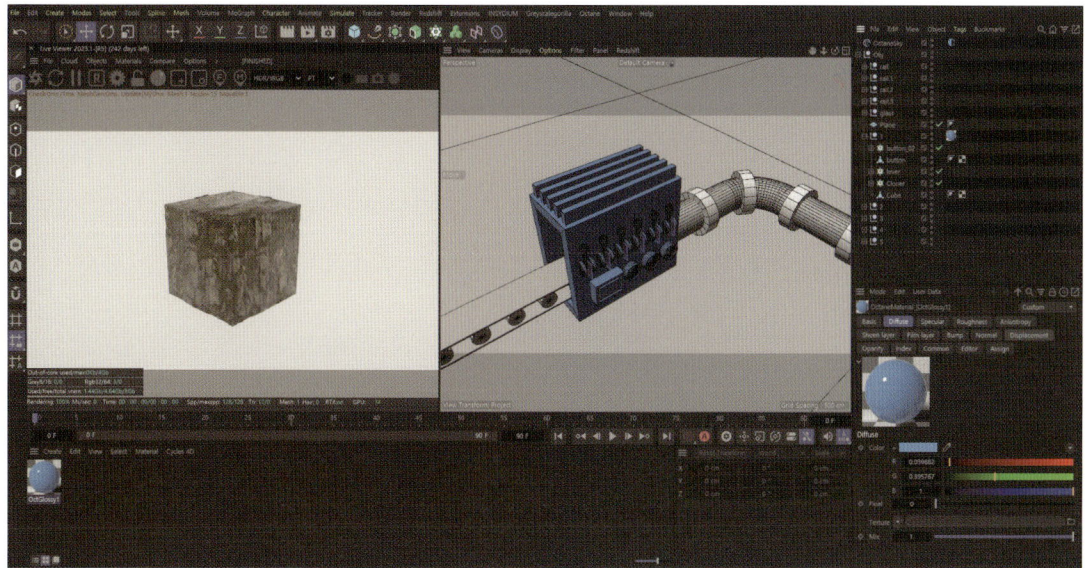

▲ 공장 프로젝트

다시 공장 프로젝트로 돌아옵니다.

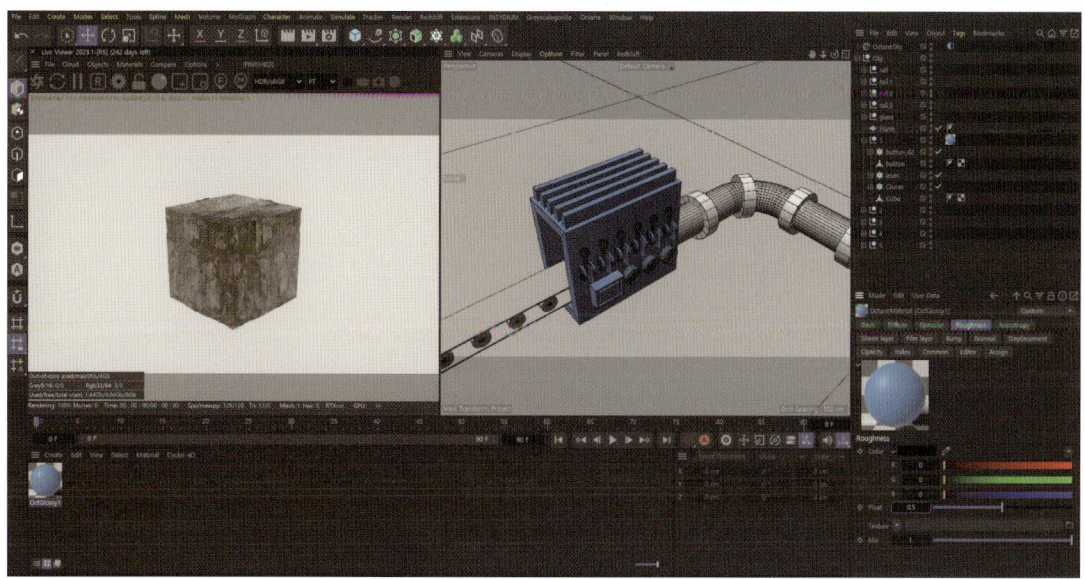

▲ 러프니스 조절

기존에 제작했던 글로시 재질의 색을 원하는 색으로 수정하고 [Roughness: 0.5]로 설정합니다. 더블 클릭해서 열지 않아도 어트리뷰트 창에서 설정할 수 있습니다.

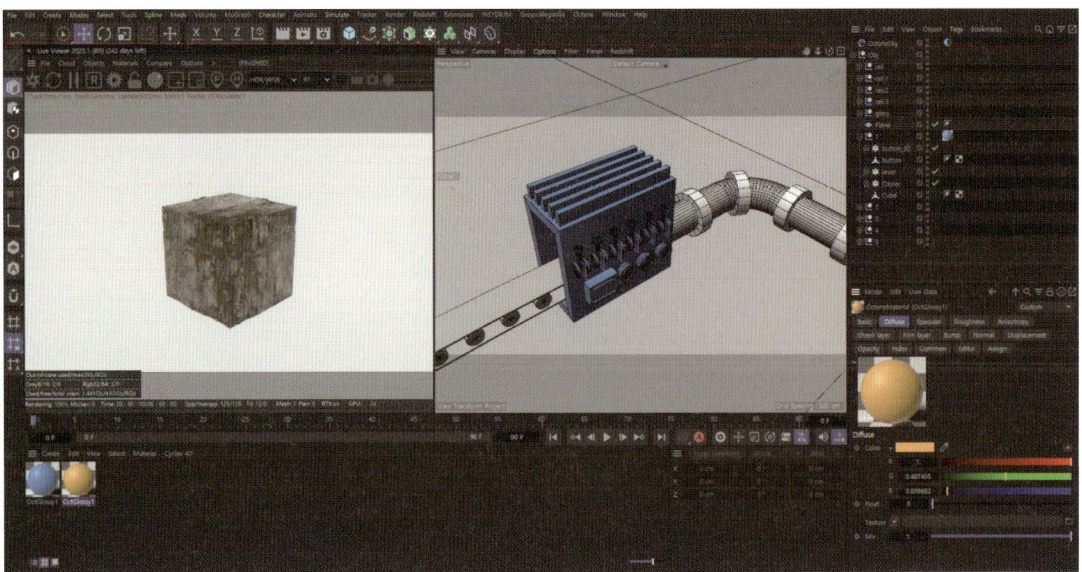

▲ 색 변경

파란색 재질을 Ctrl을 누른 채로 클릭 앤 드래그해서 복제하고 노란색으로 바꾸겠습니다.

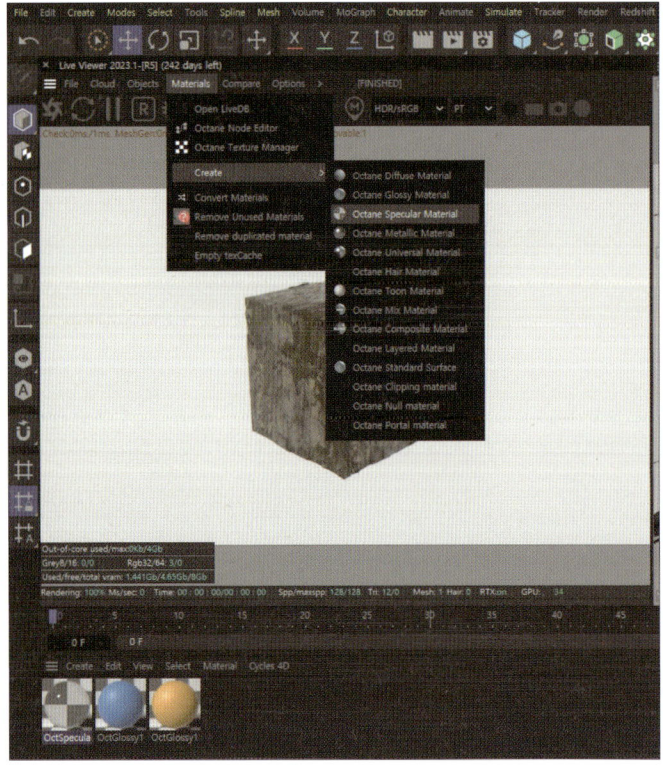

▲ 스펙큘러

글로시 재질을 제작했던 것처럼 [Materials]-[Create]-[Octane Specular Material]로 스펙큘러 재질을 새로 제작합니다. 스펙큘러 재질은 별도의 설정을 변경하지 않고 그대로 진행합니다.

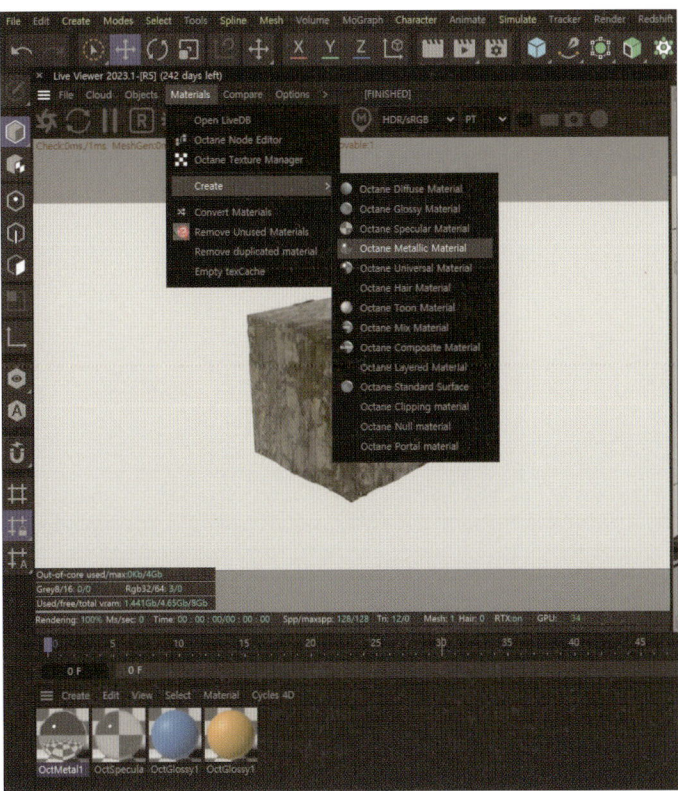

▲ 메탈릭

이어서 [Materials]-[Create]-[Octane Metallic Material]로 메탈릭 재질도 생성합니다.

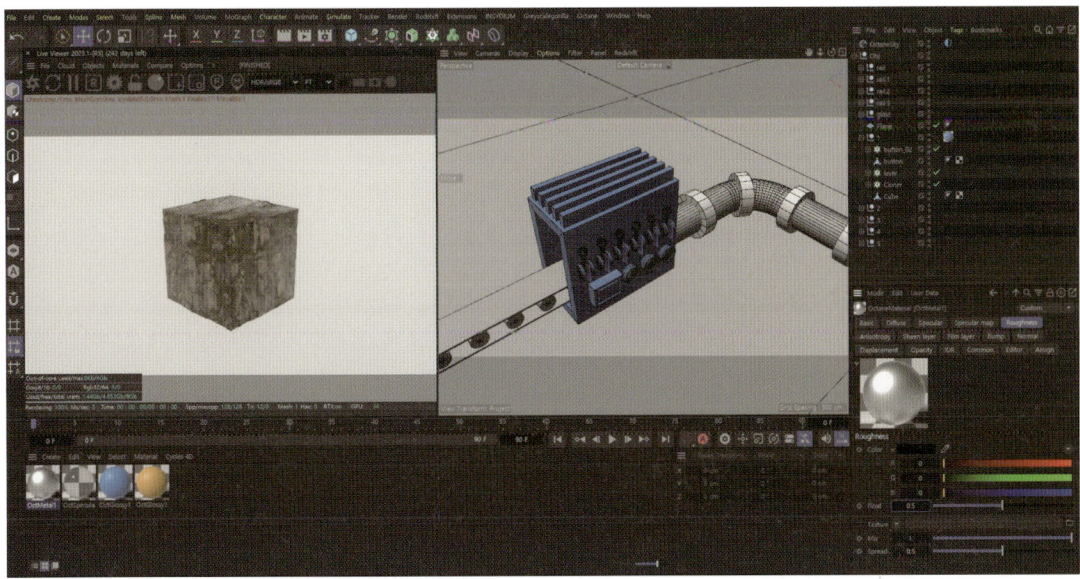

▲ 러프니스

메탈릭 재질은 [Roughness: 0.5]로 설정해서 거칠게 만들어줍니다.

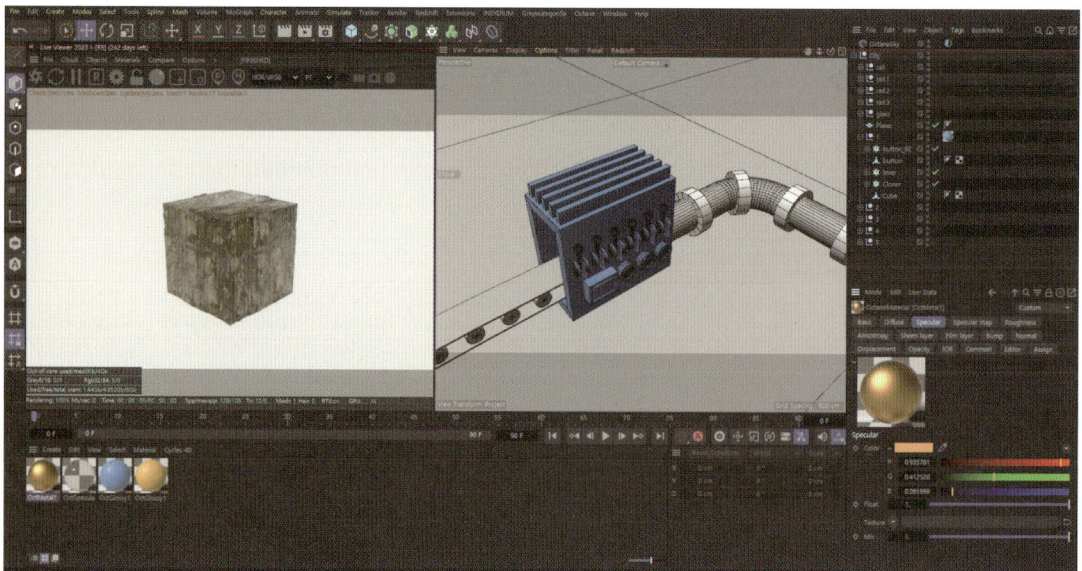

▲ 색 수정

메탈릭 재질은 [Diffuse]에서 색을 변경할 수 없고 [Specular]에서 설정해야 합니다. 색을 노란색 계열로 설정합니다. 렌더 모드 화면에서는 최근에 확인한 부분이 렌더되기 때문에 현재 프로젝트를 확인하려면 다시 렌더 버튼을 눌러야 합니다.

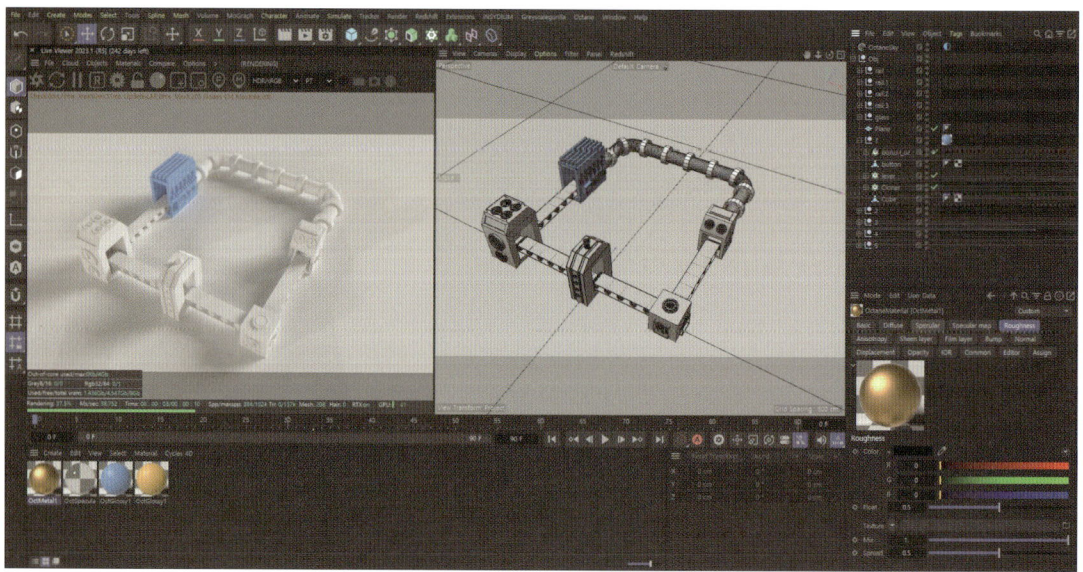

▲ 재질 적용

화면을 위 이미지와 같이 작업한 후에 머티리얼을 적용합니다. 어느 파트에 어떤 재질을 넣을지는 여러분이 원하는 대로 해보기 바랍니다.

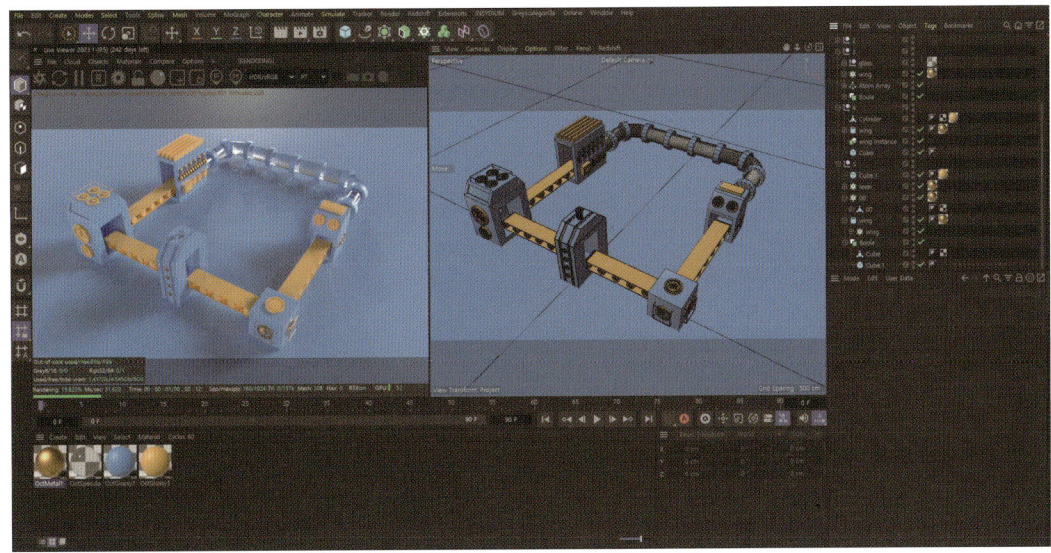

▲ 색 구분

바탕색과 포인트가 되는 색을 구분하고, 유리 재질까지 적용해본 모습입니다.

옥테인 라이트 배치하기

이제 라이트를 배치하겠습니다.

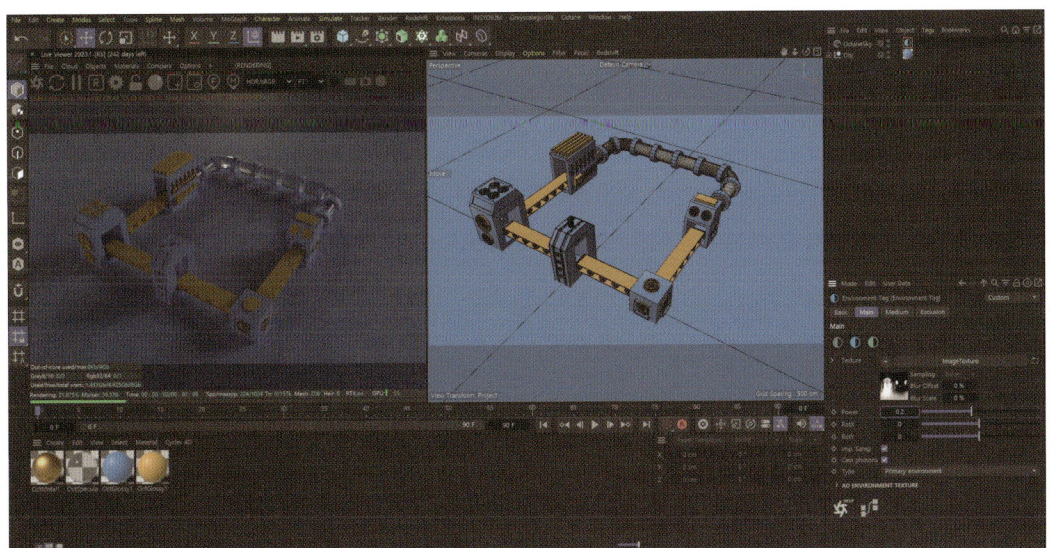

▲ 밝기 조절

[OctaneSky] 태그를 클릭한 후 [Power: 0.2]로 줄여서 전체적인 밝기를 줄여줍니다. 라이트를 추가하기 위한 작업입니다.

▲ 라이트 생성

[Objects]-[Lights]-[Octane Arealight]에서 옥테인 라이트를 생성합니다.

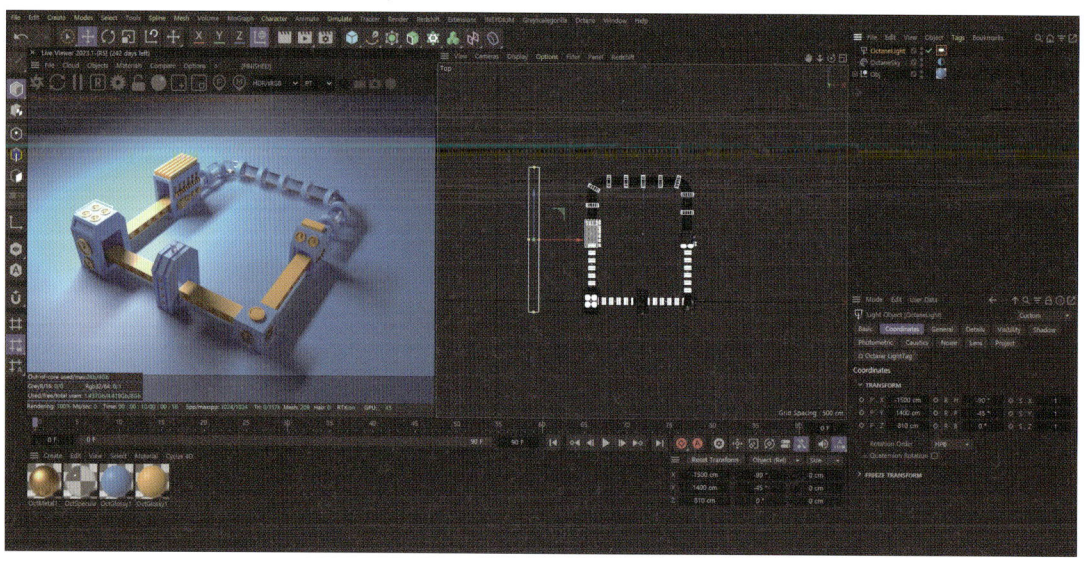

▲ 위치 조정

스탠더드 렌더러에서 라이트를 생성하고 배치해 봤기 때문에 조금 더 수월할 것입니다. 라이트의 위치와 회전 값을 위 이미지와 동일하게 맞춰줍니다. 꼭 똑같이 맞출 필요는 없지만, 아직 라이팅에 대한 감이 부족하므로 한번 따라 해보세요.

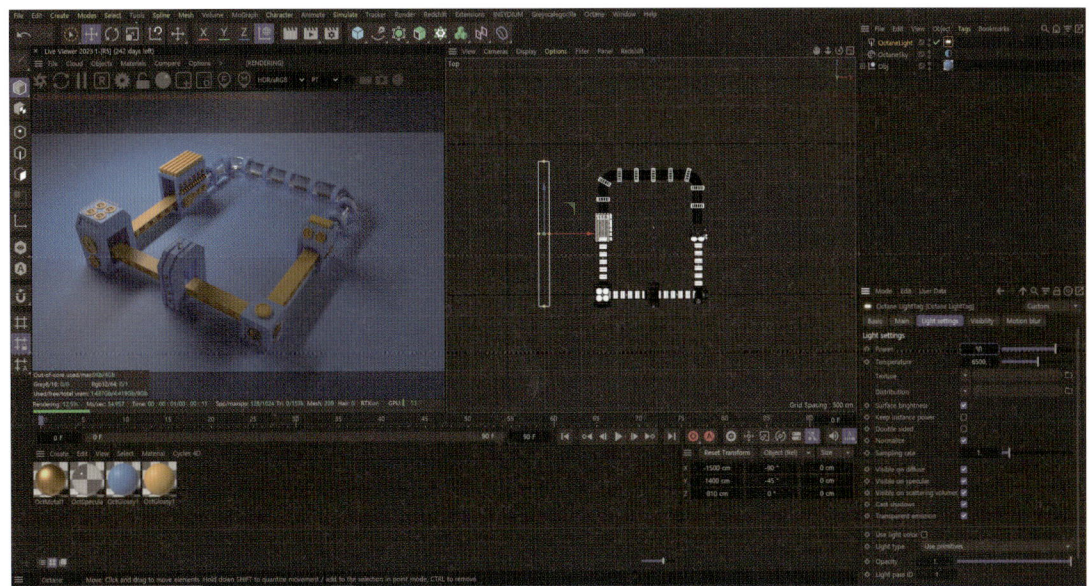

▲ 밝기 조정

[OctaneLight] 태그를 클릭하고 [Power: 30]으로 낮춰줍니다.

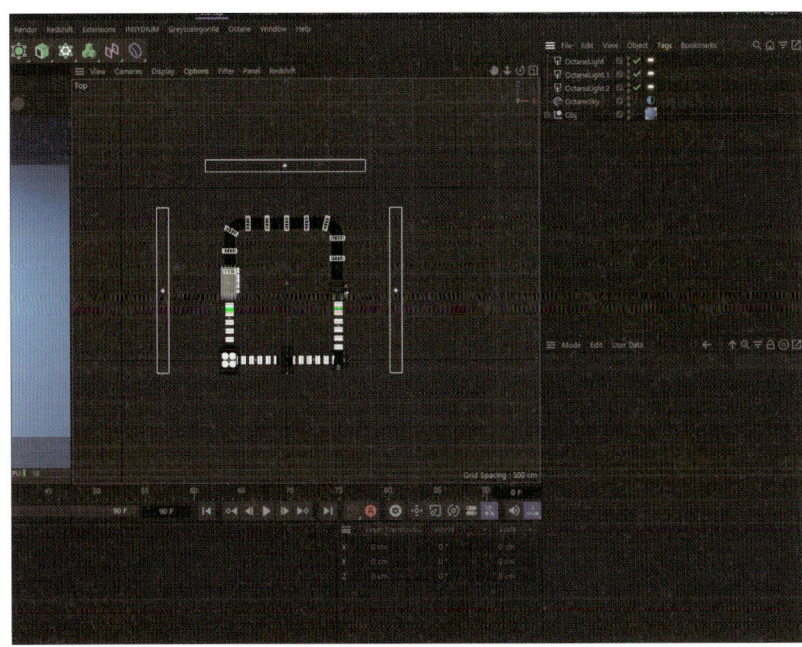

▲ 라이트 추가 생성

라이트를 두 번 복제해서 총 3개의 라이트를 만듭니다.

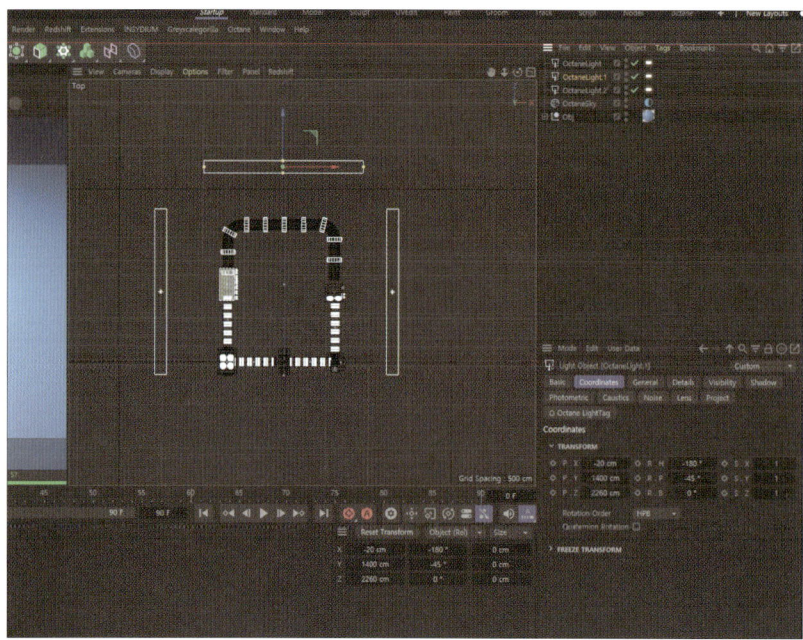

▲ 라이트 위치 값

각 라이트의 위치를 위 이미지와 같이 설정합니다.

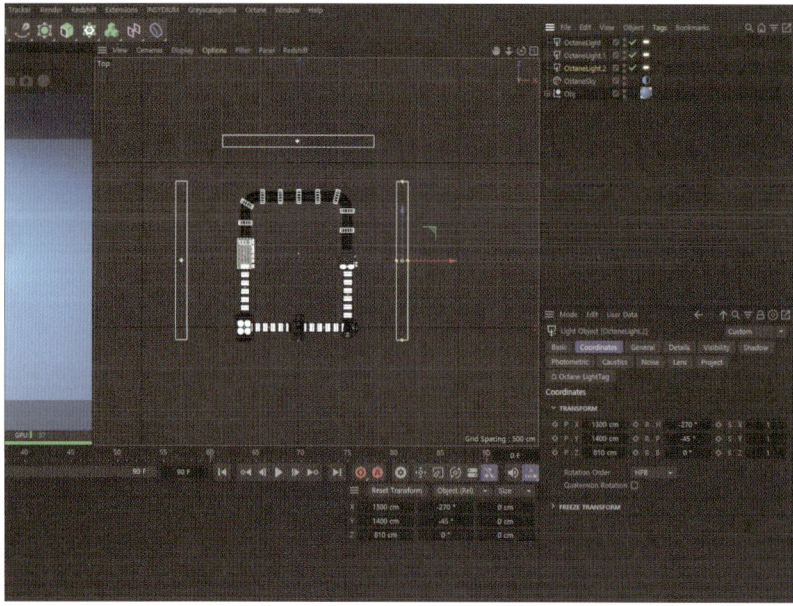

▲ 라이트 위치 값 2

라이트는 많이 연습해 봐야 합니다. 다양하게 조정해 보며 감각을 키워보세요. 다음으로는 모션을 넣는 작업을 진행하겠습니다.

각 오브젝트에 모션 넣기

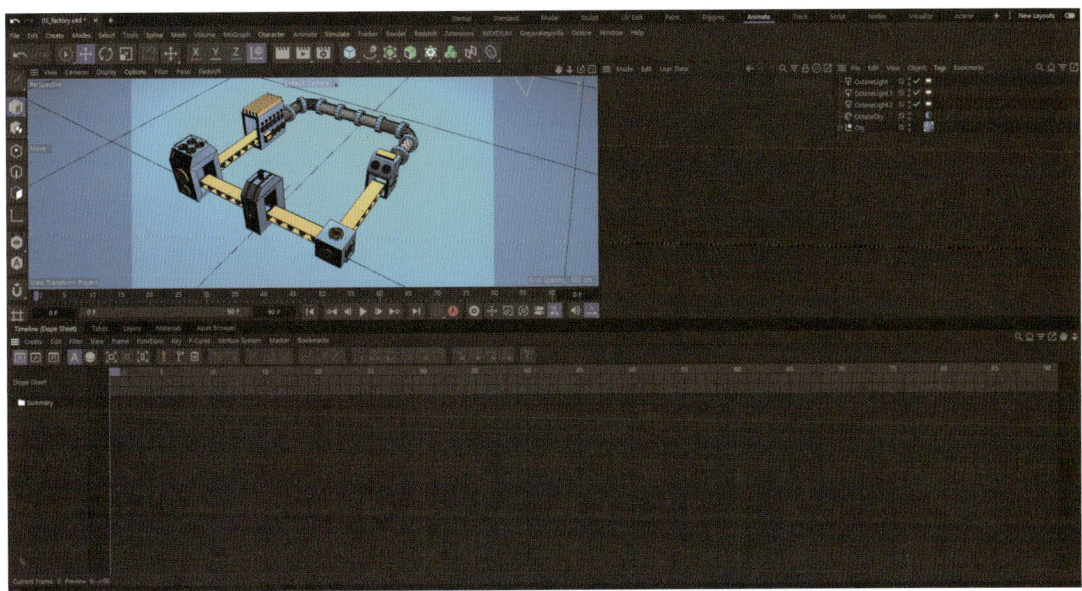

▲ 애니메이트 탭

상단의 [Animate] 탭을 눌러서 화면을 변경합니다. 탭이 보이지 않는다면 맨 우측에 있는 [New Layouts]의 점이 왼쪽으로 오도록 설정합니다.

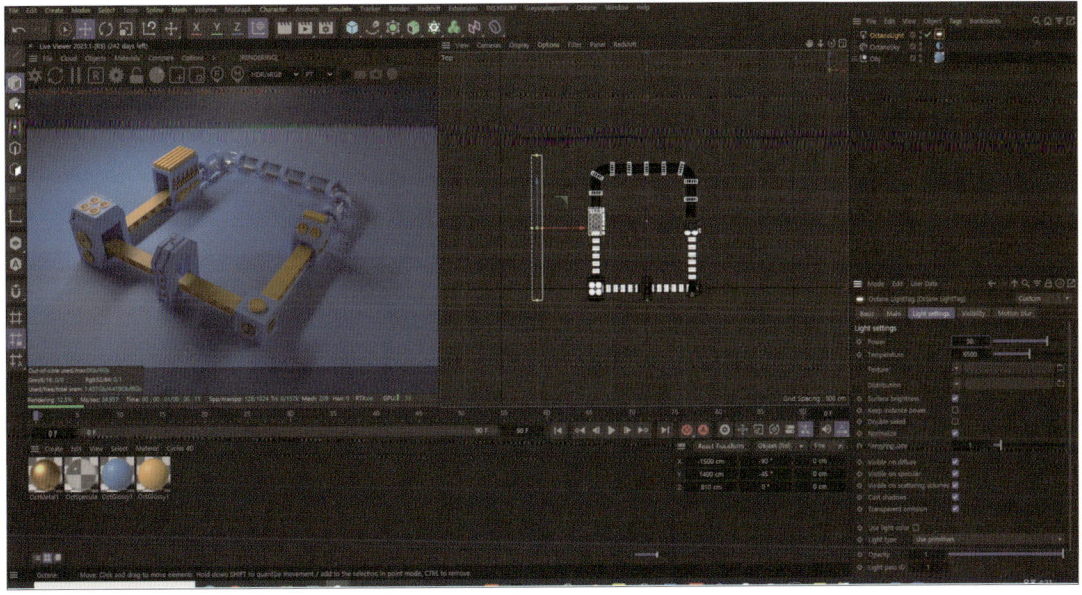

▲ 오브젝트 선택

1번 널에서 [lever]를 선택합니다.

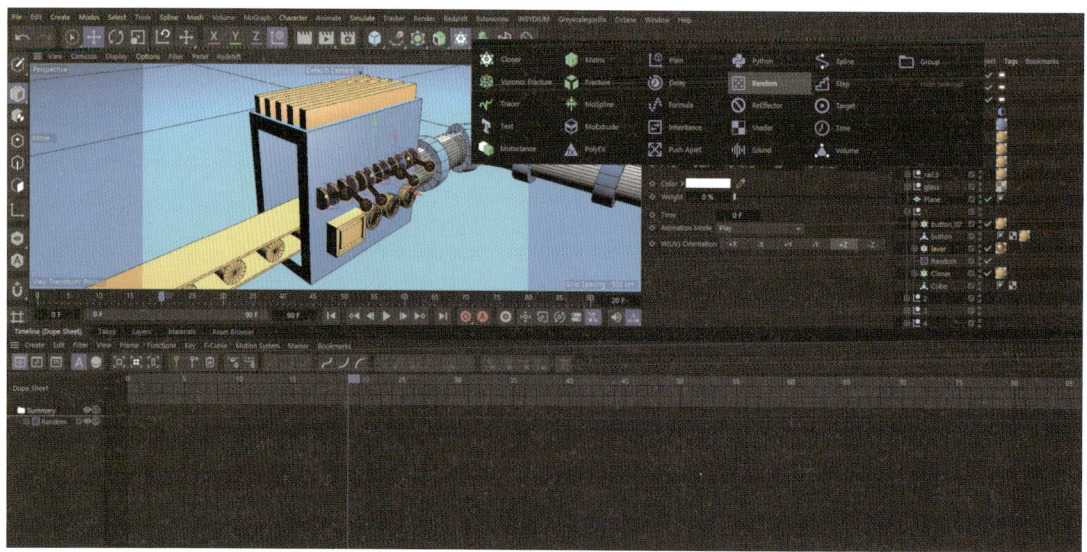

▲ 랜덤 이펙터 생성

상단의 클로너 아이콘을 길게 누른 뒤 랜덤 이펙터를 생성합니다. 기존의 클로너 오브젝트를 선택하고 이펙터를 생성하면 자동으로 이펙터가 적용됩니다. 작업을 하면서 클로너 기능을 굉장히 많이 사용하게 되는데, 이때 이펙터도 많이 사용하게 됩니다. 복제된 클로너는 이동, 회전 등 여러 설정값을 적용할 수 있으며 랜덤 이펙터는 이 값을 랜덤으로 적용합니다.

▲ 키 적용

랜덤 이펙터를 만들었으면 파라미터(Parameter) 창에서 R.B에 키 프레임을 적용합니다. 포지션(Position)과 스케일(Scale)에는 체크를 해제합니다.

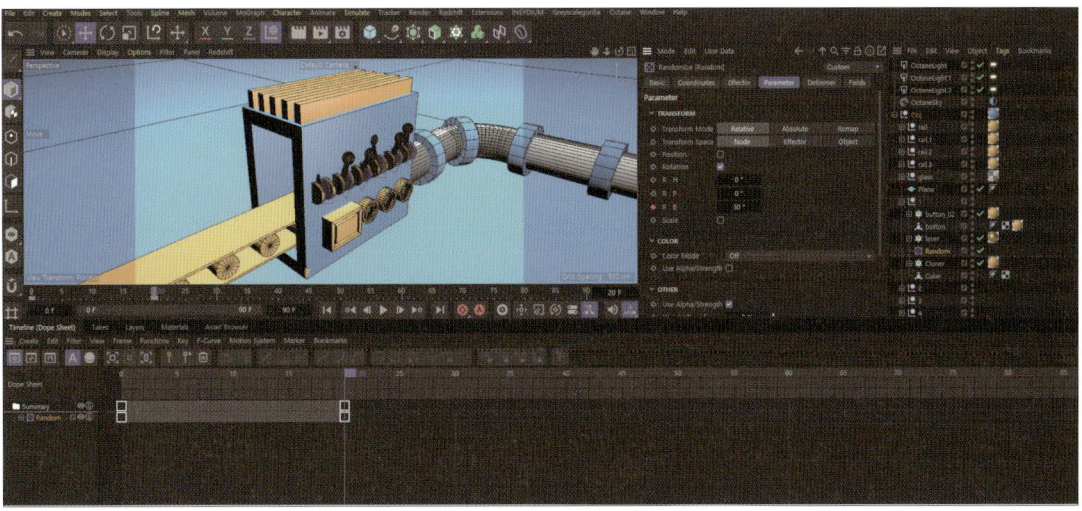

▲ 키 적용 2

20프레임에서 [R.B: 30]을 입력하고 키를 적용합니다.

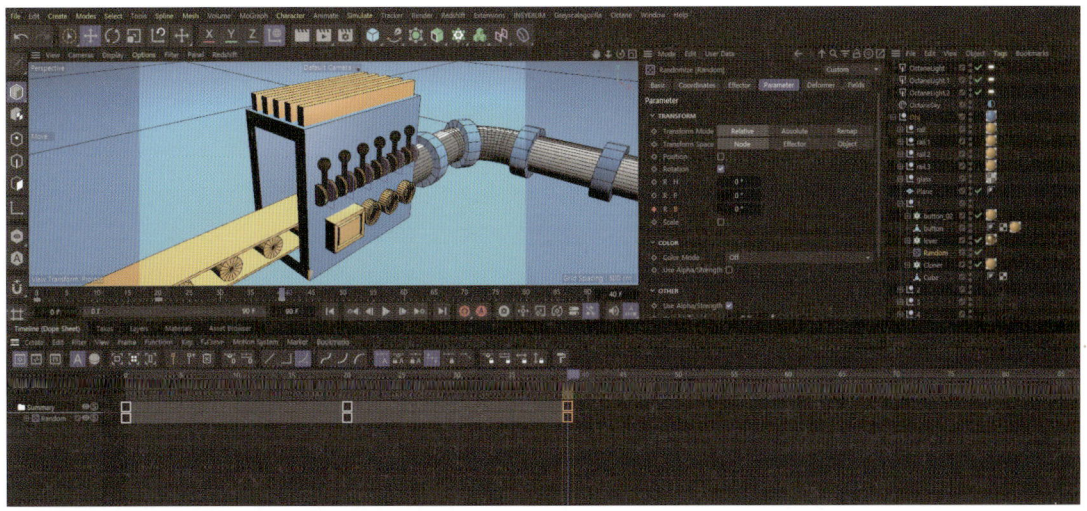

▲ 키 적용 3

40프레임에서는 [R.B: 0]을 입력한 후 키를 적용합니다.

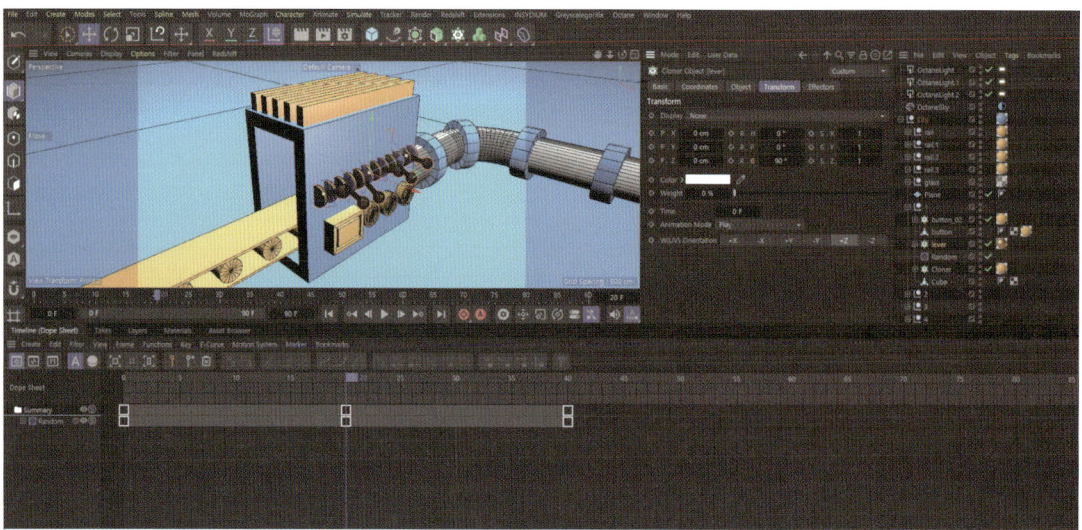

▲ 레버 로테이트

레버가 다른 오브젝트와 겹치는 부분이 있네요. [lever] 클로너 오브젝트를 선택한 후에 트랜스폼(Transform) 창에서 [R.B: 90]으로 변경합니다.

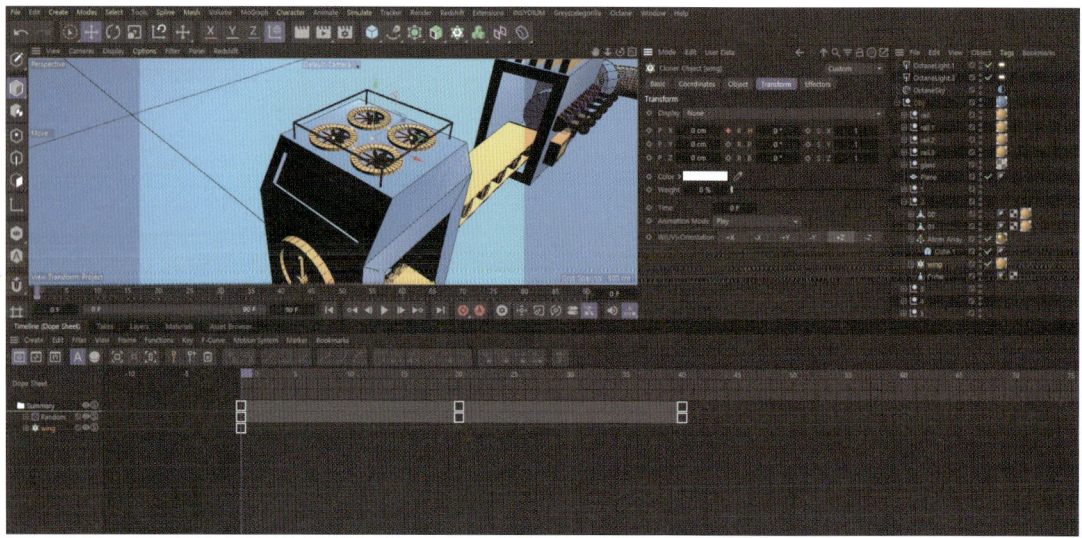

▲ 날개 선택

이번에는 2번 널에서 윙 오브젝트를 클릭한 후 R.H에 키 프레임을 적용합니다.

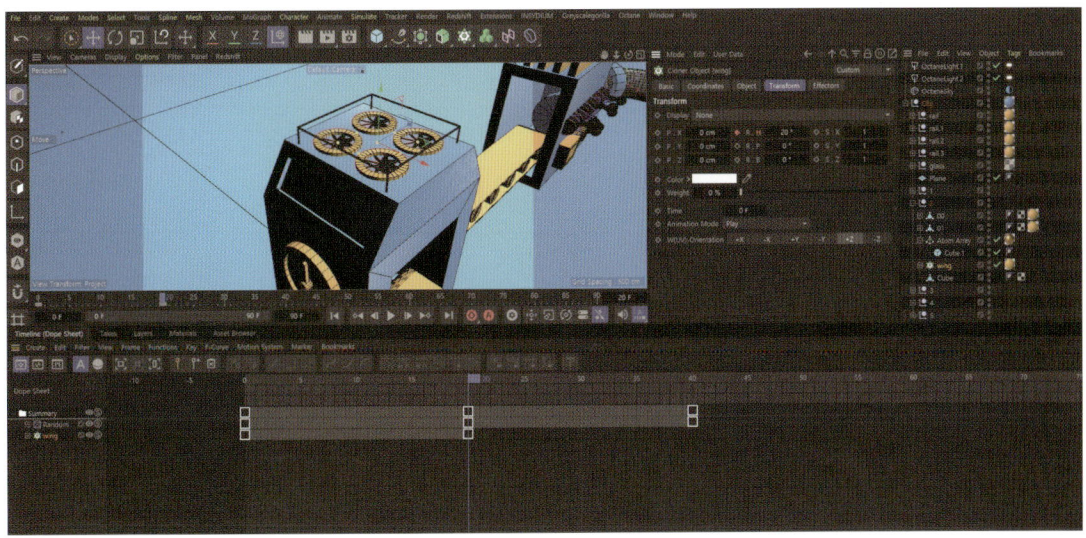

▲ 키 적용

20프레임에서 [R.H: 20]을 입력하고 키 프레임을 적용해 주세요.

▲ 오브젝트 선택

00번 오브젝트의 하단에 있는 실린더를 선택하고 [R.B: -10]을 입력한 후 키 프레임을 적용합니다.

▲ 키 적용

20프레임에서 [R.B: 20]을 입력하고 키 프레임을 적용합니다.

▲ 키 적용 2

40프레임에서 다시 [R.B: -10]을 입력한 후 키 프레임을 적용합니다.

▲ 오브젝트선택

00번에 이어서 1번 오브젝트 하단의 실린더에도 키 프레임을 적용하겠습니다. [R.B: -20]을 입력하고 키 프레임을 적용합니다.

▲ 키 적용

20프레임에서는 [R.B: 10]을 적용합니다.

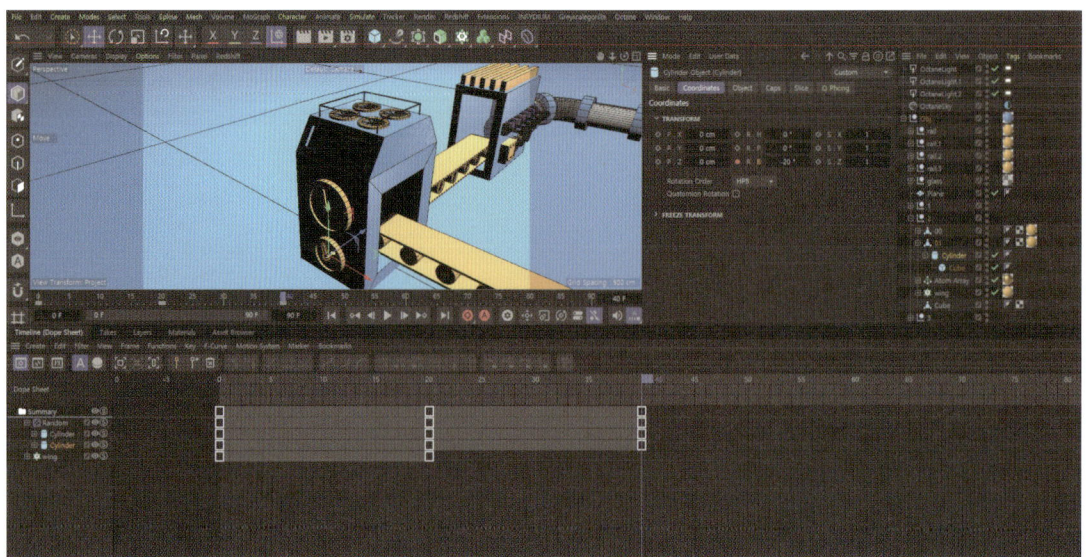

▲ 키 적용 2

40프레임에서는 [R.B: -20]을 적용합니다.

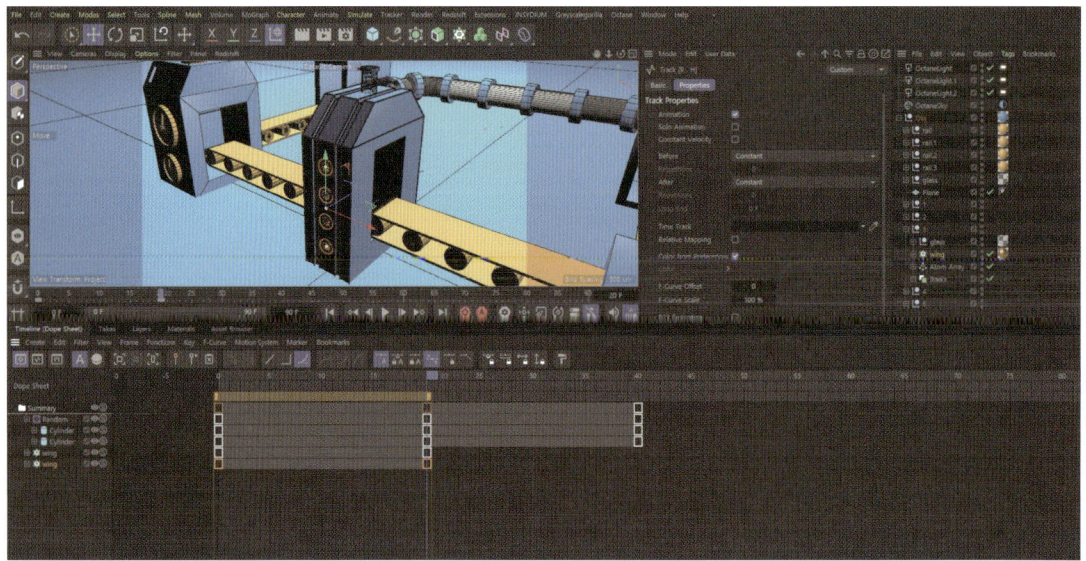

▲ 키 적용 3

그다음 3번 닐에서 윙을 선택합니다. 트랜스폼 창에서 R.H를 0프레임에서 0, 20프레임에서 30으로 적용합니다.

▲ 키 적용 4

4번 널에서 윙 실린더 하단의 윙 클로너 오브젝트를 선택한 후 키 프레임을 적용합니다. 코디네이트 창에서 R.H 값을 0프레임에서 0, 20프레임에서는 20으로 설정합니다. 키 프레임을 적용한 뒤에는 재생해 보면서 제대로 움직이는지 확인합니다.

▲ 키 적용 5

5번 널에서는 시계 부분의 실린더를 찾아서 키 프레임을 적용합니다. R.B 값을 0프레임과 40프레임에서 각각 -15, 20프레임에서는 15로 적용합니다.

▲ 이펙터

5번 널의 레버를 선택한 후 이펙터(Effectors) 창을 클릭하고 1번 널에서 생성했던 랜덤 이펙터를 드래그합니다. 이펙터는 상단에 있는 순서대로 먼저 적용되며 동시에 여러 이펙터도 적용할 수 있습니다.

▲ 키 적용

마지막으로 5번 널에 있는 윙 실린더 오브젝트를 클릭합니다. R.P가 90으로 설정되어 있으므로 0프레임에서 그대로 키 프레임을 적용하고, 20프레임에서 130으로 설정한 후 키 프레임을 적용합니다.

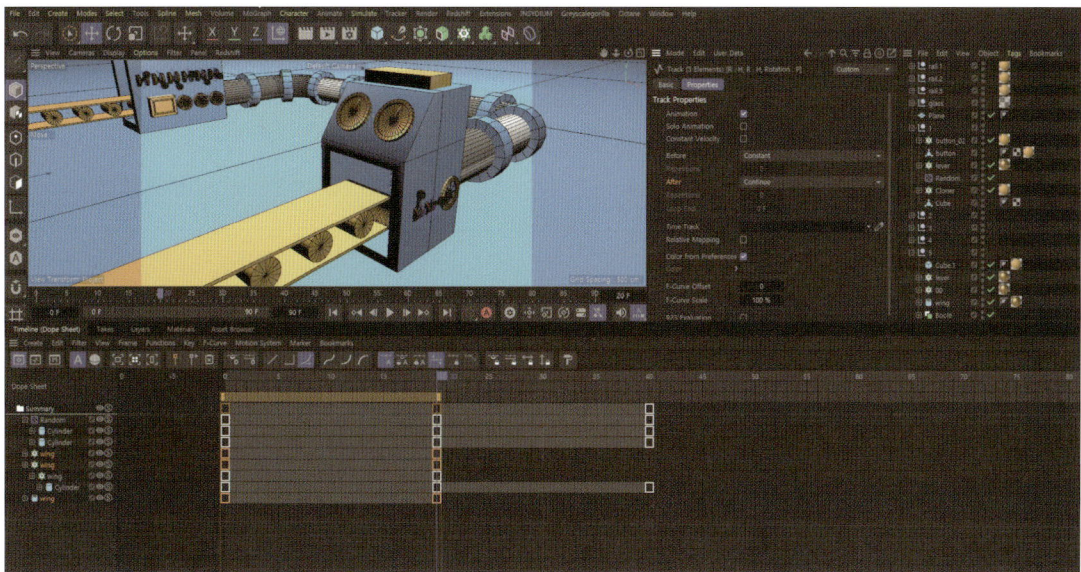

▲ 선택

그다음 3개의 윙을 선택하면 우측 상단에 트랙(Track)이 뜨는 것을 확인할 수 있습니다.

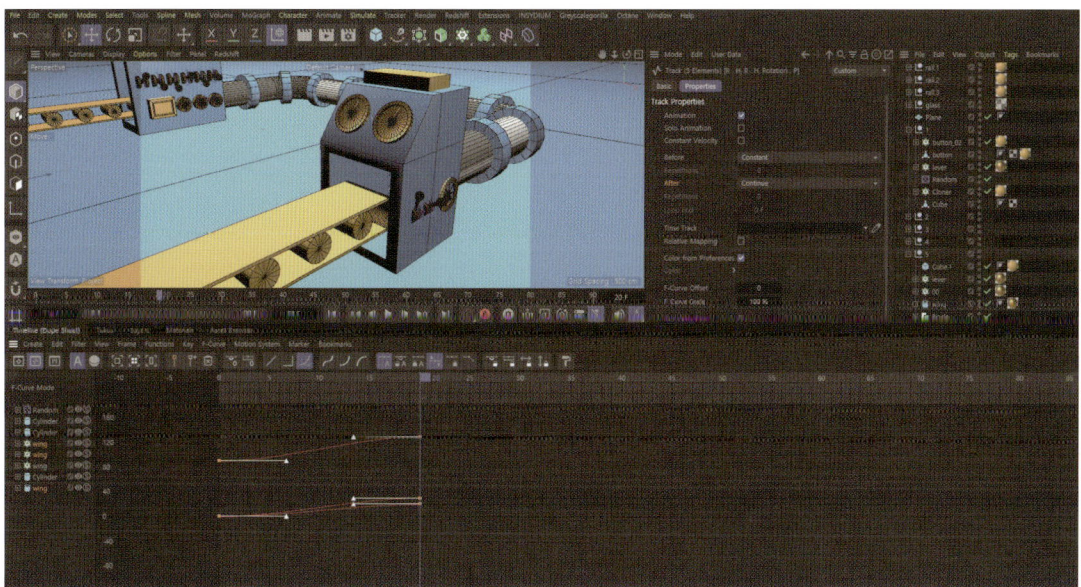

▲ 그래프 조정

키 프레임이 모두 제대로 적용됐는지 확인하기 위해 모드를 그래프 모드로 바꿔줍니다. 그래프가 선택된 상태에서 [After: Continue]로 바꿔줍니다.

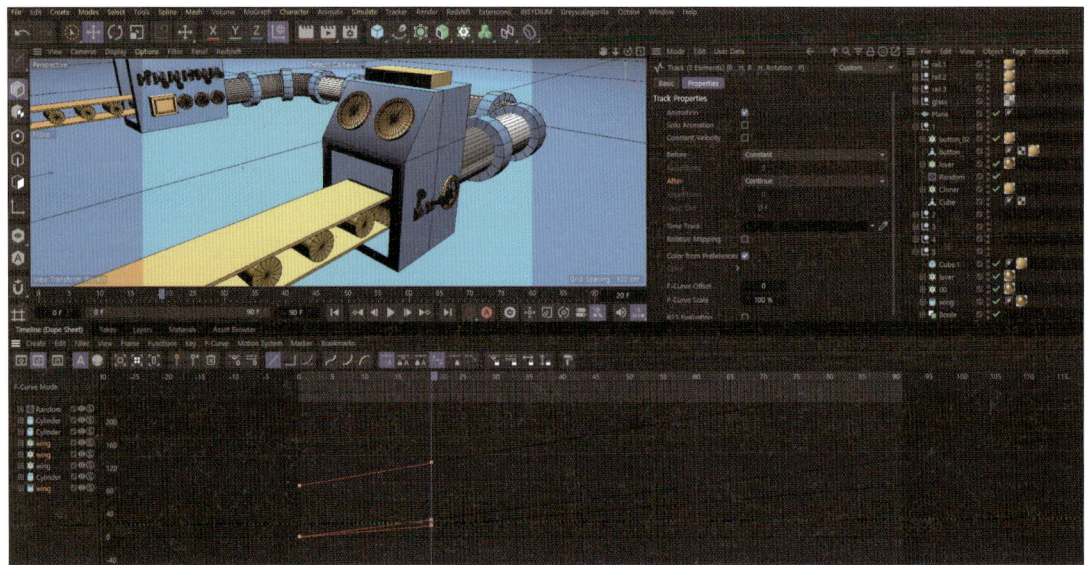

▲ 변화 확인

그래프 모양이 곡선일 경우에는 적용되지 않으므로 그래프를 리니어(Linear)로 바꿔줍니다.

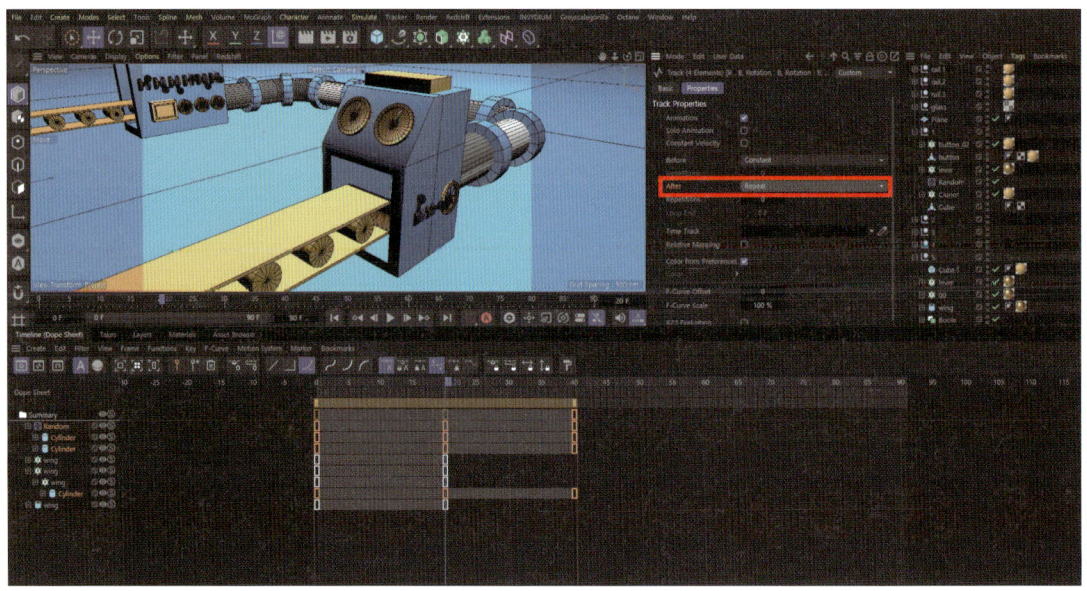

▲ 키 조정

다시 키 프레임 모드(Dope Sheet Mode)로 가서 윙을 제외한 모든 키 프레임을 선택합니다. 그리고 [After: Repeat]로 설정하여 적용된 키 프레임들을 반복시킵니다. 이를 위해 3개 키 프레임의 처음과 끝의 값을 같게 설정했습니다. 이로써 모션 작업이 끝났습니다.

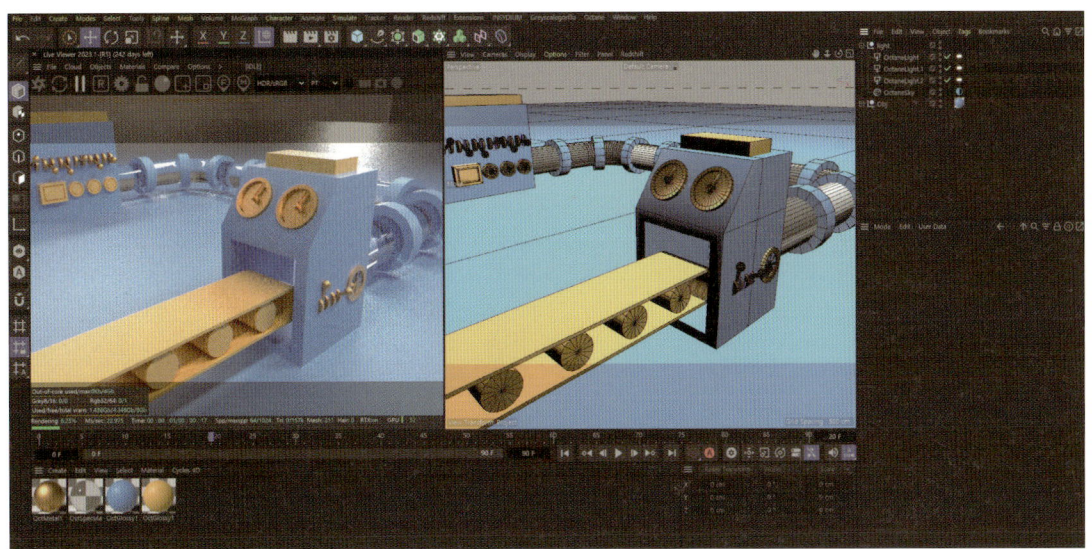

▲ 정렬

다시 레이아웃을 스탠더드로 변경합니다. 널을 하나 생성하여 이름을 'light'로 변경하고, 앞서 제작한 라이트를 모두 넣어주세요. 레이아웃 변경 시 옥테인 화면이 사라져서 안 보일 수도 있습니다. 오류가 아닌 프로그램 시스템상으로 원래 그런 것이니 다시 화면을 생성해서 조정하면 됩니다.

카메라의 앵글 설정하기

이제 카메라를 제작해서 앵글을 설정해 보겠습니다.

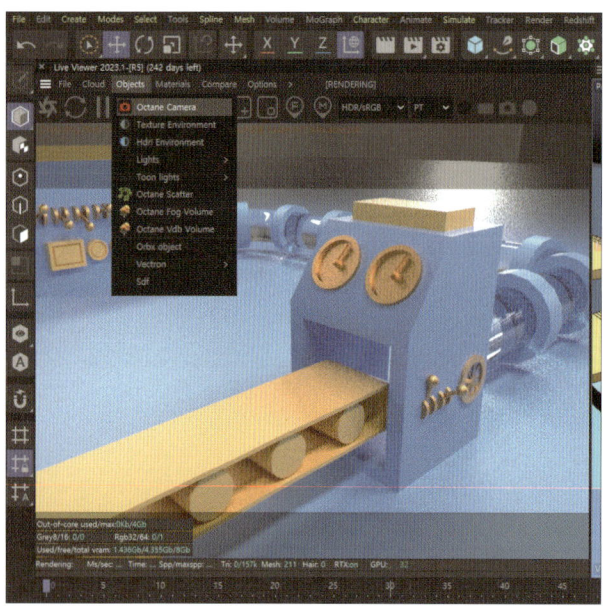

▲ 카메라 제작

[Objects]-[Octane Camera]에서 옥테인 카메라를 제작합니다. 또는 스탠더드 기능에서 카메라를 제작하고 옥테인 카메라 태그를 붙이는 방법도 있습니다.

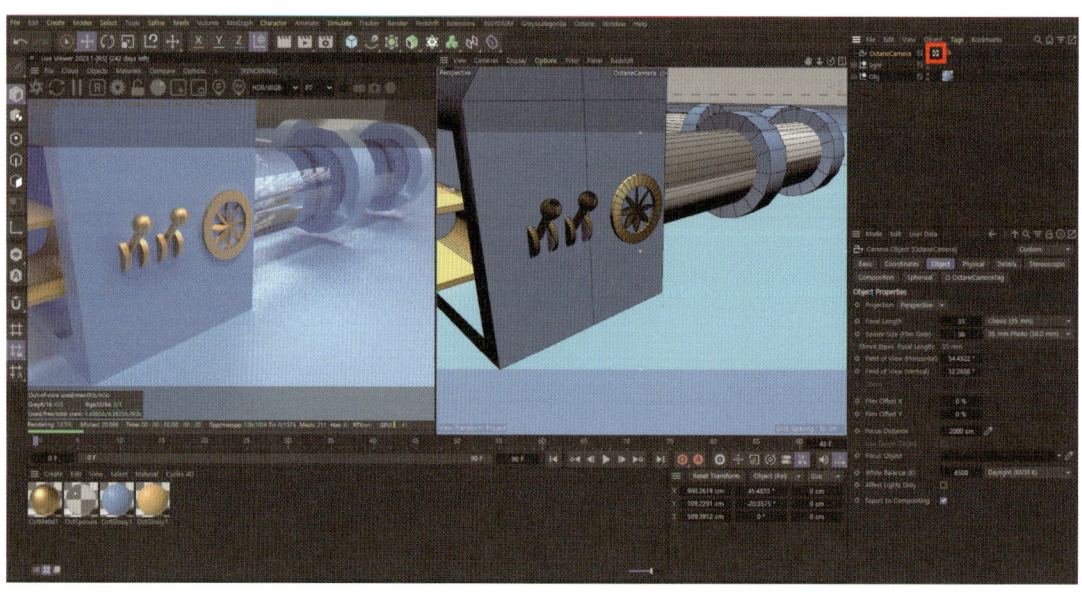

▲ 카메라 활성화

카메라가 생성된 후에는 반드시 우측의 체크 박스에 체크해서 카메라를 활성화합니다.

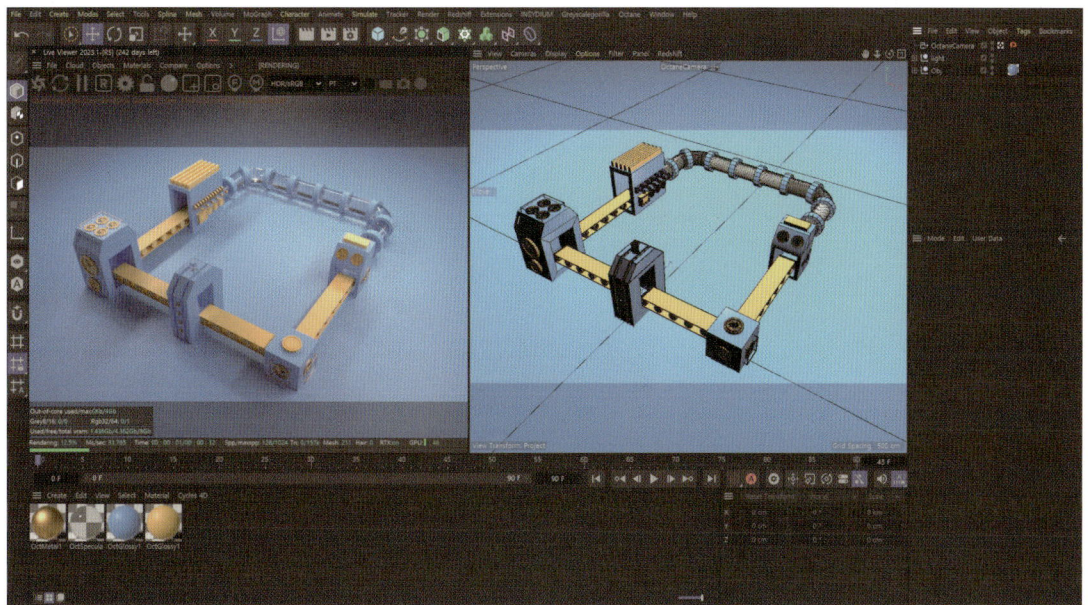

▲ 앵글 조정

앵글을 오브젝트 전체가 다 보이도록 조정해 줍니다. 카메라를 잘못 조정하면 나중에 렌더를 진행할 때 어려움이 발생할 수 있으므로 유의해야 합니다.

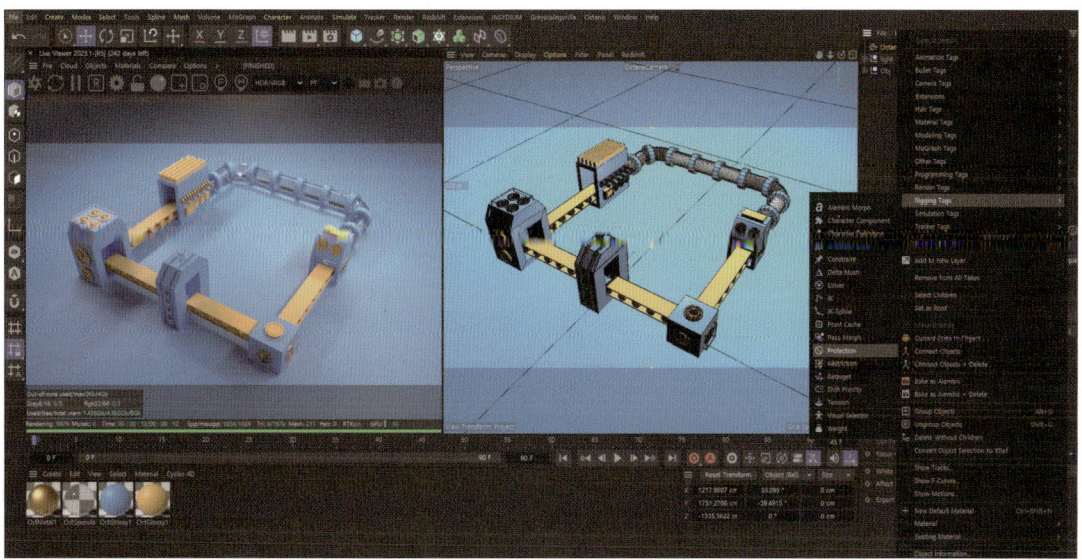

▲ 카메라 고정

카메라를 고정하고 싶으면 태그에 [Rigging Tags]-[Protection]을 설정합니다. 앵글을 다시 움직이고 싶을 때는 태그를 지우면 됩니다.

공장 제작하기 | PART 05 **309**

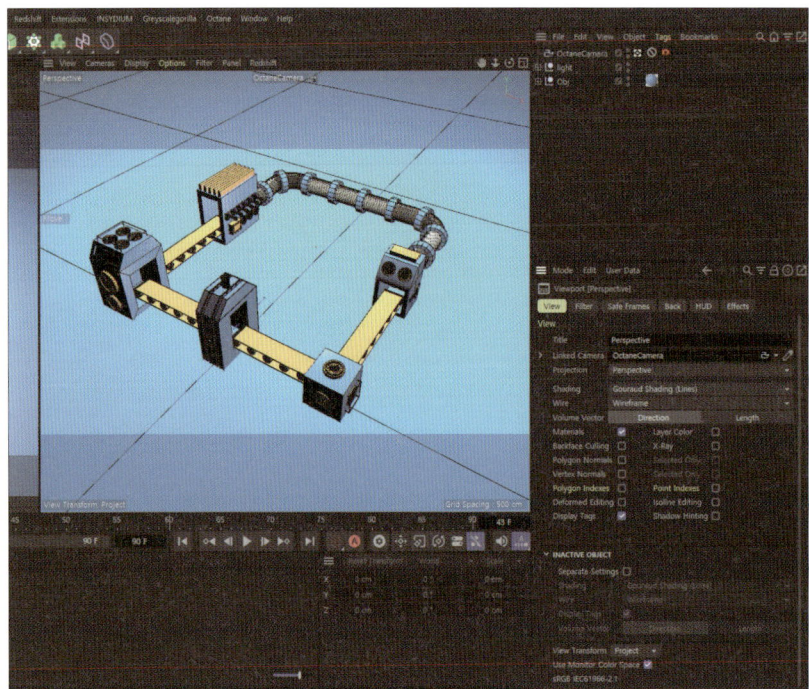

▲ 뷰포트 설정

Shift + V 를 눌러서 뷰포트 설정으로 들어갑니다.

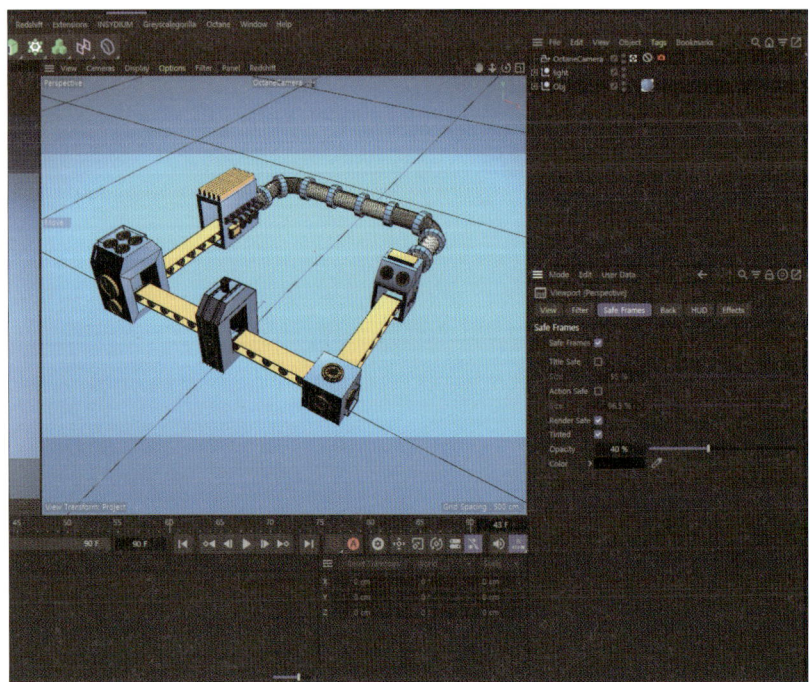

▲ 뷰포트 설정 2

[Safe Frames]를 클릭합니다.

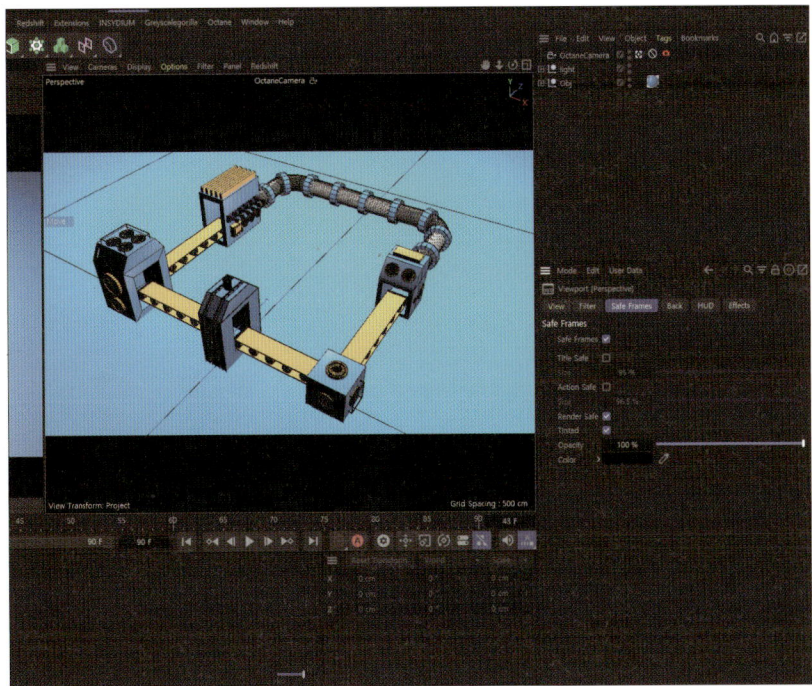

▲ 뷰포트 설정 3

[Opacity: 100]으로 설명하면 공장 파트 주변의 불투명하던 영역이 완전히 검은색으로 변한 것을 확인할 수 있습니다. 주위가 보이면 앵글을 설정하는 데 어려움이 있을 수 있으므로 이렇게 가리는 것입니다. 주위를 확인하고 싶다면 다시 [Opacity] 값을 낮추면 됩니다.

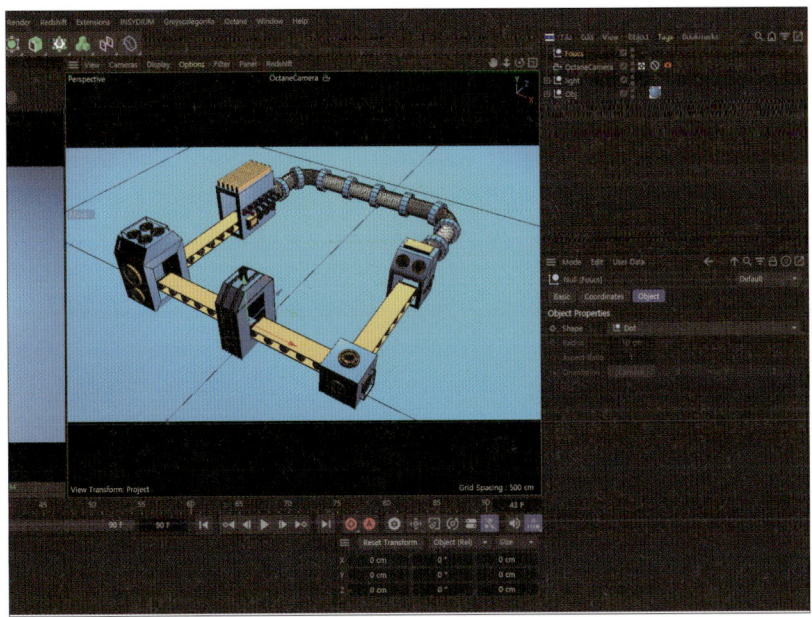

▲ 널 제작

널을 새로 생성하고 이름을 'Focus'로 변경합니다.

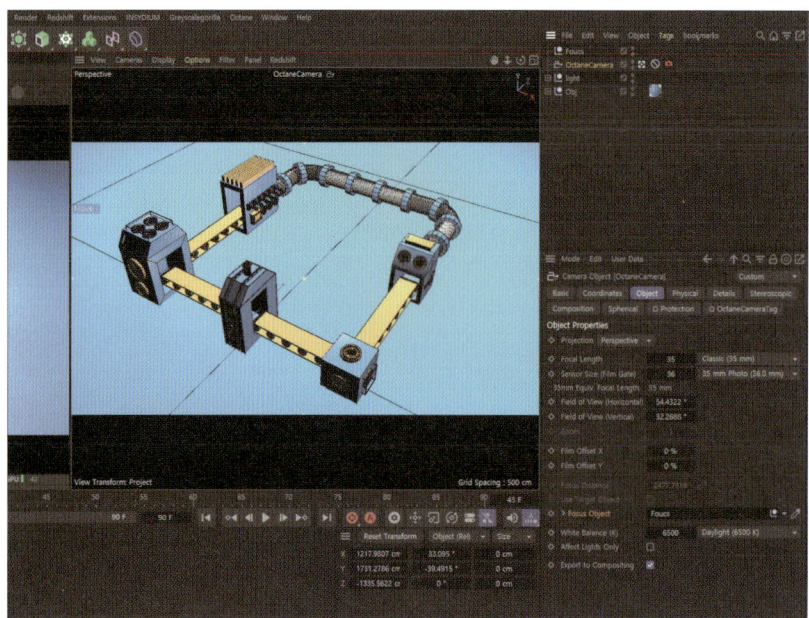

▲ 카메라 설정

카메라를 클릭하고 오브젝트 창에서 포커스 오브젝트(Focus Object)에 방금 생성한 포커스 널을 드래그하여 적용합니다.

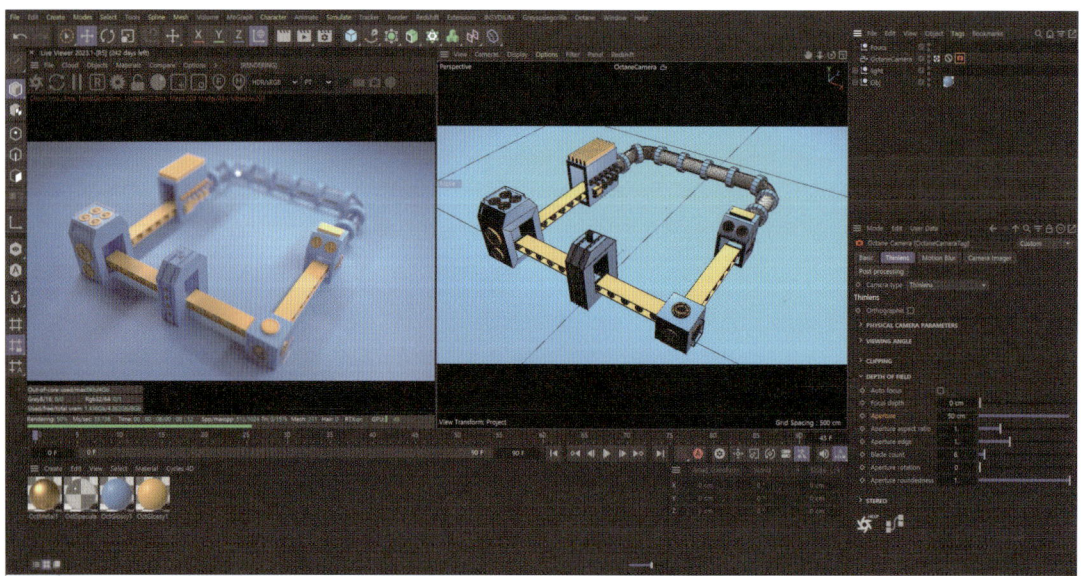

▲ 카메라 설정 2

카메라 태그를 클릭한 후 [Thinlens] 창에서 [DEPTH OF FIELD]-[Auto focus]의 체크를 해제합니다. 그리고 [Aperture: 50]으로 설정하여 변화를 극단적으로 확인해 봅니다. 그럼 렌더 모드 화면에서 널의 위치가 블러 처리된 것을 확인할 수 있습니다. 현재는 널에 포커스가 있기 때문이며, 초점을 다른 곳으로 이동할 수 있습니다.

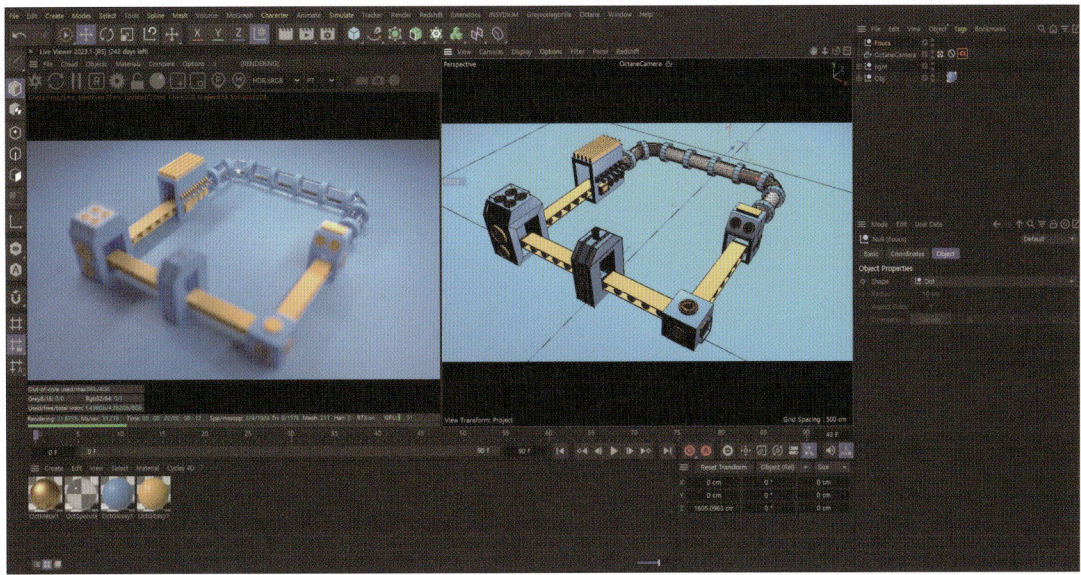

▲ 카메라 설정 3

포커스 널을 움직이면 초점이 바뀐 것을 확인할 수 있습니다.

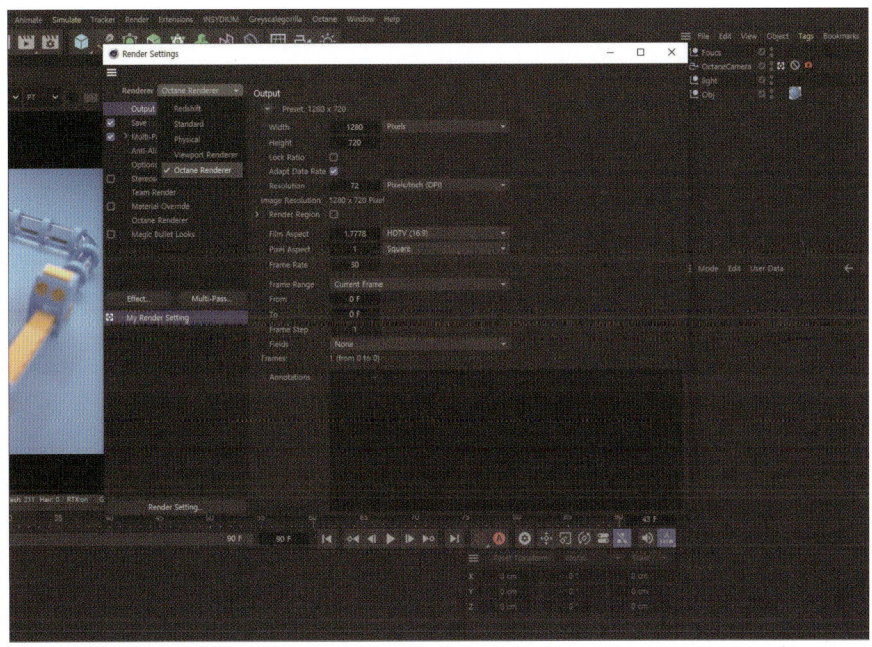

▲ 렌더 설정

렌더 설정은 스탠더드와 크게 다르지 않습니다. 크기와 경로를 지정해서 렌더링을 진행하면 됩니다. 이때 주의할 점은 렌더러(Renderer)를 반드시 옥테인 렌더러(Octane Renderer)로 바꾼 후에 렌더링해야 합니다. 이렇게 공장 프로젝트도 마무리가 됐습니다.

PART

06

옥테인을 활용한 크리스털 제작

01 크리스털 모델링

02 옥테인 작업하기

03 스캐터 적용하기

크리스털 모델링

보로노이 프랙처(Voronoi Fracture)와 이펙터를 사용하여 크리스털(crystal)을 제작하고 렌더링까지 진행해 보겠습니다.

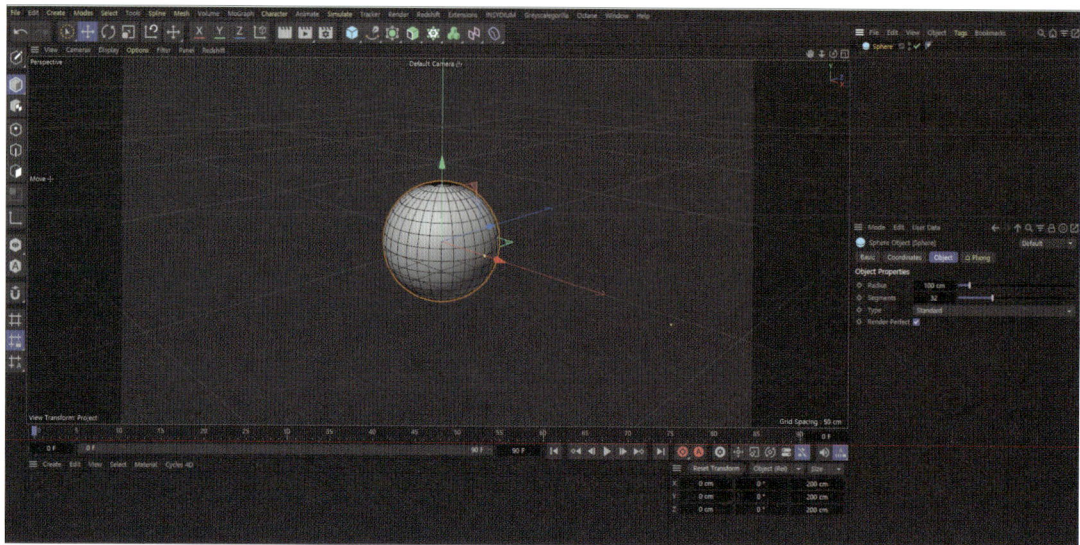

▲ 스피어 제작

먼저 기본 설정값 그대로 스피어를 하나 생성합니다.

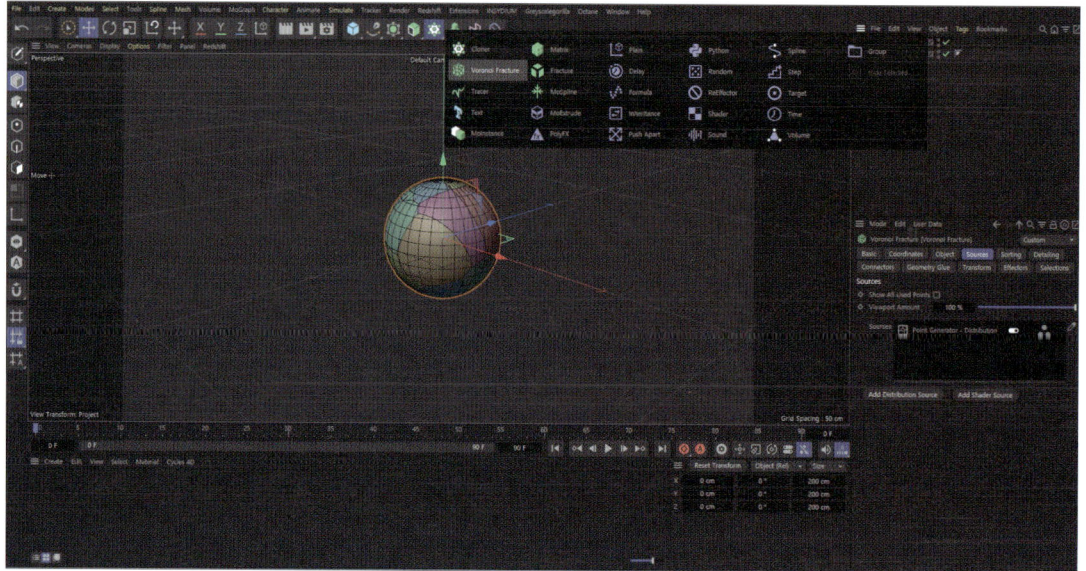

▲ 보로노이 프랙처

스피어에 보로노이 프랙처(Voronoi Fracture)를 적용합니다. 보로노이 프랙처는 오브젝트를 깨주는 기능입니다. 별도의 클로너 이펙터들과 함께 사용할 수 있습니다.

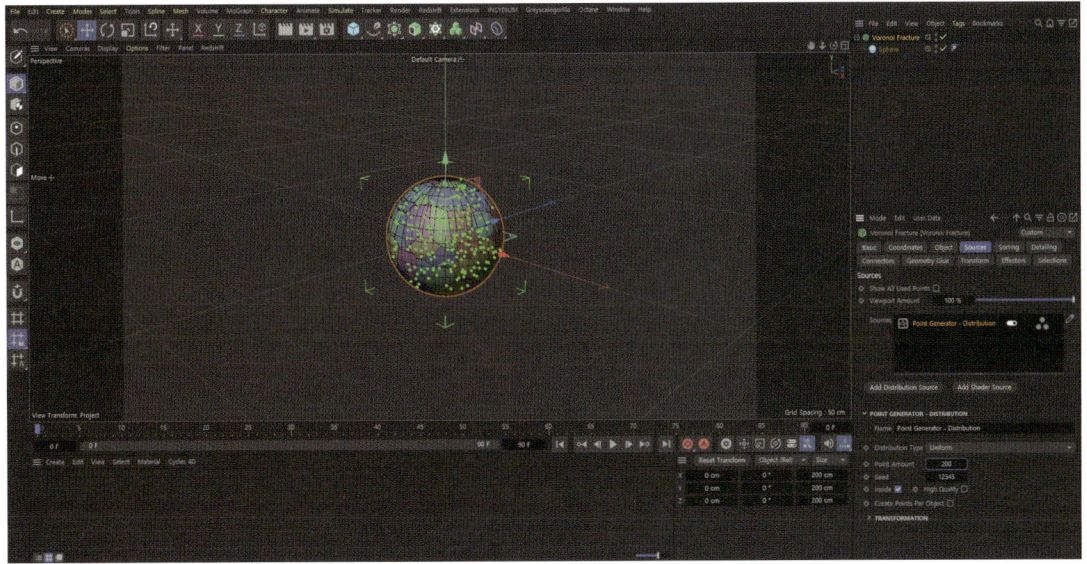

▲ 설정

[Voronoi Fracture]를 클릭 후 소스(Sources) 창에서 노란색으로 활성화된 부분을 클릭합니다. 그리고 [Point Amount: 200]으로 입력하면 쪼개지는 개수를 설정할 수 있습니다.

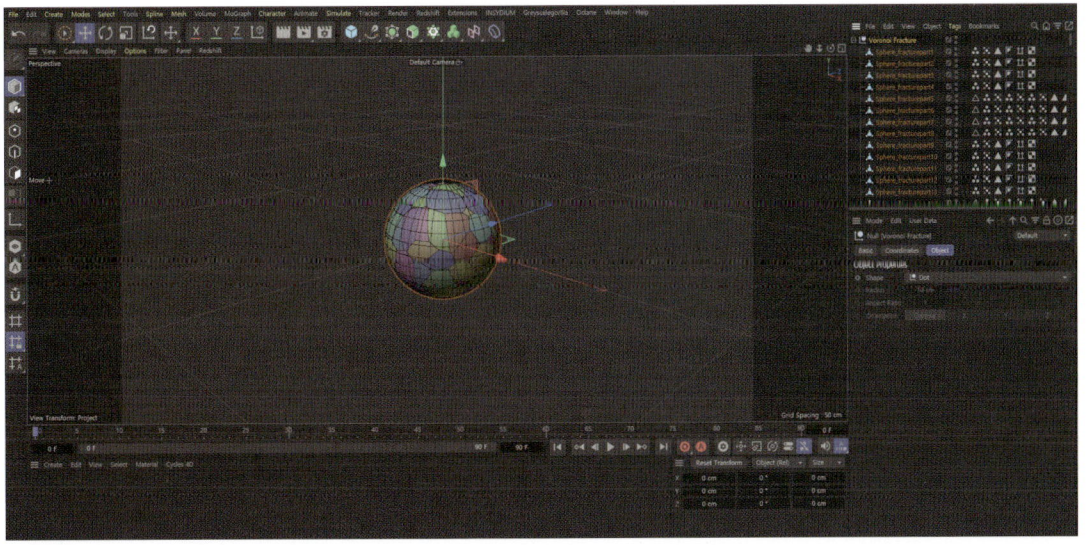

▲ 에디터블

C를 눌러서 에디터블 시켜줍니다. 클로너와 마찬가지로 값을 적용한 후에 에디터블 하면 오브젝트가 개별로 분리되어 적용됩니다.

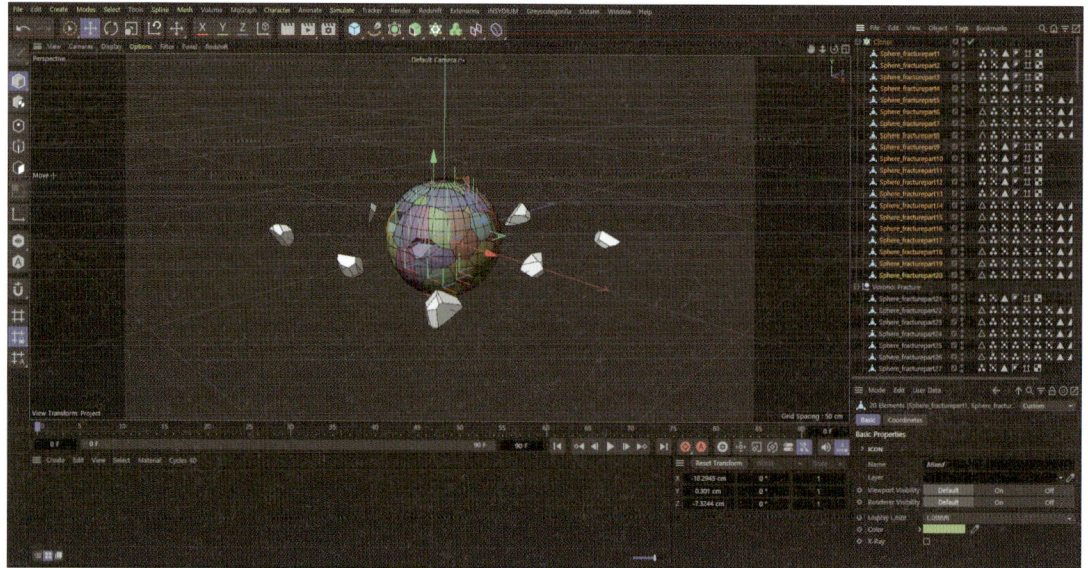

▲ 클로너

클로너를 새롭게 생성한 후 에디터블 시켰던 오브젝트를 20개 정도 가져옵니다. 편의상 위에서부터 20개를 선택했습니다.

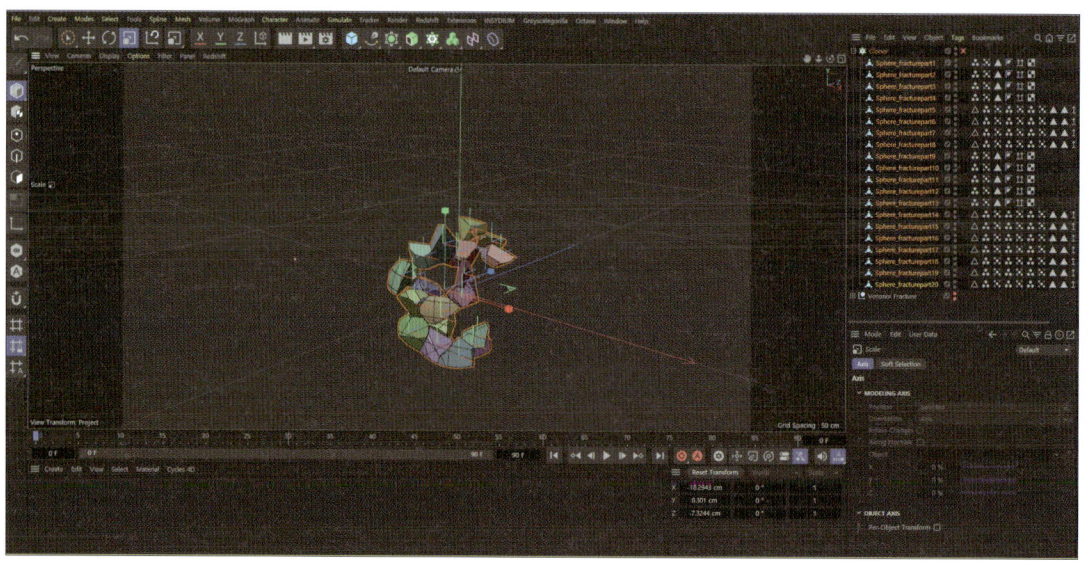

▲ 오브젝트 선택

클로너로 오브젝트를 가져왔으면 우선 클로너의 체크 표시를 해제해서 적용을 해제합니다. 그리고 하단에 있는 오브젝트를 전부 선택합니다.

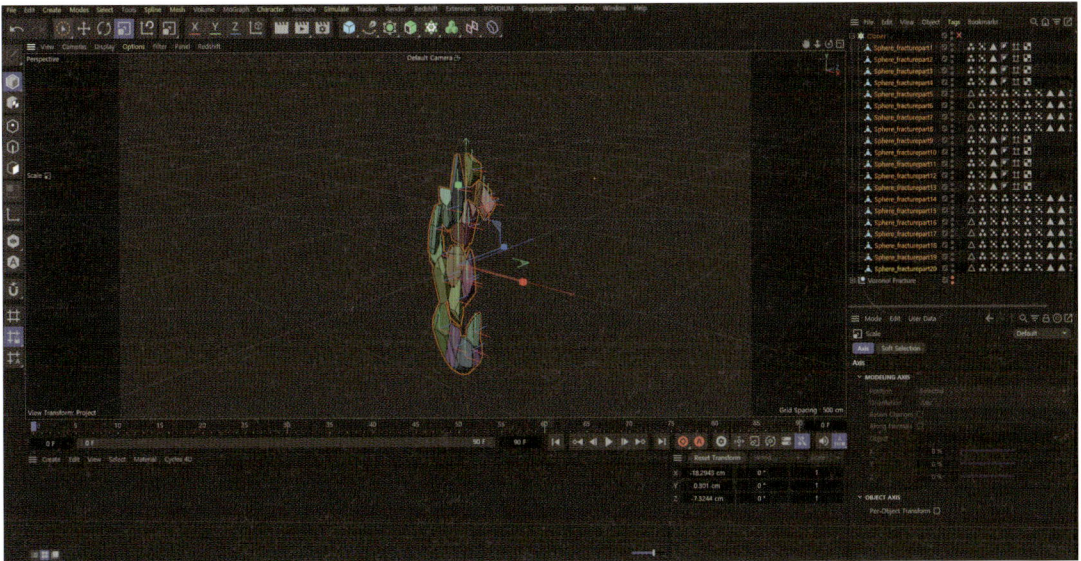

▲ 크기 조절

크리스털의 모양을 만들기 위해 우선 세로로 길게 늘입니다.

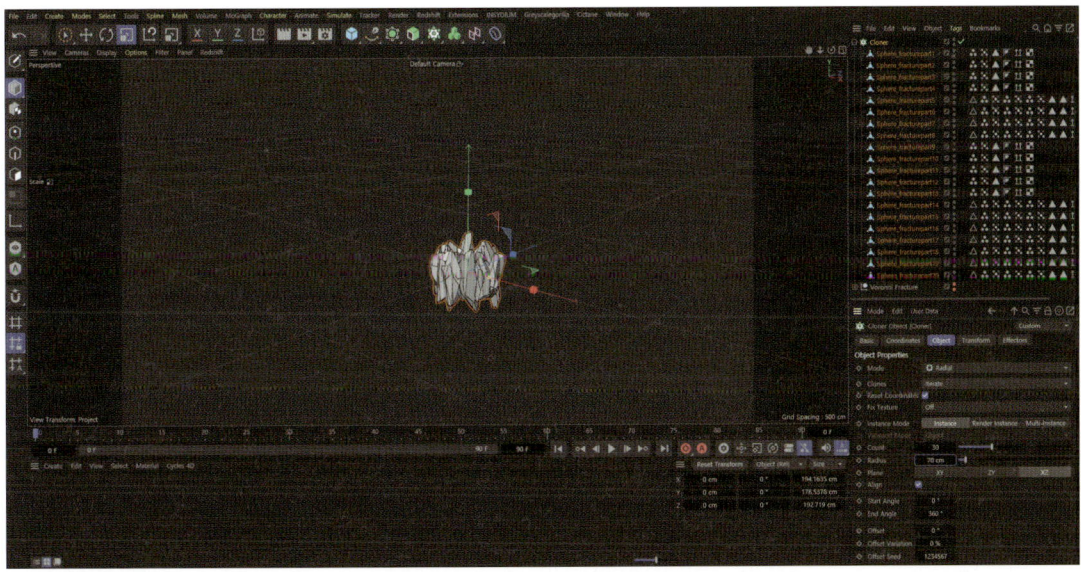

▲ 클로너 설정

크기 조절이 완료됐으면 다시 클로너를 활성화하고 설정값을 위 이미지와 같이 입력합니다.

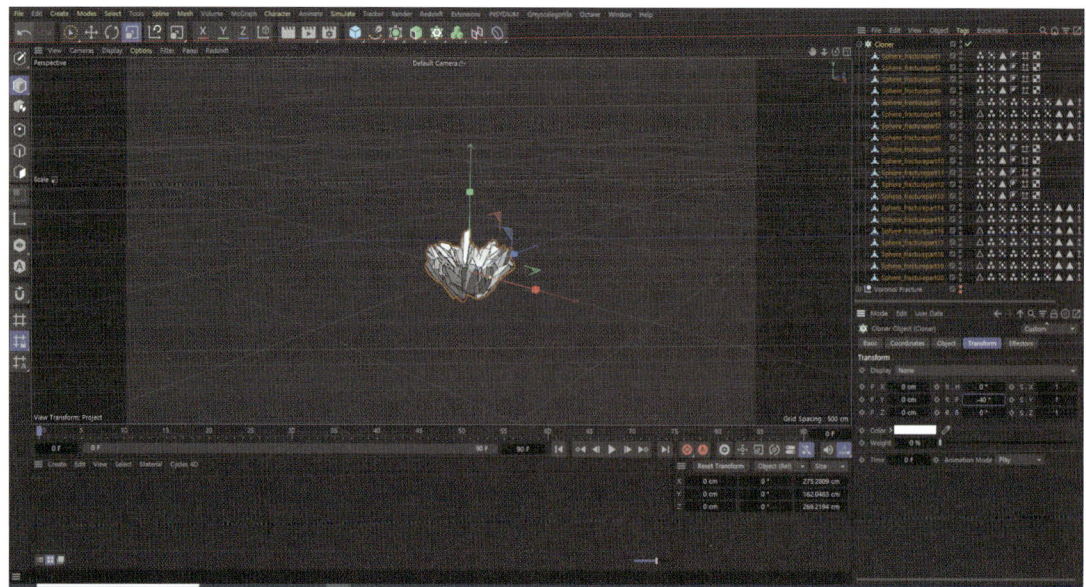

▲ 클로너 설정 2

그리고 트랜스폼 창에서 [R.P: -40]으로 입력합니다.

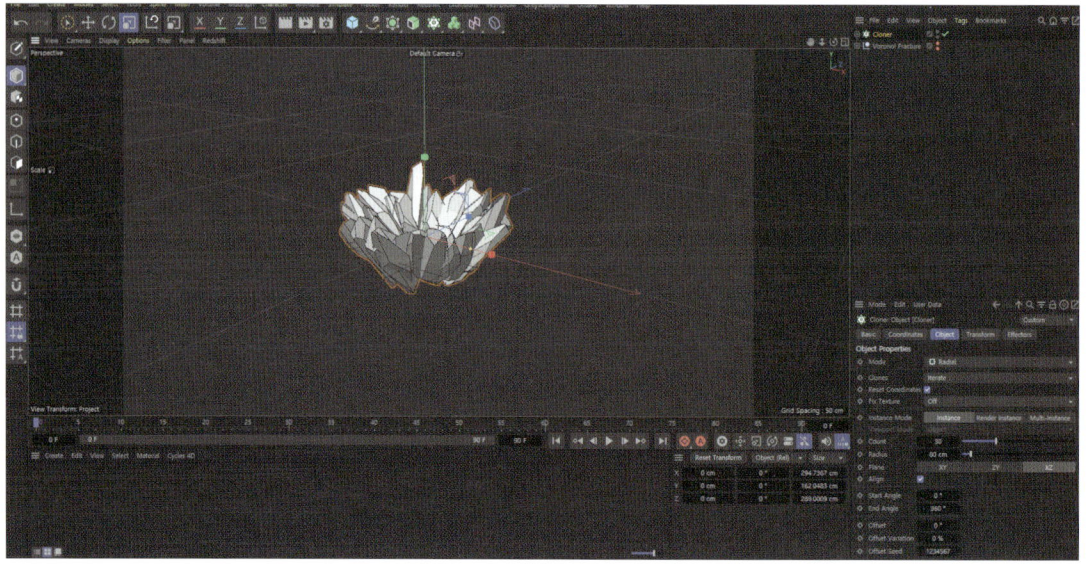

▲ 클로너 설정 3

꼭 똑같이 만들 필요는 없으며, 원의 형태로 구현되도록 설정값들을 조절하면 됩니다. 차후에 재질을 적용하고 스캐터(Scatter) 기능을 사용해서 바닥에 흩뿌리는 작업도 같이 해보겠습니다.

옥테인 작업하기

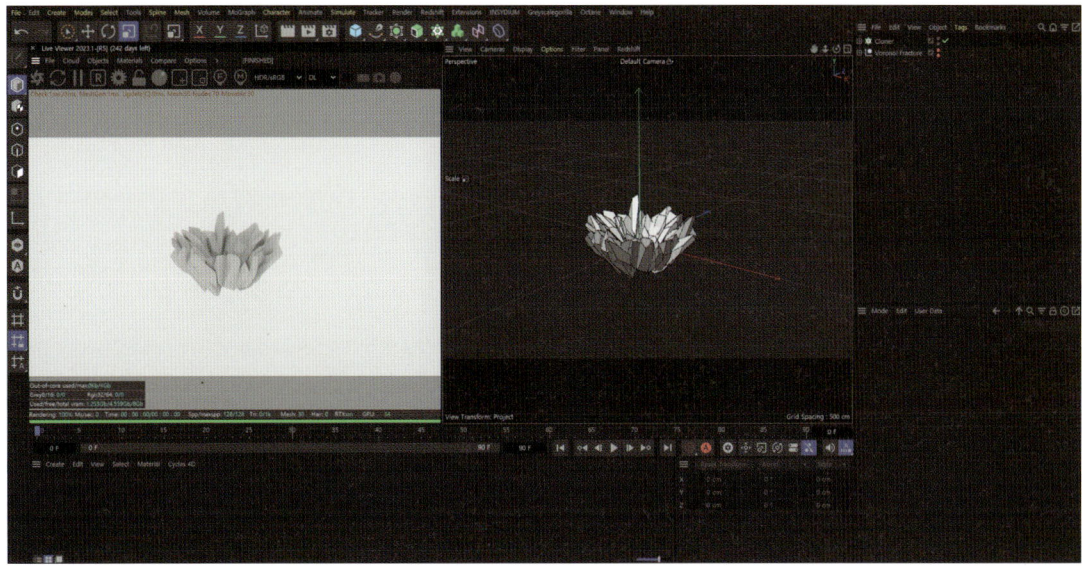

▲ 옥테인 라이브 뷰어

옥테인 라이브 뷰어를 켜고 위 이미지처럼 정렬해 주세요.

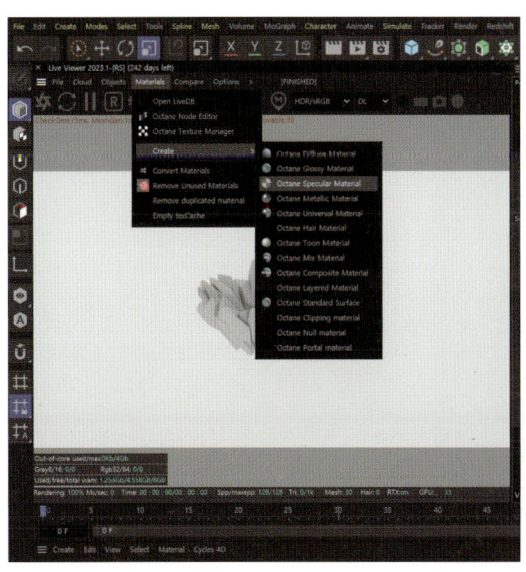
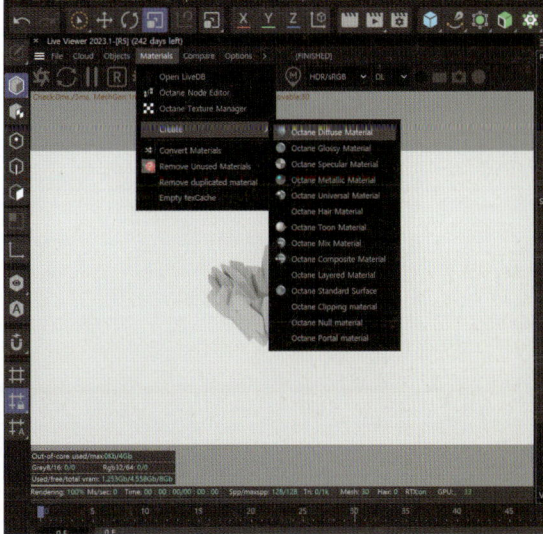

▲ 스펙큘러 / 디퓨즈

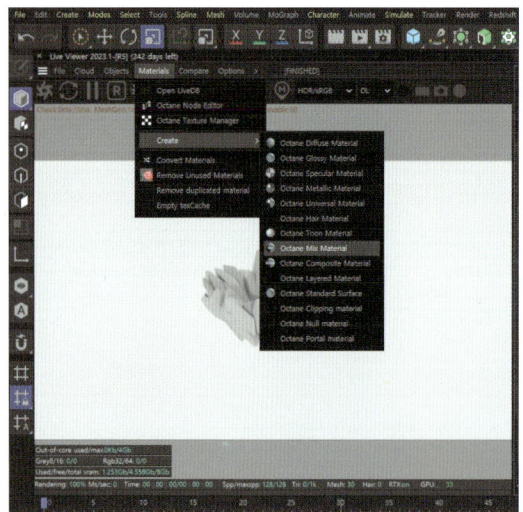
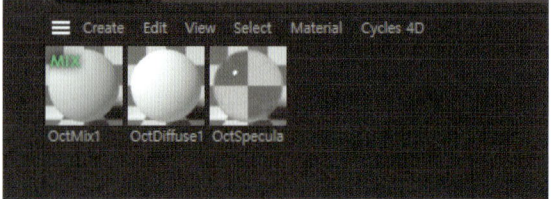

▲ 믹스 / 최종 모습

[Materials]-[Create]에서 스펙큘러, 디퓨즈, 믹스 머티리얼을 한 개씩 제작해 주세요. 믹스는 두 재질을 섞는 기능입니다.

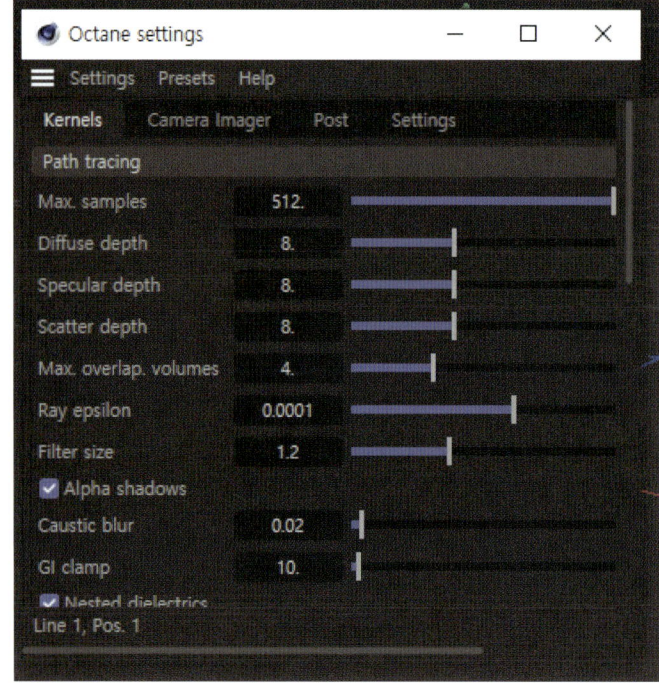

▲ 옥테인 설정

본격적인 작업을 진행하기 전에 옥테인 설정은 위와 같이 맞춰줍니다.

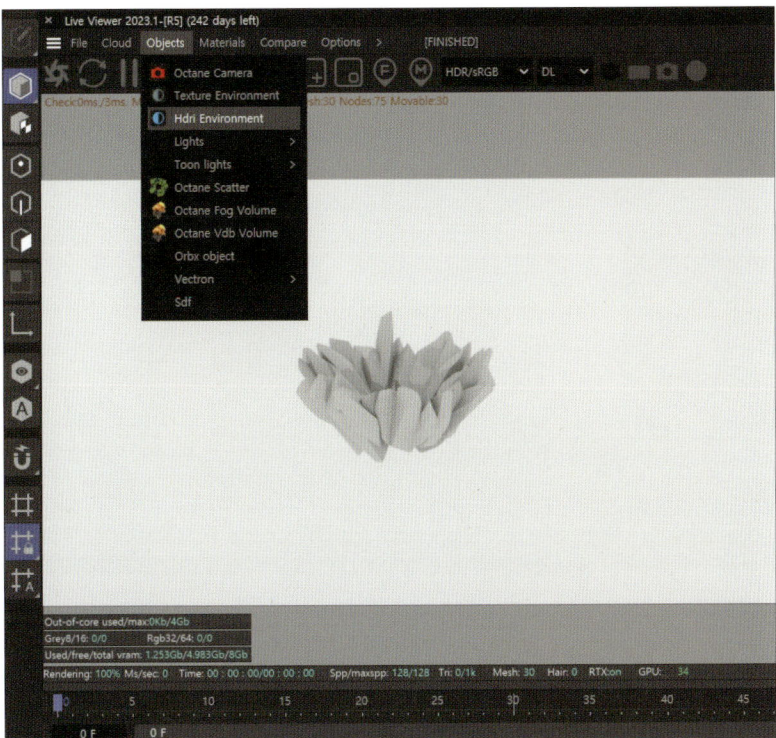

▲ 옥테인 스카이

[Objects]-[Hdri Environment]를 제작합니다. 별도의 텍스처를 적용하지는 않고, 크리스털이 발광하도록 설정할 예정이므로 전체적으로 어둡게 만들어 줍니다.

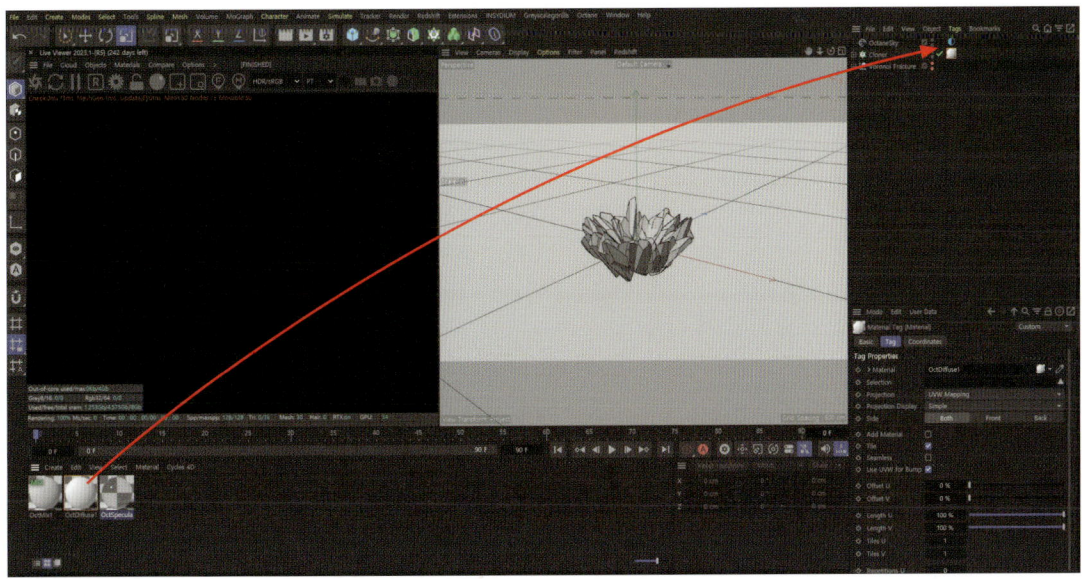

▲ 머티리얼 적용

디퓨즈 재질을 클로너에 적용합니다. 클로너에는 나중에 믹스를 다시 적용할 예정입니다.

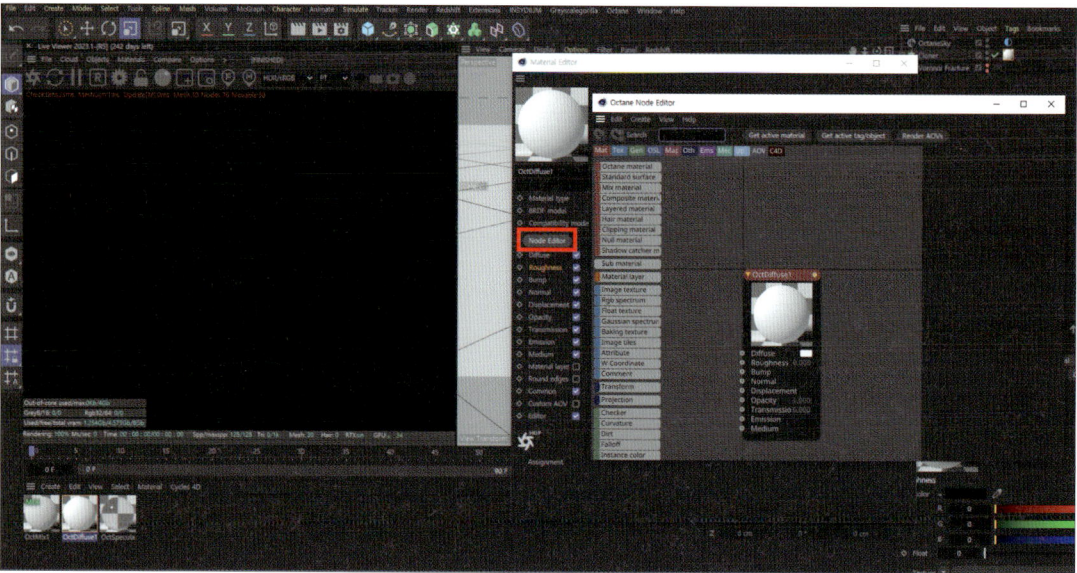

▲ 노드 에디터

머티리얼을 더블 클릭한 후에 다시 노드 에디터를 클릭해서 에디터를 엽니다.

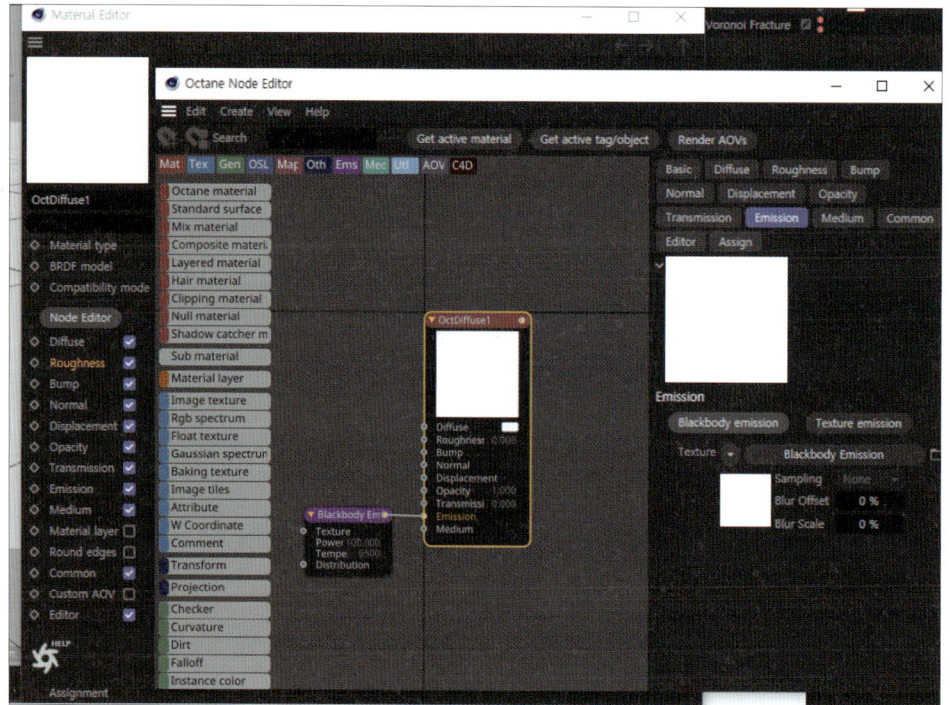

▲ 에미션

머티리얼을 클릭한 후에 [Emission]-[Blackbody emission]을 클릭합니다. [Rgb spectrum]이라는 노드를 사용하여 색을 적용하기 위해 이 기능을 사용하며, 스크린 표현같이 소스를 사용할 때는 [Texture emission]을 사용하면 됩니다.

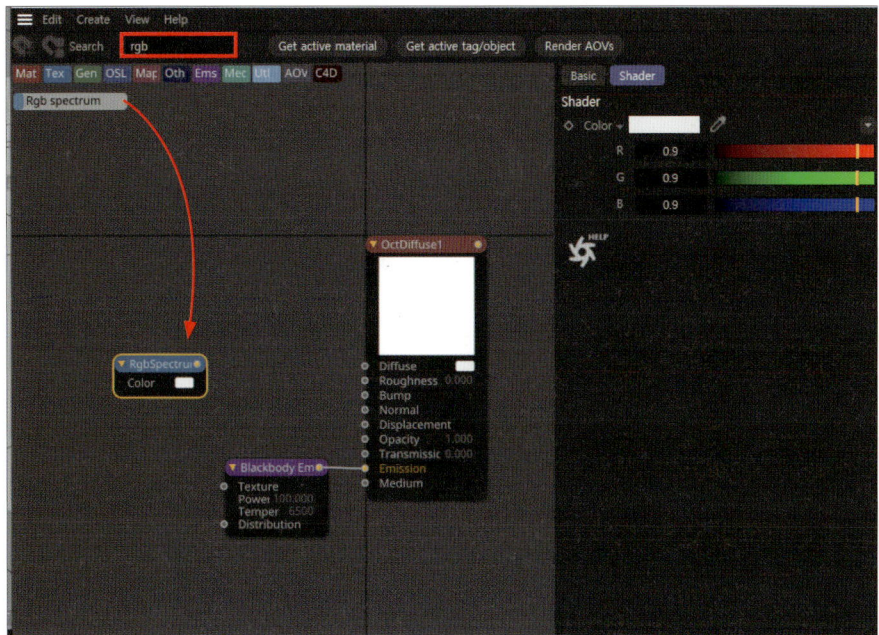

▲ 알지비

상단 검색창에서 'rgb'를 검색합니다. 그다음 마우스 커서를 에디터 창 왼쪽으로 가까이 가져가면 노드 옵션들이 보이게 되는데, 이때 [Rgb Spectrum] 노드를 위 이미지처럼 클릭 앤 드래그로 꺼냅니다.

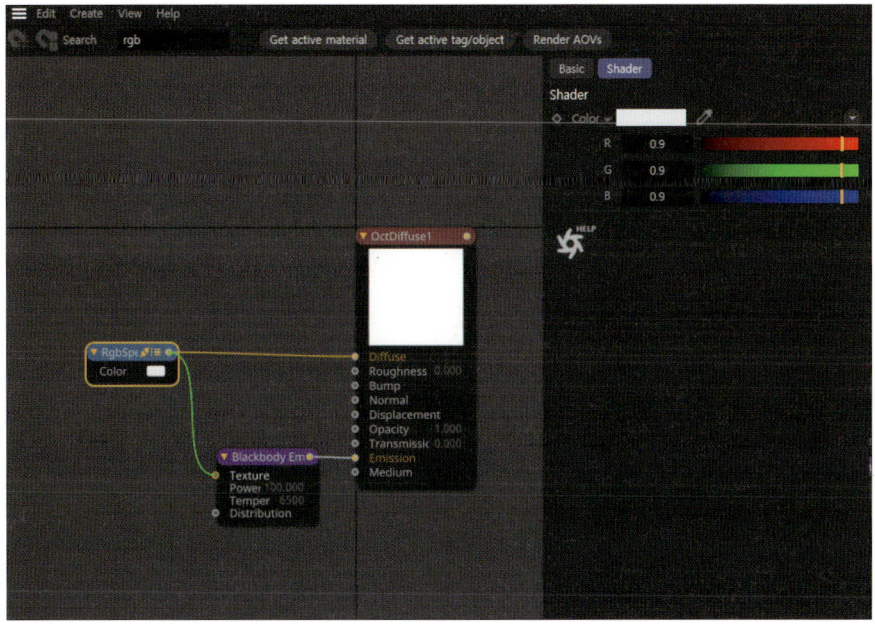

▲ 연결

[Rgb Spectrum]의 노란색 점을 드래그해서 [OctDiffuse1]-[Diffuse]와 [Blackbody Emission]-[Texture]에 각각 연결합니다.

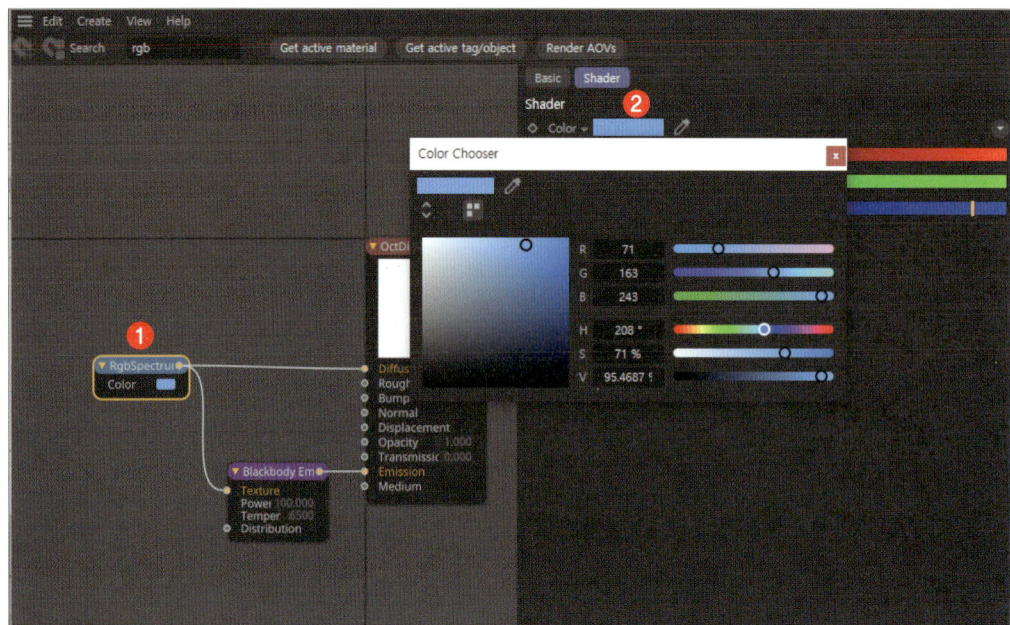

▲ 색 조절

위 이미지에 표시된 순서대로 클릭 후에 색을 조정합니다. 아무 색이나 상관없으며, 여기서는 파란색으로 진행하겠습니다.

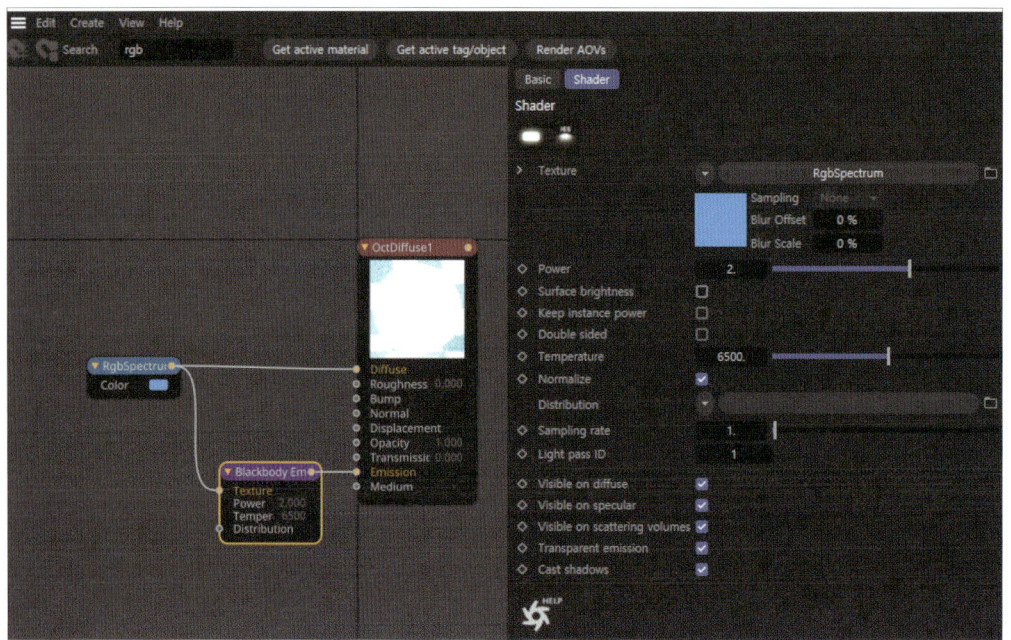

▲ 빛 조절

[Blackbody Emission]의 파워(Power)를 2로 설정합니다.

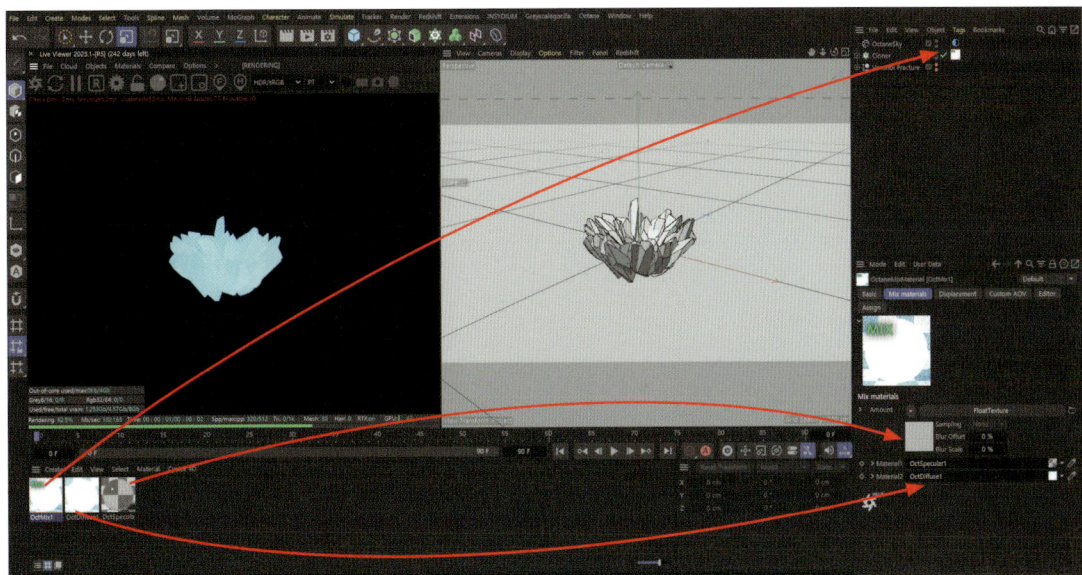

▲ 믹스

이제 믹스 머티리얼을 클로너에 적용하겠습니다. 믹스 머티리얼을 한 번 클릭하면 어트리뷰트 창에 머티리얼 1번과 2번이 있는 것을 확인할 수 있습니다. 1번에 스펙큘러를 적용하고 2번에 디퓨즈를 적용합니다.

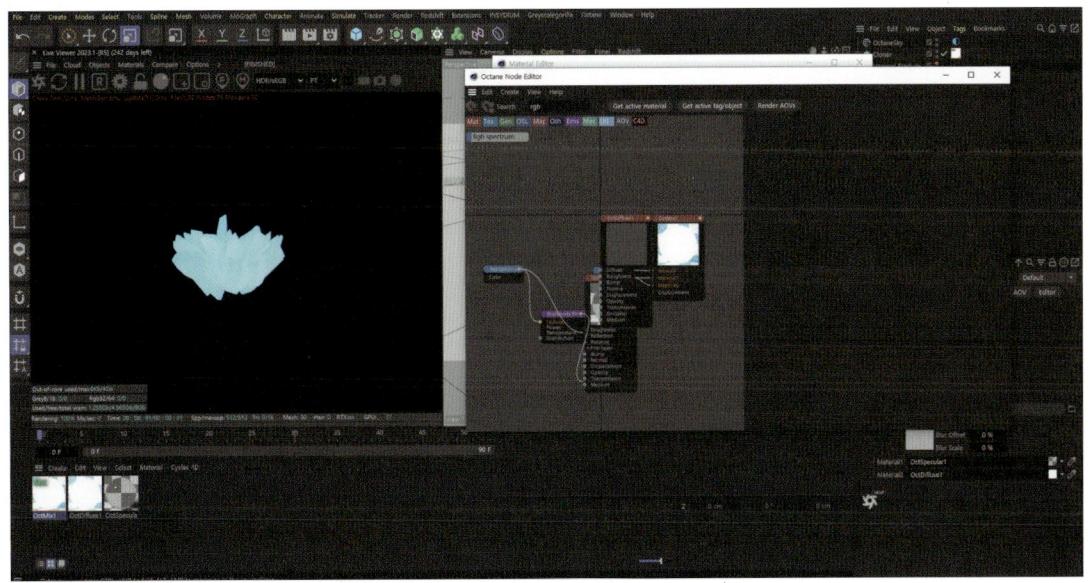

▲ 에디터

옥테인 노드 에디터를 다시 열어보면 정렬이 되어 있지 않아 보기에 불편합니다.

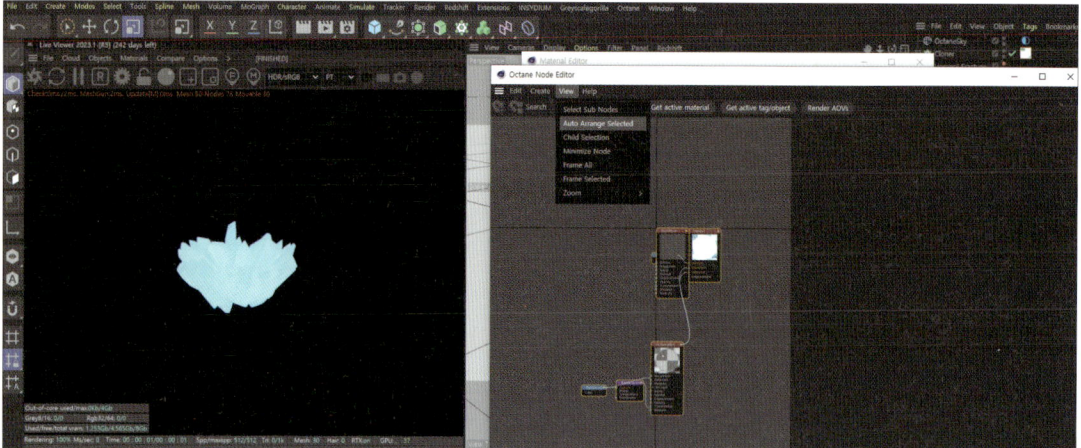

▲ 전체 선택

Ctrl + A 혹은 전체를 드래그하여 선택하고, 상단의 [View]-[Auto Arrange Selected]를 클릭합니다. 전체 노드를 자동 정렬해 주는 기능입니다. 우리가 원하는 만큼 깔끔하게 정렬되는 것은 아니지만, 노드들이 너무 겹쳐 있으면 정리 자체가 힘들기 때문에 큼직하게나마 정렬해 준다고 생각하면 됩니다.

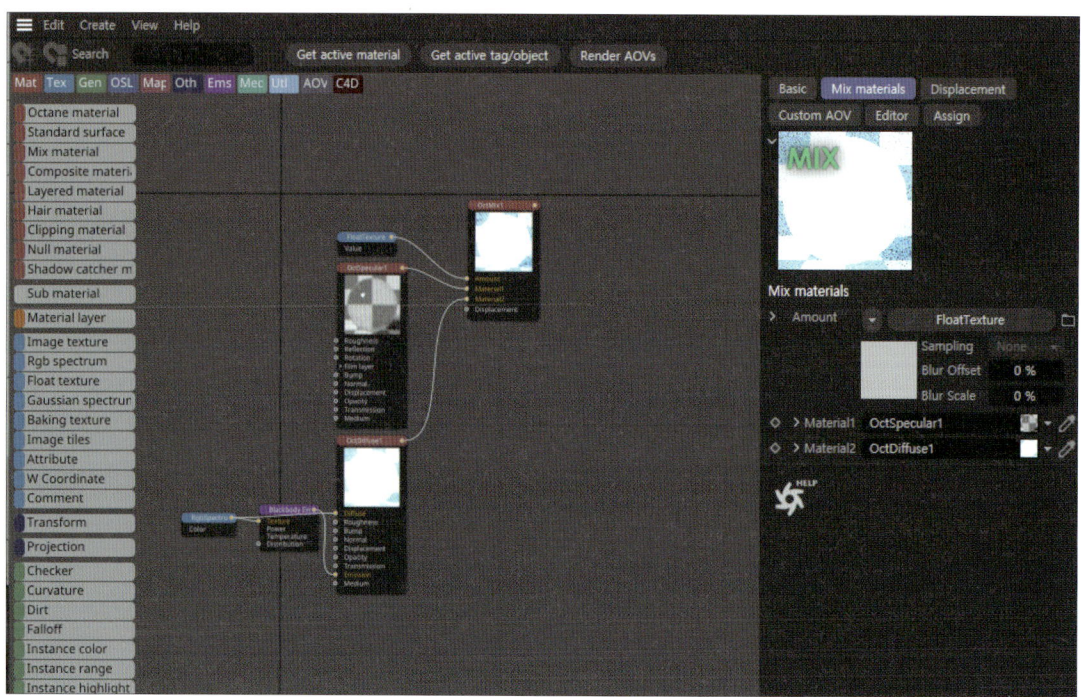

▲ 정렬 완료

만약 아무런 변화가 없다면 에디터 창을 껐다 켠 후 다시 시도해 보세요.

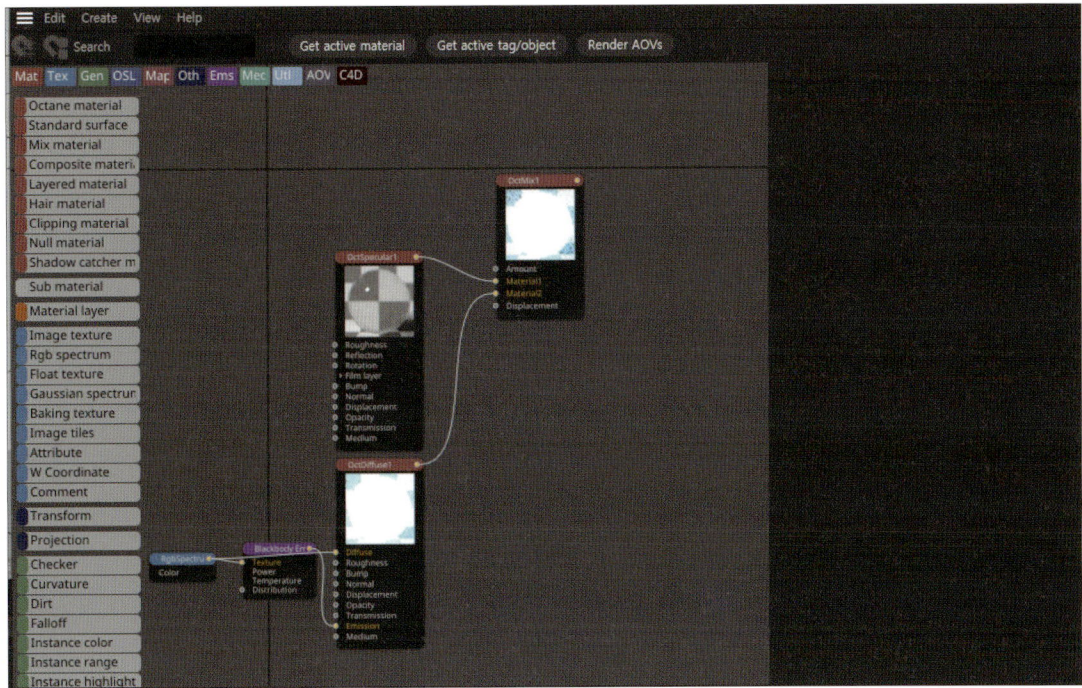

▲ 삭제

믹스 노드의 [Amount]에 적용되어 있던 [Float Texture]는 삭제합니다.

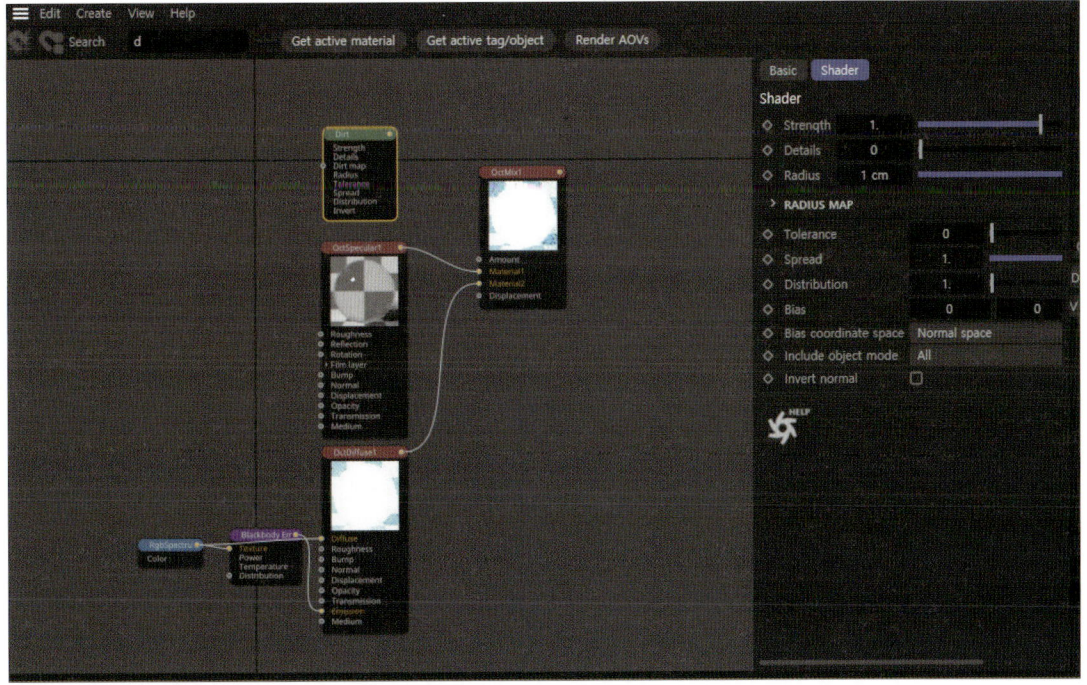

▲ 더트

'd'를 검색하여 [Dirt] 노드를 가져옵니다.

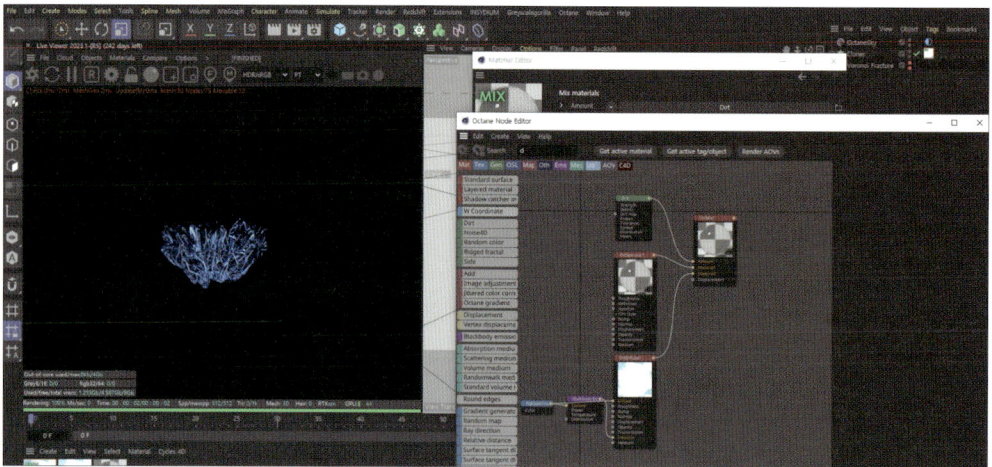

▲ 더트 연결

더트 노드를 믹스 노드의 [Amount]에 연결합니다. 두 머티리얼을 어떻게 섞을지를 조절하는 설정입니다. [Float Texture]의 경우에는 투명도를 0.5, 0.5로 총 1이 되도록 섞어서 진행하며 0.3, 0.7처럼 자유롭게 조절할 수 있습니다. 우리는 크리스털의 중심부는 유리이고 주변의 선 부분만 빛이 나게끔 할 예정이므로 [Dirt]로 진행하겠습니다.

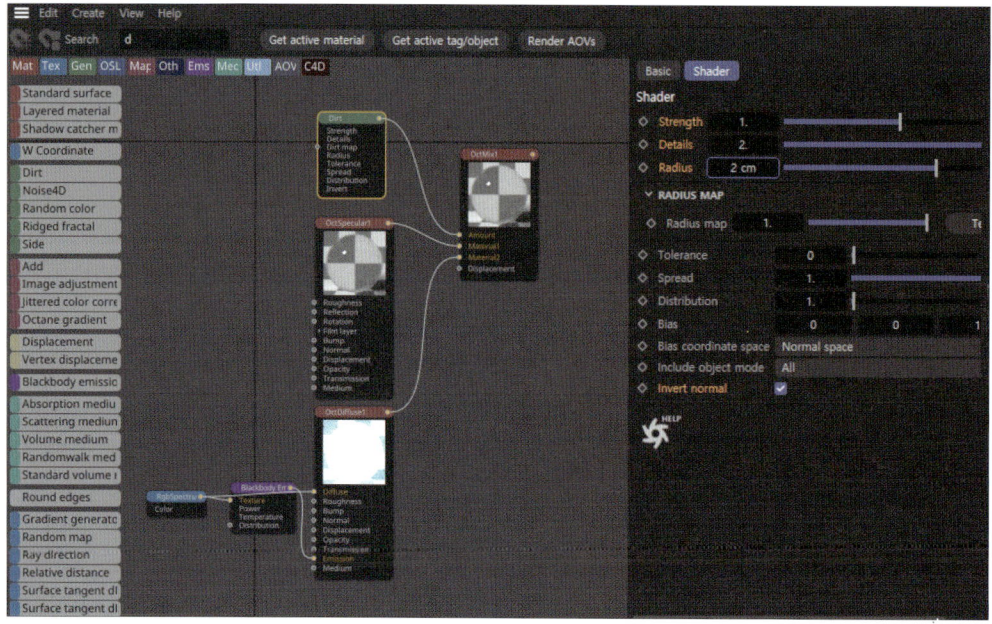

▲ 더트 수치 조절

더트 노드를 클릭한 후 위 이미지처럼 값을 조절합니다. [Strength]는 세기, [Radius]는 범위이며, [Details]는 폴리곤의 면적을 계산하여 적용하는 것으로, 값이 클수록 폴리곤의 디테일까지 계산해서 적용됩니다. [Invert normal]에서 노멀은 폴리곤의 방향성이라는 뜻인데, 더트를 연결한 후에 이 방향성을 바꿔주는 기능이라고 생각하면 됩니다.

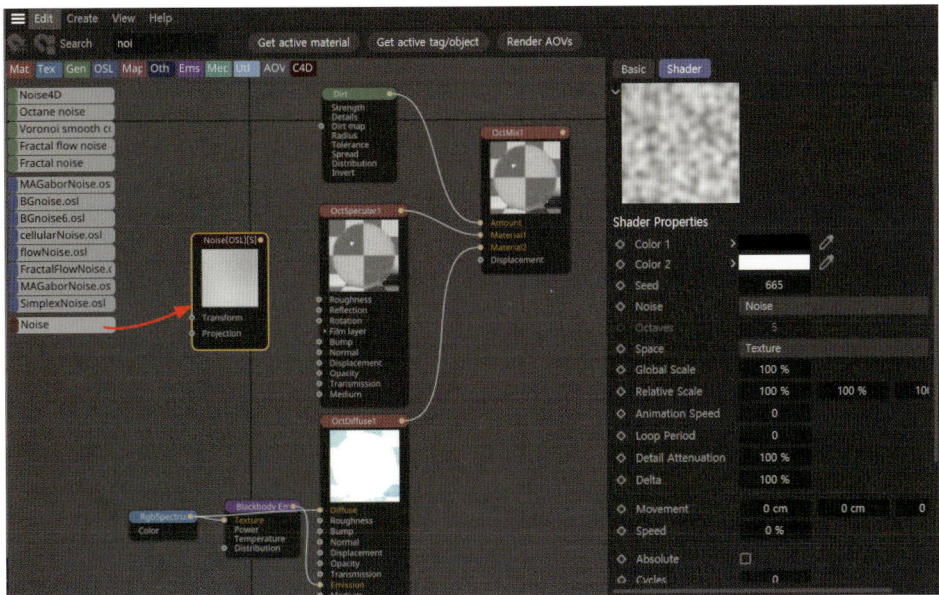

▲ 노이즈 제작

검색창에서 'noise'를 검색한 후 맨 아래 빨간색의 [Noise]를 드래그해서 가져옵니다.

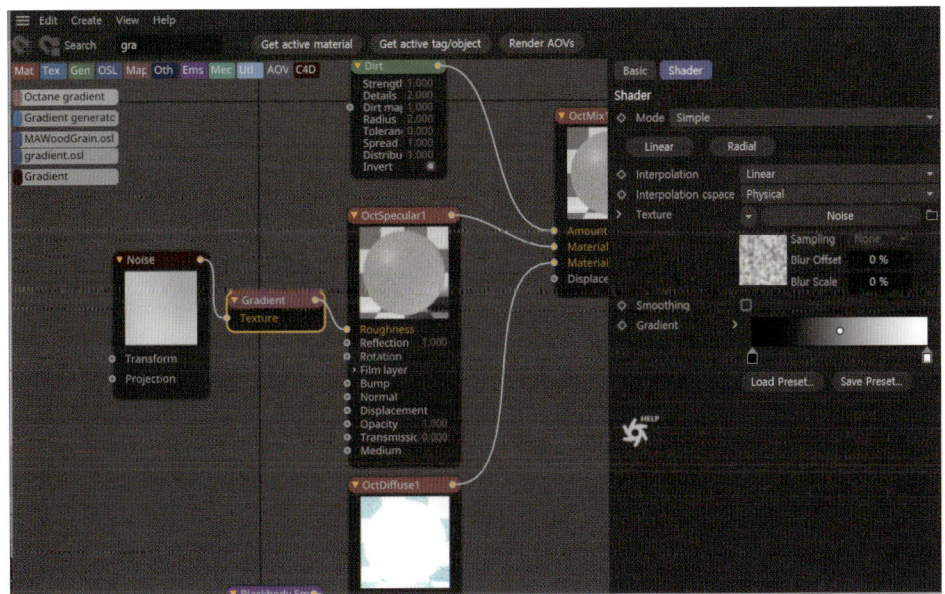

▲ 그레이디언트 제작

러프니스(Roughness)는 거칠기를 뜻하는데 노이즈를 연결하면 흰색 영역이 거칠어지고 검은색 영역이 원래의 투명한 유리처럼 보이게 됩니다. 이는 유리 재질을 디테일하게 표현할 수 있습니다. 검은색과 흰색 영역을 조절하기 위해 검색창에서 'gradient'를 검색하여 가져옵니다. 노드의 선은 직접 꺼내서 연결해도 되지만, 선을 꺼낼 때 선 부분에 커서를 갖다 대면 노란색으로 활성화가 됩니다. 이때 마우스 클릭을 떼면 자동으로 적용됩니다.

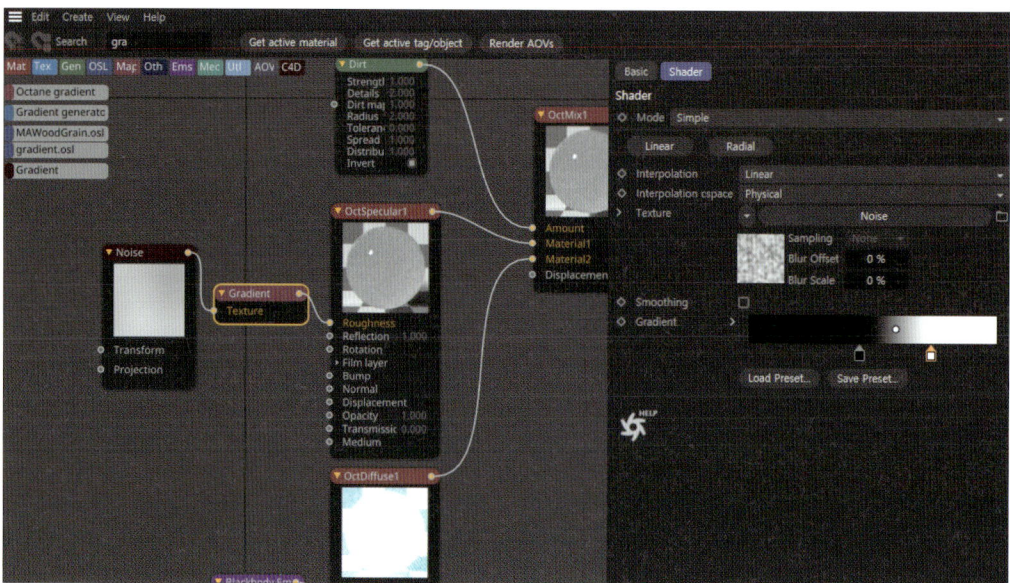

▲ 그레이디언트 조절

그레이디언트(Gradient)의 검은색과 흰색 영역을 드래그해서 조절합니다. 우선 위 이미지처럼 조절한 후에 다시 노이즈의 디테일한 값들을 조절하겠습니다.

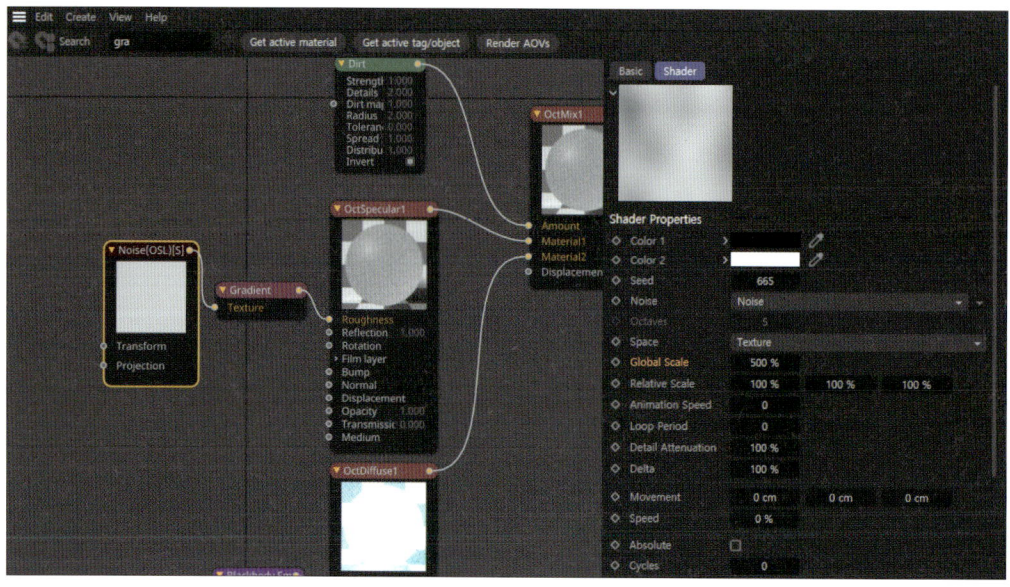

▲ 노이즈 조절

노이즈의 글로벌 스케일(Global Scale)을 높입니다. 전체적인 패턴의 크기를 조절하는 것이며 [Noise]를 클릭하면 패턴을 바꿀 수도 있습니다.

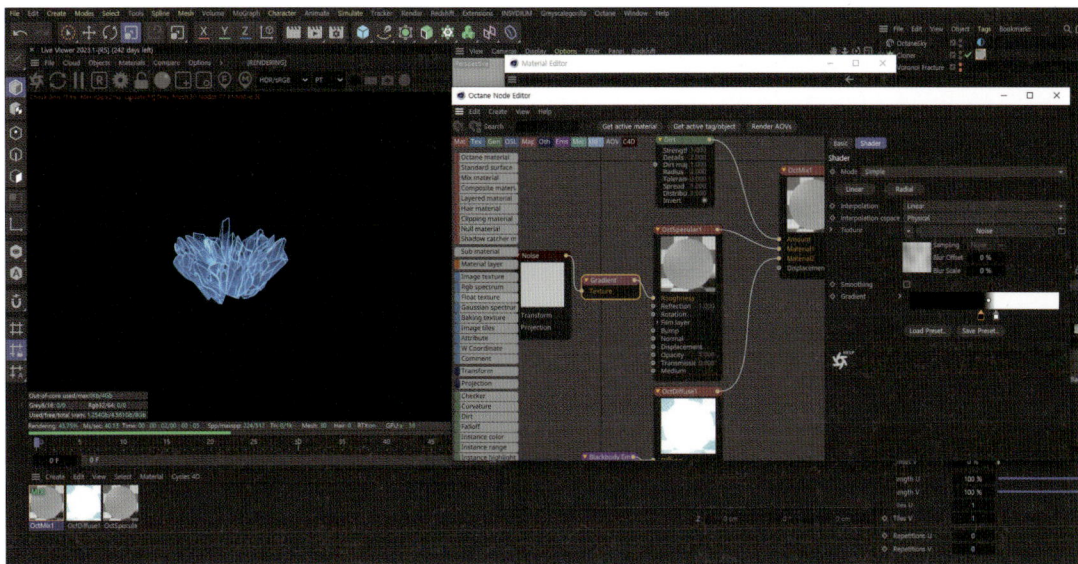

▲ 그레이디언트 조절

다시 그레이디언트의 영역을 조절하면 위 이미지처럼 보일 것입니다. 이제 카메라를 생성하고 나서 스캐터에 대해 간단하게 다뤄보겠습니다.

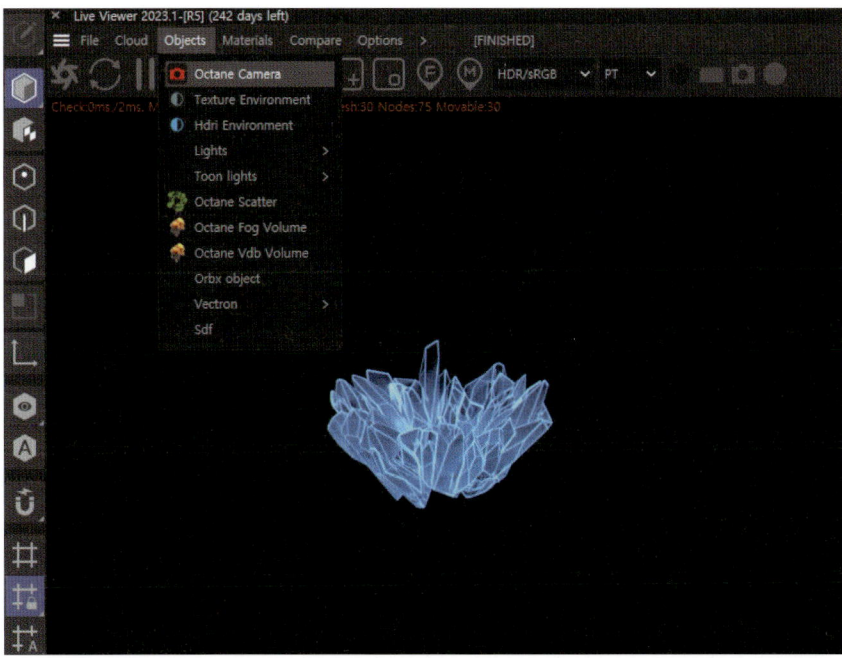

▲ 카메라

[Object]-[Octane Camera]에서 카메라를 생성합니다.

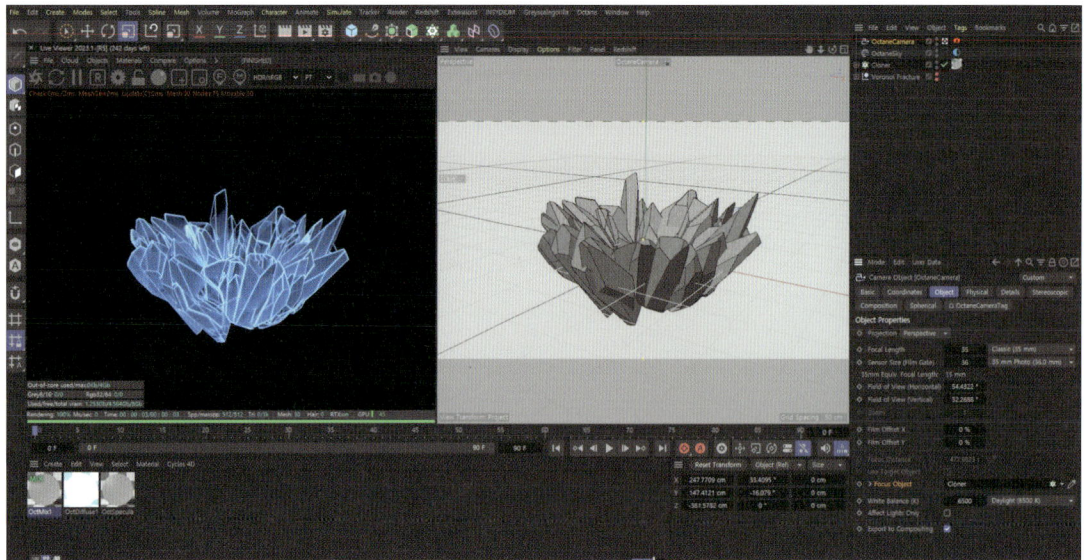

▲ 카메라 생성 후 오브젝트 적용

카메라를 클릭한 후 오브젝트 창에서 하단의 포커스 오브젝트(Focus Object)에 클로너를 드래그해서 적용합니다.

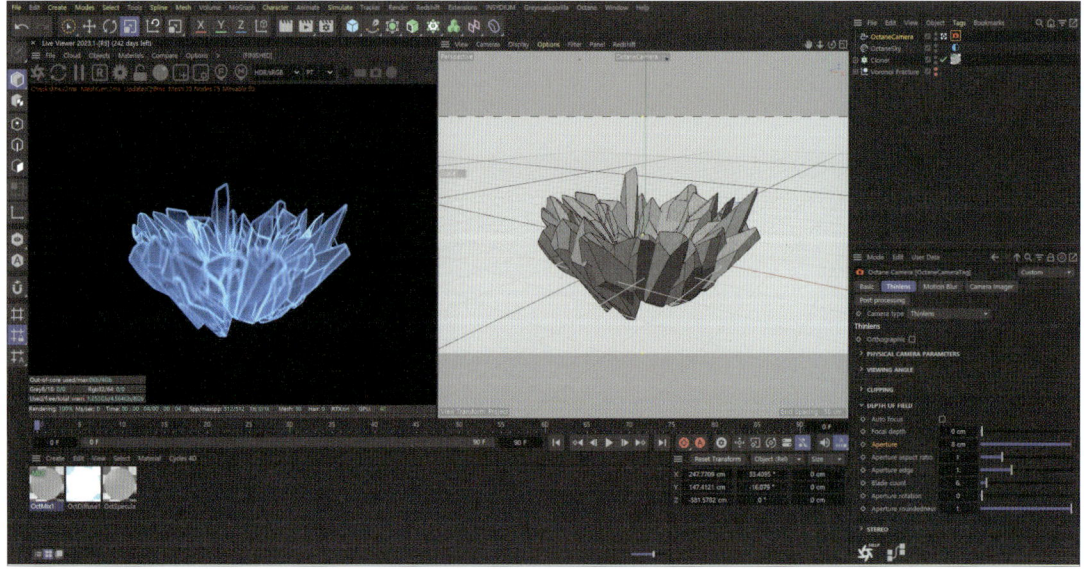

▲ 블러 적용

[Thinlens]-[DEPTH OF FIELD]에서 [Auto focus]의 체크를 해제하고 [Aperture] 값을 높입니다. 조금씩 높여가면서 원하는 블러 정도를 맞추면 됩니다. [DEPTH OF FIELD]란 피사체가 카메라를 향한 위치에 따라 초점이 흐려지지 않는 범위를 뜻하며 [Aperture]는 그 강도를 설정합니다.

[Post processing]에서 [Enable]에 체크합니다.

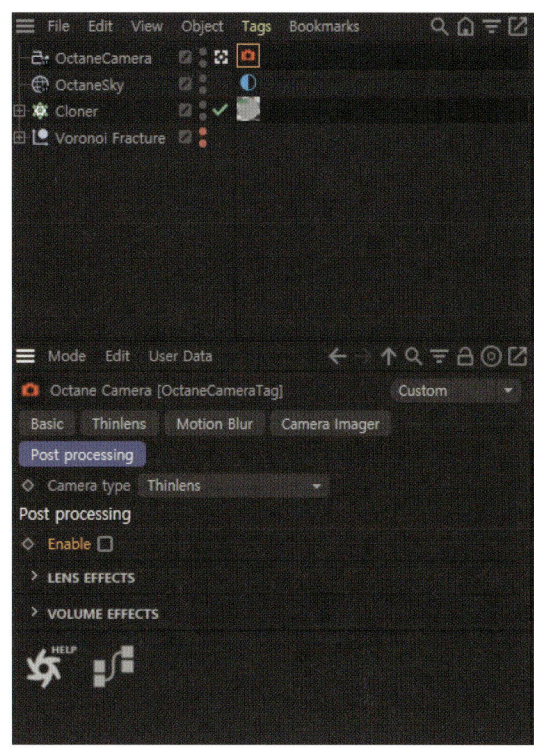

▲ 포스트 프로세싱

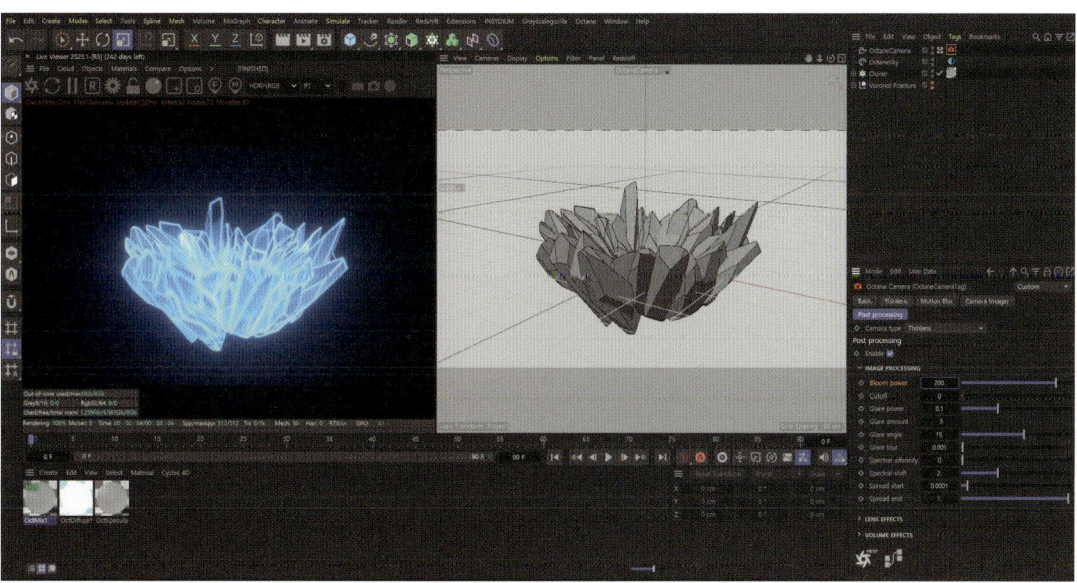

▲ 블룸 파워

그리고 [Bloom power] 값을 높이면 전체적으로 빛이 번지면서 은은하게 연출되는 것을 확인할 수 있습니다.

스캐터 적용하기

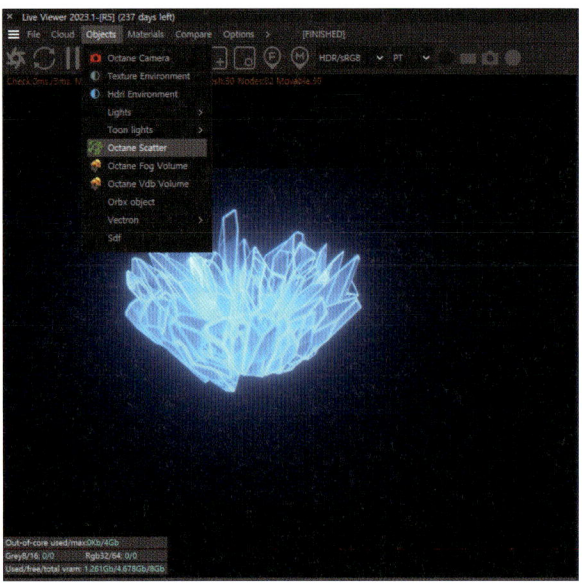

▲ 스캐터

[Object]-[Octane Scatter]를 생성합니다.

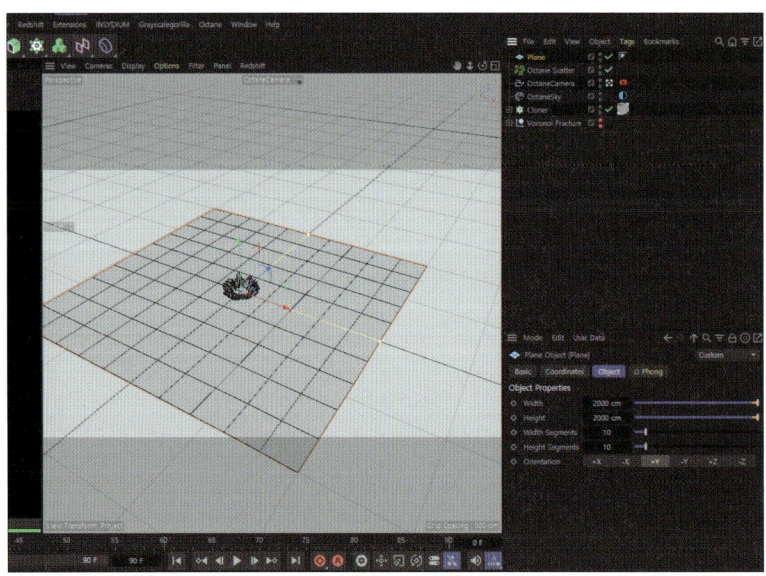

▲ 플레인 제작

플레인을 생성한 후 크기를 2,000cm로 설정합니다. 스캐터는 클로너와 비슷한데, A 오브젝트를 B 오브젝트에 뿌린다고 생각하면 됩니다.

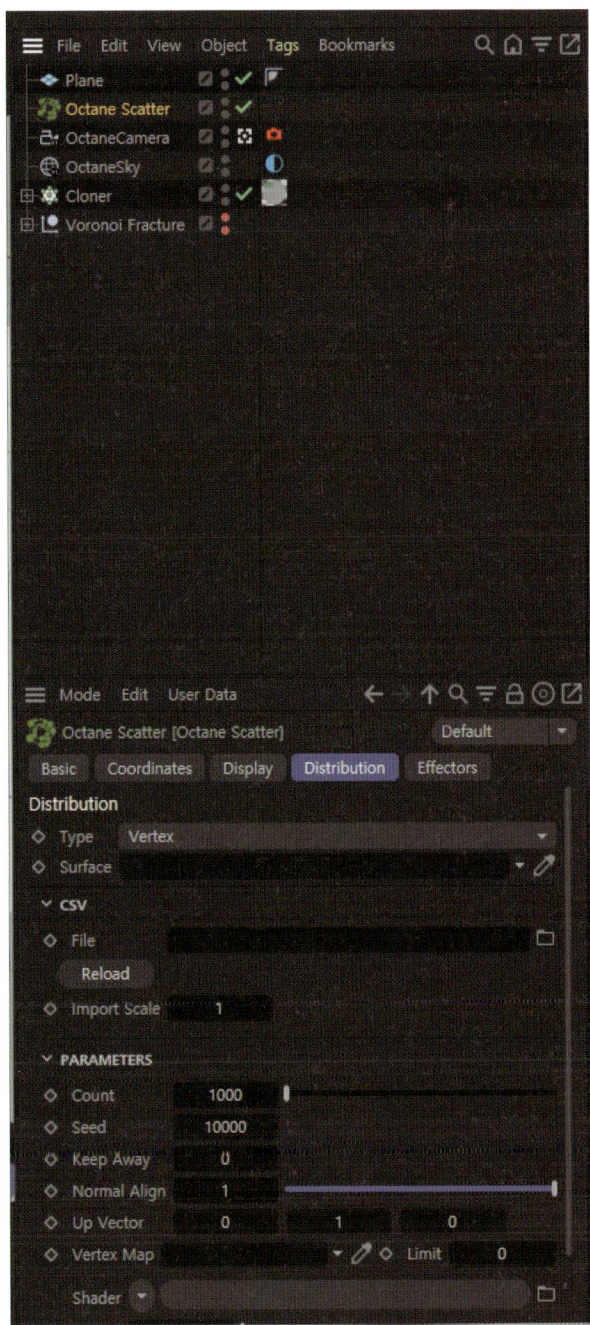

▲ 스캐터 옵션

스캐터를 클릭한 뒤 어트리뷰트 창에서 [Surface]를 확인할 수 있습니다. 여기에 B 오브젝트인 [Plane]을 적용하면 됩니다.

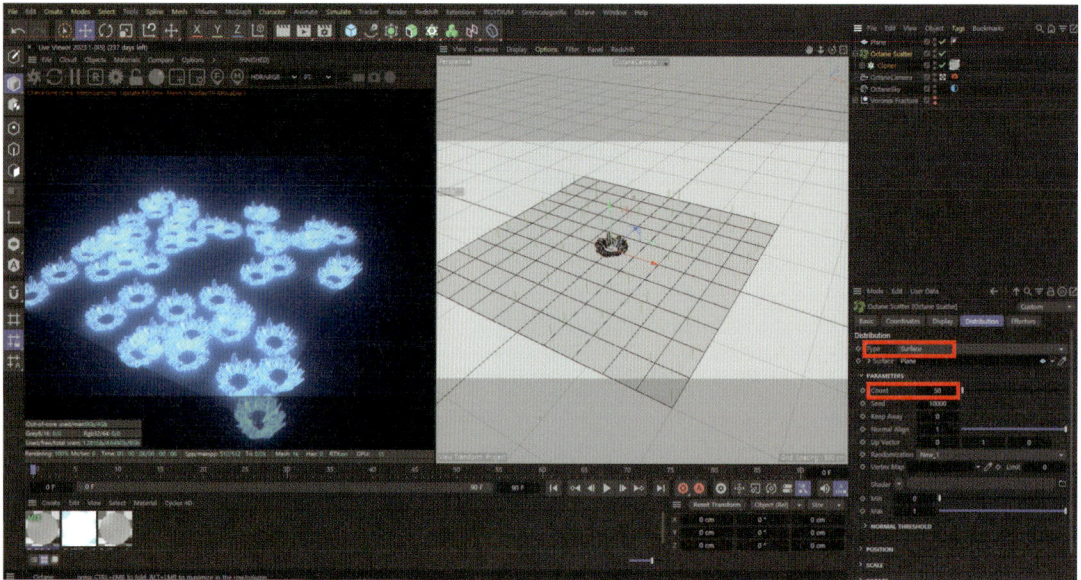

▲ 스캐터 적용

A 오브젝트는 위 이미지처럼 스캐터의 밑에 적용합니다. 스캐터의 타입(Type) 중 [Vertex]는 플레인의 포인트 부분에 적용되므로 일정한 모양으로 적용이 됩니다. 우리는 랜덤하게 보이는 것을 원하기 때문에 [Surface]로 바꾸고 개수는 50개로 설정합니다. 그러면 바닥에 흩뿌려진 크리스털이 완성됩니다.

MEMO

PART 07

모그래프 기능

01   모그래프란?

02   클로너의 기초적인 기능들

03   여러 가지 이펙터

04   깨지는 오브젝트 연출하기

05   오브젝트 조각 만들기

모그래프란?

모그래프(Mograph)란 모션 그래픽에서 특화된 기능을 모은 전용 모듈입니다. 다양한 이펙터를 활용해 자유도가 높은 모션 그래픽을 제작할 수 있어서 모그래프는 C4D의 꽃이라 불립니다.

▲ 개인 작업물

위 이미지들은 저의 개인 유튜브 채널에서 직접 강의를 진행하며 만들었던 작업물의 예시입니다. 사실 우리는 앞에서 공장과 크리스털을 모델링하며 모그래프에 대한 기능을 이미 대략적으로 익힌 상태입니다. 이번 파트에서는 조금 더 디테일한 기능들을 알아보겠습니다.

클로너의 기초적인 기능들

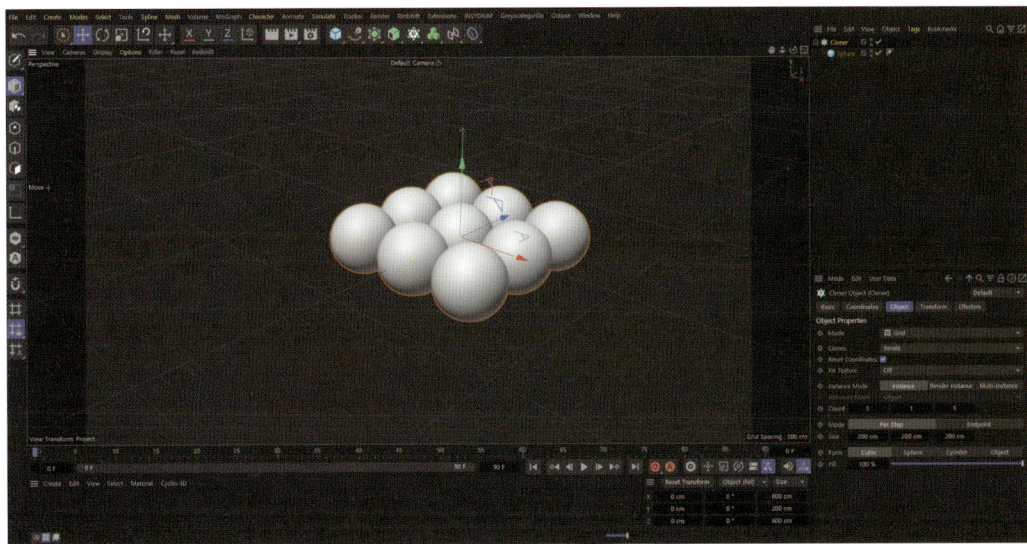

▲ 클로너 적용

앞에서 많이 다뤄본 클로너의 기능을 좀 더 자세히 살펴보겠습니다. 우선 오브젝트를 하나 생성한 후 클로너에 적용해 주세요. 기본 모드는 그리드지만, 버전마다 기본 모드가 다를 수 있습니다. 그리드 모드에서는 카운트(Count)로 개수를 조절하거나 사이즈(Size)로 간격을 조절할 수 있습니다.

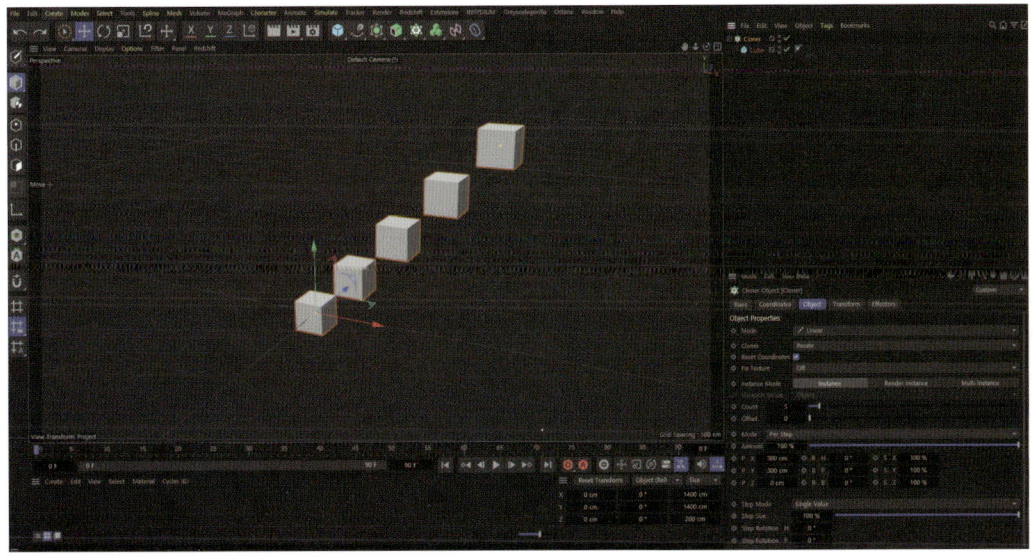

▲ 리니어 모드

리니어(Linear) 모드에서는 한 방향으로 복제가 되는 형태를 구현합니다. 이 역시 개수와 간격을 조절할 수 있습니다.

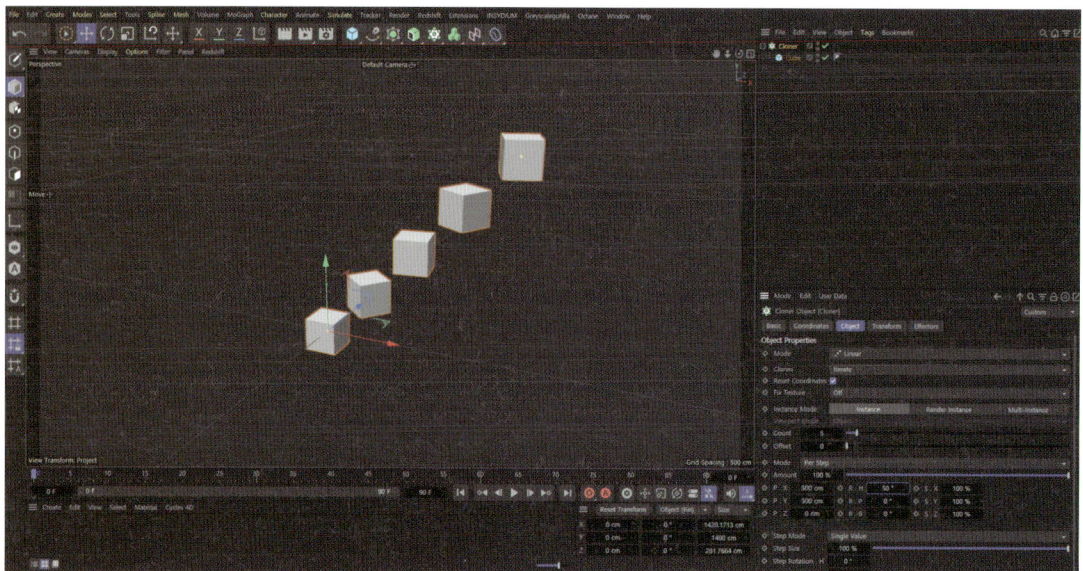

▲ 리니어 로테이션

회전 값을 설정하면 전체가 일정하게 회전하는 것이 아니라 순차적으로 적용되는 것을 확인할 수 있습니다.

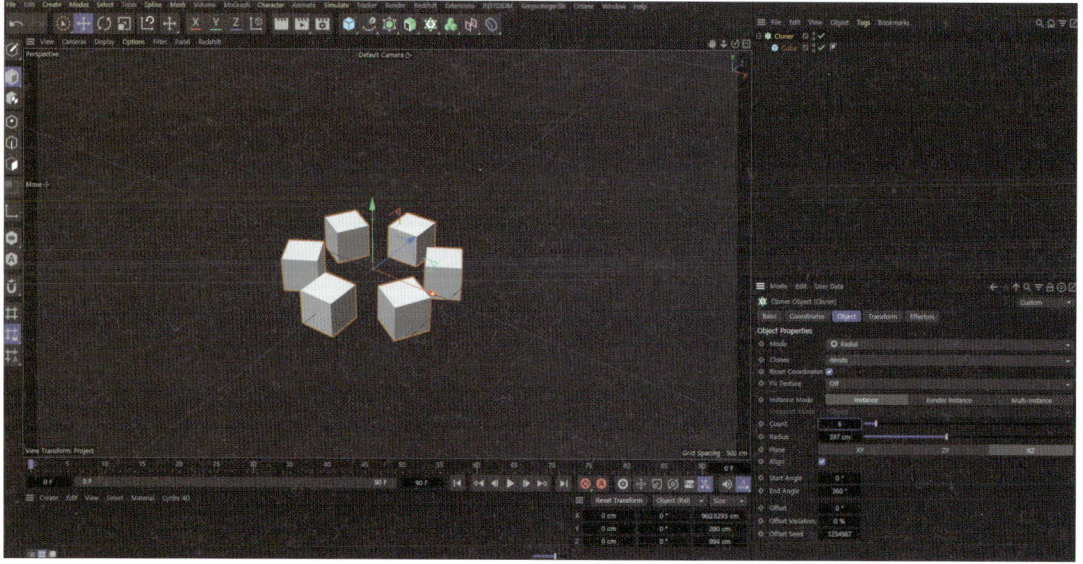

▲ 레디얼

레디얼(Radial) 모드에서도 개수와 간격을 조절할 수 있습니다.

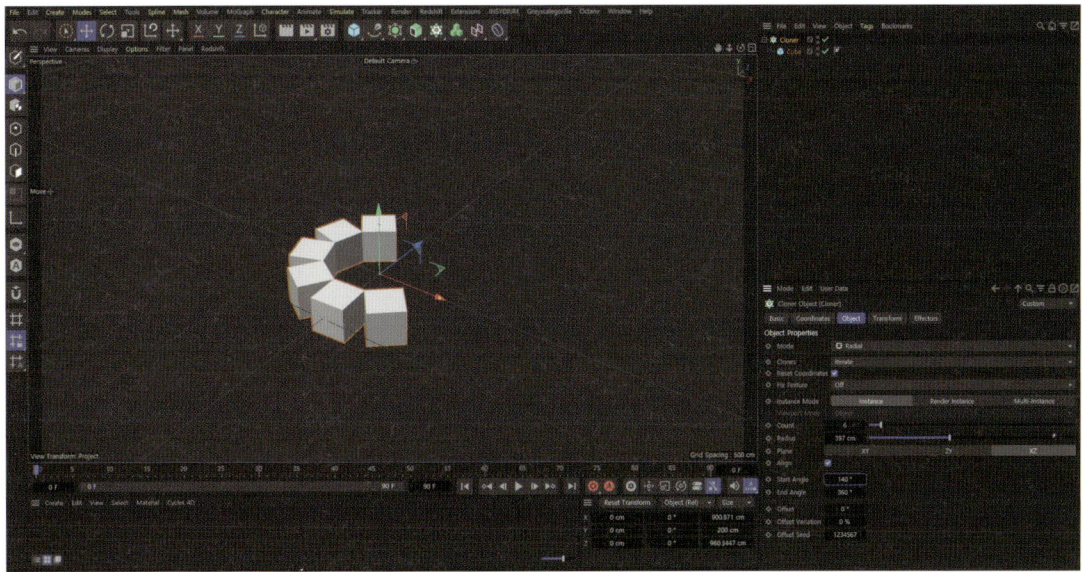

▲ 레디얼 설정

레디얼에서 스타트 앵글(Start Angle) 혹은 엔드 앵글(End Angle)을 설정하면 전체가 일정하게 복사가 되는 것이 아닌 회전의 범위를 조절할 수 있습니다.

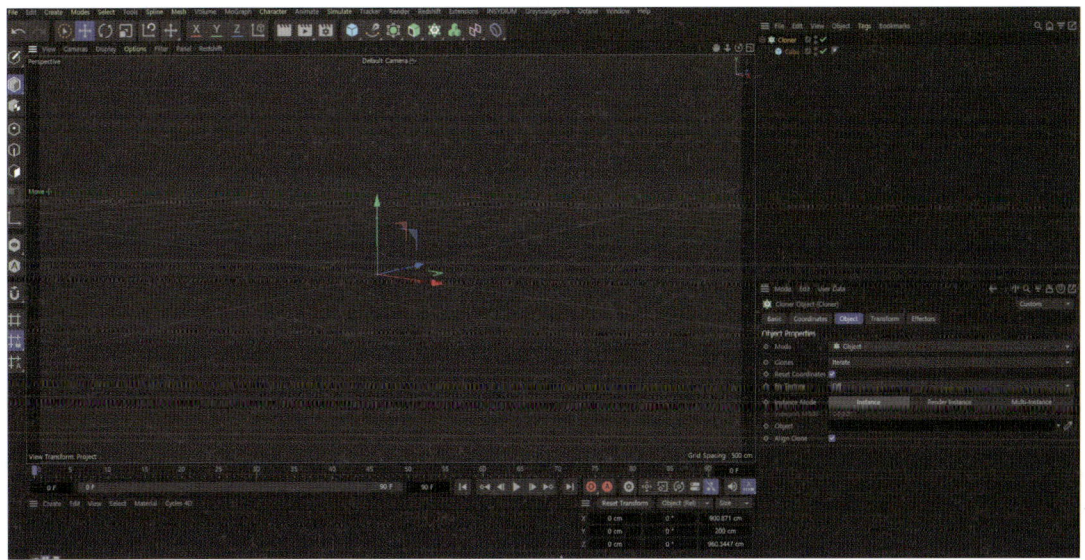

▲ 오브젝트

오브젝트 모드의 경우에는 스캐터처럼 기준이 되는 오브젝트가 필요합니다.

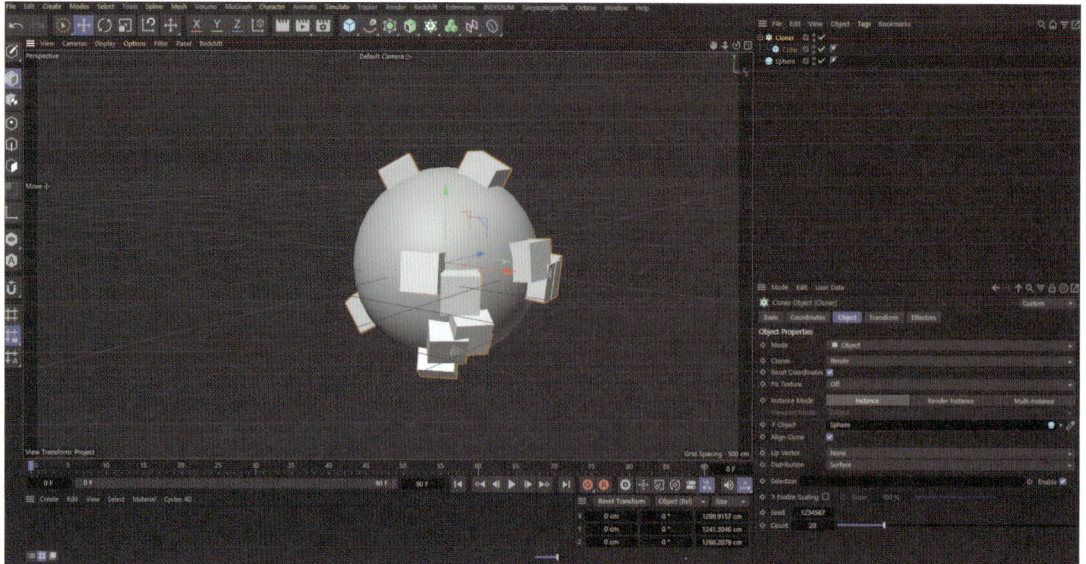

▲ 스피어

오브젝트 모드에 무엇을 적용하느냐에 따라서 구현되는 연출이 달라집니다. 예를 들면 스피어를 적용할 수 있습니다.

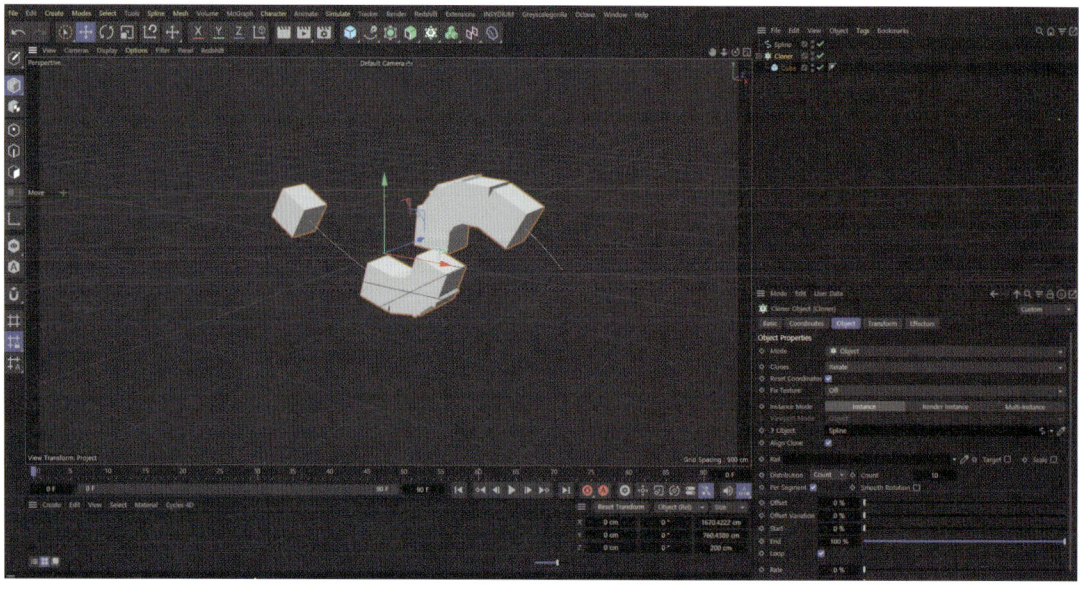

▲ 스플라인

또는 스플라인(Spline)을 적용할 수도 있습니다.

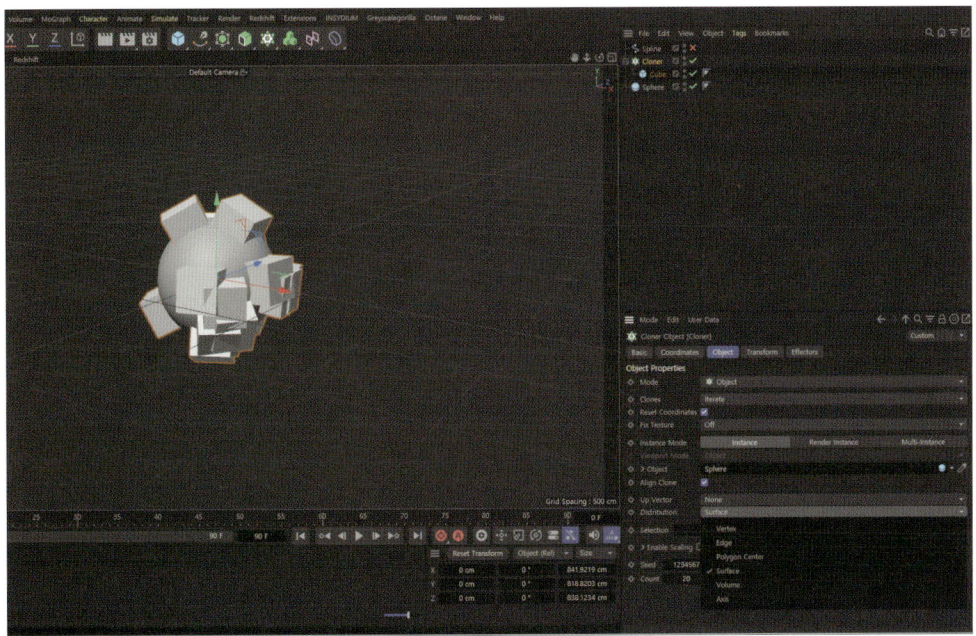

▲ 스피어

스피어는 개수와 범위를 점으로 할 것인지 면으로 할 것인지에 대한 간단한 부분만 설정하면 됩니다.

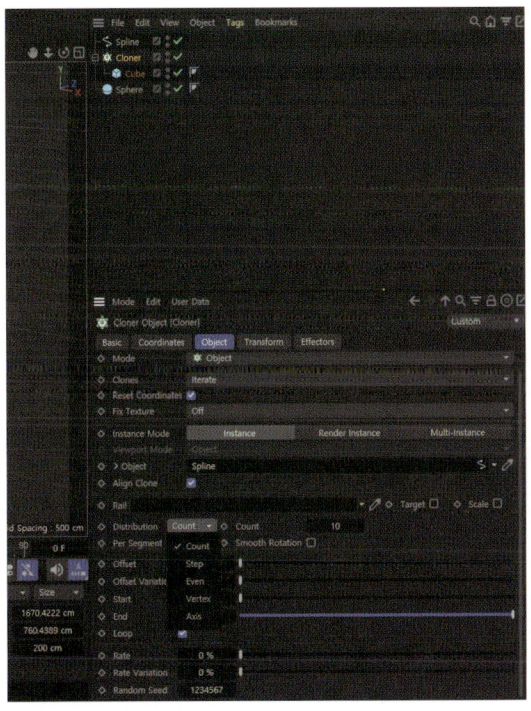
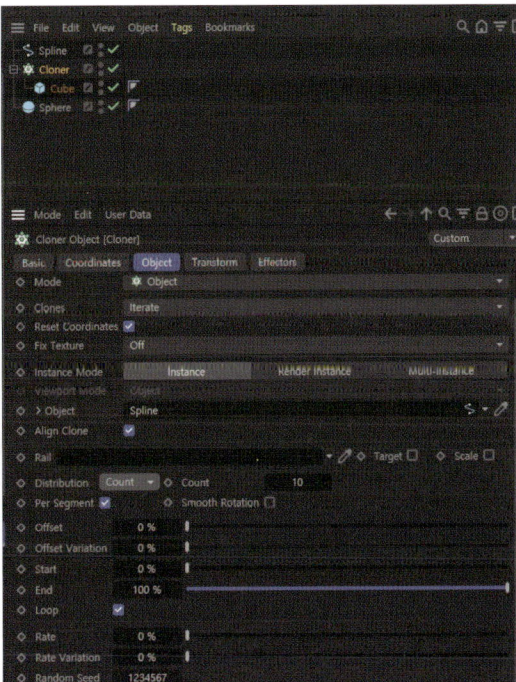

▲ 스플라인 설정

스플라인은 개수를 포함한 오브젝트 간의 간격 조정과 간격을 일정하게 할 것인지 랜덤하게 할 것인지 등 더 다양한 부분을 설정할 수 있습니다.

여러 가지 이펙터

이펙터마다 적용하는 방법은 크게 차이가 나지 않기 때문에 이펙터가 어떻게 구현되는지를 먼저 살펴본 후, 필드(Fields)를 적용하는 방법을 알아보겠습니다.

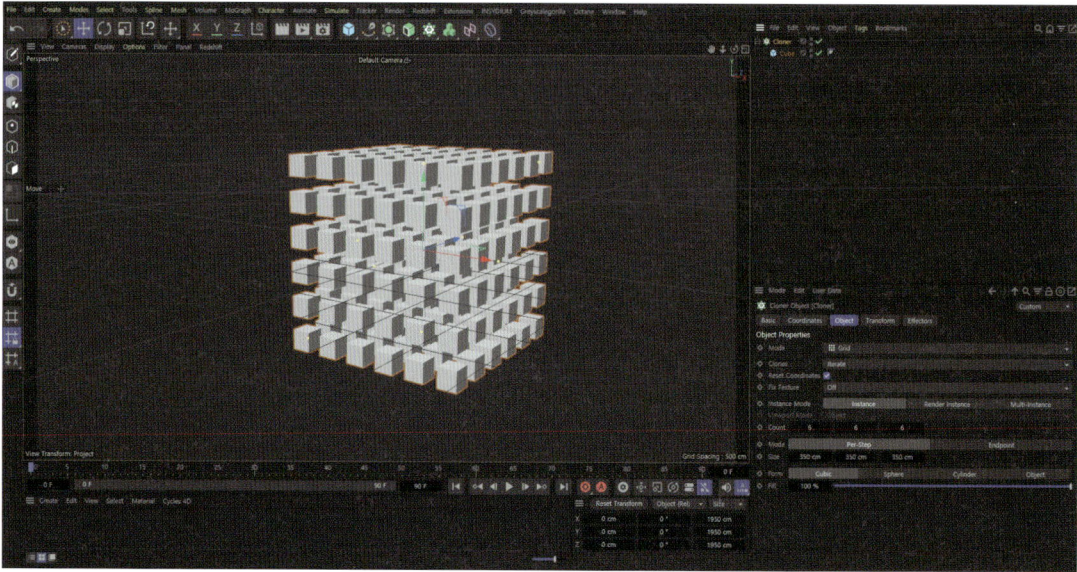

▲ 클로너

우선 큐브를 생성해서 클로너를 적용하고, 그리드에서 카운트는 6개씩, 사이즈는 350cm로 설정합니다.

▲ 이펙터 종류

이펙터들은 이처럼 한곳에 모여있으니 이름으로만 설명하겠습니다.

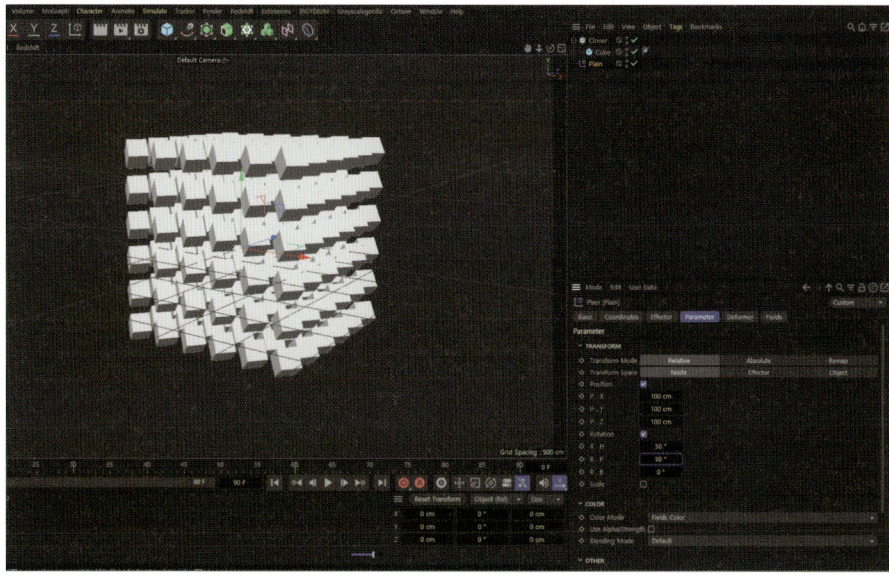

▲ 플레인 파라미터

우선 플레인(Plane) 이펙터입니다. 클로너를 한 번 클릭한 상태로 이펙터를 만들어 주면 됩니다. 만약 적용이 안 된다면 클로너의 이펙터(Effectors) 창에 이펙터가 적용됐는지를 반드시 확인해야 합니다. 파라미터(Parameter)에서는 위치, 회전, 크기에 대한 부분을 조절할 수 있습니다. 다만 이렇게 하면 전체적인 부분이 같이 움직이게 되는데, 각 부분을 조절할 수 있는 방법이 있습니다.

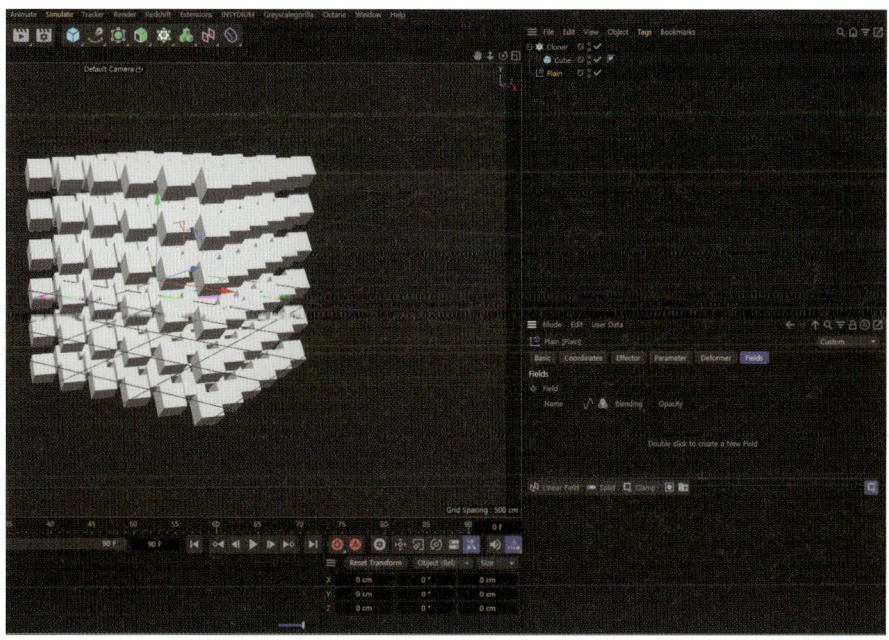

▲ 필드

필드(Fields) 창을 클릭합니다.

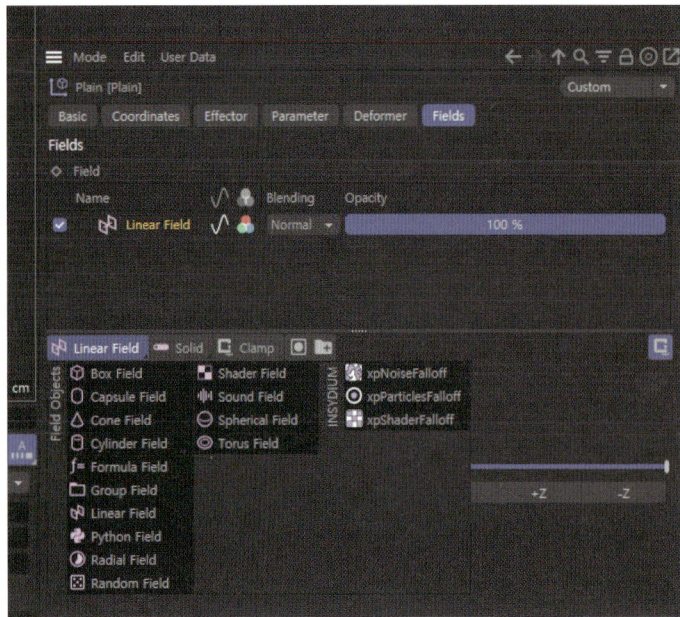

▲ 여러 필드

여러 가지 필드를 생성하면 색이 변하는 부분을 확인할 수 있습니다. 색이 변하는 부분이 이펙터가 적용되는 부분이고, 색이 변하지 않는 부분이 적용되지 않는 부분입니다. 제작 후에 필드의 크기나 위치를 조절해 주면 됩니다.

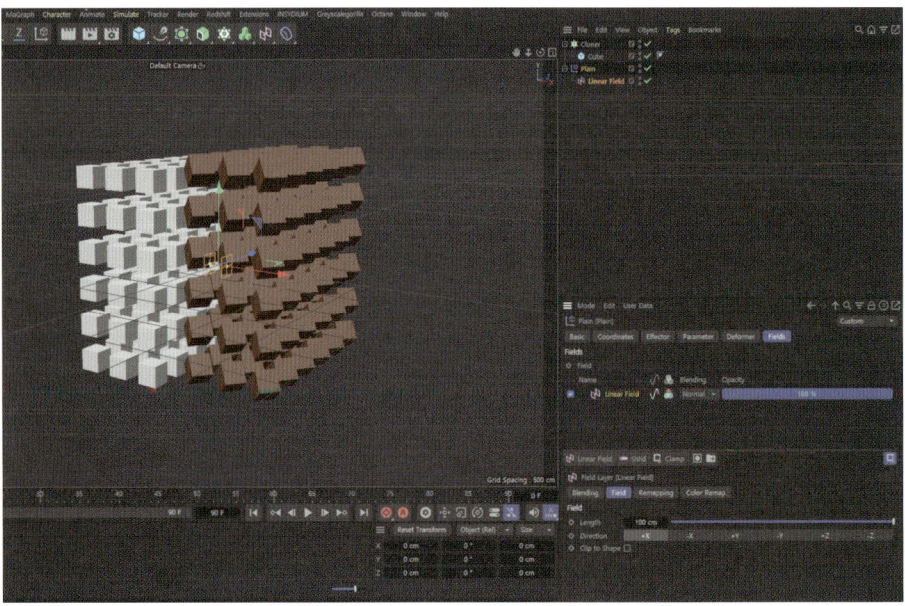

▲ 필드 리니어

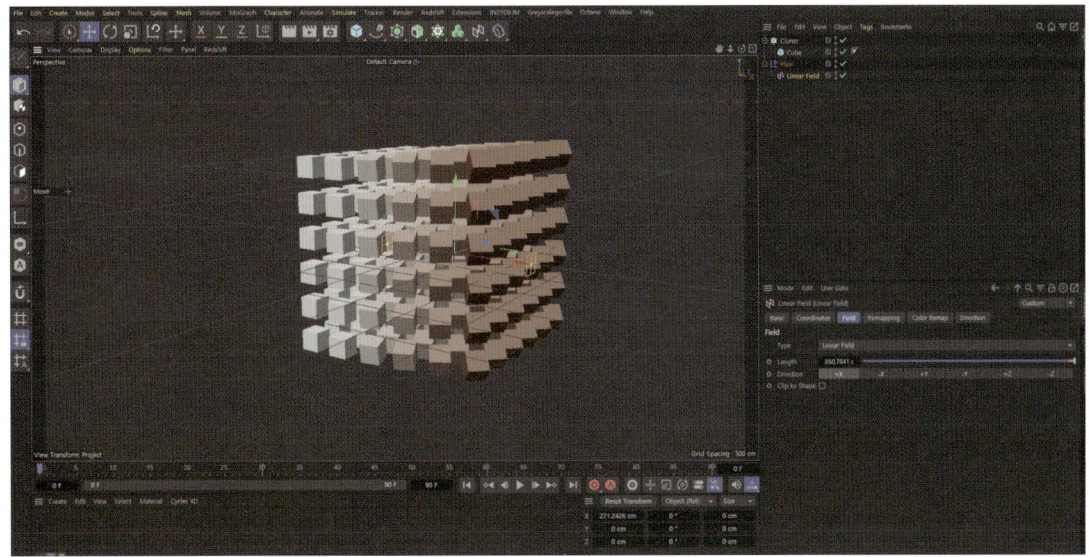

▲ 리니어 필드 크기

크기를 조절했을 때 색이 그라데이션으로 적용되는 것 역시 확인할 수 있습니다.

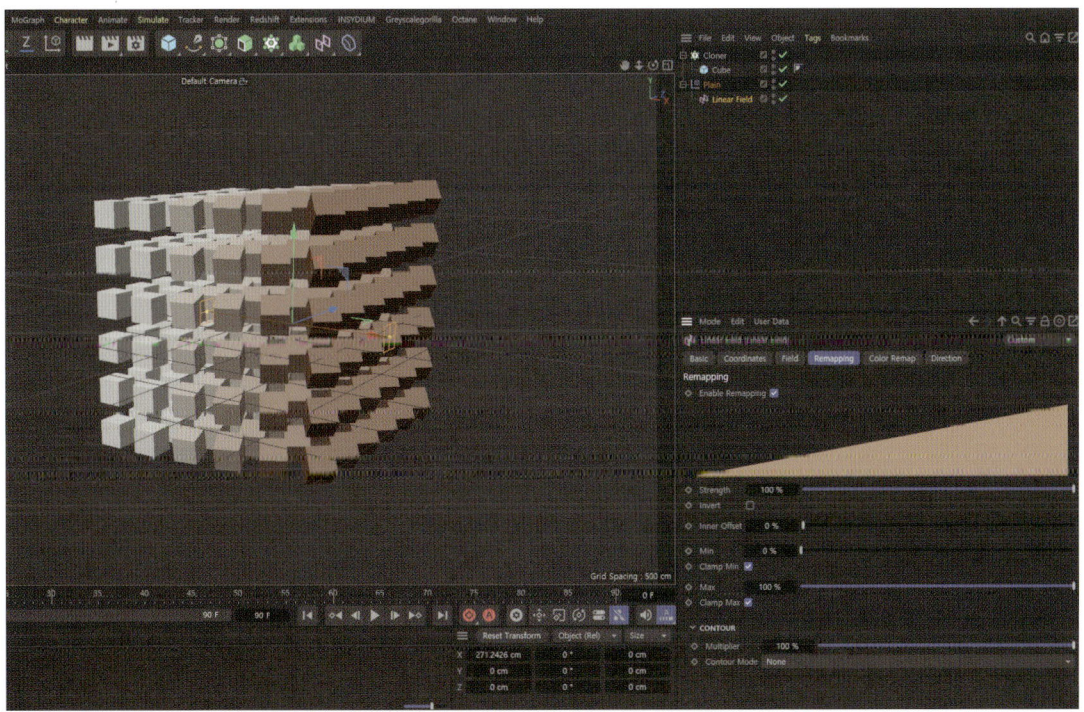

▲ 필드 값

필드를 클릭하면 여러 가지 옵션이 있는데 결국 적용된 부분의 범위를 조정하는 설정들입니다. 각 옵션은 클릭해 보면 어떤 옵션인지 금방 알 수 있을 테니 한 번씩 시험해 보세요.

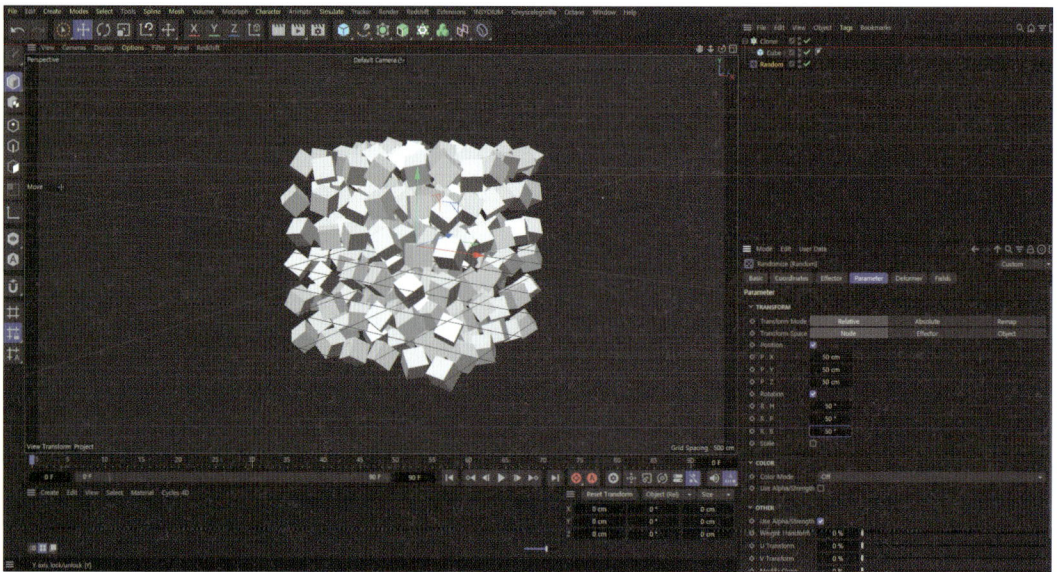

▲ 랜덤 이펙터

이제 플레인 이펙터를 지우고 랜덤 이펙터를 적용해 보겠습니다. 플레인과 다르게 각 오브젝트가 전혀 다르게 움직이는 것을 확인할 수 있습니다.

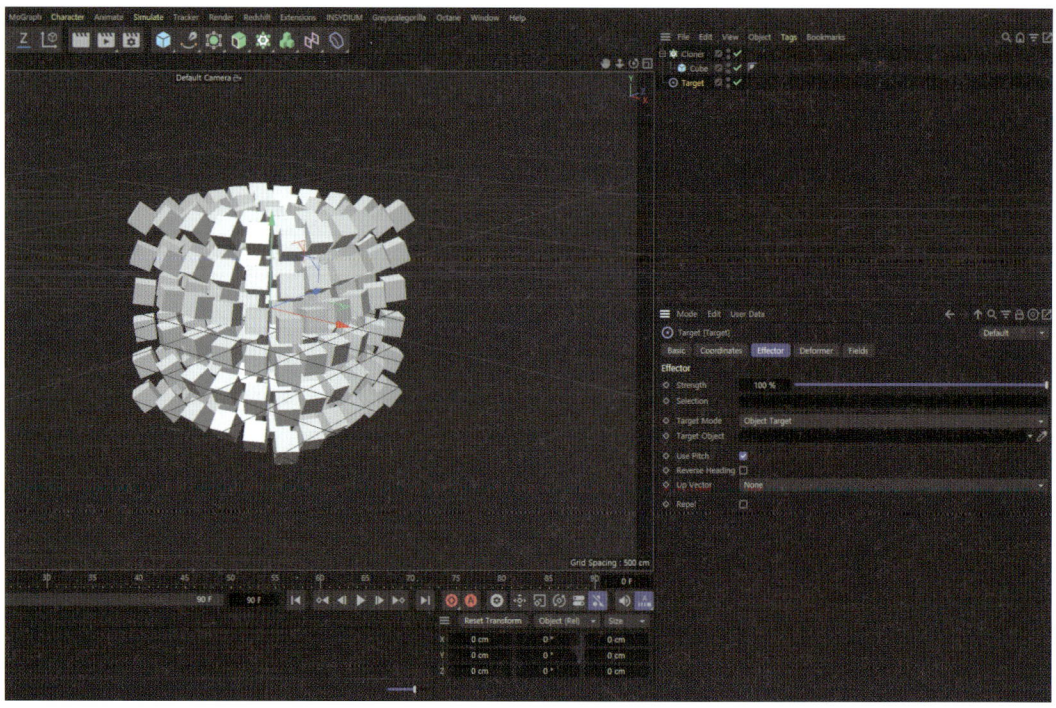

▲ 타깃 이펙터

이번엔 타깃(Target) 이펙터입니다. 타깃 이펙터를 적용하면 오브젝트가 한 방향을 바라보는 것을 확인할 수 있습니다.

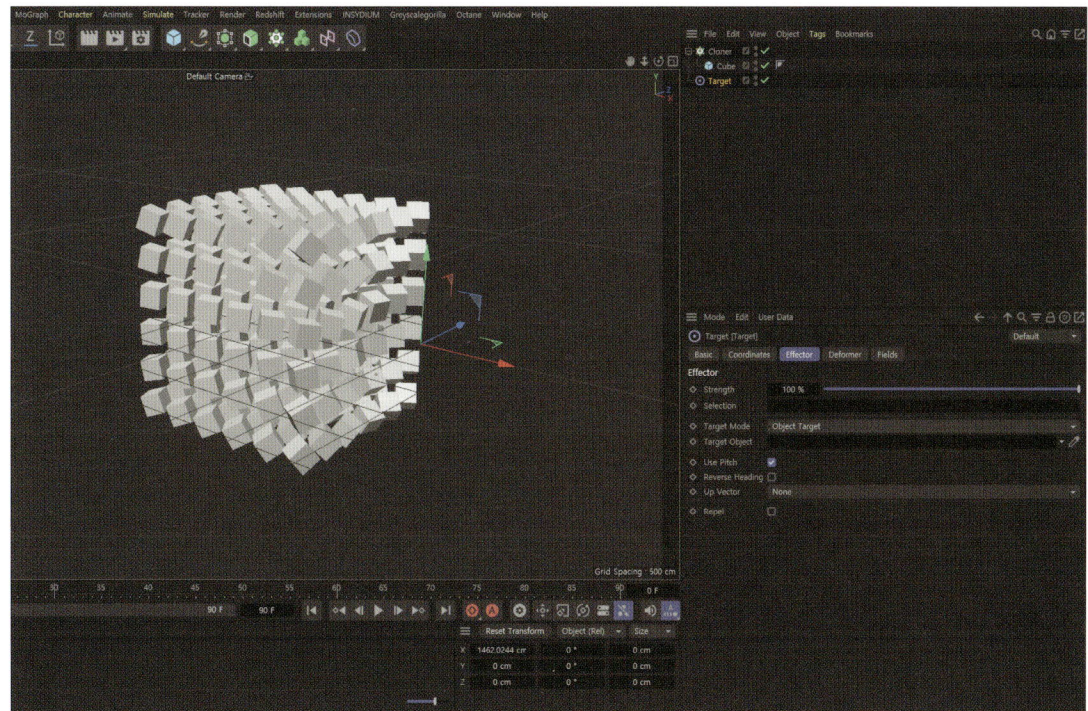

▲ 타깃 이동

이펙터를 이동해도 계속 한쪽을 바라봅니다. 굳이 이펙터를 움직이지 않더라도 이펙터를 클릭한 후에 타깃 오브젝트(Target Object)에 원하는 오브젝트를 드래그하여 적용하면 해당 오브젝트를 바라보게 하는 것도 가능합니다.

깨지는 오브젝트 연출하기

이번 예제에서는 보로노이 프랙처를 사용하여 깨지는 오브젝트를 연출해 보겠습니다.

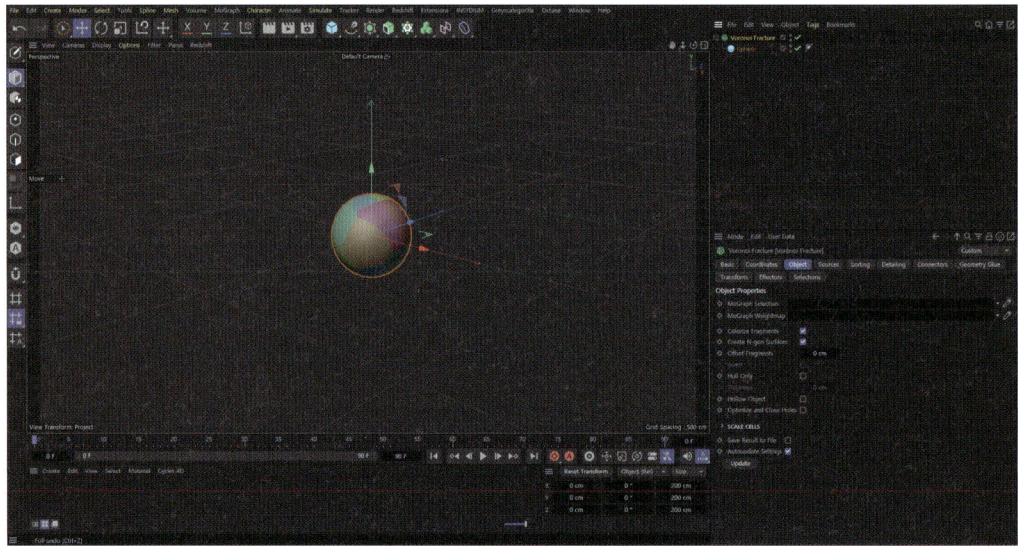

▲ 보로노이 적용

우선 스피어를 생성한 후 보로노이 프랙처(Voronoi Fracture)를 적용합니다.

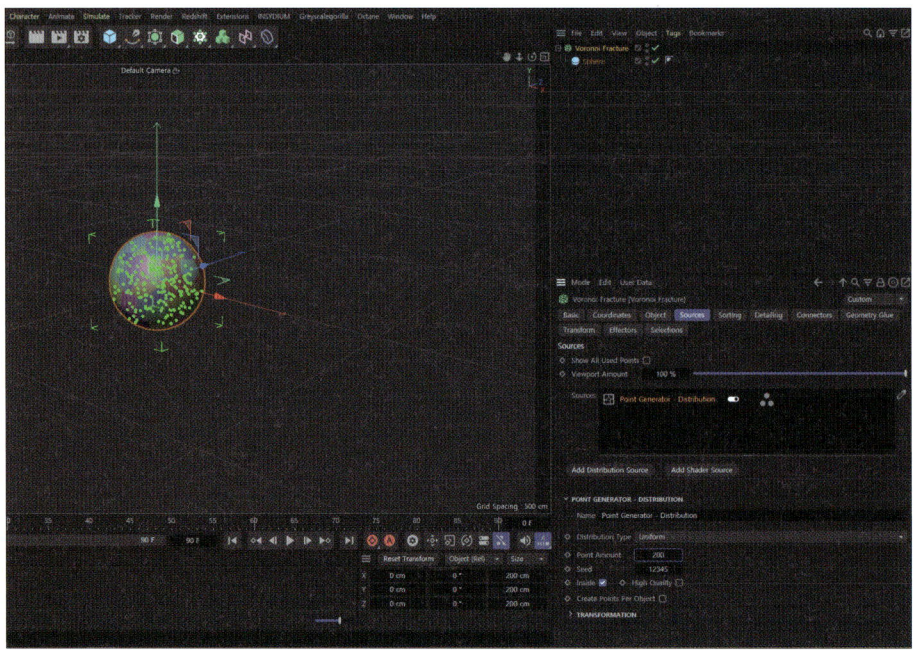

▲ 개수 조절

소스(Sources) 창에서 [Point Amount: 200]으로 설정합니다.

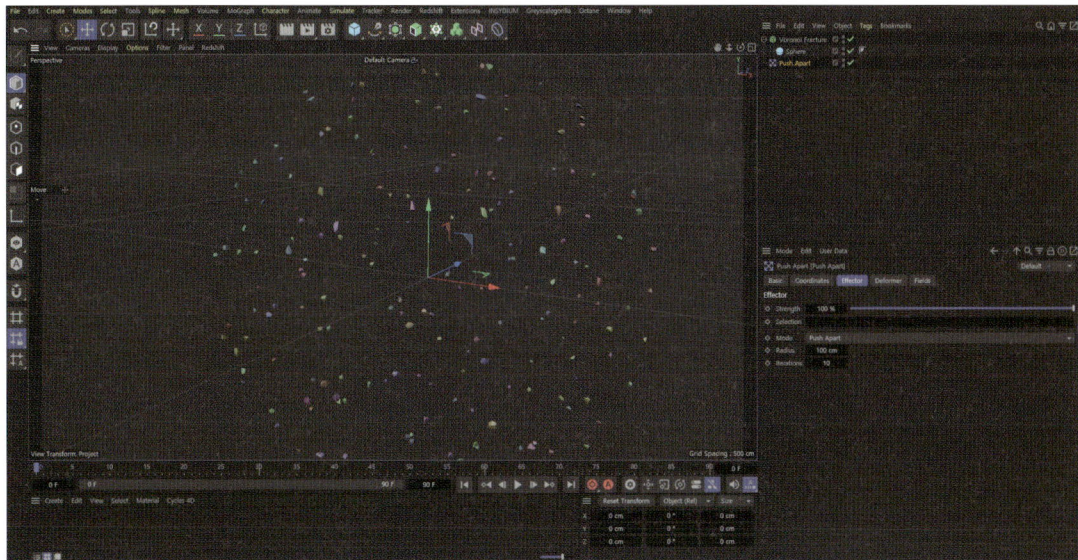

▲ 푸시

클릭한 상태로 [Push Apart] 이펙터를 적용합니다. 중심점을 기준으로 오브젝트를 멀리 떨어뜨리는 기능이며, 폭발과 관련된 연출을 표현할 때 주로 사용합니다.

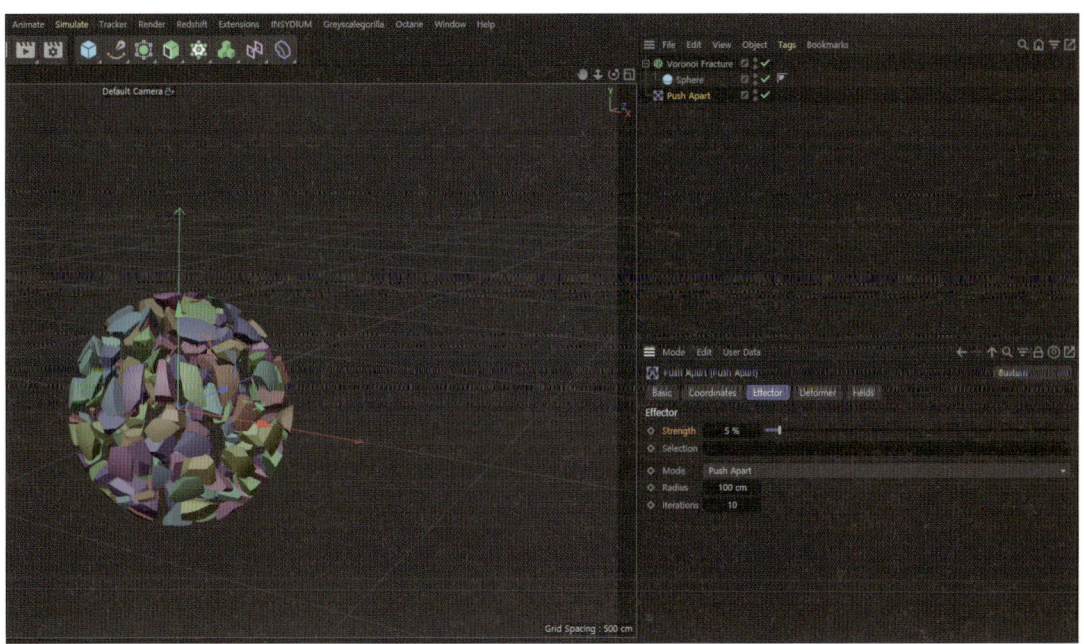

▲ 스트렝스

이펙터(Effector)에서 [Strength: 5]로 값을 줄입니다.

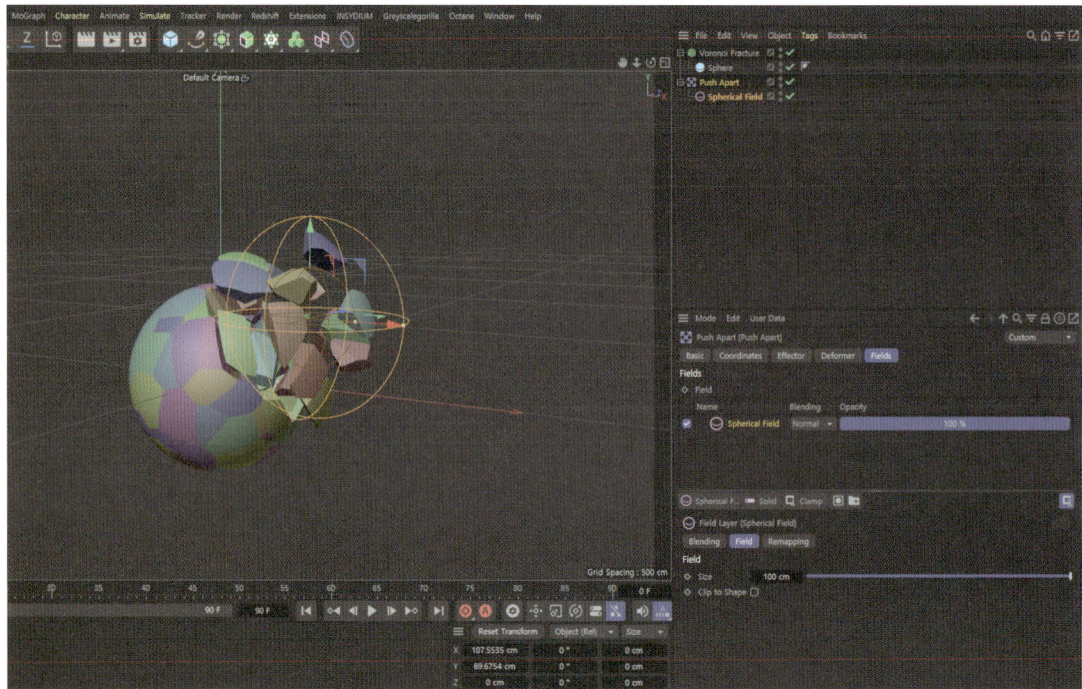

▲ 필드 적용

필드(Fields)에서 [Spherical Field]를 생성한 후에 위치를 이동시켜 줍니다.

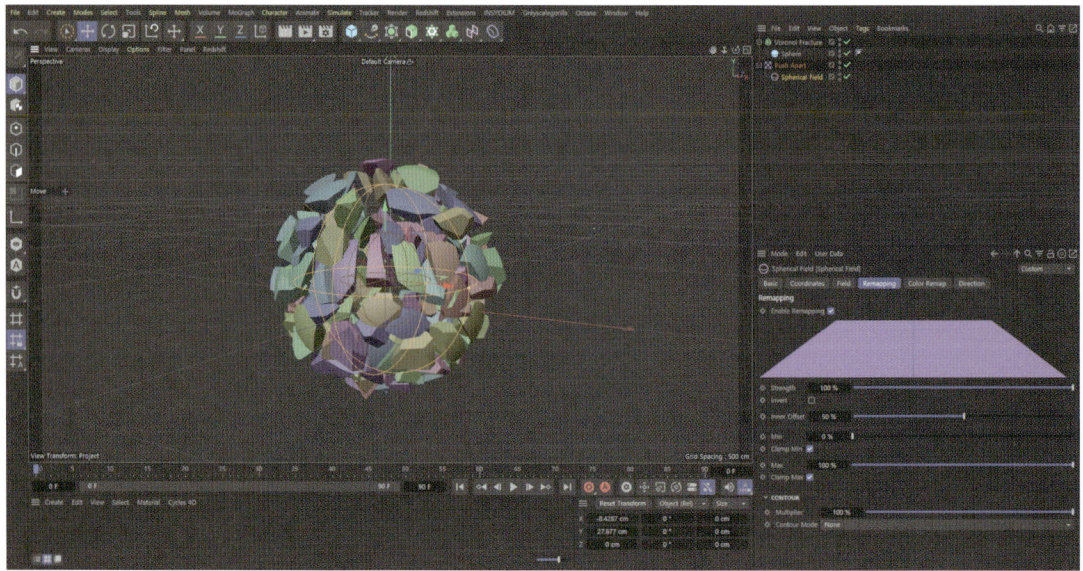

▲ 필드 위치 이동

크기와 위치를 조절해서 더욱 디테일하게 만들어 보세요.

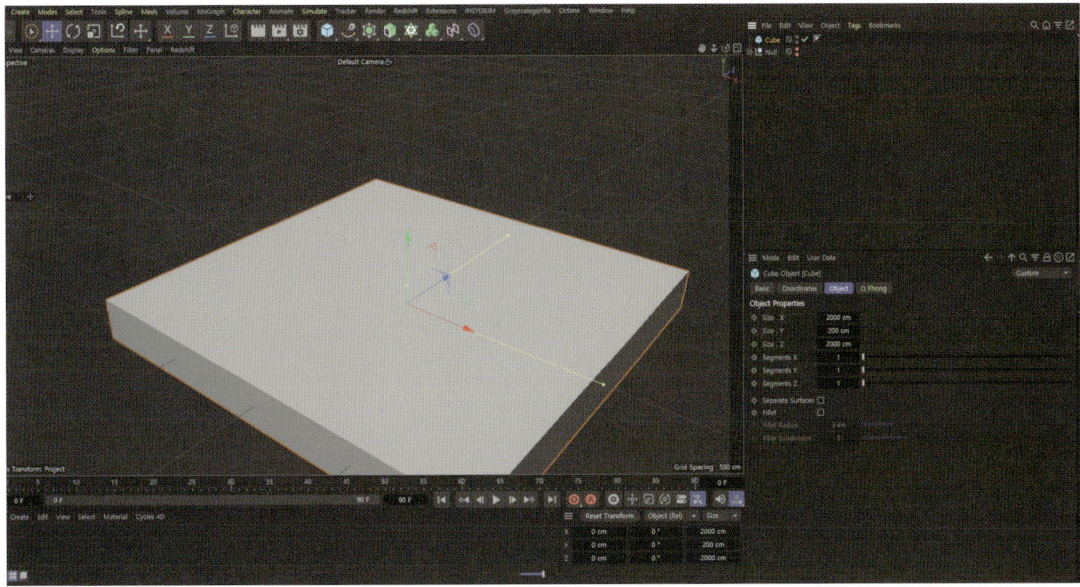

▲ 큐브 제작

이번엔 큐브를 활용하여 땅에 금이 가는 연출을 만들어 보겠습니다. 큐브를 생성한 후에 크기를 위 이미지처럼 설정합니다.

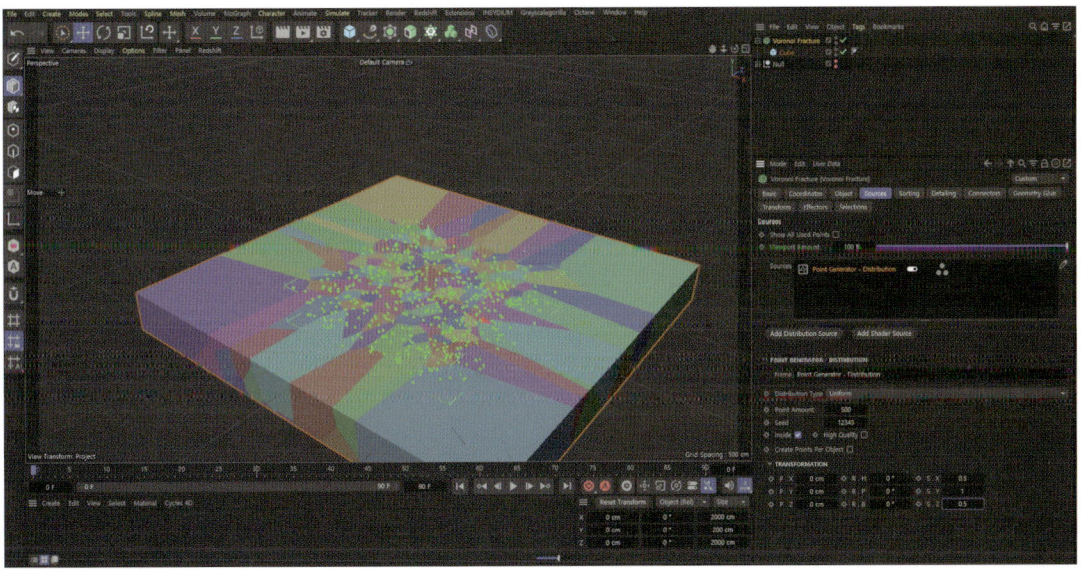

▲ 보로노이

보로노이 프랙처를 적용하고 위 이미지처럼 설정값을 적용합니다.

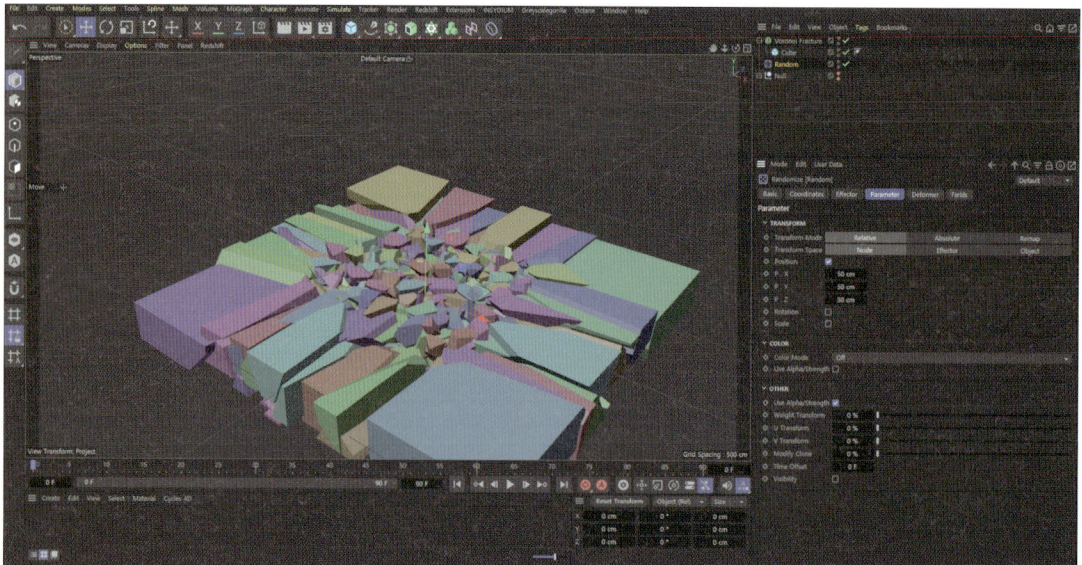

▲ 랜덤 이펙터

랜덤 이펙터를 제작하고 설정값은 50cm 그대로 둡니다.

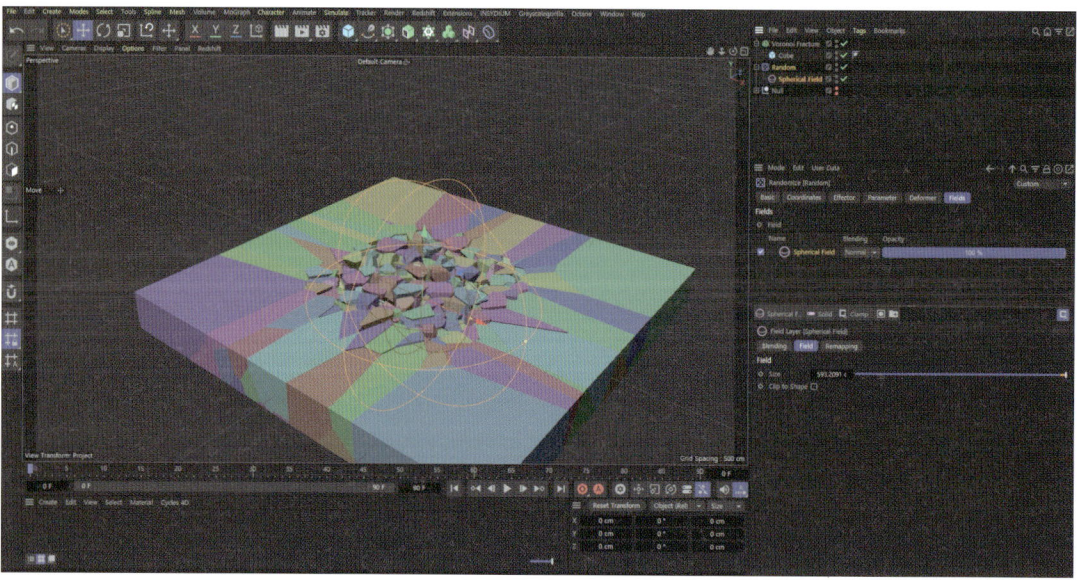

▲ 필드 적용

[Spherical Field]를 제작하고 크기를 키운 후에 위치를 맞추면 땅에 금이 가는 연출이 만들어집니다.

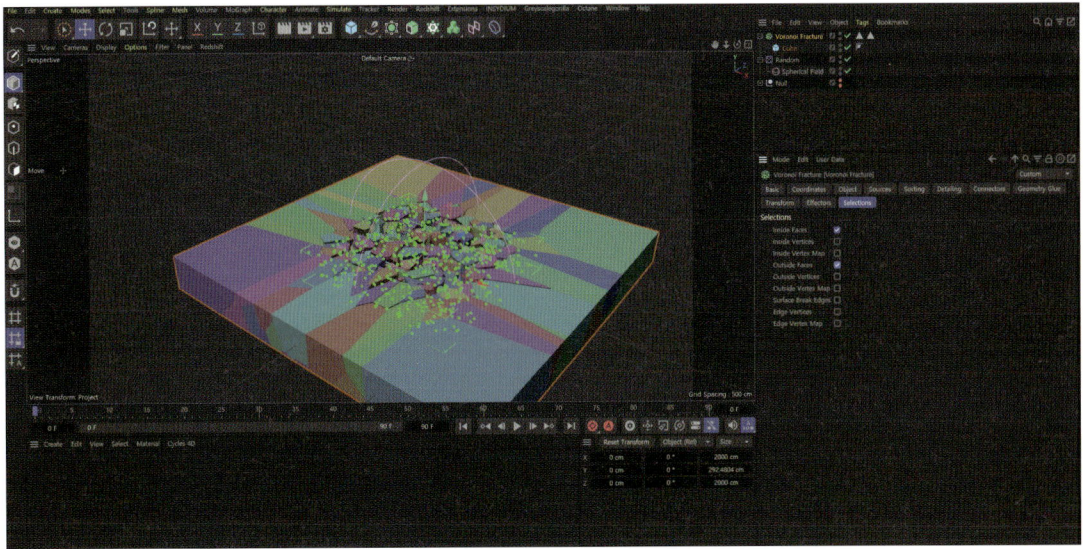

▲ 재질 적용

보로노이 프랙처의 경우에는 안쪽 면과 바깥쪽 면을 포함한 여러 범위의 재질을 따로따로 적용할 수 있습니다. 셀렉션(Selections) 창에서 체크하여 설정하면 됩니다.

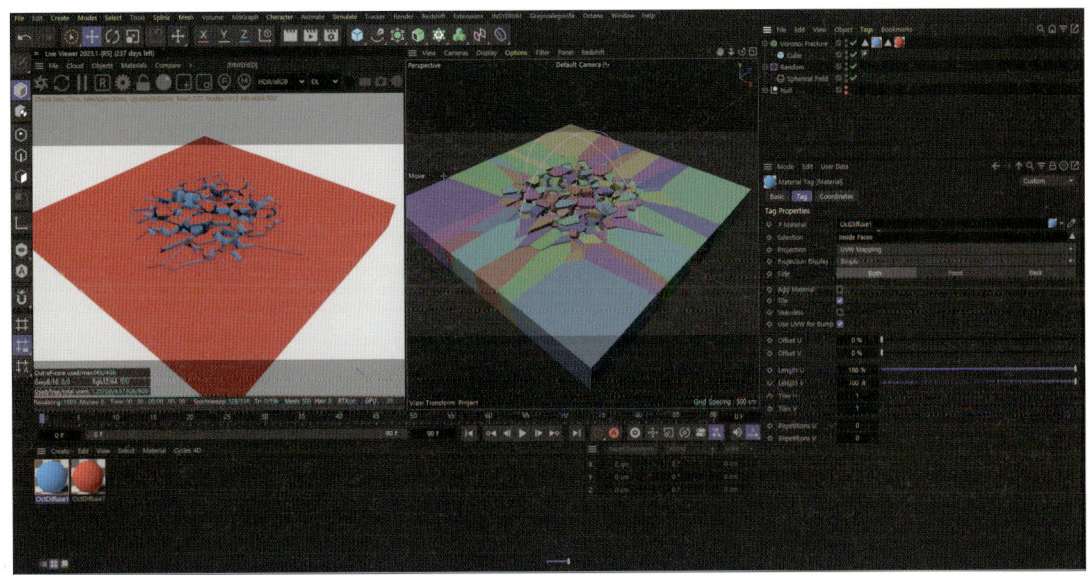

▲ 재질 적용

머티리얼을 생성하여 색을 조정하고 적용하는 방법은 이제 익숙할 것입니다. 영역 설정을 다시 정리해보면 머티리얼 적용 후 태그를 클릭하고 나서 셀렉션(Selection) 탭의 삼각형 태그를 드래그하면 됩니다.

오브젝트 조각 만들기

[PolyFX]를 사용하여 오브젝트를 조각(파티클)으로 만드는 연출을 제작해 보겠습니다.

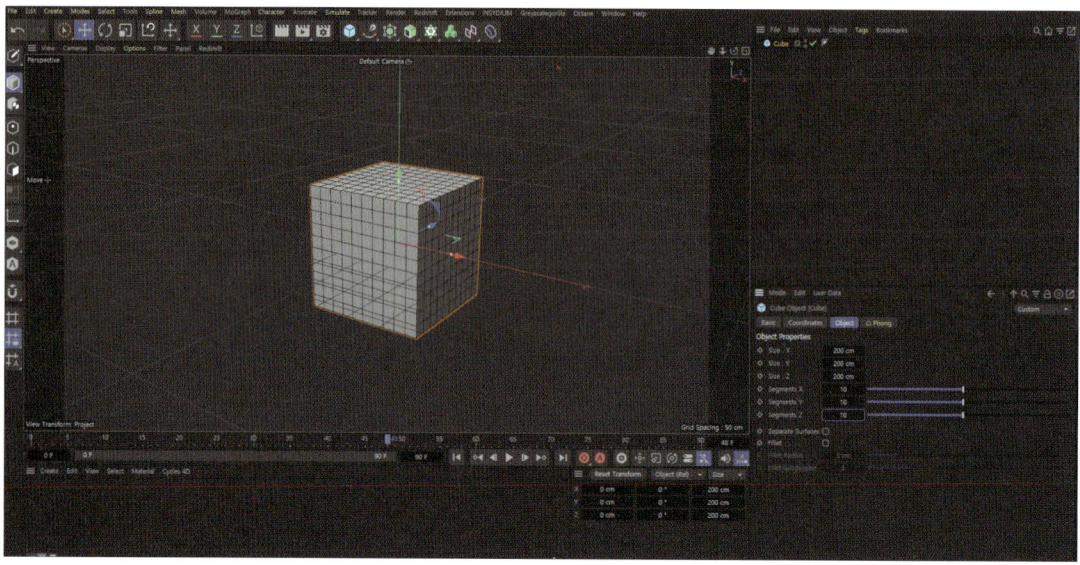

▲ 큐브 제작

큐브를 생성한 후 위와 같이 값을 설정합니다. 면 하나하나가 전부 조각으로 변하기 때문에 면을 최대한 많이 적용하는 것이 좋지만 너무 과하면 컴퓨터가 느려질 수도 있으니 우선 이 정도로만 설정합니다.

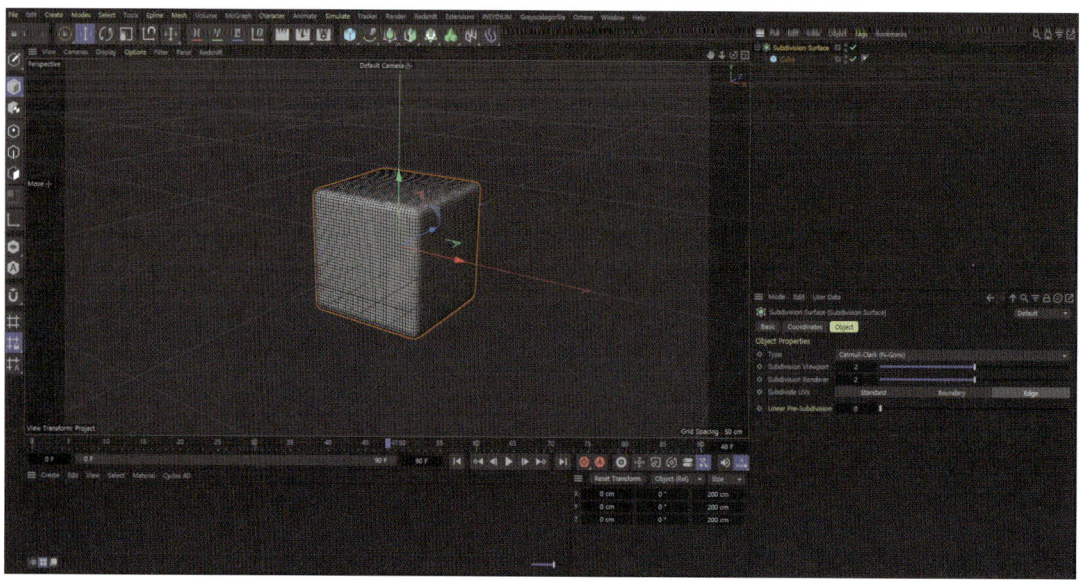

▲ 서브디비전

추가적으로 [Subdivision Surface]를 적용합니다.

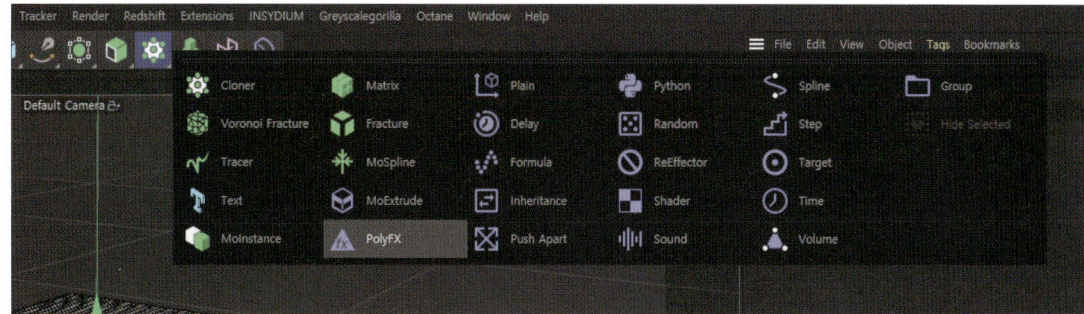

▲ 폴리FX

그리고 [PolyFX]라는 이펙터를 사용합니다. 예를 들어 같은 널 안에 해당 이펙터가 같은 선상에 묶여 있으면 적용됩니다.

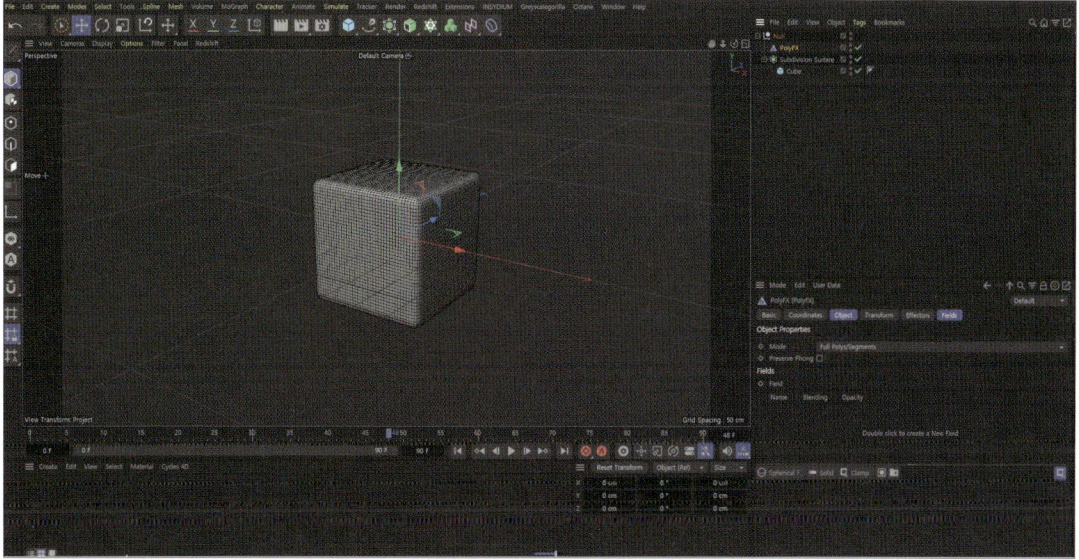

▲ 레이어 정리

이펙터가 생성됐으면 널까지 생성해서 위 이미지처럼 레이어를 정렬해 줍니다.

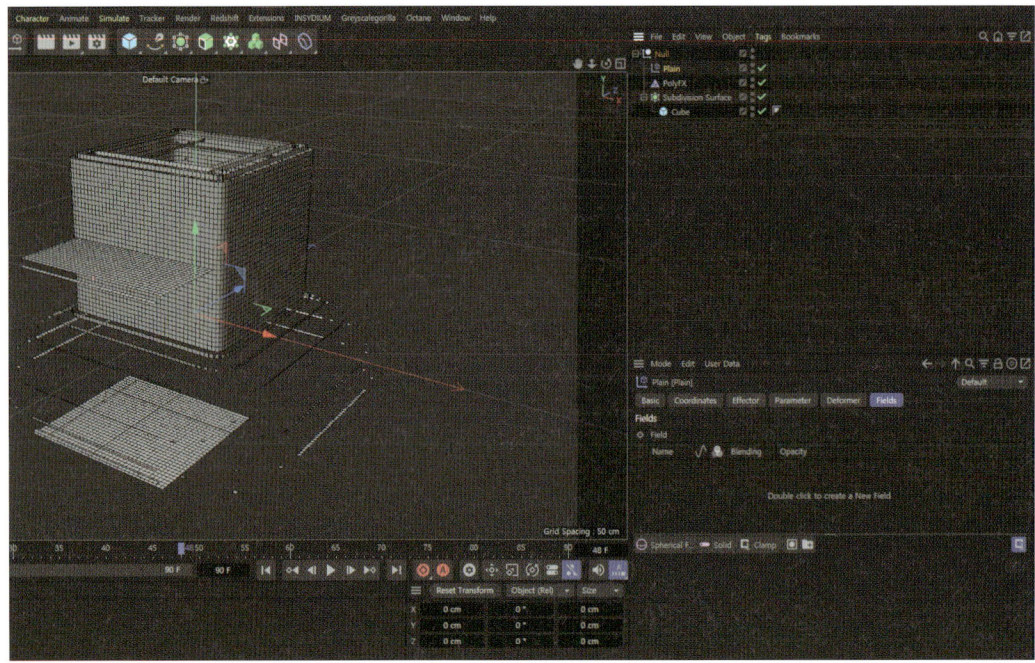

▲ 플레인

[PolyFx]를 선택한 후 플레인 이펙터를 새로 생성합니다.

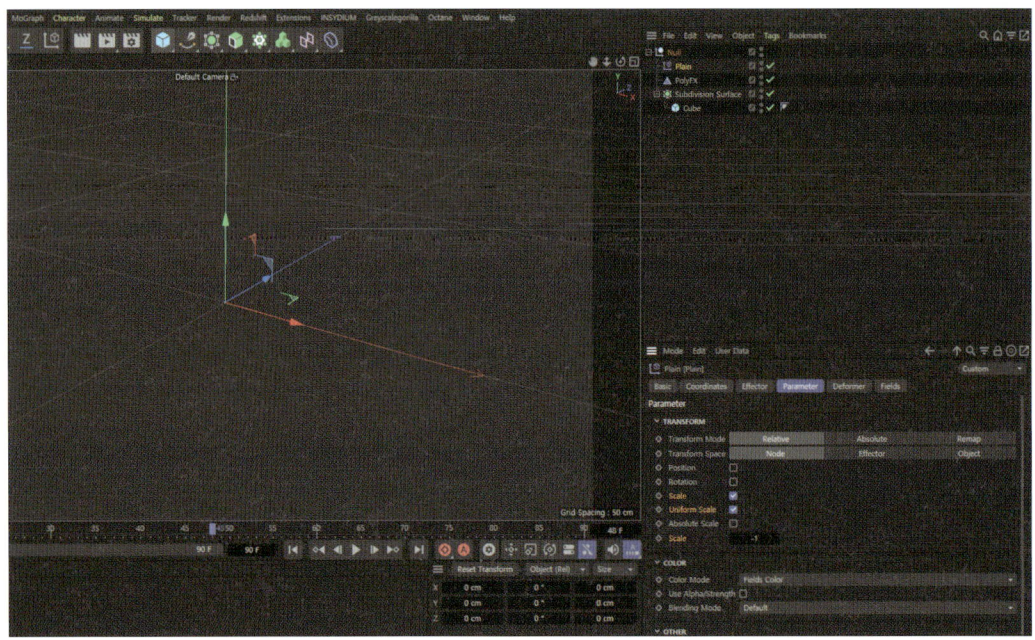

▲ 플레인 값 조절

파라미터에서 값을 조절해 줍니다. 플레인은 크기가 사라지는 역할을 담당하기 때문에 위와 같이 설정했습니다.

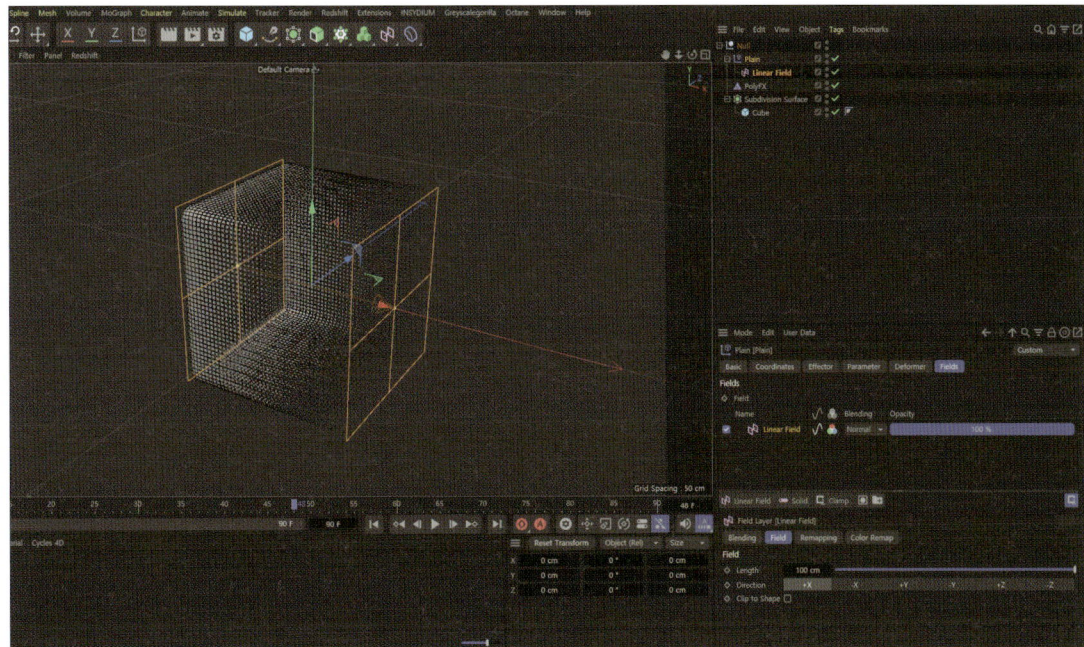

▲ 리니어 필드

리니어 필드(Linear Field)도 제작합니다.

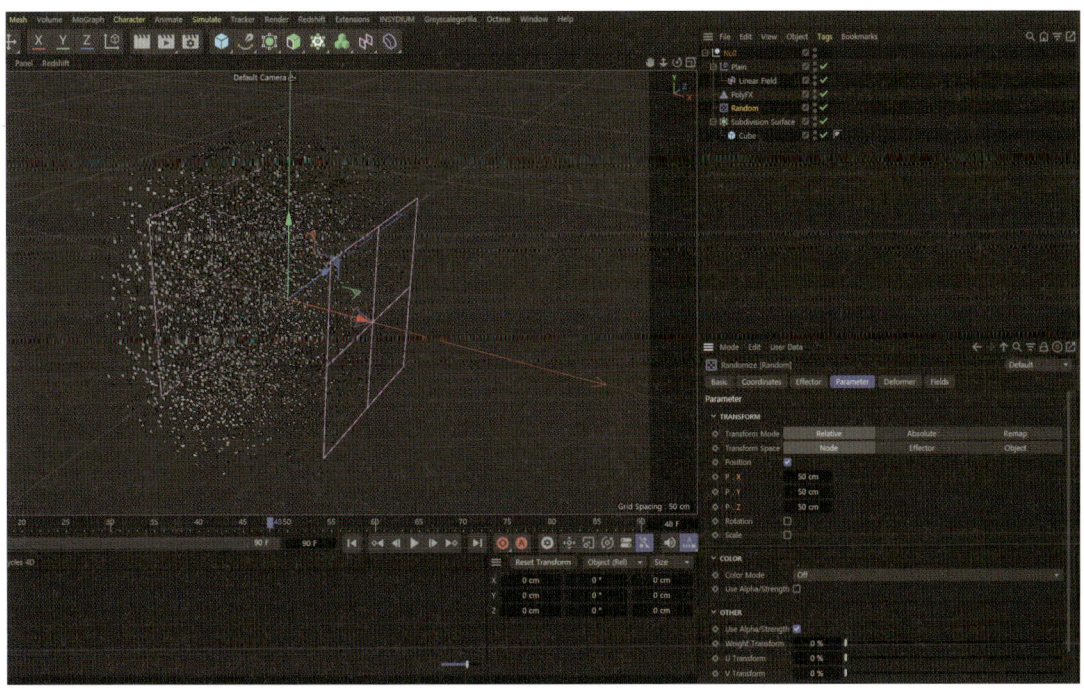

▲ 랜덤 이펙터

이어서 랜덤 이펙터를 생성합니다. 랜덤 이펙터는 위치를 담당하는 이펙터로, 기본값인 50cm를 별도로 수정하지 않고 그대로 진행합니다.

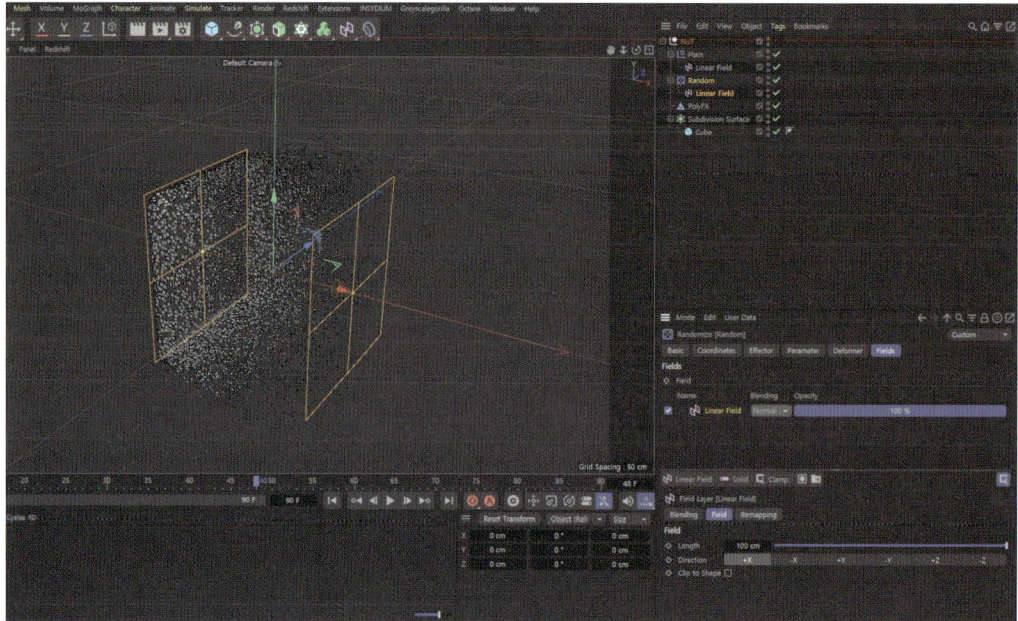

▲ 랜덤 필드

마찬가지로 리니어 필드(Linear Field)를 생성해 줍니다.

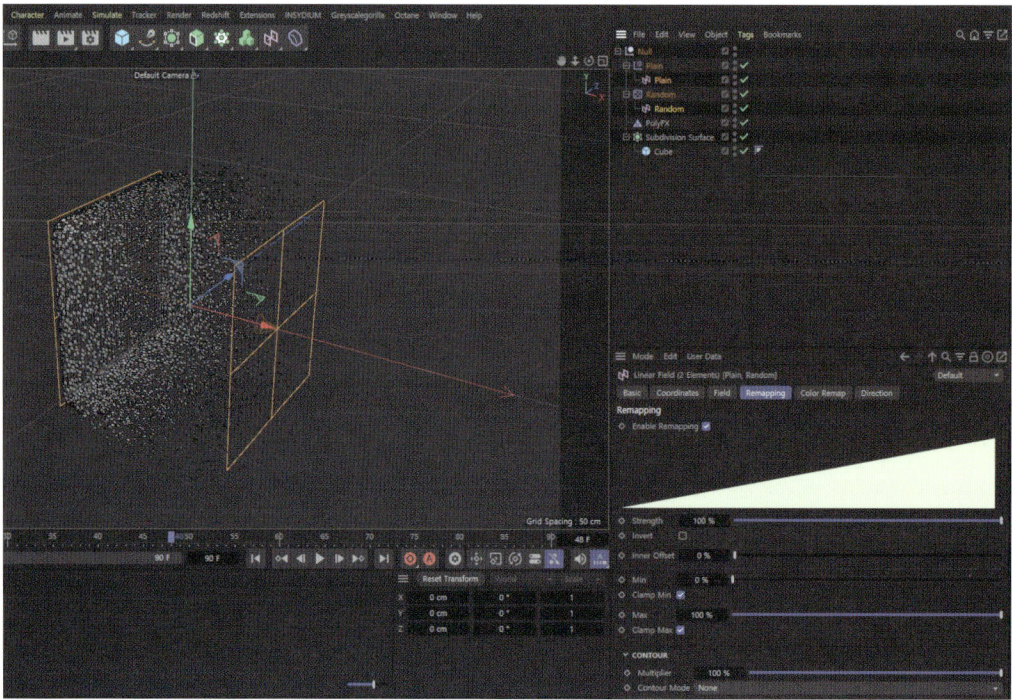

▲ 이름 변경

오브젝트들의 이름을 알아보기 쉽게 변경합니다.

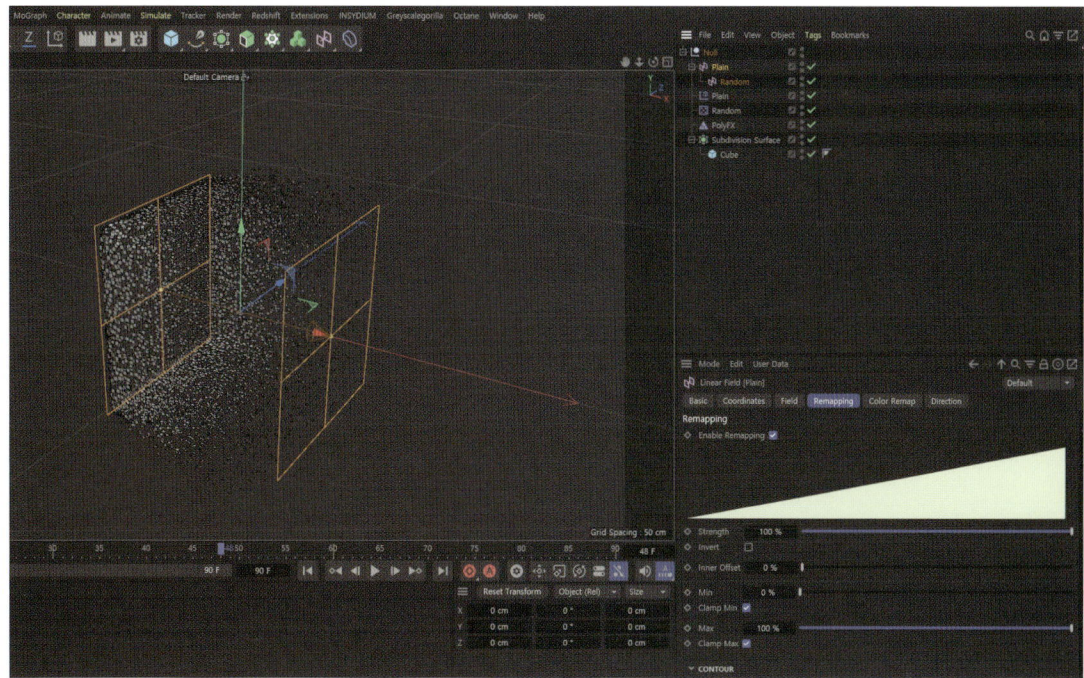

▲ 레이어 정리

필드(Field) 역시 레이어 순서상에 위치를 설정할 수 있으므로 위 이미지처럼 수정합니다. 순서는 아무 상관이 없으며 한 필드가 다른 필드 안으로 위치하기만 하면 됩니다.

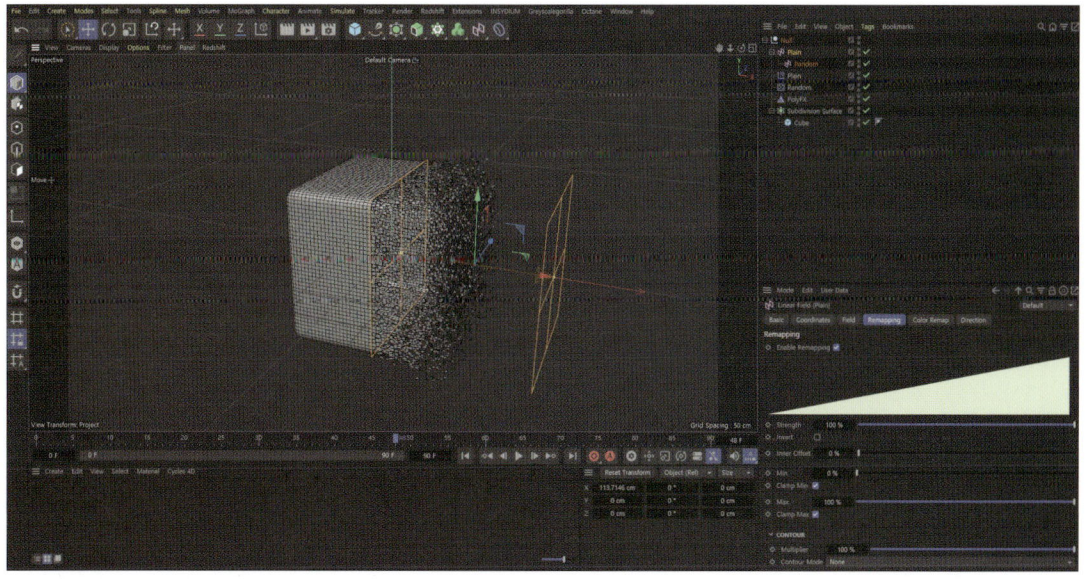

▲ 위치 이동

상단의 필드를 움직이면 파티클 효과가 완성됩니다.

PART 08

파이로 기능

파이로(pyro)는 사전적 의미로는 불, 열이라는 뜻을 가지고 있습니다. C4D에서도 연기나 불을 제작할 때 사용합니다. 이 책에서는 시뮬레이션에 관한 부분을 일부러 다루지 않았는데, 시뮬레이션은 비교적 높은 컴퓨터 사양이 요구되기 때문입니다. 그럼에도 이 파트를 다루는 이유는 비교적 최근에 추가된 기능으로, 원래 C4D에서 높은 퀄리티의 불이나 연기를 제작하려면 부가적인 플러그인이 필요했습니다. 하지만 이제는 C4D만으로도 제작할 수 있어서 알아두면 많은 도움이 될 것입니다. 아주 간단하게만 다뤄볼 예정이므로 버전이 맞지 않거나 불이나 연기 작업이 필요하지 않다면 마무리 파트로 넘어가도 됩니다.

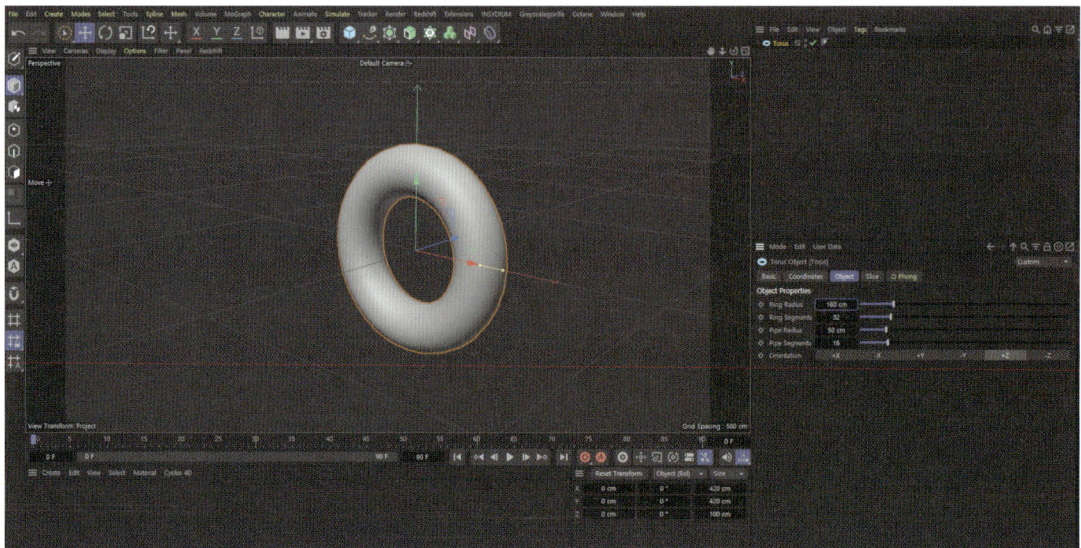

▲ 토러스

토러스(Tours)를 하나 제작합니다.

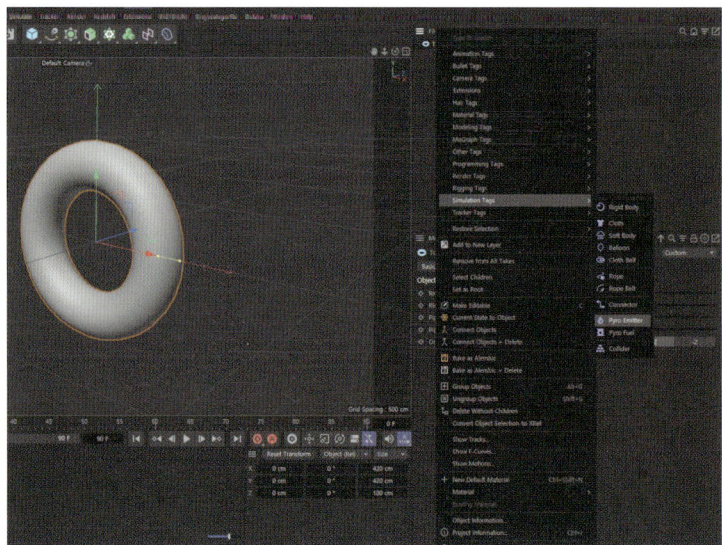

▲ 파이로 태그

우클릭 후에 [Simulation Tags]-[Pyro Emitter]를 적용합니다.

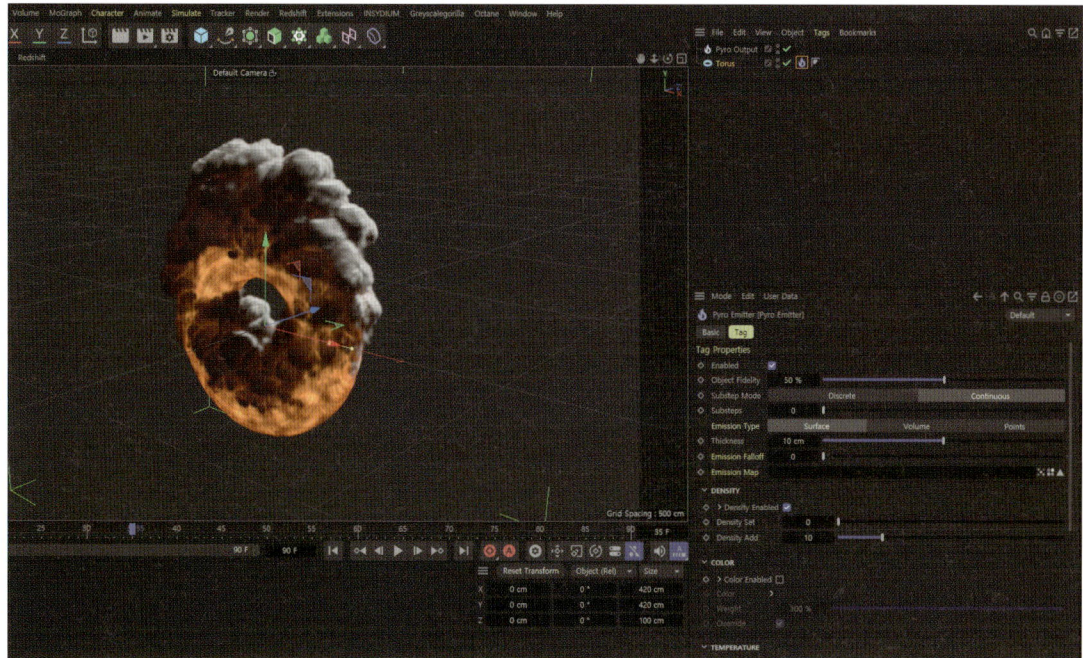

▲ 재생

태그를 적용하면 [Pyro Output]이 생성됩니다. 프로젝트를 처음 켰을 때 태그를 적용하면 생성되는데, 한 번 지우고 다시 적용하면 나오지 않는 경우도 있습니다. 시뮬레이션을 재생하면 불과 연기가 연출되는 것을 확인할 수 있습니다. 불과 연기는 위쪽으로 향하며, 초반에 잠시 버벅거릴 수 있습니다.

태그를 적용했는데 [Pyro Output]이 생성되지 않는다면 Shift + C를 눌러 직접 생성해도 됩니다.

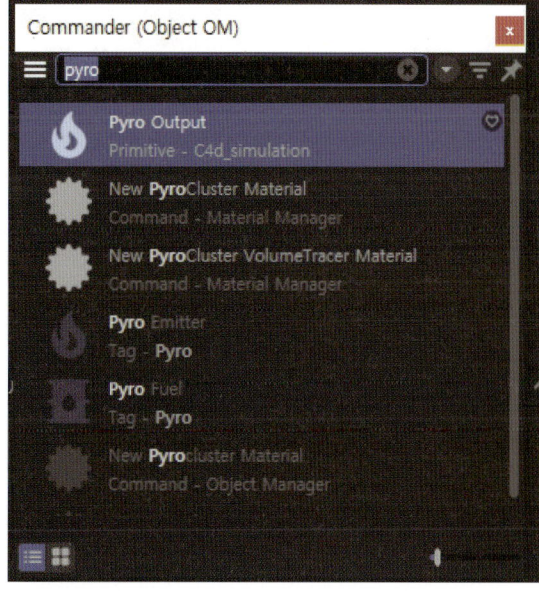

▲ 파이로 아웃풋

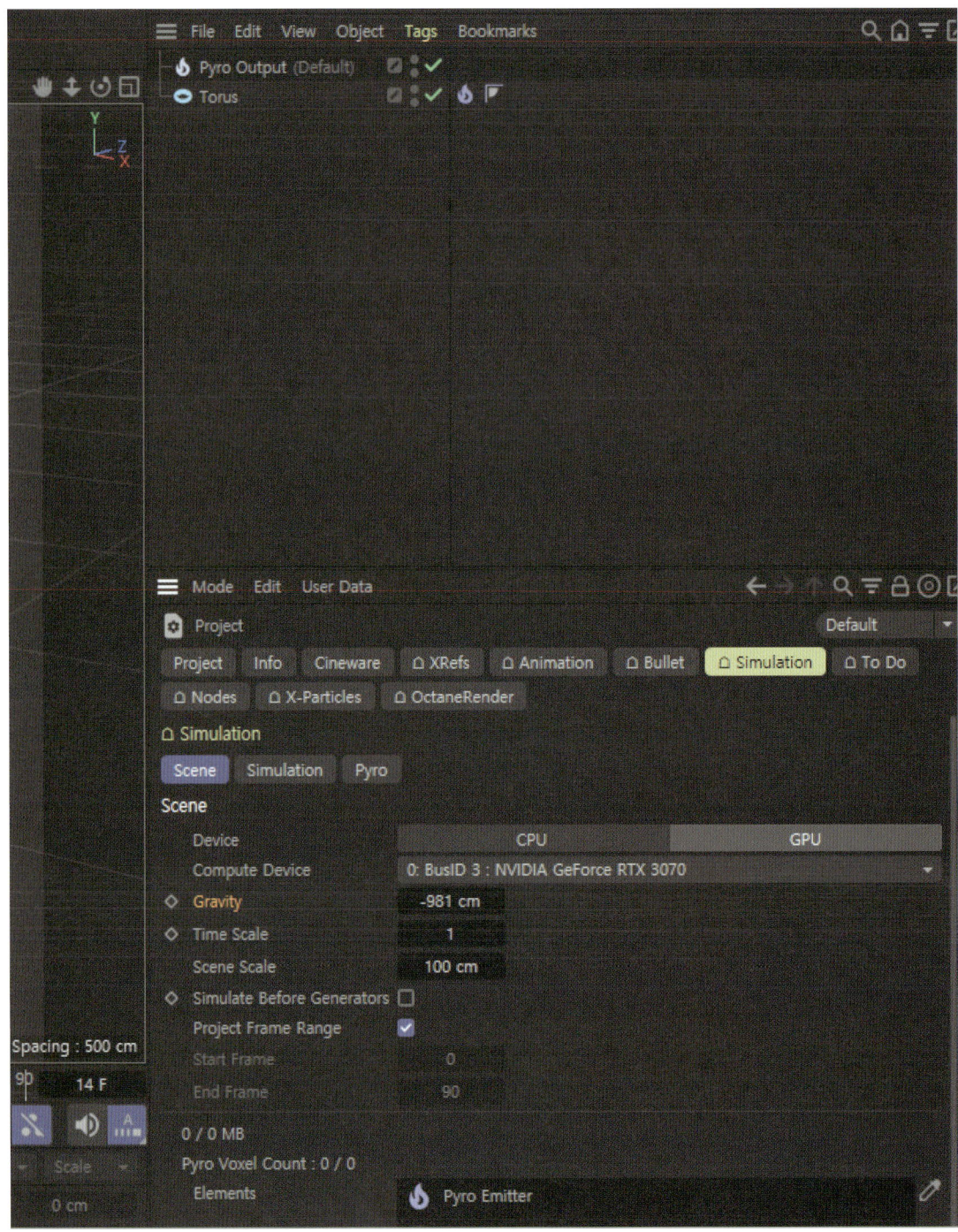

▲ 시뮬레이션 설정

Ctrl + D를 누르면 프로젝트(Project)를 설정할 수 있습니다. 시뮬레이션은 임의로 설정하는 개념이 아닌 재생으로만 확인할 수 있으며, 우선 대략적으로 작업한 다음에 캐시화시켜서 작업을 조금 더 용이하게 만듭니다. 시뮬레이션(Simulation) 창에서 그래비티(Gravity)를 설정할 수 있고, 그래비티는 C4D에서 시뮬레이션의 기본 중력 값을 의미합니다.

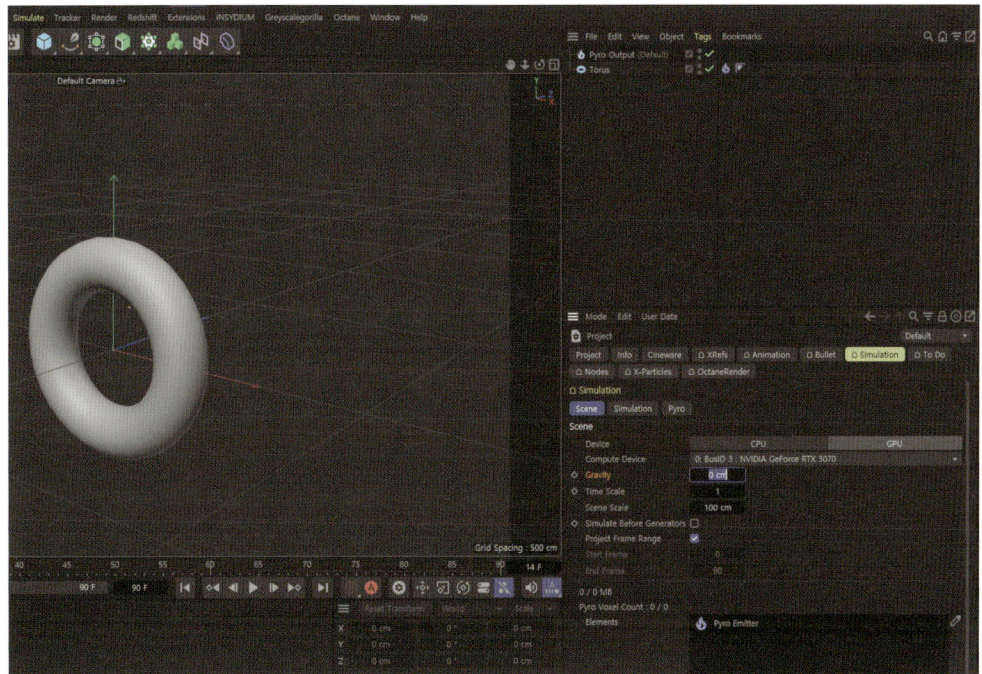

▲ 설정값 수정

그래비티 값을 0으로 설정합니다.

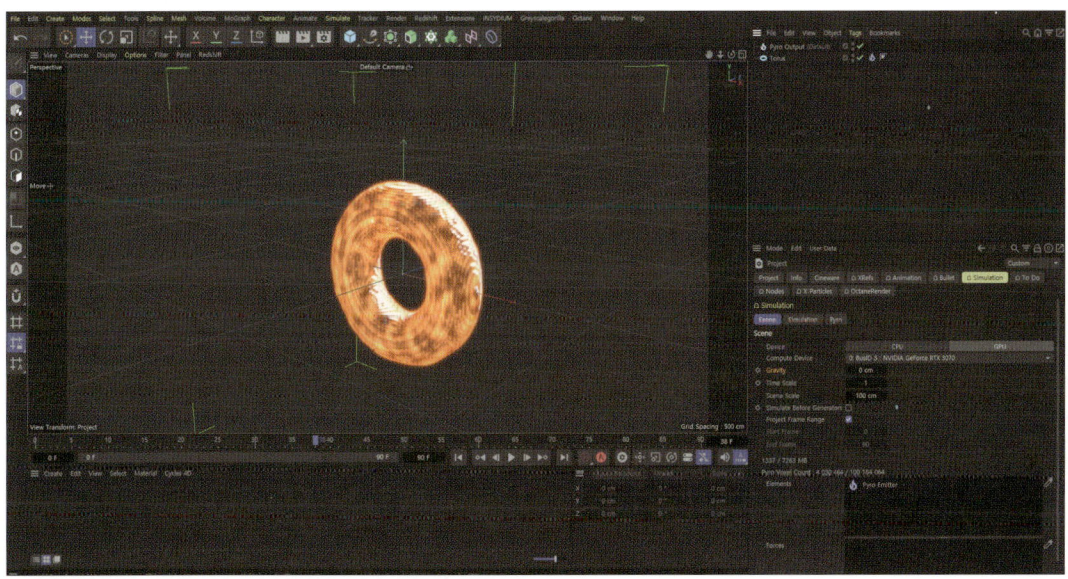

▲ 설정값 수정 후 재생

값을 설정 후 시뮬레이션을 재생하면 불이 멈춘 상태로 표현되는 것을 확인할 수 있습니다.

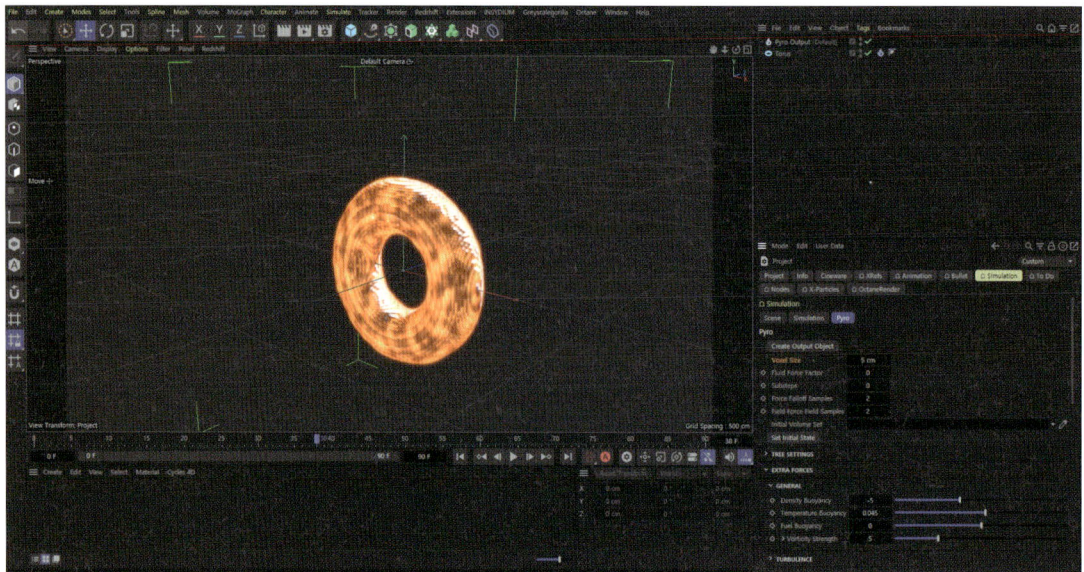

▲ 복셀

2D 이미지의 크기를 판단하는 기준을 픽셀(pixel)이라고 합니다. 1픽셀은 네모 칸 하나를 의미하며 흔히 영상을 제작하는 1920×1080 사이즈라 함은 가로에 1,920개의 네모 칸, 세로에 1,080개의 네모 칸이 있는 것을 말합니다.

이 픽셀에서의 네모 칸을 2D의 평평한 네모가 아닌 3D의 네모 박스 형태로 본 개념을 복셀(voxel)이라고 합니다. 크기가 작을수록 더 많은 복셀을 생성하여 프로젝트가 무거워지고 크기가 클수록 개수가 적어져 가벼워집니다. 프로젝트 용량이 너무 무겁다면 복셀의 크기를 늘려서 작업하는 것을 권장합니다.

불을 임의로 움직이게 만들어 보겠습니다. 별도의 이미터(Emitter)를 생성했을 때도 활용이 가능합니다. 상단의 [Simulate]-[Forces]에서 여러 오브젝트를 만들 수 있으며 이 중에서 [Wind], [Turbulence], [Rotation]을 주로 사용합니다.

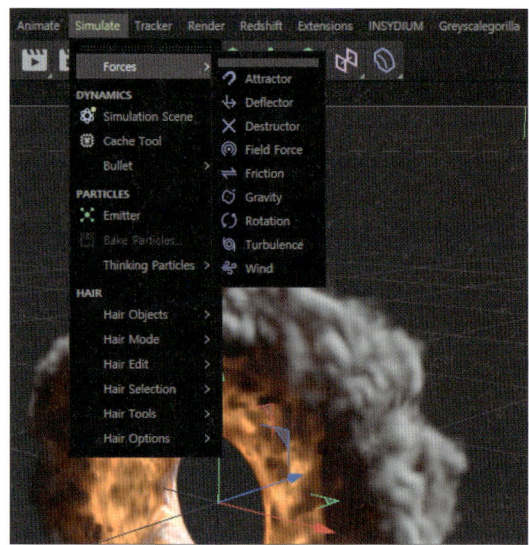

▲ 시뮬레이트 포스

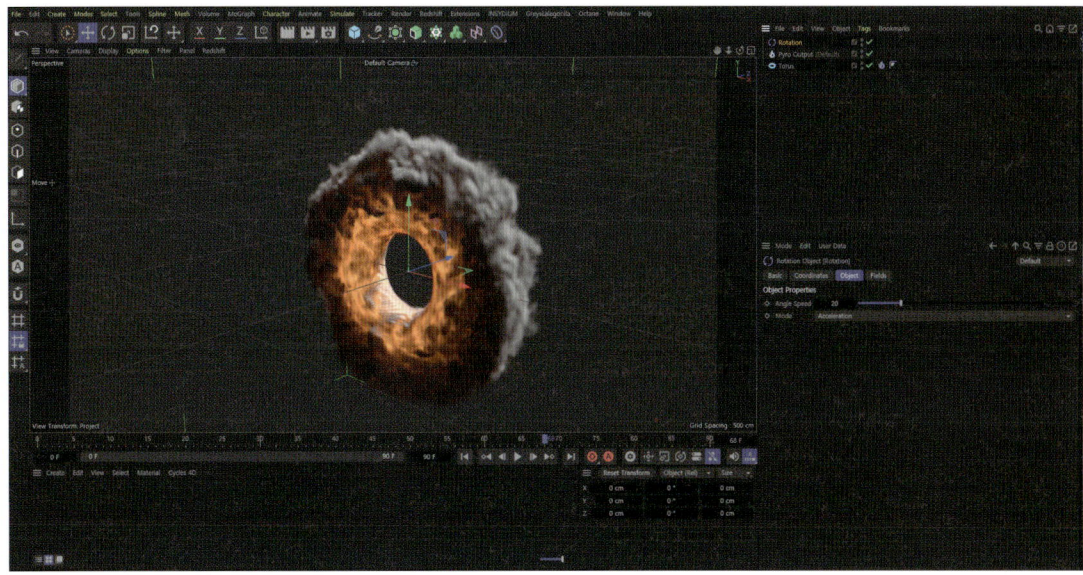

▲ 로테이트

로테이션(Rotation)을 하나 생성하고 다시 재생을 하면 연기가 돌아가는 것을 확인할 수 있습니다.

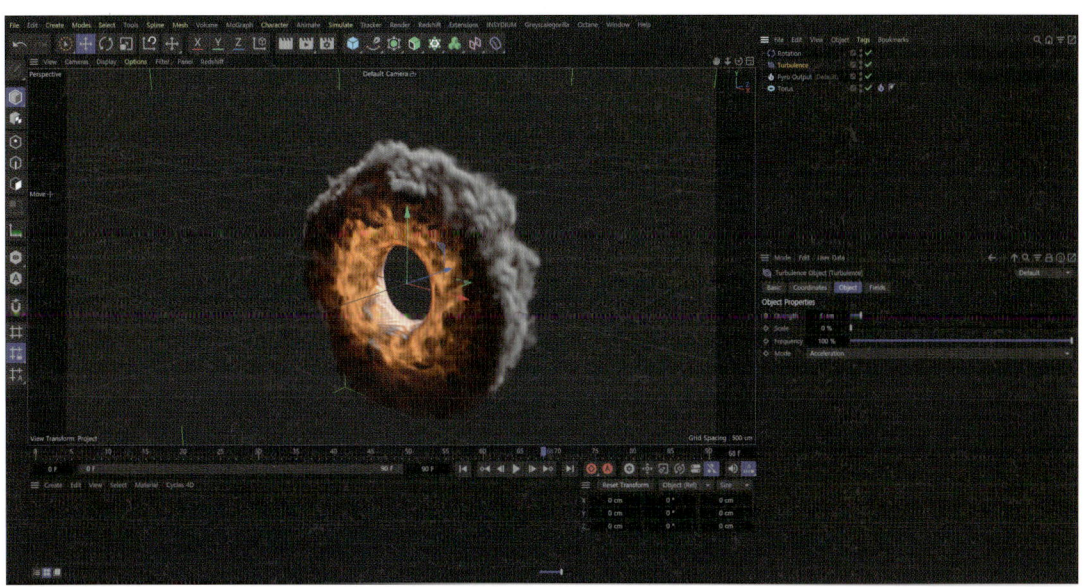

▲ 터뷸런스

터뷸런스(Turbulence)는 난기류라는 의미로, 연기가 한 방향으로 일정하게 흐르는 것이 아닌 각기 다른 방향으로 향하며 디테일이 더욱 살아있는 효과를 줄 수 있습니다.

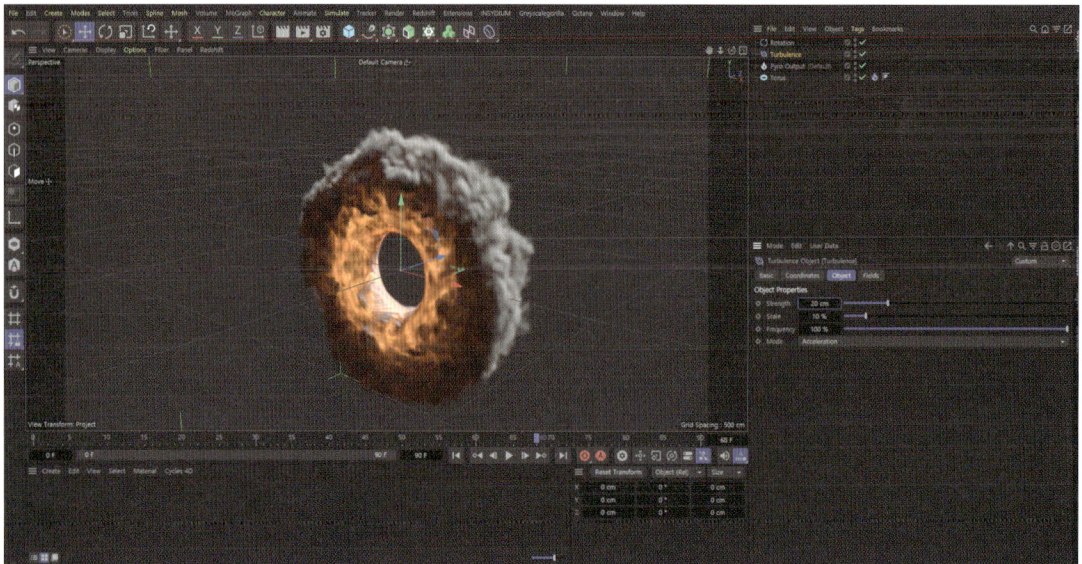

▲ 터뷸런스 조정

값을 위 이미지와 같이 설정합니다.

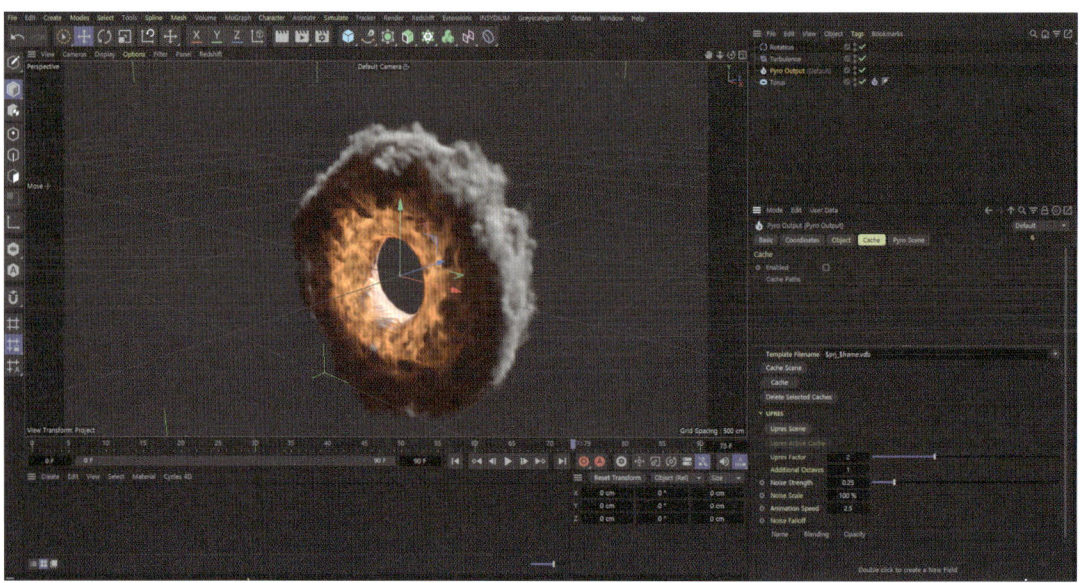

▲ 캐시화

파이로 작업이 얼추 끝났으므로 최종적으로 캐시화를 진행해야 합니다. 파이로는 레드시프트 렌더로 별다른 설정 없이 바로 볼 수 있습니다. 그러나 우리는 옥테인 렌더를 실습 중이므로 작업한 프로젝트를 VDB 파일로 내보낸 후, 그것을 다시 옥테인 렌더로 불러오겠습니다.

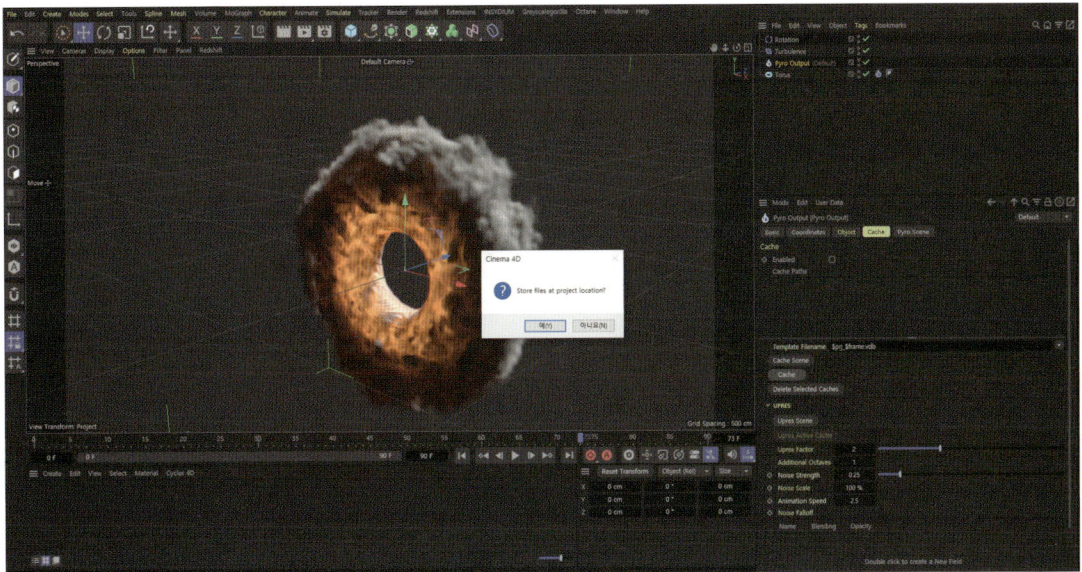

▲ 캐시 조절

하단의 [Cache]를 누르면 프로젝트가 저장된 경로에 캐시를 만들 것인지를 물어보는 메시지 창이 뜹니다. [예]를 눌러도 상관없지만 [아니요]를 눌러서 별도로 경로를 지정해 주겠습니다. 경로를 설정하는 화면이 뜨면 원하는 경로를 지정해 주세요.

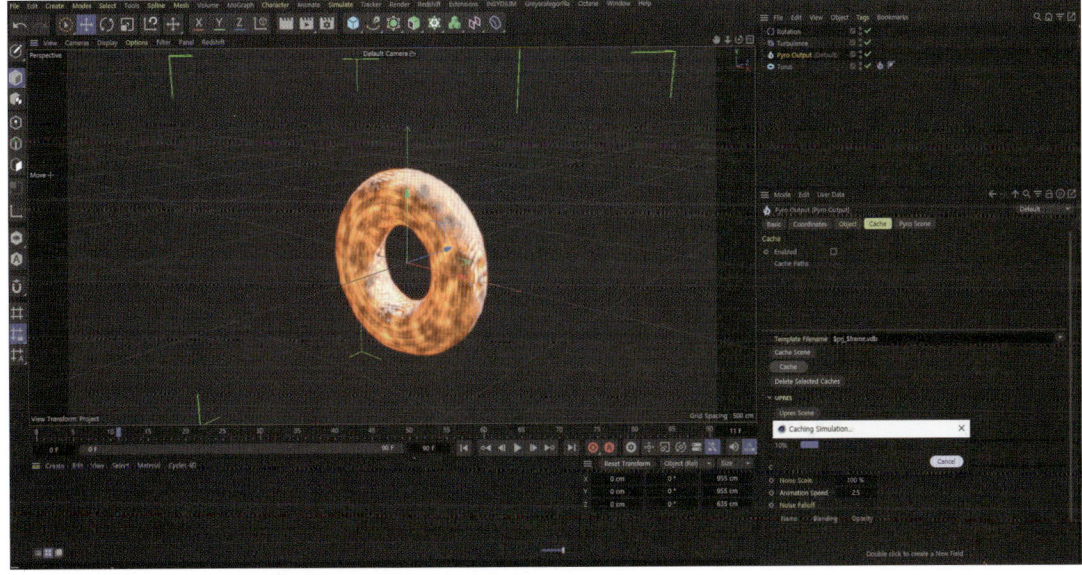

▲ 캐시화 진행

캐시화가 진행되고 있는 모습입니다.

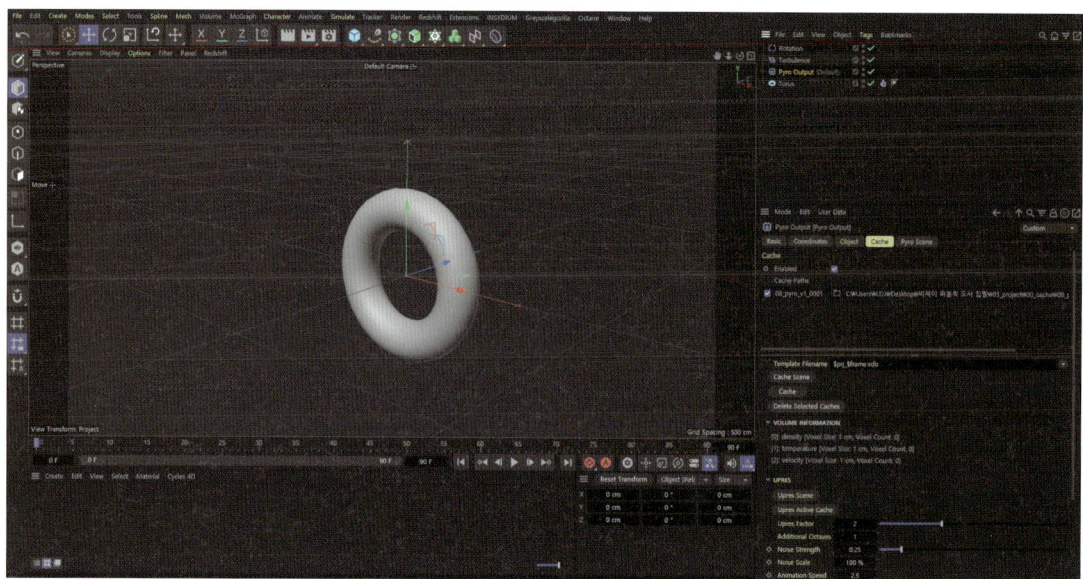

▲ 캐시 완료

캐시화가 완료되면 위와 같이 경로가 입력되는 것을 확인할 수 있습니다.

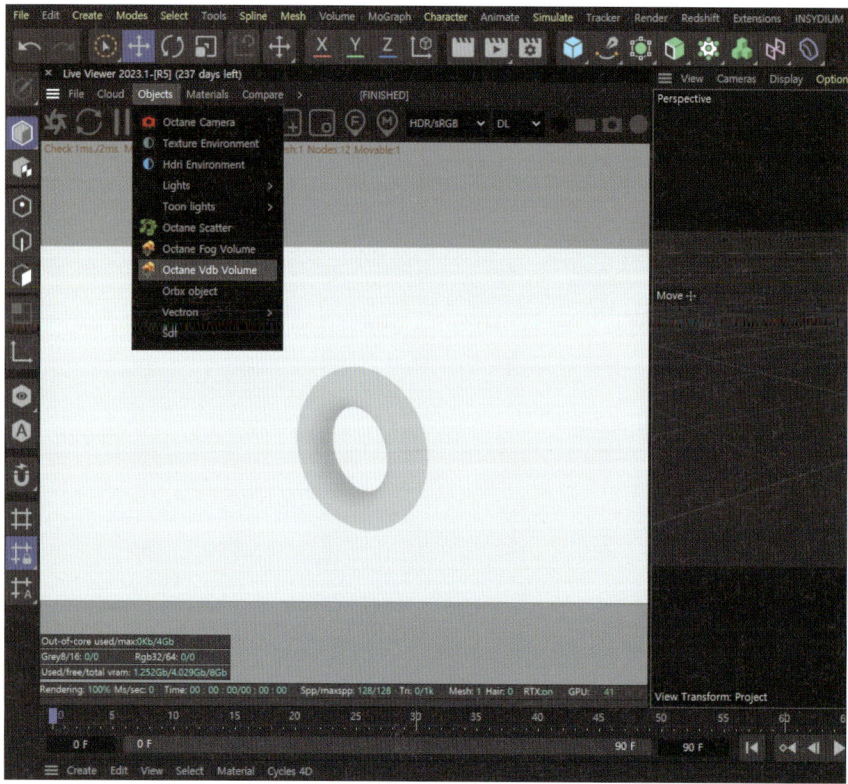

▲ VDB

[Objects]-[Octane Vdb Volume]에서 VDB 볼륨을 꺼냅니다.

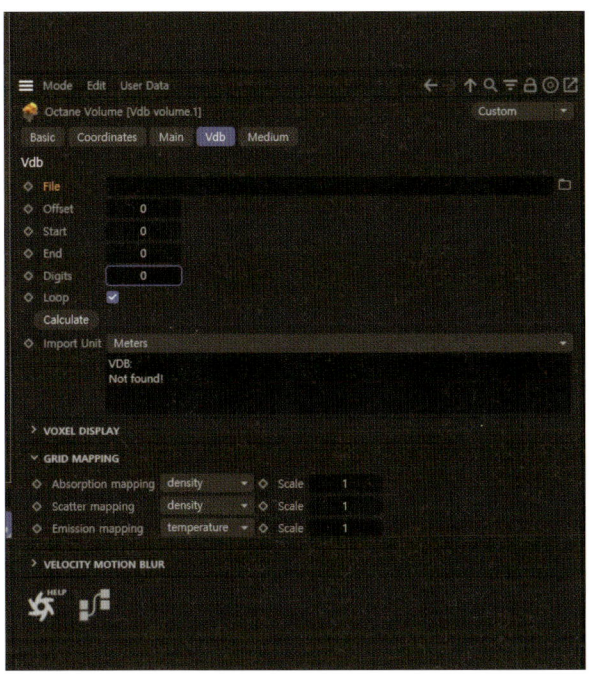

▲ 경로 설정

[vdb]를 클릭한 후, 파일(File)의 폴더 아이콘을 눌러서 경로를 설정합니다.

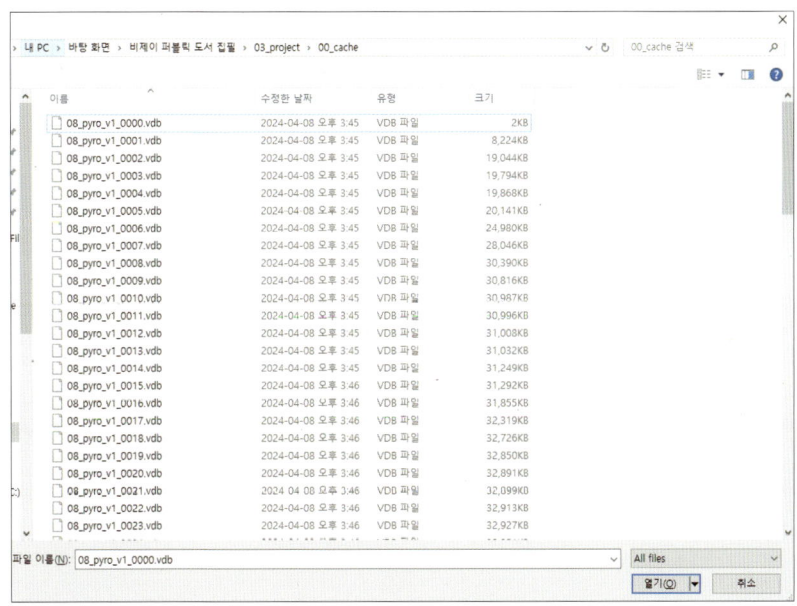

▲ 파일 링크

설정한 경로의 폴더를 보면 이렇게 현재 프로젝트 파일의 프레임 개수에 맞게 생성된 것을 확인할 수 있습니다. 예를 들어 프레임이 300프레임이라고 가정하면 시작 프레임은 0프레임이므로 총 301개의 파일이 생성됩니다.

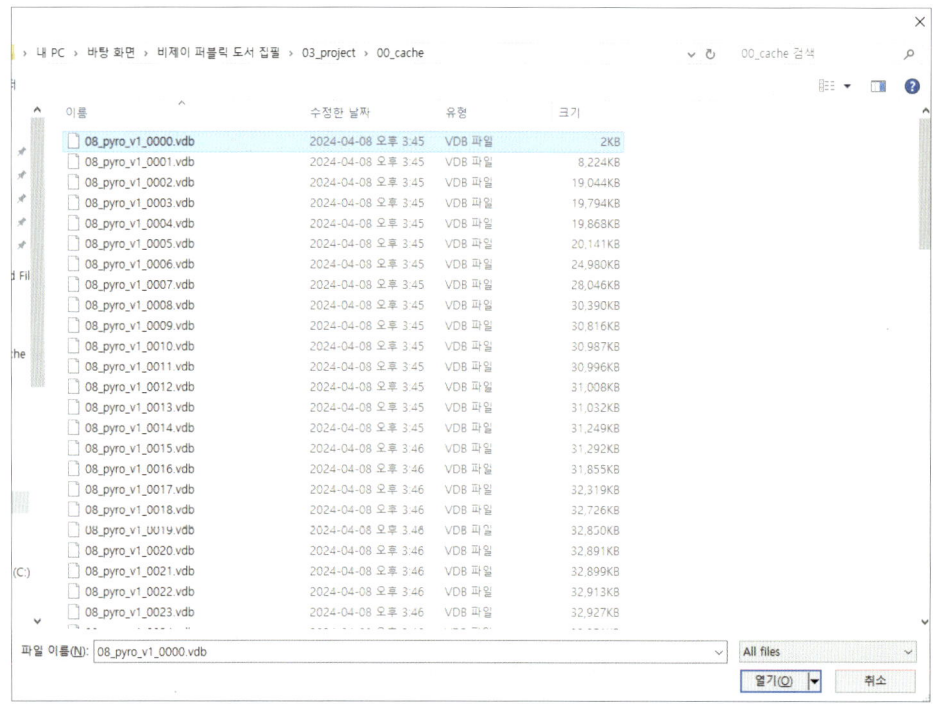

▲ 파일 선택

제일 첫 번째 파일을 선택하고 [열기]를 클릭합니다.

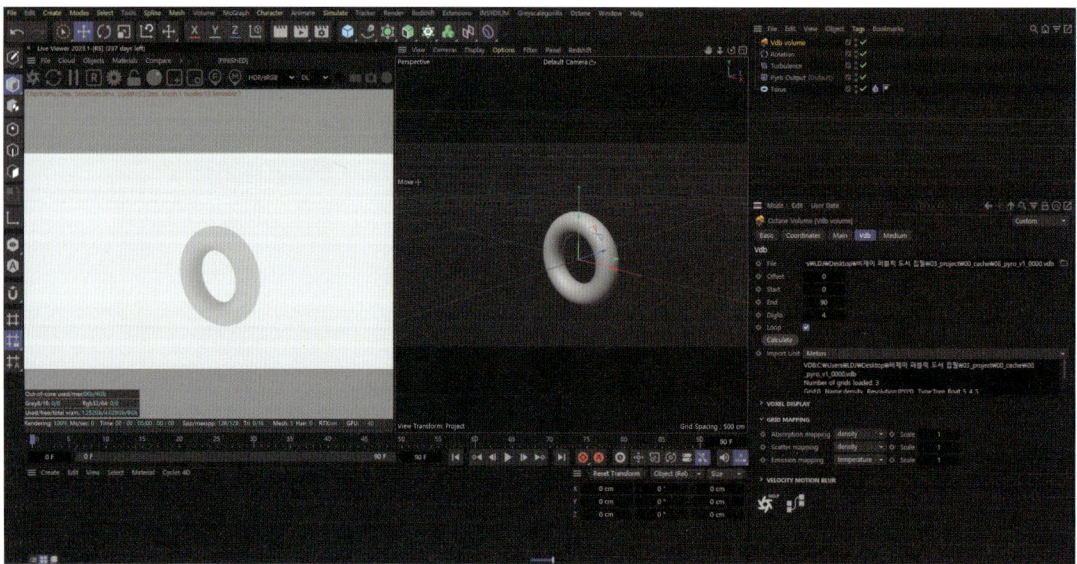

▲ 임포트 완료

임포트(import)된 것을 확인할 수 있습니다. [Calculate] 버튼을 누르면 자동으로 설정값이 맞춰집니다.

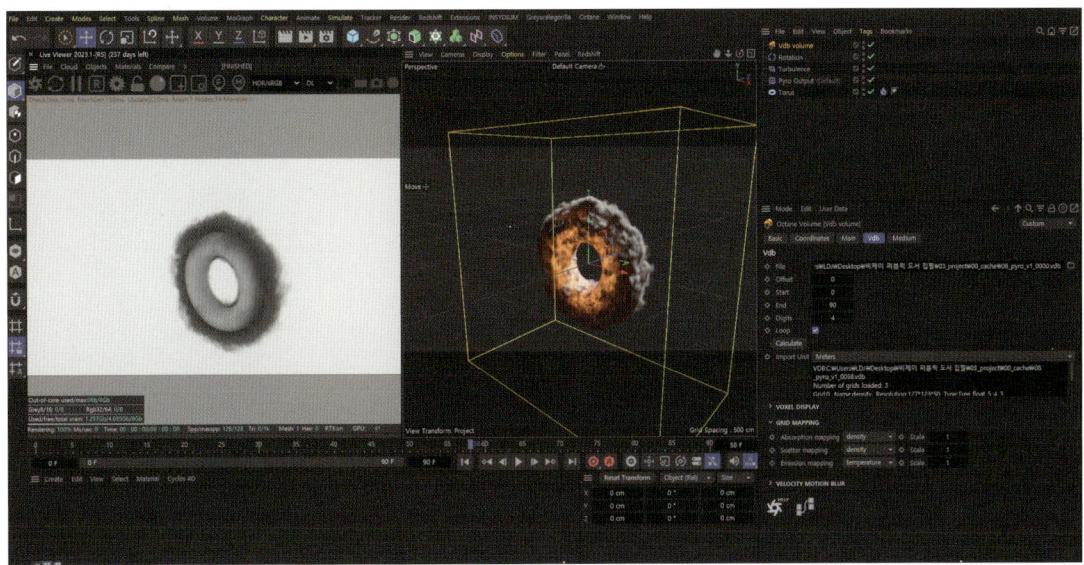

▲ 옥테인에서 재생

이제 재생을 하면 연기가 보이는 것을 확인할 수 있습니다.

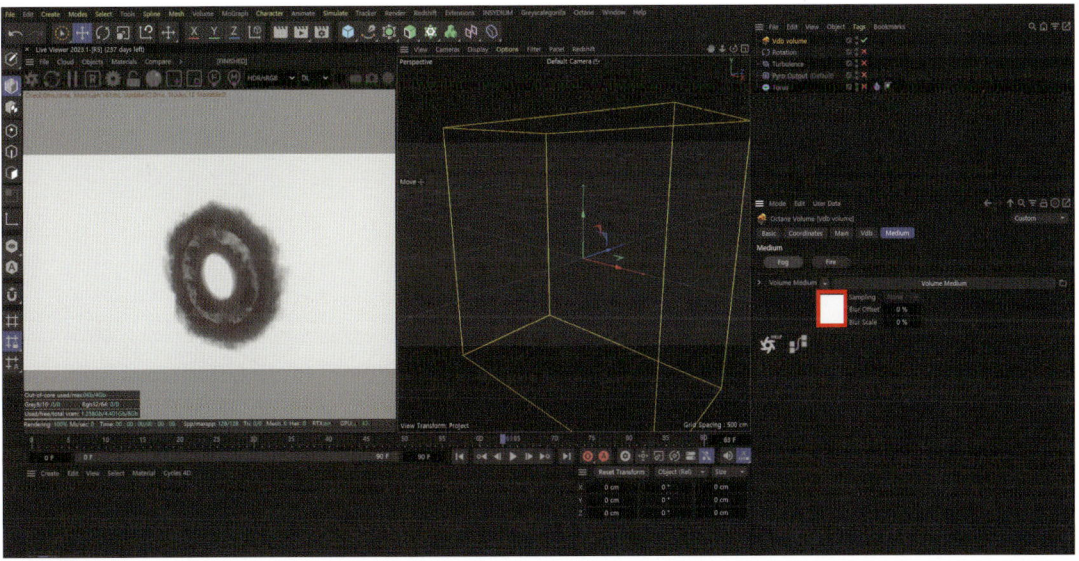

▲ 설정값 조절

VDB 파일만 볼 예정이므로 VDB를 제외한 나머지를 모두 비활성화합니다. 참고로 수정을 원한다면 캐시 파일을 삭제한 후에 다시 캐시화를 시켜서 새로 VDB 파일을 불러오면 됩니다.

미디엄(Medium) 창을 보면 [Fog]와 [Fire] 두 가지를 선택할 수 있습니다. 둘은 빛을 낼 수 있냐 없냐의 차이입니다. 우선 [Fog]를 클릭하고 이미지에 표시된 하얀색 네모를 클릭합니다.

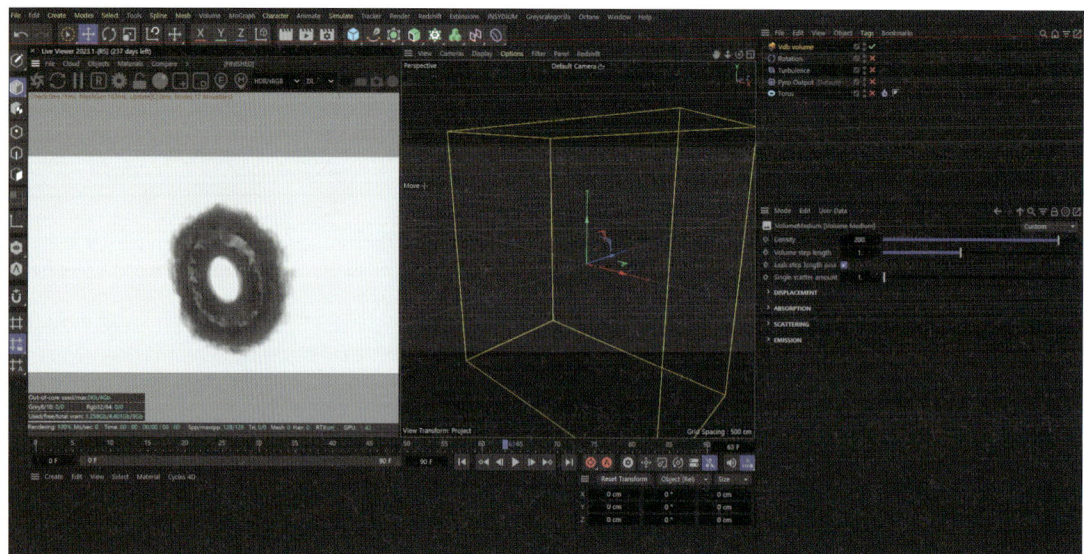

▲ 덴시티 조절

[Density]와 [Volume step length]가 있는데, 각각 연기의 밀도와 디테일을 설정할 수 있습니다. 원하는 값으로 설정해 보세요.

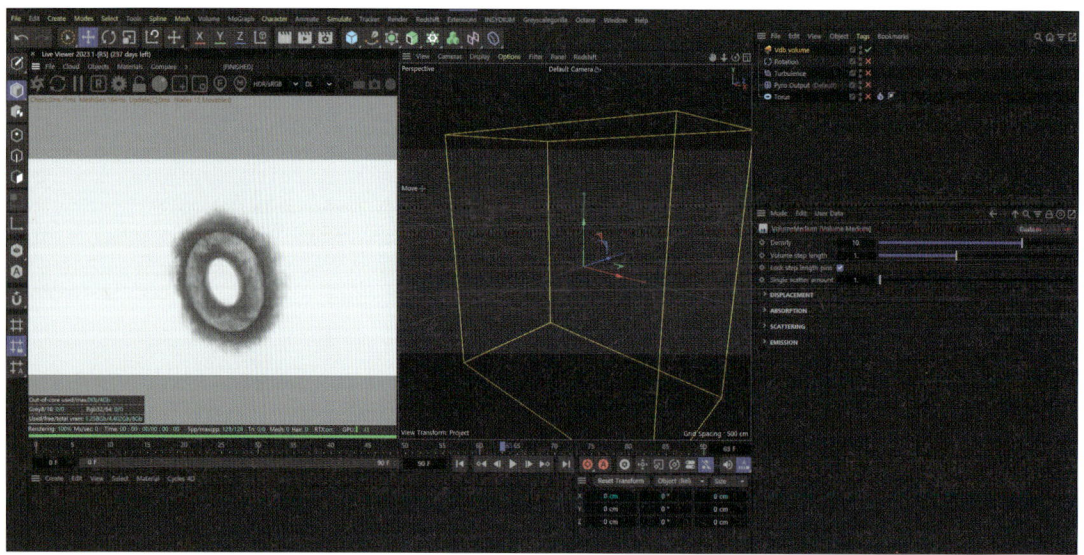

▲ 덴시티 조절

[Density]의 값을 낮추니 연기가 연해지는 것을 확인할 수 있습니다.

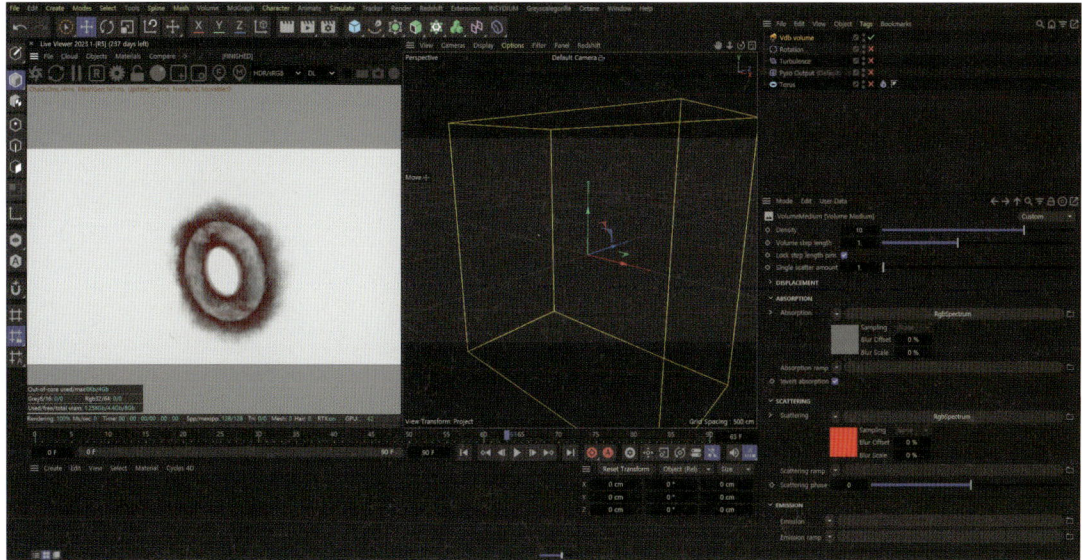

▲ 파이어

여러 가지 옵션 중에서는 대표적으로는 [ABSORPTION]과 [SCATTERING]이 있으며 전반적인 연기의 색을 조절할 수 있습니다. [DISPLACEMENT]는 추가적인 디테일을 잡아주지만 많이 사용하지는 않는 편입니다.

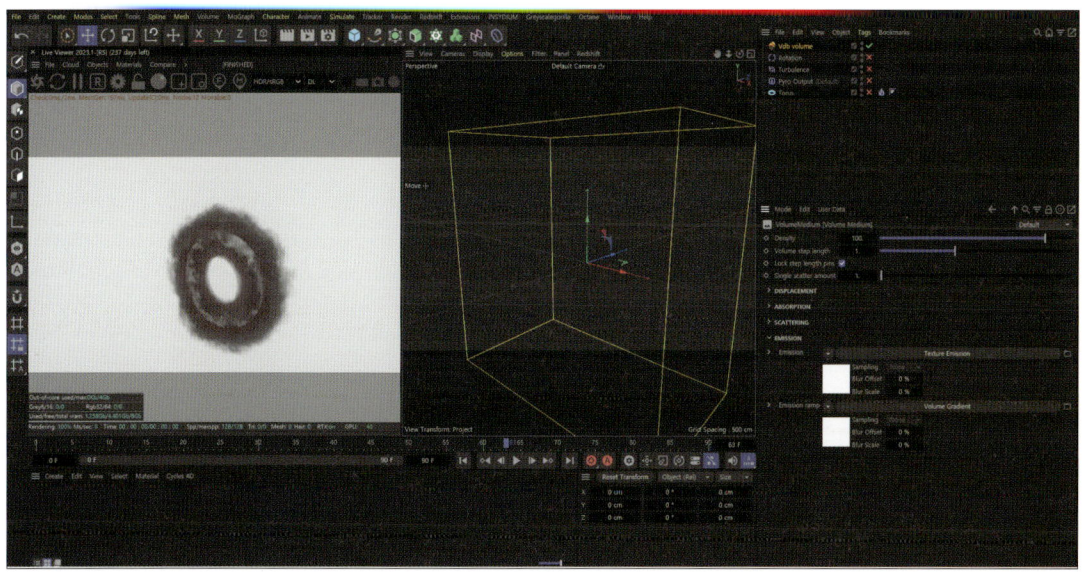

▲ 에미션 차이

[Fog]와 [Fire] 중에서 이번에는 [Fire]를 클릭합니다. 그러면 [EMISSION]이 추가된 것을 확인할 수 있습니다. 하나는 밝기를, 다른 하나는 색을 조절하는 옵션입니다.

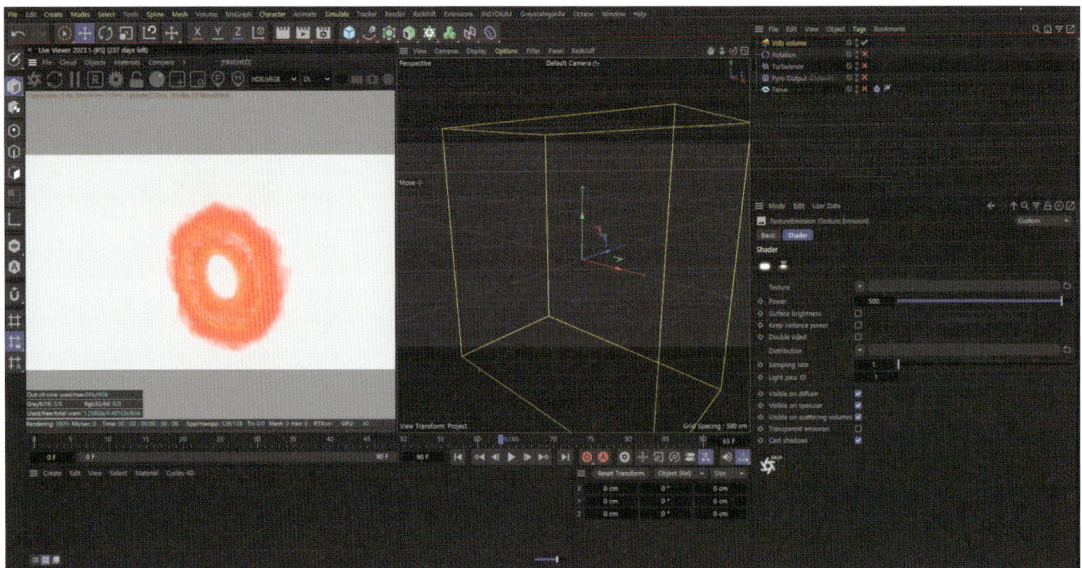

▲ 최종 결과

파워를 올리니까 밝아진 것을 확인할 수 있습니다. 이렇게 파이로(Pyro)에 대한 실습은 마무리하겠습니다.

MEMO

PART 09

그 밖의 작업 팁

01   카메라 다루기

02   단축키와 팔레트 설정

03   레이어 추가하기

04   여러 가지 렌더링 방법

05   커넥트와 메타볼

06   포트폴리오 제작 시 고려할 점

카메라 다루기

앞서 여러 가지 예세들을 함께 제작해 봤습니다. 이번 파트에서는 C4D를 사용할 때 알아두면 좋은 작업 팁을 정리하겠습니다. 제일 먼저 카메라 모프, 모션 카메라, 카메라 타깃 등의 카메라를 다루는 방법을 알아보겠습니다.

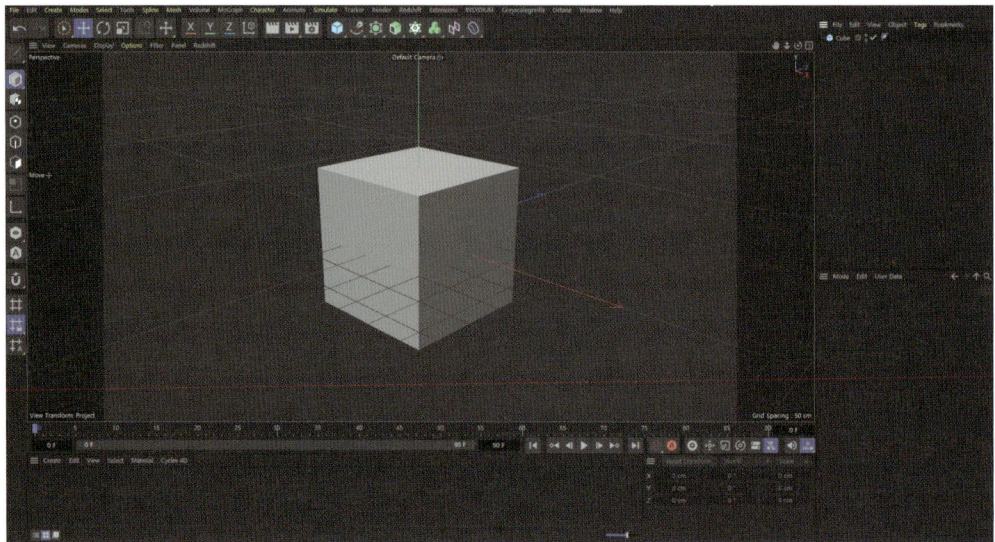

▲ 큐브 제작

우선 큐브를 하나 생성합니다. 이 큐브는 카메라의 움직임을 확인할 때 기준으로 활용합니다.

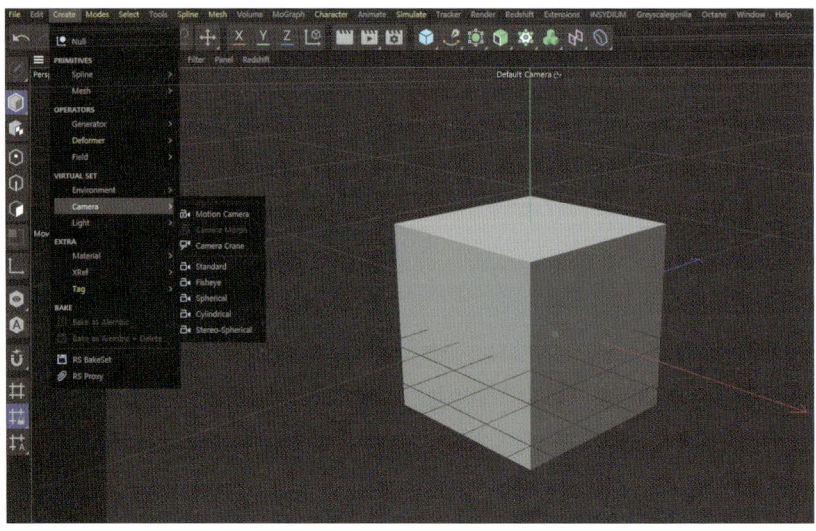

▲ 카메라 위치 확인

카메라는 [Create]-[Camera]에서 확인할 수 있습니다. Shift + C를 입력해서 검색으로도 찾을 수 있습니다.

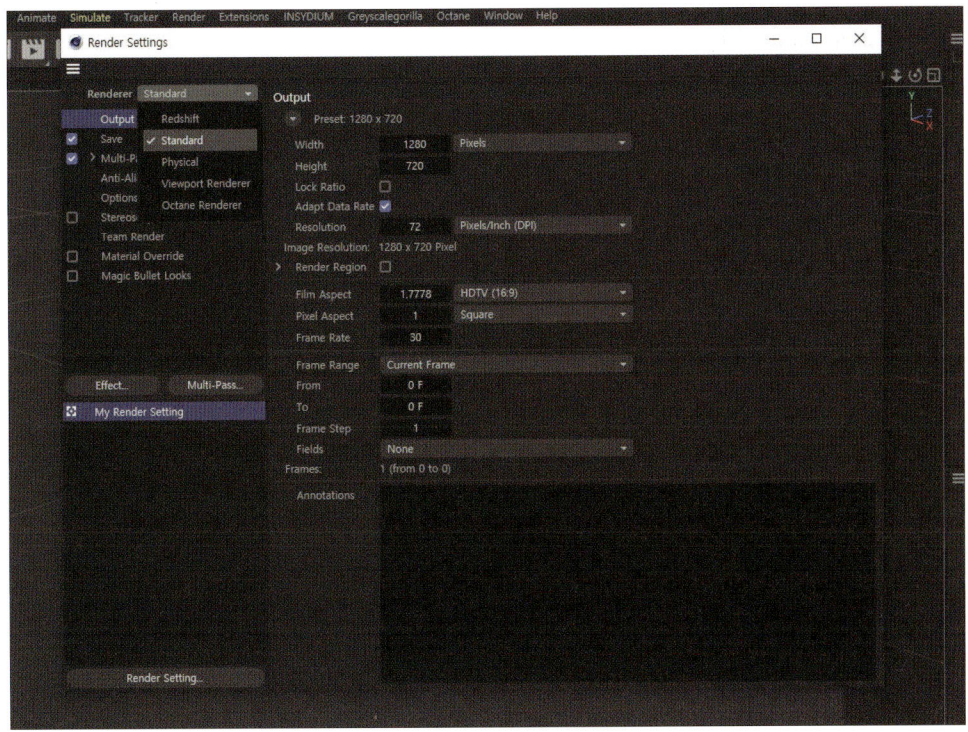

▲ 렌더 설정 변경

[Render Settings]에서 스탠더드 렌더러로 설정합니다. 어떤 카메라를 사용해도 크게 문제 되지는 않지만, 우리가 사용할 카메라는 레드시프트 렌더의 카메라 속성값이 포함될 수도 있어서 혹시나 발생할 문제를 방지하기 위해 기본 카메라로 제작합니다.

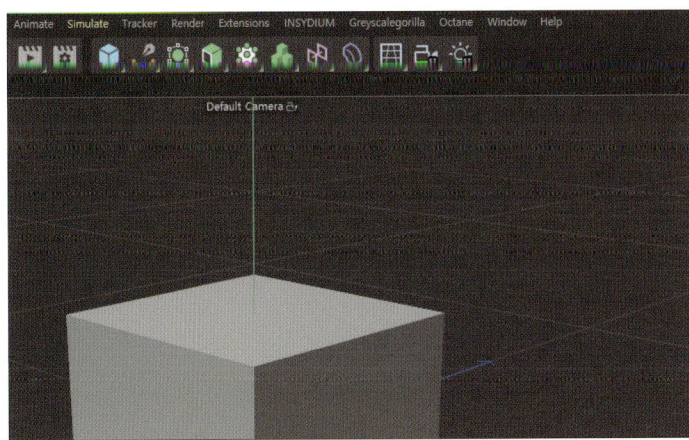

▲ 레이아웃 확인

설정을 적용하면 카메라 아이콘이 생성된 것을 확인할 수 있습니다. 옥테인 렌더러로 설정해도 마찬가지입니다. 작업이 끝난 후 최종 렌더를 할 때 옥테인 렌더로 설정해야 하기 때문에 순서의 차이가 있을 뿐 어차피 거쳐야 하는 과정입니다.

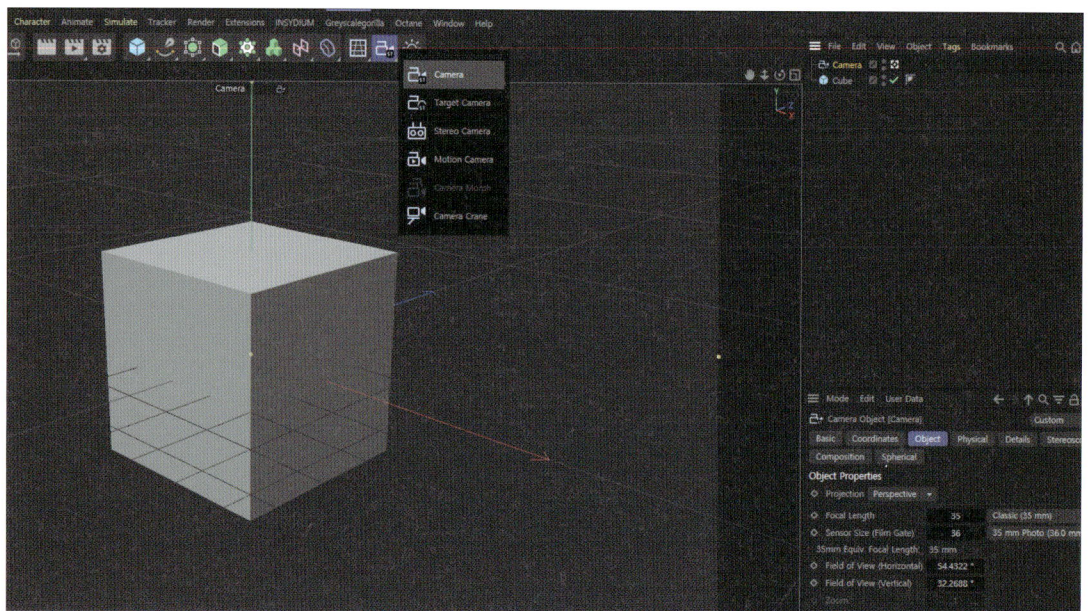

▲ 카메라 제작

카메라를 제작합니다.

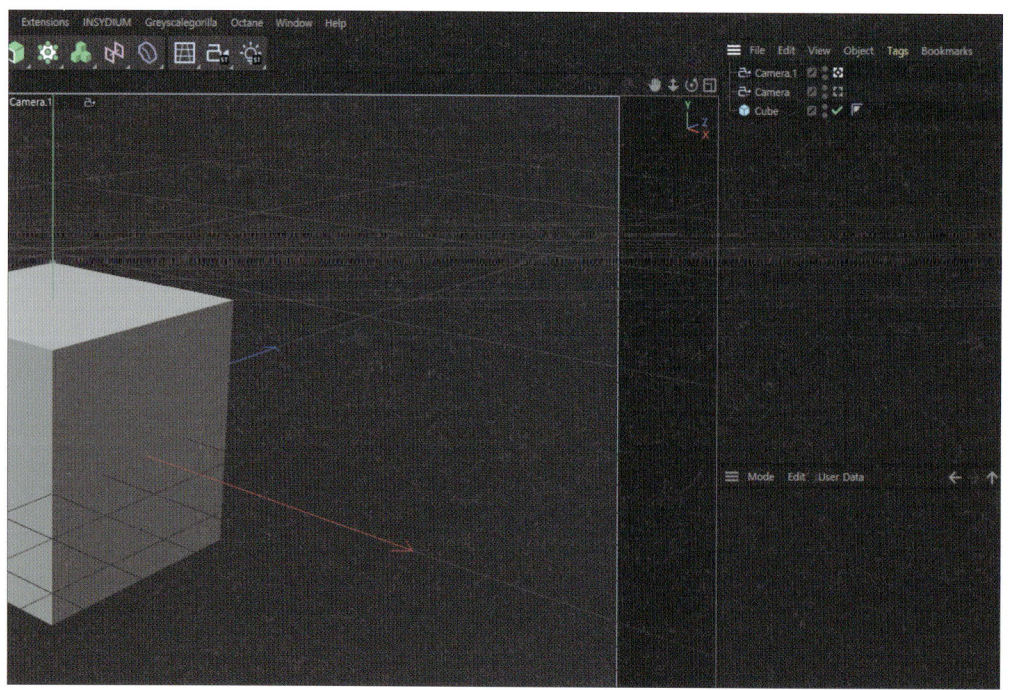

▲ 카메라 복사

카메라를 복제하거나 새로 하나 더 생성합니다.

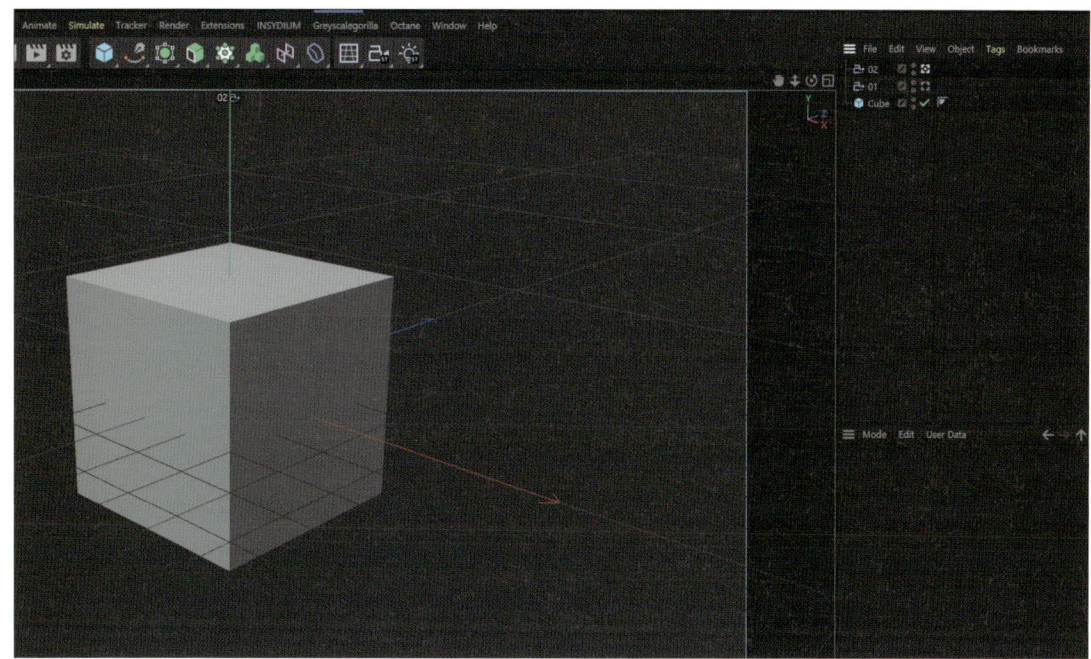

▲ 이름 변경

생성한 카메라의 이름을 구분하기 쉽게 변경합니다.

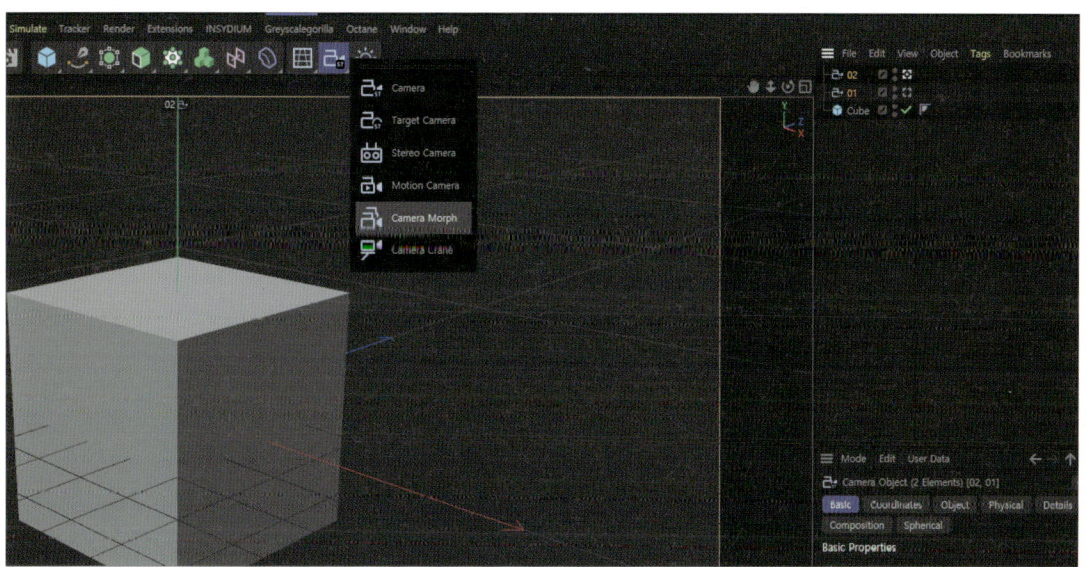

▲ 카메라 모프

카메라 두 개를 모두 선택하고, 카메라 모프(Camera Morph)를 클릭합니다. 카메라를 먼저 선택하지 않으면 해당 기능이 활성화되지 않습니다. 모프(morph)는 '변하다'라는 뜻으로, 기준점이 한 점에서 다른 점으로 변하는 기능이라고 생각하면 됩니다.

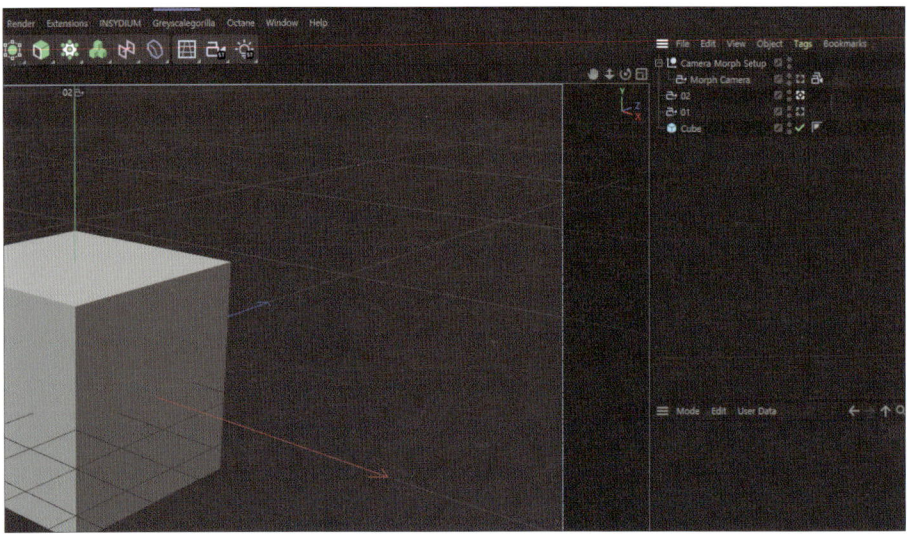

▲ 카메라 모프 생성

[Morph Camera]가 새롭게 생성된 것을 확인할 수 있습니다. 기존 카메라에 태그를 달아서 사용할 수도 있는데, 그러려면 카메라를 처음에 총 3개를 생성한 뒤 한 대에 카메라 모프 태그를 설정하면 됩니다. 우리가 진행한 방식이 조금 더 쉽고 빠른 방법이며, 작업을 해보면서 더 편한 방법으로 사용하면 됩니다.

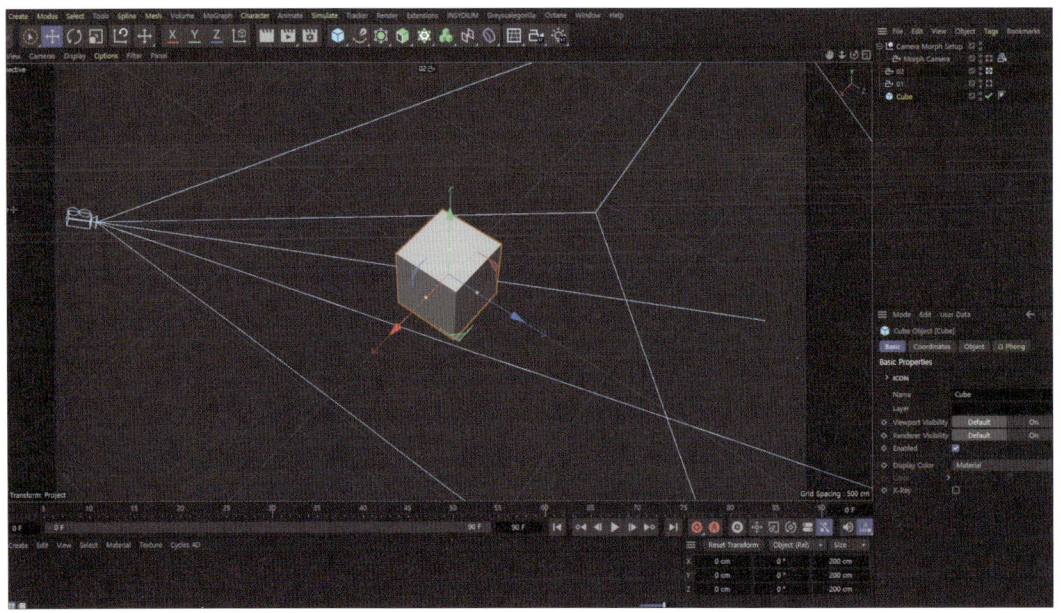

▲ 2번 카메라 앵글 변경

2번 카메라의 앵글을 변경합니다. 활성화된 상태로 뷰포트를 움직이면 됩니다. 앵글을 변경하지 않아도 모프 기능이 적용되지만, 그러면 확인이 어려울 수 있으므로 미리 변경해 줍니다.

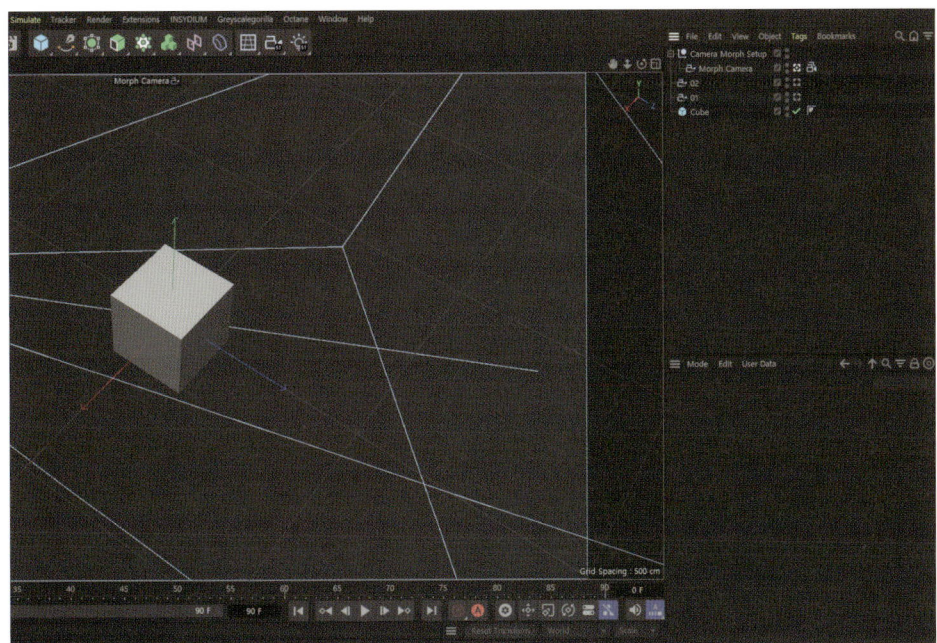

▲ 모프 카메라 활성화

모프 카메라를 활성화합니다.

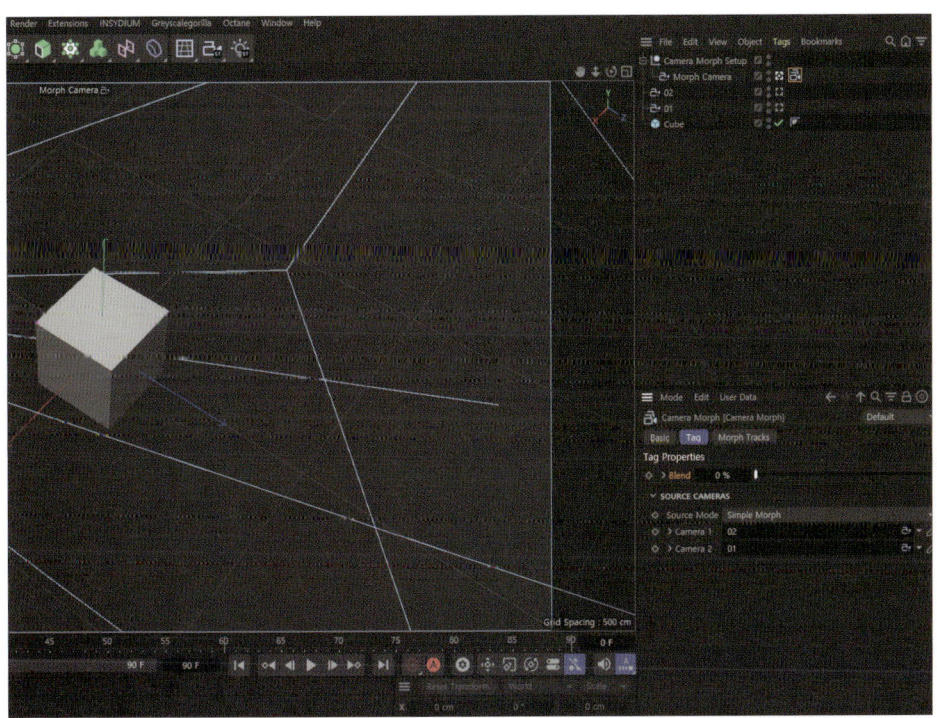

▲ 모프 카메라 태그 선택

태그를 선택하면 간단한 정보를 확인할 수 있습니다.

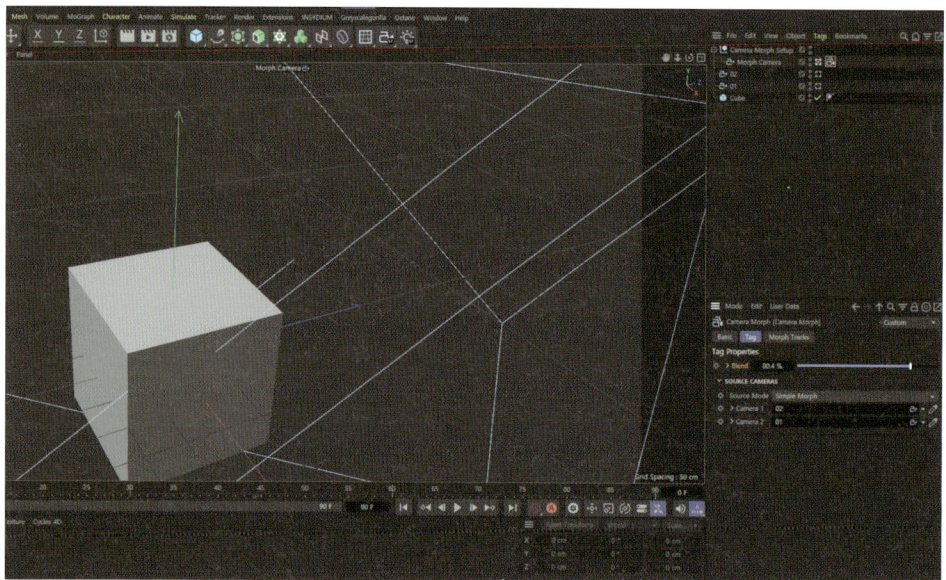

▲ 설정값 조절

블렌드(Blend) 값을 조정하면 화면이 움직입니다. 1번 앵글에서 2번 앵글로 전환한다고 이해하면 됩니다.

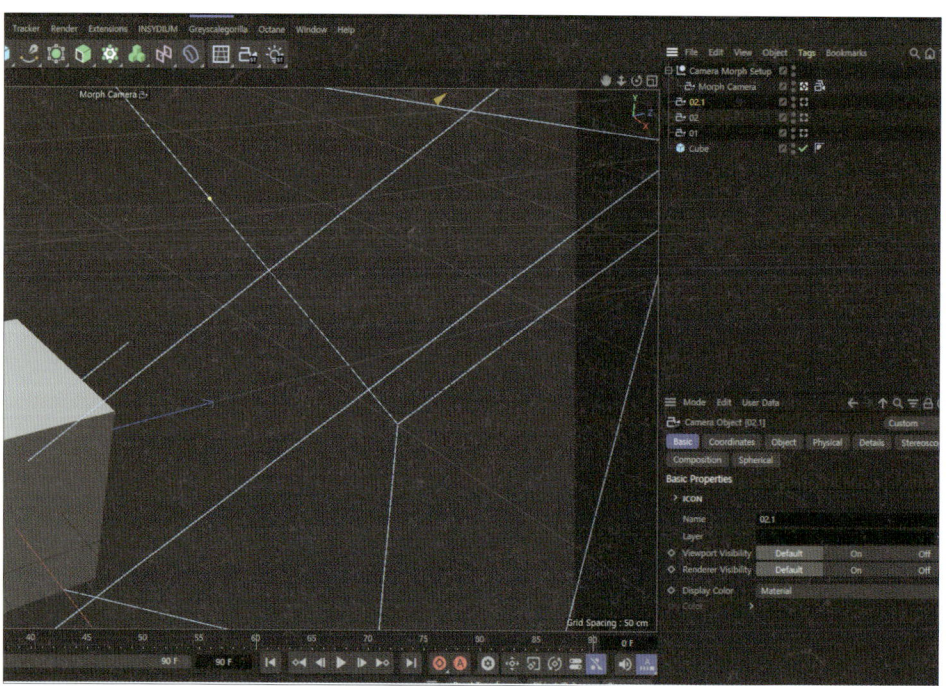

▲ 카메라 복제

두 가지 카메라를 사용해 봤으니 더 많은 카메라를 활용해보도록 하겠습니다. 카메라를 새로 생성하거나 기존 카메라를 하나 더 복제해 주세요.

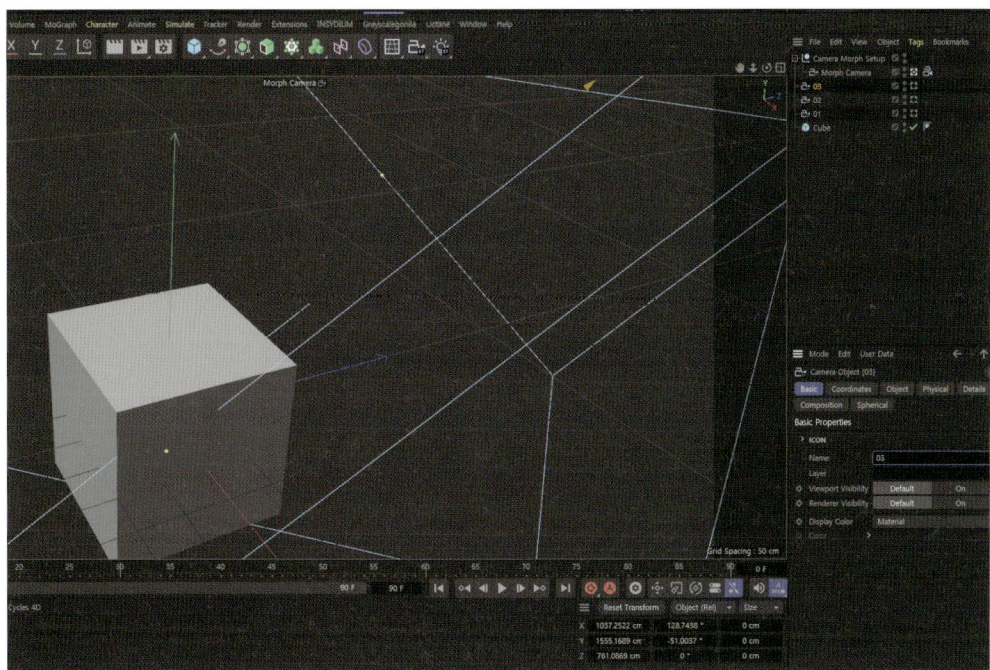

▲ 이름 변경

새로 만든 카메라의 이름을 변경합니다.

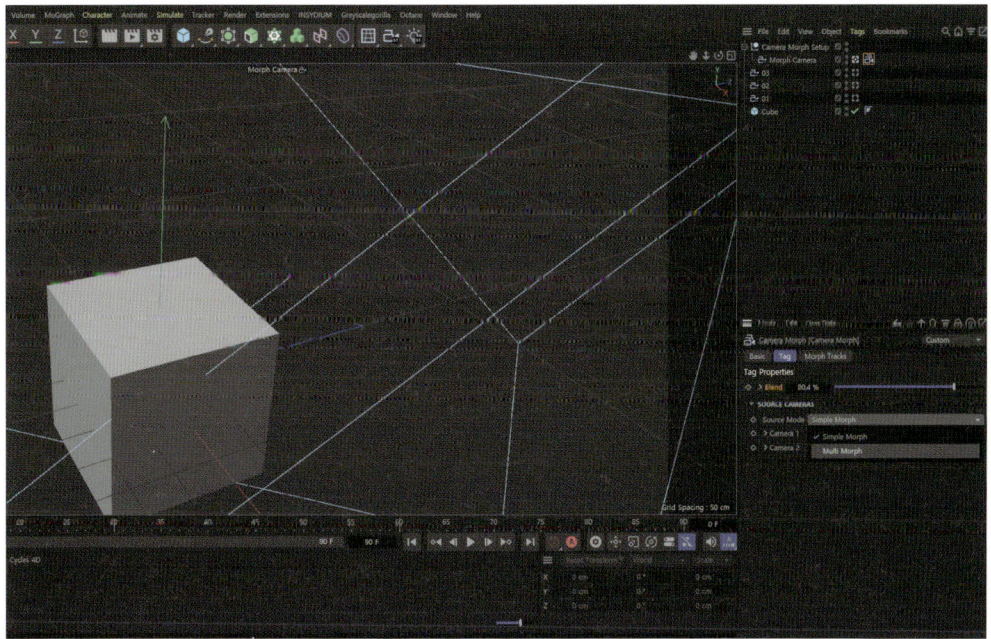

▲ 카메라 모드 변경

태그를 클릭하고 소스 모드(Source Mode)에서 카메라를 2대만 사용할 것인지 여러 대 사용할 것인지 기능을 바꿔줍니다.

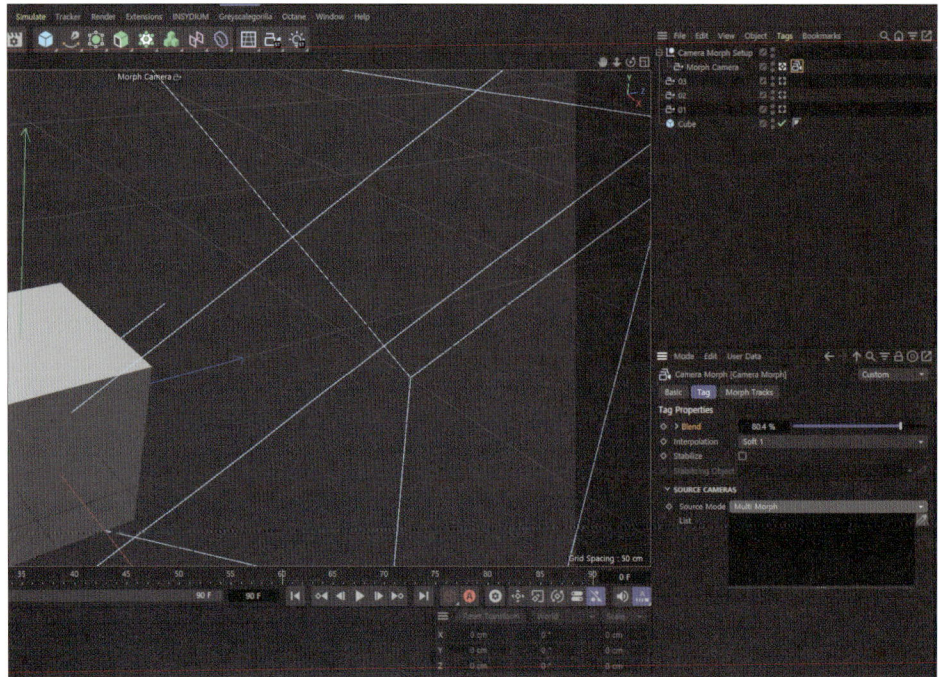

▲ 멀티 카메라 모드 확인

카메라가 심플(Simple Morph)에서 멀티(Multi Morph) 모드로 바뀐 것을 확인할 수 있습니다.

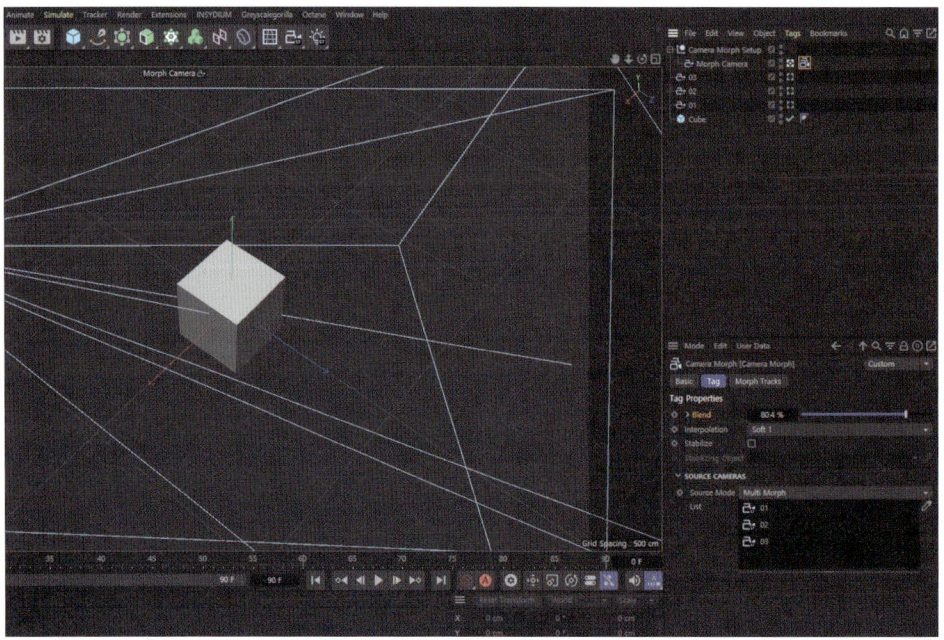

▲ 카메라 적용

카메라 순서가 초기화됐으니 다시 적용합니다. 카메라를 클릭 앤 드래그해서 적용하거나 리스트(List) 우측의 스포이트 아이콘을 클릭한 후 상단의 카메라들을 하나씩 선택하면 됩니다.

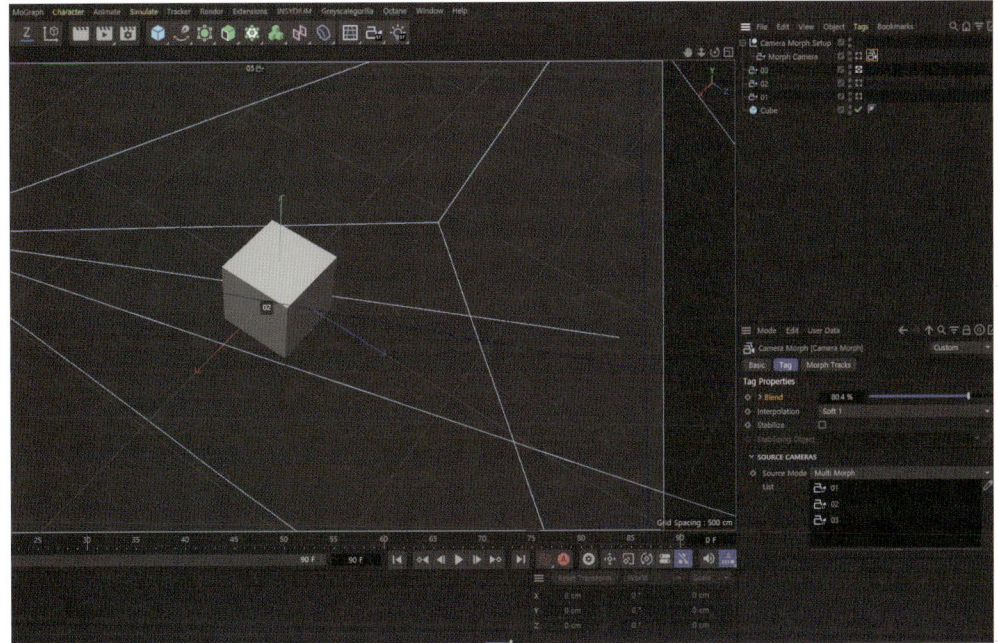

▲ 3번 카메라 활성화

3번 카메라를 활성화합니다.

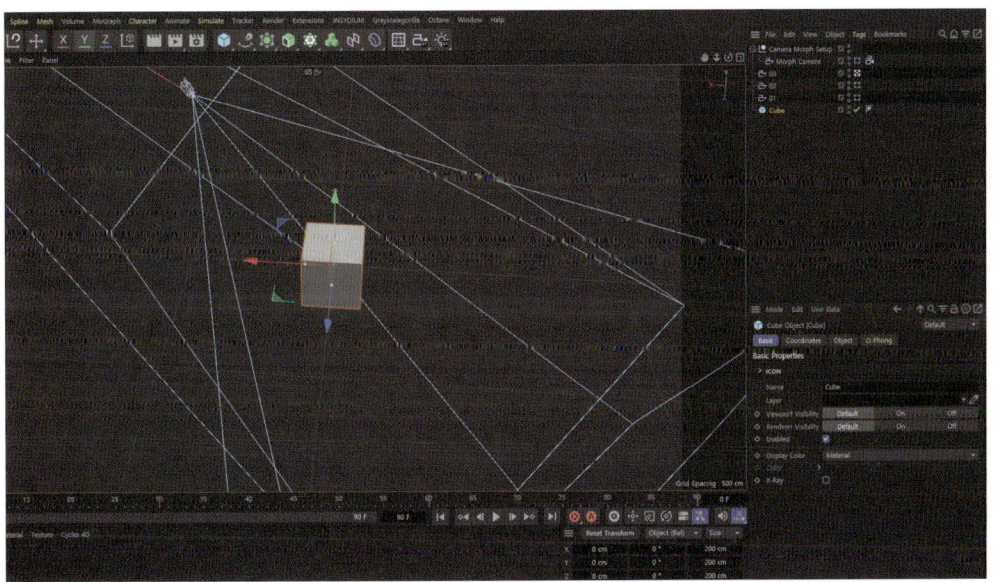

▲ 카메라 앵글 변경

앵글을 변경해 줍니다.

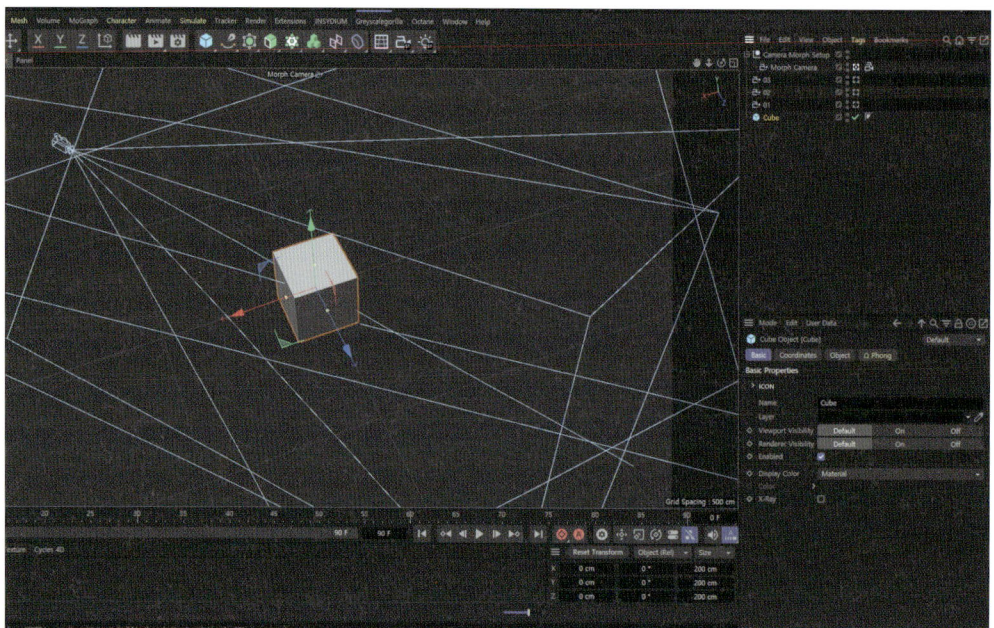

▲ 모프 카메라 활성화

모프 카메라를 다시 활성화합니다.

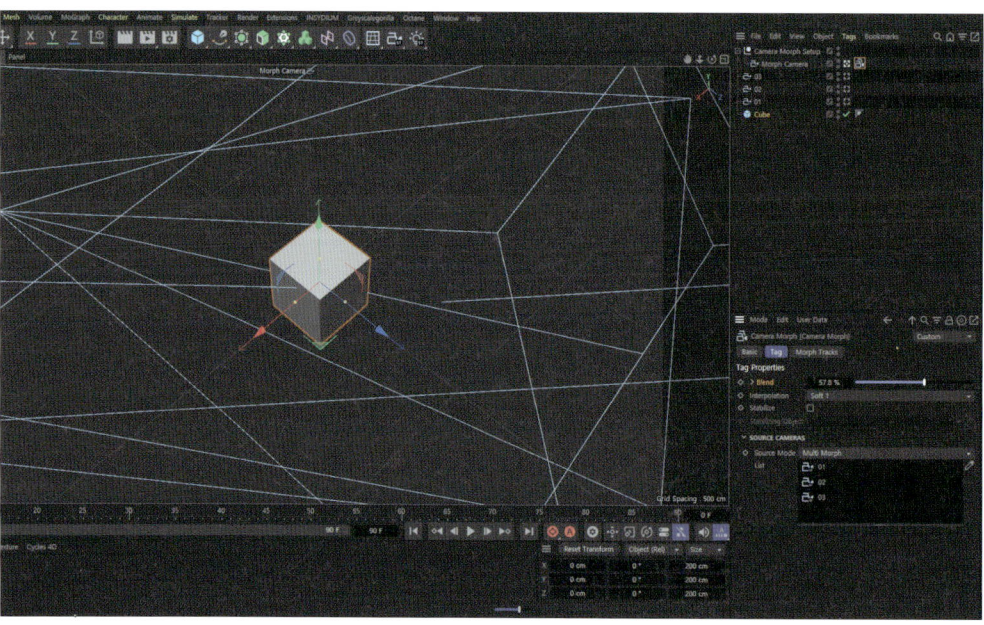

▲ 값 조절

그리고 설정값을 조절합니다. 여러분이 원하는 앵글을 맞춰보고 값을 조절해 보세요.

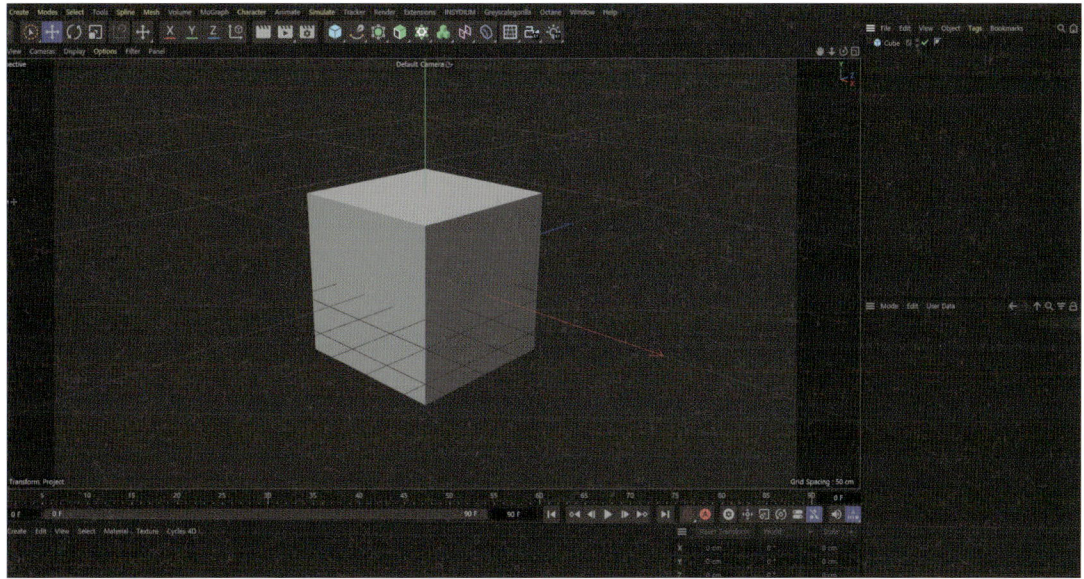

▲ 큐브 생성

이제 스플라인을 활용하여 카메라를 움직여 보겠습니다. 큐브를 새로 생성합니다.

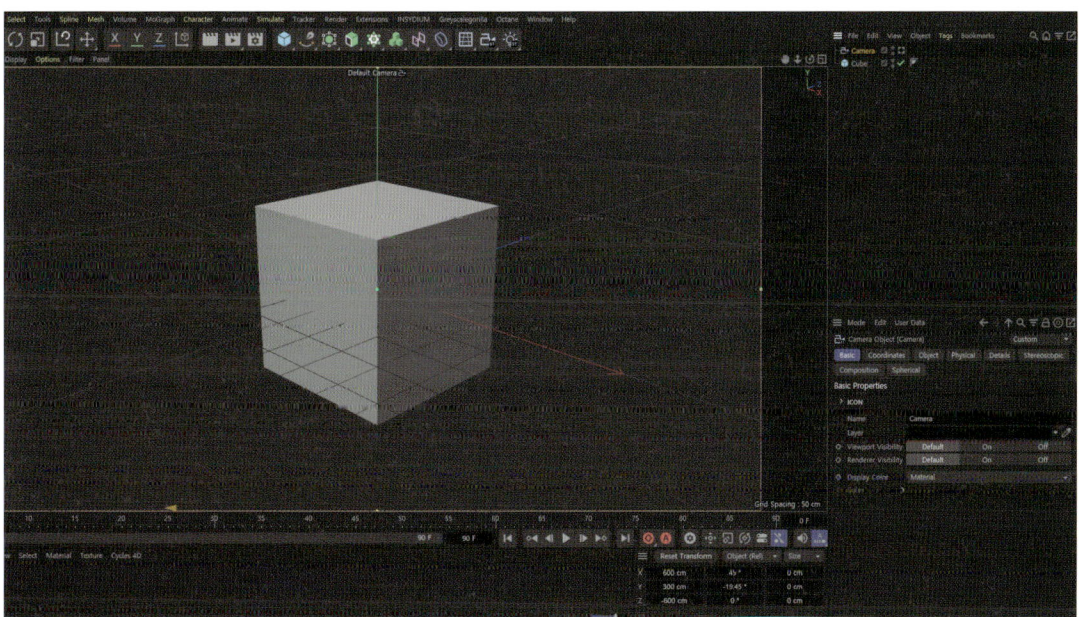

▲ 카메라 생성

이어서 카메라를 제작합니다.

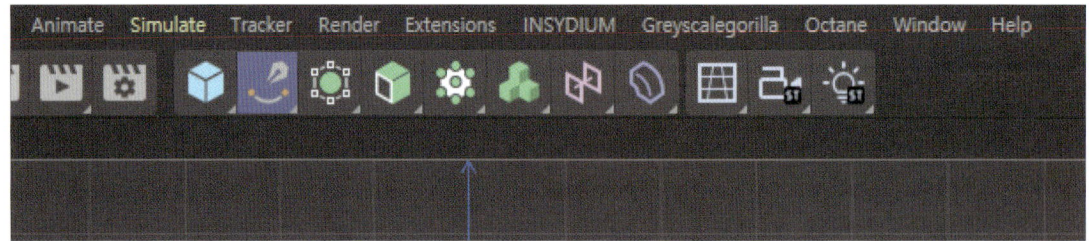

▲ 스플라인

펜 툴을 선택합니다.

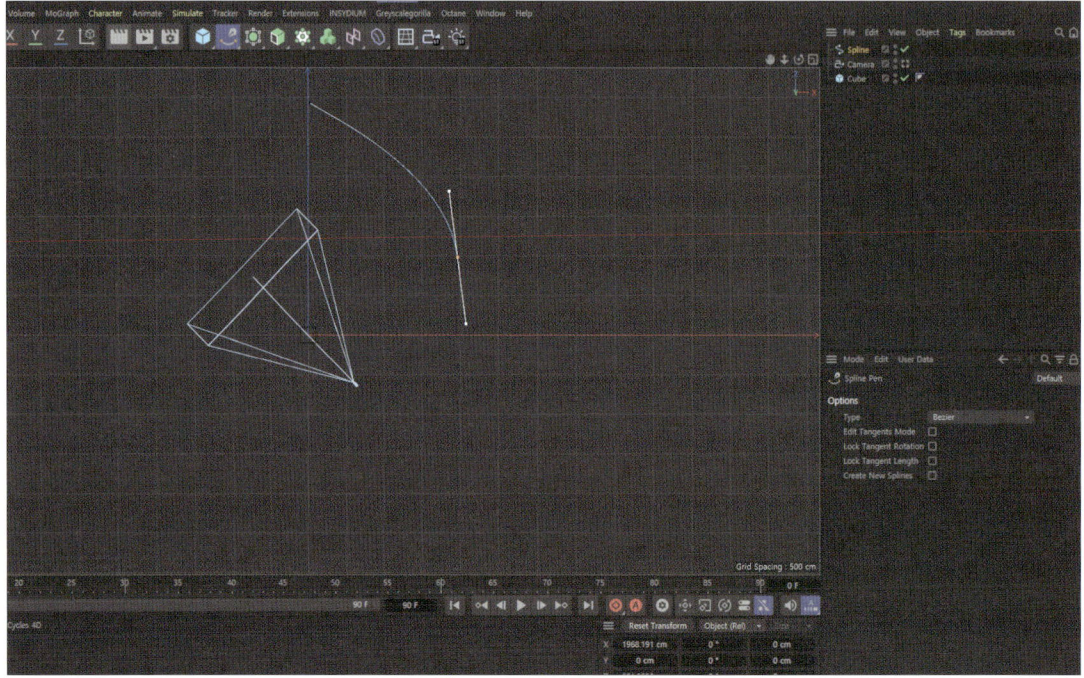

▲ 스플라인 그리기

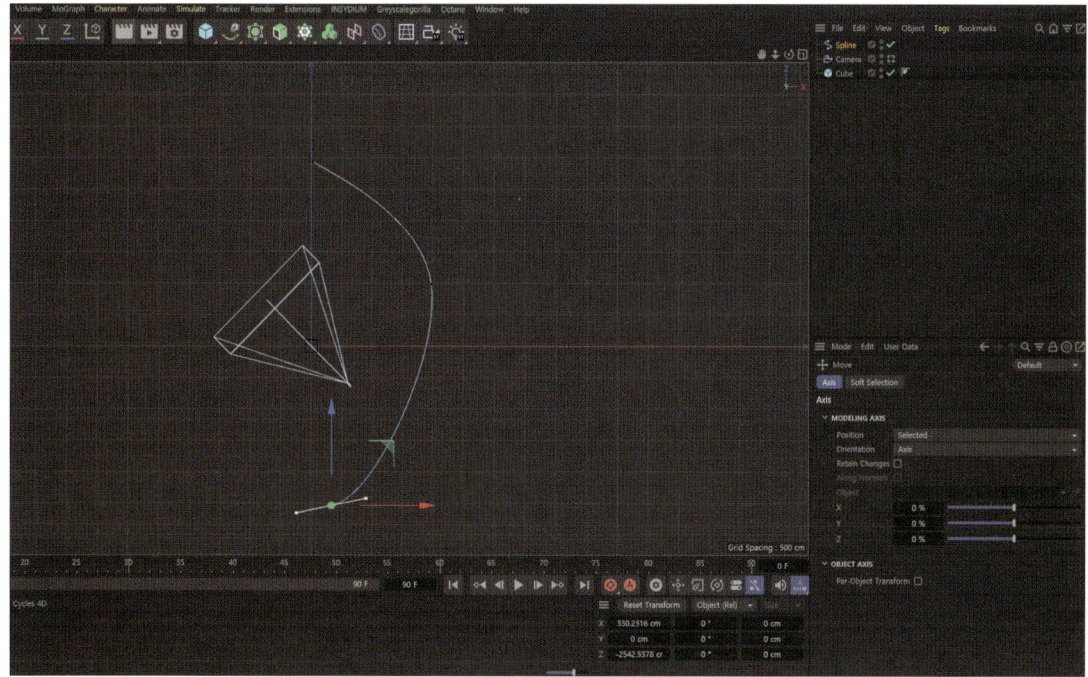

▲ 스플라인 완료

큐브 주위로 선을 그려줍니다.

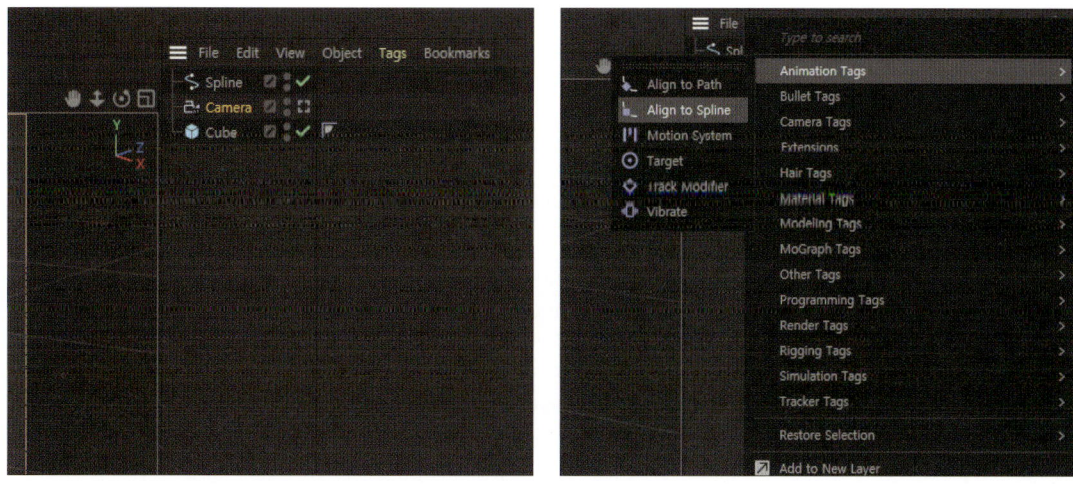

▲ 카메라 선택 / 스플라인 태그

카메라를 선택하고 [Animation Tags]-[Align to Spline]을 적용합니다. 선을 따라 물체를 움직이게 하는 기능입니다.

애니메이션 태그를 선택하고 스플라인 패스(Spline Path)에 앞서 그린 선을 드래그해서 적용합니다.

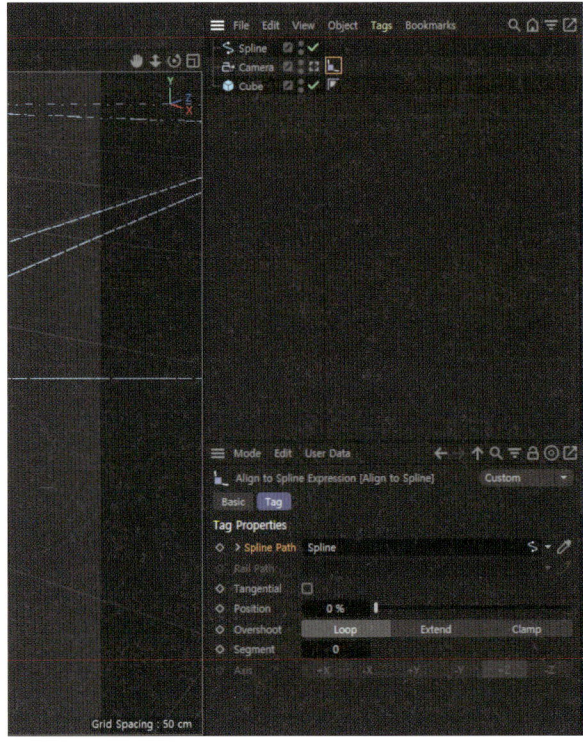

▲ 스플라인 적용

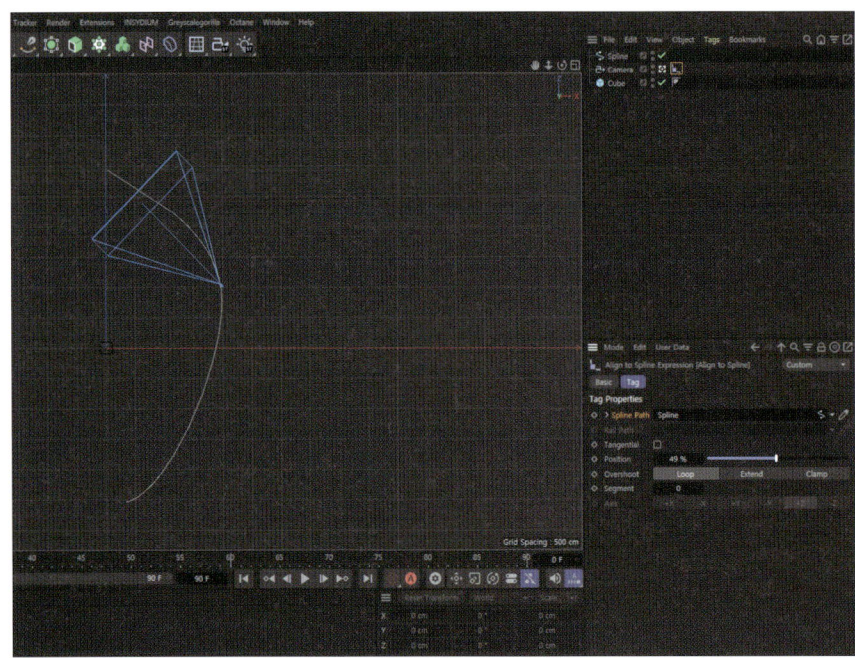

▲ 포지션 값 조정

포지션(Position) 값을 조절하면 카메라가 움직이는 것을 확인할 수 있습니다. 카메라뿐만 아니라 다른 오브젝트도 동일하게 적용됩니다.

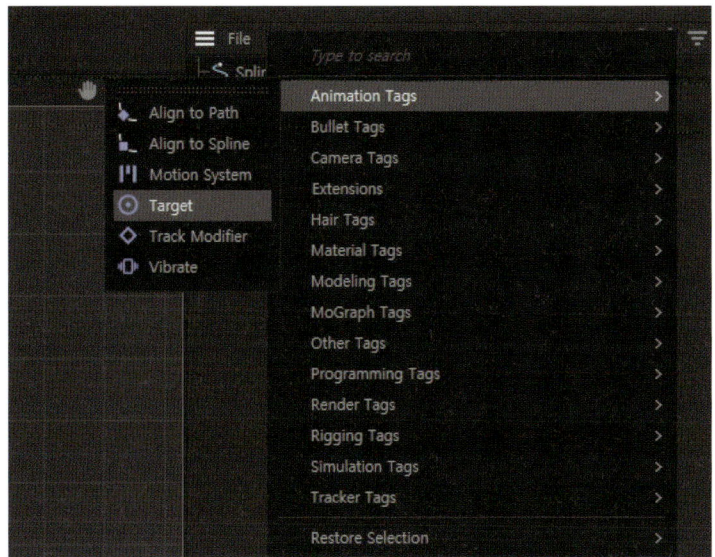

▲ 타깃 태그

다시 카메라를 클릭한 후에 이번엔 [Animation Tags]-[Target] 태그를 적용합니다.

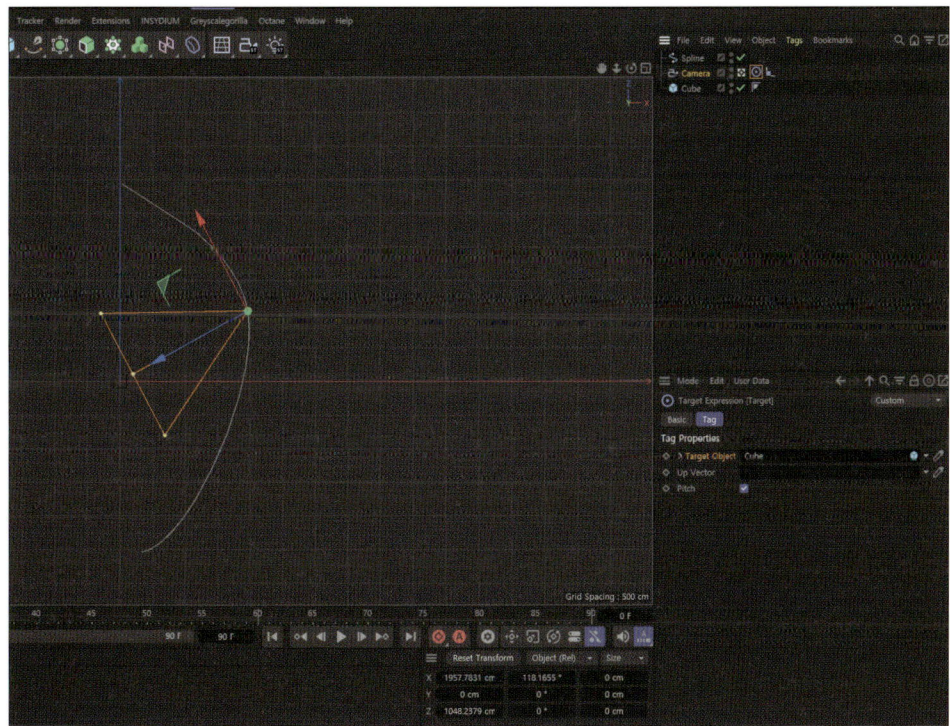

▲ 타깃 설정

태그를 클릭한 후에 타깃 오브젝트(Target Object)에 원하는 오브젝트를 설정합니다.

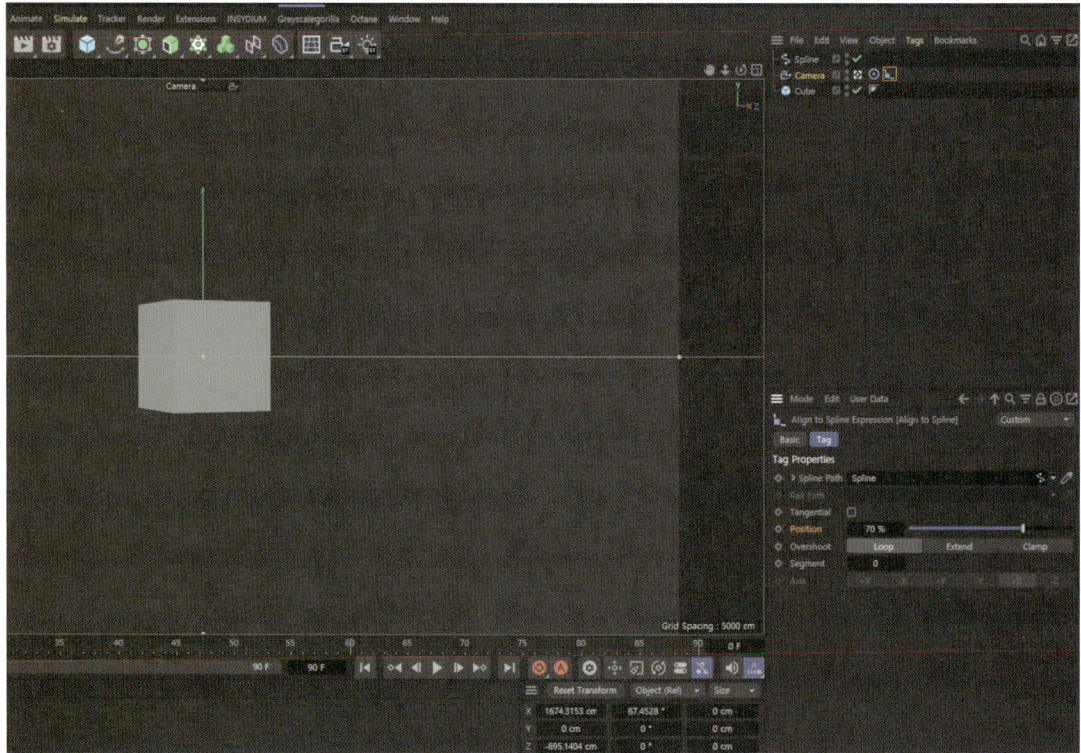

▲ 값 조절

다시 [Align to Spline] 값을 조절하면 카메라가 큐브를 바라보는 상태로 움직이는 것을 확인할 수 있습니다.

단축키와 팔레트 설정

이번에는 단축키와 팔레트를 설정하여 레이아웃을 원하는 대로 배치해 보겠습니다. 먼저 단축키 설정입니다.

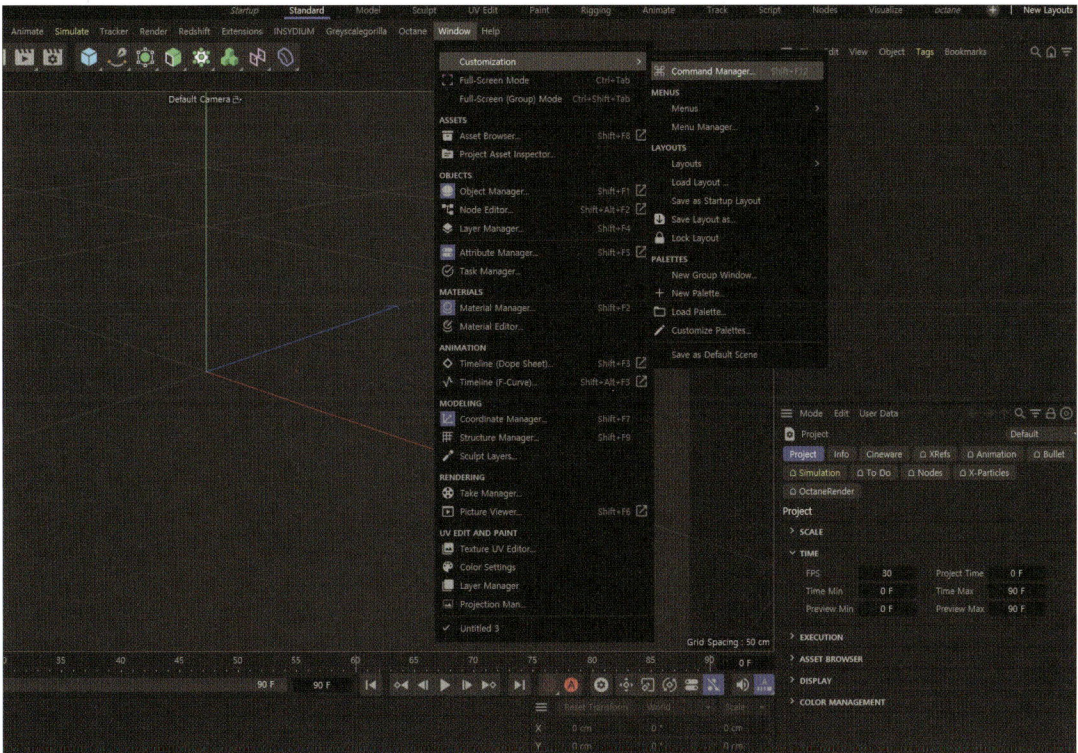

▲ 커맨드 매니저

[Window]-[Customization]-[Command Manager]를 클릭합니다.

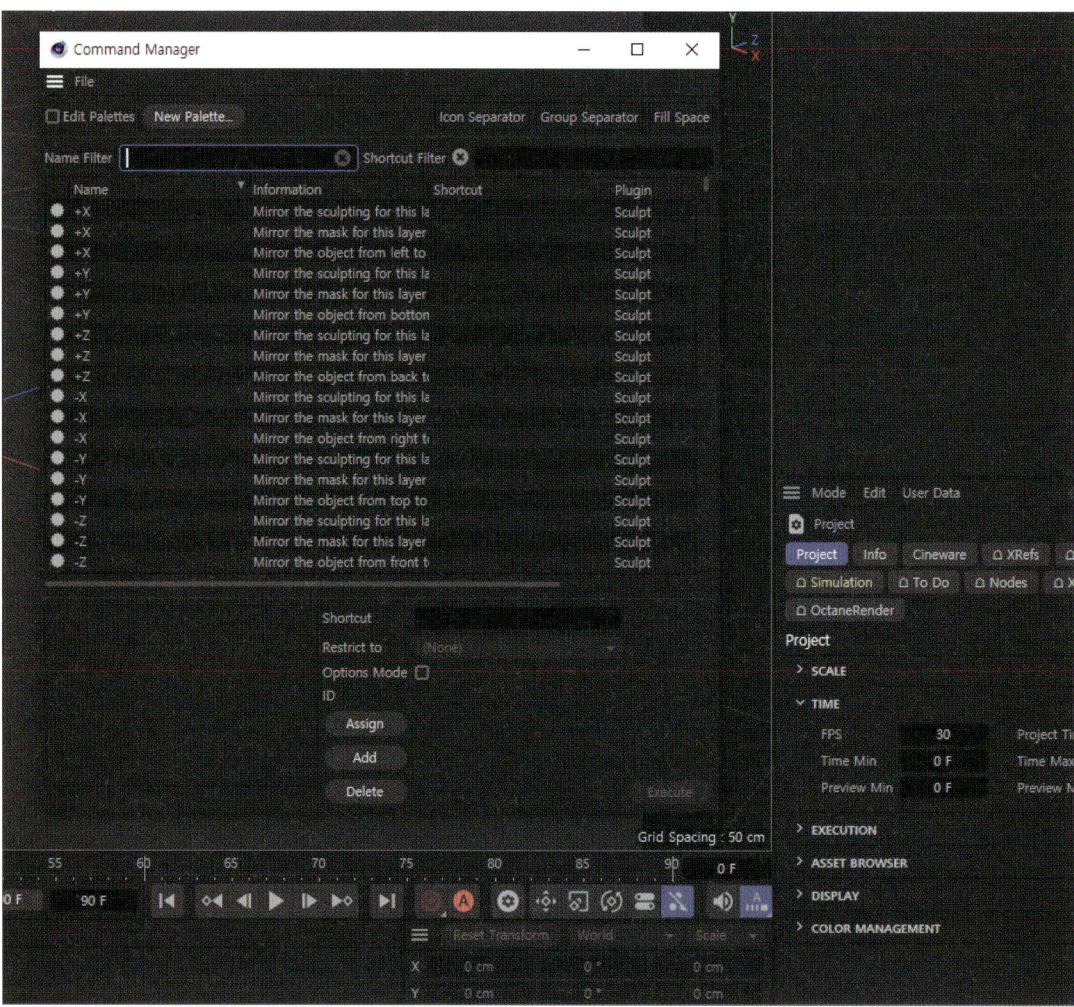

▲ 검색

위와 같이 커맨드 매니저(Command Manager) 창이 뜨는 것을 확인할 수 있습니다.

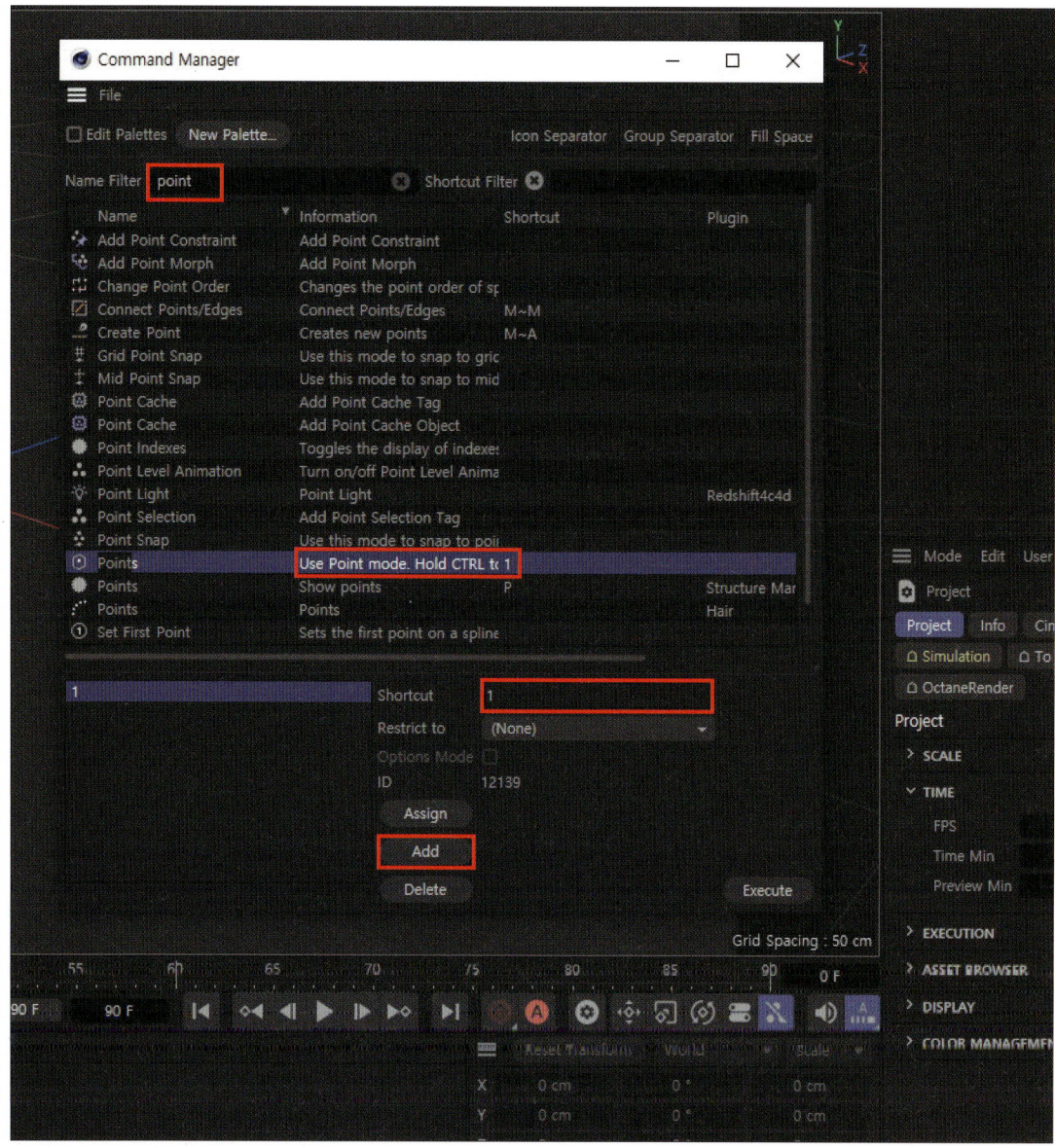

▲ 검색

상단 검색창에 'point'를 검색합니다. 여러 개의 [Points] 중에서 포인트 선택 모드를 뜻하는 첫 번째 [Points]를 클릭합니다. 우리가 실습하면서 자주 사용했던 바로 그 포인트 선택 모드입니다. 그리고 [Shortcut: 1]을 입력하고 [Add]를 누릅니다.

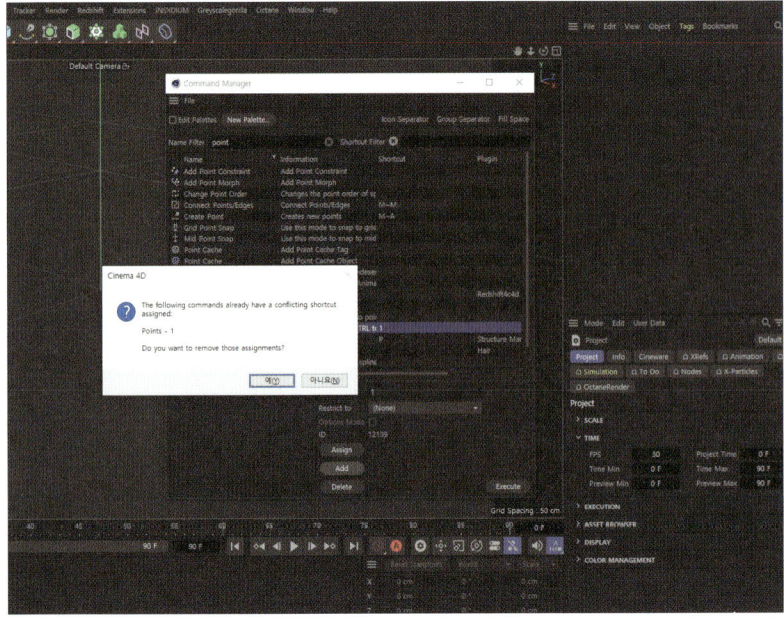

▲ 확인

확인 메시지 창이 뜨고 [예]를 누르면 단축키 설정이 완료됩니다. 해당 기능이 원래 어떤 키였고, 기능의 명칭만 정확히 알고 있으면 이처럼 어렵지 않게 단축키를 설정할 수 있습니다.

이어서 팔레트 설정을 하겠습니다. 팔레트는 잘만 설정하면 작업을 더 효율적으로 할 수 있지만, 설정할 때 자칫 실수하면 굉장히 귀찮아질 수 있으므로 이 점에 유의하면서 따라 해주세요.

Shift + C 를 눌러 커맨더(Commander)를 열고 'octane'을 검색합니다.

▲ 검색

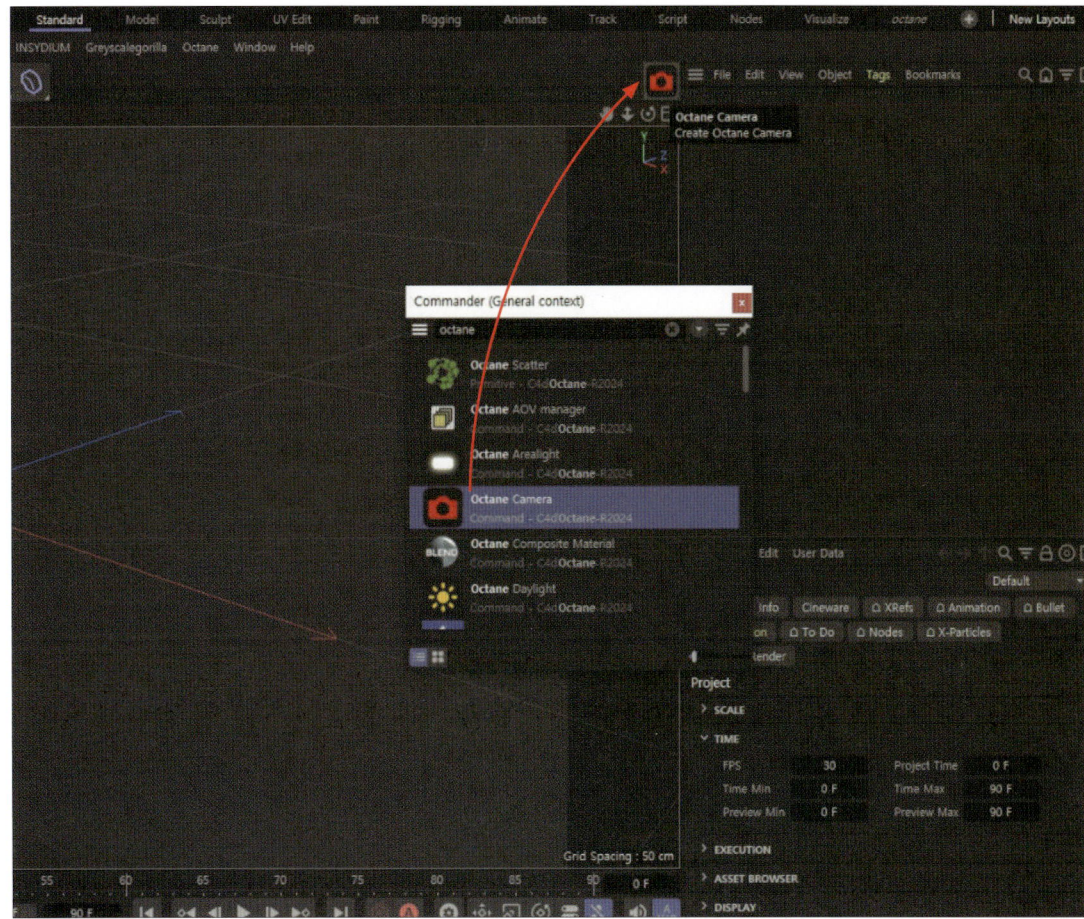

▲ 드래그

옥테인 카메라를 드래그해서 배치합니다. 다른 기능을 배치해도 되며, 여기서는 옥테인 관련 기능들만 배치하겠습니다.

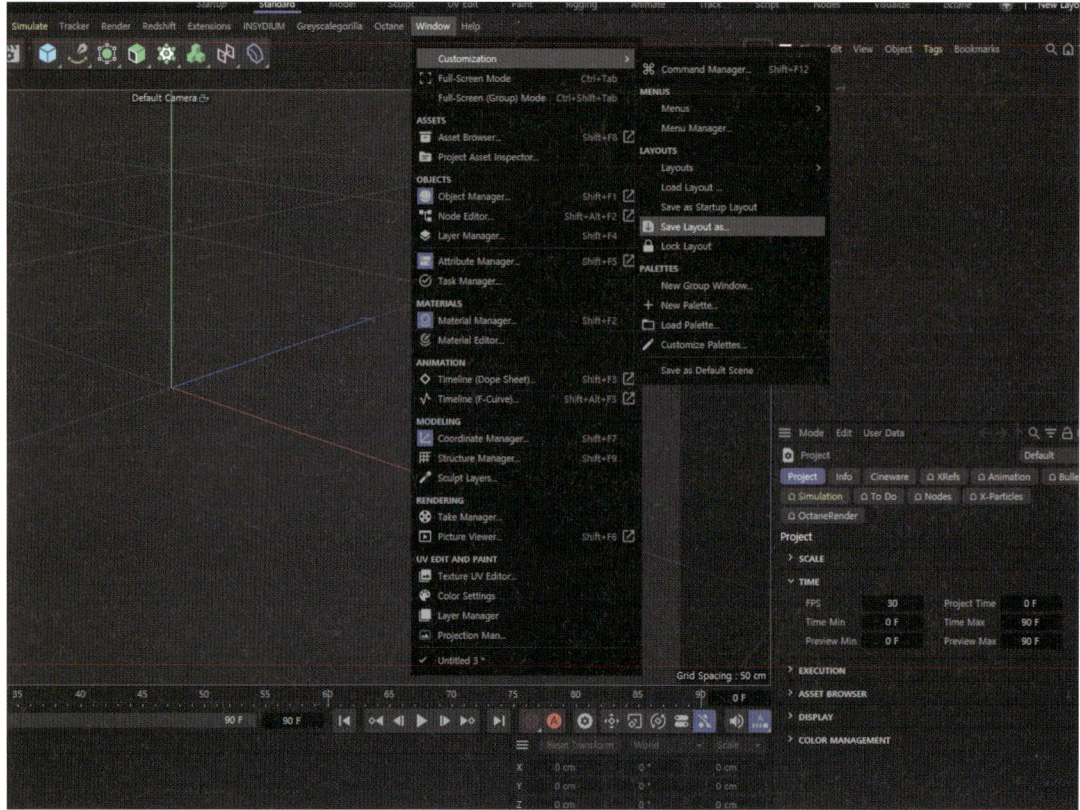

▲ 레이아웃

배치가 끝났으면 [Window]-[Customization]-[Save Layout as…]를 클릭해서 레이아웃을 저장하겠습니다. 만약 바로 위에 있는 [Save as Startup Layout]을 잘못 누르게 되면 처음 프로그램을 켤 때 나오는 화면으로 설정되어 버리니 조심해야 합니다. 물론 C4D를 켰을 때 해당 레이아웃으로 시작하고 싶다면 상관없지만, 작업을 하면서 레이아웃을 자주 바꾸기 때문에 시작 화면으로는 설정하지 않겠습니다.

▲ 이름 변경

저장 화면이 뜨면 설정하고 싶은 이름을 입력한 후 [저장]을 클릭합니다.

▲ 변경된 레이아웃 확인

앞서 옥테인 관련 기능들만 선택했으므로 'octane'으로 저장하여 필요할 때마다 해당 레이아웃을 사용하면 됩니다.

레이어 추가하기

다음으로는 레이어를 사용해 보겠습니다.

▲ 오브젝트 생성

우선 여러 가지 오브젝트를 배치해 줍니다. 2개 정도만 배치해도 무관합니다.

그 밖의 작업 팁 | PART 09　409

우클릭하여 [Add to New Layer]로 레이어를 추가합니다.

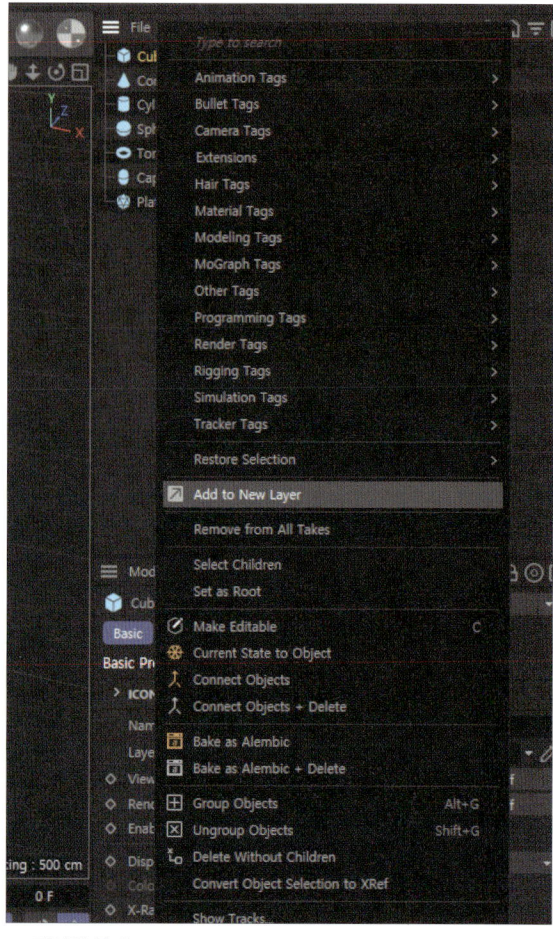

▲ 레이어 추가

레이어 색은 자유롭게 설정할 수 있으며, 오른쪽 이미지에서 레이어가 추가된 것을 확인할 수 있습니다.

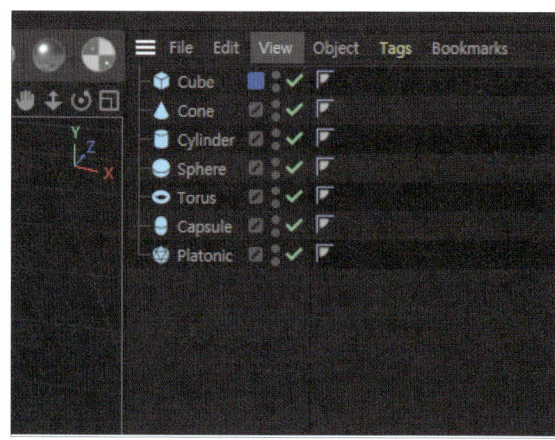

▲ 추가된 레이어

이번엔 다른 오브젝트를 레이어로 추가하겠습니다. 레이어는 두 가지 방법으로 추가할 수 있습니다. 방금 했던 [Add to New Layer]는 새로 레이어를 생성해서 추가하는 것이고, [Add to Layer]는 기존에 레이어를 추가했을 때만 활성화되며 기존에 생성한 레이어 중 선택해서 추가 하는 기능입니다.

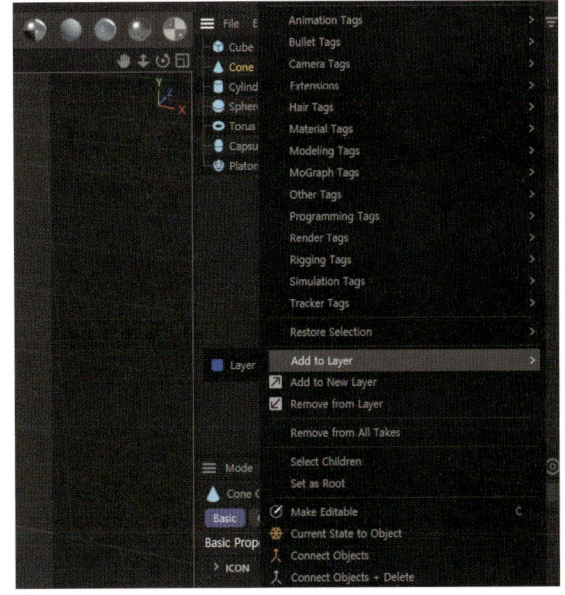

▲ 레이어 추가

우클릭을 하지 않고도 해당 탭을 클릭하여 레이어를 손쉽게 추가할 수 있습니다.

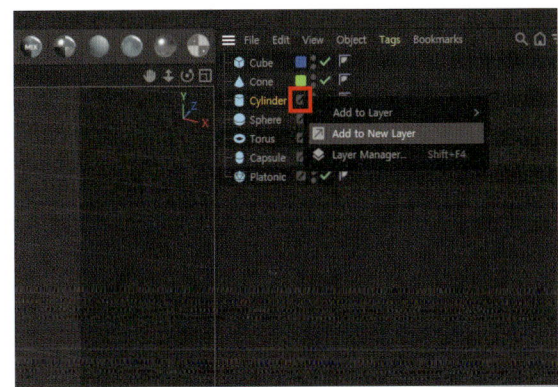

▲ 레이어 추가 2

모든 레이어 설정이 끝난 모습입니다. 일부 레이어는 겹쳐도 무관합니다.

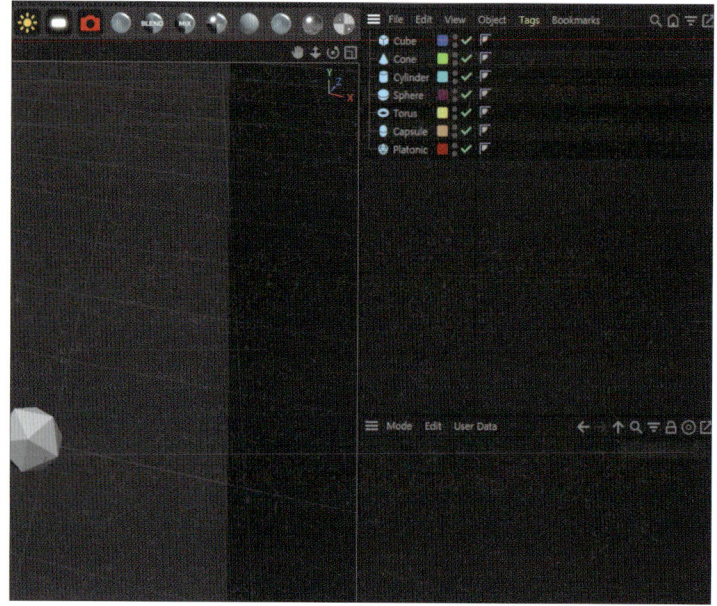

▲ 레이어 배치 완료

하단의 [Layers] 창을 클릭하면 레이어만 모아놓고 확인할 수 있습니다.

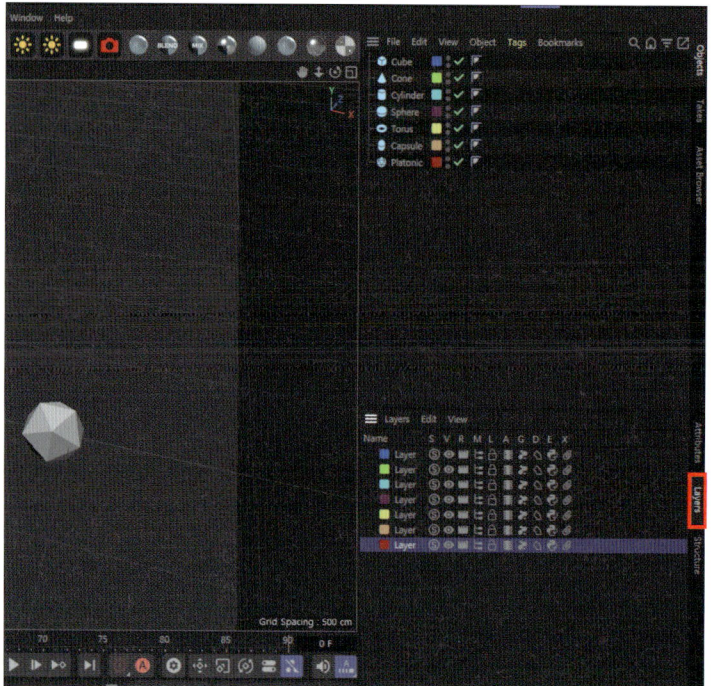

▲ 레이어 탭

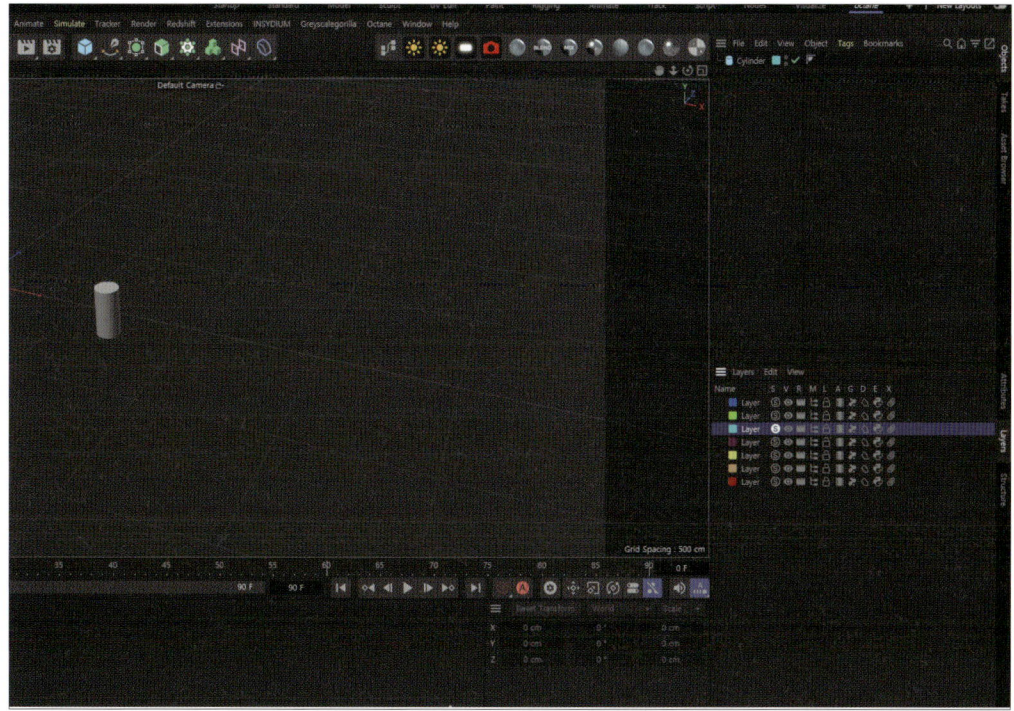

▲ 레이어 설정

레이어 창에서는 특정 레이어만 솔로 모드로 켜거나 보이지 않게 하는 등 여러 가지 설정이 가능하고, 이름도 변경할 수 있습니다.

레이어는 이렇게 재질에도 추가할 수 있어 주로 머티리얼에서 사용하면 편합니다.

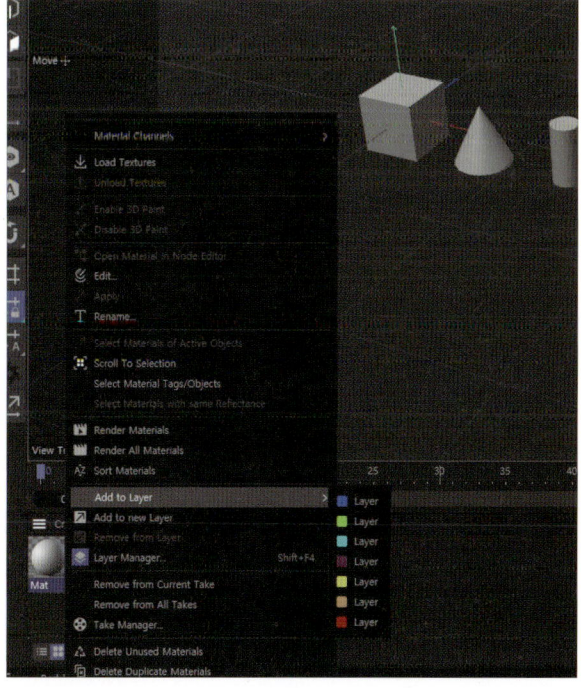

▲ 머티리얼

여러 가지 렌더링 방법

이번에는 여러 가지 렌더링 방법에 대해서 알아보겠습니다. 이 역시 정답은 없으며 실무에서 사용하는 방식 위주로 설명하겠습니다. 버전에 따라 기능이 없는 경우도 있으니 설정 화면을 같이 보며 참고만 해주세요.

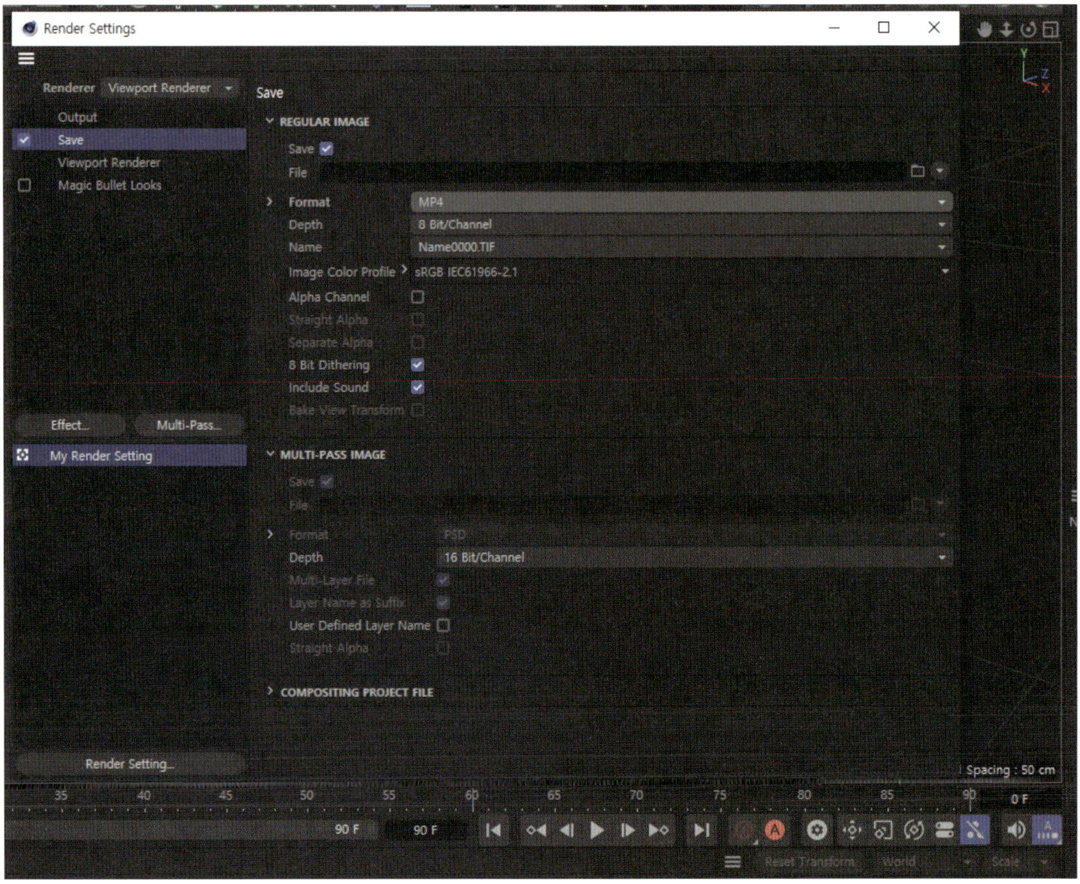

▲ 렌더 설정

우선 뷰포트 렌더러(Viewport Renderer)입니다. Perspective 화면을 그대로 렌더하는 기능으로, 뷰포트 렌더를 사용할 때는 PNG가 아닌 MP4로 렌더링합니다. 그동안 MP4로 렌더하지 않은 이유는 다음과 같습니다.

한 장을 렌더링하는 데 짧게는 10초에서 길게는 몇십 분이 걸리기도 합니다. 그런데 30초짜리 광고 영상을 만든다고 가정하겠습니다. 영상은 1초에 약 30장이 필요하니까 총 900장을 렌더링해야 합니다. 한 장당 몇 초밖에 걸리지 않는다면 괜찮겠지만 몇 분씩 걸리면 전체를 렌더링하는 데 굉장히 오랜 시간이 걸립니다.

그리고 렌더링을 진행할 때 갑자기 중간에 프로그램이 꺼지기도 합니다. 이런 사고를 방지하기 위해 우선 PNG로 렌더링을 진행하고, 이것을 다시 애프터 이펙트나 프리미어 같은 영상 프로그램에서 변환하는 과정을 거칩니다. 그래서 다양한 렌더를 설정할 줄 아는 것이 도움이 됩니다.

영상을 제작할 때는 모션의 텐션이나 전체적인 호흡을 위해서 바로 최종 설정으로 렌더링을 진행하지 않습니다. 그래서 시간이 오래 걸리지 않는 재질이나 빛을 확인하지 않는 과정에서만 이 MP4 렌더 설정을 사용한다고 보면 됩니다.

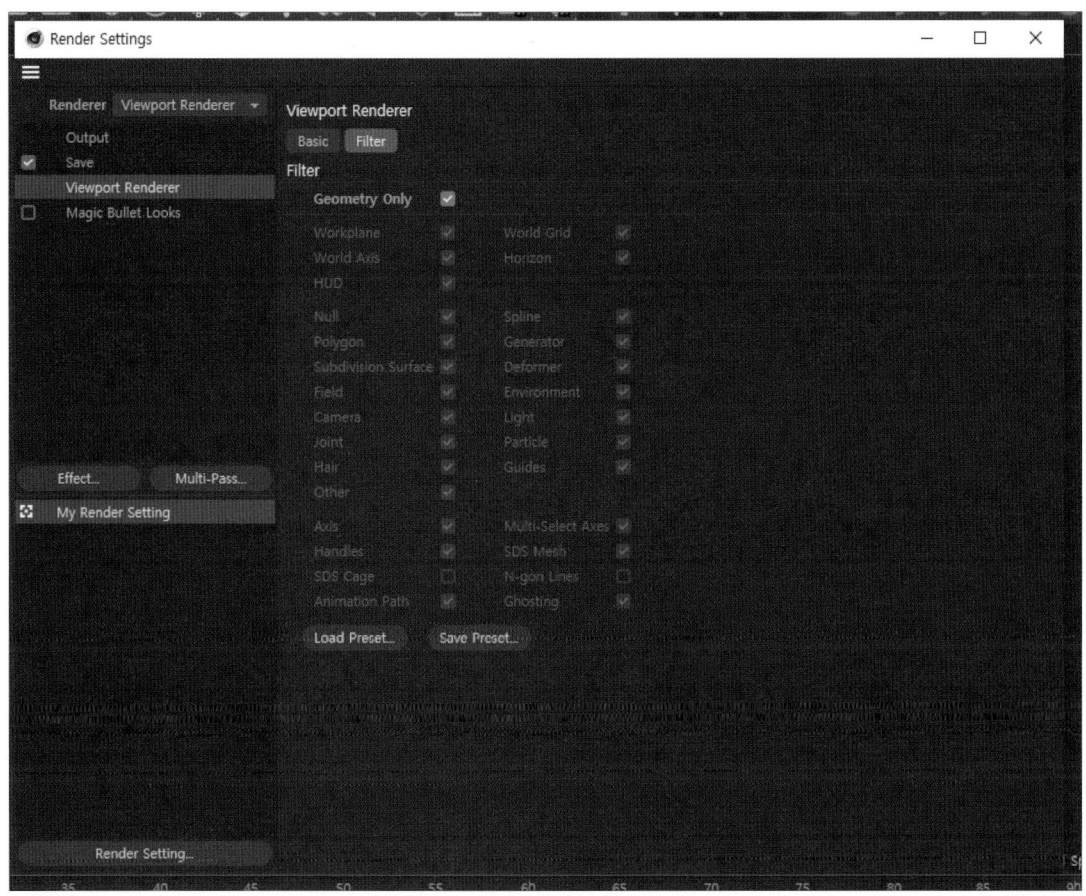

▲ 뷰포트 렌더

뷰포트 렌더를 사용하면 라이트의 모양이나 카메라를 포함한 모든 설정값이 나옵니다. 다양한 설정 중에서 [Geometry Only]에 체크하면 상대적으로 깔끔하게 렌더를 진행할 수 있어 작업에 용이합니다.

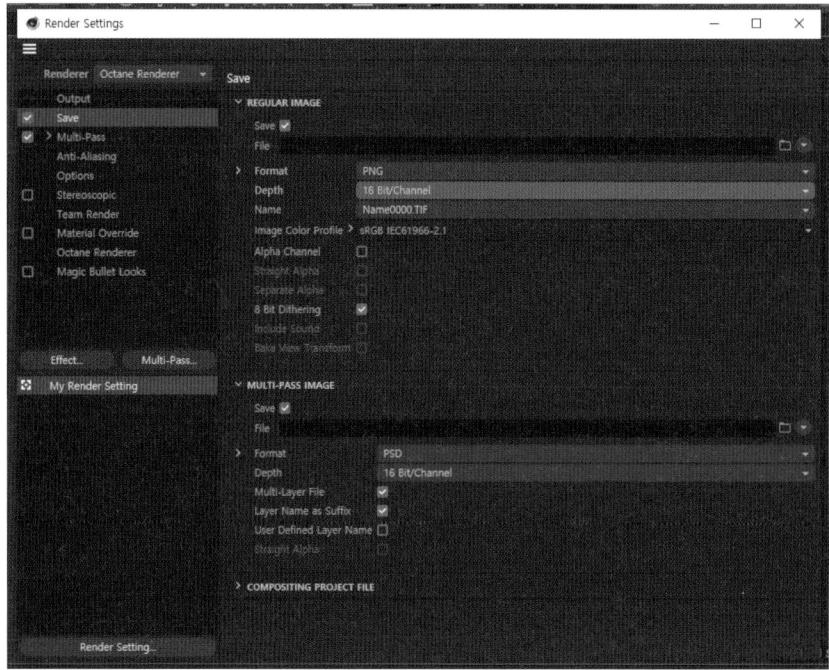

▲ 옥테인 렌더

그다음은 우리가 많이 사용한 옥테인 렌더러(Octane Renderer)입니다. 많이 사용하는 설정 중 하나로, 옥테인 렌더는 포맷을 PNG로 설정해서 진행합니다.

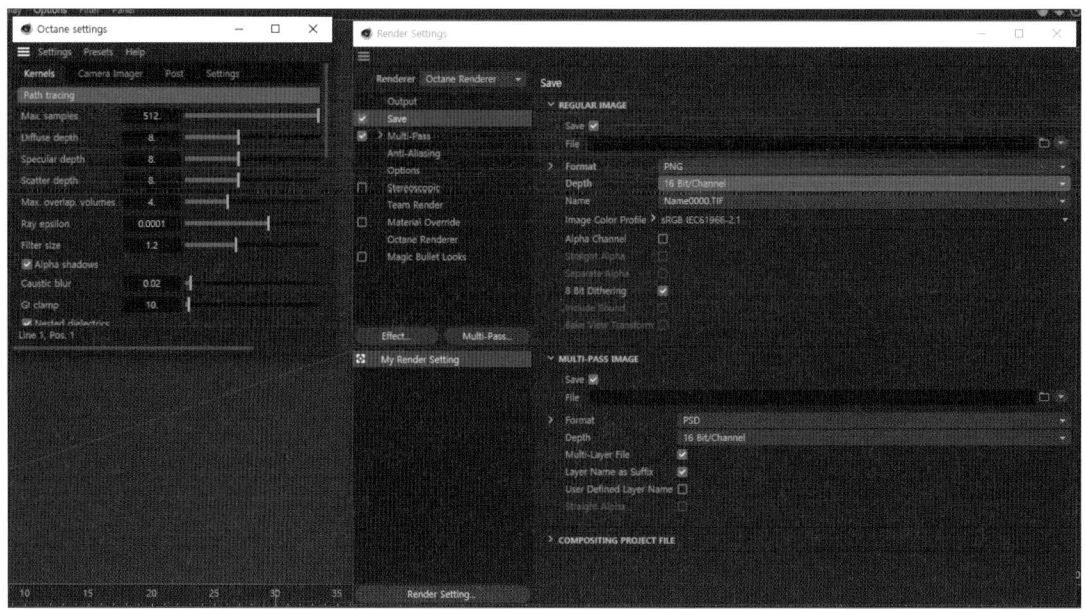

▲ 옥테인 렌더 설정값

옥테인 렌더는 위 이미지와 비슷한 값으로 설정해놓고 사용하면 편합니다.

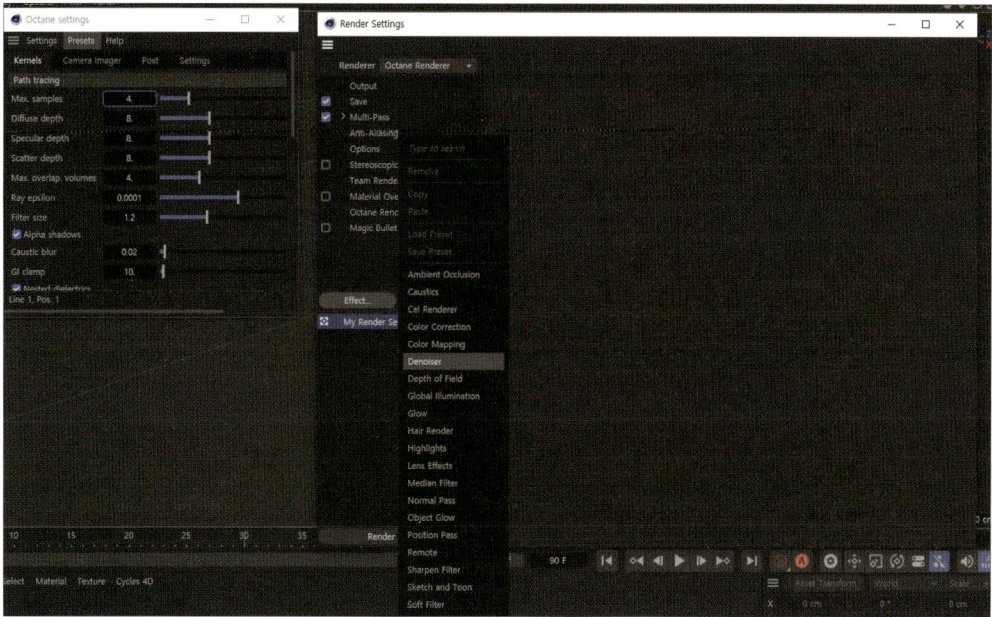

▲ 옥테인 렌더 설정값 2

모션감을 확인할 때나 대부분의 작업이 끝나고 최종 렌더를 진행하기 전 마지막 단계에서는 위 이미지처럼 [Max. samples] 값을 아주 낮게 설정합니다. 옥테인의 재질이나 빛 느낌을 확인하려면 시간이 오래 걸릴 수 있고, 수정 사항이 발생할 수도 있기 때문입니다. 그리고 별도로 [Denoiser] 이펙터도 설정합니다. [Max. samples] 값이 낮으면 노이즈가 많이 생성되는데, 이를 방지하는 역할입니다.

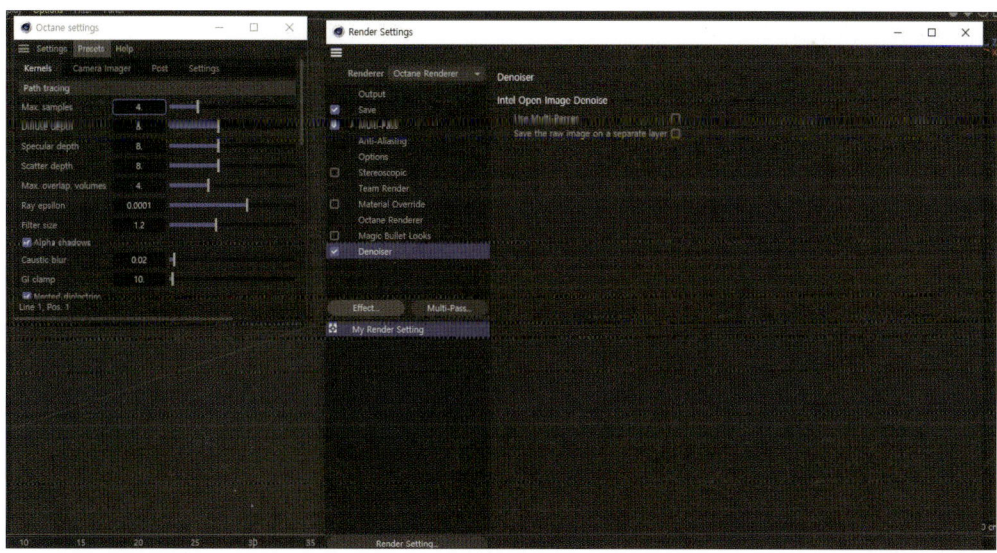

▲ 옥테인 렌더 설정값 3

옥테인 렌더를 최종으로 설정한 내용은 위와 같습니다. 이를 참고하여 각각의 상황에 따라 잘 선택해서 사용하길 바랍니다.

커넥트와 메타볼

이번에는 커넥트(Connect)와 메타볼(Metaball) 기능을 알아보겠습니다. 자주 사용하지는 않지만 알아두면 언젠가 한 번씩은 사용하는 굉장히 간단한 기능들입니다.

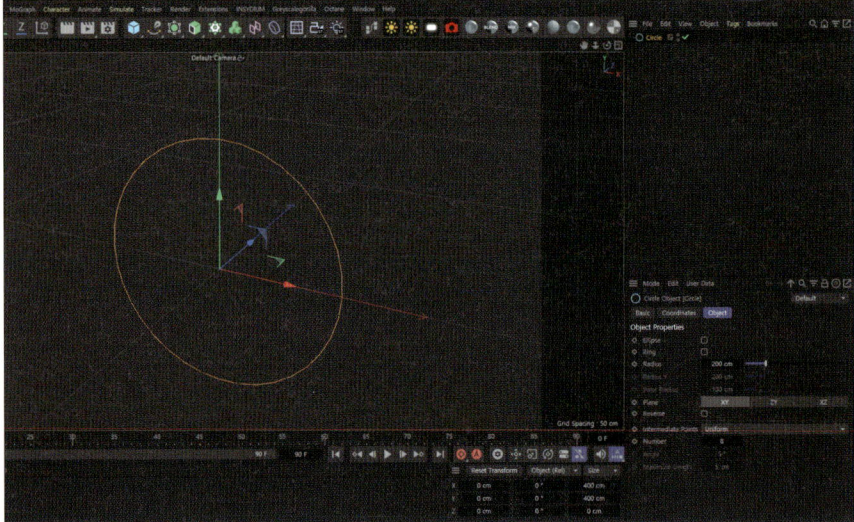

▲ 서클 생성

서클(Circle)을 하나 생성합니다.

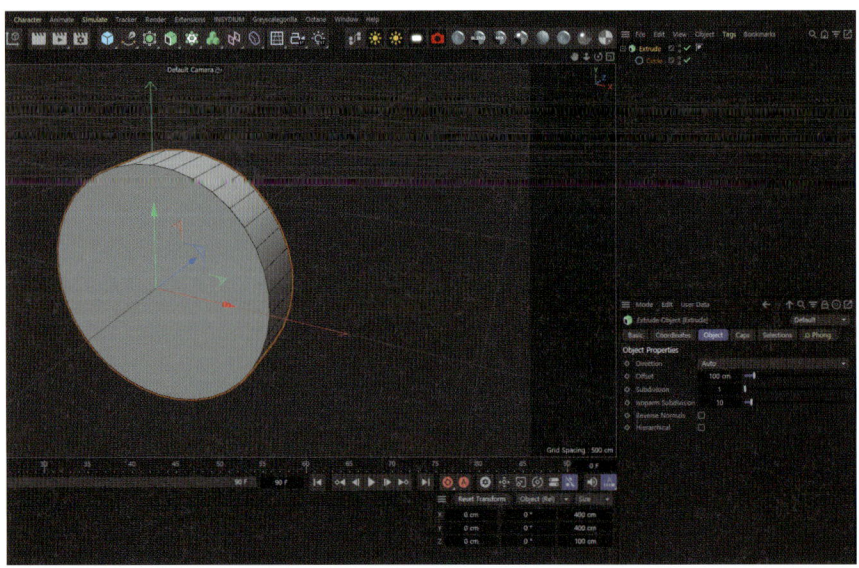

▲ 익스트루드

선에 입체감을 부여하는 익스트루드(Extrude) 기능을 적용합니다. 여러 가지 선에 동시에 입체적인 느낌을 주고 싶을 때는 두 오브젝트를 같이 복제하면 되는데, 여기서는 하나의 익스트루드만을 사용하도록 설정하겠습니다.

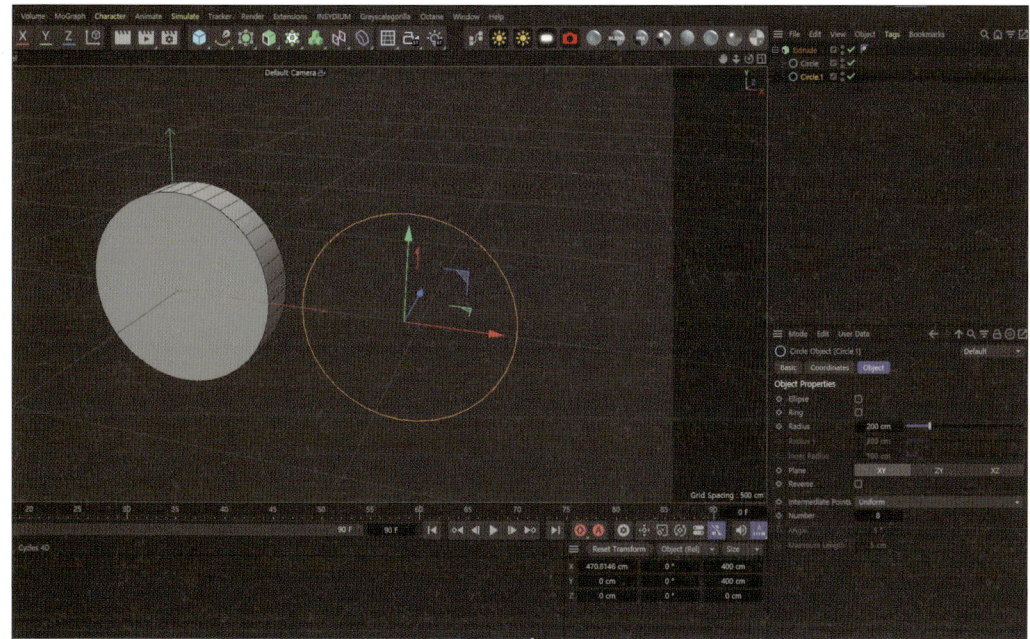

▲ 스플라인 복제

익스트루드 안에 서클을 하나 복제합니다. 그러면 하나는 적용되고 다른 하나는 적용이 안 된 것을 확인할 수 있습니다.

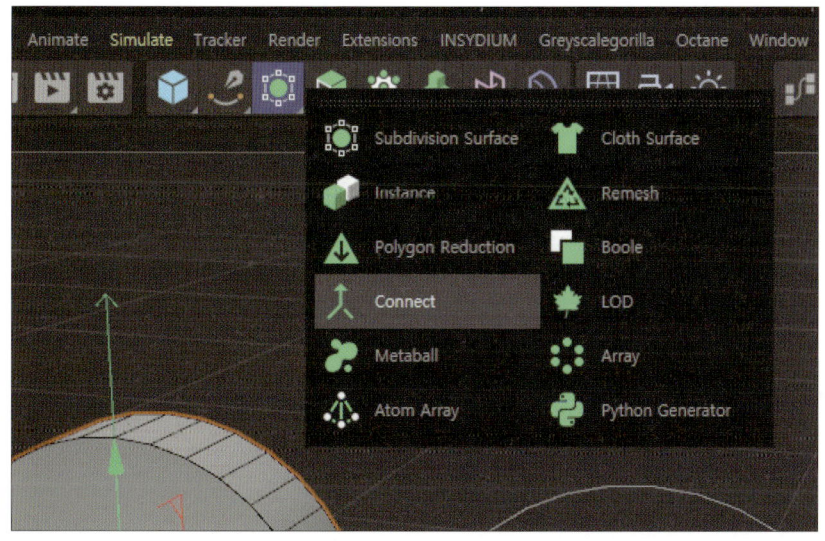

▲ 커넥트

여기에 커넥트(Connect) 기능을 사용해 보겠습니다.

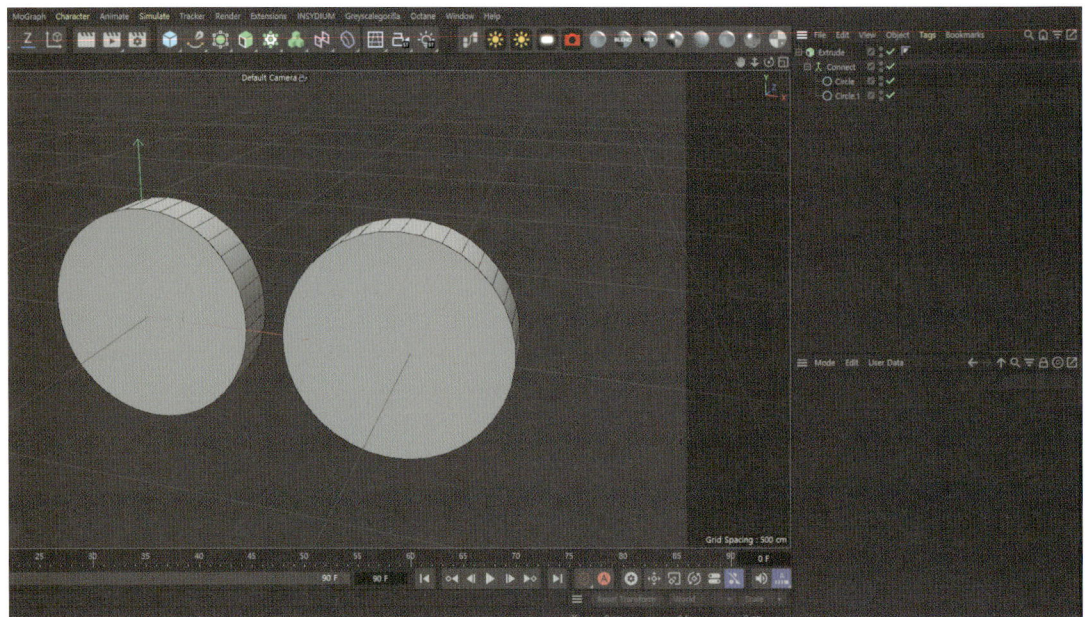

▲ 커넥트 적용 완료

커넥트는 익스트루드와 서클 사이에 적용해 줍니다. 앞에서 사용했던 널(Null)처럼 두 서클을 묶어주는 기능이라고 이해하면 됩니다.

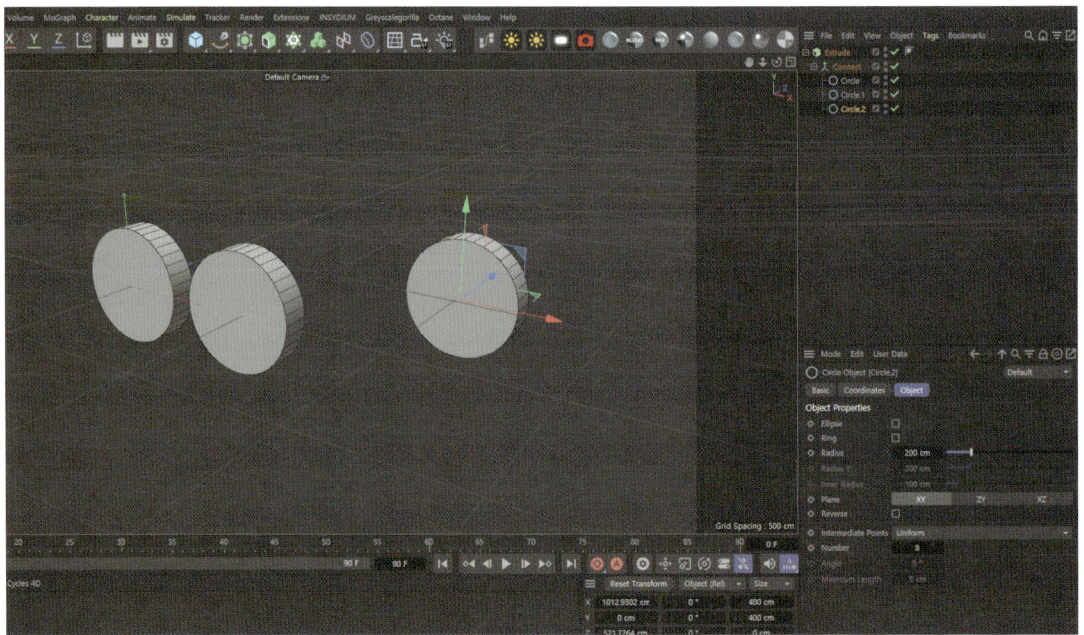

▲ 응용

선이 몇 개가 있든 어느 위치에 있든 잘 적용되는 것을 확인할 수 있습니다.

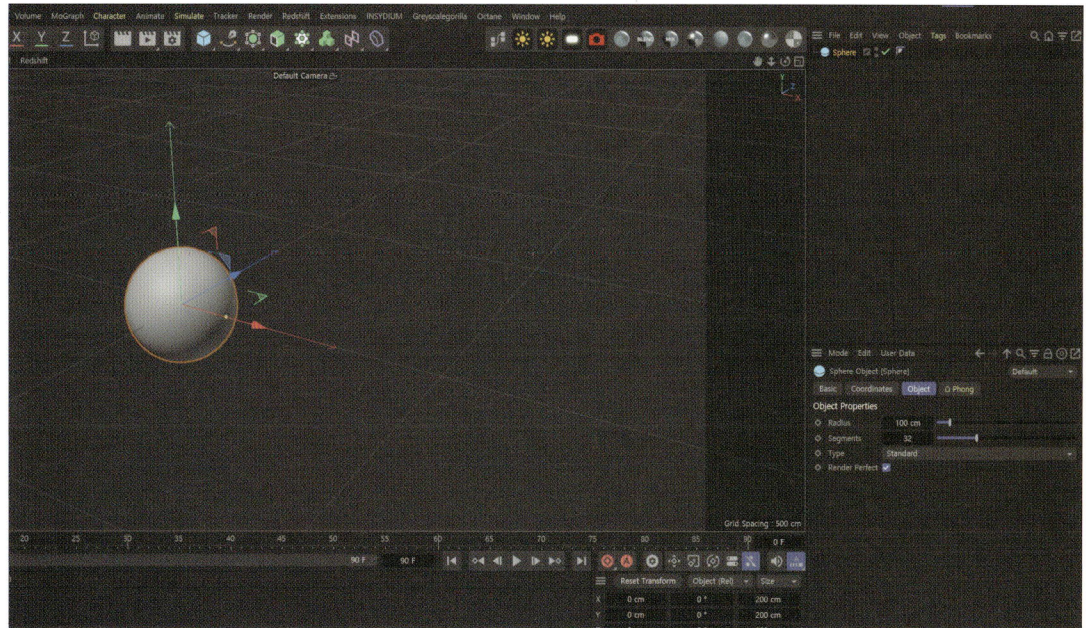

▲ 스피어 제작

그다음으로는 메타볼(Metaball)을 사용해 보기 위해 스피어(Sphere)를 하나 생성해 줍니다.

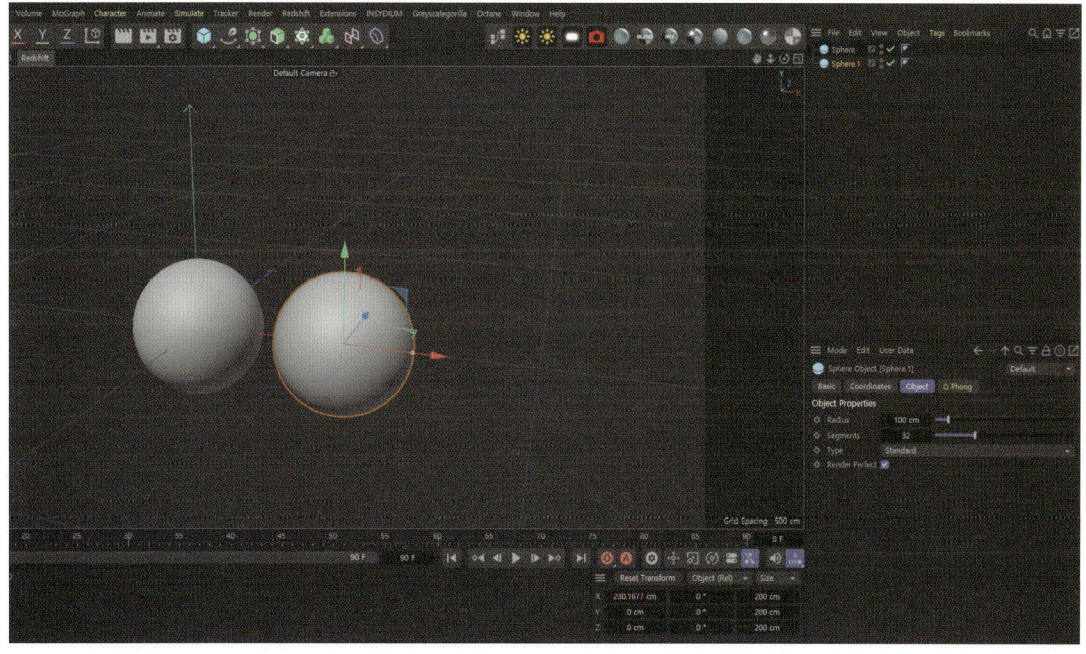

▲ 스피어 복제

스피어를 그대로 복제해서 옆으로 이동합니다.

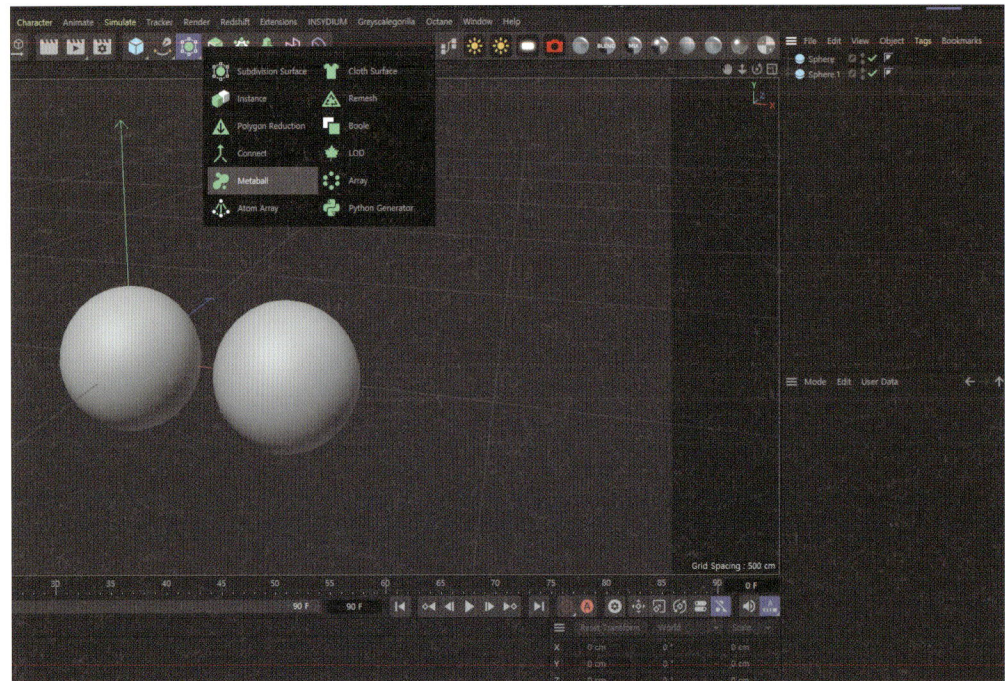

▲ 메타볼

메타볼(Metaball) 기능을 생성합니다.

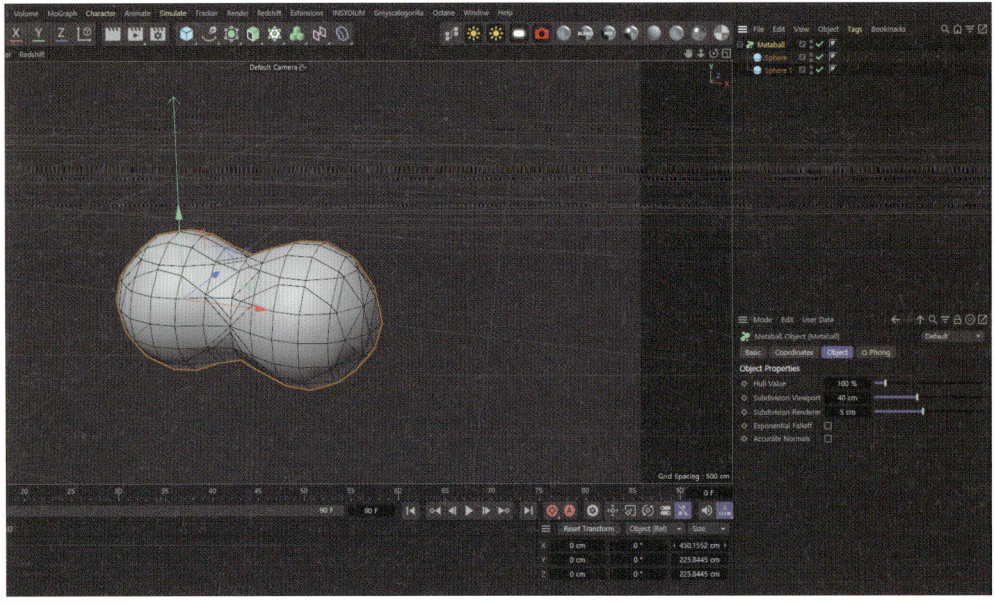

▲ 메타볼 적용

메타볼은 두 오브젝트를 이어주는 기능이므로 최상단으로 위치시키면 됩니다. 그럼 하단에 있는 오브젝트가 서로 이어지는 것을 확인할 수 있습니다.

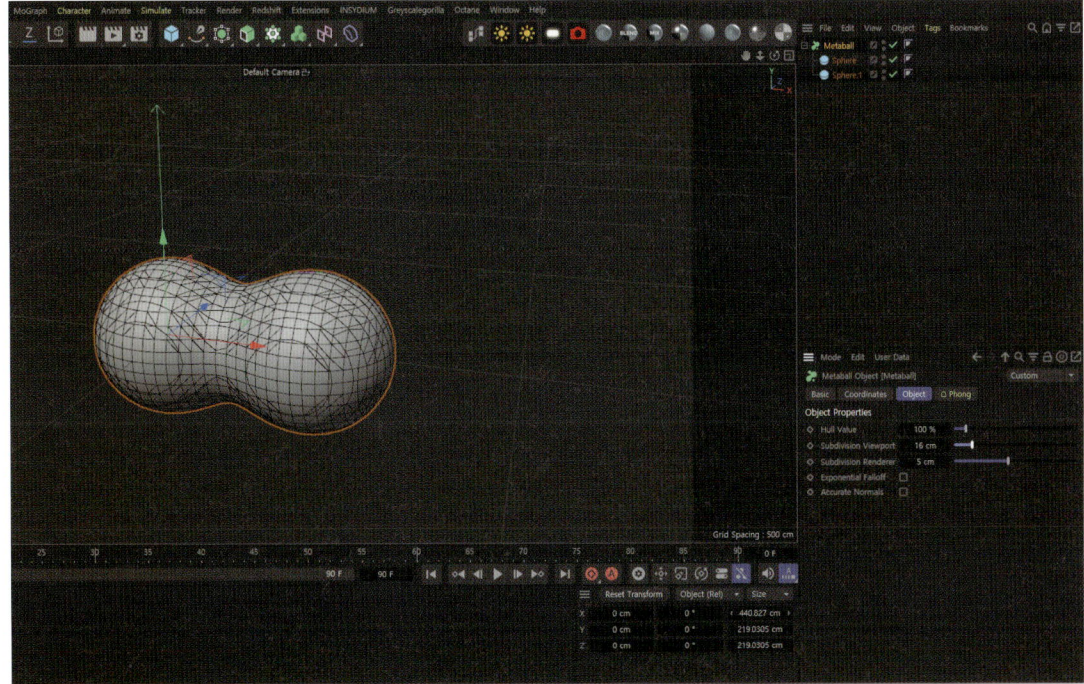

▲ 값 수정

메타볼을 클릭하고 세 가지 설정값을 수정해 보세요. 두 오브젝트를 얼마나 디테일하게 이을 것인지, 면을 얼마나 사용할 것인지 등 값을 조절해 보면 어떤 기능인지 바로 파악할 수 있을 것입니다. 움직이는 키 프레임도 적용할 수 있지만, 면이 많아지면 프로젝트 파일이 무거워져서 버벅거림이 생길 수 있으므로 이 점에 유의해서 연습해 봅니다.

포트폴리오 제작 시 고려할 점

이번 챕터에서는 포트폴리오를 제작할 때 고려할 것들과 포트폴리오의 방향성을 어떻게 잡아가야 하는지 다루려고 합니다. 실제로 제가 처음 작업물을 제작할 때 겪었던 경험을 바탕으로 이 챕터를 준비했습니다.

제일 처음 공부와 작업을 시작할 때 가장 컸던 어려움은 혼자서 해야 한다는 것이었습니다. 여기서 말하는 힘듦은 회의 등을 통해 여러 의견을 얻고 싶은데 그럴 수 없는 경우를 기본적으로 하는 어려움입니다. 그래서 회사 일이나 외주 작업 등 실무를 하는 선배들을 만나기 위해 힘써야 했습니다. 그런데 요새는 굳이 대면하지 않더라도 SNS 등 정보를 얻을 수 있는 수단이 굉장히 많아졌습니다. 포털 사이트에 검색만 해도 아주 많은 정보가 나오기 때문에 이제는 그리 힘든 부분이 아니라고 생각합니다.

공부와 작업을 위한 사전 정보도 중요하지만 본격적으로 무엇을 어떻게 만들 것인지가 제일 중요합니다. 취업이 아닌 취미 정도 혹은 취업 생각이 없는 분들이라면 이 챕터는 그냥 넘어가도 괜찮습니다. 어디까지나 이번 챕터는 취업에 목적이 있어서 취미보다는 조금 더 진지하고 깊게 공부하는 분을 위한 챕터입니다.

업계에도 굉장히 많은 종류의 회사와 작업자가 있습니다. 여러분은 다양한 작업 프로세스를 통해 모델링, 모션, 재질, 빛, 합성 등 여러 작업을 동시다발적으로 수행하게 될 것입니다. 그리고 귀여운 캐릭터를 만들거나 딱딱한 로봇을 제작할 수도 있고, 배경 혹은 주요 오브젝트 등 다양한 작업물을 제작할 수 있습니다. 그중에서 하고 싶은 작업만 하는 것이 아니라 여러 과정을 거치면서 본인이 어떤 작업에 더 특화되어 있는지를 파악하는 것이 중요합니다. 이를 파악하면 나중에 프로젝트 회의나 외주를 하게 될 때 기준점이 생겨서 도움이 됩니다. 하지만 이 과정은 시간이 꽤 걸린다는 점을 알아둬야 합니다.

방향성이 정해지고 난 후에는 본격적으로 포트폴리오 작업을 시작합니다. 어느 회사에 지원할지를 먼저 검색한 후 리스트를 정리하고, 해당 회사를 목표로 포트폴리오를 준비합니다. C4D 프로그램에는 많은 기능이 있지만 실무자도 모든 기능을 알지는 못합니다. 필요할 때마다 검색을 하거나 꾸준히 공부하고 유행을 파악하기 위한 노력을 해야 합니다.

포트폴리오를 기획할 때는 전체적인 의도, 강조하고 싶은 부분, 적절한 레이아웃이나 음악과 효과음을 모두 신경 써야 합니다. 그런데 혼자서는 그 과정이 꽤 힘듭니다. 그렇기 때문에 꼭 이 분야에 경험이 있는 사람에게 피드백을 받아야 합니다. "이 부분은 뭔가 와닿지 않아", "여기 색이 너무 이상해" 같은 두루뭉술한 피드백보다는 "전체적인 기획 의도에서는 이 부분이 메인 키워드인데, 영상에서 보이지 않으니 오브젝트가 메인인 신(scene)을 추가하면 좋겠어"라든지, "전체적인 컬러가 밝게 가야 하니까 어둡고 탁한 색감보다는 밝고 선명한 색을 쓰고, 메인 컬러는 파란색으로 하자"와 같은 구체적인 피드백이 훨씬 이해가 쉽고 반영하기에도 용이합니다.

음악의 경우에는 보통 처음 작업할 때 음악이나 효과음을 맨 마지막에 넣는 경향이 있는데, 이렇게 되면 음악에 맞춰서 전체 영상의 길이를 다시 작업해야 하는 경우가 생깁니다. 음악을 녹음실에 맡기거나 따로 제작해 주는 작업자가 있다면 괜찮지만 대부분의 작업자는 이러한 상황이 아니라 무료 혹은 유료 음악을 사용하기 때문에 음악 작업을 기획 단계부터 같이 맞춰서 하는 것을 권장합니다.

작업을 진행하다 보면 스토리를 갈아엎거나 장면 자체를 교체하는 상황이 빈번합니다. 피드백을 조금은 유하게 넘기는 것이 필요하고 색감이나 레이아웃, 메인 오브젝트의 사용 이유와 같이 본인의 작업물을 잘 설명하는 것도 중요합니다. 다른 사람이 이 부분은 왜 이렇게 작업했는지 물어봤을 때 정작 작업자인 본인이 "그냥"이라는 답변을 한다면 질문한 이들도 굉장히 당황할 것입니다. 그러므로 본인의 작업물을 설명하는 연습을 꼭 하길 바랍니다.

처음에는 작업 기한이 짧은데도 본인이 잘 만들 수 있을 것이라고 생각합니다. 재능이 있어서 실제로 잘 만드는 사람도 있지만, 대부분은 그렇지 않습니다. 프로그램에 익숙해지는 것도 시간이 꽤 걸리기 때문에 너무 짧은 기간에 광고나 영화 같은 작업물을 목표하기보다는 차근차근 배우는 마음가짐으로 공부하는 것이 좋습니다. 처음부터 멋진 작업물을 만들고 싶은 마음은 충분히 이해합니다. 그러나 공부하다 지치면 결과물이 아쉽거나 작업 시간이 생각보다 오래 걸릴 수도 있기 때문에 너무 조급한 마음은 내려놓는 것을 추천합니다.

작업 자체에서도 스트레스가 생길 수 있고, 장비가 좋지 않으면 기다림에 지치기도 하기에 수정을 기피하는 상황도 종종 발생합니다. 그래서 수정 사항이 생길 경우에는 그다음 작업물에 적용하면서 점차 퀄리티를 높이는 방향으로 공부와 작업을 해나가면 됩니다. 결국 피드백을 언제 적용하느냐가 관건이겠지만 스스로 너무 힘들지 않도록 보다 지혜롭게 이겨나갔으면 하는 바람입니다.

PART 10

마무리

01   레퍼런스를 많이 봐야 하는 이유

02   레퍼런스 사이트들

03   마무리하며

레퍼런스를 많이 봐야 하는 이유

지금까지 공장도 제작하고 옥테인과 파이로를 비롯하여 많은 기본적인 기능을 같이 공부했습니다. 다루지 못한 기능도 많지만, 여러분이 작업물을 제작하는 데 필요한 최소한의 기능은 모두 다뤘기 때문에 추가적으로 공부할 때는 조금 더 수월하게 할 수 있을 것이라고 생각합니다. 이 책으로 함께 공부하느라 정말 고생 많았습니다. 마무리 챕터에서는 앞으로 어떻게 공부해야 하는지, 레퍼런스를 왜 많이 봐야 하는지에 대해 설명하겠습니다.

기초적인 기능을 충분히 숙지하고 심화 단계를 다루기까지는 많은 연습이 필요합니다. 작업을 진행하면서 제일 필요한 부분은 '무엇을 만들까'에 대한 부분을 해소하는 것입니다. 이때 다양한 레퍼런스 이미지를 보면서 어떤 작업물을 만들지 고민하는 과정이 필요합니다. 우선은 일상에서 쉽게 볼 수 있는 오브젝트들을 만들어 보는 것도 좋은 방법입니다. 일상에서 볼 수 있는 오브젝트도 결국은 레퍼런스입니다. 레퍼런스를 보면 형태, 질감, 전반적인 레이아웃이나 색감 등 참고할 수 있는 부분이 아주 많습니다.

머릿속으로 많은 생각과 계획을 한다고 해도 이것을 정리하지 않으면 휘발되거나 남에게 설명하기 어렵습니다. 그래서 자료화하는 습관을 들이는 것을 권장합니다. 자료가 깔끔하거나 퀄리티가 높지 않더라도 계속 수정하면 되니 너무 걱정하지 않아도 됩니다.

로봇을 만든다고 가정하면 기획 단계에서 다리가 몇 개인지, 귀여운지 혹은 비장한 작품에 나올 것 같은 로봇인지, 재질은 어떻게 할 것인지, 등장하거나 움직일 때의 사운드는 어떻게 처리할 것인지 등 대부분 정리가 됩니다. 그러나 막상 작업을 진행하면 예상치 못하게 수정하는 경우가 많이 생깁니다. 그래서 더욱 탄탄한 자료들을 바탕으로 기획하고 레퍼런스를 참고하여 정리하는 습관이 필요합니다. 회사에서 팀 작업을 진행할 때는 서류 작업이 더욱 중요합니다. 많은 레퍼런스를 보며 보는 눈도 기르고, 더욱더 원활하고 재미있는 작업이 되길 바랍니다.

레퍼런스 사이트들

대표적인 레퍼런스 사이트로는 Behance, Vimeo, Youtube, Pinterest가 있습니다. 참고할 수 있는 사이트는 더 많이 있지만 모두 언급하지 않는 이유는, 작업자에게 갖춰야 할 중요한 능력 중 하나인 검색 능력 역시 키워야 하기 때문입니다. 앞서 말한 실무자가 많이 사용하는 4개의 사이트를 먼저 참고하여 취향에 맞는 사이트나 이미지들을 계속 검색해 가면서 자료를 축적하세요. 레퍼런스는 파일로 정리해서 하드에 보관하거나 노션(Notion)이나 메일 등으로 남겨놓는 것도 굉장히 좋은 방법입니다.

마무리하며

꽤 많은 양을 담으며 정리의 정리를 거듭하여 나온 책입니다. 처음 C4D 프로그램을 공부하며 느꼈던 어려움을 비롯하여 많은 경험과 추억을 떠올리며 정리하여 썼습니다. 부디 독자 여러분과 공부하는 학생 여러분에게 많은 도움이 됐으면 하는 바람입니다.

이렇게 공부했으면 어땠을까, 저런 방법을 썼으면 어땠을까 하는 생각이 들 때도 있지만 공부나 작업했던 시간이 저에겐 그래도 재미있는 경험으로 남아 있습니다. 더불어 많은 분들의 도움이 있었기에 현재까지 올 수 있었습니다. 책을 쓸 때도 많은 도움을 주셨던 선배들과 지인분들께 대단히 감사한 마음의 인사를 드립니다. 이 책이 모두가 재미있게 작업하는 데 조금이라도 도움이 됐으면 좋겠습니다. 끝까지 읽어주신 분들께 감사드립니다.

CINEMA 4D & OctaneRender
기초부터 마스터하는 3D 렌더링

출간일 | 2024년 11월 12일

지은이 | 이덕준
펴낸이 | 김범준
기획·책임편집 | 유명한
교정교열 | 윤나라
편집디자인 | 이기숙
표지디자인 | 최치영

발행처 | 비제이퍼블릭
출판신고 | 2009년 05월 01일 제300-2009-38호
주소 | 서울시 중구 청계천로 100 시그니처타워 서관 9층 949호
주문/문의 | 02-739-0739   **팩스** | 02-6442-0739
홈페이지 | https://bjpublic.co.kr   **이메일** | bjpublic@bjpublic.co.kr

가격 | 35,000원
ISBN | 979-11-6592-302-0 (93000)
한국어판 ⓒ 2024 비제이퍼블릭

이 책은 저작권법에 따라 보호받는 저작물이므로 무단 전재와 무단 복제를 금지하며,
내용의 전부 또는 일부를 이용하려면 반드시 저작권자와 (주)비제이퍼블릭의 서면 동의를 받아야 합니다.

 이 책을 저작권자의 허락 없이 **무단 복제 및 전재(복사, 스캔, PDF 파일 공유)하는 행위**는 모두 저작권법 위반입니다. 저작권법 제136조에 따라 **5년** 이하의 징역 또는 **5천만 원** 이하의 벌금을 부과할 수 있습니다. 무단 게재나 불법 스캔본 등을 발견하면 출판사나 한국저작권보호원에 신고해 주십시오(불법 복제 신고 https://copy112.kcopa.or.kr).

잘못된 책은 구입하신 서점에서 교환해드립니다.